世界名人
传记丛书
B

DANIÈLE SALLENAVE

CASTOR
DE GUERRE

战斗的海狸

——西蒙娜·德·波伏瓦评传

(法) 达妮埃尔·萨乐娜芙 著　黄荭　沈珂　曹冬雪 译

作家出版社

目　录

中文版序

对今天的中国读者来说，西蒙娜·德·波伏瓦的名字或许会让人只联想到一个确切的历史时期，那就是第二次世界大战后她出版巨著《第二性》的那个年代。但这已经很了不起了！因为一句革命性的话浓缩了全书的精华："女人不是先天生就的，女人是后天形成的。"对致力于推动男女平等的有志之士而言，这句话不啻为一个强有力的理论支撑。的确，通过这句话，西蒙娜·德·波伏瓦肯定了区分两性的大多数特征都不是先天特征上的差异，而是让两性角色分配合法化的一种人为建构：赋予一个性别（男性）对另一性别（女性）的统治权。分给男性的是：公共空间，行动，思想，政治；分给女性的则是：私人空间，持家，照顾孩子、病人和老人。一切都把女人归结到"为人母"这一能力之上，以此禁闭她们、限制她们。但对西蒙娜·德·波伏瓦而言，母性应该是一种选择，而不是一种义务，一个范式或是一种由天性注定的命运。

今天，我们比任何时候都更需要她激进的女权主义，在中国、在其他地方显然也一样。在高度工业化的国家，如欧美，尤其是在一些正在崛起的国家，两性平等远没有得到完全实现，即使女人取得了一些新的权利。

1

女人在工作、工资待遇方面仍然受到歧视，而且照顾家庭和孩子的重担依然落在她们身上，尽管她们同时也有自己的工作。在风俗习惯和道德伦理方面，肯定还有很多国家和中国一样，仍有很长的路要走，这些国家深深地刻着传统哲学的烙印，女人的形象在很大程度上，甚至完全是以母亲的形象来得到认同的。

但西蒙娜·德·波伏瓦的重要性并不能只被归结为女权主义；她留下了大量的著作，哲学领域的和小说领域的著作，尤其是一系列自传性作品，她去世后又加入了几卷本的通信录。从此，西蒙娜·德·波伏瓦成了二十世纪的一个伟大人物，她描绘了二十世纪三十年代到她1986年去世那个时代的动荡历史。即使她跟政治的维系不如让-保尔·萨特那么紧密，她在战后还是和萨特一起成了共产知识分子的"同路人"，多年来，他们支持从1917年十月革命中诞生的社会制度。虽然萨特和西蒙娜·德·波伏瓦很快就对苏联产生了一种不信任，但他们继续把希望寄托在毛泽东领导下的中国变革（正如西蒙娜·德·波伏瓦发表于1955年的《长征》所见证的一样），寄托在菲德尔·卡斯特罗的古巴。

历史揭示了这些重大的事件，一开始或许很豪迈，注重平等有序的社会多于对自由的尊重。波伏瓦的政治选择和决定了她的女权主义还有她的个人选择的哲学之间有一个真实存在的矛盾，她的哲学是自由的哲学。如何去解释这一矛盾？或许因为她从小就形成的坚定不移的唯意志论，她不可能随波逐流简简单单地活着，而是决定把自己生命的每一刻都作为一个寻求自由的练习。对她而言，显然每个人都应该这样去做，每个人都应该把生活掌握在自己的手中，以便实现最大限度的自由。如果人们从单个的个体出发都不能做到，那是因为他所受的教育程度太低或受到了压迫。而只要人们没有把命运掌握在自己手中，就没有任何机会可以看到一个更公正的社会诞生。这是在自由之路上冒出来的第一个大暗礁。

除了政治问题，另一个暗礁也在若隐若现，这次它出现在个人生活领域：是否可以完全实现这个自由和解放的理想呢？难道不会遇到一些无法克服的困难，如他者的抵制，这些东西并不会总屈服于我们的意志？西蒙娜·德·波伏瓦意识到了这一点，但她并不想引起足够重视，她的回忆录证明了这一点。如果一直用批判精神去阅读它们，我们可以很清楚地看到它们是一个对一些事件、一些人的非常复杂的建构。如果需要，就要抹去或对她生活的某些方面重新定位。如果我们把她的回忆录和其他作品及通信作一对比，我们就会发现，波伏瓦把一切都放在作品里，以说服我们她的种种选择的正确性还有她对自己既定"计划"的坚定不移：把她的生活变成一部作品。但我们也看到了，有时会冒出巨大的担忧甚至焦虑，当她不能完全给自己一个清晰、严谨、没有阴影的形象的时候。

　　西蒙娜·德·波伏瓦在执著追求自由的道路上走了很远，甚至到了采取一种否认现实的形式。但也恰恰由于这个原因，阅读她的作品在今天这个瞬息万变的世界里对男人和女人才悖论地变得如此至关重要。尤其是在中国，社会面对许多重大挑战；尤其是在今天，经济发展的进步遭到了利益至上和地球环境恶化的钳制。读者，不管是中国读者还是其他地方的读者，在波伏瓦的作品里显然找不到一个对这些问题的答案，因为这些问题对她那个时代而言往往是陌生的。但她对自由的无比热爱，在哲学分析上的严谨，肯定会帮助读者以尽可能严谨的方式，常常和她站在一起，有时也和她对立，提出对社会中的人、对每个人的生活历程而言都具有决定意义的问题。

作　者

2009 年 3 月

“我要积聚一种力量可以让我得到永远的庇护。”

———西蒙娜·德·波伏瓦
《青春手记》

波伏瓦的肖像："战斗的海狸"

　　1939 年。"奇怪战争"初期。西蒙娜·德·波伏瓦给当时应征入伍的雅克－洛朗·博斯特寄了一张小照，在照片的背后她写道："战斗的海狸"。这和她在照片上凶巴巴的样子非常契合：没有一丝笑容，下巴紧收，一条紧绷的发带下露出高高的额头。尤其是它已经预告了日后"海狸"的显现，虽然当时她才三十出头。我们在这张照片上看到了她日后所有的斗争，在作品中就像在生活中一样，《第二性》和女性的反抗，对各种激进的女权运动的支持，从中国到古巴，旗帜鲜明地反对阿尔及利亚战争，伟大的随笔《老年》，恢宏的《回忆录》[1]……但我们也知道这其中还有更多蕴涵：它是生命、爱情、幸福、作品，它是西蒙娜·德·波伏瓦作为"战斗的海狸"的介入姿态，直面挑战。

　　她所做的一切、她所经历的一切，是一场无休无止的战斗。对抗时

---

1. 指的是《闺中淑女回忆录》、《年华的力量》（也译《盛年》和《岁月的力量》）、《时势的力量》、《清算已毕》（也译《总而言之》），还可以加上《宁静而死》和《告别礼》（也译《萨特传》、《告别的仪式》）。

代、对抗偶然、对抗自我。为了让她那独一无二的一生完全呈现，我必须把它从觊觎它、要对它盖棺论定的虚无中抢夺出来，应该热情洋溢地去生活，带着渴望、带着贪婪。活得有滋有味的女人，品味多样，充满责任感的女人，这就是西蒙娜·德·波伏瓦给我们的印象；但她的渴求同时也是一项使命。幸福本身，就像其他一切东西，没有斗争就不可能得到也不可能持续；它既是一个恩赐、一份惊喜，也是一种责任：而不幸就是存心让自己不幸福，或者说至少同意让自己不幸福。如果说有人"擅长"让自己幸福，就像她那样，但不去抗争，幸福便不可得——幸福需要构建。她很早就对此确信无疑，以至于1929年当她重读自己写于1927年的手记时，她严格地做了自我修正。她曾经写道：（5月9日）"人不得不崇尚幸福，因为幸福可以阻止他想到死亡；但幸福永远都不会是一种消遣。"在这句话的对面，我们可以读到："1929年5月——不，用我所有的力量，不。只有生命是真实的，因为死亡不会思考。"最高的任务，我们无法逃避的，就是活着，成为我们自己。活着并不是一种单纯的激情，而是一种责任，一份工作，一场考验，一部作品。或者说，就是强有力地命中要害，从团块中脱离出来，去塑造。在岁月的岩石上"雕刻"人生，还有爱情，书籍，生命——词语。用一种不松软、不轻柔的材料。

西蒙娜·德·波伏瓦全部的作品，包括小说，都带着斗士的印记，直到她的风格、句子的剪裁、节奏，直到那无刻不在、不让读者懈怠的声音。她的全部作品都回响着警醒和热切、不安和战斗的信息。或许是时代使然，那是个强权对垒、被称为"奇怪战争"的时代。在那个时期，萨特和她，团结一致又充满批判精神，充满批判精神又团结一致（即使，最后幻灭湮没了一切），一直都站在共产主义和革命的阵营里，他们义无反顾地摈弃"资产阶级"、殖民主义、现有秩序、美式"帝国主义"和一个存在着任何形式的不公和压迫的世界……正因为这样，在阅读西蒙娜·德·波伏瓦的作品、不仅是她的回忆录的时候，我们所产生的印象是她的作品触及了所有领域（知识分子、政治、文学、友谊、爱情），置身在一个多极世界面前，仿佛在儒勒·凡尔纳小说中的伏打电池前，只要人们把电池的两极相碰就会迸溅出耀眼的电光，可以照亮幽深的海洋，也可以让人受伤甚至丧命。我们处在战争年代。显然，在战争年代，我们没有时间去细致入微，流连于细节或许会让我们付出惨重代价。对手很快就成了敌人，敌人很快就被化为乌有；至于朋友，即使他们是"家庭"中的一员，他们也从来不能闲着。"必须和您一样思考，"博斯特说，"而且尤其是得和您同时思考。"

战争是否是以和平为其隐秘目的？我们可以就此展开辩论：总之，不到苦难尽头绝对不会有和平。但苦难永远没有尽头；死亡为一切努力画上句号，但它并不意味着一切终结。我们从来都不能真正结束任何东西：既不能结束历史的斗争，也不能结束（妇女、民族）解放的战斗，也不能结束自我的挣扎；做你自己本身就是一个任务，而且显然是无休无止的。如果危急的形势迫使她不让任何人安宁，她本人也一样从未得到过安宁，有的只是暂时的平静；在战后巴黎的几次饮酒"狂欢"或是被萨特称为"querencias"[1]的小憩：要注意 querencia 意味着一切但绝非一处休闲度假地，在斗牛的术语中，它是指公牛感到最自在放松的所在。在重新投入战斗之前——或是在受死之前……唯一的休憩就是那些时间停滞不动的片刻——感性世界突然显现，在一个平静的海湾之上，一座高山之巅，在身体劳累之后体会那一刻纯粹的快乐——或者是在一场重病痊愈之后。而和平从来都不是一次休憩——在两场战斗间隙，我们要好好利用这段时间来养精蓄锐，为下一次战斗作好准备，为自己投入下一次战斗作好准备。

她的所有作品都带着这一伟大的战斗印记：征服偶然去赢得必然；把全部生命投入到写作中去实现它的存在。但回忆录在其中势必占据了一个既中心又错落的位置：错落是因为回忆录是作者居高临下对其整个人生和作品的俯视；中心是因为西蒙娜·德·波伏瓦继《青春手记》[2]之后就全身心地投入到这个活动中：把经历过的生活变成沉思过的生活。她在不到五十岁的时候开始"攻克"（这是她本人用的词）回忆录，但这却是一个由来已久的写作计划，动机很多、很复杂。"更新快感"，就如卢梭所说，在回忆快乐往昔中度日，在遗忘中挽救曾经的幸福时光，开始总结人生，

---

1. 西班牙语，指的是斗牛场里供公牛小憩的场所。——译注
2. 2008 年发表。

检验它是否很好地恪守了年轻时代许下的对盛年的承诺。在回忆录中，就和在年轻时代的手记中一样，海狸已经像水手一样，每天早上都要去确认自己没有偏离航向。她写自己是为了更好地了解自己、剖析自己，两者相辅相成：了解自己才能剖析自己，同样，剖析自己才能更好地了解自己。而这是一份漫长的工作——或者更确切地说，是一场战争。抗拒逝去的时代、背信弃义、烦恼琐碎、情感生活所经历的"挫折"、爱情错综复杂的境域的战争，在爱情中如果不能自持，就有可能陷于情欲而不能自拔，有时还会跌得鼻青脸肿。这就是回忆录所要讲述的，因为只有回忆录可以不仅充分展现我们本来的样子，而且还可以是自己希望成为的样子。在描绘她的自画像和这场漫长的成为自己的斗争历程中，她清晰地展示了她是如何把自己被"扔"到世上的偶然存在转变为一份事业、一种必然。

不止这些。从人之初开始回顾她整个的一生，当她在一间"刷着白色油漆的房间"朝世界睁开眼睛，仔细回顾她的青少年时代和让她得以摆脱威胁她的"沉沦的命运"的战斗，随后是那些她得以实现自我岁月的种种故事，西蒙娜·德·波伏瓦摆脱了那个隐匿在她心头久久不能摆脱的困扰：看到陌生的手伸过来在她的生活和作品中乱翻乱搜。因为所有的传记作家都是敌人，一个偷窥者，一个叛徒；所有的传记都是一个被篡改、被编造的谎言。传记作家对传主到底了解多少？对她"独一无二"的人生又有多少认识？如何才能让人们去了解、去洞悉、去分享她的人生？"我宁可亲自在自己的过去中挖掘也不想让别人去做这件事。"她这样写道。正是为了完成这个夙愿她于1956年开始投身到这个谈论自己的"不谨慎的工作"中。在她身后已经发表了一堆重要的作品，其中有几部论著，如《第二性》（1949）；多部小说，如《名士风流》（1954）……她的名声不容置疑，萨特和她已经成了某种里程碑式的人物，"激进"的大知识分子。回忆录在一段相对短促的时间里写就，于1972年全部完成[1]。《告别礼》（1981）是一本很特别的书：原本不应该问世的"多余"的书，因为它讲述的是海狸原本不想经历的事——萨特之死。在这里，回忆给了我们非常集中、整体的印象，一个没有丝毫犹豫、丝毫修改的宏大叙事。

---

1. 从1956年到1963年，三部曲——《闺中淑女回忆录》、《年华的力量》、《时势的力量》；接着两年后，《宁静而死》，描写她母亲的去世，继续自传的思索；1974年，最后，就像一个长长的附录：《清算已毕》。

在她的小说和哲学作品中，在一些短篇小说或论著中，尽管她有意全身心地投入，非常活跃，她所给出的她自己的形象一直都掌握在读者手中，取决于读者，取决于他的分析。是读者通过他的个人阅读，以自己的意愿、自己的方式、自己的节奏、自己的诠释构建了她的形象：没有任何一个作者可以主宰其作品所产生的影响，尽管他在创作的过程中是多么严谨，方向是多么明确。海狸比任何人都要清楚这一点。重新修正对她而言是必不可少的。在她的作品中，她展露自我；在回忆录中，她修正自我。和斯特拉文斯基[1]的方式有些相仿，他在自己去世前指挥演奏了自己的全部作品，为了避免所有音乐诠释上的失真和谬误，或者像皮埃尔－让·茹弗[2]一样，为了消除可能的修正和改动，他在垂暮之年重新撰写了自己的所有手稿，同样，西蒙娜·德·波伏瓦的回忆录也是经过深思熟虑、一个义无反顾的结果。在这个顺序井然、结构合理、布局精巧的整体中，她可以严格按照时间顺序清晰、明确、收放自如地呈现自己的一生，她的作品、遇见的人和事、友谊、爱情、她的介入、她和萨特的死生契阔。回忆录是一个经过酝酿、思考、引导的建构，海狸讲述她对“原计划”的执行情况：“要把自己的人生变成一种典范性的经验，可以反映外在的全部世界。”回忆录是一场战争，因此，海狸在其中倾注了充沛的精力。

一个无所不在的“我”讲述了几乎贯穿整个世纪的人生，按照时间先后顺序讲述种种事件，从二十年代初到七十年代末。里面有激进的知识分子曾经经历过的激动和失落，一段他们曾经积极参与过的历史，有时候他们既是见证人又是演员本身。还有她在各个时期的阅读、旅行、友谊、爱情，两位伟大的知识分子、两位那个时代最伟大的作家：她和让－保尔·萨特之间非同寻常的关系，以及这种关系的性质、质量、意义和持续时间。

---

1. 斯特拉文斯基（Stravinsky Igor, 1882－1971）：美籍俄罗斯作曲家。斯特拉文斯基是20世纪最有影响的作曲家，也是西方现代音乐的主要代表人物之一，革新过三个不同的音乐流派：原始主义、新古典主义以及序列主义，被人们誉为是音乐界中的毕加索。——译注
2. 茹弗（Pierre Jean Jouve, 1887－1976）：法国作家、诗人、小说家和评论家，“修道院”文艺社成员之一。——译注

问题来了：如何去阅读这些回忆录？最常见的问题：如何去阅读回忆录？像读一个历史叙事一样去读，还是像读一本小说一样去读？老实说，两者兼而有之，尽管历史和小说跟真实的关系不尽相同；历史，就像利科[1]说的，对过去肩负着某种责任，是"欠逝者的一笔债"；叙事的唯一任务就是要严谨，它的逼真、布局和魅力所在就在于它的"真实"。没有哪个回忆录作家不晓得如何巧妙利用这一模糊：叙事的逻辑总是对真实有些许改动，但并不一定要改头换面。"我不会说出一切"，海狸明确地说过。或许。但沉默并没有被听见或被看出来：战斗的海狸在回忆录中给出的她的人生、介入和她自己的形象是一个清晰、可理解的形象，没有拐弯抹角也没有遮遮掩掩；没有中断也没有接缝。但是无论哪个读者都不能就此止步不前：否则，他所做的就不能被称之为阅读，而只是毫无距离地全盘接受他所陌生的一长串画面和词语的展现。阅读，是一种疏离；阅读，是潜入文本的表面之下，为了能把文本掀起，看到审视、理智、批评和自省精神的薄薄的刀锋。不是为了刻板地运用这种现代的激情，可悲的激情中最可悲的一种——不信任；或者是尝试去窥破他永远无法破解的秘密；或者是怀着病态或恶意的好奇心去寻找隐藏在说出的话"背后"的东西；而是为了圆满地完成读者的使命，如果没有这一使命，文本只不过是些死气沉沉的文字。一个文本只有通过被阅读才得以存活延续；阅读有一种积极的、催化和生成的作用；它会在阅读者的身上动员起力量和禀赋，为了去挑战一个文本，面对它，赋予它生命。

但是阅读西蒙娜·德·波伏瓦的回忆录是一项难得让人却步的练习，因为她的行文不容置疑且直接、严谨、紧凑，让读者不由得肃然起敬，掺杂着他很难疏离的一种文本的诱惑。痴迷的读者会不由自主地被回忆录生动、优美的调子所左右。一些不乏尖刻、幽默的人物描写。某些充满诗意和遐想的时刻交替出现，就像当她提到鲜花盛开的栗子树或梅里尼亚克紫色的山毛榉，还有那些忧伤时刻，当自我沾染上了"永远不再"的色彩。被诱惑、被迷住、被一只坚定的手牵着迈同样的步子，读者感到自己受到了挑战；只能以其人之道还治其人之身：对付强手，那就得找强中手，对

---

1. 利科（Paul Ricoeur, 1913–2005）：法国大哲学家。——译注

付海狸那就用更多的海狸。在这个让他一刻不得闲、一直在解释、描写、展现、界定、评说、诠释的声音中，他必须打破这种不由自主的迷恋。他必须远离这种影响，进而打破她施加于他的控制和痴迷；他应该学会依靠自己，从自始至终贯穿回忆录的强烈信念中抽身出来，为了能够仔细、忠实、客观地审视它，迫使文本打开、展现在他眼前。在这种奇异的体验中，读者应该和海狸本人一样思想活跃和坚定。因此，也要富有战斗精神。要用海狸写作回忆录的方式去阅读它，以同样警醒、热切的节奏，不满足于回忆录呈现出的正面的视角。要敢于去探索。

还必须要有足够的力量：为了尝试在一个警醒的思想和不容置疑的行文的迂回处去理解海狸，他就必须重新把回忆录放回到她的全部作品的整体中去，把它们从海狸本人刻意赋予它们的特殊位置上拉下来。首先要在这根结实的主轴上嫁接海狸其他的自传性作品：她的信件、日记、青春手记，都是在她去世后发表的，就像在一根多分支的树干上嫁接枝叶一样。同样也要链接上她的论著和小说，在相应的位置、相应的时间，根据他们各自的导向，因为所有作品都见证了她最初的计划，全都在她的人生中编织了一些预告了随后的真实事件和经历过的感情的梦想和思绪。最终，把她的全部作品——不论小说、论著，还是回忆录——重新放回到见证了作品诞生的那个时代，作品所反映、所折射的那个时代中去。那个萨特和她一起写书、体验友谊和爱情、规划他们的行动的世界，他们外出拜访、游历的世界，还有属于他们自己的世界，一个通过他们的眼睛所看到的世界，一个他们所创造、再创造的世界的样子，有时这一形象更契合他们的愿望而不是现实本身。1955 年，他们在中国做了一次"官方"旅行，她带回了她的手记——《长征》，而当时的中国究竟为何？多年来她陪伴萨特去苏联，而苏联究竟为何？他们去看、去理解、去分析大写历史的方式并勾勒出了他们自身的形象：和他们同时去阅读那段他们所经历的历史，读到的并不总是同样的历史，对同样的事件也不会给予同样的关注。

透过所有这些角度，海狸的形象失去了这种回忆录赋予它的有点造作、刻意的一致性；它有了新的、让人始料不及的起伏。呈现出一个令人震惊的海狸形象；不停地衍射和反射、解构和重组，根据不同作品、不同观点、不同时刻——紧张的时刻和放松的时刻，快乐的征服时刻和沮丧的绝望时刻。一些公开的战斗（和时代、和错误、和背叛、和时间）和一些沉思甚或忧郁的小憩。置身其间，海狸失去了有时过于明晰的轮廓，一些阴影在游移，一片云朵在奔走。我们可以把这些身影称作是"变形影像"，只有把图画放在某一个确切的角度才能看得清楚。阅读的作用正在于此：不停地变换角度——逐字逐句从各个角度去阅读。一切都在作品里，没有任何东西是在游离在外的。没有隐匿的世界：一切都在作品中呈现，但有时躲在角落里，有时完完全全暴露在光线之下，但有时也像埃德加·坡[1]的《失窃的信件》一样不可见。作家的一生就像一座大楼，只有作品才是登堂入室的钥匙；当作者死去，他就完全退隐在他所留下的作品里面。他活在他写下的每一个文字里，但永远都不是直接或透明的，他永远都是"真"的，不管是他描述一连串的真实事件，还是当他创造了虚构人物让他们代言或当他以"我"自诩的时候。在对奥尔嘉的感情问题上，谁更加"真实"？是经历过 1935 – 1937 三年漫长的关系危机后最终和她和平共处的西蒙娜·德·波伏瓦还是弗朗索瓦兹？1943 年《女宾》中作者的替身，她杀害了格扎维埃尔——奥尔嘉的替身，因为"一切意识都在追求他者的死亡"[2]？

　　我就是这样入手的。我跟随回忆录的进展却不盲从；根据自己的需要做相应的停留，打破它不变的节奏，好让自己有时间把海狸其他的作品如信件、小说或论著穿插进去，这时候，她的轮廓就有了新的起伏；我在要我快进的地方停下来；我给自己充足的时间在她作品的这个或那个部分徜徉，在我不曾期待的地方忽然看到她的显现，在她自己都没料到会被发现的地方。始终信任她但不全盘接受；就像笛卡儿的格言所说，对自己没有仔细钻研过不止一遍的内容坚决"存疑"，从它们的厚度、震颤中去审视它们的轮廓，去发现那些隐蔽的差错，筛选、修改其中不易觉察的痕迹，就像人们在吸墨水的衬纸上反过来研读墨汁已干的旧年书写的笔画。认真、孜孜不倦地研读那些矛盾、修改、沉默、自觉自愿或情非得已的坦白，研读那些作者不怕因为作品而对其人生造成影响的删节、改动。时而把海狸

---

1. 埃德加·坡（即埃德加·爱伦·坡，Edgar Allen Poe, 1809 –1849）：19 世纪美国著名的诗人、短篇小说家、编辑和文学评论家，美国浪漫主义的先锋。——译注
2. 放在小说前面作为题铭的黑格尔的话。

同她自己还有她其余作品相对照，时而把她和她所处的历史时代相对照，她给出了她自己对历史的看法和诠释。一直倾听她，但有时也对她置若罔闻，相信她说过的话，但有时也远离她，给她曾经留下阴影的地方带去光亮，隐去她想让亮光普照的地方，打开她执意关上的一扇扇门，让人们听到关于她人生某些片段的不同版本，听到一个故事的其他细节，她曾经给出的是这个故事的一个版本——她自己的版本……

波德莱尔说得妙，在一幅肖像画中，模特走了"一半路"；另一半则是由画家完成的。这本《战斗的海狸》是一个在战争年代出生、在阿尔及利亚战争末期的游行示威里开始最初的政治活动、二十岁时狂热阅读《闺中淑女回忆录》的人写就的书。她的生活很早就受到《第二性》这本浩瀚巨著的启蒙，并终身受益，这个人就是我。我从稚嫩的青春期开始阅读她的作品，后来不停地一读再读，虽然我也有过别的经历，见识过、结交过、喜爱过其他领域、其他作家、其他作品。时隔三十多年，我丝毫不怀疑它们的强度、知名度和光彩，我一直在战斗，有些斗争让我接近她，有些则让我远离她。我这一代人和她并非生活在同一个世界：她经历了革命的最后一跃、后现代的幻灭，她学会了去认识物资匮乏的第三世界在绝处逢生之境所焕发出来的闻所未闻的潜力，她曾在苏联和东欧国家发现了真相，亲历的真实，一个在一段时间曾经让人陶醉的乌托邦；她明白必须透过历史持续进步这一美好的理想去正视一个混乱多变的世界的现实。但是，如果说在这本书里我感到自己有权力让大家清晰地听到我对海狸、还有萨特的某些政治介入有所保留，保持了一定的距离，尽管我过去曾经赞同他们，但就在放弃我旧日观点的时候，我也从来没有否认过死在斯大林的集中营里的奥西普·曼德尔施塔姆[1]所说的这个赋予"第三世界的灿烂的许诺"……

通过这样的方式阅读她的作品，我和西蒙娜·德·波伏瓦一起做了一次所有伟大作品都要求做的深入、有时不乏争执的对话，没有她本人或许会要求的更多的妥协和顾忌。这是我所选择的向一部杰出作品还有它的作

---

1. 曼德尔施塔姆（Ossip Mandelstam, 1891–1938）：俄罗斯诗人、文学评论家，在斯大林时代（1929–1953），他的大部分著作未能在苏联出版。——译注

者——这位心灵饱受侵扰的女人致敬的方式。她是否最终积聚了她年轻时曾经许诺过可以让她得到终身庇护的"力量"？或仅仅只是遇见了"忧愁/却上心头，既无遗憾亦无失落/寻梦人寻到梦的时候"[1]？我不知道。读者会去评判，就像她自己在《清算已毕》的最后所说的。现在，她来了：径直上溯到她留下的一大堆文稿，进入她的种种战斗所呈现的并非一成不变、常常矛盾的真实，热切地朝着未来，全身心地投入每一本新书的创作，受到虚无的纠缠和死亡的萦绕，敏感于世界的壮美，甚至沉醉其间——完全的沉醉，一丝不苟，慷慨大方但有时也有失公允，全神贯注于文字的严谨和思想的诚实。

勇敢、专注、坚决、顽强：在她的作品中如此，在她的生活中也如此。

　　　　　　本书每章的标题都援引自西蒙娜·德·波伏瓦的作品。

---

1. 马拉美的诗句。

第一章

我背负着上帝行走……

她的肖像，是西蒙娜·德·波伏瓦本人手绘的。她决定自己来动手：写自己，写她的生活、她的历程、她的计划、她的战斗，这是一项太重要的使命，赌注太大，不放心让别人越俎代庖。所以当她自己着手去做时，就会像她做一切事一样：一个明确的决定、一个新的投入、一次新的战斗形式。"我关于中国的随笔写完了，我将在 1956 年 10 月着手写我的童年轶事。这是一个夙愿。"[1]但从何入手呢？从头开始。确切无误、不容置疑的字句："我出生于 1908 年 1 月 9 日，凌晨 4 点，在一个四面墙壁都刷着白色油漆的房间里。"绝妙的开篇！在"我"之前，在这个四面墙壁都刷着白色油漆的房子里一无所有——就像置身"白色捍卫的空白之页"[2]上的诗人。干净、利落，没有半点修饰。一天的开始，一月的开始，一年的开始，一个世纪的开始——纯粹的开始。

1956 年，在她年龄、作品、名声、众望的顶点，海狸处在她人生和作

---

1. *La Force des choses* (*FdC*), t. II, p. 128.（《时势的力量》，简称《时势》，也译《事物的力量》，卷二）。西蒙娜·德·波伏瓦的诸多引文参见 Folio 版（除了《白吃饭的嘴巴》、《长征》、《老年》和《青春手记》）。

2. *Mallarmé, Brise marine.*（马拉美，《海风》）。

品的巅峰。她私人和公众的介入强度的反差是令人震惊的，还有突然对童年的回顾，用句子写下记忆中这个美妙的时期，没有开始也没有终结……她写作的时刻消隐了；目标、烦恼、人和事都退到了阴暗中。往事从时间的洞穴中喷薄而出，在光线的照射下熠熠生辉："我父母请客的那些晚上，客厅的镜子把一盏水晶吊灯的光芒映得满室生辉。"[1]她关于中国的书？阿尔及利亚战争？全抛到了脑后。所有一切，在这一刻都消失了。重现的是那个"备受母亲宠爱"的小姑娘，蜷在母亲的怀里吻遍"她少妇的肌肤"。从最初的成名开始，海狸在公众眼中就是一个耸人听闻、光怪陆离的形象，她苦于此，尤其是苦于她知识分子的"冷酷"的名声。也正因为如此，她才邀请我们和她一起回顾那个迷人的世界，当时她父母还年轻，幸福而快乐，不停地拥抱和欢笑；而她则义无反顾、兴味盎然地投身到一个感性世界。

事实上，当1956年她着手写回忆录的时候，海狸已经写了很多关于她自己或取材于她自己的作品。她的作品，从广义而言，有非常浓郁的自传色彩：从二十世纪三十年代中期那些没有发表的故事开始，到战争年代的《女宾》，她在书中把萨特和她，还有那位让他们俩都痴迷的年轻女子之间的关系搬到了纸上；然后是1954年的《名士风流》，她在书中描述了像他们一样沉醉在解放中的知识分子的故事。甚至在《第二性》这本关于女性的理论和哲学论文中，也借助了她本人的亲身体验、别人讲给她听的故事，她甚至在引言中谈到了自己的心路历程："我犹豫了很久，"她写道，"去写一本关于女人的书。"她投身于《第二性》的写作，显然是因为她想谈论她自己。"我以前喜欢莱里斯[2]的《人的时代》；我曾经对那些直言坦诚的见证文字很感兴趣。我开始梦想，写了一些随笔并和萨特谈了我的想法。"[3]他把她引向一个之前她从来没有问过自己的问题：对您而言，做女人意味着什么？但是，在1956年的这个秋天，现在要做的是跨出一步："十五岁的时候，我曾希望人们会带着感动的好奇去阅读我的传记；如果说我想成为一位知名作家，那也是出于这个心愿。从那以后，我

---

1. *Mémoires d'une jeune fille range*（*MJFR*），p.12.（《闺中淑女回忆录》，简称《闺中淑女》）。

2. 莱里斯（Michel Leiris, 1901 – 1990）：法国人种学家和作家。——译注

3. *FdC*, t. 1, p. 135.（《时势》，卷一）。

就常常梦想着写自己。"这是她写在那些未曾发表的手记上的一句话，在
《时势的力量》一书中她曾经引用过。也因为时光一去不复返。当她于
1958 年初写完这本书的时候，她刚好五十岁；还不能算老迈，但稍后不
久，朗兹曼 [1] 和她分手，尽管这次分手是事先说好了的，因为彼此的年龄
差距，尽管这早在海狸的意料之中，但在她心里依然是一个伤痛，在《时
势的力量》中可以听到痛苦的回声，那也是一个征兆。一直以来，逝去的
时光都萦绕在她的脑海，甚至在她十八岁左右写的《手记》中就已初见端
倪。到了四十岁，她被自己吓了一跳：她"在一面镜子的深处" [2] 看到了自
己的衰老。今天，衰老更加明显。她已经无处逃避："我已经快五十岁了，
要造假也太晚了：很快，一切都将熄灭"（同一页中引用的未发表手记）。
内心的紧迫感和外在的紧迫感交汇在一起，时间的过渡。她总是想象着将
要把她的生活记录在上面的"巨大的丝带"，最终她得开始编织了（1951
年，萨特家有了一个录音机，这引起了她的强烈好奇和痴迷，以至于欢天
喜地在好几封写给尼尔森·艾格林 [3] 的信中都提到了它）。

这种焦虑并不是一种新的情绪，在她的《手记》中我们看到它的蛛丝
马迹："知道经历过的那一分钟就要永远消逝的焦虑"。（1926 年 8 月 7
日）1926 年 11 月 1 日："一个人死去，不过是地球上少了一个人；而我死
了，世界也消失了。"消失的，是对"我的生活"的"独一无二的兴趣"，
谁也不能重构它的特殊品质。也不能偿还童年的我托付给自己的许诺，在
童稚中，执著地让长大的自己去还的那份欠下的旧债。"怎样才能把她从
虚无中拉出来？"这个甚至没有留下一副"苍白骸骨"的小小亡灵。《闺
中淑女回忆录》既是对童年、少年的她的一份怀念，也是一种验证自己还
忠于那些"她狂热的心在榛子树篱笆下" [4] 许下的诺言。一切都会按部就
班地被完成，那么积极，那么明确，在海狸的笔下是那么泾渭分明！她曾
经投身于政治旅行，以萨特"旅伴"的身份做了许多官方访问，这让她得

---

1. 朗兹曼（Claude Lanzmann, 1925 - ）：法国导演、作家，1952 年与萨特和波
伏瓦结为好友，并受他们委托长期担任《现代》杂志主编。——译注
2. *FdC*, t. 1, p. 233. （《时势》，卷一）。
3. 尼尔森·艾格林（Nelson Algren, 1909 –1981）：美国作家，西蒙娜·德·波伏
瓦 39 岁访美时结识的情人，于 1947 –1964 年间，两人书信往来频繁，《越洋情
书》于两人死后发表。——译注
4. *MJFR*, p. 205. （《闺中淑女回忆录》）。

以验证那些政治介入是否站得住脚，给了她解读世界的"钥匙"，"我"在一段时间收起了自己的脆弱。她有责任、有使命，她是一个旅行中的社会公众形象，并因此受到相应的接待。之后在某一个时刻，她说：打住。她坐在摆放好的稿纸前，用她流畅又难以辨认的字体写下她的话："我出生于1月9日……"

但她于1956年这个从各方面看都是人生"大关口"的一年投身于这个计划是否是一个偶然？1956年，海狸已经著作颇丰，在十年间，她和萨特赢得的声誉还在不断地扩大。战后的那些年，萨特和她自己早年的作品很流行，这让他们成了自己并不那么满足于被归类于"存在主义"传奇的两个英雄人物。时尚使然，某些元素已经传遍了世界，圣日耳曼德普雷地下室的爵士乐和夜生活，热闹的聚会欢庆，虚虚实实的故事、丑闻、道德和情感的混乱都让卫道士们大惊失色，而让花边新闻专栏和娱乐小报欣喜万分。1956年，她和萨特组成的这对"传奇伴侣"（借用《巴黎晚报》的说法）已经举世闻名，包括两人互相允许对方的那些情感出轨，或者是别人对他们的种种传闻。几年来，她一直和一个年轻的记者克洛德·朗兹曼一起生活，从之前一年的11月开始，她搬到用1954年龚古尔奖获奖作品《名士风流》的版税买的一间美丽的工作室去住。萨特则在十多年前就和他再度守寡的母亲在舍尔歇街一起生活，住在波拿巴街一套体面的公寓里，他在那里工作、待客、弹钢琴，在海狸的陪伴下度过一个个晚会。他们的生活已经有了固定的程式，他们在蒙帕纳斯这个街区各有各的生活习惯，他们从来没有远离过，他们每天都在这个区午餐，在圆顶咖啡馆、穹顶咖啡馆，每年有那么几次，他们一起或分别外出旅行，她和朗兹曼一起，他和某个虽然恋情终结但依旧不离不弃的旧情人一起。可以在报纸上看到他们，随时随地都有人给他们拍照。1950年，萨特开始和一些法国共产党人靠拢，到1952年才和他们站在一边，但他从来都没有加入共产党。而恰恰就在1956年这一年，他和他们决裂了。

此前的一年，6月，她陪萨特去参加赫尔辛基和平大会；夏天，她和朗兹曼一道去了西班牙。9月到11月，萨特和她一道受到中华人民共和国的官方邀请，于10月1日庆祝中国国庆。从中国回来后，他们坚决地投身于《现代》杂志反对阿尔及利亚并入法国的"神话"（不要忘记在从

1954 年秋开始的阿尔及利亚战争当时还没有得到正名）。人们猛烈地抨击他们，把他们当作"反法国"的卖国贼：对他们而言，阿尔及利亚的独立在所难免，所有（被称作和平化的）敌对斗争的延续在他们看来都是"愚蠢而残酷"的。"萨特和我，我们怎么会被一种反法国的情绪所激扬呢?!"她在《年华的力量》中写道，"童年、青年、语言、文化、利益，一切都把我们和法国紧紧地维系在一起。"[1]随着时间的推移，在阿尔及利亚战争进行到最后、最惨痛的时刻，她是怀着一种巨大的痛苦感到自己已经和祖国形同陌路，和那些她认为懦弱、冷漠、为虎作伥的民众，和领导这个国家、执行酷刑的那些人。1955 年 11 月，在她摆满了旅行纪念品和布料的新工作室里，她创作她的中国之旅；这就是 1957 年 6 月出版的《长征》，一个讲述中国正在踏上充满奇遇和"和平"（这个词或许用得有点儿悬）道路的故事，用她的话说，是踏上了"从民主革命走向社会主义革命"[2]的道路。1956 年 1 月，她与朗兹曼一道滑雪，春天她和他一起住在伦敦。夏初，教廷圣职部的一项通谕把"波伏瓦女士的作品《第二性》和《名士风流》"列入禁书。理由是"存在主义的不道德"，《罗马观察家》评论道：把婚姻当作一种"蒙蔽"，她"践踏了优良的习俗和家庭的神圣"[3]。夏天到来，她与朗兹曼和萨特一起去了意大利，然后是希腊和南斯拉夫，米歇尔·维昂[4]陪着萨特。10 月，她开始写作《闺中淑女回忆录》。

1956 年是多事之秋，各种反响此起彼伏。显然，要在其中找到对海狸尤其是对回忆录的写作影响最大的事件并非易事。或许可以列举出下面几件：阿尔及利亚战争局势恶化；苏伊士运河事件[5]；秋天，反对斯大林主

---

1. *La Force de l'âge* (*FdA*), t. II, p. 89.（《年华的力量》，简称《年华》，卷二）。
2. 见伽利玛出版社版的该书的封底文字。
3. Claude Francis et Fernande Gontier, *Les Ecrits de Simone de Beauvoir*, Gallimard, 1970, p. 64.（克洛德·弗兰西斯和费尔南德·贡蒂埃，《西蒙娜·德·波伏瓦的作品》）。
4. 米歇尔·维昂（Michelle Vian, 1920 — ）：法国作家鲍里斯·维昂的妻子，圣日尔曼德普雷的标志人物之一，1949 年成了萨特的情妇。——译注
5. 也称苏伊士运河危机或第二次中东战争，是 1956 年发生在埃及的国际武装冲突，当时埃及与英国、法国和以色列的军队爆发战争。英、法、以三国的结盟是一种利益的结合：英法两国对苏伊士运河有着贸易利益，而以色列则需要开放运河，以便让以色列船只得以通航。到战争结束，只有以色列获得了巨大的利益。——译注

义的民主起义，2 月 24 日，赫鲁晓夫 [1] 本人在苏共二十大会议开幕式的发言里公然揭露了斯大林主义的毒害。赫鲁晓夫谈到了"个人崇拜"，把斯大林时期犯下的种种罪行（不论性质及其数量）都一股脑儿地归咎于这个简单却不充分的理由。也就是说，这种揭露还是很谨慎的：体制的根基并没有被动摇。在东欧，人们很快就把这一事件当成了一个契机。自从 1953 年斯大林去世引起的柏林起义被镇压以后，这样的契机是很罕见的。匈牙利和波兰马上行动起来。并没有太奢求成功。被匈牙利人称作"革命"的起义——很快被苏联政府称为"反革命"——于 11 月被血腥镇压。就在这个月，萨特决定和共产党决裂。在《斯大林的幽灵》一文中，他写道："苏联士兵以社会主义之名朝匈牙利群众开枪，这样的社会主义我没见识过〔……〕这是人们给一种新的奴役形式取的名字。"[2]

这对西欧的亲共产主义知识分子圈子的革命希求无疑是一记沉重的打击；很多人离开了共产党阵营，但相反，在某些人身上，这越发激起了他们想看看别处正在发生的革命的渴望。1956 年末，某些友谊受到了动摇：第一次，是在朝鲜战争初期，苏联的帝国主义作风表现得越来越露骨，他们和梅洛－庞蒂 [3]、加缪 [4] 闹翻了。这一次，情况正好相反：他们在一段时间和弗朗西斯·让松 [5] 闹翻了，因为后者拒绝对苏联坦克开进布达佩斯作出谴责。1956 年开启了一个前途未卜的时代，冷战时期的矛盾加剧：斯大林之死并没能让东欧国家得到自由，在革命还没有被坦克的履带压垮之前，解放被"sine die"[6]推延。但在世界的其他地方，彻底的革命形象继续让被压迫者的希望汇聚在它周围，布达佩斯的命运对它自身而言并不重要。在这一背景下，两大强国可以安静地继续他们公开或隐蔽的争霸游

---

1. 赫鲁晓夫（Khrouchtchev，俄语：Никита Сергеевич Хрущёв，1894 – 1971）：前苏联领导人，1953 –1964 任苏共中央第一书记。在苏共二十大上，赫鲁晓夫揭露了斯大林在"大清洗"中的暴行，掀开世界范围的去斯大林运动，结束了斯大林时代。——译注

2. Sartre, *Situations VII*, Gallimard, p. 276.（萨特，《境域（七）》）。

3. 梅洛－庞蒂（Maurice Merleau – Ponty，1908 –1961）：法国哲学家，以现象学著称。——译注

4. 加缪（Albert Camus，1913 – 1960）：法国小说家、哲学家、戏剧家、评论家。——译注

5. 让松（Francis Jeanson，1922 – ）：法国哲学家，《现代》杂志的主要编辑之一。——译注

6. 拉丁语，"无限期地"。

戏。萨特和海狸却没有想到，在中国，毛泽东和苏联正在酝酿彼此的决裂，也不知道这一决裂意味着什么；10 月 1 日在北京举行的国庆节上，他们看到了一场群众参加的以纪念"为了人民的利益"之名而发动的历史巨变的庆典。除非能保持足够清醒的自我，要像阿伦特[1]所说的抵挡住"种种事件的影响"[2]，中国有着广袤的领土和众多的人口，给他们的印象是它从失速的苏联手中接过了接力棒，它打开了一个全面革命的新时代。海狸在她的《长征》一书中热情洋溢地抒发了这种感受：她在革命的中国找到了人可以推翻千年压迫的宿命的活生生的明证。希望不灭，比以往任何时候都要炽热。几年后，海狸和萨特很高兴得到古巴的邀请，这个国家于1960 年庆祝革命胜利的第一年……年复一年，包括在阿尔及利亚人民的起义中，他们继续把世界看成是一个巨大的舞台。很多人也和他们一样，在这个舞台上，不同国家的民众此起彼伏地意识到了自身所受的压迫并决定自我解放。

充满矛盾的一年，但 1956 年也并非完全黑暗的一年。在世界各地，某种秩序——殖民主义的秩序动摇了：在马格里布[3]，3 月 2 日，摩洛哥结束了法国对它施加的"保护"；3 月 20 日，突尼斯独立。但萨特和海狸的同情并不是针对这类和平演变：民众的起义没有得到相应的回报，改革显得可疑，甚至更糟。难道一个开明的民族资产阶级不会乘机夺取政权，再度实施和过去的殖民政府一样的压迫？但对女性而言，这是个伟大的胜利，在独立后的几个月，布尔吉巴[4]发布最初的废除一夫多妻制的条令并朝着两性更大的平等目标对人权法做了修订。左派和极左派又该对 6 月 23 日纳赛尔[5]上台，尤其是他于 26 日把苏伊士运河收归国有所引起的国际危机作何反应？怎么能不站在纳赛尔这边呢？纳赛尔叫嚣反对"犹太复国主

1. 阿伦特（Hannah Arendt, 1906 - 1975）：原籍德国的犹太裔美国思想家，政治理论家。——译注
2. Hannah Arendt, *Le Système totalitaire*, t. 3, des *Origines du totalitarisme*, Seuil, 1972. Cité par Jean - Pierre Le Goff, *La Démocratie post - totalitaire*, La Découverte, 2002.（汉娜·阿伦特，《集权主义的制度》，卷三《极权主义的起源》。转引自让 - 皮埃尔·勒戈夫的《后极权主义的民主》）。
3. 北非摩洛哥、突尼斯和阿尔及利亚的总称。——译注
4. 布尔吉巴（Habib Bourguiba, 1903 - 2000）：突尼斯第一任总统（1957 - 1987），1957 年突尼斯制宪会议通过决议废黜国王建立共和制。——译注
5. 纳赛尔（Gamal Abdel Nasser, 1918 - 1970）：埃及总统（1956 - 1970），苏伊士运河危机的始作俑者。——译注

义"，而另一边，居伊·摩勒 ¹，当时的议会主席，想打击埃及的势力，他怀疑埃及帮助阿尔及利亚"造反"。是以色列于 10 月 29 日最先出兵埃及，随后法国和英国也加入以色列对埃及的发难。纳赛尔赢得了战争，在中东威名远扬，长达十年之久。但是萨特和海狸在很长一段时间，都信不过这位对新阿拉伯联合共和国的埃及和叙利亚共产党人进行残酷镇压的领导人。

在那个时期，似乎还没有人注意到纳赛尔（就像日后伊拉克的萨达姆·侯赛因 ²）的世俗政权让三十年代诞生于埃及的"穆斯林兄弟会"的活动和我们没有料到的伊斯兰教上升势力投鼠忌器。时代的象征，的确！1956 年春，在"印巴分治"后还不到十年时间，巴基斯坦便宣布了它的穆斯林身份。一个充满殖民和后殖民冲突、日益受到石油问题和这些纷争地区宗教回归所困扰的危机四伏的世界，正在成形。对海狸和萨特来说，1956 年尤其是步入"他们的斗争"的一年：阿尔及利亚战争，将在漫长的六年对他们的生活、工作产生巨大的影响。他们和其他有时表明自己是他们的竞争者和对手的知识分子的言行，都在为挽回法国的荣誉作出贡献。当最终和平条约于 1962 年签订时，海狸说，这为时已晚，罪恶已经犯下，战争的恐怖已经留下了无可抹煞的伤疤。

所有这几年都是强烈拥护或反对的年代，非斯大林化的开始让海狸感到了震动，同样还有萨特。阿尔及利亚战争让她大受震撼，她不再满足于身后有一部《第二性》的巨著，满足于每天收到因为她而改变人生的女人们写给她的信。对她而言，解放的思想比以往任何时候都必不可少；支持她所看到的任何地方的解放事业，就显得比任何时候都必要。但同样很明确的是她坚决不会为了它而牺牲自己的作品，证据就是，在她的内心深处，写作这一类作品她感到自己并不是那么游刃有余，她写信告诉艾格林：关于中国的书"不太好"（1956 年 11 月给艾格林的信）。这是一个"太难"的主题。她私人生活的不幸也让她更加下定决心要回到自己能够

---

1. 摩勒（Guy Mollet, 1905 –1975）：法国社会党领导人，社会党国际创始人和领导人之一，社会政治活动家，"民主社会主义"代表人物之一。——译注
2. 萨达姆·侯赛因（Saddam Hussein, 1937 –2006）：伊拉克前总统，革命指挥委员会主席，武装部队总司令，阿拉伯复兴党伊拉克地区领导机构总书记（1979 –1982），1990 年出兵科威特引起海湾战争。——译注

尽情施展创造和思辨能力的领域中来。所有这一切都赋予她重拾"书写自我"这一旧日计划以深远的意义。

*

克洛岱尔希望"用几个音节就勾勒出"《正午的分割》开头的背景乐章，和他一样，谈到出生的时候，海狸并没有停留在还只是个纯粹的消化食道混沌岁月：出生的第一年被一笔带过，很快，西蒙娜已经开始了别人可以为她做见证、留下痕迹的生活。她就是"穿着长裙的年轻夫人们"和戴着巴拿马草帽的先生们冲她笑的照片上的"宝宝"：这是"我"，一个刚结婚不久的夫妇的第一个孩子——长女。当妹妹降生的时候，我先来，自然我优先。"我拥有一个妹妹；但这个玩具娃娃却不能拥有我。"[1] 相互性彻底缺失："很久以来，"海狸说，"我的不幸就是无法忍受别人的存在。"而"玩具娃娃"的存在并不是一种威胁。《清算已毕》补充并纠正了回忆录中这一部分的描述，甚至深入到她在父母体内的孕育的描述："她之所以诞生，是因为某个精子进入了某个卵子。"[2]

而且，这些配子的携带者还有了一个姓名："1908 年 1 月 9 日，乔治和弗朗索瓦丝·德·波伏瓦生下了我。"[3] 在 1956 年的叙事中，丝毫没有提到生下她的人：房间空荡荡的，产妇消失了，没有任何痕迹，没有一点污渍，甚至家具都是漆了真漆的。在二十世纪七十年代，海狸习惯常常提起"孩提年代"甚至是童稚初年的影响，有时有点程式化。就这样，她试图理解"卡米耶"或她堂兄雅克的欲望和失落："只有童年可以了解个中缘由。"[4] 在《闺中淑女回忆录》中，除此之外，别无其他。在人生最初的这段时间，她一笔带过：因为和大家一样，那段时间没有给她留下什么记忆；因为它并没有什么重大的意义。婴儿时期的海狸，这根本就不合适。当她在《年华的力量》中分析她对婚姻和生孩子的排斥的种种理由时，和萨特一样，她说，她不想在一个他者的存在中"延续"自我；而且，就算

---

1. *MJFR*, p. 9. （《闺中淑女回忆录》）。
2. *Tout compte fait* (*TCF*), p. 11. （《清算已毕》）。
3. *Ibid.*, p. 13. （同上）。
4. *Ibid.*, p. 108. （同上）。

孩子会引起她的关注，她也从未注意过在她眼中不过是一团肉、没有灵魂也没有个性的"婴儿"。

很快就抛开了，这些最初的童稚之年给她留下的只是一个"模糊"的印象："红色、黑色、热乎乎的。"[1]是胎盘和危险？映着血色的"黑"包裹了童年最初的几年，红色、热乎乎的：那也是地毯的颜色，我们不要迷失。这也是"小红帽"的颜色，她穿着带风帽的红色斗篷，挎着放了黄油小罐和馅饼的篮子。我们躲不过危险，狼，和它在祖母的花边睡帽下在黑暗中闪着白光的牙齿[2]。至少，很快地，在《闺中淑女回忆录》中，小小女孩就有一些混杂了她最初感受的超验的本能：坐在她母亲的膝盖上，看着"白漆的家具"和洒在上了蜡的地板上的阳光，她想："我以后再也不能坐在她的膝盖上了。突然，未来出现了，它会把我变成另一个叫我却不再是我的人。我预感到了所有的'断奶'、否认、抛弃和不同的'我'的连续死亡。"[3]她刚出生不久就已经被"一去不复"的忧愁所席卷，被虚无所纠缠。她的意识在这一双重的体验中苏醒了。她要一步步跟随它的发展。的确这个"我"，它是如何构建的？这个萦绕不去的问题始终困惑着海狸，直到作品已经完成，她又回到自身的起点，最初的学习。她不再是那个在《清算已毕》中说话的女斗士，而是一个近乎退隐的女哲人在沉思："有时候在我醒来的时候，我会感到一种孩子气的惊讶：为什么我是我？"[4]

如果说，在1970年，她用主宰了自己命运的"种种机遇"来作答，在1956年的《闺中淑女回忆录》中，她更多的是把思考引向一种最初的觉醒意识引导下的艰苦卓绝的战斗。所以应该回到她的回忆录的起点，和她一起在时间的褶皱里寻找隐藏其间的形象和回忆。何谓一种向世界开放的意识？难道它同时不也是一个正在自我锻造的躯体？一个已经隐约看见未来许诺的人生？所有这一切都同时蕴涵在其中：意识已经浮现在一张吸

---

1. *MJFR*, p. 9.（《闺中淑女回忆录》）。
2. 贝特尔海姆认为《小红帽》非常令人失望：没有给读者留下任何想象："因为小姑娘，在面对直接和显而易见的诱惑时，没有流露出丝毫逃跑或反抗的举动，人们会认为她很愚蠢或者她希望被诱惑。"他总结说，她更符合"一个堕落女子的形象"（*Psychanalyse des contes de fées*, Laffont, 1976.《童话的心理分析》）。
3. *MJFR*, p. 13.（《闺中淑女回忆录》）。
4. *TCF*, p. 11.（《清算已毕》）。

纳世界以便去统治它的贪婪的嘴里。它已经在了，就像萨特和她自己日后的哲学中所展开论述的，《全然超出自我之外》。在欲望和客体之间形成的虚空里，海狸"隐约看见了"、"预感"到了"所有的'断奶'、否认、抛弃和不同的'我'的连续死亡"[1]。她最初的觉醒是以平静的融合和强烈的排斥两者的交替为特征的："我继续长大，我知道自己注定要游荡。"这是50岁的女人回顾"那张镶嵌在英式相框中的孩子的脸庞"时产生的认知：某种逆向的演绎。

对世界的意识是对处在同一种矛盾运动中的自我的意识：一边贪婪地捕捉事物，一边猛烈地摆脱可能对它造成的束缚。生命、思想、作品"之初"的内容有：时而干扰在一个"受到庇护"的世界里幸福学习的愤怒、暴力、抗拒……西蒙娜·德·波伏瓦在童稚初年为自己打造了一个如此清晰、和她日后的介入活动完全相称的形象。她童年的轮廓鲜明、一致、特别，解释了她日后介入的力度、一致性和特殊性。回忆录不是一部编年史或一份档案资料：而是一个受到导向的叙事。它回应了可见或不可见的意图，揭示了出生、相识、相爱等一连串偶然事件背后所体现的必然。在回忆录中，一切都展现在强光之下，受到一只不会颤抖的铁手的操纵。世界通过婴儿的眼睛、手和嘴涌了进来；但婴儿却没有"全盘"接受。抗拒让她挣扎蠕动，厌恶让她哭喊呕吐："人们放弃了，由着她闹腾。"受到"万千新事物"的娇宠、欢娱和庇护，她是一个非常快乐的小姑娘：但这一自我和世界的美好牧歌却不停地被打断，每每"生起气来"，她就会摔倒在地，"浑身发紫、痉挛抽搐"[2]。人们对她的再小的拒绝都会成为她发作的借口。当她开始剥一个李子的皮的时候，母亲说"不行"：她就"倒在水泥地上大喊大叫"。有一次，因为她的佣人路易丝把她从布锡考特广场的沙堆里拉起来的时候，她叫得震天响，一位过路的夫人忍不住一边感叹"可怜的小姑娘"一边递给她一块糖果：可她却踢了那位夫人一脚作为回报。

孩子愤怒、疯狂的症结在哪儿？在于其无能。关于这个问题海狸在几年前的《第二性》中有一篇关于孩子，或者更宽泛地说是关于家庭的论文

---

1. *MJFR*, p. 13.（《闺中淑女回忆录》）
2. *Ibid.*, p. 17.（同上）。

中谈到过。对于母亲而言，孩子就是她想要控制的叛逆意识；而孩子，因为脆弱和依赖，认为自己是一个不得不"盲目"顺从的"小奴隶"。母亲和孩子的关系因此常常是一种"教育的固执和任性的虐待"[1]的混合。男孩的愤怒更容易被母亲理解和接受，因为她从中看到的是他雄性的特征；在母亲身上，和所有女人一样，一边要求她们的"妇女现状得到重视"，一边又"憎恨"这种妇女现状，女孩子的愤怒和之后的叛逆加剧了"她有时会因自己的性别而产生的"厌恶感。不久以后，孩子没必要非得通过愤怒来表明他自己了：就在这个时候，如果她是女孩子，她就会真真切切地和一个有着双重"嫉妒"心理的母亲对上阵：一方面，母亲"嫉妒夺走女儿的世界"；另一方面，她也嫉妒"征服了那原本部分属于她的世界的女儿"；我们也可以在青春期结束时海狸所经历的巨大的精神危机中得到证明，她和不再理解她的母亲背道而驰，对母亲而言，她成了一个"魔鬼"。

对于这段常常被愤怒冲昏头脑的时期，我们感觉到西蒙娜·德·波伏瓦愉快地流连不去：她在其中看到了自己"暴躁的生命力"，是她从来都没有"完全放弃"的某种"极端主义"的起点。因此，她的这一倾向并不是某个成长阶段的产物，而是她保持了一生的个性中的一个特征，就是在这一源头她汲取了毅然决然的力量，在任何时候都要跟威胁到她自身的自由——或在她看来威胁到他人的自由的事物斗争到底。当她看着阿尔及利亚战争把法国变成一个刽子手和帮凶的巢穴时，一切在她的心中都变"黑"了。

如果孩子妥协，他就输了；如果他坚持，并发现别人最终向他作了妥协，他也不见得就赢了：他永远会有一种根深蒂固的想法，认为自己名不正、言不顺，他为此一生都得付出代价。《闺中淑女回忆录》对这个难题作出了斩钉截铁的回答；她一生的成功，她所特有的乐观和勇气都源自一种她很早就学会了的不偏不倚的态度，既不对成年人提出的所有要求持保留意见，也不会轻易接受别人推荐给她的"种种价值观"："我从来都没有真正质疑权威。"[2]同样，她也从来都不跟"东西生气"；相反，会让她气

---

1. *Le Deuxième Sexe*（*DS*），t. II，«Situation：La mère»，p. 375.（《第二性》，卷二，"境域：母亲"）。

2. *MJFR*，p. 22.（《闺中淑女回忆录》）。

得发疯、燃起某种近似绝望怒火的是霸道的话语、专横的命令、某些没有"任何必要"的束缚。在她的有生之年，她永远都不会接受这一点，每一刻、每件事（包括幸福在内）都将受到这个标准的衡量：绝不屈从，不让任何事受到偶然的摆布。只有两件事可以让她消沉，一是世界的平衡遭到了破坏，二是她早熟的个性受到了打击。一天晚上，一个女佣揶揄的一句"先生和夫人在吵架"让她感觉到"脚下的大地都在摇晃"。谁可以长期忍受，尤其是一个小孩，"黑暗和光明混在一起"？但更让这个小姑娘感到受伤的或许是人们触犯到了她还不知道去命名的"我"，这个一刹那是她在他者的目光中被当作一个客体映射出来的、瞬间就要被湮没的"意识"。自打很小的时候开始，她就感到自己是个"人物"，尽管这个人物当时才只有三岁，她就已经无法忍受有人胆敢拍她的小腿肚子。她表示抗议的方式就只剩下她惯用的那一招，"尖叫着冲到人行道上去"。很快她的这一发现就变得根深蒂固："我发誓，当我长大后，一定不忘记人到了五岁就已经是一个完全独立的个体了。"世界重新恢复了它的形状和颜色，它又找回了孩子需要的简单的善恶二元论："世界和谐地拥有'一把火剑劈开'的固定的坐标和主要的类别"：大写的善与恶。中性的概念被"抹煞了"："在叛徒和英雄、叛教者和殉道者之间没有折中。"[1]

无情的斗争开始了，在孩子幼小的内心，在权威的偶然和规律的必然之间；随后，她学会了去面对偶然的所有形式和给予她生命意义的不可抗拒的必然之间形成的冲突。但孩子身上流露出来的强烈的求知欲并没有躲过这一磨炼；这个阶段，她必须进入"成规"、进入语言这门现代科学所指定的固定符号体系，不管是字符还是音符。但自发的正名模式阻碍了她的学习：就像克洛岱尔说的，所有的孩子都希望在词语里寻找与其对应事物的相似之处，比如他在构成单词"火车头（locomotive）"的字母 i 上看到的火车头烟囱里喷出来烟雾，而圆圆的车轮（o）则分别排列在单词中间……这就是她的困惑：这个词语和纸上代表它的符号之间有什么关系呢？这些或多或少有着黑色或白色鞘翅的"昆虫"和它们的发音之间到底又有什么关系呢？

《闺中淑女回忆录》不仅仅是一本描写"充满资产阶级情调的童年的

---

1. *MJFR.*, p. 26.（《闺中淑女回忆录》）。

小说"，它不像某些在书中惊喜地看到她们自身童年景象的女读者所想的那样。当萨特谈到让·热内[1]的时候说他想"完完全全去了解一个人，揭示出受命运钳制的自由，先是被宿命压垮，然后就渐渐认命了"[2]，这就是西蒙娜·德·波伏瓦所描写的出现在她的童年世界里的宿命一种。写到她的反抗时，她用词激烈："如非必然，我决不屈服；我不接受不能反映绝对的真理。"[3]对绝对的热衷，很少有人会如此强烈。她日后遇到的大多数人，尤其是女人在她看来一直都准备在相对、软弱和妥协中沉沦。只有一类女人，她在《第二性》的最后几章中有一章向她们表示了敬意，就在著名的"走向解放"那部分的前面。她们是一些伟大的修女，她发现她们和自己很像，但她们给这种对"崇高的价值之源"[4]的追求披上了"神化"的外衣。和让·德·拉·克鲁斯[5]相似，阿维拉的圣特雷莎[6]是其中最大胆的一个，她以最严谨的方式提出了所有存在和超验之间的关系问题。而其他人，"那些年轻的修女们"，并没有把目光放在超验的感悟上，而是致力于"超脱自己的女儿之身"[7]。或许，她们所有人都逃避了只有"将它贯彻到世上某一个积极的行动"才能"真正"体现出来的自由的召唤。但这些伟大的圣女是海狸唯一宽容对待的修女，因为她在自己身上看到了她们的影子。"只有一个短暂的生命才能在时间中找到绝对。"[8]对绝对的热衷贯穿了西蒙娜·德·波伏瓦的所有作品。她在萨特身边的政治介入中找到了一个对等物，或者说是一种表达、一个替代品，这就是"极端主义"，她在自己身上真真切切地观察到了，并记录下它的内涵。找回童年那

---

1. 让·热内（Jean Genet, 1910–1986）：法国作家，因从小被家庭抛弃，曾经误入歧途，代表作有自传体小说《小偷日记》。——译注

2. *Saint Genet, comédien et martyr*, Gallimard, 1952, p. 645.（《圣热内，演员和殉道者》）。

3. *MJFR*, p. 31.（《闺中淑女回忆录》）。

4. *DS*, t. II, « Justifications, La mystique », p. 585.（《第二性》，卷二，"生存之辩，修女"）。

5. 让·德·拉·克鲁斯（Jean de la Croix Jean, 1542–1591）：西班牙圣人和基督教神秘主义者，创作了大量具有宗教色彩的抒情诗和赞美诗，其中最著名的长诗有《心灵的黑夜》和诗集《热恋的火焰》。——译注

6. 阿维拉的圣特雷莎（Sainte Thérèse d'Avila, 1515–1582）：西班牙著名的基督教神秘主义者。——译注

7. *DS*, t. II, « Justifications, La mystique », p. 587.（《第二性》，卷二，"生存之辩，修女"）。

8. *FdC*, t. 1, p. 96.（《时势》，卷一）。

个一把火之剑把善恶分开的是非分明的世界。的确，在半个世纪里，冷战给世界一个两极分化的形和质——还有理由——没有任何中间过渡：两个"壁垒"的对抗在互相排斥中日益加深。在她名为《Destra e sinistra》[1]的书中，诺贝尔托·鲍比奥，意大利左派非共产党人思想家，展现了他从一个彻底反民主的敌人卡尔·施密特[2]那里感受到的敌友之间的二元对立，而这种对立又被左派拿来对付右派，形成了一种二元对立的政治理念。我朋友的朋友是朋友；同样，我敌人的敌人也是朋友：因此萨特的"共产主义"可能首先是一种"反反共产主义"。在这一斗争中，鲍比奥也意识到，左派将会采用一些二元对立体系，而她完全可以在其中找到积极的内涵：光明/黑暗，善/恶。它的根源是宗教的，东方的，《圣经》的和前《圣经》的；这已经是琐罗亚斯德教[3]中善神阿胡拉·马兹达和恶神阿里曼之间的对立了。

六岁。一个小小的自我意识被点燃了，静静地在照片上正视、严肃的目光中闪耀。这是一个重要的年纪，六岁。就在 1914 年 8 月世界大战爆发前夕，小姑娘发现了"认知"世界——那是她始终坚持的"自我生活"的一个写照——同时，她在梅里尼亚克还发现了一个美妙的世界展现在她眼前，"大自然数不清的隐秘"。在认知世界，一个孩子一上学就预感到了他的未来"非但不是和他自身分开"，反而是在记忆中沉淀。对学习深刻的直觉、深远的定义：在向书的世界、向它所蕴藏的宝库敞开自我的同时，人成就了自我，成了一个依然忠实于自我的另一个新人。整个一生，西蒙娜·德·波伏瓦都保留这份孩子的直觉；她的记忆，她的工作能力都是那几年锻造成形的。成天埋首在图书馆里，"遍看"关于同一个主题的所有书籍，穿越思想的大洲，她对认知的"饥渴"从来都没有餍足过。

---

1. *Destra e sinistra, Ragioni I significati di une distinzione politica*, Donzelli Editore, Roma, 1994, pp. 31 sq. （《左派和右派：一种政治区分的理由和意义》）。
2. 卡尔·施密特（Carl Schmitt）：生于 1888，卒于 1985，虔诚的天主教知识分子，反革命、反自由、反共产主义的德国思想家。对施密特而言，政治就是敌友二元区分。他于 1933 年加入纳粹党，成了纳粹党的司法顾问。
3. 琐罗亚斯德教是古代波斯帝国的国教，是犹太教、基督教和伊斯兰教诞生之前中东西亚最有影响的宗教。琐罗亚斯德教曾被伊斯兰教徒贬称为"拜火教"，在中国称为"祆教"。琐罗亚斯德教是二元论的宗教，有些学者认为它对犹太教以及后来的基督教和伊斯兰教有很大影响。——译注

"我喜欢学习", 1956 年她如是说, 这一表白让人动容: 西蒙娜·德·波伏瓦身上这种诚恳、坦率的质朴说也说不完。地图册上世界的模样, 这就是最初知识所呈现的美丽样子, 今天这样的图册人们已经不再认认真真、正正式式地送给孩子了。对一个早熟的孩子而言——毫无疑问她是早熟的孩子, 认知世界比她日常生活的那个世界要丰富多了, 首先因为前者更加井井有条。一个富裕家庭孩子的闲适生活让她看不到事物的脆弱、世事的艰辛和世界残酷的必需: 吃喝玩乐, 在"活动电影放映机"里看形形色色的画面, 做一个和这些画一样文静的淑女。但这并没有让她感兴趣太久, 很快她就意识到了另一个世界, 尤其是当她看到满面尘灰的煤商朱格拉尔时, 堆煤的仓库战后改建成了纯粹十九世纪装饰艺术风格的穹顶餐厅。但在她的书中有别的什么东西: 书页在光亮下一摊开, 我们就感受到了这份必需。

*

如果说在《清算已毕》中, 海狸常常提到她的"资产阶级"童年所享受到的种种"好处", 同样在 1968 年前后她在关于特权问题上的言论变得强硬了。如果要理解海狸是如何得天独厚, 就得好好想象一下海狸和萨特出生的二十世纪初的那几年"资产阶级"的真正含义。萨特比她大三岁, 于 1905 年 6 月 21 日出生。那是一个和我们现在所生活的法国截然不同的世界, 第一次世界大战将给它带来致命的一击。乡村法国、殖民法国, 理所当然地接受各阶级之间、男女之间巨大的不平等的法国。海狸的家庭是当时很有代表性的"资产阶级"家庭: 她父亲, 乔治－贝特朗·德·波伏瓦是一个曾经梦想当演员的律师, 出生于 1878 年, 死于二战德国占领初期, 利穆赞人; 她母亲, 弗朗索瓦兹·布拉索尔, 出生于 1885 年, 曾经是凡尔登群鸟修道院的学生。在 1964 年《宁静而死》中, 西蒙娜·德·波伏瓦说她母亲躺在她临终的病床上还为她"高高在上的做母亲的尊严"而深感"骄傲"[1]。而她也指出, 在她那个班级的集体照上, 年轻姑娘们的眼睛里"毫无内容"。"我母亲,"海狸说, "走进了充满僵

---

1. *Une mort très douce* (*MTD*), p. 46. (《宁静而死》)。

硬的道德准则束缚的生活：外省的礼仪和传统的伦理道德。"乔治·德·波伏瓦是一个很"健谈"的人，上流社会的花花公子。酷爱读书，喜欢化装演戏，他让妻子也演，"她的美貌弥补了经验的不足"。夏天，在迪沃纳勒班，他们参加了"一些由业余爱好者排的戏的演出"（在当时，这也可以用来抵他们旅居在外的各种开销）。按照传统，以他的文化素质和独断的行事风格，他负责海狸的"心智培养"，她母亲则负责"照顾她的肌体"。对于母亲所接受的教育，海狸感受最深的就是母亲所忍受的种种约束：她已经习惯了"压抑内心的冲动，在沉默中把那些苦涩的秘密埋藏在心底"。婚姻让母亲发现了肉体之爱，海狸说在几年时间里，母亲曾经是幸福的，甚至充满激情。尽管她也慢慢养成了对丈夫的屈从，害怕受到他的批评和嘲讽。因此，1956 年海狸写下了这个可怕的句子："我从来没有见过我母亲对任何东西大惊小怪。""丈夫对妻子的压迫"造成的种种后果毋庸赘言：她禁锢了女人去想问题、去思考、去质疑。在《宁静而死》一书中，母亲的形象还带着其他色彩：夫妻生活对她是一场极其严峻的考验，一个不忠的丈夫，始乱终弃，起初对她百般宠爱，随后就到处拈花惹草，有时在外面厮混到清晨才回家，身上带着烈酒和烟草的味道，并且"他的办公桌里放着他新近的那位美艳情人的照片"[1]萨特也出生于资产阶级家庭，但他的家庭则更非同寻常。尽管他母亲也没少受家庭的约束和管制：很年轻就守了寡，安娜－玛丽带着幼子"小宝贝"回父母家过。夏尔·史怀哲，萨特的外祖父总是把他女儿和外孙统称为"孩子"。等到这个年轻女人再婚后，她又领教了夫权的统治：当他们发生大的争执的时候，她从来都不敢在丈夫面前护着自己心爱的儿子。萨特——就像波德莱尔，还有稍后的罗兰·巴特一样——一点也不喜欢他的继父[2]。

各社会阶层之间的壁垒或许在今天还是非常分明的，但它往往隐藏在一些平等的形式，尤其是司法的平等背后，隐藏在生活水平普遍提高、"文化"活动的某种普及背后。在第一次世界大战前夕，不同的阶层是相互对立的，互相不认识也不相来往——除了一种在今天已经有了很大改变

---

1. *MTD*, p. 49.（《宁静而死》）。
2. "让－巴蒂斯特（他父亲）的死是我一生中最重大的事件：它把束缚我母亲的锁链还给了她，把自由给了我。"稍后几行，"我上头无人"（ *Les Mots*, Gallimard, 《 Folio 》, p. 19. 《词语》）。

的仆役制度。在这个受苦受难、辛勤劳作、一切都蠢蠢欲动的法兰西，海狸的童年是完全与社会现实脱离的。工人阶层对她而言无异于另一个星球上的居民。人们安慰她说"时代已经变了"，工人们不再受苦了，"工作不累，住得也舒适"，因为他们已经习以为常了；还说如果他们"仇恨资产阶级"，那是因为他们"意识到了资产阶级的优越性"[1]。在资产阶级圈子里，对世纪初那几年的记忆还非常切近，当时社会问题已经被提了出来，而且来势凶猛。尤其是当社会主义者团结起来组织了一个"统一社会党"[2]，退出政府转而听命于阿姆斯特丹代表丹大会的领导（1904）：阶级斗争，不和"资产阶级"的政党合作。那几年社会斗争非常激烈，取得了几个振奋人心的成果：1898 年投票通过了《工作事故保障法》，确立了责任由雇主承担的原则[3]。1901 年，通过了"协会"法，还通过了一个创立劳工部的法律。甚至教会也作出了让步。在 1891 年的《新通谕》中，教皇良十三世再次提出了建立一个"更公平的劳资关系"[4]的必要性：梵蒂冈介入社会政治领域在 1918 年以后对天主教徒参与社会公共事务产生了影响。庇护九世在《何等关心》及其附录《事项举要》中（1864）对一系列"现代异端谬论"的惩斥已经被一笔勾销，比如世俗国家（政教分离）的原则、信仰自由、民权至上，类似于 1789 年大革命所取得的成果和精神遗产……声势浩大的罢工也此起彼伏，它们先被克莱蒙梭后被阿里斯蒂德·白里安[5]残酷镇压。1906 年，提交职工每周休息的法令，但该法令一直到 1910 年才被投票通过，另一项法令确定了工人的退休制度。1906 年 5 月 1 日成了历史上著名的一天：克莱蒙梭，当时的内政部长，动用武力遣散了劳工联合会和法国总工会的头头脑脑。在一张当时的史料照片上，我们可以看到盖住了整个大楼门面的燕尾旗，上面写着："从 1906 年 5 月 1

---

1. *MJFR*, p. 182.（《闺中淑女回忆录》）。
2. 工人组织共产国际法国分部。
3. 曾经在布拉格当过几家保险公司的职员，卡夫卡记录了世纪之交被辞退的工人毫无保障的悲惨境地。他们中有一个因工伤而失去了双腿，却只得到了回他故乡小村庄的路费。
4. 可以重读玛莱－伊萨克（Malet－Isaac）老的教科书中关于这些问题精当的综述。
5. 阿里斯蒂德·白里安（Aristide Briand, 1862－1932）：法国政治家，1901－1905 为社会党人，18 次任外交部长，11 次任议会主席。1918 年后致力于维护和平，1926 年获诺贝尔和平奖。——译注日起，我们每天只工作八小时。"（而且是每周工作六天。这就是三十年后人民阵线要求并取得的每周工作"四十小时"的由来。）

不过，有一次，唯一的一次，海狸"预感"到了底层人民的穷苦。那是她和母亲一起去看望他们家过去的女佣路易丝，这个女佣曾经带过她，后来家道中落，贝特朗·德·波伏瓦举家搬迁后就把她辞退了。"我以前还从来没有到过七楼。"[1]海狸说。巴黎的住房结构还是一种纵向的分层；"贫困阶层"住在高的楼层。尽管，社会阶层之间的隔离已经开始横向铺开——东边，穷人区；西边，富人区[2]。七楼在当时是女佣住的楼层。此外，海狸家因为家道中落，也沦落到住在雷恩街一幢没有电梯的公寓的六楼。路易丝和她的丈夫、孩子一起生活的房间位于圣叙尔皮斯区的玛达姆街；和其他人的另外十几间房一样都朝着一条"凄清的小巷"。一张床，一个摇篮，一张桌子和一个电炉。"住所的狭窄局促（雷恩街的公寓没有蒙帕纳斯大街的公寓宽敞舒适）和资产阶级每天无聊的生活让我感到压抑。"但她隐约看到一个陌生的世界："空气中飘着煤灰的味道"，"没有任何光线可以照到屋内的污垢"，存在只是"漫长的临终的苟延残喘"[3]。就像哥白林区的德纳第尔[4]一家住的陋室，和马里于斯的房间只有薄薄的一板之隔，德纳第尔的长女爱潘妮后来在街垒战中救了马里于斯一命……"穷人阶级"和他们在明暗沉浮的生活图景将永远地印刻在海狸的脑海里：后来，在谈到仍旧被称做第三世界的民众的生存境域时，她再次谈到了这些软弱而不能起来反抗的"虫豸"，"从生到死都摆脱不了垂暮的绝望"。随着她越来越站在"被压迫者"这边，她对这些困顿中的人们也可以拥有的力量、决心甚至还有快乐很不以为然。在她看来，"被压迫者"是一个独一无二的阶级，几乎是没有任何区分的，住在七楼的路易丝就是一个很有代表性的形象，让她萌生出一种模糊的阶级意识；当她的孩子死了，海狸想：这太不公平了！然后擦干眼泪，"没有去质疑这个社会"。

这种让她和萨特都"一直仇恨"的"资产阶级生活"当时还对未来

---

1. *MJFR*, p. 182.（《闺中淑女回忆录》）。
2. 第二帝国以来，这种格局就已经形成，以至于拿破仑三世，"消除贫困化"的拥护者，对万塞讷森林进行的整治，就像在布罗涅森林迁入了一些富裕家庭和高雅的游乐设施一样。
3. *MJFR*, p. 183.（《闺中淑女回忆录》）。
4. 德纳第尔、马里于斯、爱潘妮都是雨果的名著《悲惨世界》中的人物。——译注一无所见：第一次世界大战结束后，地租全垮了，本来答应要给的"嫁妆"永远都没有兑现（这也是海狸家生活开始拮据的原因），牙齿咬着刀子的人，"布尔什维克分子"，出现在张贴在墙上的海报上。可疑的财富积聚起来到头来却毁于一旦：海狸的母亲永远都看不惯那些坐在咖啡馆露天座的"外国佬"（在《青春手记》中能看到这个词能让海狸气得跳起来）。

在世纪初或战后那几年资产阶级优游的生活中，"民众"只是以农民的形式存在的，因为这个资产阶级当时还是靠地租供养着，但和战争一道，这种形式在慢慢丧失。海狸的祖父母辈就属于这一情况，那是一个利穆赞的地主家庭（她母亲，弗朗索瓦兹，出生在一个官员和银行家的家庭）。当时，海狸眼中有的只是乡村的美好："我喜欢乡下，农民的生活在我看来很幸福。"[1]而这种对土地的依恋是一份无与伦比的遗产：海狸从中汲取了真实世界、所见所闻、世界美好的意义，这一直都是萨特所缺少的。梅里尼亚克的美丽、"紫色的山毛榉"、照亮利穆赞粗犷而肥沃土地的夏天，对他而言永远都是陌生的；当他在构思《恶心》的时候，他观察着一棵树的树干，他在一封写给海狸的信中用笨拙的笔触勾勒了这棵树的树叶，加了一个简洁而庄严的注释："这是一株栗子树。"

在这个越来越没钱的家中，但这个家还是很传统的资产阶级家庭，或者说是很资产阶级的传统家庭，孩提时代的海狸亲眼目睹了两性所扮演的角色之间的严格分工，直到她所接受的教育：当她母亲仍然把她当小孩子看待的时候，她父亲已经在她身上最早看到"我家小女初长成"；这为她赢得了一段宝贵的时间。海狸在《闺中淑女回忆录》里谈到了童年时代父母对她的教育的互补性，早在几年前，1949 年发表的《第二性》中，她也探究了这一教育模式的种种后果：女性屈从于一个压迫她们的秩序，她们对这种压迫的不满转而施加在她们的子女身上（尤其是施加在她们的女儿身上）。海狸在小时候就观察到了这一现象：母亲内心的怨恨通过其他方式爆发出来，就像她通常对待弱者总是"阴沉着一张脸"。海狸的母亲没有沉溺在西蒙娜·德·波伏瓦作品中无数次描写到的女性的谵妄中；但从时间上看，她始终是海狸笔下无情评判的"不独立的女性"长廊中的

---

1. *MJFR*, p. 181.（《闺中淑女回忆录》）。

第一人，因为她是第一个在女儿的生活中占据重要位置的人。

她母亲把自己归属于一个传统的世界——她有"她的日子"，和她虔信的习惯：父亲是怀疑主义者，母亲却非常虔诚，这同样也是非常传统的一种家庭模式。海狸日后对自己所出生的那个"社会阶层"作过无情的评判，但她小时候并没有少受偏见的影响，而且她承认自己当时认为那是理所当然的：当她参加教理课的时候，她从来不和教区的其他孩子厮混在一起，她感到自己属于"一个精英阶层"[1]。是的，那是辉煌的"资产阶级格调"，尽管没有了昔日的荣光，尽管公寓里没有浴室，而且必要的时候晚上还要下楼倒垃圾。父亲跟他的两个女儿说："我的小丫头，你们以后要嫁不出去了。"他常常这样说，听到这样的话她们也没表示任何抗议。"你们不会有嫁妆，你们日后必须去工作。""我喜欢工作远胜于嫁人；至少工作这个前景给人以希望。"[2]海狸在 1956 年辛辣地评论道。而在她最初的《手记》（1926 年 8 月）中，她对婚姻的看法却要传统得多[3]。说到底，这对一个像海狸一样聪慧的年轻姑娘而言是一件大好事；她得到了读书求学的机会。而她的女友，出生在富裕家庭的伊丽莎白·拉库安就没能完成学业。

*

总是回到这个问题上：回忆录是一种有意识、有导向、审慎的建构。对往事的追溯是围绕着一系列有着鲜明对照的形象展开的。其中的一条线索就是两个小姑娘截然不同的命运，一切让她们走到一起又让她们日后分道扬镳：海狸和扎扎——伊丽莎白·拉库安——她们是十岁那年在德西尔夫人[4]的课上结识的。在回忆录中，这成了充满英雄主义色彩的篇章："两位闺中淑女"最终是如何踏上了彼此背道而驰的道路。一个在花季凋

---

1. *MJFR*, p. 66，（《闺中淑女回忆录》）。
2. *Ibid.*, p. 145.（同上）
3. 1926 年 8 月 26 日："还有婚姻。或许有一天我会结婚；如果这不能如愿，但至少这是可能的。总之，这是我此生能够遇到的最大的幸福；我想对所有的男男女女而言，这都是他们此生所期待的最大的幸福。"
4. 遗憾的是，这门课程的创建者阿德琳娜·德西尔的姓氏上并没有闭音符，她是"一个德高望重、大家准备让她名垂千古的驼子"。（法语欲望 désir 和德西尔 De-sir 只有一个字母之差——译注）

零，另一个功成名就。这是相同出身的年轻女子可能呈现的不同命运的图景，尽管她们有着同样的年龄、同样的家庭背景、同样的教育。和"扎扎"——伊丽莎白·拉库安相遇标志了回忆录的第一部分，也就是童年的终结。它正好处在海狸一家家道中落并且从此一蹶不振的时期。那是在1917年底，对所有人而言都是非常艰难的岁月，人人都感觉战争永远都不会终结了。她父亲1915年应征入伍，原先说好的岳父岳母家要给的嫁妆彻底泡了汤，次年年初，他们就不得不搬家，离开蒙帕纳斯大街迁到雷恩街七十一号没有电梯的六楼公寓，西蒙娜·德·波伏瓦用非常灰暗的笔调描绘道：光线很暗，非常狭窄。但在几个月前，1917年10月开学的时候，"我旁边的板凳上坐了一位新生：一个剪短发的黑发棕肤的小姑娘"[1]。她就是伊丽扎白[2]·"马比耶"——伊丽莎白·拉库安，别号"扎扎"。

不仅扎扎很快了小海狸"最要好的闺中密友"，她还将在波伏瓦式恢弘的史诗中扮演一个重要的角色，同样也因为她的英年早逝；因此她成了海狸日后尝试文学创作的最初的对象：最完美的作品《属灵事物挂帅》的主人公，这部作品1938年遭到了出版社的拒绝。贯穿《闺中淑女回忆录》的线索同样也是海狸一生都在偿还的内心的旧债：欠扎扎的债。她们的生活和命运紧密地缠绕在一起，以至于海狸在回忆录的第一卷写下了这样的结束语："一起，我们跟觊觎我们的沉沦的命运做抗争，很长一段时间这个念头纠缠着我：是她的死换来了我的自由。"[3]奇怪的想法，尽管现在她已经不再这样想了！她并没有要求扎扎作出这样的牺牲，但她却穷尽一生去还这笔旧债。这就是为什么在海狸的作品里，经常有没有结局、搁浅的故事，为了还扎扎一个公道。在二十世纪三十年代，以《属灵事物挂帅》为名，海狸用五个故事含蓄地讲述了扎扎的死和发生在她身边的一切，她遭到了两家出版社的退稿，她一声不吭地接受了，把手稿收在了一个抽屉里，一直到1979年在两个决定要发表她所有未发表作品的学者的坚持下才重新拿了出来。

1917年和扎扎相遇彻底改变了少女西蒙娜·德·波伏瓦和这个世界所

---

1. *MJFR*, p. 125.（《闺中淑女回忆录》）。
2. 当时的"哈英"时尚？海狸总是把伊丽莎白中的"*s*"（莎）写成"*z*"（扎）。
3. *MJFR*, p. 503.（《闺中淑女回忆录》）。

维系的关系。扎扎有八个兄弟姊妹，但她独立、口无遮拦，尤其是她的胆大妄为让海狸目瞪口呆。同时她还是个好学生，在她们之间滋生的不是一种相互竞争的关系，而是一种相互激励的关系。第一个圣诞节她们就一起演出了一出短剧，两人扮演青梅竹马的一对小儿女：海狸穿着粉色的裙子扮演塞维涅夫人，而扎扎"穿着男孩子的衣服"扮演塞维涅夫人不安分的年轻表弟。拉库安一家（回忆录中的"马比耶"，和《属灵事物挂帅》中的"维尼翁一家"）的一切都让海狸印象深刻：扎扎的父亲是铁路局的工程师，他们住在瓦雷纳街，扎扎的母亲脖子上围着一条黑色的天鹅绒缎带，扣着一个古老的首饰，"有点做梦般的和蔼缓和了她女王般的高傲气度"。他们是虔诚的天主教徒，身边总是围了一堆吵吵闹闹的孩子，自家的孩子和他们的表兄妹、堂兄妹。扎扎的多才多艺让海狸赞叹不已：她撰写家庭大事记，会做干果蜜饯，会爬到树上用脚钩着树枝倒挂金钟；她会弹钢琴，而且在成功地表演完后敢当众朝她母亲吐舌头！这一切和她那位腼腆、举止拘谨、不自然的朋友西蒙娜截然相反，如今回想起来，这位21 岁花季少女的凋零更叫人悲怆感伤。"虽然我循规蹈矩，但我喜欢新奇、真诚、自发的东西。扎扎的活力和独立让我折服。"[1]

友谊一触即发，情深意重，给小海狸打开了一个未曾意料到的世界：当她心爱的女友不在身边的时候，整个世界都"黯然失色"。这份感情、这份失落，她"不晓得要怎样去命名它"，但它就在那里。第一次体会到了情感的大起大落，当扎扎重新回到班上来的时候，心情从被弃的低谷一下子飞抵了"阳光灿烂"的巅峰。扎扎会死吗？如果是，"我一定会从板凳上摔下来，奄奄一息"。没有什么比一个人苟活更糟糕的了。但在当时，她满足于做"她最要好的同学"；根本不需要一种情感上相互的完全对等，她说，当时"我认为世界上没有比做我自己和爱扎扎更美好的事情了"[2]。的确在这两个愿望之间没有任何冲突。未来可以证明这一点。

扎扎和她就是在"德西尔的课上"结识的。海狸所接受的教育让人吃惊的地方，也是她和萨特所接受的教育截然不同的地方，在于她没有通过

---

1. *MJFR*, p. 131.（《闺中淑女回忆录》）。
2. *MJFR*, p. 129.（《闺中淑女回忆录》）。

国家免费提供的当时已经向女生开放的世俗学校的教育就知道如何找到自己的出路。海狸的全部中等教育和一部分高等教育都是在充满资产阶级（和宗教）色彩的私立学校完成的，当时体面的人家都把女儿关在这样封闭的学堂里；她没有上过公立学校——和她一样出身的女孩子不上这样的学校——也没有上过高中。当她 1939 年被任命到卡米耶－塞中学教书的时候，海狸还从来没有享受过 1880 年 12 月 21 日通过的以卡米耶－塞命名的法案的好处。左派议员，茹尔·费里的朋友，卡米耶－塞宣称："女孩和男孩一样有能力接受中等教育。"在他的推动下，女子教育摆脱了私立或宗教学校的束缚，此前只有私立和宗教学校才负责女子的教育。但是直到 1925 年，女生学习的内容才和男生完全一样。塞法案的实施在两院都引起了激烈的讨论，教会也插手了，害怕在女子中学里会培养出"一批有自由思想的女性"。又一次，她和萨特的经历是多么的截然不同啊！如果说海狸在《清算已毕》里说她从一出生就"顺风顺水"[1]，那萨特就更不用说了！他也出生在一个资产阶级家庭，他外祖父是一个大学学者，著名的日尔曼语专家、教授，好评如潮的教材的编撰者。而他又是个男孩，他将走标准的"精英"路线，这里所谓的精英的最根本的概念是它不仅仅是由男性构成的。在拉罗歇尔待过一段时间后，紧接着就是首都的知名中学，亨利四世或路易勒格朗中学，它们的高中班，最后是乌尔姆街[2]——当时是政治家、大学教授和几位"伟大作家"的摇篮。海狸从来没有说起过萨特曾经拥有的"好机遇"：她从来都没有遗憾过十二岁那年她没上成父亲本想送她去就读的公立中学。她母亲不许她去。那又会怎样？她问自己。她坦率地回答："日后我还是会出人头地。"[3]

她有点嘲笑学校创始人阿德琳娜的外表，"一个德高望重、大家准备让她名垂千古的驼子"，但是她对待课业的"导师们"（因为她们不是"教师"[4]）却带着心里偷着乐的宽容：在课堂上有一道独特的风景，母亲们也会来听课，"坐在黑色鼠皮缎的长沙发上"[5]，刺绣或者织毛衣。海狸在那

1. *MJFR.*, p. 24.（闺中淑女回忆录）。
2. 指的是巴黎高师。——译注
3. *MJFR.*, p. 23.（闺中淑女回忆录）。
4. *Ibid.*, p. 31.（同上）。
5. *Ibid.*, p. 32.（同上）。

里很自在，很单纯，因为她喜欢"学习"，日常生活并不能满足她求知的胃口。她在那儿一直待到考完两次会考，第一次是1924年7月考的，评语良好；第二次是来年考基础数学和哲学。第二次会考后，她的父母不希望她备考塞弗尔的女子高师，她自己也不想。"塞弗尔"的老生跟她描绘过花园里的图景："渴望得到知识的年轻美貌的姑娘们在月光下散步。"这一点也不让她向往；她也不想把自己和"女人们"[1]关在远离巴黎的外省；但她也没想过自己或许也可以像西蒙娜·韦伊一样加入乌尔姆街。她在天主教学院准备考普通数学证书，在讷伊当时由玛德莱娜·达尼埃鲁[2]负责的圣玛丽学院准备文学学士文凭，这位校长是音乐学家阿兰·达尼埃鲁和日后的枢机主教若望·达尼埃鲁的母亲。

*

　　小海狸所接受的宗教教育就是她出生的那个巴黎中产阶级通常为子女提供的教育；常常是母亲过度的虔诚和父亲的批判精神势不两立。尽管海狸非常清醒地意识到自己是需要某些独处的时刻，来摆脱像茧一样令人窒息的家庭关怀，但从传统意义上说她依然非常虔诚：她喜欢《福音书》，更喜欢耶稣那张"温柔而忧郁的脸庞"。她沉浸在祈祷中，在课间，她溜进小教堂，抱着耶稣像的膝盖，对着他流血的身躯哭泣，然后才让他"重返天国"，与"最神秘的圣灵"融为一体，是它赋予她生命，而且有朝一日会让她体会到存在的"辉煌"。这个词并不是空洞的：她同样也用它来指代那种谜一般的大自然所呈现出来的生命力。她的世界的确是多极的：如果说它完全是上天安排好的，但城里的日子和在梅里涅克短暂的度假却截然不同。一边是孩子和学生生活，和父母一起，在一个资产阶级的公寓里，位于她急切想窥破其隐秘的城市的中心（在她窗下马路上匆忙走路的行人在做什么？当他们一家搬到雷恩街六楼的公寓之后，她就再也看不到

---

1. 女子高师创建于1881年7月26日，同时也推出了女子教师资格考试制度。和乌尔姆街的高师合并要到1985年才得以实现。
2. 法国第一批通过教师资格证书考试的女子中的一个。她认为女子教育是一个"召唤女子在家庭和职业生活中、在政治和社会领域、在教会中发挥重要作用的"社会内部的关键问题。

这一景象了）；而另一边，每年，在梅里涅克短暂的假期。"我们在利穆赞过夏天，在爸爸家。"（注意孩子气的称呼"爸爸"在海狸成人的话语中又重现了她当初孩子的形象[1]）

"当我离开城市的时候，一切都变了，我完全沉浸在无限广袤的大自然的动植物中间。"[2]这句堪与《荷马史诗》媲美的开头开启了美好的篇章，沉醉的孩子为事物和事物之名而欣喜。每年魔力都会发挥效力，玉兰花"感伤"的气息几乎要让她招架不住：因为它们的存在和它们的绚烂已经预示了虚无的到来。O rose, thou art sick! 布莱克感叹道。"哦，玫瑰，你病了！"玫瑰的花心隐藏着虫子——死亡。而在大自然中间，大地一直和一个永不停歇的耳语"我在这儿"两相呼应，心跳的韵律就像一个时钟的钟摆，难道这不是在"无垠的天空下"对"无限的寂静"作出的回答？无需太多的东西就会被无依无靠的焦虑感所湮没，但上帝就在那儿，"他看着我；借微风抚摸我，借大自然的芬芳让我心旷神怡"，这种"过节"般的幸福给了她"永恒"[3]的感受。

然而，随着时间的流逝，这份确信在慢慢分化；她所期待的宗教的崇高灵性迟迟没有显现，父母和神甫在庸常的训诫中总是同一个鼻孔出气——"我的小西蒙娜变了"。神甫喋喋不休像个虔诚的老妈子：他只是个爱听闲话的长舌妇，他所从事的圣职也是欺世盗名。上帝"勉强"[4]没有受到质疑，但信仰他的日子已经屈指可数。"我勉强缝补好破碎的天国"：这种缝缝补补不会持续太久。一天晚上，在梅里尼亚克，一切都结束了。"天"与"地"之间的矛盾暴露了："牲口棚热烘烘的气息升到空旷的天空。"[5]每个词都很重要，寓意深远：在空旷中，人们在一幅油画上涂上淡淡的、透明的颜料来赋予它光泽，有一种宇宙空间非人化、高处不胜寒的冰冷。而在"下界"，是散发着有机生命臭烘烘的热气的牲口棚。大自然

---

1. 不幸的是，这种区别在今天的语言中已经消失殆尽了。我们可以听到一个五十好几的摇滚乐手向来听他音乐会的"妈妈"致意，或者某个运动员，在经过的比赛的风吹日晒后，他"爸爸"在跨大西洋的竞赛的终点迎接他。因此，西蒙娜·德·波伏瓦巧妙运用的修辞就少了一种韵味：出现在另一个声音、另一个主题、另一个时代的句子中的"自由直接引语"。
2. *MJFR*, p. 34.（《闺中淑女回忆录》）。
3. *Ibid*., p. 112.（同上）。
4. *Ibid*., p. 186.（同上）。
5. *Ibid*., p. 190.（同上），要注意"glacis"这个词也指军事要塞前面的空地。

的壮美围绕在她周围，她双手伸进夹竹桃花丛中的清凉，潺潺的水声，远离诗人所谓的"悲壮的行星"："世界/由星辰和人类组成的世界/在天上/已有一段时间：一切已终归沉寂/在天上/在苍穹那些幽深狂野的花园/在天上/在那些太阳周围/就像/喷射火焰的蜂窝/在谜一样恢弘的空间/像无数美妙的蜜蜂一样/旋转着/悲壮的行星 。"[1]

当夜晚完全降临，少女继续在床上遐想着阅读带来的种种梦幻，让她"想入非非"。纯真年代，尤其是虚伪的生活的终结。不可能再假装了："我明白没有任何东西会让我放弃人间的欢乐。'我不再相信上帝了'，我对自己说。这很明显：如果说我信仰他，我就不会听凭心灵的乐趣去冒犯他。"上帝消失了，在某种程度上是因为他自身的过错；因为他给了少女他不再能满足的对绝对的热爱。"我太极端、太绝对了，我不能这样生活：在上帝的眼皮底下对这个世纪同时说是和不是。"是他或者是我：如果他存在，我就不存在。"我不和上天妥协。如果上帝存在，只要你对上天的安排稍有抗拒，那便是大错特错。如果他不存在，那我们对上天的安排稍有接受，那也是大错特错。"抛弃上帝不仅仅是一种拒绝：这是一个合乎逻辑的结果。"我态度明确！"[2]但我们也看到：在神秘的冲动中，还是有某些让海狸永远都无法做到无动于衷的东西。她对此总抱着些许幽幽的怀念，好像其他任何东西都不能企及她在"超越自我"的过程中所见识到、体会到的显圣的深邃和炽烈[3]。

从上帝虚无的存在中解放出来，海狸很自豪重新寻回了自我，没有受到年龄和性别的局限，在"她所钦佩的自由精神"的陪伴下，怡然自得。这就是她的铠甲，战斗的海狸的铠甲：她像密涅瓦[4]一样，从上帝缺席的虚无中全副武装地出现了。她那位"认为勒南[5]是一位圣贤"的父亲对反

---

1. Emille Verhaeren, *La Multiple Splendeur*, 1906. （爱弥尔·凡尔哈伦，《种种辉煌》）。

2. *MJFR*, p. 190 –191. （《闺中淑女回忆录》）。

3. Cf. notre ouvrage, *l'Amazone du grand Dieu*, Bayard, 1997. （参见我们的作品《伟大上帝的巾帼英雄》）。

4. 密涅瓦（Minerve）：古罗马宗教所信奉的女神。司掌各行业技艺，后来又司理战争，常被人们认为与希腊的雅典娜为一体。——译注

5. 勒南（Renan Ernest，1823 –1892）：法国哲学家、历史学家和神学家，著有《耶稣的一生》、《基督教起源》等。——译注

教权主义和孔布[1]法相当反感[2]，但他用自己的"怀疑主义"为女儿指出了道路。不再相信上帝，就是一场"偶然的冒险"：相反强烈动摇她的并不是上帝缺席所造成的逻辑和思辨上的种种后果；因为"想象一个没有造物主的世界比想象一个重造了所有矛盾万物的造物主"要容易得多。真正发作出来的是回归到一种自然、原始的焦虑："世界的面貌"变了。"突然一切都沉默了，怎样的寂静！"上帝原来在的地方如今是一个空白，在这个空白中间，"突然，我孤身一人［……］没有见证人，没有对话者，无依无靠。"我不为任何人而存在，我难逃一死。又一次：哭喊，发神经，"我抓挠着红色的地毯"。更难受的是，感到自己和"其他人"有了隔阂，比如她母亲，还不得不掩饰这一认识。如何看待自己、评判自己？在他人的眼里，她生活在虚伪和谎言之中；在她自己的眼里，完全是另一回事。"我在自己的孤立中看到的不是一个耻辱的印记，而是一个卓尔不群的标记。"从这种焦虑中既不会出现荒谬的诱惑——没有上帝世界将毫无意义；也不会出现绝望的诱惑——没有上帝当所有人抛弃我的时候谁来安慰我呢？她的行为举止没有改变，"精神法则深深地镌刻"在她身上让她无法把它和上帝一起抛弃。这种法则只能更加根深蒂固：如果就像尼采所说，不存在一个"此后的世界"，那她就会对现世寄托她所有的期待。如果上帝不存在，一切都要求她做一个坚定不移的无神论者。如果上帝不存在，那就不会有任何救赎和宽宥可言：一切都无法补赎。这就是她在十五岁的时候给自己选择的"终极自由"。

说到底，上帝或许在这件事上并没有我们想象的那么无刻不在：他只是所有我们盲从、敬奉的虚假的绝对被物化、神秘化了的形象。战斗的结果就是她发现上天是"空洞"的，这帮助她加深了这种直觉：世界需要我和我的行动。她在"地上的雄心壮志"就在这里，一直以来或许只是隐藏在她虔信宗教那个时期信仰的光华之下。当她一旦开始思考，她就看到自己带着特别的、卓尔不群的印记。结婚生子？不！多么令人厌烦的老生常谈，索然无味的重复，喋喋不休的教诲。她第一次以"战斗的海狸"的面貌出现是在卢森堡公园用她孩子般的怒火来对付大人们专横的意愿；

---

1. 孔布（Emile Combes，1835－1921）：法国总理，在反教权、取消教会在某些重要方面（尤其是教育方面）的公共职能中起到了重要作用。——译注

2. *MJFR*, p. 50.（《闺中淑女回忆录》）。

1922 年某个夏天的夜晚，她为自己制造了最初的武器来抵抗外界所有的干预。面对一个要她低头服输的未来，她偏偏要赢：我会出人头地，用我自由选择的方式，我将成为一位作家。对人类的安乐窝和他们"牲口棚的气味"无动于衷，星光点点的天空显露了构成它的无依无靠的虚空。就在小姑娘所躺过的杂草丛生的田野上空，一棵橡树巍峨地高耸云天。"我将像它那样。"[1] 她心想。通过她为自己设定的庞大的计划，而不是她的"存在"的特质：她"选择写作"。只有写作才能让她真正成为她"自己的因"和"自己的果"[2]。

关于这个早熟的、始终不渝的"写作"的决心，西蒙娜·德·波伏瓦常常会作出解释，说得尽量详细。当她十五岁的时候，她在一个女友的相册上写下和她个性相符的爱好和计划，她毫不犹豫地写下："做一位知名作家。""我憧憬这个未来，别无其他。"[3] 如果"写作"意味着"做一位知名作家"，她并不是出于自负才写下这个选择，也不是考虑到社会形象：在写下"知名"一词的时候，作者触及到的是最多数的读者；她的书会为作者赢得"最普遍的、最发自内心的景仰"。对交流的热衷：已经在之前的几页中，在教布娃娃和玩具娃娃（她妹妹）的时候，她已经表现出了一种"传授"的欲望，紧随求知的欲望之后，那么强烈，让她感到是一种召唤，一个使命，一项任务："有那么多的东西驱使着我！应该唤醒过去，照亮五大洲，潜入地心，围着月亮转。"[4] 这是儒勒·凡尔纳的作品对她的影响，胜过学习要修的课业：认识世界，就是发明一些方法（一些机器）去发现它、思考它。同样也是梦想它。因为一切对孩子而言就好像世界需要他才能够存在："当我睡着了，世界就消失了；它需要我去看它、认识它、理解它。"[5]

更有甚者：它需要我去书写它。

而与此同时，小萨特也追随着同样的梦想：他在《词语》中做了很长

1. *MJFR.*, p. 196.（《闺中淑女回忆录》）。
2. *Ibid.*（同上）。
3. *Ibid.*（同上）。
4. *Ibid.* p. 95.（同上）。
5. *Ibid.*（同上）。

的解释，他讲述他是如何最终放弃了天才和伟大作家的那个永恒的世界还有用文学救赎的念头，转而把理想寄托在把他的命运和同时代人紧密联系在一起的介入行动上。但是写作的选择对一个男人和一个女人来说显然是不一样的。"战斗的海狸"进行的"成为自我"的战斗，并在"写作"中旗帜鲜明地证明它，这对她身为女人的"境域"而言意义重大：此外她在同一页还记下了："女同胞中最著名的几位都出现在文学领域。"她是不是"作为女人"而进行了这场战斗？在任何时候，甚至在二十世纪四十年代末她都不会说身为女人这一事实从来没有"妨碍"过她，从来就无足轻重。然而，她所做的、她想做的、成功地做到的，都不是一个男人用同样的方式、同样的条件可以完成的。萨特，年轻时，或许甚至在他整个一生，命运的概念深入他的思想：萨特感到自己生来就不同凡响。新教间接的精神遗产？当海狸意识到她有一个理想，它或许会让她走上"作家"的道路，但这首先是她强加给自己的一个任务，源于一种"我存在于一个（我）日后会消亡的世界（和）丑闻之中的早熟的意识"[1]。在命由天定这一点上，首先是天主教徒和新教徒之间有一道鸿沟，之后，在天主教的教义中也存在着分歧，好像战斗的结果在战斗开始之前就已经注定了。这些在海狸身上没有丝毫体现，一切都会在那儿，遵循她的时间，她对此非常确信，但得经过激烈的战斗才能获得。而相信天命的人只要坐等命运降临就好了。她不相信自己的命运，却相信自己的力量：她知道自己勇敢，甚至很"刻苦"，什么都不会让她害怕，除了死亡和担心萨特去世后一人独活。"有志者事竟成"，这是她的人生格言，她最终把这一格言推而及人，尤其是推而用在其他女人身上。这种看世界的方式表明了一种优越感，她在《手记》中不止一次承认这一点，但这也通过完全相反的一种感受表达过——1976 年她对约翰·杰拉西[2]说：既然我可以做到，为什么其他人不能做到呢？她的自豪感总是被一种在上帝面前众生平等的深厚的情感（仍旧是天主教的）所中和：是她本人多次如是说。

---

1. *MJFR*，（《闺中淑女回忆录》）。
2. 杰拉西（John Gerassi）：纽约市立大学研究生中心政治学教授，和波伏瓦的访谈"西蒙娜·德·波伏瓦：《第二性》25 年后"发表在 1976 年《社会》（1/2 月刊）上。此外他还著有《让－保尔·萨特：他的世纪的为人憎恶的良心》等。——译注

*

  她对自身的命运、自身的力量的信仰，或许我们之前没有准确地衡量过，直到我们可以读到海狸在她青春成长期间，1926 年初（第一本已经遗失）到 1930 年 10 月的《手记》：这是紧跟着 1925 年秋获得"新生"之后的岁月。阅读这些手记不啻为一场震撼。翻看它们，我们仿佛亲历了一个地下墓地的开掘：身体、物件、绘画，奇迹般地逃过了时间的蹂躏，鲜活而准确地揭露了一个我们以为已经消逝的世界。尽管《闺中淑女回忆录》是那么生动、那么鲜艳、那么令人信服，《手记》展现的却是另一种风貌：它们让"死去的小姑娘"复活了，而回忆录却徒劳地寻找着那位小姑娘的踪迹；和她一起复活的，是当时的巴黎，文化圈的氛围，在树林溪流里划船，它的美好。这是成为海狸之前的一个海狸，早在成年之前的她在创作的巅峰期重新阅读、审视、重构自我之前的海狸。

  自然，《手记》的丰饶也令人瞠目（约五百页），笔调中透露出一种智性的极度早熟，尤其是刚满十八岁的年轻姑娘在写它们的时候的那份看待自己、评价自己、猜到了未来的命运的自信。《闺中淑女回忆录》曾经从中汲取灵感来描绘她逐渐挣脱家庭、宗教桎梏的道路，通过依然被她称作"精神生活"的种种跌宕的思想活动。在《手记》中，我们看到的是"实时"的她。她对自己进行评价、观察，定期对自己的"进步"作"总结"，服从于内心的她不能全然做主也不能完全负责的才思的涌现：她就是一个不断变形的发生地，她看到这一变形的状态和后果。"1926 年 10 月的我，十八岁零九个月：我在自己身上看到的，首先是一个认真、严谨、坚决的我，我不明白个中缘由，但我屈从于这个内心的自我，仿佛这是一个神秘的、压倒一切的需求。"

  1926 年夏，还没有得到海狸这个别号的她已经度过了第一年的高等教育的学习，但她感到自己已经经受了某个"考验"[1]（我们没有看到对此事的确切记载），她成了另一个人——也就是说她自己：裹在少女时代周

---

1. 1926 年 10 月 31 日："去年我痛苦地发现并征服了自我；这是一项宏大而美妙的工作。"

围的最后一道朦胧的面纱被扯碎了。在 1928 年 10 月的"人生总结"中她明确地说道:"我的新生可以上溯到 1925 年开学,距离现在有三年时间了。[……]智慧——努力地学习,阅读不谈论日常生活的严肃书籍——不可动摇的想法,对自我的无知——大约从 1922 年以来,我童年那种狂热的虔信就完全死掉了——在一次有点痛苦的精神危机之后,我终于迈出了这一步。幸福就在天空的蔚蓝里。很多东西都结束了:老套的课程和微不足道的女友们——我对扎扎的热爱在上哲学课这一年冷却了——斩断了和宗教的最后维系。"从那时起——就像她日后规划的一个总结——她为自己而活、而看、而希求。没有时间可以浪费。因为死亡已经在那儿了:既不遥远也不切近,就像我们存在于世的现状。1928 年 4 月 6 日:"对死亡的恐惧,巨大的恐惧,摆在我眼前的每分钟都在逃逸的尖锐的感觉[……],再一次,我的身体战栗了。"这也是 1929 年初把她和"羊驼"拉近的主题之一,"羊驼"是"小同学们"给勒内·马厄,也就是《闺中淑女回忆录》中的"艾尔博"取的外号——"尽管他有冷幽默的一面"(1929 年 3 月 21 日)。他也害怕死亡,"和我一样:再也看不见芳草,哦!绿树……"她的道路已经画好:还有她的目标。"我要积聚一种力量可以让我得到永远的庇护"(1928 年 2 月 6 日)。她刚满 20 岁。这是一支战歌;我们在其中听见了某种古老、悲壮的回声,仿佛路德 [1] 的圣诗,*Ein'feste Burg ist unser Gott*,"我们的上帝是一座坚固的堡垒"。在这个二十岁的年轻姑娘身上有一种雄心壮志,一种将渲染她日后整个人生色彩的"hubris" [2]。年轻的海狸,这个成为文学家之前的海狸,于是将通过一系列的追求来塑造自我,为了能够圆满地成就她的人生,而不只是简单地"度过"岁岁年年。

1926 年 12 月 18 日,她写道:"我找到了自我:我是我,我知道我是我了。我已经完全成熟了,完全拥有了我自己。"此后,她就生活在某种狂喜之中,尽管带着些许遗憾:要彻底抛下她依然有些留恋的少年、童年的羁绊。要抛开她的父母,她和他们之间维持着一种矛盾的关系,有时候很高兴看到他们依然年轻快乐;有时候又讨厌她母亲对她吹毛求疵的看

---

1. 马丁·路德 (Martin Luther, 1483–1546):德国宗教改革者。——译注
2. Hubris,希腊语,意为"傲睨神明"。

管。要抛开她妹妹，在参加教师资格考试（1929）之前的岁月里，海狸有时候对她宠爱有加："哦，我的妹妹，我亲爱的玩具娃娃，你那么善解人意，总会用你的柔情给你的蒙娜[1]一个温馨可靠、时刻敞开的庇护所，亲爱的同伴，亲爱的另一个我。祝你幸福，我深爱的，我的妹妹。"后来，一切都变了，幸好"玩具娃娃"没有马上读到1950年10月10日海狸写给尼尔森·艾格林的信件："我可怜的妹妹去了三四家画廊，亮出了她的画：没有一幅是有看头的［……］一个女人给她看了在她的画廊里展出的其他作品，把它们和我那可怜的妹妹的画作了比较：您看到了？这才是绘画，而那简直就是狗屎……"阿尔及利亚战争让她们更加疏离了。

这份欣喜，这份狂热以街景、春天的树木，秋天天空的颜色和所有未来的蓝图作为养分，她确信自己将会留下"作品"。1929年6月25日："奇怪的确信，确信这份财富将被接受，这些词语将被言说和聆听，这个人生将成为一个供无数他人汲取的源泉。"她感到一种无穷的力量在体内滋生——智性的、哲学的、生命的、道德的——她带着好奇、不安和欣喜观察着它。她对它充满了信仰，不仅看到了她所能做到的一切——才智、早慧、忠诚——而且确信自己有朝一日可以功成名就。对自身力量的这一狂热信念表现得几乎令人担忧："啊！我，我的孩子，靠在我的心口，为了让我自己在一个狂喜的下午重新成为一个神……"（1929年4月19日星期五）。因为紧随这些时刻而来的常常是严厉、消沉的自省的时刻。海狸在这里让我们隐约看到了在她整个的人生和她作品中的一个特色："当我想到我自己，我焦虑地看着这个需要填满的无谓的生活。我没有价值、没有力量，但我知道除此以外一切更是一钱不值。我害怕，我孤独。"（12月25日）这些起起落落的情绪此消彼长，什么也不能让她完全克服这种情绪上的波动，害怕自己会承受不起，会迷失其间，这或许就是为什么海狸人到中年时不时会用极其犀利的语言提出某些悖论的原因，在这样的语言下，隐藏的或许是她内心的焦虑。

因为这不是一种命运，而是一种志向。不仅仅是她对自己日后要成为一个名人的确信，而且是一种召唤，召唤她成名，一种用尽全心全力的介入的欲望。我们被抛到这个世界上，没有得到任何许诺，没有任何一个声

---

1. 西蒙娜的昵称。——译注

音引导我们在"蓝天苍穹下"走自己的路：因为她的透彻，她并没有花太多时间就从中找到了答案。她在自身发现的一切让她感到自我的强大："对每一分钟的忠诚。我身上没有任何东西在沉睡；没有任何东西需要被唤醒；一切都确保了一种紧张刺激的生活；一切都在眼前。"欣喜、兴奋、突如其来的沮丧。就好像她身上对立的两面在对峙：脆弱的一面在坚强、勇敢的另一面寻求到帮助。她遐想着自己乐意去写的故事，年轻姑娘的命运，还有"在一个想自由自在地'存在'却不得不时刻压抑的灵魂和他人之间进行的斗争，野蛮人战胜一个因为软弱而无法和他们抗衡的苍白灵魂"。

这些"野蛮人"是直接从巴雷斯[1]那儿来的，她年轻时代喜读的书，还有纪德、阿兰－富尼耶[2]、雅克·里维尔[3]的书。出版于1888年（巴雷斯才只有26岁），《在野蛮人的眼中》既是一本成长小说，同时也是"自我崇拜"的宣言，这是书中第一部分的内容。"在野蛮人一词中看到腓力斯人[4]或资产阶级意味是非常错误的。"巴雷斯写道，"那是出于怎样顽固不化的职业习惯啊，我把人类分为艺术家和非艺术家?""野蛮人"是那些和他的年轻主人公菲利普（自传的痕迹很明显）的"梦想"相违背的人，是"所有不是我的一切"，就像对希腊人而言，他们就是"所有不是他们自己的人"[5]。我们的自我，就是"我们的器官在环境的刺激和野蛮人的阻挠下所作出的反应"。自我崇拜并不是接受原原本本的自己，而是要自我实现，因此需要持之以恒地努力。在接下来的一卷，《贝蕾尼斯的花园》，菲利普，年轻的巴雷斯的化身，将会明白"是我们创造了世界"。"一个自我的成长故事"，《在野蛮人的眼里》的确很适合当时的海狸阅读，她在1926年10月5日写道："我不需要引任何人走进这个我可以恣

---

1. 巴雷斯（August Maurice Barrès, 1862 – 1923）：法国小说家、评论家、政治家。——译注
2. 阿兰－富尼耶（Alain – Fournier, 1886 – 1914）：法国小说家，著有《大摩尔纳》（Le Grand Meaulnes, 1913，也有译为《大个子莫林》、《故梦》或《美丽的约定》)。——译注
3. 雅克·里维尔（Jacques Rivière, 1886 – 1925）：法国作家、评论家，1919 – 1925负责《新法兰西杂志》。——译注
4. 腓力斯人（Philistins）是地中海东岸的古代居民，引申为没有文艺修养的人、粗俗的人。——译注
5. Editions en ligne « In libro veritas », p. 9.（在线电子版）。

意嘲弄'野蛮人'的秘密花园。"11 月 5 日，在"我的所思所想"这一栏下面："应该完全生活在野蛮人的圈子之外。对于我的人生，他者的经验不能给我带来任何裨益。"我们知道在历史的推动下，发现被不理智的力量所左右的人群的威力和解放后由此引出的团结和"责任"之前她还剩下多少路要走。慢慢地，在《手记》中，对野蛮人的援引消失了：这并不意味着这类人已经完全消失。只是当时，他们不会再威胁到她了。但是他们或许会通过其他方式卷土重来。

巴雷斯不会被遗忘："爱你自己，驯服他，滋养他，如果需要，就和那些努力成长的'最卑微的'人们一起。"海狸暗自下定了决心。那些"为了成长而努力"的"卑微"的人们，海狸正尝试去遇见他们。《青春手记》神奇地为我们再现了这一段艰难、微妙的时光，她想走出知识和社会地位所营造的优越性，和一切都和她不同的年轻人多多来往，小伙子也好，大姑娘也罢。"一生总结"（1928 年 11 月）："那是 1925 年开学，也就是三年前，真正的我诞生了。1925 年，我度过了我作为孩子的最后的假期。[……]十月到了。为了考我的文学学士，大家建议我去讷伊——新开始……满心钦佩，我看着加里克为我打开了一个新世界……"罗贝尔·加里克是她在讷伊的老师：她很迷他，决定参加他在大战前夕组建的社会救助团体。

罗贝尔·加里克 1896 年出生于欧里亚克，1967 年去世；1919 年他创建了社会救助团体，埃德蒙·米什莱[1]、路易·勒普兰斯 – 兰盖[2]、弗朗索瓦·布罗科 – 莱内[3]，还有其他人都曾经做过会员或激赏过这个团体。加里克是里约泰的同路人，正是在后者的"眼皮底下"他掀起这一运动，他是在有过战壕体验的法国诞生的一个新型社会基督教的绝对化身。在《属灵事物挂帅》五个故事中的第一个里，西蒙娜·德·波伏瓦很好地再现了当时的氛围：回归天主教的大潮，战争对社会造成的动荡，对下层阶级的恐惧，一心想"教育"他们的资产阶级的迷梦。在时而兴奋时而厌弃

---

1. 埃德蒙·米什莱（Edmond Michelet, 1899 – 1970）：法国政治家。——译注
2. 路易·勒普兰斯 – 兰盖（Louis Leprince – Ringuet, 1901 – 2000）：法国物理学家，科学史家和散文家。——译注
3. 弗朗索瓦·布罗科 – 莱内（François Bloch – Lainé, 1912 – 2002）：法国政治家。——译注

的马塞尔这个人物身上可以隐约看到她的自画像："一些学生给年轻工人送去唯一可以赋予人自尊的精神粮食；同时，他们也被民众灵魂中那无私、愉悦、英勇的火焰照亮了。"马塞尔也害怕不能在"满手老茧的男人和满面尘埃的女人"的目光中找到小小的"理想的微光"[1]。在这一希望"各阶级之间和解"的愿望中明显带着受布尔什维克主义影响的痕迹，苏联刚刚取得了革命胜利（1917）。在被占领期间继续这一事业的国民救济会[2]在贝当的眼中显然是顺应了这个愿望：但团体中的老成员如埃德蒙·米什莱都是伟大的抵抗分子[3]。

团体的经历帮助年轻的海狸走出了自我和对一个鹤立于野蛮人群的自负的"我"的追寻。一开始，显然是失败。1926 年 10 月 10 日："和团体若即若离的接触没有给我带来任何帮助。"之后她意识到或许她自己应该作出更大的努力，但很快她有点高高在上地发现这根本就没有用。1927 年 2 月 10 日："在团体中也一样。我懒得尝试去跟她们谈文学或提升自我之类的话，她们能做得到吗？"但是，慢慢地，她投入到这份工作中，有了兴趣。1927 年 4 月 18 日："团体中的小妹妹们：快乐、充满活力、聪明、真诚，最纯朴的人们身上'真'的表现，我感到很幸福；我很高兴可以从封闭的自我中走出来，可以自然而然地赢得友情。"同年 5 月 9 日：她在"团体的魅力（和纯朴的同志并肩做善事）、索邦大学的魅力和坚固的友谊"中间找到了平衡。她所使用的还是从那些好街区来的"闺中淑女"的方式："在民众中有某种年轻的、直接的、感染人的东西把我和那些比我当初想象得要更坚强的年轻姑娘们维系在一起。"（1927 年 12 月 16 日）但是在最后的几本《手记》中，这已经不再是问题了。后来，她完全摈弃了天主教，不管是不是社会党人，对"阶级斗争"原则的赞同，促使海狸严厉地批判最初的这些介入活动天真的一面。团体在她看来是一种从政治的角度来看很危险的理想化了的形式，遮蔽了阶级调和的思想后面真实存在的阶级压迫。

---

1. *Anne, ou quand prime le spirituel*, p. 62.（《安娜，或属灵事物挂帅》）。
2. 国民救济会（Secours national）成立于 1914 年，负责在社会服务部门的协助下为一战中的受害士兵、他们的妻子和普通民众提供救助。二战期间国民救济会直接受附敌政府的领导，1944 年改为法国互助会（Entr'Aide française）。——译注
3. 加里克于 1943 年被授予荣誉军团勋章。

虽然带着基督教和自身矛盾的印记，社会救助团体却反映了在经历过二十世纪最惨痛的教训，"前线"的教训和一个渴望秩序的社会的呼声。一些彼此风格迥异的作家如德日进[1]和恩尼斯·荣格尔[2]都尝试理解存在的本质。在死亡的威胁和随时可见的景象面前，在疯狂发展毫无限制的技术的力量面前，站在同一个战线上的斗士之间产生了新的团结，这种友爱有时甚至是超越了战线的手足之情，但很快被扼杀在血泊之中。在《关于历史意义的谬论》中，捷克哲学家雅恩·帕托什卡[3]进一步论述了被他称为"前线积极性"的观点。前线是存在的临界状态，人一下子发现了人类状况的本质，而这种本质被日常"生活的奴役"如工作、每天反复的琐事、活力的再生、消费所遮蔽了。前线——炮弹和死亡黑色的光芒照亮前的短暂时刻："无限的自由，冲破了日常生活的奴役。"帕托什卡在二十世纪七十年代建构了"被动摇者[4]的友爱"这个有力的概念，是抵制从被僵化的革命中发展而来的社会的有效砝码和反作用力。这就是从第一次世界大战中走出来的一个世纪，二十世纪的路径，但它可能并没有从中吸取教训：战争卷土重来，源于上个世纪的乌托邦在最大程度上得到了实现又经历了失败。在两次世界大战期间让正在尝试一种并不适合她的政治介入活动的年轻海狸听到这样的言论非常及时。

*

1926 年 11 月 5 日："我的思想紧紧围绕在这个三重问题上，当时我不仅从理论上或从实践上的对它很感兴趣，而且这一兴趣是那么至关重要以

---

1. 德日进（Teilhard de Chardin，1891－1955）：法国科学家、神学家和天主教神父，和中国结下了不解之缘。——译注
2. 荣格尔（Ernst Jünger，1895－1997）：德国著名文学家。——译注
3. 雅恩·帕托什卡（Jan Patocka，1907－1977）：捷克哲学家，师从胡塞尔。——译注
4. 在《历史哲学的异端式论考》一书中，帕托什卡通过对一战前线两军对垒的经验进行深入思考，提出了"被动摇者"（les ébranlés）这一概念。在战壕中，日常生活的所有价值都受到了质疑，在死亡无时不在、无处不在的威胁下，在经历着相同际遇的敌我双方的心灵深处都滋生出一种"动摇"和人与人之间的手足情深。后来帕托什卡把这一概念推广到所有经历过极端境域的人身上，比如经历过东欧共产主义体制压迫的人。"被动摇者之间的友爱"应该可以把这些生活在从"僵化"的革命中诞生的新社会中的人们团结起来。俄国革命和其他一些革命都失去了他们的原动力和解放的使命，转而成了一些压迫的体制。——作者补注

至于对是什么和应该是什么的疑问合而为一：生活——爱情——幸福三位一体。"

在 1926 到 1928 年的手记中，在回忆录严谨的逻辑中，情感教育到来了。在成为海狸之前的海狸所经历的两种爱情形式是紧密相关又相互不同的，她在两种情感中让自我得以成长：她对扎扎炽热的友谊和对她表兄雅克的爱情。两个故事齐头并进，也在同一年宣告结束，至少在回忆录中是这样：《手记》却流露了更长时间的动摇，旧情难了，而不像回忆录中所说的她在 1929 年遇到萨特后就一剑斩断了旧情丝。

"表兄雅克"的故事完全是海狸年轻时代极具代表性的事件。雅克是二十世纪二十年代典型的好家庭出身的年轻小伙子。尚比尼奥勒（在回忆录中是莱吉荣）家族祖祖辈辈都是玻璃制造商，定居在洛林，雅克聪明、有教养、有点懦弱，不能满足海狸为他、为她和为他们共同的未来所确定的高要求。她在他身上寄托了阅读《大摩尔纳》后产生的少女的所有遐思。爱上雅克是因为引导她走进了现代文学的殿堂的是他，因为他把她当年轻姑娘对待，带她去酒吧，冲淡了她在最初认识扎扎那几年因友谊而萌生的"激情"。但他并不仅仅是深入到少女乃至孩提时代的爱情所理想化了的形象：这份爱让年轻的海狸面对了她一生都在思考的问题，如何调和爱情和独立之间的矛盾？在爱情的互相依赖、在婚姻中如何不失去自身的自由？她很早就开始想这个问题了，《手记》证明了这一点，而且她的思考带着惊人的冷静。在她生命的这个阶段，婚姻在她看来是顺理成章、不可避免的事情，或许还是彼此相爱的男女的理想归宿：但她也意识到了婚姻后面所隐藏的一个"可怕"的暗礁，这是她所使用的字眼。1926 年 8 月 21 日："还有婚姻。或许有一天我会结婚；如果不能如愿，这种可能至少也是存在的。总之，结婚是我此生能够遇到的最大的幸福；我想对所有男人和女人而言，这都是他们此生所期待的最大的幸福。嫁给自己爱的人，或娶到自己爱的人。但这一幸福究竟是什么呢？如果没有激情，婚姻又是如此可怕。"

在《手记》中，海狸一下子戳到了婚姻的要害：它迫使结婚双方都为对方放弃对自己而言"最私人、最珍贵"的东西。确切地说，就她和雅克的情况：婚姻将是两个迥异的人的危险的结合：1926 年 12 月 9 日："不应该围着他过日子。在生活中，威胁所有女人的危险正是这个：她会放弃所有对对方而言不是马上需要的一切，她会满足于把自己塑造成他想要的样子。而在我身上，恰恰有很多东西对雅克来说毫无用处；但不应该牺牲它们。"对待雅克，尽管她对他时不时还是旧情难却 [1]，问题的关键却在于她不能真正去面对他："他喜欢幸福；他接受奢侈和优游的生活；而我，我需要不断进取的生活！［……］我需要行动，需要燃烧，需要实现自我，我习惯了刻苦的工作，我需要一个目标让我去达到，一部作品让我去完成，我永远都不会满足于让他满足的生活。"（1926 年 10 月 23 日）"我想要的那么多！"她感叹道。而他，他想要的却那么少。在爱还是不爱他之间的犹豫不决潜伏在挥之不去的焦虑之中：如果她在爱情和幸福中迷失自己、看着自己最大的决心慢慢消失殆尽？她试着让自己安心，去设想未来生活更加平淡的图景，他们的夫妻生活，"温暖的家庭"甚至一个孩子。1927 年 1 月 19 日："下午我梦到这个又胖又乖的小男孩把一个硬币放在一位女乞丐的手中，梦到我们日后幸福的家庭，我教我们的儿子向你学习：我们会有许多平静的夜晚，我们过去的不安、丰盈的回忆、岁月永远也不能磨灭的完满青春的炽热，都会慢慢平息。"但她并不相信。

　　是雅克使她认清他没有雄心壮志的资产阶级优游公子哥儿平庸的本性。海狸有点不知所措，甚至当她得知雅克和一位叫玛戈达的女子有瓜葛时，她还在残存的希望和痛苦的思绪深渊中挣扎。对雅克，她还是有些恋恋不舍：比她《闺中淑女回忆录》中描写的要更加难舍难分，在回忆录中一切要简单明确得多。注定要遇上萨特，雅克慢慢受到了冷落和淡忘。这是个"已经结束的故事"，用非常波伏瓦式的理由和说法作了了断：雅克回到了资产阶级秩序的温柔乡中，一个她所不齿、准备和萨特一起互相扶持所要逃离的秩序；一个将要夺去扎扎生命的秩序。雅克沉湎于酒精、女色，被不顺心的生意缠身。在回忆录中丝毫没有提到他在尚比尼奥勒的手工作坊里烧制的精美的玻璃制品，那是 1935 年他为豪华游轮"诺曼底号"制作的。正相反，回忆录浓墨重彩描写了他的挫败：不能切实地投身到装饰艺术中去，尽管他在这一艺术长足发展的时候曾经对它情有独钟，"浪

---

1. "哦！十二岁的雅克永远也不会复活了！我多想能呆在他身边再次回到我的童年。我们的十九岁已经那么苍老！我怀念我们孩提时代的深情厚意：'我们因爱走在一起。'"（1926 年 11 月 10 日）

荡、风流、嗜酒、爱撒谎，我就不复赘言了，雅克想必会是一位让人憎恶的丈夫"。

他的妻子把他扫地出门。二十年后，当海狸再次见到他的时候，他几乎沦落到一个半瞎的流浪汉的地步了，靠写字混饭吃：他"四十六岁死于穷困潦倒"。这就是原本她打算嫁的男人。唯一值得称道的悼词（对他，也是对她，因为她曾经爱过他），是他从来都不满足于"平庸的挫败"，从来都不"斤斤计较"。他的命运和其他资产阶级的孩子们一样，但他比其他人要更清醒那么一点点：不能同时"披着资产者的皮"又"逃离它"，他试图逃跑，却因于自身的种种矛盾。又一次，一切仿佛都在"童年"埋下了伏笔，这是回忆录最后一卷挥之不去的主题，而读者读着又有点意犹未尽。

于是，对他的描写用以下这些无情的话作为终结："雅克在我的人生中真的重要吗？显然扎扎比他重要多了。"[1]如果她当初嫁给了他？"他会不会少喝点酒？"不会的，她想，"他身上的空虚我不认为自己可以帮他填满。"雅克只是海狸作品中无数和命运失之交臂的形象中的一个罢了。

*

相反，扎扎的命运，是一个半途夭折的命运。对称而具有颠覆性：海狸的自由就建立在这些悖论上。

她和扎扎的关系在少女时期快要结束的时候发生了变化。在《手记》中写到的自我诞生和内心骚动的那一时期，扎扎已经不再是年轻海狸正在为自己打造的世界的中心了。回忆录印证了这一点。"崇拜"扎扎的她欣赏女友随着虚妄的年岁增长没有变丑，写的信从容裕如让乔治·德·波伏瓦为之惊叹，她慢慢在扎扎身上又找回了当初让自己倾心的种种优点。海狸知道女友的母亲看自己不顺眼，但这没太让她感到不自在。学业让她着迷，她成绩优异，神情也越发"从容坦然"了。尤其是扎扎跟不上她"激进"的新步伐了。或许扎扎憎恨她所处环境的"假仁假义"，但不像过去一样和海狸一起辛辣地讽刺它了。扎扎变得爱幻想；海狸也慢慢和她疏远

---

1. *TCF*, p. 31. （《清算已毕》）。

了。这并不是因为海狸爱上了表兄雅克，而是学业使然：海狸通过了一个会考，之后又通过了两个，扎扎也一样，也被录取了。但"我对她的关心远远不如对自己的关心多"。距离更加拉大了：会考后的那年，她选择了哲学，因为她直奔"本质"而去；扎扎选择的并不是这条路。

从那时候开始，在回忆录中，扎扎成了代表性的人物形象：代表了那些逃脱不了"沉沦"命运的"闺中淑女"，尤其是像扎扎一样，她们继续爱着压迫她们的母亲。对海狸而言，她已经意识到了自己的使命：她揭穿了扎扎矛盾的两重性，一边排斥一位海狸所憎恨、所不屑的母亲的指示和严厉，一边又对她言听计从。在马比耶夫人眼中，她是个地地道道的"女知识分子"，"我憎恨知识分子！"[1]这样，扎扎的顺从就更加让海狸受不了。这种顺从，我们在两人的通信和扎扎1928年末在母亲的要求下去柏林待了几个月期间所写的日记中都能读到。在扎扎的信件中流露出来的，还有她也不再完全赞成她的"西蒙娜"了。那个在演奏结束当众朝母亲吐舌头的"叛逆"的小姑娘死了吗？扎扎是一个镜像，回忆录和其他一些作品都见证了这一点，海狸试着偿还欠扎扎的错综复杂的情债。但扎扎已经不再完全是海狸生活中的一个重要人物了。扎扎自己也感觉到了：她写给她们的共同朋友热纳维尔芙的信比她写给海狸的最后几封信要更加随意、更加亲密。

海狸也给自己找了一些别的女友，更叛逆，更多地引导她步入肉体、性感和爱情生活。其中有斯泰法，一位年轻的波兰姑娘，美丽、活泼、非常机灵。当拉库安夫人去看望德·波伏瓦夫人的时候，她说："我不认识斯泰法，我只认识阿维迪科维奇小姐，她是我孩子的管家。"（1928年12月16日）海狸感觉自己和斯泰法越来越亲近，认为她"戴着青绿色的无边女帽很迷人"（1928年10月5日），她想"像一个男人那样"拥吻她。斯泰法觉得有点好笑，打趣地看着她好像看一只"白鹅"，她并不太明白那几年海狸最关注的问题：如何和一个男人构建一种"性感只占据一个可以严格控制的位置"的关系？"但是，亲爱的，"斯泰法反驳道，"肉体之爱是很重要的，尤其是对男人而言。"（1928年10月5日）在这一点上，海狸完全同意她的看法；她喜欢克洛岱尔曾经写过的一句话："正是为了

---

1. *MJFR*, p. 399.（《闺中淑女回忆录》）。

这个我才是女人，为了能被一个男人拥在怀中。"她憎恶莫里亚克的原罪意识。而且，扎扎和她的想法如出一辙：她虔诚的冥想并没有把她和感性现实割裂开来；当"克莱罗"（莫里斯·德·冈迪亚克[1]）很严肃地自问"天主教订婚的男女"之间能做什么时，扎扎生气了，她说："这些是老姑娘和本堂神甫们才考虑的问题！"最终，在学业上大步迈进的海狸总结说她已经受够了"做一个纯粹的唯灵论者"。但她补充说，"性禁忌在我身上依然是那么强烈，'以至于我可以想象自己吸毒或酗酒，但我甚至不能想象自己纵情'"[2]。

但她对扎扎的描写却非常令人迷惑；在海狸的作品中，扎扎常常需要屈从于一种"教训"，它不会彻底改变她，但会影响她、塑造她，这首先或许尤其是海狸在当时的逻辑，那个时期对她们两个的命运来说都至关重要。命运的铁钳夹住了扎扎；接下来是一场无情的悲剧，发生的种种事件就像亚里士多德对一个成功的悲剧所要求的一样"一波三折"。扎扎爱上了普拉代尔（梅洛-庞蒂，有段时间年轻海狸很看重他），而且在她看来这份爱是两情相悦的；她试着逃避家里帮她安排的婚姻。《手记》，1929年6月28日："扎扎跟我谈到［……］包办婚姻的荒唐，她母亲为了迫使她顺从而摆出了令人瞠目结舌的论据：'女人只有被爱，没有爱，玛丽-泰蕾丝[3]不就嫁了一个没她聪明的男人。'"扎扎的故事是一系列爱情上的失意和分手，她的家庭（她母亲）在其中起到了决定性的作用。第一次人们已经把她和她所爱的年轻男子拆散了，这一次，她母亲也没有心慈手软。在某个时刻，判决下来了："妈妈要求在没有新的指示之前我不能再见他。"这很残酷，她说，"这很难熬，"但她更多的是替他感到遗憾："痛苦，"她写道，"我早就已经习惯了。"她对"普拉代尔"充满了幻想，但后者却非常缺乏勇气。如果说扎扎在她母亲面前很软弱，普拉代尔就更糟糕，在要作出决定来挽救他们之间所谓的爱情的紧要关头竟然逃跑了。海狸很气愤，随着时间的流逝她的怒火并没有平息。她引了普拉代尔信中的一段扎扎以为可以让自己放心的话。扎扎怎么能接受这样的话，他的老

---

1. 莫里斯·德·冈迪亚克（Maurice de Gandillac，1906–2006）：法国哲学家和历史学家。波伏瓦回忆录中克莱罗这个人物的原型。——译注

2. *MJFR*，p. 431.（《闺中淑女回忆录》）。

3. 扎扎的姐姐。

掉牙的观念，他对一种"和世上的一切调和"的生活的期盼？在此期间，扎扎的家人对年轻姑娘严加看管，用寄宿学校和修道院的旨在"打消叛逆少女的意志"的阴险手段和扎扎的抵抗磨到底：一刻也不让她独处，逼着她会客、微笑。起起落落的希望和痛苦让年轻姑娘筋疲力尽，她决定求助于宗教。海狸则更明确，也彻底得多，这个没有出路的矛盾只有一个解决方法：那就是普拉代尔要迈出一步，他得向"马比耶"（拉库安）夫人提亲。

普拉代尔没有这么做，出于种种理由，扎扎在一封信中认为那都是"合情合理"的——我们并不知道更多的内情。扎扎已经不是故意用斧子砍伤自己的脚而逃避苦差事的小姑娘了；她妥协了。这一逃避让海狸对普拉代尔越发不满："我给他写了信。"他回信说：他姐姐已经结婚了，他哥哥马上要去摩洛哥，他不能在这个节骨眼上离开他母亲给她这"致命的一击"。所有的理由都显得虚假，甚至连马比耶夫人都不相信。他个性的懦弱和"扎扎狂野的心"之间有多大的反差啊。这一悲剧给出的一条黑色的教训就是：在爱情中，女人几乎永远都是失败者。尤其是当她们有着一颗"狂野的心"，束缚会让它破碎。她们甚至可能因此死去。或者在谵妄、疯狂、自慰或自欺欺人中沉沦。原本理智可以挽救扎扎、让她身上虔信的一面和痴心的一面得到调和：迈向解放和自由的第一步，虽然这一步往往是残酷和痛苦的。扎扎没有这么做；太多的牵挂让她和她母亲所代表的世界紧紧地纠缠在一起，她一边做着无谓的挣扎，一边全盘接受。

很久以后我们才知道梅洛-庞蒂的顾虑是源于一种和他母亲之间复杂痛苦得多的关系，而不是作为"孝子"所要承受的过分的"煎熬"：在当时，他是个"太过细腻"的男子，扎扎在读了一封迟迟才到的信之后忧心忡忡，那封信还是海狸发了一封气压传送信逼他写的。他得"整整一周都陪着他母亲"，没有来赴扎扎最后的邀约。最后的临阵脱逃。扎扎于是再次决定去柏林；突然什么都不让她感到害怕了，出现了一些令人担心的过度兴奋的征兆：一切都会好的。"在她的态度中有一丝疯狂的阴影。"就在这时候她开始发烧头痛，她被送到一家诊所。此前不久，她去过普拉代尔的母亲家里，跟她说了一番疯话："让不在家？他已经在天上了？"这让普拉代尔的母亲吓了一跳。当年轻男子回家的时候，他惊讶地发现她的额头和手滚烫；第二天，她发了谵妄。四天以后，她死了，临终遗言："不要忧伤，亲爱的妈妈，所有的家庭都有废品：我们家的废品，就是我。"

海狸故意让扎扎之死充满了神秘，仿佛她是发高烧烧死的，就像十九世纪小说中的人物，受着高烧的折磨死去。西蒙娜·德·波伏瓦不同意扎扎之死纯属病理原因：对她而言，扎扎另有死因。是什么呢？是人们施加在她身上、她为了服从母亲的意志而接受的束缚，母亲代表了天主教的假仁假义和资产阶级的伦理道德。1979 年，在给《属灵事物挂帅》的初版写序的时候，西蒙娜·德·波伏瓦写道："扎扎的死是唯灵论的罪过。"在同一本书中，她狠狠地报复了拉库安夫人。维尼翁夫人（拉库安夫人）的祈祷拉开了第四个故事的帷幕，安娜，为读者带来了片刻纯粹的快感。作者辛辣的讽刺淋漓尽致地宣泄于笔端，刻画了她令人厌恶的卫道士的嘴脸："主啊，我感谢您降临在我身上。［……］您把照顾这些灵魂的使命交给我，有朝一日您会让我跟您汇报，帮帮我，保佑我［……］毫无疑问，这是男人的笔迹，索邦大学某个男生的笔迹，我们这个圈子里随便哪位年轻男子都不会允许自己给我的女儿写信。"故事的结尾部分更加残忍。安娜刚死，她母亲就让人以为她的死是有福的："落在她身上的不幸不是上天的诅咒，而是一个被上帝选中的福祉。"安娜尽可以在坟墓里腐烂，她母亲则获得了救赎。在《手记》中，扎扎之死只是一笔带过："11月 25 日，扎扎死了。"痛苦隐没在字里行间，潜伏着，隔了一段时间才浮出水面。12 月 13 日："扎扎的葬礼——大家一起，在这个教堂，仿佛是为了参加她的婚礼。可怜的纳尔（扎扎的一个哥哥）和一切——太悲惨了。如此悲惨以至于慢慢地，其他的忧伤都缓和了，任何痛苦都变得可以忍受了。"痛苦继续蔓延就像悔恨。很久以后，她还会梦到她，"在一顶粉色的遮阳宽边女软帽下蜡黄的一张脸"——可怕的样子——"带着责备的神情"看着她。

但在作品中，生活占了上风，好像在小树身上注入了活力。之后她也常常这样做，海狸在作品中找到了自己的替身或者把自己折射到好几个人物身上：在《属灵事物挂帅》中，她既是安娜的"最好的朋友"尚塔尔，她没能救安娜的命，在安娜死后她感到被女友作为留念的"金发"照亮了。但她同样也是玛格丽特，帕斯卡尔的妹妹，就像海狸一样懒得只做一个唯灵论者，晚上她会徜徉在暧昧的街道，兴致勃勃地看着照在小乐队周围的红色光线，还照着手叉在腰上拉客的涂脂抹粉的胖女人。就像西蒙娜·德·波伏瓦在相同的年纪所做的那样，玛格丽特以一种下意识的胆大妄为解放了自我。她大胆地在酒吧挑逗陌生人，躺在吸鸦片的女同性恋者的床上，发现"存在是可怕的"。一天晚上，厌倦了为一个不要她的男人哭泣（就像海狸因为失去雅克的爱而哭泣一样），她有了一种领悟："世界闪闪发亮就像一枚崭新的钱币。"她仿佛从中听到了一种神秘而狂野的召唤。

她得救了。海狸也是。

*

她得救了，她遇到了萨特。对于这一相遇她在回忆录中写道："萨特完全符合我 15 岁时许下的心愿：他就是我的化身，在他身上我看到了自己所有炽热的爱好。当我在 8 月初离开他的时候，我知道他将永远不会走出我的生活。"她的命运已经打上了烙印：她整个人生都将带着这个印记。和雅克的爱的终结还有扎扎之死是她步入新生的重要标志。暑假归来，她按响了莱吉荣（尚比尼奥勒）的门铃，雅克在家，犹豫着，捋捋头发，那些无法面对、太软弱、爱撒谎的人所特有的动作："我不爱他了!"她当晚在日记中写道。在她新的感情和新生的开端，他已经失去了分量，他不过是人们留在路上的旧日残骸而已。目前，"我的双手是空的。"她说。只留下一句忧伤而有节奏的句子，节奏本身就是一个不可能的解释："毫无疑问，这个命运已经深深地系在这个孤单、受惊的小男孩的心里了，在莱吉荣世家的光荣和尘埃里。"在她命运的传奇中，表兄雅克找到了自己的位置，作为吞噬自己孩子的资产阶级渺小或伟大的悲剧的典型。

两个月后，扎扎之死让可怕的"沉沦的命运"露出触目惊心的悲剧色彩，海狸原本也会陷入这一命运的泥潭。但她得救了。

第二章
我们的额头上写着孪生子的标记

回到 1928 年秋至 1929 年春这段时期：海狸一边准备申请高等教育文凭，一边应对教师资格考试。教师资格考试是非常关键的一步，为了备考，她整个秋季住在登菲尔－罗什诺街的外婆家。她幸福、活泼、聪慧，生气勃勃，不断地穿梭于索邦大学、卢森堡街和乌尔姆街之间，身边围绕着二十来岁的男孩，这些男孩的名字就是我们现在在书中，在书架上经常能看到的：梅洛－庞蒂、列维－斯特劳斯（因为受到列维－布留尔的影响，她常常把 I 错写成 Y）[1]、尼赞、冈迪亚克、蓬特雷莫利、马厄、莫里斯·塞万，他们当时是阿兰的学生，后来成为研究阿兰的专家。男孩子们想尽办法让海狸喜欢上他们，而海狸也差点爱上他们每一个人，他们同样也让她着迷，他们赞赏她，因为很少遇到像她这样的女孩，但他们之间毫无敌意。他们以"您"相称，这是当时的习惯。男孩们穿得规规矩矩，风衣和米色的西装；海狸则穿着黑色的小连衣裙。他们总是谈笑风生，这样的诙谐是她之前不曾见过的。他们就斯宾诺莎争论不休，饶有兴致地读着《波托马克》，

---

1. 列维－斯特劳斯原文为 Lévi－Strauss，而列维－布留尔原为 Lévy－Bruhl，故有错写一说。——译注

并从中虚构出一些神话故事[1]:"(马厄)开始跟我讲述欧也纳的宇宙论:世界分成了欧也纳、莫帝梅、大公爵三部分,大公爵和'吸血女人'是欧也纳最可怕的敌人。[……]马厄!他告诉我这些故事的时候,一会儿绷着脸,一会儿又咧嘴大笑。"(1929年5月31日)不过,后来,海狸与他们慢慢疏远,甚至还夹杂着一些蔑视,原因可能是政见上的分歧,或他们不够尊重大学哲学教师这一职业。比如冈迪亚克(即《闺中淑女回忆录》中的"克莱罗"),《手记》中的他是一个随和的乐天派,对少女海狸的哲学热情颇为赞赏,但是之后却受到海狸和萨特的嘲讽。直到暮年,冈迪亚克在出席论坛或国际会议,谈起海狸时,依然保留着对她一贯的仰慕:教师资格考试第一名的位置本应该属于她。海狸和萨特的一生,不断地经历着一些突如其来、不容置辩、无法挽回的分离。但开始,对这些年轻的异性,海狸欣赏他们,因为他们的翩翩风度,因为他们敏捷的身手,一把把她拉到了学校的屋顶上(1月26日):"有时,如此灿烂的阳光照射在金色、褐色的头发上,大家坐在长椅上,尽情地欢笑,迷人的萨米埃尔闪动着黑色的眼眸,优雅高贵,略带些许俏皮。多么美好的午后啊。"

尼赞为莱布尼茨作了一幅"身后带着斯宾诺莎的脚印"的神甫的肖像,而她最后认识的萨特施展他浑厚的低音,大谈他根据笛卡尔的《沉思集(五)》"再论上帝的存在"为题做的一篇论文。面对这些男孩们的聪明才智,海狸无需怯懦,而她确实没有丝毫胆怯——不过他们倒是有权利继续展示他们的诙谐和无拘无束;作为男孩,作为最有名望的学校的学生,用皮埃尔·布尔迪厄的话说,他们确实是知识的"合法"拥有者。1976年,与约翰·热拉西的一次会面时,她直截了当地说自己已经接受了"男性的价值观",因为她有幸"来自于社会的一个阶层,资产阶级阶层,[……]这使我有条件舞文弄墨"[2],然而她不知道,他们与现实脱节的幽默是一大

---

1. 让·科克托(Jean Cocteau, 1889 – 1963):多才多艺,从事小说、诗歌、戏剧、电影、绘画的创作。《波托马克》(*Le Potomak*)是他早期的作品。小说中有三个主要人物,分别为欧也纳、大公爵和莫帝梅。读了这部小说后,萨特和尼赞从小说中为他们三个"小伙伴"各自挑选了一个人物,虚构出神话故事。——译注
2. 与热拉西的会面,摘自 *Les Ecrits de Simone de Beauvoir*, Gallimard, 1979, p. 64.(《西蒙娜·德·波伏瓦的作品》)。

长久不为人知的男性的特长，直到这些特长发挥出来才能被人了解。他们的桀骜不驯，他们嘲讽"各种唯心论"的方式都让她受益匪浅：在与他们的接触中，她明白了"男性并非神明，也不过是为需求所困的肉身，经受着突如其来的冒险考验"，她开始被吓坏了，后来慢慢平静下来[1]。

其他女孩子，她对她们几乎视而不见。她总是和男孩们在一起[2]。她不知道，这些"在楼道里嘲笑上预备班的女学生"（1928年12月27日）的男孩们，她与他们之间的这种默契没有给任何"情敌"留机会。"我多么爱你们，男人们！"她4月17日这样写道。

但是她偏爱的还是勒内·马厄，也就是回忆录中的艾尔博。是不是因为取了这个名字，才把原先《手记》中"像麦芒那样金黄"的头发（5月31日），描绘成回忆录中"像杂草一般茂密、充满生气"[3]？她从"一月初"开始注意他，回忆录[4]和《手记》中都有记述："1月3日。马厄在布伦茨威格[5]家作了一个很有意思的解释，而布伦茨威格的回答则更风趣。"之后，她又改动了这一记述，7月3日，当她意识到自己越来越喜欢他时："我应该是在2月中旬认识他的，就在我还没有写这手记的时候，因为是在我2月21日把文章给布伦茨威格看之前。我们碰巧一起在国家图书馆共进午餐；之前，我从没有与他搭过话：那天，我们聊起了康德、休谟、自由，而他习惯了个人主义。这样的聊天竟然可以持续四个月！那天，我只感觉到心灵、精神上的无限愉悦。"

其实，起初，他还让她感到不安，因为他搂着"一位穿着灰色衣服的女人"，回忆录中这样记述。"我觉得自己是多余的。"[6]她又在《手记》中说（7月3日）：当时，"马厄先生是已婚男士，遥不可及，我对他而言一文不值"。因此，在国家图书馆，她偷偷地看着他，而过完复活节，他坐到她身旁的时候，她不禁心花怒放。《手记》中对这一段没有详细说明，

---

1. *MJFR*, p. 470.（《闺中淑女回忆录》）。

2. 与热拉西的会面，*Les Ecrits de Simone de Beauvoir*, Gallimard, 1979, p. 64.（《西蒙娜·德·波伏瓦的作品》）。

3. *MJFR*, p. 434.（《闺中淑女回忆录》）。

4. *Ibid.*（同上）。

5. 布伦茨威格（L. Brunschvicg）：20世纪初法国哲学家。——译注

6. *MJFR*,（《闺中淑女回忆录》）。

而在回忆录中得到了具体展开："'他一副智者的形象，让我心醉神迷。'当晚我这样写道。"[1]《手记》中，4 月 18 日，记下怀疑的一笔（他的婚姻也许是利益关系使然）之后："智者的形象，我无以抗拒，他类似让·科克托的画风，他对塞拉、亚尔西比亚德、巴雷斯和司汤达个人主义的评论，都让我心潮起伏。"一切都被"触动"了，她 4 月 28 日甚至这样写："你知道今天你对我做了什么吗？首先是太幸福的交谈之后灵魂深处令人回味无穷的枯竭（我想象着，肉体上的满足应该也差不多，不过不会这样不可救药）。"

是的，5 月 3 日，"我最大的幸福，就是马厄"，他带着"机灵狗一般的微笑"。（5 月 7 日）尽管他不太懂哲学，她还是"非常"喜欢他。"女人在男人面前是多么的脆弱！"（5 月 10 日）然而，即使她越来越钟情于他，甚至慢慢把他当做唯一的倾心对象，她还是没有忘记其他人的好（5 月 12 日）："梅洛 - 庞蒂是我的意识，我的兄长，我的朋友，对我无限温柔，总是带着感激的微笑。冈迪亚克，是一个有意思的人，宽容，充满智者的快乐，为'过去'自豪，多愁善感，特别自信。马厄，是我最大的幸福，为我带来年少时的笑容，是我微笑的动力……"而对这一切，海狸清楚，只是些一没有未来的梦（因为她还没有完全忘却雅克）。马厄虽然结婚了，不过这也没什么。6 月 9 日："马厄，我刚读了他一篇关于历史的文章，很有意思，尽管他的爱是那样苍白，甚至让人恶心，就像生活在幻想中的年轻小夫妻那样，但这又有什么关系呢？"——比较起来，她更看不起尼赞（大公爵）"夫妇"，他们已是儿女成群。她十分明白，背景的差异使他们分道扬镳："我想对马厄说：个人主义对你来说，可以为你在社会上留名；而对于我，意味着要从信仰上倾向于这个自称为'我'的上帝，一个苛刻的上帝，一心崇拜他，而且对一系列讨人喜欢的反应，我要爱上它们，而不是把它们占为己有，慢慢靠近这个崇拜的对象，只有他才能使我感觉到自己是神圣的。"（6 月 9 日）之后，马厄高升，身居要职，我们可以想象海狸即便到了五六十岁的时候也不会对他旧情复燃[2]。但是，那段时间，他确实深深让她着迷，让她不安。当她与他共进午餐，当他故

---

1. *MJFR*，（《闺中淑女回忆录》）。
2. 有几位传记作家提到，战后海狸曾写过一段让人捉摸不透的献词，因此推测他们之间可能又有暧昧的关系。

意藏在咖啡厅，等她进来，又轻轻地拍她的肩，当他的手触碰到她刚刚"剪短得像男孩一样"的头发时，她不禁感到内心升腾起强烈的欲望，但一想到这"只是温情的表示"，所有的欲望又都平息下去。《手记》中的小女孩无比详尽地描述着她对爱情的期待：她可以依然保持着自己的个性，一段"陪伴我一生，又不会侵蚀我生命"的爱情。她对爱情的理解远没有涉及到对身体欲望的满足。正因为如此，她才可以写下这样的话："没有人伟大到可以配得上像我这样的才女！"翻过一页，我们又可以读到1929年写的一句话，略带着傲气："即使有，那我也不需要。"

然而，感觉到自己的对面，自己的身边坐了一个年轻有为、活力四射的人，她心花怒放："你没有丝毫烦恼，丝毫胆怯；而只有快乐，或者说是喜悦，让我也感到轻松——肉体上，你是那样年轻，为自己强健的身体而自豪，脸色红润、明净，十六岁的眼眸，大男孩金黄的头发，对自己力量的意识；我多么感动，你还记得吗，在水池旁，你说看到自己从不变老也觉得害怕。"（4月24日）她也喜欢这个中学生的幽默，在谈笑风生中把考试的烦恼抛在脑后。5月18日，马厄假想了一个教师资格考试的题目："灵与肉之间的相似、差别，有利之处与不利之处。"说到底，问题看得挺准，也具有现实的意义：因为在那段她有时"厌倦了成为一个纯粹的灵魂"（《闺中淑女回忆录》）的时间里，她感觉身体的和谐比灵魂的和谐更有益。即使马厄是一个蹩脚的哲学家，也没有通过教师资格考试，他比起其他人来要风趣很多，比如说冈迪亚克："冈迪亚克刚把头凑到我们中间来。一脸严肃地问我对布鲁萨尔论断（即亚里士多德的上帝享受快感）的看法。马厄轻蔑、干脆地说：'我希望他可以。'这就是他们真实的一面。"（5月31日"面孔的交错"）

说到底，这不就是爱情吗？那个她等待着，见面的那一瞬间让她怦然心动的人？因而，在6月9日的记述中，我们感到她故意保持着一段距离："这个世界的基础，是雅克。（我怀疑马厄的内心生活并不是很丰富）"但这样的方式并不奏效；她总是因为他的到来而欣喜，6月13日对她而言是一个历史性的时刻（她难以想象重要到怎样的程度）。马厄决定再给她一个称呼："'你是只海狸'，他回到国家图书馆时对我说，因为我的名字：BEAVER = BEAVOIR，还有我铸造的精神。"之后不久，看到她加入了森林划船小组，他很生气，更坚定了要用这个称呼，他说：海狸是群居动物。于是，这个绰号便粘上了她，其他人也很快这样称呼她，包括萨特。他出现在海狸的生命中，完美的最后一个。回忆录和《手记》中的记述有点出入：回忆录给人的印象是，所有的事情都是接二连三发生的，"命中注定"的邂逅必然会降临。

萨特第一年没有通过考试，现在住在大学城的公寓里。用了整整一年的时间，他说，海狸学会了从一群"小朋友"中认出他。他是最有趣、最聪明的代表，"我们都认为他很有天分"。她第一次见到他的时候，他正与"一个来考试的笨拙的瘦高个女人"（海狸觉得她十分丑陋）和另一个漂亮一点的聊天，但他们很快就闹起了矛盾[1]。她们显然不是情敌。她明白了萨特不同于一般人之处，她说。然而，海狸的处事方式更不同寻常，而她自己似乎并没有意识到。她不分昼夜地学习，包括文学、数学、哲学，完全独自、独立地完成；而各科的成绩都让人惊讶。她的一部分成绩也得益于早年的阅读，开始受到父亲的启迪，后来是一个懒散、懦弱的年轻人——她的表哥，再后来便是那一大批大师，如加里克，若将他们与阿兰或其他预备班或高师的教授作比较的话，他是非典型的"大师"。

一切有条不紊地继续，萨特要求别人介绍他，艾尔博发了善心，做了这个介绍人，她被吓了一跳，在萨特大学城的房间里，他看着她，静静地抽烟斗，而她"羞涩、不安"[2]，思考着莱布尼茨的问题。她慢慢活跃起来，多次一起上课之后，她被萨特的睿智征服了，即使有时她还要与他顶嘴，但心里已经信服，他是"一个出众的智力训练员"。之所以这么说，是因为他很慷慨，这些课，对他，"没有什么用处"。《手记》中，7月11日："天出奇的热。不过透过拉起的窗帘，外面的黑暗让我们隐蔽在房间里；马厄坐在我身旁的椅子上，萨特躺在床上，嘴里还叼着烟斗——我们正在讨论一篇课文——由衷的快乐，因为这凝固了时间的埋头苦干，因为有这样美妙的语言，因为有这样闪光的思想；萨特不断地解释，解释，一遇到难题，就责怪我是在考验他的知识——出众的智力训练员——他的思想在我眼中变得越来越深邃。我崇拜他，也感激他，那样毫无保留地为我们解释，不厌其烦。"

---

1. *MJFR*, p. 473.（《闺中淑女回忆录》）。
2. *Ibid.*, p. 468.（同上）。

有些事正在走向终结：夏季到了，笔试的成绩揭晓，马厄没通过，而尼赞、萨特和她通过了。"从现在起，由我来对您负责。"[1]萨特宣布。她描绘年轻萨特的时候，一字一句都透露出她对他天分的赞美，甚至有这样激动人心的话语："只有几个在玫瑰的花瓣中发现了阴谋的错综复杂的疯子才能让我产生一种类似的谦卑。"[2]他听她诉说，不认为一般意义上的婚姻"有什么好"，也不看好海狸和雅克的结合。但是他理解她"对生命的热爱，她的好奇，她写作的意愿"。然而，对于他的未来，他的作品，他又投入了多少较之更为强烈的"疯子般"[3]的激情！他谴责所有的弱点，拒绝一切妥协！他将自己最初的一些随笔读给她听，在她面前完成了对"偶然性理论"的思考。这在他看来并非"抽象的概念"，而是"世界的真实的维度"。艺术的一切手段都应被调动起来，以"触动他在人与物身上同时发现的隐藏于深处的软弱"。之后，在他们共同存在的另一极，《1974 年对话录》中，海狸质问他思想的起源，最初几篇论文的"哲学内涵"。他都一一回答。"有些蹊跷的是关于偶然性问题思考的源头。我是看了一部电影之后想到偶然性的。我看的时候并没有想到偶然性，直到走出电影院，我才意识到偶然性。正是电影的必要性才让我看完电影之后感觉到街头没有必要性可言。人来人往，不论是谁。"[4]海狸在所有不同类型的作品中，包括小说、随笔、自传性文字中，都论及了"偶然性"与"必要性"的问题。甚至在现实生活中，说起自己出游的行程安排，她也承认，她都试图引入"必要性"[5]，而这样恰恰很有可能陷入"纯粹的偶然性"之中。这个概念，是完全受到萨特的启发。因此，她总结说："这是我有生以来第一次感觉自己在思想上被另外一个人控制了。"[6]这句话，她不断地重复着。"哲学上，政治上的新观点、新思想

---

1. *MJFR*，（《闺中淑女回忆录》）。
2. 她在《手记》中写道："我，1926 年 10 月。从知识上来说，我陶醉于思想的海洋中，到了疯狂的程度。"1928 年 2 月 19 日："若是爱本身和有缘由的幸福无法将我从疯狂的境地中拉回，那么就让我体验这样的生活吧。"
3. 原先 forcené 指疯子，"失去""理智"的人。
4. *Entretiens de* 1974, in *La Cérémonie des adieux*（*CdA*），p. 199（《1974 年对话录》，见《告别礼》）。
5. *FdA*，p. 242.（《年华》）。
6. *MJFR*，p. 480（《闺中淑女回忆录》）。

52

都从他那里得来。"[1]她在《时势》中这样写道。自1929年，这已成了不可否认的事实。她屈服于一种"优势"之下，心甘情愿，她将这种优势归因于他年长三岁，并认为"他由于较早地有了一个很高的起点"，因此在任何问题上，与她相比，"他都思考得更为深刻长远"。而且，更令她惊叹的是，他竟然对"政治和社会问题"也同样感兴趣，而她自己却全然不予关注。

因此，有了这个插曲。一天早晨，在卢森堡公园，他们发生了争执：她试图在他面前捍卫自己提出的"多元道德"，以此为那些她热爱却又不愿意与之为伍的人"辩护"。"他将她的想法驳斥得七零八落。"和瑟甘先生勇敢的小山羊[2]一样，她坚持了整整三个小时，最终还是放弃了。"我不再相信我所思考的东西，甚至对思考本身都不确定。"[3]这三个小时到底发生了什么？是两个刚刚毕业的年轻哲学家高水准的哲学对话吗？也许吧。或许不仅仅如此。她方才放弃了两大立场。首先是"多元论"：多元论应该是决定性的；对于海狸，以及之后她的政治介入都证明："真理是唯一的，而错误五花八门。右派主张多元并非偶然。"[4]但是，这不是一个次要的观点：仅就政治领域，拒绝接受"多元论"便会直接导致一党专政。在卢森堡公园，1929年夏天，我们这两位年轻的哲学家在他们达成"默契"和共同生活开始之初，就已经表现出——尤其是萨特——某种激进和轻率，这一直延续到他们此后真正的政治介入活动中……然而，重点是，海狸对自己思考能力的信心受到了严重挫伤。难道是年轻男性战胜了年轻女性吗？是巴黎高师的学生战胜了普通大学生吗？萨特从中获得了乐趣：他从未遇到过，也从未近距离接触过一位会思考的女性，他还没有这样的习惯。接下来的几年时间里，他身边的女性接二连三，却都不是哲学家，或者知识分子，甚至都不是那么有思想。这位"海狸"让他眼前一亮，令他倾心：她美丽，她有能力与他对峙。但最后还是输了。第一次表现出这样的"谦卑"和恭敬，这是我们在《手记》中未曾看到过的。那些年，每次与萨特的见面，她的表现都如同一个谜，她的性格难以捉摸：

---

1. *FdC*, t. II, p. 491.（《时势》，卷二）。
2. 参见都德《磨坊书简》中"瑟甘先生的山羊"一文。——译注
3. *MJFR*, p. 480（《闺中淑女回忆录》）。
4. *La pensée de droite aujourd'hui*, Privilèges, 1955, p. 93.（《今日右派思潮》）。

一会儿是不容置辩的自信，对别人的意见充耳不闻；一会儿，又羞涩，不确定，不自信，这种不自信将伴随她一生，也因此她一直害怕公开演说。又或者毫无怨言地接受，比如 1938 年，她起初的一些作品被拒绝。海狸对萨特让步，难道说明她自身也体现了女性处境的"劣势"？抑或不是屈服于男性"天生"的优势，而是屈服于巴黎高师最得意的弟子之一，其身上男性特质的强大？每次她谈到哲学"创新"的问题，也无非再一次证明她没有这方面的野心。然而，这也无法掩盖她在哲学领域的独特思维和创造性 [1]，当然，萨特的才华是无人能及的。而她直到开始小说创作才充分发挥出自己的才能。

又过了几个星期，他们一直都在一起，除了各自"回去睡觉"才分开，之后是假期；她去了梅里尼亚克。"我 8 月初离开他的时候，我清楚地知道他将从此走入我的生活。"[2]《闺中淑女回忆录》没有详细记述他们的那个暑假，直接把我们带到了巴黎："9 月初从梅里尼亚克回来，我按响了莱格庸家的门铃。"为了让这次见面带上"命中注定"的意味，这一卷就必须以与其他男性暧昧关系的终止为结尾：关于艾尔博·马厄只用了一行字。"我们之间什么都没有变，"她说，接着又说："我知道我在撒谎。"然后是雅克的堕落和扎扎的死。当她与萨特定下如此偏激的协定之后，这些从某种程度上说已经被取代了："其实在我的回忆录中，和扎扎一起躲在马比耶先生办公室里聊天的时刻尽管带着无以言说的伤感，却一直是萦绕在我心头。"[3]

回忆录的下一卷，即《年华的力量》，再次提到他们相识之初，带着欢欣、愉悦的笔调。萨特在拉格里耶尔找到她时，她正苦苦地等他。他睡在村庄的小旅店里，却不敢明说自己的身份。他托偶然遇上的玛德莱娜表妹给海狸送信。海狸急忙赶到小旅店，又因为不能请他到家里，她只得和玛德莱娜给他送吃的。每天，她双手捧着面包、奶酪、水果，借口钻研哲学问题，早出晚归，和他待上一整天。直到有一天，在利穆赞省的草地

---

1. Michel Kail, *Simone de Beauvoir philosophe*, PUF, 2003.（米歇尔·加伊，《哲学家波伏瓦》）。

2. *MJFR*, p. 482.（《闺中淑女回忆录》）。

3. *FdA*, p. 35.（《年华》）。

上，这一幕被海狸父亲看到了，气得脸都白了，而萨特"眼里冒着战火"，穿着粉色衬衣。海狸的父亲警告萨特[1]让他离开这个地方；他不予理睬，而海狸站在萨特这边，于是他留了下来。一场田园牧歌式的爱情。"我们坐在草地上，天南地北地聊天。"回忆录中关于这一时期的描写总是以一种欢快、坚定的口吻，却渐渐加重了我们的怀疑[2]。萨特的"粉色衬衣"和"冒火的眼神"是我们需要慢慢熟悉的标志。之后，"橙色轮胎"的故事分散了读者的注意力，使他们难以辨认真实发生的事件：抵抗组织在南部的失败，假期的结束，他们共同生活的开始，9月的开学，利穆赞的那个夏季，在《年华的力量》中这些都被浓缩成了一句话："我清算了过去，我毫无保留地开始书写我们的故事。"[3]

透过《手记》中的记述，我们看到现实开始是很残酷的，甚至在某些方面对海狸而言更为痛苦。她义无反顾地坠入爱河，她面前的这位男人也被她吸引，受她诱惑，被她征服——但只是有那么一点而已。甚至在《手记 1929－1930》出版之前，我们阅读《奇怪战争笔记》时也会有类似的怀疑。1939年11月，萨特反思了年轻时对待女伴的方式。他说，他曾经把自己的自由交给一个女人，直到她让步并接受它为止。但是，他又想躲避，想重新获得自由，因为他认为，"伟人应该保持自身的自由。"不过他又补充说，"我要坚持下去。海狸接受了这种自由并占有了它。如果我因此而痛苦就太愚蠢了。"[4]这段文字出现在《笔记》中，有些让人费解。

他们的故事开始于1928年秋。11月15日，星期四："我从未在精神上感到过如此疲倦。但是高师早上的课却是充满活力，让人愉悦的。Sarthe（sic）作了中规中矩的解释，他看起来很和善。"1929年4月18日，他一直是海狸口中的"Sarthe"，还有马厄和尼赞，直到4月24日，才改口为"Sartre（萨特）"，她认为他"装了假眼"——写在页边的愤慨的评语，不过几个月后，"原来他是独眼龙，可爱的小男人。"（8月6日）

1. *FdA.*, p. 20. （《年华》）。
2. 扎扎在热纳维埃尔·德·诺维尔写给波伏瓦的一封信中，也用这种口吻，波伏瓦"感觉过于零落"，而陷入了"怀疑"。1929年9月21日，Gagnepan. *Correspondance et carnets d'Elisabeth Lacoin*, 1914－1929, Seuil, « Livres à elle », 1991. （《伊丽莎白·拉库安的通信和笔记》）。
3. *FdA.*, p. 21. （《年华》）。
4. *Satre, Carnets de la drôle de guerre*, Gallimard, 1983, pp. 270－271. （《奇怪战争笔记》）。

7月13日,她和亲爱的马厄在"贝蒂尚街[1]上吃草莓馅饼",马厄用迷人的语气赞美她:"这个发型太适合您了,还有白色的领子……您看起来像个小男孩,您那不同寻常的沙哑的嗓音;您的声音很美,略带沙哑;我们都很喜欢您的声音,我和萨特。"6月22日,萨特表现出对她的好奇,并想与她见面:这对海狸来说是喜忧参半,而且可能是"萨特想认识我,而马厄不想我们撇下他约会"。而且,萨特对她并不友好,"他属于那种从不承认错误,想方设法为自己辩解的人"。星期二,他们派玩具娃娃去"会他,算是治治他"。玩具娃娃回来后很失望。7月8日,星期一,记述的口吻有所改变:那天下午,她战战兢兢地解释莱布尼茨。《手记》中铺陈了对这一天的描述:"7月8日,星期一。正是这天,一切都开始了。羊驼来找我,主管老师把我们带到大学城。太难为情了。萨特接待我,毕恭毕敬的,不过让我害怕。我重新端详他们,羊驼只穿着衬衫,半躺在床上,萨特正对着我,坐在桌子旁边,整个房间,呈现出一种杂乱美,那么多书,让我吃惊,还有烟草的味道……"为了晚上睡觉的时候能躺平,他们"抓阄"决定谁睡到朱尔丹大道上"可怕的木棚"里,结果她赢了。之后拍的一张照片上,我们可以看到萨特在练习射击,一只眼睛闭着,他身旁是海狸,神态平和,夹着几本书;相片的左边是斯泰法的丈夫费尔南德和玩具娃娃[2]。从那天之后,她满心欢喜:"哦!这几天的午后美好得无法想象!我们拿莱布尼茨开玩笑,萨特画黑人,不带任何偏见,还有隆巴尔家女人的儿子,尼赞也画同一个人,画一个做教士的莱布尼茨,画一座可以从窗户里逃出去的屋子。他们语汇中那些'玩笑'词,我做梦也想不到的诡计,'亲爱的小朋友'的称呼,玩硬币,各种各样的仪式,他们拿我的名字开玩笑,不断的争论就为了弄清楚我到底是'海狸'还是'瓦尔基丽'[3],或者是萨特所说的'战斗的圣女'。"(7月9日)

在此处看到日后属于"他们的"或者他们"大家庭"的词汇是一件奇怪的事情,后来,当他们稳固了"契约"基石之后,这些词在海狸的小说,他们的信件中随处可见,有开玩笑的,有众所周知的,有让人讨厌

---

2. Cahier photographique d'Annie Cohen-Solal, *Sartre*, 1905-1980, «Folie essais». (《萨特 1908-1980 摄影集》)。
3. 北欧神话中的战争女神。——译注

的，比如说"钱"……从 10 日开始，马厄渐渐退出了她的世界。一次，马厄与海狸在一起时："他跟我谈起萨特，谈起尼赞，都是用不赞成的口吻，因为他喜欢简简单单的生活，喜欢不必思考的愉悦，让自己的生活充满艺术的气息；他要亲近大自然、度假、享受新鲜的空气，这些在其他人都是不懂得品味的。他对于女人的看法……他尊重女性，应该向他致敬。一天早晨，他轻轻地把手放在我的头上，说'海狸们都喜欢这样'，确实那一瞬间，我感动极了。"但是萨特已经走进了她的生活，而有些点滴已经让她感觉他"非常贴心"。7 月 14 日，星期天。她"和小朋友们"一起聆听索菲·塔克[1]的音乐，尽管她"不太欣赏这样的声音"，但是"他们对我很友善，整个晚餐的过程中"。透过晚上习习的凉风，她觉得很兴奋，没有戴帽子，穿着一条简单的黑色小礼服裙，这是"羊驼喜欢的"。之后，他们决定一起去法斯塔夫[2]。萨特以"一个高贵的手势"拦下一辆出租车，但往往是羊驼的手势让她更为感动，他把手搭在她的腰间，"一个想要保护她的温柔动作"。这个三人之夜成为一种"令人心碎的亲密无间"："您让人肃然起敬。"他对她说（又是一个开始漫长征程的词，它将在海狸的作品和生活中频频出现）。"我告诉您，这是个不同寻常的人。"马厄说。那天晚上便以下面这几句话结束，《手记》中关于这段故事的记述也同样如此："哦，我的羊驼，我的羊驼。"据说，勒内·吉拉尔曾用一页的篇幅阐述欲望的三角性质[3]：萨特自三人之夜以后开始用别样的眼光看待海狸。

事情慢慢地发生着改变：现在该是海狸发怒的时候了，因为"小朋友们"总是粘在一起，而她想与萨特单独去看电影……她看到马厄因此而痛苦，她心里也非常不安。"'你会想我吗？'他用既殷切又专横的口气问我，这种口气对我弥足珍贵。而这句话又令我惊恐：'海狸，我爱你……'我先离开去坐五号线公交车，之后去了卢森堡公园，没有吃晚饭，尼赞的车接我们一起去了蒙帕纳斯；我一直与萨特交谈，我越来越觉得他有意

---

1. 萨特在《恶心》中也引用了索菲·塔克一首著名歌曲《这些日子里》（*Some of These Days*）。
2. 蒙帕纳斯的酒吧。
3. René Girard, *Mensonge romantique et vérité romanesque*, Ed. Pluriel, 1961.（勒内·吉拉尔，《浪漫的谎言与小说的真实》）。

思。"扎扎提到了这件事。9 月 21 日，她在日记中写道：西蒙娜受到了
"SNM"（萨特 - 尼赞 - 马厄）小组的影响 [1]。"西蒙娜的生活中出现了新
的影响她的力量，我应该感到绝望吗？不应该这样。"（9 月 21 日）无论
如何，"人是没有办法真正理解西蒙娜的"——这就是说，她只能指望
"超自然的能力" [2]。两位亲密的朋友从此不再生活在同一个世界中。

　　7 月 17 日，文字表达的结果：这次，算是有了结果，"萨特十分有趣：
他'开玩笑'把我逗乐，我喜欢他有点专横的态度，接受我的观点的方
式，既严厉又宽容"。他想"掌控一切"，控制她：他在《1974 年对话录》
里将这种想法称之为"帝国主义"。海狸从第一天晚上看到他（7 月
17 日）："羊驼只会用抚摸女人的颈背来占有女人，而萨特会向她推心置
腹——哪一种方式更能征服女人的心呢？"之后："我在库拉克找到萨特。
多么美好的夜晚啊！在法斯塔夫，两杯鸡尾酒的时间，他告诉我有关我自
身的许多深刻的想法。他说，我并不高贵，也没有很高尚的情操，但是我
慷慨，从一个小姑娘的多方面可以体现出来。从思想上来说，不如真正有
知识的人，谈起哲学更是让人生气。不过，还是一个非常可爱的海狸。"
她心烦意乱：萨特说的每字每句都深深地印刻在她心里。最重要的当然是
他所说的"小姑娘"，而其他的判断有朝一日总会证明其对错。羊驼遭遇
失败之后，踮着脚尖悄悄地离开了。她与萨特展开了舌战，而萨特用枪林
弹雨般的建议袭击着她："说任何一个人专横都不是一种指责。"她平和地
说。20 日，"我去了卢森堡公园，我们在那里就善与恶讨论了两个小时。"
她最终在他的辩证思想面前屈服了。但是，正是那天晚上，她写下了这样
惊人的话："我愿意尝试变为自我的巨大冒险。"似乎与萨特的邂逅为她开
辟了一条全新的道路，前所未闻的，而其新意正来自于他在这条路上为她
设置的障碍！

　　但真正的故事还未曾上演。他们在一起学习，他陪她坐出租车；车
上，他把自己的手放在她的手臂上，观察她的不安，评说，跟她讲"最不
堪入耳的事情，而她没有被激怒"（7 月 27 日）。这样做着实不厚道，不
论是他故意激起的不安，却又矢口否认自己所为，还是那些他强行说出

　　1. *Correspondance d'Elisabeth Lacoin*, *op. cit.*, p. 304.《伊丽莎白·拉库安通信
集》）。
　　2. *Ibid.*, p. 367.（同上）。

口的"不堪入耳"的事情。海狸有理由这样问他，1974年："你在与女性的交往中，是否也带着一点皮格梅隆癖的痕迹？（萨特）——这取决于你怎么理解皮格梅隆癖的。（波伏瓦）——亲手制造一个女人，告诉她道理，让她进步。[……]（萨特）——当然，肯定有过。这意味着一种暂时的优越感。"[1]亲手制造一个女人：这是海狸的父亲在与母亲弗朗索瓦兹·波伏瓦相处时所扮演的角色。而和海狸在一起，萨特显然遇到了一个厉害的对手——因此很可能这样的塑造是双方的。

而在爱情层面，却全然是另一回事。7月23日，她和萨特一起，她在"丁香园"吃花生和冰淇淋的时候，萨特告诉他关于他自己的故事，这是男性的另一种策略，"特别强调了他与另一个小姑娘举行的订婚仪式，而他其实无意伤害她。"她完全不知所措（7月27日）："我不知道听到这些我该怎么办？"因为马厄离开巴黎时模棱两可地说："是的，我也许会给您写信……我到于泽尔什会通知您。"而当萨特不断地向她重复"您确实是一个迷人的海狸"，她感觉全身都融化了。"疯狂的时刻，美妙的疯狂，我那么深爱着他……"萨特写给西蒙娜·德·波伏瓦的所有信中都可以找到"迷人的海狸"这样的字眼，直到有一天，1948年5月，他意识到这一点，无限地悔恨："我可爱的小东西。这让我烦心，'我迷人的海狸'，已经变成了一条程式，您没有发现吗？而我恰恰不是一个苍白的伪君子（……）我给您写信的时候，我希望一切都变得充满活力。"值得注意的是，他从马厄那借用的这一表达方式本身：三角欲望。

他始终是这段刚开始的恋情的唯一"主体"。而从未有一位"小姑娘"能让他在憧憬辉煌未来的道路上走得这么远。那天晚上，"我们高呼着'伟大的萨特'，哦！疯狂地期待我们的将来，我们的生活，而现在又是无比的甜蜜。睡觉的时候，常常想到他而兴奋，想到自己而兴奋。"萨特硬要让她读他的第一部作品，《哦，亚美尼亚》（Er l'Arménien）（29日），因为他很高兴多了一面镜子，能使自己不断成长。7月1日："无比温情的夜晚；看电影时，在我内心，这是上天赐给我的礼物；而后在街上，他的真诚使他变得更加温柔，于我是最快乐的事了。"8月3日，她在

---

1. *Entretiens de* 1974, in *La Cérémonie des adieux*（*CdA*），p. 428.（《1974年对话录》，见《告别礼》）。

59

梅里尼亚克，描述了那天晚上告别的情景：他喜欢的是"满怀激情，内心平和，无私地献出自己的一切，又不要求有任何回报的姑娘，那些慷慨的灵魂"。

"小姑娘"献出了"自己的一切"：那他呢？

他有所保留。她不知道他保留到怎样的程度。但当她收到开始几封来信的时候，她还一直在猜测。而他："他在爱情方面的脆弱，我觉得主要是这个原因：他不需要爱。爱上他，便意味着被他征服，经受住他强加于你的一切。"利穆赞的魅力占据了她整个的心灵，并让她感到安慰，"不同寻常的利穆赞"，"那块红扑扑的土地"，"带着在阳光暴晒下燃烧的稻草的味道"。8月18日："萨特要来了，他给我写了一封绝美的信，我有太多话要向他倾诉，我多么渴望他在我身边。我幸福得不得了。"她描述与萨特小聚的方式既生动又感人，让我们也深深为之动容："从21日星期三到9月1日星期天，和萨特小聚。每天清晨，我七点钟从梦中醒来，躺在床上很长时间，幸福得心怦怦直跳。我从草坪那头下楼，跑到圣日耳曼，嘴里喃喃着要向萨特诉说的一切，同时呼吸着清晨新鲜的空气。"从她"亲爱的让－保尔"口中，她听不出任何带挑衅的或严重的口吻，即使当他高谈"与其他一些小姑娘的交情，他爱她们，更多的是作为朋友，而不是情人"。

"巴拉丁[1]和小姑娘的游戏中碰撞出了令人惊讶的火花——'我美丽、温柔的姑娘……'，'你是如此的高雅迷人……'，'迷人的，迷人的小姑娘……'""巴拉丁"，萨特用这个词是为了拒绝一夫一妻制的单调而找的借口：为了完成自己的作品，他必须有所保留，自由地来去，像街头艺人那般，不断地冒险，不断地接触女性，随着"偶然生活"的节奏随心所欲。*Le Baladin du monde occidental*（《西方世界的花花公子》，*The play-boy of the Western World*）是戏剧作家辛格[2]的一部离奇的作品，1909年，辛格英年早逝。该剧中的爱尔兰年轻人爱吹牛，到处吹嘘说杀了自己的父亲：人们钦佩他，因为爱尔兰人崇尚暴力，他交了很多朋友，美丽的佩姬迷上了他。直到有一天，他父亲活生生地站在众人面前：巴拉丁不得不亲

---

1. 原意为街头艺人，后指爱拈花惹草的"花花公子"，此处影射萨特风流博爱。——译注
2. 爱尔兰戏剧家。——译注

手杀了他，那一刻他才发觉"想象与行动之间有这么遥远的距离"，美好的幻想世界与冰冷的现实之间有这么遥远的距离。他离开了，佩姬哭干了所有的泪。"他走了，我英俊的巴拉丁。"……再一次孤独，海狸一个人留在利穆赞，但一想到这几句话便感觉全身充满了一股新的力量："'我的小姑娘，我的爱从你那可爱的脸蛋流遍你的全身。——我也是，我全身心地爱着你。'我对他说。唤醒这个身体，唤醒这个女人，我与她交谈时从不将她视为一般的女人。我很兴奋，兴奋于第一次听到自己说这样的话，兴奋于能躺在一个男人的臂弯里，顺从的，可以不必那么温柔，不必去想如何为他献出自己的一切。"她知道接下来的一年将是"最美好的"，"一年之内将确定发生什么"。因为萨特已经获得大学教师资格，要去服兵役。

羊驼来找她，待了两天时间，但这都太迟了。尽管这次，她想起了以前所有和他在一起缠绵的瞬间，但是这些都结束了。她对马厄不再怀有崇敬，无论是情感上的还是思想上的：有点像之前对雅克。"他举止优雅，无人能及；他高贵，迷人。"可是……和他在一起，他过于性感，不现实，而"与萨特在一起，尽管他不性感，但身体的和谐使我们之间的爱情变得更美好"。

开学时，《年华》中关于这一段的描述可以说多少带着胜利者的姿态，《手记》中也提到，海狸等待萨特归来，焦急而又不安。她终于清清楚楚地了解："我爱上了一个男人，他离开我一年的时间。我只幻想今天晚上，他能允许我明年跟他一起去，无论他去哪里，并和他一起生活两年。［……］我会得到他的允许吗？哎！他喜欢我是个小姑娘，理解巴拉丁的想法。亲爱的巴拉丁，即使您把我一个人扔下一年之久，我还是要谢谢您想到来找我，把我从思念的深渊中救出。"她的信任通过下面几句有些揪心的话得以体现（9月18日）："除非必要，他从不伤害我，而我也会自己处理好。"她之于萨特的吸引力处于极端的两极：从思想上，对她（或对他）这是一个意义深刻的词，她是唯一可以与他对话的人；同时两人之间的"游戏"又深深地让她不安，无法令她满意。"让－保尔，难道我爱您，就必须不顾一切地和您进行这场让您高兴的游戏吗！"感情的游戏，"冷漠"男人的游戏，这位"纯情"少女的玩家说服了这位年轻姑娘，她脑腴又性感，说自己是个"贪吃鬼"。

从之前的两次周折看，萨特的爱情经历算是完成了，他在《1974 年对话录》中有所提及，一次是一位成熟女性主动，另外是同一种情感，只是对象不同，开始是对一位表妹，然后是对西蒙娜·约利维，回忆录中的"卡米耶"或者通信中的"图卢兹"。而从另一些信件中也可以看出萨特和其他高师的学生一样，像大少爷似的与年轻妓女们有着庸俗的关系。因此，我们可以想象，一遇上"年轻姑娘"，他们便习惯性地运用这不健全的性感，正如马塞尔·普雷沃在《半处女》（Les Demi – Vierges）中描述的那样：坚决保证不会怀孕，因为当时，这在年轻男人就意味着必须"补偿"，也就是说要与之成婚。那时两性之间存在着巨大的、由来已久的不平等：海狸在《手记》中提到，一想到雅克和她之间"含情脉脉的动作"，她便"毛骨悚然"。然而，她对身体和身体的需求是极为清楚的，有1927 年 3 月 26 日的笔记为证。"我变得出奇的爱吃。纯粹物质上的味觉享受与晚上我在床上体会到的欢愉是紧密相连的，这个，没有人可以从我这里抢走。"《属灵事物挂帅》中的一个故事以当时不常见的勇敢，至少不能说是色情文学，描述了丽莎所经历的那个夜晚，她深爱着帕斯卡尔，而他却连正眼也不看她一下，她幻想着床单下面，一只"大天使"的手滑到她两腿之间，而这时她自己的手也伸向了同一个地方[1]。

其间，她犹豫了：萨特，还是雅克？"在您面前，我只爱您。而在他面前，我只爱他。"她幻想着，更确切地说，是关于男人的幻想：有朝一日，萨特与雅克能和睦相处。可是雅克很快消失了，10 月 2 日，"事情发生了戏剧性的变化"，她得知雅克已经订婚，并会很快结婚。因此她可以毫无保留地"把自己的一切"献给萨特："我越希望他来，就越难以启齿。［……］我想玩很多的游戏，我有很多的故事要说给他听。"（10 月 6日）"我完全忽略了身体所发出的信号；听到这样的信号，我会不安，会讨厌自己，但这很可笑。"（10 月 8 日）这里不存在任何"被奴役"的危险——她会幡然醒悟："无论如何，我知道，如果必须要放弃一切，我也会放弃。在他面前，我充满激情，也是自我毁灭。他是最伟大的人。有没

---

1. *Quand prime le spiritual*（《属灵事物挂帅》），2006 年再版时将题名改为 *Anne, ou quand prime le spiritual*, p. 199（《安娜，属灵事物挂帅》）。

有天分，一点也不重要。他就是一切。"她料想中的"疯狂"的萨特有一个名字，那就是巴拉丁，将幻想与现实混为一谈。

他们不断地见面，他们又见面了。他穿着一套蓝色的西服，很神气，胡子也刮得干干净净，他们在"皮埃尔家"用晚餐，有"火腿肉、酒汁炒兔肉和水果沙拉"，而后他聊起了自己那些"丑陋、卑鄙的事情"，万一有人要重翻旧账，他一定会让她知道。他们开始长时间的散步，当然在房间里也会有"拥抱"，但她注意到："有时您并不像我那样全身心地投入，我深爱的让－保尔"，不过"我并不因此而痛苦，我就是这么地爱您"。她的心里一阵纠结，当"享受假冒的杜邦奢侈品，我们一起喝着波尔多葡萄酒，没有吃晚饭，他与我聊起了未来的生活，偶然性的生活"。所有这一切都为了让她准备好接受将来要发生的事。"他告诉我关于偶然性理论他所设想的出路，偶然性将成为每一个活人心中的古希腊命运之神；夏威夷吉他声扰乱了我们的思绪，似乎偶然性在为它哀悼。"然而对于这位坠入爱河的年轻姑娘而言，这就是一种逃避和警告，她很快便明白过来："我很痛苦，我没有勇气去想这位我如此深爱的男人将离我远去，远远地离开我；因为，他在那里，在我面前，看到他的脸上露出对他的海狸的柔情，难道这不是一种无与伦比的幸福吗，这样对我已经足够了，啊！对我已经足够了。"

幸福，也是说"我们俩海狸"，一起去吉耶用晚餐（即回忆录中的帕尼埃），一起去看《安达卢狗》[1]。14 日，星期一，他们决定"以皇族与平民女子结婚方式"结合。《年华》中以活泼的、有趣的、专一的口吻肯定了这件事："我们是皇族与平民女子结成的夫妇。"或者，在酒吧，在穹顶咖啡馆跳舞的时候，"皇族－平民夫妇"[2]。可是仔细想想，这是多么奇怪的词啊！按照里特雷词典上的解释，皇族与平民女子之间通婚，开始是日耳曼人的权力：是本意上的"伸出左手"结合，而并不完全是现在我们所广泛接受的意思，即"同居"的代名词。丈夫比妻子优越，因此他要伸出左手，而不是右手，这样就把他的妻子置于继承人之外，而将财产留给自己的子孙。这是男人的选择和决定；她只为他活着，保护他、保护合

---

1. 德·布努艾尔（De Bunuel）的电影，1928 年。
2. 1930 年萨特写给海狸的信中："我亲爱的与皇族结婚的贫民姑娘。我要在巴黎待六天。你若是有空，我们可以一起出去走走。"

法的子女。亲吻、抚摸、拥抱，如此令人筋疲力尽的游戏并不长久：14 日晚上，他们在柔和的灯光下吃了点肥鹅肝，仅此而已。"我知道，我似乎不断地怂恿他，使我们之间的关系变得更亲密一些，而我的毫不抗拒则是对他表示出的最大信任。"就因为这样，她更喜欢成为"他的情人"，而他拒绝了。成为他的情人？是在社会、公共的层面上，维持着一段历时或长或短的关系，没有过于苛刻的彼此承诺吗？她难道不是正在向他暗示，该是开始一段真正情爱生活的时候了？他拒绝了：他害怕承诺，或者说是无法控制的不断高涨的激情。如同十年之后，对另一位姑娘，当他既想再见她又想结束与她的关系时，海狸对他说的那样。1939 年 12 月 17 日信："如果她再次见到您，您会再次点燃她全身的激情，尤其是性方面的，非常快。"或许，他不愿接受的是，放弃以往的、业已习惯了的性习惯[1]？这些是他那些"肮脏的"丑事吗？在《1974 年对话录》中，他详细谈到了自己性欲的不同寻常：他不太喜欢性高潮，"只要最后一点小小的欢愉，不太激烈的就可以了"。然而，海狸反驳他说："男人，尤其是年轻时，总想达到晕厥的地步。""不，我不是，我从来不会在性高潮中丧失自己的意志，任何一次性爱经历中都不会。"[2] 他喜欢的是，《对话录》中提到，"控制女人的情感"，当她们"献出自己"的时候，观察她们的面部表情。即使在今天，这样的话多么让我们惊讶！然而，1974 年，他有所收敛，特别是和海狸在一起的时候，或者他对自己的话斟酌过："实际上，"他说，"我自己也说过情感与思想是无法分离的。"不过，他喜欢女人的多愁善感——这是海狸对他说的——"不会因为理智而变形"。不错。他上当了：除了海狸，很明显，他喜欢的女人都是"完整地保持着自己的情感"，因为她们"普遍水平不是很高"[3]。自然地，她们与"获得教师的或工程师文凭的女人"不同。她们很少会"因为理智而使自己的情感变形"，正如海狸所说。但是在她们内心深处，"她们完整地保持着自己的情感"。这才是他喜欢的。这样可以"带给他最

---

1. 在《1974 年对话录》中，他说："我喜欢摸女人的私处，而不是与她们性交。"
2. *Ibid.*, p. 447.（同上）。
3. *Ibid.*, p. 427.（同上）。

多"; 这样才能"丰富"他。

　　然而毫无疑问的是, 1929 年底, 和海狸在一起, 他有些担忧: "真的有必要, 亲爱的, 爱得这么深, 若是将来有一天我们必须要分开? ——哦! 是的。——您不会痛苦吗, 亲爱的? ——会的, 您会痛苦。""危机"之后的几天里, 她很高兴能够和他站在同谋的阵线上。是的, 他敞开了自己的心扉, 说出了他无法避免的灾难和不幸: 他的冷漠, 他在爱情中对"献出自己"的无能为力。他能够克服吗? 这个问题没有答案, 10 月 22 日, 萨特出发去圣西尔服兵役, 他便带着这个问题走了。于是, 海狸的情绪便完全取决于"小兵"——"小丈夫"的来访。她想到雅克会不禁落泪, 但是羊驼, 后来是萨特都带给她宽慰; 萨特也很高兴和她在一起, 他对她说, 她"以一种了不起的方式"爱他(就是说用他想要的方式: 不是很黏糊, 表露得不是很明显)。而她在这场爱情中接受的是一种残酷的教育, 是一种速成的训练, 有很多女人耗尽一生, 都无法完成。即便如此, 也不能掩盖她所承受的痛苦, 由于那些"我忽视的, 却被他唤醒的欲望"。她痛苦, 又幸福, 因为他觉得她令人愉快, 而突然, 他又说: "如果你不会死, 我该如何摆脱您? 而我又不能和您结婚……"他不知道, 她可能并不是这么希望的, 她的幸福"也让他感到有些沉重", "这样的结合压得我喘不过气来, 而只有他变幻不定的性格让她接受他"。

　　无论如何, 萨特总是以一种随随便便的口吻谈起婚姻, 海狸却从来不会这样, 因为这些重大的决定——结婚或者不结婚, 要不要孩子——对于男人和女人, 结果是不一样的。这些事情, 海狸所做的或者没有做的, 对她会产生更大的影响, 只因为她是一个女人(不要孩子的决定也同样如此)。萨特, 一个被母亲惯坏了的孩子, 既不属于有产阶级, 因为必须要有一位继承人; 也不属于工人阶级, 因为必须要遵守既定的模式。他想以艺术家、资产阶级知识分子、学生的方式生活, 与一位年轻、美貌、和他一样聪慧的女性维持着不同寻常的关系。结婚, 又为了什么呢? 但又为什么不结婚呢? 两年之后, 当海狸担心他们的感情已经深到很难分开的时候, 他毫不犹豫地向海狸求婚。奇怪战争期间, 他甚至向另一位情人旺达求婚, 就为了获得三天的法定假期! ——他在给海狸的一封书信中强调了这一随便的态度"这不会让您高兴"。而之后, 他又有些懊恼, 想收回自己之前说的话：我瞎说的，假期的事情还不一定呢……《年华》中，海狸将他们两人之间的差别置于另一个层面：她，她完全陶醉于刚刚获得的自身的自由中；而他，他因为到了"男人的年纪"而痛苦，他"不久前才摆脱年轻时的不负责任"，这让他不自在。他进入到一个要负责的世界。是不是也包括"他们之间的故事"？长期固定在"一个故事"里，他是难以接受的：接下来的几页文字和信件中的许多话都说明，"没有海狸，生活将变成一片荒漠"，但是1929年的反应却很有代表性，他毫不掩饰地承认：即使没有婚姻，与同一位女性的长期关系也会让这个年轻男人害怕。

她还没有得到职务，他也一样，因为马上要去服兵役。还不可能过同居的生活：他住在外祖父史怀哲家，而她住在登菲尔－罗什诺街的外婆家；每天清晨，他们"在灰色、金色的卢森堡公园，石头皇后白色目光的注视下会面"[1]：如今是沉默力量的象征，那时一直主导着他们的生活——尤其是海狸的生活。"我们漫步"：他们很年轻，身体柔软，他们一路同行，既有本义也含引申义，"无拘无束，无忧无虑"；他们生活在憧憬中，陶醉于一个欢愉的世界，和现在很多的情侣一样，信任对方又完全欺骗对方："我们互相欺骗，几乎什么事都这样。"社会，现在这副模样，"我们不赞同"，政治让他们厌恶，或者他们鄙视政治：1936年，国民阵线上台的时候，他们甚至没有参加选举。他们精神上的欢愉完全属于"所有法国左派"的欢愉：和平似乎得到了确保，新纳粹党的上台也没有使德国受到太大威胁，1929年10月的危机震撼了全世界，其后果难以估量，这些在他们看来只是欢快地宣告了"资本主义的末日"[2]。成熟起来的海狸在他们的生活中觉察到一些做作的成分。年轻的海狸因为即将失去她的"巴拉丁"而心烦意乱，但她的痛苦马上被对形势的透彻分析所取代。他们充满着理性主义，一部分受到阿兰的影响，继承于笛卡尔；另一部分继承于康德，让他们自以为是"纯粹的意识和纯粹的意志"，但他们对世界

---

1. *FdA*, p. 21.（《年华》）。
2. 1929年10月24日：华尔街的"黑色星期四"。纽约证券交易所崩溃了。几小时之内，市场上交易的证券达1200万股。指数不断下滑，炒家想方设法尽快抛掉手中的股份。股市下跌了30%。"股灾"于29日星期三得到了证实。"黑色星期四"宣告了一场有史以来最严重的经济危机的开始。美国受到了摧毁性的打击。全世界都严重受挫，包括经济上的和政治上的。

的看法是完全错误的。"是我们作为小资产阶级年轻知识分子的身份让我们以为自己是无拘无束的。"[1]他们收入不多，需求也不多；她授课，几个小时的课，萨特则"耗掉"一点继承到的财产。他们生活的方式完全可以用"游戏"一词来概括：他们反对严肃的态度，并为此找到合理的理由，他们在酒吧挥霍，而他们对于理解这个世界的激情全然令他们无视其中的黑暗和复杂。"穿着貂皮大衣的女人和开希斯巴诺车的男人"[2]并没有触动他们，他们具有那些"疯狂年代"所盛行的精神状态，却将这个美丽的世界视为"地上的渣滓"（其实，十月股灾意味着疯狂时代的结束，不过那时他们并不知道）。他们的无忧无虑只受到一些小危机的干扰：她闭门不出，一脸倔强，而他则蜷缩成一团，当"偶然性向他袭来"时，好似植物园里那痛苦的海象，用这样的表达，着实让人吃惊，却又实实在在是他们的风格！还有更确切的：没有人可以真正躲避这段时间——存在完全是无理由、无根据的，正如萨特十年之后在《恶心》中描绘的那样。十年之后，《奇怪战争笔记》中，萨特重新分析了自己的处境，"既不是资产阶级也不是无产阶级"[3]。他说自己其实是属于资产阶级的：资产阶级，一贫如洗的资产阶级，但还是资产阶级。他最有感触的，也许并没有太触动她，他在《笔记》中提到，是那段时间的不确定性："我多么喜欢这样的时刻！"他写道，"现代主义，还有其他。可是我太年轻，太贫困，而且太丑陋。"因而不能好好享受。

　　1930年：失去萨特的担忧让她充满恐惧。1月3日，她甚至在《手记》中写道："艾尔·乔尔森的影片中，那个小男孩多么温柔，小动物的温柔，那样宜人，那样舒适——把他揽在怀中，亲吻他红扑扑的脸庞，紧紧地抱着他——他昏昏沉沉的，很听话，他那双软软的小手，一位小同伴，什么都不懂却总能陪着我。而我，也许永远也不可能成为母亲，我渴望做一位母亲，我的内心、我的身体甚至我的泪水。因为这位我身边的男人，他的甜言蜜语，现在他将要离开，他不再属于我，他不可能属于我——你是我的，我的宝贝，我永远不会孤单。"她自我安慰，又颓丧，经

---

1. *FdA*, p. 28.（《年华》）。

2. *FdA*, p. 24.（《年华》）。影射皮埃尔·弗荣岱（Pierre Frondaie）的影片《开希斯巴诺车的男人》（*L'Homme à l'Hispano*）。

3. 1939年10月，*Carnets de la drôle de guerre*, p. 102.（《奇怪战争笔记》）。

历着心灵上这样的起起伏伏。她时不时地找回战斗的活力，战斗的激情：她感觉一种"被唤醒的瓦尔基丝"[1]，能够"只通过自我感受，并且书写"。因此，她可以理解为何一个受到自己天分困扰的男孩会这样害怕被一个女人牵制、阻挠，拖后腿。《1974 年对话录》："西蒙娜·德·波伏瓦——你想做的就是留下来。做一个斯宾诺莎或者斯坦达尔，能让后世读到你留下的文字。这就是你二十岁时想做的事吗？让-保尔·萨特——是的，这就是我二十岁时想做的事，就在我认识你的时候。西蒙娜·德·波伏瓦——从某种程度上来说，你非常傲气。"[2]不管怎样，事情是十分明晰的："1930 年 9 月 6 日。一年的馈赠。一年的遗忘。一年的幸福。但是一年之后，又是另外一回事。"而她在这一年中，惊人地成长了：她明白得多快啊！尽管为明白过来付出了沉重的代价。"我重读了去年 10 月写的笔记。哦！我强烈地感觉到，他爱我没有我爱他那么深，似乎这只是一场巴拉丁的冒险游戏而已。"当她重拾工作，生活中又是阳光普照；她觉得自己已经成功地把这份痛苦化成了一股新的力量："不谈明天，必须经历的是现在，或者是过去。我想要一种光彩照人的生活。"既然对于爱情，双方无法平等地付出，既然爱情有可能麻痹你，那么好吧！"只要我想，我就能使自己得救。"得救？毫无疑问。有工作等着她，即便"我永远也成不了作家，萨特永远是巴拉丁。我向来不喜欢杜撰"。

最后一次过渡，尽管艰难，但她已经跨入了自己的成年期，进入作为女人的生活。"我错了，我错了，我错了。哦！我原本不希望我的生活是这样。哦！我梦想的不是这样。"（10 月 31 日）《手记》的记述以这句话作结尾："好好爱我吧，我的爱人。"

读回忆录，我们的感觉完全不同，更加自制，更有分寸，担忧与痛苦显现出来的时候总是化成了果断。比如，对"必要的爱"与"偶然的爱"之间的区分。回到辛格的主人公，从不在任何一个地方，任何一个人身边

---

1. 北欧神话中，奥丁的女儿们瓦尔基丝是贞洁的仙女，她们把战场上战死的英勇战士带到奥丁的神殿瓦尔哈拉，盛宴款待他们。"战斗的圣女"，是萨特除"海狸"之外给波伏瓦的另一个绰号：以此说明在他眼中她的阉割能力多么强大，让他感到害怕。
2. *CdA*, p. 228（《告别礼》）。

停留："萨特天生无需遵守一夫一妻制；他喜欢有女人陪着，他总觉得女人没有男人那样幽默；他没有想过，二十三岁的时候，永远地摆脱不同女人的吸引。"[1]他们从中得出结论，作为哲学家，他们用"哲学上完全正确的"表达方式概括为："我们之间，他向我解释说，是一种必要的爱；但我们也需要体验偶然的爱。"这句话很受用，可以用来掩饰一些多少带着玩世不恭色彩的举动。但事实上，这句话相当模糊：如果它能够注意到实在的不可能性，严格的一夫一妻，那么它同时也可能令人不快，因为也许它会带来"偶然的爱"——迟早会为真正"必要"的爱或者为图方便而这样冠名的爱而牺牲。

一句话就足以平息一切吗？萨特是否感觉到自己有点专制？巴拉丁的绝对自由起码也得作出一些让步，否则会演变成暴力或纯粹的粗鲁。所以，他想到了与海狸签下两年的契约，在他们"尽可能亲密"相处的期间，可以续签。接着，各自有几年的自由时间，然后再相聚。这是一天下午，他们与尼赞夫妇一起去观看影片《亚洲风暴》[2]。她不太喜欢尼赞夫妇，尤其是亨利耶特，她觉得他们太有夫妻味，太想生孩子。他们常常之后又若有所思地到卡鲁塞勒公园去漫步。他们坐下，一只小猫卡在护栏里，靠着他们喵喵叫，突然，一位拎着包的女人走过来：她从里面拿出一些剩菜剩饭，给猫吃，"边轻轻地抚摸它"。就在那一瞬间，萨特提出签下两年的契约。那时是1929年的秋季，根据《手记》中的描述。"我们签一个两年的契约吧！"萨特说。对他而言，可能是骇人听闻的，但他必须这么做，他懊悔。多么奇怪的场景，所有海狸描绘的这些细节！《亚洲风暴》，尼赞夫妇，小猫的故事，还有他们身后凄惨的喵喵声——这位充满着波德莱尔式同情心的女人。让我们停一停，看看文中这些片段的呼应。这个区的历史底蕴是无法想象的，街道纵横交错，很难通行，巴尔扎克笔下的贝姨就住在这里的一栋破屋子里，而今这里的一切都变成了歌舞升平、欢笑缭绕的娱乐场所，这些没有回忆的时刻……这个地方也正是波德莱尔在最美的一首诗中描绘过的；他在这里看到的是一座巴黎的废墟，巴黎的面貌"唉！变得比人心还要快"。被奥斯曼摧毁的居民区的残骸中，

---

1. *FdA*, p. 30. (《年华》)。

2. 《亚洲风暴》(*Tempête sur l'Asie*)，普多夫金 (Poudovkine) 导演，1928 年。

还遗留下一片工地，堆放着砖块，和一座动物园，一只被拔了羽毛的天鹅在尘土中挥动着翅膀。"安德洛马克，我想您"，想念"您寡妇的痛楚"……他充满柔情地观察着"小老太婆们"蹒跚的脚步，而这个女人似乎便是其中的一位。

但是海狸继续她的记述，没有让我们等太久。"我接受了。"这段时间无法终止这一契约[1]。她接受了，充满着恐惧，但是分离"在远方变得隐约起来"。她体验到"萨特说话的连贯性"，他说到就会做到。始终如此。因为害怕约定、害怕习惯、害怕束缚，才会这样：也许与尼赞夫妇的见面，看到亨利耶特"挺着大肚子"，而他们却向他投来了冰冷的目光（也许不是这次），这件事也是原因之一。"而且，我知道他不会给我带来任何不幸，除非他比我先离开人世。"[2]我们很清楚战斗的海狸，她的果决，她的乐观，她营造幸福的意识，而不能把这句有点庄重的话看成是她在逆境中自我宽慰的方式。这是一场考验，她成功地通过了。她会痛苦吗？一定会。会有嫉妒吗？自然会有。甚至会觉得自己很危险：她毫不掩饰地承认，当萨特在纽约迷恋上多罗蕾丝·瓦内蒂的时候。然后呢？谁说可以免受痛苦的煎熬？痛苦并不是弱点，这是确保自己的，还有他人的自由必须付出的代价。至于彼此的忠诚和透明，她知道，大多数情况下，双方都会以此作为挡箭牌，承认错误，请求原谅。但是她骄傲地说，契约的这种结果也许只对他们两人而言有价值：他们能够做到，他们彼此了解，他们知道"这额头上孪生子的标记"[3]。他们的一生"在博爱中"紧紧地联结在了一起。

1958年，海狸写《年华的力量》的时候，尽力想说明考验已经过去：几乎完全稳定下来。从那个决定之后，他们之间形成了一种各自独立的统一体，不会在这样的统一中有任何的偏斜："互补"，他的屈从（确切地说是她的屈从），另一方的自由，一方作品提到另一方作品，各种缘由的苦痛。没有孩子的"联结"，或者正好相反，因为没有孩子才不会有争执；与传统的夫妻没有丝毫相同之处。而之所以能如此，功劳全在她。她建立

---

1. *FdA*, p. 31. （《年华》）。
2. *Ibid.*, p. 33. （同上）。
3. *Ibid.*, p. 34. （同上）。

起了与萨特的"默契"，建立起了各种关系，与其他人（萨特的女人们），朋友，"家庭"[1]，住处，习惯，说话的方式，生活和旅行的方式：总是表现出"孪生子的标记"，萨特完全信赖她。他需要她，如同她需要他那样，只是方式不一样：每天，他们见面，在一起的时间越来越多。所有这些，都是她雕琢出来的，而她的素材是活生生的：地点，时间，萨特不断变化的朋友，她自己的朋友圈，情人，激情；还有时间，及其分割。始终保持活力、忠诚的同时，她所作的承诺，和他们的邂逅有一刻差点受到威胁：写一部作品。从此，这就是一项需要合作完成的任务，共同的，联系在一起的；他们的作品并不相关，也不互为补充，但是互相又是对方的保证，以对方为根基，互相支撑。一部作品成功的条件，往往是时代上的平衡，很难实现的平衡，感情上的，友情上的，爱情上的——偶然性与必然性之间的平衡。

他只为了写作而生存，她说；而她，她离开写作便无法生存。巨大的差异。她在《年华》中说得很明确：她所在意的，是生活，写作对她自己所营造的生活是必需的。因此，两人几乎是相反的：对他而言，写作是第一位的，所有一切都要服从于写作；他可以为了作品牺牲一切，他生活的环境非常一般，到最后住处竟然没有一张像样的书桌。而对她而言，生活是第一位的，所有一切都为生活服务，使生活变得更宏大、更真实，将它提升到更高的层次。她有素材可写，可以写成作品。不必排除其他因素，其实都是一致的：友情，住处，爱情，语言，旅行，政治活动。而在萨特那里，恰恰相反，得将一切都分隔开：他要远离文学才能起草战斗檄文，而为了介入政治，他已经准备好分离，毁掉这他从未担忧过的"厚实的身体底子"。她构思、战斗、斗争、建造：但没有什么是能超越一切的，尤其不是政治，她和萨特一起投身于其中，和他保持着同一立场，但不会把自己的身体和财产都搭进去。渐渐地，世界本身成了她生活——作品的素材：旅行，主体，战斗，解放，斗争。这些都近在咫尺，在适当的时候，适当的地点出现在她面前。没有人比她更懂得抓住要害：她试图搭建起"完美的"生活——作品大厦，她与萨特的关系自然是其中不可缺少的一

---

1. 致格林的信，1948年8月8日：血缘关系的家庭"（对她）没有任何意义"，她自己选择了一个，属于她自己的。这能"帮助你活下去"，但却会让你"陷入孤独中，尤其你若心中有爱的话"。

71

部分。最后，失去她的萨特如同迷途羔羊，一切事务都由她来料理。多亏了萨特，她才开始欣赏侦探片，或者"艺术电影"中的西部远行，之前只跟妹妹或扎扎在天主教会里看过。而多亏了海狸，他才学会了长时间地散步和骑自行车（之后在占领时期）。或者遇到了"这位夫人"，她家在离昂热不远的拉布埃兹，他们一起去她那里学习，1940年春法国溃败的时候，她还在她家避难过一段时间。

两年的期限还没有到，萨特还未从日本方面得到任何消息。她也还没有找到正式的工作，偶尔去杜卢伊授课，长时间泡在国家图书馆，读昂热尔·德·弗里诺和《资本论》，想在巴黎一举成名，就此度过了一个又一个远离萨特的日子。

然而，开始时的平和冷静很快便消失了，随之而来的是极度的不安。就像以前被扎扎征服一样，她害怕置于别人的目光之下，萨特发现她失去了往日的活力，很少说话，"可是以前的海狸，考虑的都是小事"[1]。她只知道这样回答：她是不是正在落入专为被爱情所困的女人所设的圈套中：变成别人的附庸？幸福必须带来的结果是"放弃所有"？她与萨特生活在一起所梦想的，不受任何因素牵制的一种夫妻形式，与习惯、传统毫不相干，她会不会在一种眩晕中看着自己的梦想破灭：一种向对方"献出一切"的眩晕？她逃避这个问题，重拾"自我"的能量，只有这个"自我"才能唤醒内在的力量：变成一个相对的存在，就是放弃，作为一个人，而不是一个女人（她会这么认为吗？）所有反抗的尊严。第七十五页靠下方的注释修正了这一观点："显然，问题不在我，她写道，因为我是一个女人。但是我试图作为一个个人去解决这个问题。"同一个注释中，她还补充道，两性之间的斗争对她而言毫无意义。她确实还未曾与男性，无论是朋友，还是萨特之间有过苦涩的、强烈的、可耻的经历：但是她还是经历着。

她还有另外一个发现；她知道，不再做一个"纯粹的灵魂"，她会思念她的情人，并且有"性的需求"。"悔恨，当涉及到肉体的时候，不再仅

---

1. *FdA*, p. 74.（《年华》）。

仅是怀念，而是一种痛苦。"[1]需求比思念更强烈，这意味着更为迫切的东西，更直接，更赤裸裸地是身体上的。她去图尔他服兵役的地方看望他，夜晚火车上，她感觉有一只莫名的手在自己身上掠过，全身直哆嗦。羞愧向她袭来：不是因为性欲，而是因为没有控制好、无法控制的个性，因为身体被搅乱，纵使理智与之对抗，却毫无用处。还有一次，她看到一个流浪汉在阴沟里手淫，"眼睛盯着她看"，她害怕极了：她觉得身上升腾起一种复杂的情感，难以控制，不安到直至抽搐，她害怕这样"不明不白的情感"突然降临，若是一个人对自己产生怀疑的时候，他人是无法激起类似的情感的。

但是我们还没有走出学习期的故事。带着爱意的邂逅，面对一个"不付出"的"冷漠"男人的困难；害怕由于他的离去而陷入孤独，发觉"性的需求"，这些都是体验中的一个个步骤。一切都有其位置，有其发生的时间；每一个经历过的瞬间，一旦描述出来，便成为用"偶然性"交换"必要性"的方式，而这种"必要性"的形式源源不断地为她的作品提供思考的空间。因此嫉妒的主题才会化身成"卡米耶"被搬上荧屏，这位"他钟情的年轻姑娘"。

常常是那些已是陈年往事，甚至完全熄灭了的爱情更容易激起无比的嫉妒：对曾经的感情，我们无能为力。卡米耶的形象是海狸描绘的一连串女人形象中最初几个之一，当然也有男性的形象（尤其是雅克、马尔科、"佐洛"）：堕落，崩溃，是他们用这样的方式构建自己的生活所不可避免的结果。参考图总是不变的：雄心，计划，与异性的邂逅；但真正面对这些的时候，也许全然与想象中不同，雄心受挫，计划失败，爱情也完全变了样——与我们设想的有天壤之别。是雄心成了好高骛远的野心？计划得不周到吗？幻想中的爱情，白日梦般的爱情吗？一切都在醒来的梦中沉落，甚至转向疯狂（自虐、偏执）。酗酒、堕落、死亡：这便是卡米耶的宿命，还有很多我们遇到过的女人的宿命。这样的命运吸引了海狸，也让她恐惧。她在《第二性》中将这些女人划归到非常重要的一类：她们为"逃避自由"而自欺欺人。自由，若是我们的宿命，我们的命运，我们的

---

1. *FdA.*（《年华》）。

义务——作为人而言——那么这些女人常常不明白，她们也不愿意明白。

正因为这样，她们的失败反倒让她安心：与卡米耶的见面在海狸丢失已久的"自我尊严"的再打造过程中起到了十分关键的作用。她还没有沦丧，她是"被骗"了。海狸决定与卡米耶见面并与之交谈，之后，她发现自己的内心交织着两种情感：痴迷与恼火。怎么办？完全的痴迷是不可想象的，卡米耶全身散发出"稚嫩的自我陶醉"和沾沾自喜（可萨特有一段时间还照样钟情于她）；但完全的不痴迷也是不可能的。需要经历另一种考验：她带着一群朋友看她表演。他们的目光毫不留情：一看到她，"他们就放声大笑"。他们眼中的她（萎靡，独立，活泼，几乎绝妙的），是另一个海狸在她身上的重现。"卡米耶也许只想从我这里得到令人不安的力量：[……] 只要我重拾我的自尊，就能摆脱我一开始对她的痴迷。"[1]

和卡米耶一样，其他女性的失败，对海狸而言，映照出了自我构建和自我肯定必须经历的过程。扎扎的死便是这样极具象征性地被理解成摆脱威胁到海狸的"沉沦的命运"所应付出的"代价"。接踵而来的是另一些令人颓丧的事：在鲁昂，路易丝·佩隆的鲁昂，在巴黎，维奥莱特·勒迪克经受的考验与失败——她们的故事，回忆录中无论有没有用真名，都以化名在小说中呈现出来。她们被侵犯的形象，悲怆的或是怪诞的，更坚定了海狸的写之路。她们通通陷入了一种令人厌恶的麻烦事当中，无法抽身而出，这便是她们所谓的"她们的生活"：病态的一面，道德的一面。等待她们的是无可逆转的评判，人们用最严苛的要求对她们加以审判——真实性，介入活动中的激进性，与自我关系的透明度。她们中没有人作出回应。回忆录的最后一卷，《清算已毕》中，她们又一个接一个地重新出现，这是为了最后一次回顾以往的足迹，而后走向灭亡：我不曾是这样的女人，那些观察她们，评判她们的女人说。但是我原本也可以成为这样的女人。甚至好几次，我可能差点就变成她们那样了。

回忆录之前撰写的《第二性》为海狸提供了理论框架，自二十世纪三十年代她遇见卡米耶或路易丝·佩隆开始，这已是可以预见的了。从卡米耶开始，这些女人销声匿迹的原因，她们失败的核心，是因为她们是"相对的"，她们只能通过男人认清自己，那些她们想吸引的男人，能够供养

---

1. *FdA.*, p. 89 . （《年华》）。

74

她的男人，或者是像杜兰那样为她提供艺术家资格证的男人。反过来，要是她们没有了男人，单身的小姐们，德齐尔私立学校和圣玛丽教会学校的女教师们，便开始过一种枯燥乏味的生活，全身心地投入到教育事业：婚姻将她们拒之门外，处女的贞洁令她们痛苦，独立只是对自由的讽刺，永远地被束缚。所有女人的悲剧，便在于不懂得如何摆脱对男性的依赖：她们的命运在胚胎中就被扭曲了。难道有那么多女人无法成为自我吗？是的。但海狸不是。

经过多次的考验，学徒阶段也算是完成了：首先是成功地摆脱了一种会累及多方面的"欲望"，但是很快就被坚决地排除了，那就是婚姻。1931年，威胁悄然而至：萨特没有得到去日本的工作，于是到了勒阿弗尔，这样可以离巴黎近一些；而她却被分配到了马赛。她只能用一个词来形容自己的感受：惊惶。萨特也很沮丧，提议"重新修改"他们的规划；尽管这次分离她所承受的痛苦不能与他同日而语，但是他无法忍受看着她痛苦。因此，他提议结婚，又是一次严肃的自我反省。

她断然地拒绝了这个提议。走进婚姻的牢笼，就是将"行为"置于"信仰"的对立面：他厌恶信仰，如同厌恶体制，厌恶所有的"资产阶级"体制。在《年华的力量》中，西蒙娜·德·波伏瓦处在经历与思想的十字路口；而到了《第二性》，她构建起自己的理论根基，恰好解释和证明了对婚姻的拒绝。她指出，正是婚姻与女性的命运联系得最为紧密，无论是以前还是现在都是如此。也正是婚姻，将"内在性的罪恶"付诸实践，女性的状况便落入了内在性的陷阱：作为妻子，她必须依赖男人，如同黑格尔辩证法中主人与奴隶的关系；作为母亲，她心甘情愿地过着周而复始的生活，与自身所有的超验性与超越性割断了联系。1931年，问题提出的时候，海狸甚至不需要考虑："我不知不觉便作了这个决定。"[1]这与回忆录的基调是相符的，毕竟回忆录不是理论著作，海狸谈论婚姻，还有生育的问题完全站在个人选择的角度。她"对生育没有任何偏见"，有时还觉得孩子们特别可爱（不是指"洋娃娃"），但是生育与她写作的使命

1. *FdA*, p. 91.（《年华》）。

"似乎是水火不容的"，写作要求有"很多的时间"和自由。

她甚至走得更远。写作与生育之间的高低差别已在不经意间形成了。一天，扎扎对她说"既应该生孩子也要写作"，这让她"产生了反感"。这件事，在《闺中淑女回忆录》中有所记述，不过她又活力百倍地恢复过来。"我继续（她可以这么说：我继续）将这两种命运视为是对立的。"她的决定在她眼里是最崇高的。"有了文学，我想，我们可以拯救全世界，将它在纯粹的想象空间中改造一新，这样，我们便拯救了自身的存在；生育，只是在地球上无用地制造更多的生灵，没有存在理由的生灵。"最重要的一句话说出来了：1927 年 5 月 24日，她在《手记》中写下："当存在理由这个如此严重的问题困扰我的时候，我怎么能还只是想着追求人类的幸福呢？"拒绝生育，以及由此产生的生理上的恐惧，紧紧地与对"存在理由"、"证明存在合理性"的忧虑联系在一起。为了逃避由生育与写作之间高低差别带来的束缚，她开始了新的迂回策略，学做修女，"为所有人祈祷，不再生育单个的个体"。这一迂回策略需要得到证明："为所有人祈祷"，改造世界，拯救自身的存在，这些都是完全与自由相关的选择。

这位年轻的姑娘，决定不与萨特结婚，永远不生育，二十年之后，与撰写《第二性》时的那位女性已是完全不同；海狸写回忆录时故意不提出后来在代表作中加以详细阐释的论据。1931 年，海狸远远没有想到自己这个决定后来会遭到有关女性状况的最激烈的抨击，彻底超越了自我肯定、个人选择合理性的界限。回忆录铺就了一条道路，这是一部获得自由的小说，一步一步，循序渐进。

往下的一步，是孤独。

她将以一个经典的范式去应对，这个范式自《手记》开始形成，在《闺中淑女》中尤为明显：首先是一场"惊惶失措"，而后重新回到知识分子思考的轨道中，最后是"顽强的乐观"，因为这些才使她一直不会处于劣势。一次幸福的偶然，一段只属于她的感受，争辩的结果与乐观的提醒不谋而合。因此，1931 年她写道：说，便是做。不结婚，但是契约的想法也化为泡影；后来合约不得不中断，"可能的出轨"，在"遥远的三十多岁"的时候。"我恢复了平静。"之后"马赛是一座大城市，很漂亮，别人都这么对我说"[1]。这里有唯意志论的成分：但对她而言是有效的；与其被不幸、被对痛苦的恐惧击倒，不如接受它，也许还能从中获得乐趣。创造幸福，便是在自己身边寻找办法，即便是微不足道的。

他们周围，人人都介入"真实的生活"，走出学生生活，高师人的生活，这些是萨特难以摆脱的，因为他不喜欢尼赞在《亚当阿拉伯》（Aden Arabie）中的抨击性文章。费尔南德和斯泰法从西班牙回来，为共和国的胜利而狂喜，尽管胜利只是短暂的。斯泰法"挺着大大的肚子"，很快就临盆了。离别的心碎，孤独的煎熬，渐渐远去：这还是一种考验，她经历过之后变得更坚强了。开始是"抵御困扰我两年之久的欲望：认输"。之所以有战争，而且必须不断地发起，或不断地投入其中，那是因为我们从不敢保证胜利，也没有绝对的胜利。她不怀疑，与萨特的邂逅，他们相处的幸福背后，暗藏着危险：失去自主性的危险。真是如此吗？也许不是，1960年时她这么想。但是"当时，我似乎有这样的危险，同意去马赛之后，我才开始摆脱这种危险"[2]。所有的"第一次"——有身体接触的爱情，同居的生活，作出的决定，新的义务，还有教师的工作——都涉及到了，依照一位姑娘在年轻躁动时期的心理与生理机制，《手记》中记述的正是这段时期。但是预计与经历，完全是两重天。同样必须勇敢地面对这一差距。

为此，赋予自己力量，不顾一切地投身到新的一次经历，那就是旅行，但当她回想起曾经听扎扎向她描述意大利的风情时，心中不免隐隐作痛。她决定亲自去体验那种感受，和萨特一起，在他离开之前。可是去哪里呢？布列塔尼吗？她从没有旅行过。就在这时，费尔南德邀请他们去马德里，她欣喜若狂。

普鲁斯特曾经讲述过，他如何从一个城市的名字去想象这个城市（如库唐斯和"黄油教堂"），结果常常以失望告终，因为现实总是与美好的梦想背道而驰，甚至将其扼杀：我们不会惊讶于，他在一间四壁软木的屋子里终老，过着昼夜颠倒的生活；他的哮喘病都不足以成为解释这些的借口。

---

1. *FdA*, p. 91.（《年华》）。
2. *Ibid.*, p. 95.（同上）。

战斗的海狸恰恰相反：当她从布港[1]回来，傍晚在菲戈哈附近散步的时候，她突然感觉必须要叫出它的名字，这样她所看到的才能体现出来。"西班牙。"秋季，刚到马赛的时候，也有一次："马赛，我想是的。"第一次到纽约也同样如此。她分裂成了两个人，一半像个孩子那样，等着别人叫出一件事物的名称才能认识这件事物。其实，她的身上确实有两个存在：她被她的本性攫住、吞噬，完全地按照自己的所感、所见行事——萨特在一次两人的对谈中曾经这样说过。她的自我倾向于在物中，在物强烈的照耀下，在美的光环下——在物的存在中分崩离析。这正是《恶心》中罗冈丹所经历的，直至发展到焦虑的程度。但是她却因此快乐。总是那么快乐：她的欣喜始终完好无损，甚至五十年之后，当她的养女陪她穿越整个法国的时候也是如此。她摆脱了攫住罗冈丹并有可能摧毁她的眩晕，因为这是一次幸福的眩晕，是激动，是快活。然而，命名重又拉开了距离，造成了间隔，能再度抓住自我；命名，同时也产生了全新的快乐，如同卢梭在《遐想》中描绘的那样。这是无尽的：幸福地重复着人、地、书的名字，这种幸福在词几乎发疯一样涌来的时候变成了一股神奇的力量；同样幸福地写作，通过描写让阅读的人去领略旅行中的每一个瞬间，水花的溅起，黑暗长空中的那一轮明月，声音、滋味、气味。意义集中在词上，如同普鲁斯特所说的日本的花，还有，有关回忆的：然而，唤起的不是她的回忆，而是经由一层薄薄的膜与世界不断深入的融合[2]，这层膜便是词。

　　然而，旅行并不仅仅意味着感觉的泛滥，即便感觉能立刻进入物的存在："是西班牙刺痛了我的皮肤。"[3]必须到更远的地方去，最好是在经济条件允许的范围之内：战斗的海狸顽强地进行着这场战斗，有时竟撇下还在梦境中的萨特。她制定计划，安排行程，随意地挑选时间和地点，她必须警惕一切：一切会突然涌来，但必须一件一件地攻克。他们不会说西班牙语，怎么办？这又是一项冒险的计划，其困难恰"令她兴奋"。她不是去参加主显节的庆祝活动，便是疯狂地搜集详情：如同纪德在《地粮》中记述的，她想起纪德，竟然用一杯黑巧克力品味完了整个西班牙的味道，浓浓的，带着苦涩，但是她还得看人群，人群中的每一个存在，博物馆，

---

1. 西班牙与法国接壤的边境小城。——译注
2. 萨特对于意识的定义。参见 *Carnets de la drôle de guerre*（《奇怪战争笔记》）。
3. *FdA*, p. 97.（《年华》）。

博物馆里的每一件作品，还有街道，百叶窗上脱落的绿色，唐人街上的妓女，巴塞罗那的提比达波山顶到山脚下的夜景，好似"一块破碎的大水晶"。即使她"疯狂地调动"起自己的审美观，但她的审美观不是一种"蓝皮导游手册"的审美观，就像有人不怀好意地评说她在旅行中的这种热忱：用思想，用眼睛，用所有的感官，在感觉与思考完美的平衡中，完成一种对世界的探索。这是她最初几次旅行，所见所闻让她激情备至，从未"感受过如此清新的美"。

这与我们之后见到的战斗中的海狸，那位"知识女性"，看待事物永远保持着冷峻、"智慧"的态度的海狸是多么不同啊！若没有这幅深藏在圣器室里的希腊绘画，"谁知道呢？我有可能因此对西班牙绘画一无所知"。若没有最后尝一口带着"尘土味"的果仁蛋白糖，谁知道她会不会忘了西班牙？感觉，对感觉的渴望对她总是最重要的，而男人们则更看重想法："原则上说，共和国禁止斗牛；但是共和分子却对此情有独钟。"她观看过，不太明白，她被"一只巨大的漏斗"抓住，那里一群人像一片燃烧的火海一般微微颤动：她"被咬住"了。咬——被咬。这是属于她的词汇。她像个孩子，想嘎扎嘎扎地把糖嚼碎，吞下红色的色素；之后，她又想在牙缝间留住曼哈顿街头一闪一闪的霓虹灯光。"我本想吃扁桃花，睡觉的时候嚼着杏仁糖。仰望着纽约的天空，霓虹灯招牌好似一块巨型的糖，我觉得有些沮丧。"可是喜欢撕咬的人知道，喜欢撕咬意味着也喜欢被吞噬："也许这便是有些人——很活跃或很有野心——的特权，不断地为计划所折磨，突然到了这样的休整期，似乎时间都停滞了，存在与事物的完全静止混淆在了一起：这是怎样的休整啊！这又是怎样的补偿啊！"[1]她迷失了自我——她又找回自我，这一"去/来"模式[2]比任何其他词汇都更能确切地概括她。几个月之后，她沉醉于在马赛周边"赤褐色峭壁"边的散步，此时，她只有一个想法，"重新开始"[3]！散步成了刚刚开始"撕咬"她的"激

---

1. FdA., p. 103 . （《年华》）。
2. 弗洛伊德提出的"去/来"（fort/da）游戏，是精神分析史上的著名模式。也有学者认为这是自虐的基本形式之一：先是自我制造一个被舍弃被厌恶的状态，同时暗自咀嚼其中的痛苦刺激，于是可以期待破镜重圆的圆满幸福。——译注
3. FdA. , p. 105 . （《年华》）。

情"——又是撕咬！

三十年后，当她回忆起，讲述这段故事的时候，依然那样喜悦，甚至不断地变化语言和动词的时态：记叙中的简单过去时突然中止，取而代之的是复合过去时。"从马德里开始，我们去了很多地方"（简单过去时），她由此开始，但当他们到达阿维拉的时候，"清晨，我拉起房间的百叶窗；我看到，塔高高地耸立着，指向湛蓝的天空 [1]"（复合过去时）。是修辞上的小小细节，稍稍违背了一下语法规则吗？是的，但远远不止如此。这样的处理好似两种形式的记叙交错在一起，一种是经典的记叙形式，过去的事物一去不复返，成为了永恒，不可抗拒地在一个远离叙述者的世界中发生，离叙述者和他的时代那样遥远，差别那样分明；同样的，离将来的读者及其时代也那样遥远，差别那样分明。接着，猛然，改用复合过去时，似乎成了一封信或者是旅行归来，口头讲述一件事的口吻和时态：过去被拉近了，依然与今天的生活紧密相连，过去的事似乎刚刚过去，就在昨日。简单过去时常常是虚构故事的时态，常常在小说中运用；复合过去时是生活的时态，记忆的时态。因此回忆录中使用了两种时间的维度，讲述自己的生活，便是将自己变成书中的人物，与虚构的人物没有太大差别。但时不时地，当记忆中的情景变得鲜活起来的时候，自己又不免与人物步调一致：涉及的是我，我曾经成为的那个我，我一直是那个我；那是在昨日，因此也是永远；那是在昨日，而这恰恰照亮了我的今天。

1931 年 10 月，她到达马赛之后便作了总结，把事情交代得很清楚，以回忆录中常见的严肃、谦逊、带着些许庄重的口吻。"我整个存在过程中，从未经历过一个时刻可以用果断二字来形容；但是当我追溯往事时，有些瞬间意义非凡，随着一些大事件的爆发而从我的过去中浮现出来。" [2] 回溯往事并不意味着之后的重新组合：事实上，来到马赛，她写道，确实在她的一生中是一个"全新的转折点"。为什么到马赛，会有如此的变化？确切地说，因为她如此害怕"孤独"，而当孤独降临时，这场考验也将彻彻底底地结束她多年的学习生涯。因此才会有对绘画的大笔渲

1. *FdA.*, p. 104 . （《年华》）。
2. *Ibid.*, p. 104 . （同上）。

染和戏剧化处理，我们仿佛从中听到了从远处传来让－雅克痛苦的回声，《忏悔录》中，或者是《墓外回忆录》中的一段："我在那里，孤零零的，两手空空，没有过去，没有一切我喜欢的东西。"并非整句话形成了一种庄严，和古典"时期"韵律上的渐进，而是从句首开始慢慢扩展，副词简短的音节，用重音"我在那里"作为强调。然而，没有任何忧愁或沮丧的时刻：必须决定行动："我注视着这座陌生的城市，我要在这里孤零零地雕琢我的生活，日复一日。"这是一项与石头打交道的事业，必须借助锯刀和铁锤才能从中提炼出她的生活[1]。如同拉斯蒂涅克凝视着这座矗立在拉雪兹高地上的宏伟城市，向它发起挑战：巴黎，你是我们两个人的！年轻的西蒙娜·德·波伏瓦从圣夏尔火车站的楼梯上凝视着"那些阳光照射下的瓦片，若隐若现的光影，着上秋色的梧桐树；还有远处的山丘，碧海"。拉雪兹公墓与马赛火车站简直天壤之别，前者埋葬着众多伟人，拉斯蒂涅克也想成为其中之一，而后者更乏味，更现代，她背倚着火车站：这个姿态能让人安心，也就是说能随时出发，回到巴黎。但她不会半途而废，甚至连想都没想过；既然已经决定，和往常一样，她慢慢走下台阶。

走下台阶其实是一种攀登：每下一步，她就与未来的成就靠近了一步，她看到"这些房屋，这些树，这些河流，这些岩石，开始为我呈现，而我也开始为自己呈现"。男人和女人，就是如此；仅此而已，这些"人"，他们的味道，他们的声音，他们的颜色把她带回到巴塞罗那。她从帷幕后面出来，走在布景之中，这布景不是她搭建的，却是为她而建。舞台上还是空荡荡的：两小时之后，她找到一间房间，去了一趟高中，开始游览这个城市。

戏可以上演了：幕布升起，她如"被雷击中"，人群开始涌入，她混杂在里面，沿着加纳皮埃尔街，掺杂着海胆的味道和老港海边的空气。忧愁的寒风停止了吹拂。她的流放变成了"庆典"。拯救她的，不是书、不是思考、不是自我封闭，而是漫步。只要她有几个小时的时间，或一天的

---

1. 记得阿纳托尔·法朗士吗？当一个小男孩被问及他将来想"从事"什么"职业"的时候，他马上想到了一大片堆满了石头的地方，但一想到锯子的声音，他牙齿咬紧，这个念头便随之消失了。(Le Livre de mon ami《我朋友的书》)。

假日，她便会兴致勃勃地去散步，这份兴致甚至可以与爱情相提并论，一颗年轻的心和一个年轻的身体，其所有的激情。指引着她学业的系统精神，可以让她在十八岁的时候便自豪地称"我读遍了所有的书"，现在她把系统精神又运用到对西班牙的探索中，运用到她的作品、艺术、故事和斗牛场：她又一次陶醉其中。她是不知疲倦的，接受阳光的暴晒，腿上被荆棘戳伤，脚上穿着草地帆布鞋而磨破，常常一餐以一小块面包和一薄片巧克力充饥，她甚至"徒步走过四十公里"。她战斗，她的对手，就是自然，粗糙、崎岖的自然，"不长眼睛的石头不会告诉你路在哪里"。她有条不紊地"扫荡"了这个地区，爬上了所有的顶峰，像司汤达笔下的主人公那样爱上了站在高处的感觉，"加尔拉邦，奥勒里安山，圣维克多山，石杵之王"；她来到所有的狭海湾，"那里生长着飘着刺鼻香味的灌木丛，刮破了我的皮，有些植物甚至我还不认识"，她喜欢倾身去闻一株植物，和以前在格里耶尔、梅里尼亚克一样："产树脂的岩蔷薇，刺柏，绿色的橡树，黑色和黄色的阿福花。"圣维克多山矗立在平原上，如同鸣响了号角，橡树则让人回想起征服者的光彩；而正因为要等采摘阿福花的季节，珀尔塞福涅才会被冥王哈德斯劫持到冥间，一年中只有一半的时间能逃离那里。

几次不幸的遭遇又提醒她，女人是不应该走上未经开辟过的道路的；当她重新回到马赛平常的生活和工作中时，她"一刻也不会"感觉烦恼。她对同事"不太礼貌"，"那些钟情于阳光和漫步的老姑娘们"对她起了疑心。一位图美兰夫人试图劝说她接受不正常的恋爱，她向她描述了自己对丈夫身体的厌恶和"丈夫肚子上黏糊糊的、潮潮的东西"，但这些都是枉然；其他一些不被人用正眼瞧的女人，自告奋勇地向她展示了饥渴的形象，或者女人的背信弃义，以迎合她有些残酷的口味。这些都不重要，结果已是显而易见。"我对自己很满意；我很好地完成了在楼顶上为自己规划的任务，日复一日地，我独自一人，亲手缔造着我的幸福。"这段时间没有萨特给她的信件，一封也没有。自 1931 年 2 月开始，萨特在勒阿弗尔当教师。他很想全身心投入工作，"开始偶然性的思考"（开始是《忧郁》，成了后来的《恶心》）。而且他常会出去走走，带着"轻松的心情"，去"看看树"。"不幸的是，我不太知道到底是什么树。［……］到处是绿色的茎秆，可以用五六片叶子来捉弄人，确切地说是这样。附一幅

82

草图。"[1]海狸的注释："这是棵栗子树。"我们知道接着会发生什么。一封动听的、有趣的、戏谑的信，全是影射他去了一次巴黎，拜访了一些朋友。末尾时，他写道："亲密的爱人，您不能想象每时每刻我有多么的思念您，在这个世界，充斥着你的影子。有时，我想你，我不免有些痛苦（那么一点点）。"[2]

到了万圣节和感恩节的时候，她来到萨特身边，这一年终于结束了，她可以回到巴黎，愉快地"总结"这一年的经历：她习惯定期地作总结。她开始写一部小说，她不再害怕接下来的一年在马赛孤单的日子了。她接到通知，她将被派往鲁昂。因此结论是："我成功地经受住了我必须经历的考验：寂寞、孤单，并没有破坏我的幸福。似乎我可以依靠我自己了。"[3]外面的世界，他们不太在意。"这一年还是如此，我们几乎不关心外面的世界发生了什么。"单单戈尔古洛夫诉讼案燃起了他们的热情[4]。只有右派"控诉希特勒带来的灾难"：他们却安安稳稳的，没有发生任何事。然而，乌云渐渐笼罩了整个欧洲；7 月 7 日，葡萄牙前财政部长，安东尼奥·德奥利维拉·萨拉查被任命为总理。他建立了一个专制独裁政权：新政府，民族的，信奉基督教的。

她的学习期正式结束，至少她是这么认为的，这位继续在田野里采摘阿福花的、无忧无虑的珀尔塞福涅将要消失了。

到马赛的短暂流放使她受益良多，之后，他们告别了分离的日子，重新开始编织这块他们处于中心位置的布。他们在巴黎，住得很近，经常见面，因此可以继续"打造"他们俩的世界；他们住旅馆，甚至很长时间；战后，继父过世，萨特又搬回去和母亲一起住。而海狸直到 1952 年才住进布歇街上的一套小公寓。写作——他忙着写《恶心》，而她也在写小说——一周上几次课，散步，在多姆共进午餐：重新回

---

1. *Lettre au Castor et à quelques autres*, *Gallimard*, 1983, p. 47.（《致海狸和其他人的信》，中译本为《寄语海狸》，以下称《寄语海狸》）。
2. 海狸的注释："1931 – 1932 年，我在马赛时，萨特写给我的很多信都弄丢了。"在《寄语萨特》（*Lettre à Sartre*, Gallimard, 1990）中，这段时间的信一封也没有。
3. *FdA*, p. 131.（《年华》）。
4. 1932 年 5 月 6 日，保尔·杜梅被一位名叫戈尔古洛夫的俄罗斯革命党人杀害，当时他正主持老兵作家联盟每年签售的开幕式。克洛德·法兰尔（曾与普鲁斯特竞争 1905 年龚古尔文学奖）为了阻止这件事严重受伤。

到了学生时代，稍稍有所改善。他们与萨特"一位接受个别辅导"的学生的母亲走得很近，还有他的同窗吉耶，也就是回忆录中的帕尼埃，他们常常躲到她家，不是在安桥的布艾兹家里，就是在朱昂莱班的别墅。他们分开的或合为一体的情感，都体现在对身边的人与事不知疲倦的评头论足上。"奇怪的存在"的"攒动"填满了他们所有的日子，消磨了无聊的时光。评头论足往往不会过于宽容。宽容这个词并不在他俩的字典里：他们对身边人的"缺陷"、"弱点"和不足，几乎在意到疯狂、愤怒的程度。无论是老朋友，还是新结识，甚至不认识的人，都是他们评论的对象。"我们碰到新面孔的时候，我们从上到下、从左到右地观察他，[……]对我们所有的同事也是如此。"[1]而有些新面孔却激起了他们的兴趣，甚至是同情：比如海狸在鲁昂的同时，柯莱特·奥德莉，萨特的几位学生，娶了玩具娃娃的鲁莱，还有雅克－洛朗·博斯特。然而她比萨特更热衷于"剖析"整个世界——带着某种连她自己也不敢完全确定是否有效的无畏精神。"我更喜欢去评判他们，而不是去理解他们。"[2]三十年之后，她严厉地指责了如此"傲慢的道德主义"，并试图寻找个中原因。家庭出身带来的"优越感"，使她变得"咄咄逼人"的孤独，和"小朋友们"的会面，并不能起到任何作用：她承认，他们是宗派信徒，"将善与恶截然分开"。她说，自己比他们还糟糕，因为她"完全缺少这样的精神状态"。这是因为，她说，"他者的存在对我而言是一种危险，我是不会对他者袒露心扉的"。她同时也认为他者是一种意识：因此，她面临的又是一场战斗，而三十年代的时候，她并没有准备好来迎接和应对这场战斗。十年以后，她发表了《女宾》，书中她将黑格尔的这句话作为题铭："一切意识都在追求他者的死亡。"小说中，弗朗斯瓦兹用最极端的方式来解决问题：对格扎维埃的谋杀，格扎维埃的存在对她是一种"威胁"。西蒙娜·德·波伏瓦严苛地对自我进行评价，似乎是这样的，尤其是1960年她写道，年轻时她不会"认为他者的存在和我一样，是一个主体，一种意识[……]。不止一次，如此轻率的成见将我自己变得冷

---

1. *FdA*, p. 145. （《年华》）。
2. *Ibid.*, p. 146. （同上）。

酷、凶残，我完全错了"[1]。这样的"咄咄逼人"，这种不去理解便作出判断的方式，其实是自卫的反应：和萨特一样，她无法忍受"别人对她形成的想法"，她需要感觉到"她在发起攻击"。她因此而受伤，她的父母无法理解她"自身"和她的个性，而她却还是一如既往地爱着他们，同时她"自身"和她的个性被"施了巫术"，变成"魔鬼"了。她之前甚至感到卡米耶正在用自己的坚定拷问她。

在他们的政治意识还在左右摇摆、只在意个体"行为"的时候，他们所热衷、所奋力探索的，是社会暴力的形式，中间地段，日常生活，那里对"集体"与"个人"作出了区分：社会新闻。为什么付诸行动呢？比如，该如何解释帕潘姐妹的罪行，这件事当时引起公论的关注，之后又是让·热内的《女仆》和拉康医生？暴力的连续发生，他们对身体的情有独钟，受害者的脸、眼睛，这些都可以用精神医生所说的精神错乱来解释吗？谁该对这样的罪行负责？是那对邪恶的姐妹俩，还是对女仆施加暴力的女主人，她们带着白手套去检查物品是不是擦得一尘不染？是谁给仆人的工资里又扣下了一只破盘子？"在我们眼里，这些女人才应该死一百次。"[2]审判结束，姐姐被判死刑，但马上得关进精神病院："她的病情消减了一部分罪行"，于是判决一下子显得更为不公正。就像对戈尔古洛夫的判决一样，"他是个疯子"，被他杀害的那个人不是"普通人"[3]司法站在了社会秩序的一边：而社会新闻将资产阶级各种形式的伪善暴露无遗。一天，萨特写道："我对资产阶级充满了仇恨，这份仇恨将随着我的消失而消失。"仇恨已经实实在在地埋下了。

从帕潘姐妹的罪行到在别人游说下承认毒死父亲的维尔莱特·诺兹赫，其中"涉及的是人的自由"：一切如同马格努斯·赫希菲尔德在柏林成立的性学研究院所带来的新发现。"精神错乱"不再当做"不法行为"来处理，连捷克的布尔诺大会关于怀孕问题的讨论，也保持着一致的逻

1. *FdA.*, p. 147 . (《年华》)。
2. *Ibid.*, p. 152 . (同上)。
3. 1960 年继克洛德·法兰尔（之前提到过，试图用自己的身体保护杜梅）之后成为法兰西学院院士的亨利·特鲁瓦亚，在入院讲演中，回顾了曾攫住他的恐怖，共和国总统也因此被"白俄罗斯分子"杀害。我们对戈尔古洛夫了解不多，这位 1895 年出生于古巴的医学博士；在他身上后来发现一张巴黎的地图，说明他想报复对布尔什维主义趾高气扬的法国总统。他于 1932 年 9 月 14 日在巴黎的断头台上被处决，行刑的是著名的阿纳托尔·德布雷。

辑：必须更好地认识男人，"才能捍卫他们的自由"[1]。所以，也不必惊讶于他们会支持弗莱内研究员及其自由主义的教育方式。另外，能证明他是在"着手争取自由"，并通过这样的方式，丰富了人类和世界的，是"神职人员和一小部分人站起来反对他"。我们若想知道自由在哪里，谁在为自由而奋斗，只需看一看谁在反对自由。因此，之后，我们只要看一看反对共产主义的人便可以找到支持共产主义的理由。而且，这个时期，不会有这样的问题：即使我们对工人阶级的斗争"怀有同情"，无论是斯大林还是托洛茨基都无法令他们信服，尽管"持久的革命"吸引着他们无政府的本性。要行动起来，没错，但是"用他们的笔，他们的研究"。"美洲"（他们从不说"美国"），其影片，其文学，与苏联及其对集体农庄和拖拉机手单调乏味的描述比起来，更吸引他们的注意[2]。

他们的安然自得是无法被破坏的：无论是 1933 年新任德国总理希特勒迅猛增长的气焰，还是愈来愈临近的战争的威胁："为了捍卫我的幸福，我必须让时间停滞，哪怕几个星期，几个月之后，我到了另外一个时代，但是同样的平静，没有危险。"

她真正的兴趣所在又使她回到作品，回到写作，回到自己的生活中。

海狸因此将起初的计划搁置一边，开始记述，其中包括扎扎的故事，扎扎的死，她欠扎扎的"债"。或者至少她认为：马赛孤独的经历，尽管有些极端，却为她"洗清"了恐惧与自责；她开始关注一个主题，远离她的生活，远离她的忧虑，掩盖于一种标志之下的"对资产阶级憎恨的主题"。她学写小说，在哥哥的男性视角与妹妹的女性视角之间变换，而两种视角又通过"紧密的默契"融合在一起。这时扎扎又回来了：她是妹妹的朋友，哥哥的爱人，她叫安娜（《属灵事物挂帅》中人物的名字，海狸同样想借这部几年之后的小说还扎扎一个公道）。小说"值得充分肯定"，却遭遇了"彻底的失败"。其中的原因是多方面的：最关键的是她不敢谈

---

1. FdA, p. 154.（《年华》）。
2. 男性，尤其是女性拖拉机手是众多影片和记述中的"正面"人物，俄国人民将他们视为英雄。娜塔丽亚·金兹伯格（作家瓦西里·阿西诺夫的母亲）在记述集中营经历时，描述了一位老农妇读到大判决的公告时所表现出来的震惊：他们还能有什么可以用来反对拖拉机手的！她说，把"拖拉机手"与"托洛茨基分子"这两个词搞混了。

论她自己，不敢说出她内心的话。原因还在于，她又一次必须承认：她还没有解决"最严肃"的问题，即渴望自主性与"专横地"将她推向他者过程中她所经历的情感变化之间的矛盾[1]。1933 年夏，到意大利的旅行让他们看到了无处不在的"黑衫党"；纳粹党卫军鱼贯而行，萨特想到自己几个月之后要回到柏林，心中不免担心。

他走了，留下她一个人。又是一场考验。

---

1. *FdA*, p. 178.（《年华》）。

第三章
秋波互送的魔力

　　1932 年，海狸被任命到鲁昂，萨特还要在勒阿弗尔做一年教师。1933年 9 月他出发去了柏林，在刚从那儿回来的雷蒙·阿隆的建议下，他开始学习现象学。当萨特 9 月在柏林的法语学院安顿下来的时候，老元帅冯·兴登堡[1]被迫任命希特勒为帝国总理已经有两个月之久了。当萨特在柏林散步的时候，他只看到国会大厦仍在冒烟的废墟。在图书馆，缺了很多书，有些版本在三月的"纵火案"中被烧毁了……

　　1933 年 9 月，对海狸而言是再次陷入孤独的时候。这段时期我们没有看到她写给萨特的信，萨特给海狸的信只有一条注释，告诉我们"1933至 1934 年他从德国给我寄的所有信件"都遗失了。因此，让我们到回忆录中去看看。要注意的是，对整部回忆录都一样：回忆录，首先是一个文本，一个文学文本：不存在"过"或者"不及"。它不是一本历史书，不是对过去的一份速记报告，也不是一些事实的记录，和小说的唯一不同在于主人公和作者是同一个人。那个说自己是我的他（她）也会说：我谈论的是我自己。我所说的就是我所经历的。就像我所经历的一样？就像我所

---

　　1. 冯·兴登堡（Paul Von Hindenburg，1847–1934）：德国元帅，政治家，曾任魏玛共和国总统（1925–1934），任命希特勒为总理（1933 年）。——译注

记得的我所经历的一样？就像我想象自己所经历的一样？各种情况都有可能。甚至就像我希望经历的一样。因此让－雅克·卢梭[1]在《忏悔录》中跟我们谈到了他年轻时曾在华伦夫人的居所夏尔梅特度过了几个月的幸福生活；事实上，他只待了几周时间。那又怎样？这并不是一个错误，更不是一个谎言（这样的分类在这里没有什么用处）：时间会随着这些日子、这一幸福的强度（真实经历的或梦寐以求的）缩短或拉长。

至于其他，都是文学自我建构的法则：拉近、凝聚和位移——梦的机制，参见弗洛伊德——省略和冗长的阐发、回溯和预设。一生的故事既不是为了隐瞒也不是为了展示：它只是给出迹象，指明方向。应该由我们去阅读、去破解、去猜测、去领会。

让我们继续。

萨特不在的第一个影响：她发现自己隐秘的倾向——"对公共事务漠不关心"，尽管希特勒和SDN[2]断裂，尽管有史塔文斯基丑闻[3]爆发，尽管1934年2月在参议院前的游行示威死了六个人："我远远地关注着整个事件，深信它于我无关。"[4]三十年后，她仍然觉得自己当时的麻木很不可思议："在整个欧洲，法西斯主义在日渐强大，战争在酝酿成熟；而我却处在永恒的宁静之中。"[5]在"永恒的和平"和"持久的和平"之间还是有很大的差距，康德曾经做过相应的描述。这种她努力让自己生活其间的"永恒的和平"是一个幻影，一种否认，并不是出于深思熟虑或政治的意图，而是因为一种强烈的让自己视而不见的意愿：从哪儿来的？《年华的力量》中的所有文字，海狸成年生活的最初几年，都很明显地流露出成熟女人对

---

1. 卢梭（Jean－Jacques Rousseau, 1712－1778）：法国启蒙运动中十分重要的一位思想家、哲学家、作家。华伦夫人（Mme de Warens, 1669－1762）给了年轻的作家慈母般的庇护和接济，十几年如一日。——译注
2. 国际联盟（Société des Nations）于1920年成立，由凡尔赛合约的签约国组成。1946年它被联合国所代替。
3. 史塔文斯基丑闻：1933年法国发生的政治事件。史塔文斯基是法籍俄国人，因长期从事投机诈骗活动，发行大量伪造债券而暴富。1933年底东窗事发，翌年初其诈骗和曾先后贿赂一千二百名政界人士的罪行被公诸于世，成为轰动一时的丑闻。1月8日，史塔文斯基被发现"自杀"在靠近瑞士边境的山区木屋中。——译注
4. *FdA*, p. 181.（《年华》）。
5. *Ibid.*（同上）。

那个无动于衷到执拗的年轻女子的责备。她没有给出任何理由，这不是她的方式，她对"为什么"的兴趣不如对"如何"的兴趣大：而最终，一切都将水落石出。

为了填满"外省的无聊"，海狸又捡起了旧习惯，她最喜欢的打发时间的方法，"窥破"他者。自然，这不仅仅是一个中学教师的消遣方式。还有其他意图，那就是去了解别人都是怎么生活的。别的女人们，她的同事为她提供了一个新的观察对象。不是因为她们很有趣："对她们没什么好期待的。"一个长得"像一个大蘑菇"，另一个"心不在焉"，西蒙娜·拉布尔丹是她们中间"最不那么愚蠢的"，她的侧影很美，牙齿很难看，她和"马尔科"有暧昧关系，也就是回忆录中的佐洛，他也将在海狸与萨特的生活中扮演一个重要角色。海狸和柯莱特·奥德莉之间也结下了诚挚的友谊，她们的友谊持续了一生，后者比她更热心政治：二十世纪八十年代我们还在一张照片上看到奥德莉出现在女权激进分子在舍尔歇街的集会上。每次海狸和奥德莉、拉布尔丹碰在一起，无非是几句简短的关于化妆或发型的闲聊，这对战斗的海狸而言很难得……

持续的忧愁终于让我们听到了它最初的音符："萨特的缺席，我尽力在写的小说的缺陷，鲁昂城的沉闷，一切都让我在这一年变得茫然。我以此来解释为什么我任由自己陷入无谓的纷扰之中。"[1]指的是什么呢？给他们预备的是哪些事件呢？就在这时候，马尔科再次出现了，刚才我们一笔带过说他和拉布尔丹有过一段情。他的出现引发了随后一系列不同主题的故事的发生，比如同性恋，出现了新的人物，奥尔嘉、年轻的博斯特。佐洛的确为海狸和萨特在这一时期最重要的生活片段的叙事——"三重奏"做了铺垫。

马克·佐雷[2]（Marc Zuore）1905 年出生在波尼[3]，大家都叫他"佐洛"，在西班牙语中是 zorro，"狐狸"的意思，或者预示了他将是一个孤独的另类？萨特是在大学城（他在教师资格考试失利后在那里住了一年）认识他的。佐洛准备文学的教师资格考试。萨特在柏林期间，波伏瓦在巴

---

1. *FdA*, p. 182.（《年华》）。
2. 在某些方面是"马尔科"这个人物的原型，在萨特的小说创作中能找到他的身影，参见 Grell –Feldbrügge, Isabelle：« Jean –Paul Sartre and Dabiel Sereno：agnosco fratrem »，Berghahn books（en ligne）。
3. 波尼（Bône）：阿尔及利亚地名。——译注

黎又见到了佐洛（他当时在亚眠教书）。他们很多时候都在一起，散步或在咖啡馆消磨。"佐洛"人见人爱，先是他很讨学生喜欢，他遣词造句的巧妙让他们印象深刻；他迷倒了咖啡馆的服务生……后来萨特承认说真希望自己能拥有他的英俊[1]。天生的男中音的好嗓子，他上过巴黎最好的声乐老师的课，还在意大利上过私人音乐课，梦想有朝一日能在巴黎歌剧院崭露头角。"当时，"波伏瓦说，"我幸灾乐祸；饶有兴趣地听他恶损西蒙娜·拉布尔丹。"事实上，佐洛和拉布尔丹暧昧完全是玩玩儿，他很高兴可以让她的情人蒙羞，她过去尝试引诱却没成功的一位英俊的金发男生。在马尔科偷偷给海狸看的日记中，拉布尔丹发出野性的叫喊："我想统治，统治！""可笑"又"让人同情"，拉布尔丹因此理所当然地步入了波伏瓦笔下沉迷于谎言和半真半假、自欺欺人的女人的画廊。她是个"弄虚作假的人"，她"大吹大擂"自己的经验；她贪婪地要为自己建构一个"充实"而丰富的人生。几年后，她成了《属灵事物挂帅》中尚达尔这个人物的原型：尚达尔内心丰富而复杂，站在墙根的尚达尔拒绝帮助一位女学生，后者被一位年轻的无耻之徒弄大了肚子，那年轻人为的是能得到她的嫁妆……拉布尔丹被卡在让她深感羞辱的闲话和谎言之间：在马尔科把她拉下水的这个伪装的世界有肮脏和卑劣的东西。海狸在鲁昂的处境也不妙：有人说她被一位富有的参议员包养了，人们觉得她很可怕，因为她在班上说生孩子并不是女人唯一的使命；伦理道德秩序——预示了维希政府推崇的伦理道德——在杜梅格[2]的治下加强了。

　　但还有别的。有关于奥德莉的"神话"，拉布尔丹和她本人都让女中学生对她们的兴趣大大加强。"尤其是柯莱特·奥德莉"（海狸说，这也缩小了她自身对年轻姑娘们的吸引力）激起了无数的"火花"。有点老套的形容，让人想起男女生同校和激情燃烧以前的年代，常常是柏拉图式的——也不总是——让学生们想入非非的一些年轻女人、她们的老师。这将是西蒙娜·德·波伏瓦的处境，先是在鲁昂，之后是在巴黎，在莫里哀中学和卡米耶－塞中学都一样。这些火花的对象，奥德莉和拉布尔丹一样也觉得有趣，奥德莉试着给她们灌输一种政治意识，拉布尔丹试着去发现"这位天才的少女"，至于海

---

1. *Carnets de la drôle de guerre, op. cit.*, p. 119 *sq.*（《奇怪战争笔记》）。

2. 杜梅格（Gaston Doumergue, 1863－1937）：法国政治家，1924－1931 任法国总统。——译注

狸，她满足于从初三女生身上"锻造她小说中的人物"；她们中的一个，就像《属灵事物挂帅》中的莫尼克，十五岁就怀了身孕。哲学班的女生们已经太像她日后想成为的女人了：她们并没有让她产生兴趣。

这些年轻姑娘中的一个，一年前，也就是萨特离开柏林前，由柯莱特·奥德莉介绍给海狸。她是奥尔嘉。她有"一张被金发圈住的苍白的脸"，好像天生就是一副"冷漠"的样子：在"模拟会考"的时候，她对着试卷答不出来，大哭了一场。"我建议一个周日下午带她出去走走。"关于这次接触，还有她们友谊的加深，奥尔嘉和萨特最初的交往，我们没有找到任何蛛丝马迹：尽管海狸和萨特之间一直保持通信，而且在他去了柏林之后也写，但是"萨特 1933 – 1934 年在德国给我写的所有信件全都遗失了"[1]。（可惜：我们本很想知道他是否对 11 月 12 日国家社会党以92.1%的压倒性的票数在德国司法选举中获胜做过相关的评论。）在 1930 – 1935 年西蒙娜·德·波伏瓦写给萨特的信件中也有缺失。在回忆录中，只有通过欲说还休的情感发展来影射"三人组"的形成和内心辗转的煎熬。

阅读《女宾》，尤其是阅读波伏瓦臆想的充满悲剧色彩的结尾——弗朗索瓦兹杀了格扎维埃尔——不由得让我们去想这个故事对双方（萨特和海狸）而言，从一开始就是复杂而痛苦的。尽管《年华的力量》缓和了笔触，抹煞了性爱问题，强调了萨特"纯粹感情方面"的嫉妒，这部分也解释了波伏瓦想保护奥尔嘉、爱惜她的愿望：也只是部分而已。我们想更清楚地了解"三人组"之所以成了一场严峻的考验的事实真相——因为海狸在小说中想通过一场谋杀来终结这种三角关系。此外，一系列遗作的发表也揭示了这种双重关系的强烈程度和真实性质：1990 年，《寄语萨特》，1995 年，《奇怪战争笔记》。水落石出，多少可以窥见全貌，在我们看来，我们也很愿意这样去想，对"三人组"的关系缺少的是一种多少有些阴暗甚或卑下的揭露；而这种揭露对描绘一个比任何时候都有"战斗"意味的海狸的"肖像"是必不可少的。

在重新回到回忆录对"三人组"关系的处理之前，先来看两段文字。第一段截自 1939 年 12 月 14 日波伏瓦的夜晚信件[2]。跟萨特提到了她和另

---

1. *Lettres au Cator*, op. cit. , t. 1, p. 52. （《寄语海狸》，卷一）。
2. Lettre du 14 décembre 1939, *Lettres à Sartre*, op. cit. , t. I, p. 351. （《寄语萨特》，卷一）。

一位女学生娜塔莉·索罗金一起度过的晚会，海狸写道："她变得非常迷人，紧紧地挨着我，问一些很天真的小问题，问我是不是曾经有过一些肉体关系，我说过去和科萨有过，还有和您。""科萨"是奥尔嘉·科萨克维茨的简称。在萨特的《笔记》中，有多处确认这份激情的性质要比《年华的力量》中委婉表达的"萨特很喜欢奥尔嘉"[1]要更强烈更充满悲剧色彩（即使他们之间没有性关系）。因为从他的角度，他记录说从 1935 年 3 月到 1937 年 3 月在他"为 O[2] 疯狂为 O 痴迷的时候正处于人生的最低谷"[3]。在认识海狸之后，他还从来没有把谁摆在"这么高"的位置。而且，在《战争日记》中，西蒙娜·德·波伏瓦在 1939 年 10 月 26 日这样写道：奥尔嘉"被萨特旧日的爱情彻底改变了"[4]。我们可以从某种程度上猜测她所承受的震动。"不再是二人组，"海狸写道，"从今往后，我们将是三人组。"既然人与人之间的关系都是可以"创造"的，那么创造这种关系又有何妨[5]？事实上，"三人组"的经历是那么重要，以至于她在《年华的力量》中用了近三分之一的篇幅去描写。当"三人组"的故事结束，大家也已经准备好去面对 1939 年的"大决裂"了，西蒙娜·德·波伏瓦认为它和 1929 年的决裂同样意义重大。从那时起，进入了战争和占领期：或者不如说是历史走进了他们的生活。

在"三人组"的建构中，一切都充满了谜团，尽管海狸做了一些细节描述——挺清楚的：但是不是这就足以解释他们一直要创建一种新关系的必需？因为我们忍不住会问为什么会发生这些事，和这个年轻姑娘？奥尔嘉又想要什么？（我们永远都不会知道了。）萨特到底要什么？海狸要什么？谁真的想要这种三角关系？又为了什么？所有的肖像都需要有阴影来描画起伏：这些阴影很深很暗。这是不是海狸设想的一种把偶然融入必然又不会损害必然的方式？

"三人组"慢慢就位，几乎没人意识到它的到来，哦！文学的巧妙安

---

1. *FdA*, p. 266. （《年华》）。

2. 奥尔嘉（Olga）的首字母。——译注

3. *Carnets de la drôle de guerre, op. cit.*, p. 275. （《奇怪战争笔记》）。

4. S. de Beauvoir, *Journal de guerre*, sept. 1939 – janvier 1941, Gallimard, 1990, p. 106. （西蒙娜·德·波伏瓦，《战争日记》）。

5. *FdA*, p. 279. （《年华》）。

排……奥尔嘉让海狸很好奇，充满异国情调又有些漫不经心；她来自别处，她出身于一个极右的家庭，但和大学生们打成一片，其中多数是波兰犹太人，海狸"很喜欢"她说话、思考、感知的方式，"在我眼里，她是个孩子，我不常常见她。"时间慢慢过去，秋天以来萨特一直待在柏林，如果不是"路易丝·佩隆事件"爆发这一年或许就会在平淡中消磨殆尽了，这一事件在一段时间里让人淡忘了奥尔嘉事件。"佩隆"是海狸在鲁昂中学的同事，她的"悲剧"占了整整十五页的篇幅，断断续续地出现在萨特出发去柏林到 1934 年 2 月海狸第一次去看他这段时间里。

"路易丝·佩隆"的故事是一个让人受益匪浅的故事：关于疯狂，它时时觊觎着女人，每当她们沉溺于掩盖真相的时候。事情的起因是失恋，她在蓬蒂尼每十天举办的沙龙[1]上爱上了"一位作家"；他的姓名缩写是"J. B."，和路易丝·佩隆的姓氏一样显然都是虚构的。和"J. B."的一夜情很快就了了；但佩隆无法接受，依然坚持不懈地追求那个不幸的人，用越来越疯狂的方式去阐释他给她的所谓的表示。如果他不写信了，那表示他不想分手，不然他一定会写绝交信！她给他寄了一张明信片，为了让他吃醋。当他最终给她回信，提出分手，一封不那么勇敢的信——"让我们的聚散都听凭天意吧"——她安慰自己：他不想分手，否则他就不必回信了！一段平静的日子之后，她似乎明白了真相，一切都发生得很快：海狸在烟雾缭绕的房间找到她，她在自己房间里烧信纸，三天后她完全垮了："我病了！"所有插曲都被写进了《名士风流》，当保尔看到自己被情人抛弃，情人名叫亨利·"佩隆"——连姓都用上了，不过用在了别人身上。所有人，包括奥尔嘉，都对路易丝的不幸遭遇很着迷：只有柯莱特·奥德莉似乎不太关心，而萨特和海狸却尤其感兴趣，深深地被疯狂所吸引——就像稍微早一点的超现实主义者那样——他们认为疯狂会给人一种非凡的能力。三十年后，在《时势的力量》的结尾，西蒙娜·德·波伏瓦把对"疯子"失去兴趣当做是衰老的消极后果之一："他们在我眼中不再是神圣的了。"[2]

在佩隆的谵妄中，让他们尤其痴迷的，是他们从中看到了自己宝贵的

---

1. 由保尔·德雅尔丹 (Paul Desjardins) 创办。纪德、施卢姆贝格尔是最知名的嘉宾。句沙龙后来搬到诺曼底、塞西拉萨尔举办，在保尔·德雅尔丹去世后，沙龙由他女儿安娜·欧尔贡–德雅尔丹主持，现在由他的外孙女主持。

2. *FdA*, t. II, p. 502. （《年华》，卷二）。

论断活生生的展示："这完全证明了我们关于主体的观点；路易丝的错误，在我们看来，就是一厢情愿地想要塑造一个自身的形象，用来作为抵挡爱情失意的武器。"就像眼泪、忧愁和牙疼，疯狂只有在你自己同意的时候才会存在[1]：路易丝是有责任的，或许甚至是自作自受。一月份的时候她就不对头了，波伏瓦的探视也没有改善她的状况，她显得咄咄逼人，根本不把海狸的观察结论放在心上："您很清楚您是一名判断错误症患者。"不过是对牛弹琴：才不呢，路易丝·佩隆对此并不是"很清楚"，她心不在焉，西蒙娜·德·波伏瓦似乎没有注意到这一点，还是执拗地一意孤行，她的犟脾气我们早就领教过了，比如她拒绝看到妹妹脚上起了泡，妹妹不想走路只是因为她实在是不能走了。"您是一位精神分裂症患者！"当时惊讶地看到这完全否认现实的一幕的萨特这样对她说。

面对路易丝·佩隆，海狸并不是从一个纯粹观察者的角度出发的，时而疑虑，甚至在她观察到的谵妄所表现出来的自得面前感到局促；两人之间滋生的摩擦困扰着她，因为这个原因她做了很多噩梦。路易丝继续向地狱跌落，这期间穿插了许多让海狸哭笑不得的插曲：比如柯莱特·奥德莉是从森热街[2]给她写了信，路易丝就借题发挥："你们无非是想影射我是一只猴子。"她出去散步的时候口袋里装着一把剃须刀，威胁说要"杀人或加入共产党"，最后，这一故事以她回阿韦龙省的家中而告终："从此我再也没有见过她。她在谵妄中沉湎了很久，最终自己也腻烦了。"[3]路易丝·佩隆出局。这一长长的叙述所用的语气让我们感到有点不舒服。在任何时候，路易丝·佩隆的疾病和痛苦似乎都没有得到过真正的重视。后来，在一次和约翰·杰拉西——费尔南和斯泰法的儿子的访谈中，海狸说："问题在于我当时不免有这样一种倾向：看不起那些因为精神或经济上的原因在男人面前不能独立的女人。事实上，我嘴上不肯承认，其实当时我心里想：'如果我可以做到，那么其他女人也可以做到。'"[4]

---

1. 《青春手记》，1928 年 6 月 14 日："我的身体之所以值得尊重是因为它的健康可以让我一点也不去想它，疾病和奴役人的激情（除非这份激情可以引发另一种战斗）同样是不道德的。"
2. 法语"森热"（Singer）和"猴子"（singe）音形相似。——译注
3. *FdA*, p. 206.（《年华》）。
4. Francis et Gontier, *Les Ecrits de Simone de Beauvoir*, *op. cit.*, p. 548.（弗朗西斯和贡蒂埃，《西蒙娜·德·波伏瓦的作品》）。

如果说当时海狸的确"赋予疯狂一种形而上学的崇高"，但她和老套的精神分析学的论调却没有什么不同，认为疯子首先是那些自己不怎么努力想挣脱疯狂境地的人。为什么？因为这种疯狂让她困扰、让她担忧、让她害怕，怕自己也难逃此劫。因此她才会一直观察那些因为男人"变心"而陷入虚无境地的女人。这些女人把一切都押在爱情上，押在作为存在理由的绝对爱情上，一旦爱情的幻想破灭她们就不知所措。在整个故事中，我们看到海狸是带着怎样的压抑不住的好奇和恐惧去接近那位"女疯子"：焦躁不安的梦境，后来当她走近口袋里揣着剃须刀的佩隆时身上冒着冷汗，而佩隆却眼神定定地看着她，让她恐慌。被弃、嫉妒和那些让人不知所措的黑色的情感难道不是和它同一个性质——尽管没有疯狂严重？后来，在《战争日记》和其他一些信件中，她提起当她想到"小博斯特"在远离她的地方和奥尔嘉度过几小时的恩爱时她会几小时甚至整夜"为情所困"。当然这和佩隆的谵妄之间还有很大的距离：但从本质上说，难道不是一回事吗？佩隆的疯狂给"三人组"的形成、遇到的种种困境和之后的失败投射了一道黑色的光芒：难道他们自己不是也沦陷在爱情里不能自拔，某些夜晚，忍不住胡思乱想？谁都难逃此劫，甚至是萨特，在很久以后，"带着超乎寻常的关注，开始窥视奥尔嘉睫毛细微的颤动"[1]，还有弗朗索瓦兹，海狸在《女宾》中的替身。这就是为什么她对佩隆会采取保持一种讽刺的距离，就像每每生活中某个人身上折射出和她自身状况或境域上危险的相似时，她都会采取这种态度。处理这种"情况"、安慰自己没有受到威胁的最好办法，就是坚守自己关于感情或肉体轻微出轨的理念：他们总是可以用意志去克服这一切。而就路易丝·佩隆而言，这显然不那么令人信服：但海狸会强迫自己去相信。

他们在"疯狂"中坚持责任自负这一概念还有另一个理由：他们两人谁都没有准备好把他们的自由观置于危险的境地，或者说看着他们的自由观受到威胁。什么都不能阻挡这一实践，或给它以种种限制；所有的"境域"不过是各种决心的总和，人们或多或少都可以采取行动。但人们并不因此就觉得不够自由，就像萨特这句颇受非议的话，他骄傲地说："我们

---

1. Francis et Gontier, *Les Ecrits de Simone de Beauvoir*, *op. cit.*, p. 275.（弗朗西斯和贡蒂埃，《西蒙娜·德·波伏瓦的作品》）。

永远都不会比被占领期间更自由了。"在被占领期间的种种制约，或者说是社会压迫下，同样还有某些疾病或身体不适的困扰下，总是存在着一种可能的行动：要么屈服，要么反抗，不管是对前者还是对后者，要么和它们对抗，要么和它们妥协。这是佩隆在腻烦了自己的编造妄想前所做的；这也是萨特在他精神危机期间所做的：他"唯一的疯狂"，海狸对他说，就是"以为自己疯了"。对那些深受"父权制"毒害的女人们也一样：她们被置于次要附属的地位，而在妥协的同时，她们也成了毒害自己的同谋，她们因此从反面证明了自己原本可以拥有的自由。妥协的人是自由的：因为妥协的人原本也可以作出相反的选择。

这就是为什么"疯狂"在回忆录尤其是在成年海狸的人生第一个阶段占据了一个挥之不去的位置的原因。"三人组"和奥尔嘉的故事纠结在其间："疯狂"的故事此起彼伏、层出不穷，甚至还有一次去看鲁昂心理医生，简直就是下地狱。在佩隆事件中，我们清楚地看到，萨特和波伏瓦，和当时他们所处的时代一样，在疯狂中寻找的并非何为疯狂，而是他们理论的具体表现或这说是他们梦想的跳板。超现实主义者从中看到的是翱翔在"理性"上空的巨大威胁，他们以自己的方式尝试去消解理性的种种特权：天才和疯狂有着相似的孪生印记。萨特和波伏瓦，尽管他们继弗洛伊德之后和布勒东一起同意我们内心藏着一个"无法打破的夜的内核"，从中看到更多的是他们绝对自由理论的悖论。和他们还有超现实主义一样，米歇尔·福柯也着迷于罪恶和疯狂，三十年后，他再次借助于这片黑暗的大陆建构他的现代理论，在压抑和关押"疯子"的同时，预示了一个全面监控时代的到来。阿尔托、路易丝·佩隆、皮埃尔·里维埃尔。

*

我们还希望回到"三人组"这个话题上，但是在回忆录里我们很难了解个中曲折，因为每次"三人组"的故事刚浮出水面，就会有一个新的故事出现来打断这一叙事。马尔科的出现，或者说是他的回归和对他的双性恋很明显的影射为"三人组"做了铺垫，这一故事迷失在其他各种各样错综复杂的插曲之中：有时蜻蜓点水、张弛有致、经过遴选，但有时超出了预设的框架。在拉布尔丹-佐洛事件中，西蒙娜·拉布尔丹差一点就沦为路易丝·佩隆第二，因为受到她的情人、无耻的同性恋者"佐洛"的虐待。在温柔沉思的"玛丽·吉拉尔"事件中，萨特在柏林和她有过一段"没有未来"的恋情（她嫁给了另一位法国房客），在奇怪战争期间，她成了"月亮女郎"，这些情感的泛滥在日记中长期困扰着海狸。疯狂在游荡，或者说它对很多人的精神、心灵、对历史本身都造成了破坏。但对他们而言，不管在什么领域，这都是一个个人问题，是一个超越了自我的个体的存在之重或威胁：疯狂，或者历史。如果说严峻的政治和历史事件并没有给他们带来压力，或许是因为当时海狸和萨特还缺少衡量其特殊性的工具。或许也因为他们过于沉湎于自身的遭遇和他们的个人世界。最终或许还因为在那个时期，海狸有太多的东西要面对，自我，自身的矛盾，威胁到她的种种危险。当她们刚认识的时候，奥尔嘉问海狸："这意味着当犹太人"到底指的是什么的时候，西蒙娜·德·波伏瓦毫不犹豫地回答说："没有任何意味！犹太人，这并不存在，有的只是人。"[1]1960 年海狸说我们当时太麻痹了，"可悲"的散漫。在海狸给奥尔嘉的回答中，我们感觉到的，在拒绝设想"做一个犹太人"这个问题上，不仅反映了她当时天真的想法（后来让她感慨万千），也是一种对本质主义的合理拒绝，或许也因为在当时很难去想象历史的残酷。

但他们身边的事件层出不穷，时局越来越紧迫：柏林的反犹示威游行——在不到一年后出台的"纽伦堡法案"，1934 年被陶尔斐斯[2]镇压在血泊中的维也纳起义。此外在 1934 年 2 月，西蒙娜·德·波伏瓦去看望萨特，当他们得知维也纳事件的时候"心里一沉"，继续朝历史的车轮走去却"没想到去碰它"——这和《德·朗热公爵夫人》[3]中那句著名的"别碰斧头"有着异曲同工之妙。在柏林发生的这些可怕的事件并没有让他们感到太大的震撼从而中断这一让他们"精神分裂"的情感游戏，海狸日后深感懊恼，但当时两个人都没有意识到：在柏林小住和在德国的旅行只是

---

1. *FdA*, p. 191.（《年华》）。
2. 陶尔菲斯（Engelbert Dollfuss, 1892–1934）：奥地利总理（1932–1934）。
3. 《别碰斧头》是《德·朗热公爵夫人》最初的书名。蒙特里沃，一边看着戏弄他的安多瓦奈特的颈脖，一边讲述他在威斯敏斯特经历的最难忘的回忆。"别碰斧头"想必是门卫指着曾经用来砍下查理一世头颅的斧子的时候说的话。蒙特里沃从中得到了复仇的灵感：他在把安多瓦奈特迷得神魂颠倒之后一走了之。历史也会报复，如果人们只会一味地逃避……

让他们偶尔有过一点短暂的担忧。而到处都是暴风骤雨、天崩地裂的前奏，甚至在文学领域：海狸阅读福克纳（《我弥留之际》），尤其是卡夫卡的作品，后者开启了"潜入无边暗夜的崎岖道路"[1]。

历史的大门重新关上，掩住了我们没能看到也不想看到的可怕的景象。回到法国，把萨特继续留给那位柔弱的"月亮女郎"几个月的时间，这似乎并没有让海狸很担心，海狸去菲洛莱斯看望杜兰：不像佩隆那样病得厉害，至少当时没有，"卡米耶"还在玩一个"让她觉得不太有趣、下一次相逢就完全不再玩"的游戏。"她把自己的生活当成了一出戏"，但这一次，再也不能奏效了。"她已经对我没有任何影响。"[2]她写道，海狸始终对强弱关系非常敏感，这在很大程度上应该怪她自己，过度诠释或夸大唯独她才能看到的种种迹象，比如在她们第一次见面时曾经让她忧心忡忡的卡米耶的"天分"。

那么奥尔嘉呢？回到鲁昂，海狸和她一起在"弱不禁风的森林里"（她们之间没有丝毫暧昧，没有丝毫负担，没有丝毫阴影）散步，6月她让学生考了会考，跑去和萨特在柏林重逢；他们穿越了德国，有一张面孔一直萦绕在她的脑海中，那是一个有着"狂热嗓音"的老兵的脸；在德累斯顿，一个女人看到她涂口红时突然喊她。此外，那儿的政治气氛让人难以忍受：1934年6月30日，希特勒让人除掉了纳粹冲锋队（SA）的领袖恩斯特·罗姆。相反，在布拉格，它的犹太墓园和旧城老街让他们着迷，他们绕开维也纳，为了"不面对悲剧"。但是从城堡到小旅店，从纳粹集结到奥伯阿玛高的狂热，他们最终对德国厌烦了。他们回来的时候，有点迷茫，他们的指南针显然受到了正在酝酿的暴风骤雨的强烈磁场的些许影响。重新在孚日山区静谧的景色中安定下来，他们激动地走在山里，萨特唱了一首"从世界动荡的局势中得到灵感"的自编的小曲："啊！啊！啊！谁曾想到！/我们所有人，所有人，所有人都难逃一死/被无情地杀死就像路上的野狗"——结束部分或许受到了约瑟夫·K（Joseph K.）的《诉讼》的启发。之后萨特去挪威和他家人团聚，海狸和"帕尼埃"（居耶——他对她而言意

---

1. *FdA*, p. 215.（《年华》）。
2. *Ibid.*, p. 217.（同上）。

味着什么?)一起去露营,她的脑子里"满是红色、金色、蓝色的回忆"。第三章到此结束。这些章与章之间的过渡非常重要,在生活中没有过渡,在记忆中也没有,只有在文学创作中才有:这一终结把我们留在一个混乱的世界,个人的疯狂和混乱宣告了他们即将迷失其间的集体的灾难。

1934 年底和 1935 年初,右翼很大一部分"希望一个法国元首上台"[1],而左翼虽然意识到了危险、抵制纳粹反犹,但它在日益增长的复杂的局势中消沉,让·盖埃诺[2]一再重复"应该要和平"。"我利用这种犹豫不决来守护我的宁静:既然没有人准确地明白所发生的一切,为什么不能接受这个想法:根本就没发生什么严重的事情。"[3]于是海狸重新"平静地"回到了她的私人生活。但这一私人生活却一点都不风平浪静。或者至少,平静的生活并不能长此以往。和往常一样,在思想的层面,那是一种恒久的乐趣、进步,"从来没有这么靠近真理"的振奋人心的感觉:萨特回来意味着他们步入现象学领域,并且越来越深入,萨特将以此打造自己未来的道路。暂时地,在他们的日常生活中,建立起某种温情,或许那只是假象:奥尔嘉学医的第一年就留级了,她毫无兴趣,很快就气馁了,只有在对此"深受震动"的海狸身边才"找回一点点的勇气";她们常常一起出去;海狸说服萨特陪她去冬运场所过上"十天和蓝天雪原一样光滑灿烂的日子"[4]。但是,一切未能如愿:海狸常常会感觉自己"从天上掉到地上"。当她喝多一杯酒的时候,她就会泪如雨下,她那"旧日对绝对的怀念"就会复苏,或者还不单单是复苏。她感到自己正在老去(尽管她当时才只有二十七岁,但就像梅洛-庞蒂对她说的,在这一点上,她一直都非常"早熟")。就像她在梅里尼亚克度过的少女岁月,焦虑和终有一死的恐惧淹没了她。萨特把这一形而上学的惶惑归咎于酒精;而她,正好相反,坚持是酒精摧毁了保护我们不受无常侵扰的屏障。不过他们应该一起面对,她试着安慰自己,"存在的快乐和死亡的恐惧":在他们的二人世

---

1. *FdA.*, p. 230. (《年华》)。
2. 让·盖埃诺(1890-1978, Jean Guehenno):作家、文学评论家、教授,在三十年代和阿兰相仿,后来投身抵抗运动。
3. *FdA*, p. 231. (《年华》)。
4. *FdA*, p. 238. (同上)。

界里，酒精将扮演一个重要的角色，但酒精并不总是能帮助他们超越不能忍受的在"生之乐和死之苦"两者之间的"摇摆"——这是她所用的字眼。

时间就在那儿，无法拒绝，尽管容颜和身材依旧，但已经影响到她"对新事物惊艳"的能力。她再也无法感受当年从索邦大学出来时所体会到的照亮人生的"启示"，但她接受了这一现实，冷静下来，她的忧愁也缓和了。

就在这个时候，一切都动摇了：1935 年 2 月，萨特开始为爱疯狂。

这一疯狂并不是因为一见钟情，也不是因为失恋（我们还记得《奇怪战争笔记》中把爱和疯狂联系在一起的注释："为奥尔嘉疯狂、为她痴迷"[1]），但用海狸的话说，她坚持了很久，就跟吸了毒一样，精神上非常疲惫。萨特的确开始寻找他要写的书的主题，《论想象》[2]；他就像一个学者，站在几个月来他所期待的发现的门槛上；他找准了他哲学思想的关键："意识绝对的虚无和它虚无化的力量。"他进入了"全神贯注"的境界。他写作的速度快得惊人，精神高度集中到让他感到疲倦：他整个一生都将不断地采取这种创作方式，后来借助于几种不同的兴奋剂，在写作《辩证理性批判》的时候，他整把整把地吃这些让他兴奋的药丸。他决定"从他自身经验中提取所有的素材"。梦境、入梦前的影像，感知的异常现象让他非常着迷，他在高师的一个老同学，丹尼尔·勒加什[3]，成了心理医生，他建议萨特给自己注射麦斯卡林[4]以便产成幻觉：我们都看过亨利·米肖在迷幻状态创作的那些画。

晚上，海狸叫他到圣安娜。他刚刚从章鱼的魔爪中逃出来；整个下

---

1. "当我为奥尔嘉疯狂、为她痴迷的时候正处在人生的最低谷：两年时间。从 1935 年 3 月到 1937 年 3 月"，见《奇怪战争笔记》（*Carnets de la drôle de guerre*, *op. cit.*, «Carnet III», p. 275.）。
2. 该书的全名是《论想象：想象的现象心理学》 （*L'Imaginaire: Psychologie phénoménologique de l'imagination*）。——译注
3. 《青春手记》，1927 年 6 月 29 日星期三：她可能下定决心接近蓬特雷莫利，疏远勒加什，"因为 G. 列维跟我讲的话"，或许另一处注释可以（部分地）揭开这一秘密，那是乔吉特·列维说的另一句话："勒加什可能是个同性恋者。"（10 月 15 日）
4. 一种从南美仙人掌中提取的毒碱。——译注

午，他身不由己地在脑海中做着超现实主义者的剪辑：他看到秃鹫般的雨伞，骸骨一样的鞋子，做着鬼脸的东西[1]。不幸的是，这些幻觉并不像他事先预料的那样药性过后就自行消失，他担心自己"患了慢性幻觉症"，当海狸试着把用在佩隆身上（"您很清楚是您自己在胡编乱造"）没有成功的疗法用在他身上的时候，他也没有被说服："您唯一的疯狂，就是以为自己疯了。"[2]那些甲壳类动物一刻也不放过他；他走到哪儿它们就跟到哪儿[3]，最后一次还跟他去了威尼斯，但他继续上他的课，他和以前的学生雅克–洛朗·博斯特一起出去，在鲁昂，当海狸在中学教书的时候，奥尔嘉"陪"着他，"全心全意地扮演女护士的角色"。她悄无声息地走进了萨特的生活：陪伴一位病人，甚至和他一起玩"护士和病人"的游戏，没有任何不正常的迹象。他执迷于"疯狂"的状态，海狸多次说这显然可以用他的写作需要思想高度集中来解释。后来，他们都同意另一种假设：他拒绝"成年"，不愿意步入"理智之年"。这一论据早在他们关系刚开始的时候就用来解释为什么他不愿意把自己囚于一夫一妻制的单调无聊里。（这六七年的过渡期显得非常漫长。）西蒙娜·德·波伏瓦承认当时她曲解了这种拒绝的强度，这种在"疯狂"中寻求逃避的举动：于是她曾经谴责他自任放流，就像她指责佩隆和其他人一样。她后悔自己当初熟视无睹：或许是因为他还苦于尚未写出一部杰作，一部可以让他"聊以自慰"的作品。她也希望，希望她自己能写出一本书，尽管她感到萨特在身边对她而言就是最好的存在的理由。尽管奥尔嘉无处不在，她还是排在第二位。

事情渐渐水到渠成：第二年夏天的一个晚上，和家人从挪威游轮旅行归来后，萨特到阿尔代什和海狸团聚。她做了几个星期的背包族，白天徒步旅行，晚上露天睡，感到"无边的夜"在自己的周围，醒来的时候，看到迷失在雾气中的平原，只有她"独自出现在蓝天下"[4]。又一次，她选

---

1. *FdA*, p. 241. （《年华》）。
2. *Ibid.*, p. 242. （同上）。
3. 还记得奈瓦尔在皇宫花园用一根蓝色的绳子牵着溜达的龙虾？他说："为什么一只龙虾比一条狗更要可笑？我喜欢龙虾，它们都很安静，一本正经，了解大海的秘密而且还不会狂器乱吠。"
4. *FdA*, p. 250. （《华年》）。

择并且找到了能鼓舞自己、了解自己的地方：孤独、山峦、行走。她给自己制定了严格的线路，为了"把偶然改造为必然"，而这在二人或三人生活中并不是总能行得通。萨特和她会合，他们一起上路，吃着小龙虾（不管怎么说也是甲壳类动物），在塔恩河里戏水；一天晚上，在卡斯泰尔诺－德蒙米拉尔的拱廊广场上，萨特宣布他康复了。他终于彻底摆脱了成天试图尾随他的"龙虾"。

海狸可以重新开始写作：在这一期间她的《属灵事物挂帅》大有进展。在鲁昂，她换了旅店，在"小绵羊"安顿下来，不久马尔科搬来一起住，旅馆脏兮兮的，也是妓女出没的地方；老鼠在她房间里四处乱窜，甚至爬到她床上；她的邻居总是先把妻子揍一通然后再跟她做爱。就在这时候，奥尔嘉的问题又出现了；她还没有回鲁昂，她在伯兹维尔（埃格勒角）父母家，郁郁寡欢，越来越依恋海狸——她的救星。这些炽热的感情是如此强烈，西蒙娜·德·波伏瓦"事后才意识到它的反响"——有点神秘的表达。在她看来，她们年龄、境域的差异解释了一位二十七八岁、感情上有稳定的对象的职业女性对一个比她小十岁的年轻姑娘的强烈吸引。但还不止是吸引，还有某种新的东西——"一种把她推给我的冲动"；怎么能对此无动于衷？"我不知道感觉自己对他人有用，感觉自己不可或缺是一件多么令人感动、震撼的事情。有时候我让她脸上露出的笑容唤醒了我内心的喜悦，如果被剥夺了这种喜悦，我一定会深感遗憾。"[1]在这个句子的婉转含蓄的激情的表达中，一种她打算留在半明半暗之间的影响越来越明显。她对奥尔嘉有"好感"，她"品尝着她容颜的魅力"，她身上有什么狂热的东西"征服"了她，她犹豫着：难道她不应该"坦白地对待自己的生活"？在回忆录中任由自己动情是多么不容易！保持一定的距离去对待这段感情、去找到"合适的字眼"是一个很大的诱惑：但这样的字眼压根不存在。没有一封信或一篇日记可以让我们找到这个字眼。而且它是否存在？如果是，它会是什么？把回忆录从头到尾读过后，读者注意到这些（私人情感和日后政治介入的）故事都是经过巧妙建构的，或许掩盖了几处调整和篡改。海狸承认这一点，而且还提醒我们，她不会说出"一切"，她要保护某些人。她首先要保护的难道不正是她自己么？这就是一

---

1. *FdA.*, p. 265.（《年华》）。

直纠缠着读者的问题：海狸是否编造了一套和她经历过的现实生活相平行的在她和读者看来更容易接受的她笔下的生活？或许至少隐瞒了几个可以扫清阴影、揭开谜底的秘密。对于生活的种种偶然、她自身的悖论和不确定，她试图用理性来贯穿自己的人生。一切都可以解释，一切都可以被解释：海狸站在自己人生舞台的上空，她揭开了盖子，看着她自己牵着线、配了音的木偶演出的一幕。

这是第二个阶段：是萨特促使她迈出了这一步。"他很喜欢奥尔嘉"（第二个影射，是在奥尔嘉和萨特相遇后引发的焦虑和担心）。西蒙娜·德·波伏瓦去了伯兹维尔，和奥尔嘉一起散步散了整整一下午（后来当维德里纳来坎佩尔看她的时候，她也和她一起出去散步，而在回忆录中她说她是独自去散步的），然后她见了奥尔嘉的父母，达成协议："我说服他们把奥尔嘉托付给我照管。"三人组启动了：从一次辉煌的成功演变为一次毫不逊色的失败，海狸担心会失去一切。

*

故事已经各就各位了，但我们还看不清楚它将如何上演又将付出什么代价：又一次，它因为马尔科的粉墨登台而被冲淡，之后是雅克－洛朗·博斯特的出现，马尔科喜欢上了他，但最终是博斯特和奥尔嘉开始了他们俩的故事。

在共同作出让奥尔嘉来鲁昂并"对她的人生负责"这个决定之前，回忆录对奥尔嘉有一段新的描写。她们之间的"友谊"是那么"牢固"以至于海狸在写作《年华的力量》的时候它依然存在——这也（只是部分地）解释了为什么她不得不对这一排他的、狂热的、肉体的情感方式缄口不语。是奥尔嘉希望有这种关系，是她"创造"了这一方式。但她对此作出了回应，因为奥尔嘉就像一面镜子，让她看到了反抗家庭"蛊惑"的少女时代的自己[1]。奥尔嘉完全符合会引起她关注的形象——叛逆少女的形

---

1. 西蒙娜·德·波伏瓦就是如此形容她 1925 年挣脱的试图把她变成"魔鬼"的家庭的牢笼，而这个家庭到那时为止一直是她所热爱的（*FdA*, p. 146.《年华》）。

象，必须对抗自己依然非常依恋的父母的意愿。1915年出生在法国一个流亡的白俄家庭，奥尔嘉的父母一点也不迂腐，她的母亲"非常聪明"，父亲的经历也很离奇：受到俄国革命驱逐的贵族，他在希腊、斯特拉斯堡都做过工程师。后来他在"伯兹维尔"定居。奥尔嘉，与众不同、卓尔不群，对鲁昂中学的"住校生"和"走读生"通通嗤之以鼻。中学毕业后，她的父母抛开他们看似引以为豪的自由派的做法，把她推向一种"正常的"生活，还好不是婚姻，而是严谨的学业，但是学什么呢？他们为她选择了医学，但这对她一点都不合适。和父母的冲撞此起彼伏：在她看来，他们"代表了他们自己过去曾经教她蔑视的一切：良好的秩序、民族的智慧、既定的习俗和渐渐接近让她感到恐惧的成年人的一本正经"[1]。奥尔嘉是过去或许还是现在的他们："民族的智慧"在1948年一篇论文中完全和存在主义哲学相对立，1929年以来他们的行为无非是对"良好秩序"和"既定习俗"的长期拒绝。至于"对成年的恐惧"，奥尔嘉和萨特都有，尽管萨特三十岁了，还是深受其困扰……他们整个一生，萨特和海狸都受到成年人身上保留的年轻稚嫩的一面所吸引，承认看到他人经过挣扎最终成功地去可以面对成年时所体会到的一种惋惜又释然的错综复杂的心情。西蒙娜·德·波伏瓦较之萨特有过之而无不及：她对年轻女子的痴迷部分是源于此。在《清算已毕》中，西蒙娜·德·波伏瓦谈到了日后成了她养女的年轻女子走进她生活的情形，她又一次大谈特谈那位女子在少女时代和父母激烈的对抗。

在奥尔嘉面前，海狸拥有"成功"的所有财富，但她并不满意于这位少女让她忍不住想起的自己当初的形象。或许是出于"一种跟她说话的乐趣"？因为她"充满激情地"聆听她的教诲。但奥尔嘉也有她的贡献：她的不妥协，她的极端（有时候她会"跳舞一直跳到晕过去"），她的惊喜尤其是她的童稚。和她来往，成年人又重获生机[2]：这是一种双重的感受，因为她从中找回了自我和被遗忘的感受，但尤其是因为她发现了自我并投身于导师的角色中去。所有这些语汇和古希腊男人（不一定要超过三十岁）肩负起对他年轻的情人的教育和成长的方式有着异曲同工之妙。海狸

---

1. *FdA*, p. 263.（《年华》）。
2. 在二十世纪六十年代中期，和她日后的养女也是同样的情形。

与奥尔嘉的故事让人联想到这种"希腊式的爱情",不过是一个女性的版本:尽管肉体在其中扮演了一个不可否认的角色,但重要的是肩负了对他人的全部责任,为少女(少年)构筑其自由的基础。同样,后来比安卡或索罗金的故事也是如此。这是年长者和年幼者在爱人者(Eraste)和被爱者(Eroumene)的角色中同时发现了自我:年长的那位肩负起培养年幼者责任,"被宠爱者",为了帮助她走进成年人的生活。年龄差距,哪怕很小,也是关键的动因之一。即使在激情的"火焰"中,少女们的情感通常都是柏拉图式的,在年轻男子和他们的"导师"之间的迷恋也一样,都体现了某种具有教育功能的同性恋的形式[1]。

这一设想在《年华的力量》中丝毫没有被提及,匆忙的读者把它单纯地归因于海狸出了名的做事深入彻底的风格——看看她如何规划旅行线路就知道了——她为她的学生也同样制定了严格的计划。当后者表现得不如她所期待的那么认真刻苦,她所有的热心投入就可能演变为失望,她怪罪萨特:"说到底,萨特的思想或许并不是那么无懈可击。"至少奥尔嘉情有可原:从小她就感到自己受到了排挤,还有一个不属于她的未来[2]。灰心丧气的海狸只好聊以自慰,和那些成绩不好的学生家长一样:算了,成绩不好就不好吧,既然她"如花绽放"。或许她是一个有些阴郁的学生,但在生活中,她是"最讨人喜欢的同伴"[3]:一切都不容忽视,都意味深长,每一字每一句。一个同伴显然和一个"女伴"不同,同伴是中性的,用在两种性别上都可以。比朋友近,但没有情人亲,同伴每一步都陪伴着你,她以自己的开朗和优雅丰富你的生活。她们在咖啡馆消磨,和萨特一起或许就只有她们俩,听英俊的茨冈小提琴手的演奏,和那些一直让她们好奇的"小夫人们"的聊天,掷骰子或狂饮罗舍尔香甜酒。马尔科经常在那里,身子一天比一天胖,头一天比一天秃,歌唱得一天不如一天。在海狸眼里,他的魅力已经"走了样"了——但在奥尔嘉天真的眼里却不是这样——就好像他在敷衍一位英国海军上尉一样。这个"学期"(1935年底),尽管奥尔嘉对哲学没有太多兴趣,却过得"非常幸福",丝毫也没有引发

---

1. 这是文学评论家 Gilles Sandier 在二十世纪七十年代提出的论据:建立男女同校制度的同时,这种古希腊教育的优良传统被打破了,而这是不对的。

2. *FdA*, p. 263.(《年华》)。

3. 而且西蒙娜·德·波伏瓦在一封信中就是这样称呼她的:"我的小同伴。"

"三重奏"的蛛丝马迹。她读的书和在滑雪上取得的进步都证明海狸的选择非常正确。

但在接下来的几页中，不和谐的音符出现了，在一些泛泛的问题、太宽泛的问题上的意见分歧并不能完全让我们信服。"我喜欢规划生活，而她不相信未来"，还有"我们很在乎对她和她思想的熏陶，但她自己对此并不感兴趣"。海狸对此没有感到丝毫不安，没有任何质疑，也没有尝试指引她走另一条路，一开始她听之任之，"从来没想过或许奥尔嘉是对的"而她错了。她可以将就某种角色和位置的分配，这些角色和位置在我们看来似乎是一成不变的、几乎没有未来的，因为她认定她们的关系"没什么"，甚至奥尔嘉和萨特维持的关系也一样："他们互相喜欢，但两人谁都没有向对方提出过任何要求。"这些大白话没有透露任何蛛丝马迹：但就算只是纯粹的友谊，怎么可能从来都不向对方"提"任何要求？如果仅仅是这样，如果奥尔嘉对她产生的不是另一种吸引，为什么在第三者出现的时候这种宁静单纯的关系会突然变得纠结不清？这个第三者，就是马尔科，在前面几页中，我们看到，他被描写成一个无赖，喜欢招蜂引蝶，用跟女人们的私情艳遇来掩盖他的同性恋本性，或是扮演女性"守护天使"的角色。他和奥尔嘉之间滋生的友谊让萨特很嫉妒。马尔科没有执意把这一关系往肉体上发展；奥尔嘉"怯生生的"，萨特努力行使他"纯柏拉图式的霸权"：但妒火已经燃起，很快就会发作。稍后，海狸又回到这一话题：萨特的个性促使他把和奥尔嘉的关系推到"顶点"，但"他并没有打算采取任何行为、任何举动让这种感情外化"[1]。在日后透露的话中特意再次肯定了萨特和奥尔嘉之间的关系是柏拉图式的。或许还是为了保护奥尔嘉？在《1974年对话录》中，海狸问："您是否有过一些您希望和她们发生关系却没有发生过关系的女人？"（注意过去分词的搭配是阴性的，显然是和"有过女人"性数搭配，而不是和一些女人"发生过关系"搭配）。萨特回答："是的，和所有人一样。"她继续说："比如当年的奥尔嘉。"让-保尔·萨特："啊，是的。"[2]他的表情不是非常肯定。好像他只

---

1. *FdA*, p. 265.（《年华》）。
2. *Entretiens de* 1974, in *CdA*, p. 435.

是为了讨海狸欢心……

就算奥尔嘉拒绝了萨特，他们两人跟奥尔嘉之间的爱情、"激情"的关系还是不容置疑的。在海狸摆出一系列证据解释萨特的嫉妒不是因爱而生，我们不妨认为这无异于一种自欺欺人的方式。

《年华的力量》中没有任何故事比描写"三重奏"的这几页更让人难以阐释。首先是这个故事被打碎了、删节了：很早就预示了它的失败，但这一失败的形式和他们的关系之后又提到过两次，但两次又都被去鲁昂精神病院和其他事情所打断了。还是按照顺序一步地去梳理。第一阶段：奥尔嘉不工作，她的存在和她这个人本身成了两人关注的对象，这是她的方式，很快就忘了学业和伯格森的分析。尽管被缩小了（不管怎么说，她如花绽放），对海狸、对她要把人生的每一刻——还有他人的人生——从偶然中拯救出来使之成为"必然"的不可动摇的决心而言都是一次挫败。

第二阶段：萨特嫉妒马尔科。萨特"很在乎奥尔嘉"，是她帮他赶走了"龙虾"[1]。但她很快就不再是一个"工具"，而成了一个"目的"：从那时开始，萨特甚至要求她专属于他。听到他这番倾诉的海狸该作何想？从某种意义上说，应该说是好事：密切关注奥尔嘉的一举一动总比天天满脑子赶不走的龙虾好。但是，她自己的心情却跌入谷底：她感到在萨特的眼里，奥尔嘉的观点"无比珍贵"。这时西蒙娜·德·波伏瓦巨大的、无边的忧虑又回来了，当她意识到自身的价值受到了另一个女人挑战。她从来没想到过和奥尔嘉相识会造成这一后果。当奥尔嘉走进她的生活，海狸刚刚成功地度过了几次孤独的考验，同样还克服了对他人的依赖，在这两种情况下，她认定自己是自主的、坚强的：我们还记得她说过"我可以指望我自己"。在柏林的萨特喜欢玛丽·吉拉尔？这并不是什么大的威胁。这是契约上早就预见到的"花花公子"不定心的后果。她毫不含糊地说过："萨特喜欢玛丽·吉拉尔在很大程度上是因为她什么都不在乎、什么都不想要，几乎什么都不相信。"因此玛丽·吉拉尔并不是一个威胁。

但海狸在意识领域并不想处于次要地位，也不愿意成为他人的影

---

1. 和超现实主义的不谋而合是否纯属偶然？1936 年达利展出了他著名的电话，听筒就是一只龙虾。

子。更不愿意被奥尔嘉取而代之。"我把她放在那么崇高的位置，以至于有生以来第一次我感到自己在谁面前如此卑微、如此不知所措，而我原本还想希望自己能教她什么东西"[1]，提到"对奥尔嘉的痴情"时萨特在《笔记》中这样写道。因此海狸感到自己被降到第二位并非是一个错觉："我并不是心甘情愿忍受这一变化的。"第三阶段，海狸惯用的自卫手段："就算我以前过于看重奥尔嘉，我也不允许她给我的生活带来混乱。"[2]她努力把奥尔嘉降回到以前的地位，一个她尊重并且"很喜欢"的人。"我不会把我占据的这个位于一切中心、至高无上的位置让给她。"[3]说到底，是萨特没有遵守游戏规则：谁都无法取代他们互相赋予对方的那个"最根本"的位置。但她让步了：双重的让步。承认萨特认为奥尔嘉是"无比珍贵"的，与此同时，接受并且容忍萨特对其他人、其他东西的关注。他们是怎么走到这一步的？通过"抽象思维"。谁都有错：萨特希望在奥尔嘉身边逃避自己对成年的恐慌，海狸在这个需要她"对她人生负责"的年轻姑娘面前感到自身的优越性。两个人都把她塑造成了一个神话，抹煞了她的个性和品质，她的忠诚，她对社会虚荣的不屑一顾，她绝对的梦想。一个神话——或一幅讽刺画：《女宾》中的格扎维埃尔是奥尔嘉的写照，"自始至终都是被歪曲的"。

"三重奏"最终的悲剧是一种滞延：在二十页后出现，一旦发生，破坏是巨大的，"情感的混乱"淹没了他们俩，"甚至污染了"她所呼吸的"空气"……但在这之前，还有一段可能的延缓期，她和他继续相安无事；就像世界上所有的事件一样，有些时候历史忽然被悬空了，让人们以为幸福还有可能被拥有。一个小伙子将成为这一事件的信使：青春无所不能。这个小伙子就是年轻的博斯特，"灿烂的笑容"，"从容淡定"，博斯特牧师和他妻子的幼子，电影编剧和作家皮埃尔·博斯特的弟弟。两人年龄相差十五岁。小博斯特当时还不到二十岁，在他们眼中他代表了青春，青春的美好和张扬。在他身边，悲剧慢慢平息，有了他，故事慢慢找到了出

---

1. *Carnets de la drôle de guerre, op. cit.*, «Carnet III», p. 275. (《奇怪战争笔记》)。
2. *FdA*, p. 276. (《年华》)。
3. *Ibid.* (同上)。

口：他迷上了奥尔嘉，后来娶她为妻，并从 1937 年开始成了海狸的地下情人，这段柔情持续了十年[1]。"三人组"分崩离析，一个"家庭"即将诞生，并将持续到他们生命的最后，奥尔嘉和"小博斯特"一直都是这个家族的成员。

"三人组"很快破灭了，闹得沸沸扬扬，就发生在突然插进来的一件事——去鲁昂精神病院参观后。奇怪的是，他们四个人是一起去的。用但丁的话说这简直就是地狱："当你走进这里，那就得抛开所有的希望。"[2]一些人，半裸着身子，当众推来搡去，"一些人叫喊着、挣扎着，被绑在一张床上；另一些好不容易微笑着，神情呆滞、流着口水"。没有采取任何措施对他们进行治疗，自埃斯基罗尔[3]之后、安定剂到来之前没有任何改变。医生开导他们，能听进去的病人会乖乖服从："四人组"离开了医院，心里充满了厌恶和羞愧。和这些打断了"三人组"叙事的可怕景象形成强烈反差的，是对令人着魔的"三人组"的最后回忆：他们"用词语和微笑编织了把他们和鲁昂还有全世界隔开的蚕茧；痴迷于他们互送的秋波的魔力，每个人都感到自己在蛊惑他人的同时也受到了他人的蛊惑"[4]。这是个让人着魔的透明的小世界，时间被悬空了，词语也是心有灵犀，不用言语就能心意相通[5]。"魔力"一词在西蒙娜·德·波伏瓦的作品中很少看到，但在几年后，

---

1. 见那一时期他们的通信，清晨看到他陷在枕头里的脑袋的时候，海狸梦想着吻遍他的脸，见《两地书，西蒙娜·德·波伏瓦－雅克－洛朗·博斯特通信集（1937－1940）》（Simone de Beauvoir － Jacques Laurent Bost, *Correspondance croisée*（*1937 - 1940*），éditions présentée et annotée par Sylvie Le Bon de Beauvoir, Gallimard, 2004）。

2. *FdA*, p. 289.（《年华》）。Dante, *Inferno*, III, vers 1 à 10, *Per me si va nella città dolente / Per me si va nell'eterno dolor / Per me si va tra la perduta gente*［…］*lasciata ogni spertanza, voi ch'entrate.*（但丁，《地狱篇III》，"通过我，人们前往悲伤之城/通过我，人们走进永恒的苦痛/通过我，人们走到这群无望的人中去［……］你一旦走进这里，就得抛下所有的希望"。）

3. 埃斯基罗尔（Jean－Etienne Dominique Esquirol, 1772－1840）：法国精神病学家，皮内尔的继承人，创立现代临床精神病学的巴黎学派的成员。埃斯基罗尔注重探究精神病的心理原因，他还区分了各种精神病态的压抑，引进"幻觉"这一术语，并为患有精神病的罪犯辩护。皮内尔和他对法国一些精神病院进行改革，倡导人道主义治疗。——译注

4. *FdA*, p. 291.（《年华》）。

5. 爱人之间的心灵相通，卢梭在《新爱洛伊丝》中有一段迷人的描写，当圣普乐在说服再度相逢但已嫁作他人妇的朱丽晚上和他一起泛舟湖上的时候，他握住她的手，碰到她藏在手心里被泪水打湿的手绢："我看到我们的心从来没有停止过互相聆听！"他感叹道。

她在一封给尼尔森·艾格林的信中再次使用了这个词语：形容他们的分手，"魔力已经消失了"。对世界的失望比这些仿佛停滞的金色时光出现得更为频繁。这种仿佛停滞的时间是没有未来的；原先一心想营造"三人组"的萨特开始采取行动去摧毁它，曾经尝试用"虔诚"来巩固它的海狸不得不承认自己被击败了。萨特和奥尔嘉先后都向她倾诉了各自对对方的相思之苦；她同情奥尔嘉，但讽刺挖苦萨特的愤怒："就这样，我们发现我们三个人都被我们制造的可怕机器压垮了。"[1]

6 月前后，萨特和奥尔嘉的感情已经走到头了，因为海狸和奥尔嘉非常要好，她不想让奥尔嘉承受这难堪的一幕，对他们而言，该到离开鲁昂的时刻了，离开这个把他们的激情因在里面的瓶子里了。萨特被任命到拉昂，海狸被任命到巴黎的莫里哀中学教书。"幸福"还非常脆弱，即使它是在人民阵线取得胜利的时候再次到来的。萨特似乎冷静下来了，她要和他一起去罗马。他们继续前往威尼斯，在他们离开的前一晚，他们决定把房间退了，在运河边过通宵。她长期以来一直以为已经"治愈"的萨特"后来对我说那一晚一只大龙虾一直跟着他"[2]。回到巴黎，他们陷入了双重的忧虑，人民阵线碰到了最初的困难，他们和左派分享的和平主义及其大部分观念都被西班牙共和党人最初遇到的挫折动摇了，好像那也是他们自己的失败。他们不理解布鲁姆怂恿西班牙不采取任何行动[3]。萨特很阴郁，《忧郁》（也就是后来的《恶心》）没有被录用，"三人组"的失败让他感到压抑，奥尔嘉的状况也不是很好。她还没有从这个故事中走出来，她还很脆弱，有时候她"会像路易丝·佩隆一样"在小纸片上涂写晦涩费解的信息。她和博斯特恋爱的开始让"三人组"彻底破裂："奥尔嘉作出了一个对大家都有益的决定，打破了我们都走不出去的圈子。"[4]但是"三人组"的破裂又一次引发了"周边的动荡"：马尔科爱上了博斯特，当他去旅馆接奥尔嘉听到房间里有呢喃声时，他的心都碎了。透过钥匙锁眼的缝隙，他恰好看到两个年轻人在热吻。现在轮到他陷入谵妄，

1. *FdA*, p. 296. （《年华》）。
2. *Ibid.*, p. 301. （同上）。
3. *Ibid.*, p. 314. （同上）。
4. *Ibid.*, p. 325. （《年华》）。

完全是萨特迷恋奥尔嘉的夸张的翻版。马尔科的痛苦和折磨，他可笑的、不着边际的推论，都是悲剧事件的喜剧版本，可笑的重复：没有人把他的事当真。

马尔科现在成了"表象"，不真实的存在，自欺欺人，被自我所迷惑，就像女人一样常常不能正视现实。因为他的同性恋？他梦想得很美：他要把他"未来的光荣"（永远也不会到来，因为他甚至没有看到自己缺少天分）和财富献给他的爱人（博斯特，他已经受不了马尔科的一厢情愿了）。他也成了自己情愿发疯的可悲的人物长廊中的一个，而路易丝·佩隆是其中的核心人物。"在他的絮絮叨叨中有比路易丝·佩隆更黑暗、更无法消解的东西：在我看来，他正在给自己打造一个他永远都走不出去的地狱。"[1]

说到底，结局好就是好事。但震撼已经深入心灵，海狸在身体上也感觉到了反应，这一次，她是自顾不暇，再不能否认自己的"虚弱"了：她染上了严重的肺炎，在当时，没有抗生素的情况下，这是非常危险的。这将是一次难得的经历"，她对自己说，禀着她一贯的"以自己的方式领略生活强加给她的一切"[2]的人生态度。她终于可以休息了。发烧的时候，"一只鸟儿的歌唱盈满了整个宇宙和永恒"。在一段时间里，战斗、为争取每天的幸福所必需的警醒甚至紧张都暂时停止了。疾病、身体的虚弱、发烧给她造成的影响就像当初卢梭在梅尼勒蒙当高地上被一条大狗撞倒后产生的后果一样：醒来的时候世界仿佛是全新的，呈现出永恒的新鲜面貌[3]。海狸差一点就要承认是战斗让她筋疲力尽。突然，大家悉心照顾的是她：她很感动，偶尔看到萨特在穹顶餐厅小心翼翼地帮她把盘子端过来，她忍不住热泪盈眶！

但她坚定不移的自我塑造、她的青春最终压倒了一切。

---

1. *FdA.*, p. 327.（《年华》）。
2. *Ibid.*, p. 335.（《年华》）。这和另一则轶事遥相呼应：几年后，战后，吉亚柯梅蒂出了一场很严重的车祸，他被一辆汽车撞了。谈到这件事时，萨特写道："就在出事的那一刹那，他在心里说'这会是一次经历'。"读到这里，吉亚柯梅蒂很生气，他从来没有过诸如此类的想法！西蒙娜·德·波伏瓦不信：如果不是吉亚柯梅蒂这样想，萨特干吗要那么写呢？
3. *Rêveries du promeneur solitaire*, seconde promenade.（《一个孤独漫步者的遐想》，第二次漫步）。

*

从"三人组"的失败中她得到了什么？一个教训？不是：而是一本书，《女宾》，她第一部重要的作品，因为1938年《属灵事物挂帅》的五个故事先是投稿给伽利玛出版社，被布里斯·巴兰拒稿，他觉得这些故事太"沉闷"，之后又被格拉塞拒稿[1]。《女宾》于1943年出版，把"三人组"改造成文学让它有了某种永恒的特点，甚至书中的人物也被精心"变形"过了：但是弗朗索瓦兹最后的犯罪行为体现了他们关系中狂暴的一面。当一个亲身经历过的人生片段被搬到一本书中，事件的强烈程度会有所改变；但本质是不会变的。当维特在故事最后痛苦自杀的时候，我们看到的是歌德在惩罚自己，惩罚自己曾经造成一位深爱他的阿尔萨斯年轻姑娘的死，如果我们可以说他通过笔下的人物完成了这一惩罚。把自己交给笔墨不仅方便，而且还是一种宣泄。因此虚构可以用来排解危险的冲动。因此弗朗索瓦兹象征性地为海狸报了仇，缓和了格扎维埃尔－奥尔嘉成了萨特排他的喜好和激情所引起的痛苦。但这个教训却没有企及现实生活的高度；这一失败的理由被回避了，并没有成为日后的前车之鉴。明证就是后来他们又再次陷入这种局面，在类似的情况下，故事和"路易丝·维德里纳"一起又重演了，"路易丝·维德里纳"是他们在奇怪战争年代的通信中用来指称比安卡·比耐菲尔的（又一次，假名在另一种意义上起了作用）。

回头看战前的最后那段岁月，色彩鲜明，片刻的焦虑不安很快就在一幅重新找回的幸福和平衡的田园诗般的图画中消散了：海狸被任命到莫里哀中学，萨特在拉昂教书，奥尔嘉依然还是他们的朋友，其他人都是随叫随到，博斯特、马尔科、勒梅尔夫人……之后萨特最终被任命到讷伊，在巴斯德中学任教。"我们终于结束了外省生涯。"他们搬进"位于梅纳街和蒙帕纳斯公墓之间"的一家旅馆，要了楼上楼下两个房间，把他们的小世界和生活方式安顿下来。萨特马上就要成为知名作家。然而，后来发表

---

1. *FdA*, p. 366.（《年华》）。

的两人的通信表明那段时间并不像阅读回忆录那样给我们一种简单而平静的印象，而是一些更为艰苦的哲学思考的时刻和精神的小憩，《女宾》再现了当时的氛围：剧院、蒙帕纳斯酒吧、跳蚤市场在小说中代替了前几年在鲁昂闭门索居、有点阴郁的生活。回忆录只揭示了战斗的海狸在这个特殊时期生活的一个方面，这个阶段持续了五六年，直到战争爆发和法国溃败：确切地说，从1936年离开鲁昂到1941年萨特从战俘营被释放归来。在这段期间，海狸的一部分战斗力和创造力被复杂的局势、被她和年轻姑娘们之间纠缠不清的关系消解了，而这一切在回忆录中只有一个低沉的回声。

她投身于《女宾》的写作，但1938年历史攫住了她，她陷入人生最"混乱"的时期之一 [1]：国民阵线大限将至，西班牙共和国也一样，苏台德问题威胁着欧洲和平 [2]。1938年夏，萨特和他母亲在一起，海狸独自去了阿尔卑斯山区，之后她陪萨特去了摩洛哥，在下阿尔卑斯省，她和奥尔嘉一起待了一段时间，她收到萨特的一封电报。战争似乎不可避免：布拉格拒绝向希特勒屈服，西方的民主被逼到了墙角。英国和法国会不会遵守和捷克斯洛伐克签订的盟约？萨特"理智地"认为应该迎战；她僵住了："乱说，就算再残酷的不公，也好过一场战争。" [3]尽管这次她的焦虑不安不能全怪"类精神分裂症"，她回到巴黎。最终战争没有发生——只是暂时。有的是《慕尼黑协定》——捷克人从来没有原谅法国的背叛——西方民主国家可耻的退缩和达拉第 [4]下飞机的时候受到了热烈欢迎的讲话：一群傻瓜！海狸承认她赞同这个"懦弱的宽慰" [5]："《慕尼黑协定》签订了，我没有觉得自己由衷的高兴有什么可耻的地方。在我看来，似乎这就逃离了死亡，永远地逃脱了。在我的宽慰中甚至还有什么胜利的成分：显然，我天生命好；世界的不幸永远也不会触及到我。"可以重新开始个人的故事，两个人可以重新投入创作。《女宾》进展顺利：她小心谨慎地遵循萨

---

1. *FdA*, p. 366. (《年华》)。
2. 苏台德：在德意志第三帝国吞并了奥地利之后两周，希特勒提出了"少数民族的权利"的原则，向他的合作者表示他的下一个目标是捷克斯洛伐克的西部，那里生活着三百万德国人。
3. *FdA*, p. 383. (同上)。
4. 达拉第（Edouard Daladier, 1884－1970）：法国政治家。——译注
5. 莱昂·布鲁姆在《人民报》中的说法。

特和她给自己规定的原则，永远不要比人物知道得更多。这是萨特写的关于莫里亚克的一篇著名文章的核心思想，这篇文章的结尾让莫里亚克到死都没有释怀："上帝不是一名艺术家，莫里亚克先生也不是。"莫里亚克事件才只是个开头[1]。

1939 年到来了，他们恢复了平静，"有滋有味"地生活；萨特发表了《恶心》，成功接踵而来，刚发表的《墙》"引起了轰动"；她自己的《女宾》即将杀青，该书是对"三重奏"的追忆，给每个人物都赋予了一个文学的未来，这个故事在《自由之路》中有了进一步的发展，奥尔嘉成了鲍里斯（"小博斯特"）爱恋的伊薇奇。海狸开始关注起她自己，给自己做了"一套蛋壳颜色的高档羊毛套装"[2]，换了发型，"把头发盘在头顶"。春天，她戴上了一顶有小面纱的狭边草帽，自视高雅，洋洋得意。博斯特在亚眠服兵役，他们的通信证明了两人在亚眠或在巴黎幽会，海狸暗度陈仓，一些从奥尔嘉那里偷来的良宵春梦[3]。虽然教书不是她的兴趣所在，却也没让她生厌。她只是不愿意加入这个大家眼中的成年人的世界：一名教师。面对人生的每一个经历，她坚决反对任何可以把她归类的标签："我要过的是个性化的生活，任何类别都不能强加于它。"成为强烈的"个人"意愿是她从小就坚持的原则——我不是"一个孩子"，六岁的她就已经有了这样的想法，"我是我"。因此，就算在冲动和激情中，她和最亲近的男人（当时是萨特、博斯特）或年轻女人之间所建立的关系都时刻处在一种不安、警惕的观察之下，为了更好地预见将来，提防它们不落窠臼。也是为了时刻提醒自己：一定要抵挡住诱惑，不放弃一点点自主、独立或自由。

慢慢地，重现的和平，哪怕只是暂时的，又让她回到了在鲁昂那些年的所作所为、所思所想，回到了她早几年已经经历过、尝试过的那些关系的培养。在鲁昂的时候，奥德莉、拉布尔丹和她就已经迷倒

---

1. *Situations I*, « Monsieur François Mauriac et la liberté ». （《境域（一）》，"弗朗索瓦·莫里亚克先生和自由"）。
2. *FdA*, p. 393. （《年华》）。
3. 同样在奇怪战争期间，西蒙娜·德·波伏瓦已经疑心博斯特和奥尔嘉之间慢慢滋生的而她将被排除出局的"默契"（*Journal de guerre, op. cit.*, p. 178. 《战争日记》）。

了一些热烈的女中学生，现在年轻女孩子又回到了她的生活。在回忆录中，她们是踮着脚尖悄悄出场的，曲折地通过海狸对青少年这一黄金年龄的长期观察而显现，那是"形而上学的年龄"，"生活只在思想中存在"[1]。她自己也经历过这个阶段，1929年的那场巨变让她从中走了出来，进入了"真正的生活"，但她从来没有彻底摆脱把绝对青春理想化的倾向，尽管她遇上了萨特。这些哲学班上的年轻姑娘们，我们在一张她们从莫里哀中学毕业的照片上可以看到，簇拥在清瘦、严厉、凶巴巴的海狸身后。她喜欢"和她们一起聊天"，她们都"充满活力"；课上完了，谈话却还在继续。会考结束了也如此。就这样她继续"远远地"关注其中的几位女生。这就是比安卡·比耐菲尔的情况，优秀、有天分，她考上了索邦大学，和萨特教过的一群老生关系密切，其中有卡纳帕[2]，他是日后他自己一句名言的主角："单燕不成春，单单一个卡纳帕也不足以让一个党蒙羞。"比安卡"对世界上所发生的一切都反应强烈"。这也很自然：出身于一个犹太家庭，她忧心忡忡地看着在德国越来越露骨的威胁（尤其是反犹情绪的高涨）和笼罩在法国的一厢情愿的和平的反差。简言之："我们成了朋友。"

后来的悲剧丝毫没有在回忆录中有所泄露。海狸当时还认识了一个年轻的白俄姑娘，在回忆录她把她叫做丽丝·奥布朗诺夫。在比安卡之后，丽丝（娜塔莉·索罗金）走进了海狸的生活，和当年的奥尔嘉如出一辙：和她一样丽丝也是白俄，和她一样她也孤独、不被理解（她父亲希望她学化学），她的人生就是海狸喜欢由她"一手掌控"的那些女孩子的人生，就像她当初一手设计了奥尔嘉的人生一样。在这一点上，至少没有潜在的"三重奏"的危机。但战争期间的信件中，西蒙娜·德·波伏瓦大段大段地向萨特描写了丽丝的陪伴和种种可爱迷人之处，她对此所感到的意乱情迷，她们笨拙却充满激情的"拥抱"。但值得注意的是，根据贯穿整个叙事的原则——"我将把很多东西都留在阴影中"，回忆录并没有透露更多的隐情。但海狸死后发表的通信和《战争日记》对她们的关系做了更加复

---

1. *FdA*, p. 395.（《年华》）。
2. 卡纳帕（Jean Kanapa, 1921－1978）：法国知名知识分子，《新批评》主编，曾做过多年《人道报》驻古巴和前苏联的特派记者，法国共产党领导人之一。——译注

杂或者说更加真实的描绘。这不是一些无可辩驳的"材料"，这只是"千面人"海狸的另一些蛛丝马迹，有时候她也甘愿放下身段讨好收信人[1]，逗他开心，或者更进一步……情侣之间的事情，不管有多么非同寻常，总有一些爱情的把戏让人剪不断、理还乱……

这一双重的故事的开端被丢弃在阴影中，萨特、比耐菲尔和海狸之间形成的新"三重奏"从来都没有被提及。源于海狸对比耐菲尔的一个承诺：永远不要泄露她俩之间的关系，还有她们和萨特组成的"三重奏"。至少这是比耐菲尔的说法。因为多年之后，比耐菲尔公开了她眼中的"三重奏"的版本[2]……有很多年她都没有现身。战后海狸和她又见面了，定期一起午餐。一切似乎都恪守了旧日的"承诺"。但是，1983年，萨特去世后的第三年，西蒙娜·德·波伏瓦发表了《寄语海狸》，给比安卡·比耐菲尔的信也收录其中，但用了一个让人很难猜到其真实身份的假名路易丝·维德里纳。也算是滴水不漏。"秘密"保存完好，比耐菲尔没有任何理由打破沉默，但1990年两本西蒙娜·德·波伏瓦的遗作《寄语萨特》和《战争日记》的发表改变了一切。比耐菲尔在这两本书中发现了海狸的"口是心非"。当萨特和她断交时，她那时以为海狸是她的盟友；而事实上，根本就不是那么回事儿。更过分的是，从信中可以清楚地看到萨特和波伏瓦是共同决定结束他们的"三重奏"并让她在他们的生活中消失的。这让比耐菲尔在四十年后决定走出沉默，发表了她名为《被勾引姑娘的回忆》一书。该书的发表引起了关注，媒体知情后常常对萨特和波伏瓦颇有微词。

话说回来，这件事本身并不光彩。出生于犹太家庭，比安卡·比耐菲尔于1921年出生在卢布林，当她十五个月大的时候，她的父母离开了卢布林。她父亲曾经学过医，决定投奔他在法国做上等珍珠生意的哥哥雅克。在经过重重挫折艰难后，家人终于在苏雷斯纳团聚了，1937年开学，年轻的比安卡成了莫里哀中学西蒙娜·德·波伏瓦班上

---

1. 就如1930年1月6日，在一封给萨特的信中，她抱怨马厄"稚气"而"伤人"的口吻——在《青春手记》那个时期，他一直都是"她的羊驼"。

2. Bianca Lamblin – Bienenfeld, *Mémoires d'une jeune fille dérangée*, Balland, 1993.（比安卡，《被勾引姑娘的回忆》）。

的学生。在 1939 年 7 月写的一封信的注释中，西蒙娜·德·波伏瓦提到了"路易丝·维德里纳"究竟为何许人："我的一个女友，萨特和她开始了一段感情，但很快就被战争打断了。"[1]大概的故事，我们能看到，但并不详尽。至少不能从中认出是比耐菲尔。在萨特的信中，不管怎么说，他对"维德里纳"怀有强烈感情这一点是毋庸置疑的；在信中，她是他"亲爱的波兰小姑娘"，他的爱。有一段时间，"维德里纳"住院了，萨特想象她"仰天躺着，非常苍白"，一边想"她应该已经好多了"。可怜的小受难者！他在后面写道。他一心想安慰她："不管怎么说，有一件事情我很清楚，那就是我们的未来就是你的未来；两者没有区别。"（显然这里暗示的是"三人组"）"我爱你，"他接着写道，"我需要你。"信的结尾，他对正在康复的"非常苍白"、"横躺着"的"维德里纳"所患的"疾病"给了某种提示："想到你完全平了让我满心欢喜。"[2]

但在萨特和海狸的信中，语气变了，"维德里纳"开始让萨特感到尴尬，同时"维德里纳"也让海狸越来越感到不堪重负。他们在通信中用一种残酷而粗暴的口吻谈到她。显然有什么东西被触及了，它一下子爆发了出来；那就是"二人组"的自私自利，什么都不会让他们改变，哪怕是萨特的轻率，他加入了"三人组"随后又后悔，指责自己冒冒失失地使用了"激情"一词；哪怕是海狸的"皮格马利翁[3]式"的意图，她不能抵挡操纵年轻女子的命运的诱惑并乐此不疲。当后来故事宣告"结束"或者说在她看来不能补救后，第三者（这里是维德里纳）作出抵触、反抗有什么好让人惊讶的呢？我们一直都知道，从一开始就知道，必然的爱情和偶然的

---

1. *Lettres au Cator et à quelques autres*, *op. cit.*, t. 1, p. 228. （《寄语海狸》，卷一）。
2. 在 1939 年 8 月萨特和波伏瓦到了瑞昂莱潘莫雷尔夫人家（这位夫人）时写给维德里纳的一封信中，我们可以读到这样的话："她马上打听你的情况，很高兴知道你是那么平。"不由人产生假想……在比耐菲尔的书中，她根本没有证实 1939 年 7 月她不得不动过这么一个"大手术"（*Lettres au Cator*, *op. cit.*, t. 1, p. 60. 《寄语海狸》，卷一）。但是，读者坚信两次被刻意提到的"平"字丝毫不会让人联想到一次稀松平常的阑尾炎手术……
3. 皮格马利翁（Pigmalion）：希腊神话中的塞浦路斯国王，相传，他性情孤僻，喜欢独居，擅长雕刻。他用象牙雕刻了一尊少女雕像，久而久之他爱上了雕像。他求阿芙洛狄特赐给他一位和雕像一样的女人为妻，女神赋予雕像生命，皮格马利翁娶了少女为妻。——译注

118

爱情之间的区别就在于牺牲品永远是那些所谓的"偶然的外遇":她们没有好果子吃[1],永远没有决定权。而且海狸还写过这样的话:"还有一个我们粗心忽略掉的问题:第三者怎样才能适应我们的安排?有时候她可以毫不为难地乖乖顺从;我们的组合给充满柔情爱意的友谊或短暂的浪漫留下了足够的空间。但如果角色得寸进尺,矛盾就会爆发。在这一点上,必要的审慎影响了《年华的力量》中描绘的图景的准确性。"[2]

"维德里纳"事件,尽管它和"奥尔嘉"事件不同,还是明白无误地揭示了"三重奏"不可靠的本质:一种临时的建构就像所有既感性又理性、既肉体又精神的爱的建构,但最难的是必然和偶然会混淆,有时甚至会调换位置。第一次是在奥尔嘉事件中,海狸就已经不同意最初的不平等地位在某一刻受到质疑。那么为什么还会故事重演?发生的一切就好像"三重奏"是一个双重的考验机会。首先是对萨特是否忠于爱情契约的考验:海狸应该处于"必然"的位置。如果证明萨特不能忠于契约,那么这也是考验她自己忍耐力的机会,考验她自身克服被否认、被取代这一可怕后果的能力。而且中断"三重奏"的要求从来都不是海狸提出来的:总是萨特的主意。两次"三重奏"经历中的第一次,萨特似乎更投入,尽管他不是奥尔嘉的情人,"三重奏"分崩离析是因为他的"情不自禁",因为他"疯狂的排他性"。而第二次,和比安卡组成的"三重奏"中,只是因为他对这个故事厌倦了:他已经和奥尔嘉的妹妹旺达开始了一段新的艳遇。不同的是这次海狸负责执行终结令:这也是"三重奏"的目的之一,体现两个主角之间的团结。比安卡或者说"维德里纳"事件因此可以更好地帮助我们了解第一次"三重奏"中这一根本的出发点:从他们"约定"的开始,萨特和海狸之间就已经缔结了牢固的同盟。

比耐菲尔的悲剧同时还有另一个意义。1940年她看到自己被萨特抛弃,五十年后才明白海狸在整个事件中所扮演的角色。但她尤其看到自己被抛弃的同时也是法国溃败和被占领期的开始,她很快就感到自己的人身安全受到了威胁。1940年初,萨特的想法的确和海狸一

---

1. 贝尔纳·毕沃曾把比安卡·朗布兰请到"Apostrophe"节目的演播室,说了那句有点粗俗的评语:毕竟!和他们两个都睡了觉可不是件小事!
2. *FdA*, t. I, pp. 176 – 177. (《年华》,卷一)。

样，他回信给奥尔嘉说："犹太人是人，不存在'是犹太人'这回事。"对那些维希政府准备发布的关于犹太人的可怕条款的人而言，很可惜，却有那回事。

在讲述她在被占领期间作为一名犹太姑娘的艰难生活，成了比安卡·朗布兰的比安卡·比耐菲尔一再强调这一分手把她置于一个非常危险的境地，但萨特和波伏瓦似乎谁都对当时的局势没有一个清楚的认识。比安卡自有她的是非评说，但她的愤怒（和痛苦）却始终无法消除。不管怎么说她所讲述的事实同萨特与波伏瓦两人的通信还有海狸的《战争日记》所透露的信息是相符的，虽然这一切在回忆录中被掩盖了。战争爆发了，萨特应征入伍，比安卡在坎佩尔她父母家里。9月20日，海狸去看她，就像她在《年华的力量》和《寄语萨特》[1]中所讲述的一样。随后，比安卡在雷恩安顿下来，直到万圣节她才去巴黎看望海狸。那时，她感觉一切都变了：四十年后，当她读到海狸写给萨特的一封信的时候确定了这一点，那封信让她大受震动。下面就是她以为温柔地依恋着自己的海狸写的话："如果她来巴黎，对我来说是场灾难。"[2]这封信毫无疑问地表露了海狸的厌倦和烦闷，尽管她责备自己"在几秒钟里心肠太硬了一点"。维德里纳"跌入深谷"，她的"悲凄"，这个不能忍受的"有权"拥有"绝对幸福"的念头，这种成天要"动脑筋"的方式，她拒绝去明白"她得给自己营造一个没有我们的生活"——比耐菲尔当时十九岁，当她认识他们的时候才十七岁——这一切都让海狸大受刺激，但看到她动情而温顺地听自己说话，海狸又稍稍缓和了态度。但结论还是同一个："只有您（萨特）对我来说才是重要的；这一点是完完全全毋庸置疑的——此外无论谁，无论任何地方，对我来说都毫无意义。"

给萨特的其他信件和她的《战争日记》都显露了海狸从此极力抗拒比安卡的种种"追讨"——"追讨"一词是她用来形容她准备甩掉的比安卡对她的指责，比安卡认为自己"有权要求她"，这让她气得脸色都变了。此后，哪

---

1. 分别在《年华》（*FdA*, p. 409.）和《寄语萨特》（*Lettres à Sartre*, t. I, pp. 125 –142）。

2. B. Lamblin, *Mémoires d'une jeune fille dérangée*, *op. cit.*, p. 74. S. de Beauvoir, *Lettres à Sartre*, *op. cit.*, t. I, p. 249. （比安卡，《被勾引姑娘的回忆》；波伏瓦，《寄语萨特》卷一）。

怕和维德里纳的"拥抱"都让她受不了:"悲怆而痴情的夜晚,就像肥鹅肝(而且还不是优质的)一样让人腻味恶心。"[1]她甚至写信给博斯特说她有点羞于"利用她的身体",像一个"有钱的胖男人"一样拒绝她的爱抚[2],这让她忽然有点恼火[3]。但是我们的感觉是她被这些难以分享的关系、这些错综复杂的嫉妒折腾得筋疲力尽,因为还有奥尔嘉,还有索罗金。《战争日记》,1939年10月,37页:"我忽然产生了一种强烈的愿望:希望一个人和萨特一起在这个世界上,没有其他人,没有其他人围绕在我们周围。"当她把他们两人和"所有那些废品,那些像维德里纳、科萨(克维茨)的可爱而软弱的小人物"比较的时候,她是那么想念他,想念他们的"团结"。她不喜欢去想萨特"滞留在其他人的心中",1939年10月27日的信,但她并不嫉妒,因为旺达的"小脑瓜子"并不能装下萨特真实的写照,它只能装下一个他的"不真实"的形象——以她自己的小方式,旺达。绝对不许"科萨"、维德里纳、旺达来"迷惑"他们的生活,让他们描绘的道路误入歧途。

对维德里纳的排斥(有时还有对"科萨"的厌烦)是多么粗暴!唯一的解释就是一种可怕的担忧,对一个致命的危险的担忧。当萨特喋喋不休地谈论年轻姑娘睫毛最微小的颤动的时候,她是不是真的出于危险之中?她到底有什么好担心的呢?萨特不过就是朝三暮四,突然就从对奥尔嘉的痴迷中"不治而愈"了,还有他现在希望和比安卡分手。她在12月18日的日记中写道,显然"萨特想慢慢离开维德里纳"。那又怎样?对她而言这还不够;她要把钉子钉下去,陪着萨特甚至帮他在几个月前开始的"情感回收"战略上出谋划策。1939年11月10日给萨特的信:"因为我昨天不小心说漏了嘴,说您看了我的手记,她因为我对她不如我对您那么亲密而感到绝望——我从来没跟她说过那会是基于平等的情感,显然,她应该明白这是不一样的。"[4]但比安卡并没有那么容易就明白,她走出这段感情的时候觉得自己的生活"被搅乱了"。"三重奏"所揭露的本质就是:

种生动演绎萨特和波伏瓦两人之间所维系的关系性质的方式。每时每

1. *JdG*, p. 143 (9 novembre 1939 au dimanche 12, « séjour de Védrine à Paris »). (《战争日记》,1939年11月9日到12日星期天,"维德里纳在巴黎小住。")1939年11月12日写给萨特的信中也有相同的主题。

2. *Bost-Beauvoir, Correspondance croisée, op. cit.* (《博斯特-波伏瓦,两地书》)。

3. *Lettres à Sartre, op. cit.*, t. I, p. 168. (《寄语萨特》,卷一)。

4. *Ibid.* (《寄语萨特》)。

刻，都需要给出明证：萨特和波伏瓦之间的关系和所有其他关系都没有任何可比性。但这还不够；必须让其他"脑瓜子"也认可这一点：加入的新成员——"女宾"应该认识到它、接受它、适应它。萨特－波伏瓦组合高高在上这一事实应该随时随刻都被意识到并镌刻在那些有反抗意识的脑瓜子里。但她们同时也是活生生的人，受着煎熬，或许软弱，但都在爱着：这是一个不自由的殖民地。

"三重奏"在萨特眼中和在海狸眼中显然是不一样的：在波伏瓦看来，这是有时会淹没她的源源不断的担忧，一种她每天都在尝试摆脱的不安，不管是在她的信件还是在她的日记中她都得念咒似的重复："这不是一回事儿"，或用一些过分粗暴的词语（"都是些小脑瓜子"、"废料"），一些把对手消灭于无形的词语，因此也承担了在《女宾》中象征性地谋杀格扎维埃尔的角色。在萨特看来，"女宾"是再合适不过的称谓了，他可以经历沮丧、嫉妒，甚至强烈的"激情"：他自己清楚，一切都不会持久。"如果赋予我的是多情善感的天性，我或许就得救了，但我却天生冷淡漠然"[1]，他在《战争笔记》中这样写道。"我不懂爱，我只是看着自己假装在爱。"迟早他都会结束他的艳遇，因为这很符合逻辑：他和很多男人一样，怯懦地等着女方自己明白，这么说并不表明这就是"男人的天性"。"您的希望都是白费，"1939年12月17日，海狸在信中回答说："这不会让她死心，当她再见到您的时候，她又会全身心地投入，尤其是一旦有了性爱，一切就会飞快地发展——如果您希望结束这个故事，或许可以避免它成为一场灾难，但伤害是难免的，必须要硬下心肠：慢慢减少信中的激情流露，冷淡地再见上一面；试试看，她不会因此而感到非常痛苦的，我认为不会。"[2]"冷淡的再见"充满了十八世纪的韵味。

海狸鼓励萨特继续——因为她知道他很软弱，哪怕是在自己作出的决定面前也会犹豫不决："出于同情，我会帮您甩掉维德里纳：她让我兴味索然到了极点。"[3]维德里纳不停地计划三个人一起出去旅行，当她们一起

---

1. *Carnets de la drôle de guerre, op. cit.*, « Carnet XIV », 6 mars 1940, p. 538.（《奇怪战争笔记（十四）》）。

2. *Lettres à Sartre, op. cit.*, t. I, p. 358.（《寄语萨特》，卷一）。

3. 《寄语萨特》，1939 年 12 月 22 日的信。

122

在床上时，海狸对她笨拙而热切的抚摸非常生气，"和一位我不爱的女人睡觉真可恨"。当然，维德里纳的"性格"和"对事情的看法"让她气恼，还有她那种"白费劲"、"爱掺和"的方式。当萨特休假回来，他下了决心，拿定了主意：他要给维德里纳写一封绝交信。但这封信是两个人一起写的——它再一次表明"必然"的关系是多么强大（多年后维德里纳才知道内情，悲痛不已）。这在一封西蒙娜·德·波伏瓦写给萨特的信中得到了确认：她已经知道了，而维德里纳还不知道萨特给她写了信，一封他要突然抽身、怯懦地把她甩掉的信。然而在 9 月 2 日，就在他想"慢慢离开她"之前，他还给她许下了爱和忠诚的誓言："什么都不会改变，我的爱，你不会变，海狸不会变，我也不会变。"战争掺和进来，但这不会改变任何东西，"这是桩坏事"，仅此而已："我会回来。我不会有任何危险，我是可靠的，你知道，会有和平的，还有我。［……］我想让你知道，我狂热地、永远地（他亲手在下面划了横线）爱你。"她永远是"他的小尤物"。

维德里纳还没有收到断交信，海狸和她一起晚餐，之后一起去了奥加尔："她让我感动，很克制、严肃、专心而安静，时不时对我微笑，时不时强忍住她的泪水——而且昨天她很美。想到她马上要得到的当头一棒让我心里很不是滋味。"一次博斯特休假的时候她把萨特想分手的事情告诉了他，博斯特认为他们两个"很卑鄙"。但海狸一挥手就打消了这一顾虑：这是"为了原则"，她说，因为他"完全站在我们这边"——这得走着瞧。在给海狸的信中，"小博斯特"不止一次被他们"对待他人"[1]的傲慢方式所激怒。与此同时，绝交信写好了，寄走了。维德里纳收到了信，把信拿给海狸看，她完全信任海狸，在不知所措的时候她自然而然地都会去找她。当海狸回信给萨特的时候，口吻突然大变："我的爱，您真是在耍维德里纳；应该多点尊重，这个姑娘可不是吉贝尔[2]之流。"那封信的确很过分，海狸觉得维德里纳的反应合情合理："她读了您的信，发了一大

---

1. *Lettres à Sartre*, *op. cit.*, t. II, p. 86.（《寄语萨特》，卷二）。
2. 玛蒂娜·布丹的化名。玛蒂娜是女演员，做过一段时间茹韦的情妇。她和萨特曾经有过一段有些淫荡的私情，他以一种粗暴莽撞的方式结束了这段感情。他一直只是和她闹着玩儿，谈到她的时候他写道："除了睡觉，我和她什么都做了。"他觉得她"体味很重，毛多得出奇"。

通火，气得脸色都变了。[……] 这封信和其中的道德说教都是让人无法接受的。[……] 我想蔑视会帮她振作并走出低谷的——但她非常痛苦。"在接下来的几封信中，她安慰自己——或许也想安慰萨特："她很快就会接受这个事实的，我想。"她又对她的第一封信做了修正："我不再指责您有点粗暴地了断了维德里纳——但这不重要。"然而，她并不是完全确定，在细节上，他们是否做了自己应该做的。她从来没有"责备他甩掉别人"，但"我责备我们，我和您，过去、将来、永远都会责备我们对待他人的方式：我们让他们备受折磨，这在我看来是不能接受的"。这一悔恨的情绪很快就被淡忘了："事实上，她并没有太痛苦，而我也平静了下来。"[1]

但那不只是维德里纳的"苦痛"，她的"煎熬"。在 1945 年 12 月 13 日海狸写给萨特的一封信中又谈到了她。当时萨特和旺达一起度假，他要乘自由轮去纽约再会多罗蕾丝·费奈蒂。海狸又和比耐菲尔见面了，在整个战争期间他们断了联系。她写信给萨特："因为路易丝（维德里纳），我大受震动。我带她去了胡安湾［……］我们一直聊到午夜。她让我心潮翻滚、懊悔万分，因为她处于可怕的抑郁和消沉之中——这是我们的错，我想，这是我们和她的故事所造成的后果，虽然时过境迁，但影响很深。她是唯一一个我们真正伤害到的人，而这种伤害是我们一手造成的。"[2] 如果说这封信在"维德里纳"——这一次被称做"路易丝"——的伤口上敷上了药膏，疗效并没有持续很久：这封信接下来转而对维德里纳的"真诚"进行了质疑，认为这种真诚是短暂的，她怀疑维德里纳让人动容的"理智"和忍耐……不管怎么说，当 1990 年比安卡读到这封信的时候，伤害已经造成了，在她看来是不可弥补的。

在这一事件中，萨特和海狸不会得到公众的同情，公众显然会把他们的同情给予那个"受害者"。他们过去的"心口不一"，对事实的否认成了他们最令人遗憾的表述之一。经过奇怪战争期间几个月的孤独和沉思（《笔记》就是这一沉思的产物），萨特开始认识到事情的本质。又一次，他写道，他深切地意识到"三重奏"中有某种强迫的味道，和他一厢情愿追求感情彻底透明的乌托邦。"我们把我们的关系'建构'在完全真诚、

---

1. *Lettres à Sartre*, *op. cit.*, t. II, pp. 95 et 96. （《寄语萨特》，卷二）。
2. *Ibid.*, p. 259. （同上）。

彼此彻底忠诚之上，我们牺牲了我们的性情还有我们所建构的这份永恒的、目标明确的爱情可能造成的所有惶惑。说到底，我们怀念的，是一种混乱的生活，任凭惶惑和不可抗拒的感情在一刹那泛滥，这是和我们明晰的理性造成强烈反差的黑暗的力量，一种任凭自己被淹没，去体会我们的感受。[……] 在循规蹈矩了太久之后，我们需要越轨。"[3] 现在，他对自己不满；认为自己怯懦、"不真诚"，陷在自己的谎言里不能自拔。在对纪尧姆二世进行了长时间的研究后，1940 年 3 月 8 日，他写道："唯一可以排除谎言的人与人之间的关系就是平等的关系。"[2] 他想"改变"，他这样写道。他会改变吗？

对海狸而言，完全是另一回事：在她和萨特维系的"约定"旁边，"他人"几乎不存在，一个热情洋溢的家庭，在那里一切——世界、生命、事物、词语、历史——都应该投影并融化在其中，就像一个可以锻造出不一样的生活的熔炉，"另一种生活"：更自由、更正确、更幸福、更富有创造力。一个"家庭"——不是它的讽刺漫画，不是一个每个人都在强迫他人陪他一起无聊的所在（这就是她对于婚姻和家庭的看法），而是在一个光学仪器、一面透镜下的家庭，在那里光亮的热能会成倍增加。一切都从这里过，必须从这里过，在这里得到加工处理：而首当其冲的就是他们自己。不能肯定的是，萨特也和她一样强烈地感受到了他们正在建构的未来：一种至今还让人着迷的情侣模式，我们明白这是为什么。她，海狸，她每时每刻都忧心忡忡地生活在其中，生活在紧张之中，极度的幸福和极度的焦虑并不总是泾渭分明。她要把萨特从男人的平庸、俗套的艳遇、太眷恋母亲的单身汉的小怪癖中拉出来。

结果就是，五十年来，像一股高压电一样，他们散发着强大的吸引力：时间、时代都以他们为基准。他们是普罗米修斯式的孪生子，他们想要融合的雄心壮志是无止境的：性爱和心灵、人、朋友、敌人、爱情、旅行、事件，一切都应该经过这一烈火的煅烧才得以"存在"。但最本质的东西还应该归功于海狸：她并不是"守"着"家庭"，而是投身其间，磨

---

3. *Carnets de la drôle de guerre*, op. cit. , « Carnet III », 1ᵉʳ décembre 1939, p. 274. (《奇怪战争笔记》，笔记三，1939 年 12 月 1 日)。

2. *Ibid.* , « Carnet XIV », p. 556. (同上，笔记十四)。

炼它。在他们之后的整个人生，随着时间的流逝先后有几个人加入进来，他们身边围了一圈受到火光吸引的朋友——或经过这一烈火煅烧的朋友；其他人已经"沦为灰烬"。他们拥有了新的身体：尤其是她，她学习滑雪、游泳，她光彩照人，之前她的美只是在萌芽，隐藏在青少年和成年之初的青涩里。他们开始创作一部作品，先是他，写了《恶心》；她很快就赶上了他，写了《女宾》。他们甚至有一套属于他们的、特有的语汇，先是他们自己，之后是他们熟识的小圈子也开始用了："了不起"、"夸张"、"诗意"、"有趣"、"角子"、"这位夫人"。他们常去的地方至今还有他们的影子，他们的活力，他们所带来的普罗米修斯般充满希望的氛围。他们常常犯错，搞砸事情，但火不燃烧会是什么，谁不认为火永远都是对的？他们的作品让他们的生活燃烧，他们的生活让他们的作品燃烧，二者合而为一。随着时间的推移，他们将为他们的放纵付出代价，暴饮，不分昏晓，从来没有享受日子的安逸和平静，双手满足于无谓而温柔的琐事，慵懒地伴着夜色降临……神秘、平常日子的伟大、平庸的生活，永远都和他们无关！

除了1939年大断裂之外，这一年是历史"动摇了"她的生活，海狸早就梦想了一个全新的世界：和萨特崭新的爱情关系，她和朋友、她的学生、一些年轻女子创建的崭新的关系。她对自己的许诺就是这个独特的计划，让一切从零开始，把一切都重新建立在事实、真诚、自由之上，她把它推到极致，这迫使她自己不得不时刻警惕。她以伟大的乌托邦的模式来建构自己的生活，每一天都应该见证一种完成。她向来都知道这很困难。《手记》中的这条注释就是证明："我服从自己未知的意愿［……］选择了艰难处境的我能活多久？"（1927年10月4日）。多数时候，萨特认可了她的高标准严要求，但有时他也会逃之夭夭。

因为这个可行的、日常的乌托邦的生活，是作为女人的海狸一手创建的，尽管在那几年里她并没有意识到这一点。她需要一段时间才明白虽然表面上看她比大多数女人要从容坦然，她的道路受女性自身状况的局限和束缚仍然有多厉害。但也正是这种认识赋予了她彻底和激进的态度。

126

*

如果说《年华的力量》用这句经常被引用的话开始了这一时期："1939 年，历史攫住了我之后再没有松开"，这显然是以一种回顾的眼光来看的。因为海狸和萨特还有很多其他人一样，沉湎于和平的假象中，被突发的一系列事件弄蒙了。"和平主义是法国左翼的宗旨之一"，埃里克·罗素这样写道[1]。"希望最一无所有的人的命运得到改善和对外相信一种遵守协约的国际秩序是相符的。除了在某些极端的情况下，历来都不提倡诉诸战争解决争端，［……］此外还应该加上对 1914 - 1918 年间第一次世界大战的记忆。杀戮造成的创伤是那么巨大，以至于任何情况都显得比战争要好一些。"当 1938 年 9 月 30 日《慕尼黑协定》签订的时候，莱昂·布鲁姆在《人民报》上提到了一种怯懦的宽慰，"这是所有人都有的感受，"[2]芒戴斯·法朗士对让·拉古特坦言道，"甚至像我们这些反慕尼黑协议的人——主战派，我们的言论都和右翼的报纸如出一辙。"

尤其是：对海狸而言，战争——和历史的对峙——彻底打破了她一手构建的乌托邦。因为战争突然改变了人与人之间的关系，让他们分离，置于死亡的威胁之下，让日常生活变得艰难，让个人在一个被动跟着局势走的群体中感到孤独。这是一个巨大的"打扰"。1939 年夏，战争在他们看来已经不可避免了，萨特和海狸在瑞昂莱潘小住，他们感到大自然的美好、阳光都只是一种"假象"："有什么东西隐藏其间，突然一切都即将被撕裂开来。"[3]《苏德互不侵犯条约》的签订摧毁了他们最后的和平幻想；在回巴黎的路上，他们绕道去了卡尔卡松，在那些"可怕的城墙"上漫步，想象"日后"还能看到它们"完好无缺"的样子；他们已经"下定决心投入这场战争"。他们再次见到了 8 月底冷清的巴黎。凭着一股子永远不向世界、事物、历史妥协的倔强，"为了确保内心的和平"，她已经说服自己：战争"是一种结束某些肮脏勾当的可以接受的方式"。她把这个

---

1. Eric Roussel, *Pierre Mendès France*, Gallimard, « NRF Biographiques », 2007, p. 108.（埃里克·罗素，《皮埃尔·芒戴斯·法朗士》）。

2. *Ibid.*, p. 110.（同上）。

3. *FdA*, p. 428.（《年华》）。

观点跟梅洛-庞蒂说了，后者对她态度的突然转变感到很惊讶："我只求努力克服自己，不求克服命运。"二十年后她借用笛卡尔的名言[1]如是评说。事实上，她当时害怕得要死：替萨特担心，替博斯特担心。战争介入他们的命运，和他们最崇高的目标相违背：战争纯属偶然。而它威胁到了她"开始描绘的"他们"才刚满三十岁"[2]的生命蓝图。当"这件事"突如其来，"最初的计划"、"生活的构想"还能剩下些什么？

一天早晨，她突然想通了。在一个彻底改变了性质的世界里想要自我建构从此以后是多么微不足道。"世界陷入混沌"；在不到一年的时间里，"奇怪战争"结束了，之后是停战协议，维希政府上台，法国被一分为二，附敌时期开始。

西蒙娜·德·波伏瓦在这个时期一直写日记，她在《年华的力量》中引用了一些片段；1990 年，日记全文发表，为我们重构了她所经历的矛盾的情感一天天的演变过程。9 月 1 日："我在雷家里吃午饭；这些漫长的日子以来我第一次真的情绪很好，我感受到整个生命在我周围，和谐而幸福。"[3]动员令已经张贴出来的；带着一种"可怕"的虚幻和脆弱的感觉，他们于 9 月 2 日清晨去了东站，"一个如此美丽的秋日黎明，就像幸福的度假归来"[4]。他们分开了，就像当时成百上千的男男女女一样，但可以说他们又是孤单的，时间还很早，"大家还在交谈，被一条铁链隔开，然后他走了，他的背、之后他的脖子也消失不见了"[5]。3 日，法国向德国宣战，在希特勒入侵波兰三天后。接下来的日子（萨特走了，国旗下的博斯特很快也要被召到前线去了），绝望攫住了她："从早到晚我都很麻木，晚上，是发烧，是崩溃，想把自己灌醉，随便做点啥，迷失在人群中。"突然"人群"成了某种充满生命、几乎有"保护作用"的东西：在这无比巨大的侵扰、全面的不正常中，慢慢滋生出一种混迹在人群中的慰藉。

---

1. "我的第三条人生准则就是只求努力克服自己，不求克服命运；只求改变自己的欲望，不求改变世界的秩序。" Descartes, *Discours de la méthode* (1637), E-ditions Garnier, t. 1, pp. 595 et 596. （笛卡尔，《方法论》）。

2. *FdA*, p. 431. （《年华》）。

3. *Ibid.*, p. 13. （同上）。

4. *JdG.*, p. 16. （《战争日记》）。

5. *Ibid.* （同上）。

"感觉自己和所有人都联系在一起；一切都在动、在聚集，体会不到任何个体的生活，就像原始人一样自觉不自觉地过着团体的生活。"

战争让她发现，它触及到的是一个个的个体，但它同时也触及到了一个个群体、大众，没有任何计划可以把他们团结起来，没有任何意愿让他们活跃起来——除了这一个共同的命运[1]。或许还有更多她不愿意看到的东西：一种因共同的痛苦而滋生出来的团结，一种在考验、不幸面前的众生平等。战争，在这个意义上，是一个人人都要倍受煎熬的考验，是一所巨大的学校，任何人毕业时都必定受到了改造。所谓的幸福就是"一种劫后余生的幸运"。如果世界彻底改变了，幸福还会拥有那么多的和平？不会，毫无疑问。但不管怎么样，她还是"从来没有完全"抛开这个幸福的念头；但她仍然在《年华的力量》中写道："我不再把自己的生活设想成是一个独立地、坚定不移地自我建构的规划〔……〕我想讲述的就是这种转变。"[2]

这不是一种缓慢、渐进的转变，而是一种领悟或者说是一种皈依，和青春、和青春的种种形象断然的诀别——她对此感到遗憾，甚至还有恋恋不舍，但她作出了严厉的判决：过去是无忧无虑的时代。随着战争的爆发，一切都不一样了："到那时为止，我想到的只是充实我的个人生活并把它用词语表达出来；我慢慢放弃了准唯我论[3]，放弃了我二十岁时虚幻的唯我独尊；我意识到了他者存在的意义；但这还局限于我自己和他人建立起来的关系，和一个又一个对我而言重要的人们，我热切地追求幸福。突然历史和我融为一体：我爆炸了；我发现自己散落在地球的四处，以我所有的纤维和每个人、所有人维系在一起。"[4]海狸所有的自画像都带着这一印记，它们展示了不可逆转的生命的各个发展阶段：没有任何曲折，没有任何回头路，在画家的词汇中没有任何字面意义上的后悔。当海狸带着

---

1. 在《辩证理性批判》一书中，萨特详细地分析了一个由"被统一化"的、萎靡不振的大众和一个被远大计划（比如1789年7月攻克巴士底狱的计划）所激励的群体的区别。
2. *FdA*, p. 424.（《年华》）。
3. 这一学说在于"坚持我们意识到的个体的我就是所有现实，其他形式表现出来的我不比梦中的人物更具有独立的存在意味"。它的代表人物是克洛德·布吕内医生，1686年一本"医学日记"的作者（Lalande, *Dictionnaire de philosophie*, PUF《哲学辞典》）。
4. *FdA*, p. 424.（同上）。

某种惊愕指出 1939 年的这个时候，她发现自己"和所有人、每个人维系在一起"，她把这当做自己彻底走出"唯我论"的一个明证。但他者的问题仍然是"战时的海狸"对人生、作品、幸福的"规划"中一个悬而未决的问题，她还是无法真正理解和她选择不同的其他人所拥有的特殊、个人，在她眼中总是"让人震惊"的种种理由。

在《年华的力量》一书中，当她总结她的青春岁月时，她写道："我们曾经是些爱尔菲"[1]，"我们对现实没有真正的认识"[2]。说到底，只是一些幻觉，在他们的人生规划中，不屈从于"社会既定的成规旧矩和种种樊篱"[3]，改变它们、创造一个新世界、拒绝婚姻和孩子、对金钱不屑一顾！事实上，他们条件优越，拥有他们那个"阶层"（小资产阶级知识分子）的种种娱乐和他们的社会地位赋予他们的所有自由：年轻教师、月末收入稳定的公务员、没有成家的年轻人、没有任何负担[4]。这些永恒的大学生、没有行李并以此为荣的旅行者、没有会让他们存在的谎言破灭的政治意识，说到底，这种在所有他者面前表现出来的贵族式的傲慢挺适合他们的，面对这些"有朝一日会摆脱僵化思想、自由地创造生活"[5]的"人们"。但暂时，他们还不值得这对情侣一时半刻的关注。而且他们什么时候才有能力做到这一点呢？在"革命"胜利之后？

海狸和萨特坚信他们永远都不会质疑：他们两人都认为他们自己是一种大胆的生活模式的创造者，因此他们自然注定是孤独的，这种模式的彻底和绝对是大多数人所不能接受的。"其他人"随波逐流，结婚生子，"安家落户"——这是他们深恶痛绝的字眼。或许当萨特开始吃麦斯卡林[6]的时候，最初的龙虾就开始跟着他到处走了，但尤其是当他充满恐惧地想到自己得开始"成年男子的生活"的时候。海狸在吸引她的年轻姑娘们如奥尔嘉、索罗金身上注意到的是她们的"极端"，这种极端不是"随便谁"身上都有的；甚至在他们亲密的友人身上也不见得都有。她对此很清楚，她知道那种极端的态度几乎无法操控的特点。应该和你们有同样的

---

1. 爱尔菲（elfe），北欧神话中象征空气、火、土等的精灵。——译注
2. *FdA*, p. 412.（《年华》）。
3. *Ibid.*, p. 411.（同上）。
4. *Ibid.*, p. 413.（同上）。
5. *Ibid.*, p. 411.（同上）。
6. 一种南美仙人掌毒碱，吃了会让人产生幻觉。——译注

观点，博斯特对他们说，而让人觉得很累的是，"必须和你们同时有这种观点"[1]。但她并不深究哲学或者伦理上的真正难题，只在"大多数人"面前流露她明显的优越感，因为大多数人或多或少都不能拥有和他们一样高的境界。认定自己是曲高和寡，他们找到了艺术家经典姿态中的一种，彻底反对俗套：这也是德国浪漫主义"诗人"在面对"平庸之辈"时所摆出来的姿态，查特顿[2]的姿态。他们给这些"平庸之辈"取了别称，他们叫他们"混蛋"，或"资产者"——很快，这一概念就在马克思主义那里找到了它的合法性。但福楼拜已经使用过了，用一种骨子里和他们很接近的方式，他用"所有思想卑劣的人"[3]来指代"资产者"。但是其他人呢？大街上的人？美国社会学所谓的"average man"[4]呢？他们不去接近他们，或者说通过一些奇特的方式去接近他们：通过他们经常光顾的咖啡馆的侍应生、蒙帕纳斯街区的妓女或画家的模特。在他们眼中，他人和那些卑微的生活不谋而合。这种"平庸的生活"没有任何出路，除非发生彻底的改变，发生某种质变，也就是他们后来所谓的"革命"。

在法国，革命并没有发生，对他们而言，"庸人"混迹在一个他们乐于去描绘的团体当中。在阿尔及利亚战争最严峻的时刻，受到塑料炸弹的威胁，他们有一段时间躲在一套远离蒙帕纳斯和圣日尔曼德普雷的公寓里，房子是萨特的秘书克洛德·弗找的，海狸惊愕地看着窗下去办公室上班的职员："我们看到'组织有素的人'经过"，她借用了威廉·怀特[5]的作品评论道。他们是谁，这些"平庸之辈"？屈从的、被蒙蔽、被压迫的人们？综合了所有特点：屈从于他们的从属地位，就像"路易丝·佩隆"屈从于自身的疯狂，被信仰（宗教的或政治的）所蒙蔽，被各种许诺所愚弄。被压迫的，如果是女人，受到的是男权的压迫；如果是被殖民者，受到的是殖民统治者的压迫。他们的世界是一个半明半暗的世界[6]，当他们模糊地意识到自己的从属地位时，就会有几丝光线透进来，或当他们决定反抗时，就会有强光刺透这一昏暗。

---

1. *FdA*, p. 412.（《年华》）。
2. 阿尔弗雷·德·维尼的剧作的主人公。
3. Flaubert, *Bouvard et Pécuchet*.（福楼拜，《布瓦尔与佩居谢》）。
4. 英语：常人。——译注
5. 书名：*The Organization man*, New York, Doubleday, 1956.（《组织人》）。
6. 参见生活在"七楼"小公寓里的路易丝"昏暗"的世界。

成功、出色、圆满——尽管有几次挫败，比如"三重奏"——他们战前的生活把他们和这些"平庸的生活"的颠沛、快乐和痛苦隔离开来，不受侵扰。如果说战争把这种美好的幻象砸得粉碎，海狸说，它并没有完全让平常百姓摆脱"平庸的生活"。说到底，他人是"存在的"，以他们的名义，为了让他们确信自身的"解放"和日后的幸福，在二十世纪五十年代，他们加入了那些革命的乌托邦。但他们的生活永远都不会和平常人的生活走近。萨特知道这一点，他一再重复说他是个"资产者"。伴随着战争，实现他们"最初计划"的其他道路出现了，尤其是"责任"的道路。但无论哪一条道路都没能填满"非凡的生活"和"平凡的生活"之间的鸿沟。

＊

在海狸背弃宗教信仰的那个时期[1]，社会问题曾经掠过她的脑海——但政治问题却从来没有过。萦绕在她脑海中的，是孤零零被扔到已经沉寂的天空下、冰冷土地上的人的"存在的理由"。西蒙娜·德·波伏瓦完全站在一个崇尚自由的哲学家的角度，认为人自身的命运取决于个人，个人的存在完全取决于他的行动。而"隔离"是一个社会、道德、政治问题，海狸只能小心谨慎地接近它：她联想到那些一战后旨在用军人们在前线所经历的生活模式来"调和"阶级矛盾的社会天主教的种种尝试。那也是她在罗贝尔·加里克的社会服务团体里所看到的宗旨，海狸一度热情地投身这个团体但很快就失望了。第二次世界大战一结束，萨特和海狸就致力于通过对马克思主义的分析逐渐得到论证的共产主义，这将在他们的思想中心置入一条截然相反的原则——"阶级斗争"的原则，这种斗争要在非常遥远的将来才会消失。这一选择把萨特引上了一条痛苦的道路：他必须反对他出身的阶级——资产阶级，却又不能中止继续"归属于"它，要和资产阶级背道而驰，为了能加入正在前进的革命的队伍，却永远都不真正地融入其中。

---

1. 经历几次激烈的思想挣扎、反复："1928 年 6 月 7 日，星期四。突然星期二，主啊，对您而言有什么是不可能的，有什么是不可能的？整整三个小时，我把让我远离您的所有一切都喊了出来；而在这个冲动的举止之后，您就在那里。"

然而，同样在二十世纪三十年代末，莫斯科的多起著名的诉讼案让很多人彻底认清斯大林主义的真面目：明显的社会不公正、生活条件的差别、越来越受到限制的生产方式的发展再次把人与人之间的"隔离"问题——道德的、政治的、精神的——提了出来；正是这一现实让还在求学阶段的西蒙娜·韦伊感到震惊，她是 1929 年海狸在索邦大学认识的一位年轻女子。出生于 1909 年，她和海狸同时学习哲学。她的名字在海狸的《青春手记》和日后的回忆录中多次出现。但她们交往并不多。她们相互窥视，很少交谈。西蒙娜·韦伊的经历和海狸很不一样；她出生在一个世俗的、"同化了"的犹太家庭，她的哥哥安德烈，未来的大数学家，就是乌尔姆街的高师培养出来的，她自己随后也进了高师。1931 年她获得大中学教师资格证书，被任命到普伊当老师。西蒙娜·德·波伏瓦显然对她很好奇：她在《青春手记》中写道西蒙娜·韦伊过于经常地以阿兰为参照。尤其是她们两人的政治立场不同。1927 年 9 月 1 日，海狸写道："重要的是，韦伊小姐，并不是工厂能良好运作，而是不管穷人也好富人也好、野蛮人也好文明人也好，他们的灵魂能够得到拯救。"交错的路径：海狸永远地抛弃了天主教义，而稍后不久西蒙娜·韦伊则皈依了天主教，她去工厂上班，分发她的工资……毫不退缩地抨击斯大林主义。此后她们两人再没有任何共同点。西蒙娜·德·波伏瓦有点嘲讽地看待西蒙娜·韦伊在西班牙内战中徒劳无益的投入："她一脚踏入滚烫的油锅中，人们随后不得不把她遣送回来。"在回忆录中，她既没有提到韦伊去伦敦投身自由法兰西事业，也没有提到她的英年早逝。西蒙娜·韦伊只是作为一种挥之不去的忧虑而存在："我无法把她纳入我的世界，我隐隐约约感觉自己受到了威胁。"

西蒙娜·韦伊之所以能对海狸造成"威胁"，就在于她出身资产阶级家庭，在"精英"的殿堂里成长，西蒙娜·韦伊用她自己的方式发现了某种彻底的形式，并身体力行了。非常热衷政治，这和海狸正好相反，韦伊把政治和个人对一个具体实在的绝对的追求紧密地联系在了一起。先是排斥革命的暴力和无产阶级专政，西蒙娜·韦伊随后用一种全新的、非常独特的方式把社会公正问题提了出来。因此她也注意到了生存条件的"等级"差异，最不堪忍受的工作条件和其他工作条件之间的差异，比如"最可耻的差别就是把脑力劳动和体力劳动区分开来"，相反她很希望社会公正不只是一句空话或者一个虔诚的愿望。同时阅读西蒙娜·德·波伏瓦和西蒙娜·韦伊不是件容易的事情，我们会尖锐地触及到当时种种大矛盾。对西蒙娜·韦伊而言，不公正、剥削、贫穷、缺乏自我完善解释了号召反抗的合法性。她注意到革命，就像俄国革命，只产生了一些和资本主义形式同样不符合社会公正的"有差别"的形式。于是她着手对种种境域进行界定，公正不是别的而是阶级斗争的结果——不可能通过专制的形式来获得。这是"质"的不同，而不是"量"[1]的不同。她说，是金钱把"不平等的毒药"引入了人间，当它成了"所有行为的唯一或几乎唯一的动机"的时候。这也是为什么下面的这一条建议，常常让很多人不理解，但值得我们更仔细地去阅读，虽然常常大家都不这样做。平等，西蒙娜·韦伊写道，当在人类生存状况的差别以这样的方式（和别人相比不是更好也不是更坏，只是不一样而已）被看待时才会更大。"矿工的职业"和"部长的职业"只是两种不同的志向，就像诗人和数学家的志向不同一样。西蒙娜·韦伊甚至提出在将军和士兵之间也有一种平等，建立在双方中的任何一方都能"欣赏"对方的基础之上。综上所述："如果找到这种平衡，不同的社会条件之间也能找到平等。"

如果不是出现在很早就关注工人生存状况、工厂地狱般的境域、日常的剥削形式的西蒙娜·韦伊的作品中，我们可能会把这一建议误当做是以牺牲劳苦大众的利益去号召调和社会各阶级之间的矛盾。但根本就不是这么回事。平等是"人类精神的一个根本需要"，她说，这意味着人们不能只从社会和政治的途径去解决。就算到了工作能得到合理的酬劳、每个人都能找到一份和他兴趣、才干、能力相当、条件不错的工作时，这种根本的需要还是必不可少的，对精神和肉体而言都一样："由宪法和习俗明确表达的、公开的、广泛的认可，所有人都需要得到同等的重视和尊重，因为人类需要尊重，这种尊重是没有区别的。"

对战时和战后跟随萨特走近共产主义的海狸而言，这一切都不再陌生，但排斥的情绪反而更加严重。对从那些伟大的乌托邦的幻灭中幸存下来的我们而言，这两个女人不可能有共识是战前的一个悲剧象征：在历史

---

1. *L'Enracinement*, p. 1037（《扎根》）。和西蒙娜·韦伊有关的材料均参照了伽利玛的版本（«Quarto», Gallimard, 1999），除了《重负与神恩》（*La Pesanteur et la Grâce*（1947），Plon, 1988）。

的巨大挑战以前所未有的方式把哲学、政治、道德介入问题激发出来的时候，一种不能克服的对抗把她们分开了。历史把放下武器、一无所有的人们摆在最糟糕的命运面前。知识分子，成了共产主义的同路人，他们能否解决阶级对立造成的分裂所引起的社会和政治问题？公平的思想在阶级斗争中愈演愈烈，常常以牺牲自由来得到实现？相反：知识分子的立场在那时变得更加艰难，"平庸的生活"和"经过思考的生活"之间的鸿沟越挖越深。替换或伴随着把脑力劳动和体力劳动区别开来的鸿沟。把知识分子定义成"世界的良心"部分掩盖了这条鸿沟：他们将再度建构知识分子的优越性，基于杜梅泽尔提出的知识分子的三大功能：神圣的功能、战斗的功能和生产的功能。以那些没有时间也没有能力去行使这些功能的人的名义，"介入的知识分子"——最后一个代表显然是萨特——行使着把战士和神父的形象合而为一的职能。

海狸，一方面一直是萨特这一政治介入形式的支持者，另一方面她也找到了她自己的出路，一个专属于她的出路——和西蒙娜·韦伊的道路无疑会很不一样，如果后者还活着的话。和萨特所选择的道路也不一样，有时候海狸会指责他投身政治而牺牲了文学创作。"历史的闯入"，海狸说，对她的命运产生了一个巨变：于是她"彻底投身于文学，直到永远"[1]。从那时起，平庸的生活和经过思考的生活的"区别"找到了一个不是完全智性或政治的理由。在文学、小说作品中，也通过这些作品，这种区别是思考世界并为读者重构这个世界的样子的一种必要的迂回——这一迂回，用乔伊斯的话说，事实上是"回归的捷径"。在这一意义上，作品相对于历史应该处在边缘位置，至少要有一定的距离，不是为了忘记历史的教训，而是为了平息历史的暴力。只有这样海狸才能从中找到存在的理由。一种"截然不同"的存在，"为了作品"的存在。

写作，对海狸而言，就意味着从此以后要为他人而存在，"通过她的书获得他人的热爱"[2]；要把世界奉献出来让人们去看、去理解。和世界还有"他人"的和解，是她的作品在她生前和后世所要赋予她的。相反，历史尤其还有政治，将引起新的对立和区分，不过这次不是和"平庸之

---

1. *FdA*, p. 409.（《年华》）。
2. 在《年华》中谈到《名士风流》的成功时她又说了这样的话。

辈"——这是他们对自己人生和知识分子功能作出的选择的结果——而是和一些"对手"。要拿那些和你们想法不一致的人怎么办？反对的数量和强度会随着自己立场的明确而增多？因为那些"错了的人"也存在：怎么办？跟他们翻脸？口诛笔伐把他们化为乌有？他们俩谁都没有放弃论战，尤其是当他们作为冷战时期的斗士时。但，在她的作品中，她却是另外一个人。

双重的海狸。在两种诉求中间，尝试搭建一些通道、一些妥协、一些平衡。但都是脆弱的。

第四章

时光破碎，大地迸裂，我变了

1939 年秋，海狸一个人生活，她陷入一种奇怪的精神分裂状态：此时秋意正浓，栗子树披上了金衣，由于没有萨特也没有博斯特的消息，她感到不安、疑惑，这是自然的。然而真正攫住她的是一种不真实感："战争不在任何地方发生。"（9 月 4 日）怎样命名她的体验呢？通过哪些"经验"，现象学术语，德语是 Erlebnis？他们经历的生活，他们的日常生活，可以通过萨特哲学思想起步阶段的语言得到表达：此时，他正努力给"他最早拥有的执念"寻找理论基础。在柏林阅读胡塞尔的过程中，他定义了意识与心理的主要区别：意识"以直接显明的方式呈现自身"，心理为"对象整体"，如同意象对象，只通过一些侧面呈现自身："例如仇恨具有超验性，我们通过经验对它进行领会，它的存在仅具有可能性。"[1]

"战争"也是如此，当我们没有亲身投入其中，当它并不在我们生活的地方发生，它的存在也仅具有可能性。所有那些她追寻过意义并进行实践的事物：幸福、渴望、遗憾……甚至连她"事业"的基础——"生活"[2]，也都消失了。剩下的只是被遗弃的布景，聊以追忆往昔："经过博

---

1. *FdA*, p. 21.（《年华》）。
2. *Journal de guerre, op. cit.*, p. 22.（《战争日记》）。

斯特窗下的时候，浑身微微颤抖。"圣日尔曼德佩广场"陈尸太阳之下"，简直想跟陌生人睡觉，找回活在当下的感觉。她无法掌控沉重的局势，最终竟变得迟钝、麻木，只有时不时袭上心头的焦虑将她从麻醉中唤醒。战斗的海狸向这样一种崭新的、算不上是生活的生活缴械投降，偏离自己原先的前进方向，这于她可能是平生第一次。世界在震动。她动辄回到蒙帕纳斯十字路口，这个她"眷恋"的并让她觉得"在家里"的地方。突然，她开始重新变得镇定，或者说她决定找回镇静，其实并没有真正做到，像以往一样，她求助于文字，这些文字与其说描绘既定现实不如说描述一项绝对应该实现的计划："客体新的存在方式，它的丰富性，赋予每一时刻合法性。无聊没有立足之地。"（9月7日）她开始看报，"恐惧将她吞噬"——博斯特在前线会遭遇什么呢？她只能通过散步摆脱这一"恶劣"状态。但此时不比往日，以前在马赛，远足能让她排解孤独，在一片原始、强劲、恢弘的自然当中发现自己的身体，一个结实、耐力十足的身体。此时的散步是为了靠运动和疲劳来驱除脑海中难以忍受的画面。"抓不住任何对象，这仅仅是恐惧导致的逃避。"（9月8日）。

由于书信集本质接近日记，我们得以近距离观察海狸内心的骚乱和抗争，她首先与之努力抗争的是最恶劣的懦弱、最严重的屈服：不再思考。"应该思考。我做不到。"但是："我不知如何理解战争。"生活中——因为不管怎么说生活总在继续——所有的琐事，教学，睡前和科萨克维茨听音乐，"变成逝去的幸福"，人们严格"受限于当下"：对总是"自我谋划"的海狸来说这是主要的矛盾。她写信，和科萨泡酒吧，在那些装着蓝玻璃的酒吧里，她们混迹于神情暧昧、"害男人病"的女人当中——而她们害的，是对"自己"男人的相思病。无聊压倒了一切：更糟糕的是出现"沮丧"（9月13日），这一她痛恨的存在类型[1]。对于战斗的海狸来说，未来处于优先地位，甚至在接触存在主义哲学"谋划"概念之前，她就已经将其置于自己生活的中心："自我谋划"是她偏爱的词语，当她做不到时，就会陷入消沉。她的世界是一个行为的世界，是行动的世界。这是"真正"自我实现的唯一方式。《第二性》中对"自恋"、"情妇"、"修

---

1. 布里斯·巴兰拒绝出版《属灵事物挂帅》时用"麻烦"来形容这本书的叙事口吻（非常不合理）！

女"三种人物形象所作的描绘可归纳为："（无论如何）女人无法逃避自己的主体性；她的自由带有欺骗性；她的真正自我实现只有一种途经：在人类社会通过主动行为自我谋划。"[1]也许正因为如此，尽管对政治没有多少真正的兴趣，海狸很长一段时间将希望寄托于宏大的政治乌托邦，那些乌托邦都决绝地面向未来。

过去这一范畴对她而言充满双重性：人们强烈怀念过去，因为一切都消失在过去，正如诗人所说："它没有口舌却吞噬一切。"不过根据解放逻辑，无论是个人还是集体解放，过去也是我们的奴役时期；过去集中了自我建构所需的全部力量。"在我身后"有着我所舍弃和应该舍弃的：家庭和童年。在童年，小孩子受到束缚、囚禁，脆弱地依赖别人，不得不进行挣扎：还记得童年海狸的"怒火"，怒火表达了激烈的谋划以及她沉重的无奈。在政治、历史、人类历史领域也是如此。战斗的海狸深受启蒙运动思想的影响，如孔多塞[2]所著历史纲要：人道主义要经历一段"长征"，在躲避黑暗、虚无之后突然到来。但与孔多塞以及启蒙运动其他思想家不同的是，海狸和萨特都不相信理性可以照亮这条道路，并为这条道路安排好进度：需要暴力，这一历史的助产士。过去无法以自然和理性的方式过渡到更美好的未来。应该强制实现。在记录中国行的《长征》（1957年出版）一书中，她对摧毁历史性建筑物的行为不表示遗憾；那些建筑物是压迫时期的见证，摧毁它们，表明革命正在进行[3]。在其他一些旅行中，她满怀热情地参观历史遗迹和博物馆，了解各种神奇的文化，但她从来没有把那些历史见证物的地位置于活着的人们"之上"。一旦那些社会的人陷入苦难，她不愿在参观文物上花费一分一秒[4]。

但过去并不因此被遗忘。确切地说，是它不愿遗忘我们，是它一再重返；过去被超越，这并不意味着它减少存在；它继续施加影响，影响持久。当我投身未来，自我谋划于未来之时，我拽着这一团过去混沌物，在我的思想、思考、文字的作用下，它会以明晰而合理的形式显现。过去也

---

1. *DS*, t. II, p. 593. （《第二性》，卷二）。
2. 孔多塞（Marquis de Condorcet, 1743–1794）：法国十八世纪哲学家，在其著作《人类精神进步史表纲要》中提出"人类不断进步"的历史观念，成为西方历史哲学中历史进步观的奠基人之一。——译注
3. *La Longue Marche*（*LM*），Gallimard, 1957.（《长征》）。
4. 比如葡萄牙和希腊之旅。——译注

需要被构建；它是一份可供提取、思考，可对其施加行动和重新评估的材料。这正是《回忆录》从 1956 年起扮演的角色：不仅是回忆，还进行整理、确认、组织、重现和重塑逝去的时光。这样一个精力充沛的海狸，虚无、死亡、和对遗忘的恐惧始终萦绕在她心头。于是过去不止是我曾经的监狱，那座我成功逃脱的监狱，它还是黄金时代。尤其我的青春时光。因为那时我拥有未来，一个无限开阔的未来。因为那是承诺的时代，因承诺而心跳，为承诺而"迷狂"。因为那是，如同佩索阿所说，"我感到幸福，没有人离世"的时光。海狸的一切都带有永不再的意味，所有的一切都叫喊着 nevermore [1]，如同埃德加·坡笔下的那只乌鸦。小女孩看着亲热的一家人，看着父母、妹妹和自己，已经想到"将来再没有什么与此相似"。海狸想得到全部：朝前看，没有遗憾；往后看，满心苦涩。义无反顾面向未来；焦虑不安回首过去，种种初学经历，种种"第一次"，对感官世界的发现，这一切使得心灵永远沉浸在对过去的怀念之中，永远受伤。人们习惯说，罗马人盯着逝去的 tempus aureum [2]，"倒退着向未来前进"，而现代人希望"过去"充当"平台"。海狸，一如人们对她所知，坚定热切地面朝未来，这样的她是双面神 [3]：在勇敢无畏迈步走向未来的同时，她始终将一瞥忧虑、不安、沉思的目光投向过去。她不愿失去往昔，不愿看到在时间中稳步向前的同时，自己一手构建、实现的形象消散在往昔中。遥远的往昔，她想要理解、重现这往昔，并在其中"得到崭新的享受" [4]。至于刚刚逝去的往昔，在讲述它的时候坚信人们能从中看到她曾经想成为的样子。

　　海狸何时处于当下？永远——而又从未。永远：因为每时每刻，她知道，都是独一无二的，如果任其流逝（或丧失）会让虚无取胜。为了将现时从她已预感到的虚无中拯救出来，为了在现时黯淡之前抓牢它，她养成对强烈感觉、对认识他人的炽热爱好，并全身心地投入。不过，她要求所有的决定必须在自由当中做出。从属于一项计划，投入一种未来或符合一

---

1. "永不复还"，来自埃德加·爱伦·坡 1844 年创作的《乌鸦》。——译注
2. 拉丁语，意为"黄金时代"。在希腊神话中，黄金时代与白银时代、青铜时代、黑铁时代一同构成人类早期文明的四个阶段。——译注
3. 双面神（Janus bifrons）：罗马神话中掌管开始（一年之始、战争之始）的神，前后两张脸，一双眼睛回首过去，一双眼睛展望未来。——译注
4. 出自卢梭《一个孤独漫步者的遐思》。

条承诺。她满怀激情从事这项使命，回忆录的每行字都是激情的遗痕与证明；一股有时变成顽念的激情。不让现时的任何东西流逝，将它编进一个严密，甚至雕琢痕迹过重的时间织物中，赋予每件事每个人精确的位置，永不再重现的位置。午餐、工作、夜生活：她不无揶揄地两次引用"丽丝"（娜塔莉·索罗金）的话："您是冰箱里的时钟！"（时钟也许是的，冰箱，当然不是。）但我们无法捕获时间，就在走神的一刹那它从指缝间溜走，无端经过又无端消逝，于是一切丧失常态，一种致命的焦虑由此产生。更糟糕的是，时间竟可以停滞。正是这样一种现时，如同退潮后的海湾，积满淤泥，让她感到恐惧。未来与过去都在此丧失意义。昨日，在东站站台与萨特分手之时，或稍后在从芝加哥——尼尔森·艾格林在此地对她说已经不爱她了——起飞的飞机上，她"萎靡不振"，觉得自己成了一个软绵绵的东西，一条"黄盖鲽"[1]，在接下去很长一段时期，她抑郁寡欢，终日以泪洗面，有时靠喝酒和服用兴奋剂找回完整健全的"自我"。

面对现时，几乎少有安宁。然而战斗有时会中止：放弃自我，融入世界，享受那份迷醉与美妙。在美与爱之前，在经历危机、失败、考验或疾病之后的激动体验，如同神启，在这样的神启时刻，时间不复存在。这是一些短暂的"淤滞"或"前淤滞"时刻，世界展开，她自己向着"恢弘"展开，如同道成肉身的玛丽[2]记录的一次异象：诸多神秘一起"爆发"。这也是海狸抓住"本质"的时刻，在一块尘土味的果仁牛轧糖——虚无的味道，易碎的实体——里尝到西班牙的本质。这是仰望夜空时对一种和解生活的希望，是一块港湾对阳光和海风的希望。这是阿尔及尔之夜，"美丽温柔得直教人心碎，奇妙的天空，花儿树儿都缠绕着香气"[3]，这是爱情关系的"魔力"，在分手后给艾格林写信时她清楚已永远失去的"魔力"。不持续，不能持续的那些时刻，正因为无法持续，它们才会如此。所以有时，应该寻找替代品，也能如酒精那般"让血液燃烧"。

因此没有休憩。现时不行，过去也不可以——而将来严格来说只是个假设。那么只有一个可能性的"现时"存在，但这还是一个时间范畴吗？

---

1. 黄盖鲽：大西洋及芒什海峡的一种食用鱼。——译注
2. 道成肉身的玛丽（Marie de l'Incarnation, 1599－1672）：出生在法国，后移民至北美法属殖民地，一生多次见证神迹。——译注
3. A Nelson Algren, Alger, 9 septembre 1948.（《越洋情书》）。

这是作品的时间，一段思考、构建与写作作品的时间，作品中聚集了对过去的回忆与对读者的召唤。但对海狸来说，这份现时是给读者预留的，它不属于作者："很多年以来，我一直以为我的作品在我之前，而现在的情形是它在我之后：它从来没有产生过。"她在1962年《时势的力量》卷末写道。出于同样的焦虑，帕索里尼在他未完稿的自传《神圣的模仿》里提出谜一般的建议："我不去伸展，而去深掘"；如果说我没有能力延长生命的长度，我却可以专注现时发现无限。作品即无限，在它神秘深处展现出"我"所有没有机会实现的形象。作品甚至可以层层叠叠在作者心中打开，展现作者自我的无穷多面。

*

　　陆续领到信件，先是萨特，之后是博斯特寄来的。对博斯特，她感到一种"强烈的同情"（9月15日）。但她所有的感受都是崭新的，或者说都是陌生的。她去杜兰家住了几天，杜兰披着披肩，开着他那辆旧车到克莱锡车站接她；她重新发现一种崭新的（也就是说原先的）生活和感受方式，并乐在其中。可一旦醒过来，她就感到"可怕的忧伤"：已不再是从前，萨特和她笃信唯意志论，排斥忧伤之类的情感，认为如果感到忧伤，那是因为默许忧伤，因为愿意忧伤。"愤慨叛逆"时代已告终结："在这儿，我心甘情愿沉沦在忧伤当中，对它感到某种亲切。"

　　返回巴黎，所见无不黯淡，所闻无不凄惨：列车光线昏暗，缓慢行驶于东部；圆顶咖啡馆顾客寥寥，十点就关门；甚至她的房间，由于蓝色玻璃画，似乎弥漫着葬礼的气息（9月16号）。她的战前"世界"在这种蓝色乔装色里游移，有时，咖啡馆或酒吧发出零星温热的红光融入其中，若隐若现。同样，在《日记》中，朋友、女人、斯蒂芬和其他人、猛然增胖的"月亮女郎"（懒散的玛丽·吉拉尔，萨特在柏林爱慕的女人），这一切都在支离破碎的消息和矛盾的恐惧之间摇曳震颤。于是海狸决定离开巴黎几日去坎佩尔[1]探望"维德里纳"。观察火车上的新鲜面孔，看人们的

---

1. 坎佩尔（Quimper）：法国西北部布列塔尼半岛城市。——译注

走动，她渐渐活跃起来，眼神尖锐，言语之间充满生气；"火车上有七位和蔼的女士"，一些男人看管"装满银器的箱子"，一个惹人厌的小丫头"喋喋不休地讲间谍故事"。维德里纳穿着蓝色套裙，纤瘦、优雅，怯生生地在站台等她。（正是在这段时间，具体说是在 9 月 2 日的信中，萨特未经考虑地向她承诺"忠诚"。）从《年华的力量》中的日记节选，我们无法得知坎佩尔几日详情：这种处理事实的手段在《回忆录》中既不新奇也不罕见；至于"维德里纳"事件，人们对个中缘由猜测了很久。

　　与杜兰的交谈笼罩着一战阴影，杜兰曾经在战壕里待过三年，毫发未损。海狸因之得到一些安慰：能够历经残酷和恐惧存活下来某种人道的东西的强烈希望，一种自由和道德的可能性。因为这正是战争从根本上给她提出的问题：战争并不仅仅威胁生命。我们并不能仅仅满足于活下来，满足于战胜离别、物资短缺、危险和伤痛。如果战争消灭人道，也就是说阻止人们追求真理和自由，那么它将会取得最终胜利，它的统治将会无边无尽。与杜兰的交谈正反映了当时很多法国人对二战的看法：它如同 1914 – 1918 的历史重现，此前多年人们牢记 1916 – 1917 大屠杀血淋淋的教训，拒绝这一历史重现。但这场战争完全是另一回事。人们恰恰没有注意，对它的理解与对前一次"大战"的理解相仿。然而希特勒的阴谋与企图没有消失。倘若人们愿意阅读《我的奋斗》，并正确诠释他最初几次军事行动，对他酝酿的这场战争的类型（吞并，然后是侵略、占领，推行与德合作制度，种族灭绝）理应不会产生任何怀疑。显然，二十世纪三十年代的和平主义与高级将领[1]的刻板思想导致对战争降临预期不足，即使有所准备，也是直接根据一战经验做出的：一切寄希望于防卫战。戴高乐认为，正因为如此，才发生了后来的溃败、侵略乃至国土沦丧，开始是一部分，到了1942 年整个国家都被占领。从 1815 年哥萨克骑兵在香榭丽舍大街扎营，让他们的马匹在协和广场的水池饮水算起，法国经历过外国军团——1870年普鲁士人、1940 年德国人——的入侵，但从没有被占领，从没有外国军队长久驻扎。三个东部省份除外，最终均遭吞并。

---

1. 参见马克·布洛赫所著《奇怪的溃败》（"Folio 历史丛书"）和夏尔·戴高乐所著回忆录（"Bibliothèque de la Pléiade 丛书"）。

这场战争开局不利。刚开始,法军久守在无用的马其诺防线后面,因为参谋部在德军 1914 年进攻的东部过度加强防卫,而实际上,德军后来出其不意地闪电入侵了比利时。从那时起开始九个月(从 1939 年 9 月到 1940 年 5 月)的"奇怪的战争"——这一表述源自罗兰·杜哲莱——在当时的文字记载中鲜有反映。二战的其他时期在后来都有人讲述:在《瑞德库特的周末》中讲述战斗的罗贝尔·梅尔勒;在杰出的《法兰西组曲》中讲述逃亡的伊莱娜·内米洛夫斯基;阿拉贡在《圣周》中将时间前置一个多世纪,变成 1815 年,出色再现了军队溃退。占领时期、抵抗运动和解放阵线拥有各自的作者、作品和见证。奇怪的战争呢?几乎一无所有。文学领域关于这一主题最广为人知和最优秀的作品是于连·格拉克的《林中阳台》。日记自然有,比如纪德和德里厄的日记,只提到他们,是因为他们的日记最贴近事件。纪德当时上了年纪免于兵役,在 9 月 10 日写道:"是的,所有这一切都会消失,这在我们曾经看来美好的文化追求(我说的不仅仅是法国文化)。"[1]在 7 日的一封信中,他得知马克·阿勒格莱[2]应征入伍了,阿勒格莱"不知道这要持续多长时间"[3],他弟弟伊夫在索姆省(9 月 18 日)。在回信中,纪德提及这场席卷他们的风暴,但在 1939 年末,他终对"报纸狂热的爱国主义言论"感到厌烦,决定沉默了事。1940年初,不易轻信的纪德感到有一片"恐怖的阴影"笼罩在最美好的事物上空(5 月 6 日),猜到(5 月 8 日)在高级军官用以搪塞的"空话"背后隐藏着"战败的巨大幽灵"。他见证了短短几周的战争,目睹年轻士兵的逃亡和无谓的牺牲,他感到耻辱。广播传来停战消息的时候,他正在南方。6 月 23 号的日记:"接下来,会出什么事呢?"6 月 24 号,在难以置信地听到贝当最新讲话之后:"怎么能不赞成丘吉尔呢?怎么能对戴高乐将军的号召无动于衷呢?"[4]次日,他痛下决心,全身心投入埃克曼的《歌德谈话录》中去,以此平息焦虑。至于德里厄·拉罗歇尔的《日记》,表

---

1. Gide, *Journal*(*1939 – 1949*),Gallimard,« Bibliothèque de la Pléiade »,p. 9. (《日记》,纪德)。

2. 马克·阿勒格莱(Marc Allégret, 1900 – 1973):法国导演。——译注

3. 《安德烈·纪德——马克·阿勒格莱,1917 – 1949 通信》(*André Gide – Marc Allégret. Correspondance 1917 – 1949*),伽利玛出版社,"《法国新杂志》资料"(« Les Cahiers de la NRF »),第 783 页。

4. *Journal*, op. Cit., p. 29. (《日记》,同前)。

面看来有些无耻。9 月 9 日——1939 年开篇："我写下这些（对他"曾经有过的"女人的评价）因为无事发生。"[1]9 月 16 日："我阴差阳错应征入伍了几天［……］在陆军预备役军站短暂停留的这段日子加深了我对乱哄哄四处移走的人群的反感。"人们有理由怀疑这位"前多里奥[2]分子"、"法国的法西斯分子"——正如他自己在 9 月 16 日[3]表现出的那样——与"人民"，与普通士兵，与"阿兰笔下的农民"并不友好。雅克－洛朗·博斯特在给海狸的信中刻画了他的朋友马尔菲拉特的形象，这位马尔菲拉特便是一位农民[4]。乔治·纳威尔也在这时期应征入伍，他曾是极端自由主义工人，后来又重新跟土地打交道，写过一本精彩的《劳作》[5]，在这本书中，他重现了在土伦北部荒地上度过的孤寂岁月，以精确的笔触反映了他的农民、工人伙伴面临的精神委顿与文化窘境，描绘出在空虚而漫无目的的等待中，人们通过玩纸牌和琐碎的闲聊消磨时间，荼毒身心[6]。因此，总的来说，"奇怪的战争"在当时的文字记载中没有留下多少痕迹。人人都有些糊涂，不知道该怎么看待局势。为什么？因为那时正处于两次大战之间，就连士兵都搞不清状况，更遑论后方，尽管那也是"一种战争经历"，一种从未有过的战争经历：身在没有战争的战争中。

正因为此，西蒙娜·德·波伏瓦的《战争日记》可被视为杰出的见证，而萨特的《奇怪战争笔记》可与之对应，作为应征入伍士兵生活的见证。萨特的笔记丢失了一大部分，首先是博斯特保管的那部分，在他受伤的时候丢失了，还有一些是在阿尔及利亚战争末期萨特位于波拿巴路的住所遭炸时被毁[7]。海狸的日记，尽管被她自己称之为"战争日记"，其实主要是"一份关于奇怪的战争的日记"，因为在 1940 年 2 月，即停战前的四个月，日记中断，后来重新开始，只有六十几页，时间为 1940 年 6 月

---

1. 皮埃尔·德里厄·拉罗歇尔（Pierre Drieu la Rochelle），《日记 1939 – 1945》（Journal 1939 – 1945），由朱利安·艾威尔介绍与评注，伽利玛出版社，"证人"（《 Témoins 》）系列，1992 年。
2. 雅克·多里奥（Jacques Doriot, 1898 – 1944）：法国法西斯分子。——译注
3. 后面紧跟"原文如此"，可能以此与一种不断重现和正当的指责划清界限。
4. Simone de Beauvoir – Jacques – Laurent Bost, *Correspondance croisée*, *op. cit.* （西蒙娜·德·波伏瓦——雅克－洛朗·博斯特，《两地书》）。
5. 出版时受到阿尔伯特·贝甘（Albert Béguin）的称赞（Folio 再版，1979 年）。
6. 致贝尔纳·格洛杜伊森（Bernard Groethuysen）的信，以《沙与泥》（*Sable et limon*）为题结集出版，伽利玛出版社，1952 年。
7. 见阿莱特·埃尔卡伊姆－萨特关于《奇怪战争笔记》的介绍。

至 1941 年 1 月。记日记，在当时那种时期，尤其必要，因为需要分析正在进行的变化——这在她最初几篇《青春手记》中经提到——所以要坚守两条阵线：一是关于事实或事件的记载，用来保存记忆；二是思考，以便衡量轻重。记录一项计划的变化、进展与成熟，对已有进步经常性总结，以及毫不妥协的批评：从前她就是这么做的，在乱世做得更多。

这种观察、记录与思考对一个正在成长和发现自我的人来说尤其重要，且以另一种形式表现在她成熟期的日记中（后来一份日记，是在 1958 年戴高乐将军"政变"时期记下的）。不过带有细微差别。首先因为原始计划在多年自我实现中已经得到丰富和验证。实际上，她已获得她所期望的：所是与所应是的结合。"计划"历经考验，在"生活－爱情－幸福"三方面都没有却步。她现在明白，对"作品"的认可，将成为她生命的基石、主轴和最重要的计划。早在 1929 年她就以不同寻常的自信[1]预知这一点。另一差别，十分重要的差别，在于写日记与写信可以同时或先后进行，内容会发生重复。她每天都给萨特或博斯特，有时同时给两个人写信。时事评论是日记和信件的主题，有时抄写一封信变成另一封，有时写信直接搬用日记。所以信件和日记交相重叠，它们往往以同一风格写就。而且，信件被传阅，不仅收信人，其他人也读，有些（萨特）同意这么做，另一些（旺达和奥尔嘉）则不同意。萨特的《笔记》也被传阅——一部分正是这样佚失的——日记是在后来被传阅。撰写信件和日记时都没有考虑以后，更没有明确的出版目的，但不排除这种假设。海狸在《1974年对话录》中提到："您的信写得好极了，您在写的时候会想到它们某一天会出版吧？"说到底这些信和日记并不私人，无论萨特还是海狸都清楚：今天是收信人在阅读，明天就会是读者。因此，读者会产生这种想法，即那些所谓佚失的信，其实可能被有意抽出，其实这倒没有什么不道德。同样，对比《回忆录》和信件，即使某些事件的记录不尽一致，也没有什么可大惊小怪的。

如此，信件与日记相互交织，紧密繁复，其中既有对各类事件的记载

---

1. 在 1929 年日记中，她写道："一种奇怪的确信，确信自己的话将被别人引用和聆听，确信这一生命将被其他生命挖掘。对一种天职的确信。"

以及它们对海狸产生的影响，又有关于萨特海狸各自人际关系的记载（或其产生的影响），这些关系或平行、或交叉、或矛盾。可以确定的是，奇怪的战争极大扰乱了海狸的生活，她动摇了原先信念，变得多疑、疲惫，再也不能保持原先的思考力度，而正是凭借这思考力度，她生活并且审视她的生活。奇怪的战争，也是一个令人担忧的问题：是否出自偶然才有这些境域存在？在这些境域中，回归自我，重新体验考量何为"存在"，在自由中抓住自我，都变得艰难、问题重重，甚至不可能实现。当然，我们知道，生活中难免会有痛苦、疾病、危险，不过现在的情形却不是这样。人变得犹豫不决，感觉麻痹，丧失理解力，曾经"在自己周围"（9月16日）的生活"远去"。"没有憧憬，没有欲求"（9月22日，坎佩尔）。"我一点身体方面的欲望都没有"。"沮丧"、"阴郁"，倒头就睡，连看书的力气都没有。接着，忽然，拯救来临，忽然就看到"一片汹涌的蔚蓝色大海"，位于布列塔尼海岸，世界上最壮丽的风景之一。那是莫弗拉[1]的一幅油画，画家在阿旺桥和布乐杜小镇生活期间所作，白色水粉描就的汹涌的漩涡撞击着大块岩石，水花四溅，由刀具直接将颜料抹上去，形成红、棕、绿各色岩石。"我重拾小径，在亡灵港漫步，又一次浸泡在海水中，沿着小径一直走到赫兹海峡。和从前别人跟我描述的一样美，全世界我所看到最壮观的景象之一。[……]心生欢乐。我有过那么幸福的生活。我在现时感到无比的欢乐，且不管未来如何。"（9月26日）

多么美妙的字眼，多么特别的感觉：欢乐！强度达到极致，不是"幸福"或"乐趣"，也不是"满足"、"高兴"或"享受"。只一个音节[2]，在嘴里爆炸，将双唇分开，一股强气流通过，如同一支和弦震颤整个身躯。过去，宗教语言将之描述成特殊的神启时刻。基督教便是，不幸的是在最糟糕的圣绪尔比斯教义中——众多自我牺牲的生命，众多苦修者嘴里都曾咀嚼过这一字眼，最后变成一种讽刺。但那种感觉事实存在，海狸以完全正当的理由从宗教语言里借用这个词。因为存在一种绝对的欢乐，它来去无踪，没有任何征兆，它使您得到升华，解决所有矛盾，它侵入必亡的生命，带来不朽：谁能经历"欢乐"，就没有什么能伤害他。欢乐之时，

---

1. 马克西姆·莫弗拉（Maxime Maufra, 1863–1918）：法国印象派画家。——译注
2. "欢乐"，法语为 joie，只有一个音节。——译注

我们必与自己的身体，与外在世界融为一体。"我要在月光下走一走，我有点醉，惊艳于星空和大海的辽阔。"

战争的阴霾，在等待中度过的绵延阴郁死寂[1]的时光，一时半刻是可以忘记的了：但要忘记这欢乐，不。"我永远不会忘记这个夜晚，和这深沉的欢乐。"

*

无名战争——"东西"[2]在那儿。要与之共存，不能太指望"欢乐"的时刻，因为它们无需召唤自行突现，又不会听从人的意志延续自身。获得卡米耶－森中学教职之后，她多少恢复了后来称为"战前"的习惯，等萨特和博斯特的信，一一回复，与"维德里纳"继续一段双重关系，常与奥尔嘉会面，和"丽丝"共度温柔时光。她在"丽丝"身上找回了从前将她推向奥尔嘉，或许同样推向比安卡身边的那股冲动：生理欲望、在被欣赏与模仿的年长者形象中的自我陶醉、帮助一个年轻女孩逃脱"沉沦的命运"的热情，这"沉沦的命运"，她曾受过威胁，这"沉沦的命运"，它吞噬了扎扎。她娴熟地掌控着，如同萨特在一封信中打趣地说，她的"小后宫"，但无法避免"要求"、嫉妒、分配夜晚时无奈的计算："您是冰箱里的时钟！"[3]一日丽丝丢下这句话给她。有时候情形类似于中产阶级通奸：在和维德里纳度过一天一夜之后，她重与科萨吃晚饭，"有一丝忐忑，如同每次私下见过她们当中一个，我身上似乎都会留下痕迹，会被其他人知道。"（1939年12月17日）虽然有时候感觉"身心"都被维德里纳"攫住"（12月10日），但她觉得她们的"拥抱"显得"机械"，远不够自然，她经常写道："笨拙的抚摸"，"有些地方女人的手会破坏兴致，还是男人比较懂［……］p.[4]、科萨、维德里纳，那么多不慎重的小

---

1. 雨果作为诗人，尤善于运用二元对立，当他用这个词的时候，以阳光与蓝天作为对照："天空并不阴郁/是的，无垠的蓝天阳光照耀/照耀在广袤的大地。"（《奥林匹奥的忧伤》，出自《光与影》）。
2. *FdA*, p. 433.（《年华》）。
3. *Ibid*. p. 543.（同上）。
4. 该首字母代表的名字未知。

折磨"。(1939 年 12 月 21 日)摒弃陈见吧,人们总以为在女同性恋人群中,女人要比男人对女人的身体更为细心,因为她们对彼此更为了解……

在海狸的整个生命当中,就我们所知,这段时期持续了大约十几年,在此期间,她一直与男人们维持着亲密的感情关系:"我亲爱的小博斯特",她在 1939 年 2 月 5 日寄到亚眠的信中写道,当时博斯特正在那里服兵役,"我想和你一起生活,我的小博斯特,而不仅仅是分离与见面,哪怕见面的时间很长——深深地爱着你"。此外,一想起"枕上他的小脑袋",心中便涌起一股柔情,不能自已,她"疯狂渴望"见到他、爱抚他,有一封信这样收尾:"亲吻您整个小脸和我依恋着的您的嘴唇。"(1939 年 11 月 21 日)她"满怀热情与活力,如此强烈地爱着他",仿佛离别只是几个小时之前的事。(12 月 18 日)在这一堆复杂的关系中,与萨特的关系依然位于中心地位。在 11 月 5 日那篇日记中,她庆幸,尽管不在一起,她和萨特仍然维持原先对于不同爱情关系存在等级的看法。他是她"不可或缺的爱人",在 1939 年 10 月末到布律马特看过他之后,她给他写道:"您是我的欢乐、力量与生命,我心爱的温柔小丈夫 [1],最珍贵的小东西。"(1939 年 11 月 6 日信件)但很明显,她乐于承认自己的双性恋,对此不止一人感到吃惊,尤其在她给博斯特和萨特写信涉及这一话题时,在同一天(12 月 14 日)分别寄给两人的一封信中,她思索应不应该与索罗金("丽丝")建立"完整关系":"我说她没有必要把身体交给我,要知道不管怎样,我几乎不会与她分享我的生活。"(1939 年 12 月 13 日致博斯特信)14日致萨特的信中语句有所调整:"我表示反对,说如果我们建立更加完整的关系,她会把身体交给我,但这没用,要知道我没什么可给她的。"那几天的日记中也流露出这种犹豫:"沉重,为难。"

日后,人们常不怀好意地提出各种假设来解释他们这段生活,想要在她写给情人们的信中看到此类堕落行径或堕落思想,读到一些暧昧的、多少带有刺激性的场面。同样,人们对她在《回忆录》和晚年

---

1. 她在 1947 年给尼尔森·艾格林,她的"越洋情人"写了多少信呀,因为她称他为"我的小丈夫"!她从没想过嫁给萨特,对艾格林也是,可以看出,她并不排斥此类爱情小游戏,讽刺而不失温情。

接受艾丽丝·施瓦泽 [1] 采访时对相关问题的沉默提出疑问。七十年代红色女同性恋者玛丽－热·博奈指责她掩盖了妇女受压迫的一个重要方面，即女同性恋者很难发出自己的声音。不过，在《年华的力量》开篇，她即表示："我会把许多东西留在阴影中。" [2] 确实那是些"东西"，尤其"那些东西"，会把仍然活着的人卷入其中，保护这些人的愿望值得尊重。还有其他原因使得她对自己的双性恋倾向缄口不语吗？也许，甚至极有可能：我们只能迷失在多少无法证实的臆测中，甚至臆测对象本身就多少有些不确定……对于这个问题，到底该解释、诠释些什么呢？是她的"双性恋"还是她在《回忆录》中对此采取的沉默？或两者兼而有之，后者较之前者罪加一等？对于一位已经过世的作者，以及她留下的文字，任何一种阐释，尤其是心理分析方面的阐释，应该首先回答这一绝对正当的问题：我们将要分析的"对象"自身怎样构成？确切地说，问题到底是什么？有一些类型的问题本身就已经是回答：再举个例子，她对母性的"拒绝"，或者她所谓的对母性的"压抑"……再者，无论如何，一副"肖像"没有谜团和矛盾之处以待解决，更没有针对这些谜团和矛盾的唯一与简便的答案。要使肖像具有立体感和生机，阴影是不可或缺的。肖像应该使阴影突出，而非消除它。我们力所能及的，是全面重建战斗的海狸的形象，因为，显然，在她生命中占据重要地位的这段双性恋时期，她并不想在《回忆录》中袒露——不比袒露第二次"三重奏"的愿望更强烈——她在世（以及她女朋友们在世）的时候也没有为自己辩护。我们知道，一个人没有义务告白自己的一切，没有义务袒露她生命中所有的秘密。

事实在于，这一沉默也有其作用：《年华的力量》中，海狸在讲述与"丽丝"母亲发生的矛盾时，刻意隐瞒与这个年轻姑娘的同性恋关系，读者读到的也许是淡化了的事实。1943 年，和海狸住在同一家旅馆，同住的还有个年轻男子，博拉。西蒙娜·德·波伏瓦说丽丝的母亲"对于她女儿

1. Cf. Marie－Jo Bonnet, *Les Temps modernes*, mars－avril 1998, n°598, pp. 85－112. （玛丽－热·博奈，《现代》，1998 年 3－4 月，第 598 期，第 85 至 112 页）。
2. *FdA*, p. 13.（《年华》）。

放弃了一桩潜在的好婚事愤怒不已，叫我施加影响让她回到初恋情人身边；我拒绝了，她指责我诱拐少女"[1]。她给整个事件加入政治背景，在我们今天看来，不失为一种让人信服的灵巧策略，她说："战前，事情没有下文，但随着阿贝勒·博那尔[2]事件的发展，情况发生了变化：有着深色下巴的女校长通知我我被学校开除了。"女校长的这副"深色下巴"出现的正是时候：它恰好暗示这位女士身上隐藏了某种男性特质，也许是某些不为人知的性取向……同一页的记载表明海狸重新加入《解放报》，但没有重执教鞭。而记述，可以在一个冷静的声明之后继续，这一声明将索罗金事件画上句号，所作结论完全积极，充满海狸作风："了断一种旧习惯，我并不感到遗憾。"

海狸将她一部分生活留在阴影中，这是既定事实，要对之进行谴责或表示惊讶必须对传记作家的义务有极其严格的要求。不过，既然档案都已经公开，信件和日记也都已出版，我们应该毫不犹豫地使用它们，倒不一定为了解决谜团，而是丰富和深化她的形象。如果相信日记，有一件事是清楚的：她喜欢那些年轻姑娘的脆弱，喜欢给她们施加影响，不喜欢自己成为一个"神话"（日记，12月22日）。她也并不感到一种无法抗拒的诱惑或生理冲动。她经常写自己的冷漠，对她们的身体时而渴望时而抗拒。很难确切指出在这些关系中游戏、挑战、大胆、意志的分量各占多少，因为她也喜欢和这些年轻女孩的关系给她带来的危险与风险。因此，在1939年10月于坎佩尔逗留期间，她洒脱地（"我可不担心"）打消维德里纳的恐惧：她母亲"声称""拿了一封信"，准备寄到部里去。说到底，也许我们应该认真看待她的宣言，比如她在给情人尼尔森·艾格林一封信的结尾所言："我贪婪得可怕，我想拥有生活的全部，做女人，也做男人，享受友情，也享受孤独。"[3]同性之爱也符合这种打破限制的渴望，这种对爱

---

1. *FdA*, p. 617. （《年华》）。
2. 维希政府公共教育部长，被高等法院缺席判决死刑，十五年后，罪刑减轻，变成十年流放，缓期执行，判决从1945年5月2日起生效。他后来被流放到马德里。法兰西学院没有等到他过世即将他开除，与对夏尔·莫拉斯和贝当元帅的做法一致，1946年于勒·罗曼接替他在法兰西学院的位置。
3. 1947年7月3日信，《越洋情书》（*Lettres à Nelson Algren*, Folio, p. 60）。

情命运的限制，要么被"自然"，要么被习惯、礼节或社会风俗所规定。"我对她施以最暴虐的手段"，她在1940年1月24日的日记中写道。类似这种对艳情小说男主人语言的戏谑模仿，也是一种游戏。

西蒙娜·德·波伏瓦不属于"出柜"[1]的时代，"出柜"，不管就其本义还是引申义，都成为一种获取支持的无风险行为，或者说方式。她的大胆完全属于另外一种概念：她是和自己较劲，在生活中不流露任何软弱，任何妥协。她发现男性色情话语，与文字游戏，与诸事游戏，也都作为风格与写作的一种锻炼。她游戏于一些情境之中，这些情境男人比女人经历更多（至少在那个时代）："我对她（索罗金）很温柔，她对我也是。她六点半离开，接着我滑入维德里纳手中"[2]——也许还有一直寻找她"男性情结"证据的人在此欢呼！当她观察、注意、评价、渴望女人的时候，是作为她想要成为的那种女人进行的。她觉得她们美，也许和萨特想的一样："女人是欲望的绝对对象。""人们要说女人渴望男人是因为她是女人，"他写道，"但对我来说，这毫无意义。相反，我认为，无论对女人还是男人，女人都是欲望的绝对对象。男人要能激起欲望，需要施行'移情'。"

所谓"移情"，战斗的海狸施行以来毫无困难，她一生中和几个男人之间的爱情纠缠证明了这一点。因为尼尔森·艾格林，她发现了之前也许没有完全开发的大陆：与一个男人在一起的身体享受。在成熟期的前几年，她所经历的是一种"短路"，将自己和另外一个女人封闭在一起，维持最终使她失望的关系，可能因为她选择的都是特别年轻、没有经验的女孩子，也可能因为她自己没有完全投入，她们之间始终停留在紧张的"拥抱"阶段，时不时谈几句哲学（或者相反）。总的来说，战斗的海狸在她离开的这一领域经验并不丰富：那些年轻女孩从没有成为过她完完全全的伴侣。为什么不呢？要不是粗暴地抛弃维德里纳，海狸的做法无可指摘。

这么做很好，她已经有些厌倦了。圣诞节，她要和萨特过去的一个学生卡纳巴去滑雪，简简单单的，既没有心理压力，又没有感情纠葛。极大的放松。甚至有时间阅读、工作。"真是太好了，没有人来打扰，可以做

---

1. 1947年7月3日信，《越洋情书》（Lettres à Nelson Algren, Folio, p. 60）。
2. *Journal*, 23 décembre 1939. 《日记》。

152

自己想做的事情。巴黎有太多'迷人的小害虫'，能把人吃掉。"（日记，1939年12月31日）又是一个惹人议论的字眼！读者经常缺少幽默感，海狸却丝毫不缺。"说起来有些难过"，若干年后，1947年7月3日，当写信给艾格林的时候，她谈起比安卡，这个犹太女朋友"热恋着我，而我对她感情一般"，现在她提到娜塔莉·索罗金，"她也热恋着我"："我并不真正爱着这些女性朋友，她们太年轻了，或者说太疯癫了。"

也许这就是事情的本来面目。

*

回到奇怪的战争头几个月。时间流逝又停滞。海狸恢复了元气。记日记、与萨特和博斯特通信、探视他们、和"迷人的小害虫"周转，这一切让她重新变得生机勃勃，她决心——这一决心曾变得微弱——采取俯视的姿态，审视自我、审视自身演变、审视时间。海狸整个地回来了，回到她最爱的主体：她自己。倒不是自得或自恋，正相反：因为"我"是仔细观察所是与所应是的有利场所。在她全力投入的这场事业——"生活"当中，此刻，她还有能力做出行动吗？某种东西鼓舞她，激活她：这孤独的一年对她来说似乎可与马赛那年媲美，同样的"丰富"。"充裕的时间、对自己的观照"，以及孤独。她自我审视、自我检讨、自我评价："我觉得自己骨子里就是法国人，外省人，一个社会地位下降的中等中产者；再者，还是官僚主义和理智主义的产物，和蒙帕纳斯的那些人混在一起。"（日记，1939年12月9日）稍后（1940年3月，《笔记（十四）》），萨特着手进行类似的总结："我是资本主义、议会制、官僚主义的畸形产物，这是确凿无疑的。"其他一些人也像他一样，是议会制、官僚主义的产物，尤其乌尔姆街那些"可爱的同学们"——但战败带给他们不同命运。萨特被俘、尼赞身亡、阿隆去英国追随戴高乐。奇怪的战争，这"东西"，这"肮脏事"，确实极大程度干扰了他们的生活，但他们俩却因之更加坚定了原先的选择。战斗的海狸原本就产生过自我研究的兴趣，现在更想深入进去（"我越来越渴望研究自我"，12月9日），而萨特的哲学本能也得到充分发挥，开始写作《存在与虚无》。在这两份计划与他们牢不可破的默契面前，其他一切都显得无关紧要：有时萨特担心旺达可能不忠，但这无

153

关紧要；有时去酒吧闲聊（时间经常被浪费掉了），还有时和"小害虫"在交谈过后紧紧拥抱——尽可能的深情，这些都无关紧要。但有时候时间流逝缓慢，过于缓慢，关于"月亮女郎"的倾诉最终使她厌烦，她已经再也不能给我带来什么了，海狸对博斯特写道[1]。维德里纳抱怨见她见得不够多？海狸已经习惯那些"要求"。只有一件事让海狸觉得有些痛苦，那就是担心奥尔嘉在博斯特的生活中占据太多分量，不过想到她与萨特处理感情问题的"分级"方式，她安下心来，这一方式她反过来用到其他人身上。"我可以毫无痛苦地感受博斯特对她的柔情。那些时刻对我不再是诗意和神圣的了，我觉得博斯特和我共度的时光是最美好的。"（日记，1940年2月21日）这里的"我觉得"像极了"我想要"。

　　奇怪的战争带来的考验，在她不知不觉中，结束了。几个月后，1940年5月，法国的命运一锤定音。最终，什么都没有改变。也许世界没有恢复到从前的平衡状态，但这无关紧要，局势还在酝酿中。萨特和她都成功经受了离别考验，巩固了彼此的"默契"。他们过于丰富的感情生活变得比从前更加复杂；即使可能时不时让你们"有些伤心"，还是得承认两个人同时拥有"窘迫与充实的生活"（日记，2月12日）是件好事。就海狸而言，考验又一次带来收获，她恢复了她的精力、分析力，她将经历转化为"经验"，而不是消极忍受的能力；她甚至找到她的主要研究课题，她自己。当维德里纳或其他女孩"要求"太多，她不再是委婉地拒绝："我狠狠地骂了她一通，她立刻闭嘴了。"（2月13日）莫鲁杰[2]觉得她"严厉粗暴"：她是个"只吞食本质的女人"，他说。那又怎样。

*

　　时间是1940年5月。几周内，法方溃不成军。这段时期海狸的日记

---

1. 她是一只被榨干的"柠檬"。奇怪的是，在1927年5月的日记中，有一篇提到她在讷伊的一位老师："5月3日，星期二。看见了梅尔西尔小姐。也是只被榨过的柠檬，我觉得。"

2. 莫鲁杰（Marcel Mouloudji，1922-1994）：法国歌手、作曲家和演员。——译注

处于空白。她于 5 月 17 日至 23 日之间最后一次探望博斯特,这次探视在 5 月 23 日给萨特的信中提到,信还是像以前一样寄到"EMAD 测量局 108 分部"。接下来,直到 1940 年 7 月 11 日才寄出下一封,那次寄到"一号临时战犯集中营,第九连,巴卡拉"。萨特的第一封短笺在七月中旬到她手里,之前音信全无。他和博斯特消失在大溃败中。后来人们知道博斯特在 5 月 26 日严重受伤。十天的时间,一切已成定局,比利时被侵占,索姆河防线被攻破,逃亡开始,法军四面楚歌。经过敦刻尔克激烈的防卫,在德军轰炸下共撤退三十三万五千名战士,其中法军十一万五千人。尼赞身亡。

　　海狸在 6 月 9 日重拾日记。《年华的力量》中引用到其中一些段落(有删节):关于战争,之前的日记没有记载;关于战争,从此已无法记载,法国战败。在 1940 年 5 月决定性的那几天,战争离大部分法国人、离巴黎还很遥远。消息总是滞后。6 月 8 日,她写道,据说有一场埃纳河"撤退"——实际上,古德里安从 5 月 17 日起就在那儿站稳了脚跟。她意识到一个月以来她不断加强这种"悲剧性的关注"。同一天晚上,她去歌剧院听保尔·杜卡斯[1]的《阿丽亚娜和蓝胡子》。如果战败成为事实,维德里纳回来后说,那我们只能自杀。海狸拒绝这么想,但却感到"尽管一向持乐观态度",仍然"十分紧张和焦虑"。9 号,一个星期天,她想到"在被占领的巴黎像耗子一样被逮住",想到"与萨特和博斯特断绝消息",不禁打起寒战。说到底,要想避免痛苦,应该像斯多葛主义者建议的那样"不迷恋任何人":但这是不可能的。倒并不是因为感情没有理性,无法控制,而确确实实出于相反的原因:我们不是在忍受对方,而是渴望对方——爱,即愿意爱,正如忧伤,是愿意忧伤。如此,斯多葛主义便存在一个严重的悖论:"后悔"去爱因为在爱中失去了自身独立性,这种看法毫无意义,因为一种情感总是经过选择的,从来不会是被动忍受,我们做不到既爱又不想去爱。因此,暂时或永远分别带来的痛苦没有解药可以医治。战争的新面目(屠杀、摧毁城市、侵略)"叫人寒心",不可能百无聊赖,不把战争当回事,首先要做的是保命。消息接二连三传来,一条

---

1. 保尔·杜卡斯(Paul Dukas,1865－1935):法国作曲家、教育家与音乐评论家。——译注

比一条严重，"马其诺防线将从背面被突破"（因而萨特可能阵亡或被俘），德国人两天后抵达巴黎。

于是海狸决定离开巴黎，和维德里纳去昂热，用维德里纳父亲的车。她一边等待，一边流着泪写信，看着圣－米歇尔大街，这条横贯巴黎南北的主干道，看着汽车来来往往，心想她可能要跟这些人一样逃亡，逃亡的时间也许还不会短。一车车的逃难者经过，车上堆着自行车、床垫，一群群人纹丝不动地站在一顶顶硕大的遮阳伞底下。海狸笔触精确，如同战地记者般客观，但她还是忍不住抒发了一通感情："如同一幅油画的结构，颇像勃鲁盖尔的油画，极其感人，因为这非但不悲惨而且充满美感。"过去猛然浮现眼前，"栩栩如生，不忍卒睹"，忽然，她看见萨特"像真的那样"微笑着走向她。她感到自己赖以生存的世界，自己熟悉的那个世界崩溃了，早在十个月前宣战的时候她就有此体验，只不过现在局势更为混乱。一股"可怕的忧伤"裹挟着她，这次出行她看不出"一点冒险的样子"。他们停在了伊利埃，然后朝勒芒开去。她也许过分强调比南菲尔德先生紧紧抱在怀里装满珍珠的包裹：首先，珍珠贸易是他的职业，再说他凭着自己的经验，知道作为一个犹太人，在历史大动乱中活下去有多么艰难。

这一切，她几天之后都一一记下。在"闹哄哄挤满难民"的拉瓦尔，她看到一辆从大火中横穿埃夫厄的汽车，轮胎已经爆裂。眼见缓缓流淌的小河，可以想象拉瓦尔从前是个安静迷人的小城，如今却成了一座庞大的露天难民营。她离开维德里纳一家，等去昂热的大巴，趁车还没来，在啤酒快餐店要了店里唯一的一道菜，豌豆小牛肉——还真的是法国特色，外省特色！八点到昂热，莫雷尔夫人（也称"莫普斯"）的女儿和其嫂莉莉在车站等她，她受到热情接待，恍惚时光倒流，回到从前和萨特去拉布埃兹的大宅子里休养、工作那段如歌岁月。这次，"一大群人"都在莫雷尔夫人家避难，朋友、伊索尼（莉莉的前夫）一家、一位弯腰曲背"糊里糊涂的"老表姐、一位"如同鸡一般尖叫"的俄国公主。海狸没事就看侦探小说，听广播：17号，公告"保罗·雷诺已经辞职，勒布朗任命贝当组建新内阁"[1]。"午时三十分，餐厅回荡着一个军人家长式的嗓音：'我

---

1. *FdA*, p. 510.（《年华》）。

将个人奉献给法国以减轻它的不幸……今天我是带着沉重的心情对你们说应该停止战斗。'那说教的口吻让我反感。"她在《回忆录》中如此评论。这是"凡尔登镇压头目"在讲话,海狸混淆了他在 1914 – 1918 大战期间的两个侧面:贝当既是凡尔登战役的胜者——他的支持者总是不断提醒人们这一点——而对他的对手来说,他则是 1917 年贵妇小径叛乱——因尼威尔将军重大战略失误引起的持续内部叛乱——的镇压者。同一时间,纪德也在收音机前,他无法相信贝当可以卖国到如此地步。

几天以来,海狸和其他人一样以为这是"军事投降"[1]。到了 21 号她才明白这是停战,且必须接受苛刻的条件,对于停战带来的后果,尤其是俘虏的命运,她尽量不往坏处想,也许萨特就要被遣返了吧[2]。日记于 6 月 30 号重新开始,关于停战并无只言片语,和所有人一样,她关心一个问题:军人什么时候复员?

日记在战争期间无声无息,和回忆录一样,似乎没有充分衡量这场战争,尤其是几周内紧接着就发生的战败。萨特关于这段时期的《笔记》丢失了。只剩下写给海狸的信,要么没有回信,要么回复的信已经佚失(西蒙娜·德·波伏瓦只是到 7 月才重新开始写信,之前中断了四个月)。比利时在 5 月 10 号被侵占,当时在东部集结的法军自然还不清楚这一状况,阅读萨特在此前和此后的信可以帮助理解。首先因为战争在那儿出现,尽管有所延迟。5 月 9 日,德军进攻的前一天,他显然不可能知道,写道:"新鲜事?没有:我今天一整天都没什么事。"[3]和其他时候一样,一旦完成任务(气象监测),他就把时间投入到开始写作的那本书上,他觉得伯里斯 – 伊夫奇那一章写得很好,开始对汝昂多[4]写的一本书展开伦理思考,总结说在所有情形下都需

---

1. 这里的"投降"指一支军团或军队的投降。"停战"则是放下武器,放弃整场战争。实际上贝当元帅的话接近于宣布停战。而这是戴高乐将军所不接受的:对他来说,战斗仍在继续。次日,6 月 18 日,他在电台发表没有被录下的演讲:"法国输掉了一次战役,但没有输掉整场战争。"阿隆去了伦敦,后来西蒙娜·威尔和皮埃尔·芒戴斯·法朗士也去了。

2. *FdA*, p. 510.(《年华》)。

3. *Lettres au Castor*, op. cit. , p. 214.(《寄语海狸》)。

4. 马赛尔·汝昂多(Marcel Jouhandeau, 1888 – 1979):法国作家。——译注

要观察一种必要的一致性，即"真实"："真实，就是无论处于何种情况始终保持一致。"这句话海狸能产生深切共鸣：考虑奇怪战争的最大困难，同样也是考虑"战败"的最大困难，正在于在所有情形下保持"一致"的意志。我们已经清楚地看到征兵后海狸的恐惧，看到她怎样将被打得七零八落的她的世界重新拼凑起来，维持"生活－爱情－幸福"三大主题。她成功了，她做到了；在新形势下，在战争、德军侵略、萨特被俘的情况下，她能够再次成功吗？回忆录中，她花了很大篇幅来说明自己战前的盲目、"精神分裂"，以及在铸建和保卫幸福时的粗暴与鲁莽；还是在《年华的力量》中，她强调历史强加于她的暴力，历史撕裂她的世界，彻底打破她亲手构架的平衡。如果说历史闯进了她的生活，那也是通过小门闯进来：如同对于其他人那样，把她与她所爱的人分开，使她害怕在被占领的巴黎"像耗子"一般被逮住。历史并没有闯入她的哲学思维、智力领域；历史不是思维客体，而仅是一个担忧和焦虑的主体。

发生的一切好像存在矛盾：要在"唯一的计划"、坚持计划在所有情况下保持一致的意愿，以及一个"事件"无可置疑绝对的新，要在这三者之间找出解决方案：只剩下两种选择。修改或忘却计划，这做不到；在一片完全崭新的形势下坚持计划，这在目前也做不到。只能不把形势看成是完全崭新的：这恰是海狸所为。战争、战败、萨特被俘？说到底，这跟1931年在马赛经历的孤独是"同一回事"，因为主要的都是与萨特的分离。她在日记中说：自从将情况作类比，她的心情又好起来。战争嘛，不就是利益得失。战败呢？历史，那强行经过的历史，关于战败的想法、关于战败的思考会使她进入（对）历史（的思考）吗？

让我们重拾萨特的信。5月10日——比利时被侵占的日期，马其诺防线仍处于昏睡中，东线的法国士兵还在苦等。萨特的信分析精到，不是对形势的分析，而是对他们的言语、对塑造他们的那一切的分析。伽利玛出版社的布里斯·巴兰在审读了《女宾》（这是后来敲定的书名）第一章（后来拿掉了）之后，称此书用语"草率"，海狸很受打击。萨特安慰她

（正如几年前《忧郁》[1]遭拒时波伏瓦安慰他一样）。用语其实很好，那是他们之间所使用的大学生语言，带有他们熟悉的巴黎高师传统的说话方式[2]，他们已经将它化作自己的语言，巴黎人、公职人员、作家这些身份又使他们成为"与世隔绝"的人，生活在自己圈内。能怎么办呢？这种语言"就是我们"，"我们对自己使用的词语太过敏感，结果反映不出我们自己。[……]如果弗朗索瓦兹对伊丽莎白说"你焦虑着"而不是"你在发愁"，那就是另一个弗朗索瓦兹了。"你在发愁"——对你我而言，这"里面的东西立刻引起好感"。好一个"里面的东西立刻引起好感"！

怎么更好解释他们的相近呢？这种语言，是他们的结合，是在 1929 年第一次相遇时她在他们额上注意到的"孪生子的印记"，他们两人世界最小的细节都打上了这一印记，其他人无法真正闯入其中，至少留不下来：结合，完美的结合，连对语言的些许评论都能反映出来，这就是他们，超越离别，"在所有情况下"保持结合。那么，战争，战争是什么呢？是一切又什么都不是：是一切，如果其中一人可能死去；又什么都不是，如果两人能够继续交谈，继续通信，像萨特当时所做的那样。有时是他犯错，有些疏远她，会忘了她的炽热，会给予政治活动或那些他喜欢的"投水的女人"[3]权利将他带至别处。但是她，战斗的海狸，不，她是忠诚的，她在《青春手记》中说："即使在书中，我也没有发现像在我自己身上发现的那种忠诚，一种每时每刻的忠诚。"（1926 年 10 月）

历史，在这一切，也就是说在战争当中，隆隆作响，不过是从远方传来，由一句无比洒脱的"据称"开启。"据称，今天，比利时和荷兰被侵占了。我们是从早上一阵模糊的声响中知道的。"最深刻的感觉，"几乎"是松了一口气：奇怪的战争结束了，现在，总算，接触到"实质"。"现在不是同一场战争了。"不过他的生活并没有因此改变：他继续"在草稿"（从前美妙的学生用语）上奋战，继续进行探测，继续给 T.（塔尼亚，也就是旺达，奥尔嘉的妹妹）写信。然后努力节食，晚上不再吃东西，好瘦下去。他完全陷入激情与渴望，在下一封信中，他提出，由于 T. 的状态

1.《忧郁》（*Melancholia*）：即后来的《恶心》。——译注
2. *Lettres au Castor*, op. cit., p. 217.（《寄语海狸》）。
3. 拉封丹寓言有一篇名为《投水的女人》，讽刺男性思维。——译注

令他极不放心，他想与她结婚。不行吗？好让他有三天假期去陪她。"我想这不会让您觉得不愉快"，他说出他的想法。他自己也并没有特别愉快，既然他已决定"为她做力所能及的一切"，这只不过是个手段？真实，即使根据他自己的定义，也不是他的强项。如果塔尼亚某一天提出结婚，他会借口因"荷兰战事"所有外出暂不予批准而逃避她的请求。海狸越是表现得坚定忠诚，越是做好攻克一切困难的准备，萨特就越显得轻率与善变。但他同时清楚地知道，只有和海狸在一起他才是"真实"的自己，只不过，需要她将他重新引入正途。

至于战争，她还在等他的分析。他在后一封信（5 月 12 日晚）中大做白日梦。不用太担心，希望犹存。不要忘了在比德国境线后的齐格弗里德防线——没错，我们是无法突破，但可以将他们挡住，套牢，国境线长得足够消耗他们的人力物力。巴黎的防守还不错，不是吗？所要做的，不过就是"忍耐"，只要"全然忘记和平岁月"[1]就能"忍耐"战争。如果炸弹落在您头上，把它看成自然现象好了。渐渐地，就连屠杀您都会见怪不怪。只有那些"职业悲观主义分子"才会觉得巴黎被占领无疑（1940 年 5 月 12 日信件）。

不管怎么说，战争客观存在，只是不在身边（5 月 13 日信件）；德军炮弹从四面八方打过来。"现在，这是一张低音乐谱，显眼地矗立在视野尽头，一条线，线上布满单个音符，但融为一体，遮住地平线。［……］其他时间，我们照常生活，好像什么事都没有［……］您无法想象这一切看起来多么自然，应该说这"自然的奇怪物"有些令人失望。"5 月 14 日：尽管事情看起来有些"不妙"，久而久之，列日很可能失守，但"这场战役，在我看来，局面会朝着我们有利的方向扭转"，战争应该能在 1941 年冬季来临之前结束。显然，一切批准都被取消。5 月 16 日：外部消息被切断。"北方某地不仅决定了国家命运，也决定了你我命运，（不过），我不冒任何危险，我一无用处，必须调整心态适应目前形势［……］别对我要求什么，我只能做好自己的事情，算是我的一点固执吧。"波伏瓦那边，不管是日记还是信件，这方面均没有留下任何文字痕

---

1. *Lettres au Castor*, *op. cit.*, p. 222.（《寄语海狸》）。

迹，我们通过阅读萨特可以大致了解他们对战争的看法：奇怪的战争，不再是原先那个阴郁萎靡的"东西"，而是另一个同样无法定义的东西，如果不身处弗朗德勒或诺曼底，几乎无法将它认真看待。

又是一个悬念，在时间中，在两个时期之间：未来，不想将它看得太过悲观，往昔，在记忆和胸口闪耀。5 月 16 日："亲爱的甜心：我经常想起从前两个人恬静的生活，想起那温馨的一幕幕。"战争形势——如此这般缓和——促使"回忆默默涌来"。像他一样的士兵只能等待，要么没有消息，要么等来的是谣言假报。萨特继续写作《理智之年》，把"达尼埃尔－马塞尔"一章进行了修改，在写作中，他重温 1935－1937 年和马尔科（极有可能是达尼埃尔的原型）、博斯特和奥尔嘉（鲍里斯和伊薇奇的原型）在一起度过的时光。不可避免地面对在他和海狸看来的本质：他们的生活，以及彼此不可动摇的结合。"目前，战争将'等级'意义推至极致，世界上只有您对我是重要的，我也只想念您一个。"

在这热情的告白中，"目前"二字却多少泼了冷水……

但到了 5 月 18 日，语气变了，出现某种海狸几个月前经历的东西，1939 年 9 月的那几天，巴黎全城动员，她感到四周人群涌动，感到担忧，感到可能要与"集体命运"捆绑在一起。"亲爱的，我和您一样感到那种诱惑，想把自己的命运寄托并融化在宏大的集体命运中，但我想应该抵制这种诱惑。[……]国家是一种境域，对几百万自由个体，对每个人来说，胜利与失败都是一段个人历史。这个国家的灭亡提供一段个人历史，重新降临的安全与和平也如此。"（5 月 18 日）局势逐渐明朗，他在那段不安的日子里意识到，情况已经恶化，一场无可避免的灾难即将发生。可是仍然要面向未来进行"谋划"，他在下一封信中就是这么做的。5 月 19 日：德军在拉昂，必须离开巴黎，"我恳求您"去拉布埃兹（"我的爱，我的花儿，为了我去那儿吧"），但是希望犹存，即使某一天他不得不过一种充满限制的生活，甚至无法写作，怎么说那还是一种幸福——他们是在共同经历这样的生活。到了 5 月 25 日，弗朗德尔全面沦陷的时候，他既没有收到命令也没有听到准确消息，只能继续过"他规规矩矩的小日子"，继续写他的小说，即使有时候"感到自己还在顽固写作，就像患了强迫症，要知道北方那些家伙正像苍蝇般死去，整个欧洲的命运危在旦夕，可我能怎么办呢？这是我的命运，我狭隘的个人命运，任何集体大恐怖都不能让

我放弃我自己的命运。"（5月27日信件——博斯特在前一天受伤，萨特和波伏瓦显然还不知情）

何为历史？如何左右历史？如何行动？如果历史只是一场"集体大恐怖"，那无论如何得先拯救自己的命运。后来，通过从事战后政治以及研读马克思著作，他提出一些关于"个人"与"集体"的思考以及处理二者关系的原则。1940年那个春天，他清楚地知道自己的行动完全是"象征性"的：创作小说时，"我投身于写作是为了抵抗民主与自由的堕落，抵抗盟军的溃败"。坚持到底"就好像一切都应该推翻重来"。6月10日之后，任何希望都变得不太现实。"大概明天就会停战，和平就快降临了（在给海狸的一封六月的信中他写道，具体日期不详）。我们心情很是奇怪，既绝望又感到松了一口气。上帝作证，我愿意愉快地奉献四年生命来避免这一和平。甚至不止四年。但现在，它已降临，人们已经在考虑：怎么在这种和平之下生活？我想生活是可以继续的，我的爱，只要我们有足够的意志和勇气，可以勇敢地生活下去（不过要顶着极大的侮辱）。"

关于占领时期再也找不到更好的描述了。

他接下来的信从一所战俘集中营寄出的。

*

战败。奇怪的战争持续了八个月，战争持续了三个星期，现在战败了，处于马克·布洛赫所谓"法国整个历史中最痛苦的一次覆灭"[1]。那群好朋友或"可爱的同学们"当中，博斯特受伤，尼赞身亡，阿隆6月23日去了伦敦，萨特被关进巴卡拉一号集中营。7月22日，他写道："我开始写一本形而上学论著：《存在与虚无》。"海狸6月29日回到巴黎，此前她匆匆去了趟拉布埃兹。她遇见的德国士兵都给她留下"青春与幸福的美妙感觉"。她写道（6月30日）："昨晚到巴黎的时候，绝望到极点。"她坐在圆顶咖啡馆的老位置上——这是她经常光顾的地方，位于蒙帕纳斯十字路口她"温柔爱恋"的角落。从露天座位可以看到一辆辆装着年轻德国

---

1. 出自他的《奇怪的溃败》（L'Etrange défaite），同前。停战之后，他平民打扮来到非占领区，在1940年7月至9月期间，于克勒兹省写作这本书，书中描述了三个星期的濒灭状态，分析我方军队和各机构崩溃的原因，发出抵抗号召……

军人的卡车经过，她几天来已经看得够多了，所以现在几乎都不怎么注意。最后那段日子恐怖笼罩，她觉得自己像"被碾碎的臭虫"，六月伊始她就不知"身在何处"，不知怎么描述这种状态，一方面是"生理焦虑"，另一方面是"重大集体事件"，时间意识荡然无存："没有过去，没有未来，没有人。"她对诸事、诸人、对世界的观察并不比对天气变化更为敏感。9月，她重新努力让周遭一切"成为她自身历史的一部分"。她"迷失在世界中"，慢慢啃着小蛋糕，和那无尽的晴朗天气，就像九月灾难的日子里那不通情理的晴朗天气！没有等待，没有未来，时间停滞：只能原地"腐烂"。停战协定"可憎、可怕又苛刻"：必须让所有德国难民回到德国[1]。

回到巴黎的前一天，她发疯似的想象萨特已被释放，正在圆顶咖啡馆等她。只有他的一封信，还是以前的（6月9日），没有博斯特的消息，她步行二十五公里走到达维尼，但"神父们"都已离开，只有一位老妇留下来照看房子。回来时筋疲力尽，脚磨破了皮，美美地吃了几块小蛋糕，她发现其实巴黎对她来说完全陌生，她不清楚巴黎周边的地方，比如大碗岛，她以前从未见过，也不知道具体在什么位置。有人在游泳，一切都显得那样安宁祥和，一切都闪耀着迷人的色彩，似乎她穿行在修拉[2]的画中，穿行在律动的光与切碎的影中。她的生活正要安定下来，但却好像是另一个人的生活，她获得维克多·杜鲁中学的教职，怕自己"停止思考"，可其实再没有什么可供思考，"抓不住任何东西，流沙而已"。她和父母一块吃饭，尽管找不到什么可吃的，但毕竟是一餐。紧张的等待让她疲惫不堪，授课变得有些随意，和索罗金待一会儿，然后去工作室看杜兰。7月4日，圆顶咖啡馆菜单上有"干酪蛋奶酥，牛肉和土豆"，她感到恢复了精力："棒极了。"但她还是不能不为萨特担心，即使和索罗金在一起的时候也是，她和索罗金搬进了她祖母的公寓里，她们曾经在那试着煮饭。"一半米被她洒地上了。"这种"世界革命"（7月6日）让她陷入晕厥、痉挛状态，她似乎丧失了理智（"很难忍受这一想法，一方面因为它迷惑

---

1. 9月，瓦尔特·本雅明试图穿越西班牙国境线，听信一个西班牙村长的谣言，以为生命受到威胁，自杀了。

2. 乔治·修拉（Georges Seurat, 1859–1891）：新印象派（点彩派）创始人，代表作有《大碗岛星期日的下午》。——译注

我的思想，另一方面我也不怎么相信"）。她继续阅读黑格尔，在《女宾》的题词中引用了他的话[1]。终于，到了7月11日，收到萨特来信，她惊讶到"无法惊讶"。

萨特写了三次，把其中一封抄了一遍寄到拉布埃兹："我成了战俘，待遇很好。"（7月2日）寄到巴黎："我6月21号成了战俘，那天是我生日。"他正好三十五岁：这不仅是一个巧合，还是一个开端，开始重新把握，重新理解事情，那些在中间状态（战争继续吗？会自由吗？）旋转不止的事情。两个人需要个体受到打击、触动、牵连，好让境域显现，这看起来确实很特别。当海狸收到信的时候，尽管处于麻痹状态，她还是强烈感受到"世界正在重新整合"，哪怕仅仅因为收到这封信，因为它躺在自己手里。她去上课，坐索罗金的自行车，而那辆自行车实际上是索罗金偷来的（《名士风流》中，安娜和迪布勒伊的女儿纳迪娜干起这个来是好手）。在奥德耶，她从索罗金的学生那儿听说了"德国士兵闲聊时透露出的骇人听闻的消息"：迫害外国人、犹太人……在希伯格的一本书里也找到了类似主题[2]，希伯格"是现在管辖巴黎的人物之一"。早在1930年，他就预言德国只有通过反犹才能成为一个民族。

收到萨特的信后，不管怎样情况有所好转，她甚至重新拥有"她的小后宫"，因为维德里纳突然来到巴黎。科萨也在巴黎。见此情景，索罗金"穿着那件黑色油布风衣"，显得阴郁，但却十分庄重，骑上自行车一声不吭消失了。

战争日记结束于"周五，7月19日"。差不多两个月前法国崩溃。从日记中无法准确知道这一崩溃对海狸来说究竟意味着什么。总之，最主要的是由于与萨特和博斯特失去联系产生的空虚，这一空虚导致她的自我"丧失"[3]，要阅读《年华的力量》才能稍微有所了解。

---

1. "每个自我意识都应该追究他者意识的死亡，因为它可能从中失去自己的生命，也因为他人对它来说不比自己更有价值。"（《精神现象学》，第143–150页）

2. Cf. Marc Ferro, *Histoire de France*, Odile Jacob, 2003.（参见：马克·费罗，《法国史》）。

3. *FdA*, p. 526.（《年华》）。

她关心的并不是战败本身，并不是我方军队和行政机构先后轰然崩溃这可怕的事实，而是"法西斯"的到来。显然不能"屈服：它与我所有的生命价值相悖"。但她会缅怀法西斯打击的世界及其组织吗？不一定：刚被消灭的第三共和国，如果将它所拥护的"资产阶级自由主义"作为"正题"[1]，法西斯主义作为"反题"，那么有希望看到"我们渴望的合题：社会主义"[2]的产生。将这一分析进行到底，可以推论法西斯主义在某种程度上符合"历史规律"：也许是恶，但却是"催生"社会主义必要的恶。萨特在1940年3月8日《奇怪战争笔记》中写下的正是："1938年战争可以成为革命契机"——它打击"资产阶级"制度，催生社会主义，"正因为此，资产阶级在慕尼黑投降"。

但这一合题在占领时期以及随之而来的与德合作中起不了太大作用。怎么办呢？满足于"不屈服"于法西斯主义，"拒绝"法西斯主义？从实际意义来讲，这意味着什么？很难想象1940年夏究竟是什么样子：人们等待关于战犯的最终决定，担心食品供给，害怕寒冬的到来，德国人的存在习惯成自然。但从1940年秋开始，随着最初几部种族法的颁布，合作制度开始露出它的真面目。希望，能做的也唯有希望而已。在现已出版的萨特信件中，找不到海狸在《年华的力量》提到的"他从巴卡拉寄给我的信"，在那些信中，"他坚信我们的想法，我们的希望最终能取得胜利"。在我们目前看到的信件中，萨特谈论的主要是他对解放满怀信心的原因，以及和海狸"永远"在一起生活的渴望。最让她震惊的是"新计划"的出发点："您还记得我从前跟您说，一个作家要成熟，必定有些东西发生在他身上？而现在这些东西在我身上发生了。"[3]

"合作"制度建立的时候，法国人如何作为？知识分子对共和国的覆灭如何作为？这成为当时的重大问题。其实这个问题在战前就已初现端倪。那些为战败欢呼的人，比如德里厄·拉罗歇尔[4]，在战前就表现出对

---

1. 正题、反题、合题：德国哲学家黑格尔用来说明发展过程公式。认为一切发展都经历三个阶段，即正题（发展的起点），反题（第一个否定），合题（否定之否定）。——译注
2. *FdA*, p. 526. （《年华》）。
3. 1940年12月10日信件。
4. 德里厄·拉罗歇尔（Drieu la Rochelle, 1893 – 1945）：法国作家，二战期间与法西斯有染。——译注

共和国的憎恶，对议会制的反感，对民众的蔑视。但"反法西斯"左派中存在很多分歧——从关于"文化保护"的几次会议中就可看出来。比如，阿兰是彻底的和平主义者，但怀疑能否维持一个理想化的共和国，相应的，他对教育问题感到担忧。

与之相反，共产党人紧紧咬住"阶级斗争"原则，蔑视"资产阶级"共和国，正出于这种蔑视，阿拉贡在人民阵线纲领出台之时写道："让烈火燃烧莱昂·布卢姆和社会民主党的改良家。"战败后的那几个月，国家风雨飘摇，前途未卜，涌现各种政治路线，有些是总结过去经验而成，有些出于突然觉醒。这些决定或者说态度将对法国未来命运产生无法估量的影响，为战后若干年政治与意识形态纷争埋下伏笔。在彻底相对甚至敌对的选择中，呈现截然不同的个人命运：德里厄·拉罗歇尔、阿拉贡、马尔罗[1]，上一辈的有阿兰、马克·布洛赫。

这些著名人物当中就有马克·布洛赫，他也是诺曼底人，也取得教师从业资格，同样也纯粹是"议会制和官僚主义"的产物。他比"可爱的同学们"那帮人年长二十岁（他出生于 1886 年），是共和法国的杰出代表，与法国存在两层联系：一方面是大教授、诺曼底人、教授的儿子，另一方面是"共和国的犹太人"，"除了在反犹分子面前，从不承认自己的犹太血统"[2]。正是因为这样的身份，他对那些将共和国引向失败的人提出的控诉才尤其重要。因为，在维希政府时期，对战前社会的批评也是"民族革命"的一大主题，不过，出于各种截然相对的理由或动机，人们怀疑政府的宣传。对维希政府及其走狗而言，一切问题出在共和国和"肮脏猥琐的小学教员"（克洛岱尔语）身上。相反，对与阿兰过从甚密的布洛赫来说，一切问题出在没有充分告知民众的那些东西上。但和阿兰不同的是，布洛赫并非和平主义者，也许因为身为犹太人，他清楚希特勒制度的极端危险性，清楚希特勒给欧洲、给法国带来的致命威胁。同时，不可否认，马克·布洛赫爱好军事——许多人出于良好愿望痛恨军事，比如萨特和年轻的博斯特。为了形成一支现代化军队，他一边指出参谋部不可饶

---

1. Lire de Maurizio Serra, *Fratelli separate,. Drieu – Aragon – Malraux*, Rome, E-ditions Settecolori, 2006.（莫里其奥·塞拉，《分道扬镳的兄弟，德里厄，阿拉贡，马尔罗》）。
2. *L'Etrange Défaite, op. cit.*, p. 31.（《奇怪的溃败》）。

恕的过失，一边加入维希政府另一个强大对手的阵营：戴高乐，当时还是上校，他不赞成共和，而是个天主教民族主义者，有一段时间跟莫拉斯接近。这场"相遇"——实际上他们从没有相遇，布洛赫在国内参加抵抗——勾画出抵抗运动的矛盾特征之一：我们知道芒戴斯·弗朗斯到伦敦与戴高乐会合，但在1958年5月13日他却彻底是戴高乐的对手。

在加入抵抗运动之前的几个月，马克·布洛赫用全部精力思考两大主题：对失败的分析与"重建祖国"的可能方案。如果说"祖国"这个词将他与戴高乐连在一起，他们二人对这个词的理解却不尽相同。"祖国"，对戴高乐而言，是一个肉身与神秘的整体，而对马克·布洛赫，即使他也由衷热爱着祖国，却跟戴高乐不同，他理解的祖国，是1792年拿起武器的人民，是集体意识，或者像斯坦利·霍夫曼在《奇怪的溃败》口袋书的序言中所说："这样一个共和国，代表法兰西民族新生的共和国，公民们有义务为之斗争，为之牺牲。"[1]

这位军人正是如此投入战争——两次战争，中间隔了二十年。他是位军人，这无可否认，他过着循规蹈矩的传统家庭生活，他还是一部杰出历史学著作（《国王神迹》）的作者，此书成为年鉴学开山之作。他以上尉头衔退出1914年大战，此前受到过两次嘉奖。1939年8月24日在他自己主动要求下入伍，尽管此时他已上了年纪（五十三岁），而且家庭负担很重。他参加了弗朗德尔战役，在战役最后几天，他退到敦刻尔克，艰难抵达英国，然后又立即回到瑟堡，停战之后转到自由区。在参加抵抗运动之前，他正是在那儿写作。他于1944年3月8日被捕，后被押送至蒙吕克，没几天便惨遭枪决，时间为1944年6月16日。他的个人历史极具代表性，思想路线也是。

尽管同"属于左派"也都是彻底的反法西斯主义者，萨特和波伏瓦却与这一典型不同。当萨特对他们的"小集团语言"进行精妙分析的时候，他的用词意义深远："我们实际上是些与世隔绝的人。"中产阶级，是的（马克·布洛赫也是）。"民主，"萨特继续道，"官僚主义、中央集权与我的骄傲、与我的知识分子和作家身份相配，使我变得封闭和无种族。"马

---

1. *L'Etrange Défaite*, *op. cit.*, p. 17.（《奇怪的溃败》）。

克·布洛赫绝对不把自己看成是"知识分子",即使他从事知识分子的职业,更不把自己看成是作家,即使他的文字简洁明澈,毫不留情面。至于"种族",他有理由加以怀疑,正是归属问题,像他一样的犹太人才成为"种族偏见"——他这样委婉地指出一个布列塔尼贵族后裔军官对犹太人的态度——的牺牲品。与萨特不同,布洛赫有着"集体"意识——不是以血统和对"土地"的眷恋定义的德国式的 Volk [1]——而是一种"公民社会" [2]。"在任何人类族群中,个人都不是全部,"他写道,"当一个社会组织良好的时候尤甚。" [3] 战争时期,集体应该服从领袖:关于这一问题,马克·布洛赫的论述十分精到。他自己并不拒绝成为领袖,因为,如果说他痛恨集权,他也同样痛恨混乱。一支军队不能没有优秀的军官,尤其不能没有优秀的领袖,受到下属爱戴与服从的领袖:"一位真正的领袖,"他写道,"可能首先要能咬紧牙关,要能给他人传递信心,这一信心只有他才具有,要能在任何情况下不对自己感到绝望,最后,要能做到,不管对手下的人还是对自己,与其接受无用的羞辱,不如牺牲换取未来的胜利。"——斯坦利·霍夫曼在同一篇序言中指出他的这种戴高乐式的语调。

与之相对,萨特和他的朋友、他从前的学生雅克-洛朗·博斯特的自由主义思想与阿兰的态度不谋而合,阿兰在《战争回忆录》中写道:"所有教养良好的男子都应该成为军官,这似乎得到公认。然而,我认为恰恰相反,一位教养良好的男子应该拒绝成为军官 [……] 因为权力会把施行权力的人深刻改变。"从某种意义上讲,马克·布洛赫已经预料到会有这种反对意见,他自己也希望能够将"驯服"、"归顺"之类的字眼从军事词汇中去除。他厌恶的,是一些军官的人性缺点和无能,他们自以为是,在鞍辔底下衰老,纠缠于细枝末节,过惯了太平日子,战争在他们眼中倒成了恐怖的怪事,最好不去想。不过,他对"士官",对"连、营、团"的指挥官尽是尊重甚至欣赏,因为当他们的职业"以法兰西精神高贵地发挥作用时,是美好的职业" [4]。

我们现在能更好理解萨特和波伏瓦在停战后的 1940 年夏天所处境况。

---

1. 德语词,意为人民、民族。——译注
2. 此为多米尼克·斯切纳波尔一本书的书名。
3. *L'Etrange Défaite*, *op. cit.*, p. 62.(《奇怪的溃败》)。
4. *Ibid.*, p. 121.(《同上》)。

从 1939 年 9 月开始的通信和他们的笔记与日记中，可以看出他们主要还是关心伦理与哲学问题。他们对形势的判断，也即他们的生活将会、将可能会是什么样子，既没有达到又超越了时势要求。远没有达到：如果我们想到马克·布洛赫的命运，想到他投身于抵抗运动，最后还搭上自己的性命；超越，大大超越，如果我们想到那还未确定甚至不大可能的未来，根据萨特和波伏瓦提到的辩证超越法出现的未来，想到法西斯和"资产阶级自由主义"斗争下可能诞生的社会主义。

在关键时刻，在需要做出行动的时刻，他们不作反应，对现时不作反应。他们要么处于过去，要么处于未来。很多事情可以解释这一点，他们有自己的人生道路，感觉在这条道路上还有许多理论和实际事务未完成，早在十几年前他们就在一起探索前进了。这是他们的"文化"，政治、意识形态"文化"。西蒙娜·德·波伏瓦："我们是些精灵。"萨特："我们是些与世隔绝的人。"鉴于个人历史、教育背景，他们不善于做历史与政治分析。战前，他们和阿兰、和左派普遍的和平主义接近，不过不赞同他们的唯物论，也并不关心他们所操心的教育教学问题。在战争和战败时期，出于"乐观主义"，他们远没有陷入"泥沼"，而是越过"泥沼"向前进。自然，他们与反议会制的自由派没有什么共同之处，但他们从来都不是布洛赫与阿兰意义上的"共和派"，他们从不参加选举，蔑视"集体"，哪怕是一个公民集体。他们仇视"中产阶级"秩序，蔑视传统，不习惯考虑一个"民族"、一个"国家"的命运，更别说"法国"的命运了：对他们而言，值得考虑的只有个人以及对个人拯救的寻求，而这种寻求是与一种自由行动、一部著作联系在一起的。

对于战败，以及笼罩法国的"法西斯主义"的看法，使得他们既没有像马克·布洛赫一样参加国内抵抗运动（萨特后来很晚才加入），也没有像戴高乐一样想要重组海外力量，依靠殖民地的支持重新进行反抗。西蒙娜·德·波伏瓦跳出时代，指出"社会主义"多多少少必须经由"法西斯主义"这一"否定"阶段才能达成。她的这种想法是在看到"新学期"（她从不放弃使用这种学校用语来表示时间）伊始新的国家制度开始实施时形成的。说到底，现行制度比之前"中产阶级"共和国还要糟糕："我又重新看到那种狂热的愚蠢，它曾使我的童年一片黑暗，现在又冠冕堂皇地压制整个国家。"[1]对一个让人反胃的制度没什么好指望的，但之前的制度也没什么值得挽救的。"维希的具体情形我从来不感兴趣，因为维希政府总体上是一出耻辱的闹剧。""总体上"，脱口而出。不过这跟形势、跟斗争符合吗？确实，完全反对纳粹与完全反对合作制度可能没什么区别。但是在占领区的斗争和日常生活总是需要掂量可以与不可以做的，应该与不应该做的，而"总体上"的反对，以及她心中时刻燃烧的"怒火"使这种掂量变得不大可能。如果说应将希望寄予"革命"，那行动就是无用的：这绝对彻底让人无法宽恕的一切，自然会被绝对彻底地推翻，这样的时刻自然而然会来临。

历史——小写的历史——却揭示出抵抗运动的成果最终是靠每个个体的点滴工作，通过在黑暗当中不起眼的基本行动取得的。每个人在行动的时候都觉得自己只是链条上微不足道的一环，如果自己倒下，会有"一个从暗处站起来的朋友"[2]替代自己。在跟随海狸穿越"黑暗年代"的时候，我们需要谨记这一点。革命，他们总是将革命首字母大写，汇集各种斗争形式的革命，是一个神秘的飞跃，是一种信仰的转变：个人销匿在承载未来的阶级属性中，不管这一未来属于现在的无产阶级还是将来的被殖民阶级；在这一未来中，自由主义世界、中产阶级世界孤独、彼此没有联系、没有计划的个人，其所有缺陷才能得到补救。

正因为如此，一旦发现"个人存在的集体维度"，海狸即矛盾地纠正自己的前进方向，因为这一根本性选择使她免于卑微甚至黑暗的日常斗争。确实有两条大道向她敞开，两条辉煌的道路，一条是人类历史，在迈向社会革命的途中担负责任。另一条，作品，这对海狸尤其重要，在提出和承担一个新的概念"责任"的同时，作品大致也承担了存在的"集体"维度。海狸说，我们无法单独自我拯救。我们无法置身事外：比如战败，我应对战败负责，我和其他人一起共同造成了目前这让我悲泣的局面，比方说，在战前，我没有将形势认真看待。"根据一个社会是努力向自由迈

1. FdA, p. 534.（《年华》）。
2. Le Chant des partisans.（《拥护者之歌》）。

进，还是陷入惰性，满足于受奴役的地位，个人可以将自己看成众人中的一员，还是蚁群中的一只。"

不幸在于，在这时候，在10月的那些日子，在未来的几个月，很难将这一宏观展望落实到行动。她只能激活这种"受制"，给纯粹的被动注入行动和创造的力量：工作。只能重新投入工作，她说。同时投入生活："我一边谴责自己从前的懒惰，一边发现自己无事可做，除了生活、苟活，等待转机。"[1]

---

1. *FdA*, p. 538. （《年华》）。

第五章

恐惧、愤怒、无能为力

海狸《回忆录》的写作终于触及到了一个微妙的时刻。在占领期以及之后，有那么多的流言蜚语，关于萨特的无所行动，关于释放他的条件，关于他没有被列入"奥托"被禁作家名单[1]，关于他很晚才加入抵抗运动……关于他的剧本《苍蝇》在1943年获准演出……关于海狸接受在维希电台的工作，等等。人们猜测他们已经效忠甚至赞同附敌行为，不，当然不是真的。但对一些人来说，他们日后加入"进步"阵营，似乎是对他们在黑暗年代的消极态度所做的弥补，让人反感，而他们后来的激进又与当时的软弱形成过于强烈的对比。这段历史时期有理由相当敏感。但围绕他们在这段时期的生活，恶意乃至时不时的谎言充斥左右，因此难以平静探讨他们的实际态度——仓促行事之后紧接而至的失望、观望主义、明哲保身、她的"小家庭"与作品、寻求未来"革命"的激进解决手段、在对形势的拒不接受与行动的无能为力之间不可逾越的矛盾……

海狸知道那些流言，并为之气恼。说海狸严阵以待有点过火：可以说

---

1. 指的是占领期间德国政府于1940年9月28日公布的长达十二页的禁书名单，以当时德国驻巴黎的大使奥托·阿贝茨（Otto Abetz）的名字命名。

她有所防备。《年华的力量》语气不同于《闺中淑女回忆录》，她自己都注意到了。从战争开始，确切地说是从占领开始，我们的传记作者文风有了决定性的转变。她采用了一种叙事体系，该体系建立在对传记文体提供的可能性了解之上，其中包括给发生的事件添加一层半透明的涂层，进行隐形干预。历史学家清楚，没有事实，只有阐释。二者之间的距离在回忆录中受到极大限制，因为总是一个"我"在讲述：不过并不总是人们以为的那位。1958年的"我"，写作《年华的力量》的"我"，从不进行干预，除了在一两处罕见的注释中。它总是把话语权交给当时的"我"，那个占领初期的"我"。然而，却是后来的"我"——意义的捐赠者，支配者——自由引导读者的意识，而读者甚至都不会察觉。

1940年末。画面定格。战斗的海狸再过几个月就满三十三岁了，正处于生命新阶段的门槛，她的一部作品也即将问世，对这部作品她感到前所未有的坚定。自从在少女时期行将结束时，她胸口怦怦直跳地自我承诺，要将自己的存在建立在完全崭新的基础上，她梦想"成为自己的因，成为自己的果"[1]（而我们可以注意到，这本是上帝的特性），从那以后，她就没有软弱过：她努力将这史无前例的计划进行到底。其间并没有经过可怕的考验。她有过犹豫，但她挺下来了：她的顽强、果断、对幸福的渴望，丝毫没有动摇。她恢复精神，投入工作，《女宾》进展顺利，但是考验重新降临，中断一切，让她震惊：她原先生活在疯狂的无忧无虑中，战败让她睁开眼睛。"时光破碎，大地迸裂，我变了。"[2]

1940年末。挥之不去的羞辱感将她淹没。她像成千上万等待丈夫或情人回来的其他妇女一样，等着萨特回来。她搬出祖母的公寓住进瓦凡街的达那玛尔旅馆。巴黎"灰暗一片"。9月末开始实行限量配给。居民日渐增多，一些熟悉的身影又重新出现，比如马尔科——此人卑鄙到极点，她早就感觉他能做到如此卑鄙，尤其在他故作神秘地声称"我能跟菲利普·贝当说上话"[3]的时候。秋天伊始，维希政府最初出台的儿部法令揭露了它的真面目。海狸在日期上有些混淆，但事实都是准确的。10月24日，贝当与希特勒在蒙特瓦尔握手，宣告纳粹德国与法兰西政府合作制度的诞

---

1. *MJFR*, p. 197.（《闺中淑女回忆录》）。
2. *FdA*, p. 423.（《年华》）。
3. *Ibid*, p. 533.（同上）。

生，此前几周，10 月 2 日，"根据一条德国法令，所有犹太人都必须自我招供"，19 日，维希政府颁布《犹太人法》[1]。其实，《官方日报》是在 10 月 14 日刊登了 10 月 3 日颁布的《犹太人法》："第一条，根据现行法律，以下人员被视为犹太人：祖父母和外祖父母中有三位具有犹太血统，或者两位具有犹太血统且本人配偶是犹太人。第二条，禁止犹太人获取、行使公职和已列出的各项职务。"在这条律令的基础上，到 1942 年，又出台了一系列法律和歧视政策，内容涉及对外国犹太人的拘禁，对犹太人的"监视"，大学的"犹太人录取限额"……1941 年 3 月 29 日，"为了整个国家的利益，现成立犹太人问题委员会，负责向国家元首准备和提供有关犹太人身份的相关法律措施。"1942 年 5 月 29 日第八号法令："犹太人显著标志：1. 犹太人必须去警察局领取星形徽章。每个犹太人会获得三枚徽章，作为交换，他必须交出一张布票。2. 禁止六周岁以上未佩戴徽章犹太人出现在公共场所。3. 犹太徽章为六角星，手掌大小，黑色边线。黄色底布，上面印有黑色字体：JUIF[2]。必须将徽章牢牢缝在衣服上，在左胸位置显著可见。"

现在我们能够理解为什么 1940 年中海狸再见到比安卡时，两人之间的气氛变得异常尴尬。早在 1939 年，"当她和我谈起她在维也纳的表兄弟时，我就有些羞愧地感到她将经历不一样的历史"[3]。海狸对奥尔嘉的答复多么抽象啊："犹太人，这不存在，只存在人！"当她和"路易丝"在"9 月最后的美好日子"骑车出游的时候，她感到痛苦，一边似乎是整个法国染上的"疲乏症"，一边却看到老城墙环绕下平和的葛洪德小镇，或"沐浴着和煦阳光的莫尔比昂海滨"[4]。

所以进入黑暗年代的海狸内心充满内疚与不安。当她听到广播里传来当时新主子和他们的奴才发出的冷酷或者奴性十足的讲话时，她唯一的感受是"怒火中烧"。萨特还没回来，历史进入所有人的生活，也进入他们的生活，但不管怎样，"剧院重新开张"[5]。从某种意义上讲，占领时期是

1. *FdA*, p. 534. （《年华》）。
2. 法语"犹太人"。——译注
3. *FdA*, p. 528. （《年华》）。
4. *Ibid*, p. 531. （同上）。
5. *Ibid*, p. 538. （同上）。

奇怪战争的历史重演：非驴非马，程度加深而已。这次没有前线没有后方，大家都重新变成平民，或正在重新变成平民，如果像大家希望的那样，战犯都被遣回原籍。实际上，情况并非如此。否则如何？照从前那样生活？绝对不照从前那样生活？非此非彼。只能说：不一定绝对照从前那样生活。杜兰在巴黎剧院重新执导《普鲁特斯》，他给奥尔嘉安排了一个小角色，她演得很好[1]。"在被占领的法国，"海狸如此评论，"赞同侵略只需呼吸。"这句话表达了一切，然而逃避了对"赞同"的形式与程度进行思考。既然一旦呼吸就是"合作"，而我不能不呼吸，那就身不由己了。后来，抵抗运动开始，再后来，抵抗运动初具规模，有人列下清单，什么该做，什么不该做：比如可以在某家报纸投稿，而不可以在巴黎电台演讲。至于维希电台，值得商榷（她后来正是在那儿制作电台节目）。但就当时而言，生活只是一出皮影戏，真实与谎言混为一体，好与坏无法区分：蒂桑，这个"娇小的卢森堡女子"，她给杜兰的戏作曲，趣味十足，这有什么不对吗[2]？谁能够说，杜兰本有能力表现出英雄主义，有能力甘愿冒着生命危险做出伟大的英勇举动？时间还没到呢。但是消极抵抗是存在的，很容易，很快就可以做到。我们可以满足于做好本职工作，普普通通地生活，但同时不做一些事，比如外出吃饭、比如去剧院看戏，以避免遇到某些人，损害自己的名誉。其他制度，在占领或恐怖政策下的其他制度，曾经让我们见识那些抗拒现有秩序的人在持续、坚定的默默反对中，表现出的灵活与力量。我们可以想象 1940 年秋的巴黎可能成为的样子：一座死亡之城，空荡荡的咖啡馆，废弃的街道！这就是对侵略者的欢迎！但事实相反，一个新世界在几周内建立起来了，新秩序得以确立，比如宵禁。海狸被"惰性"所俘虏，她清楚每走一步都有损个人名誉，但她看不出如此行为会怎样"导致实际后果"。于是，她去看戏，去杜兰的剧院看戏，杜兰没有表现得十分抵抗，和卡米耶差不多，卡米耶已经开始咒骂犹太人。似乎海狸不太清楚她去的是什么地方，在 1940 年那个秋天，像她这样的还有很多。

正是在第一次去剧院的时候她收到萨特的消息，她乱了分寸：他在集

---

1. *FdA*, p. 539. （《年华》）。
2. *Ibid.* （同上）。

中营的医务室。其他人叫她放心，说这是份美差，她又回到剧院。"这些灯光、红色靠椅、这散布在回廊间窃窃私语的人群，和先前填满我脑海的病床、高烧、尸体的景象，这之间形成多大的反差呀！"[1]她平静下来：重新开始通信。战斗的海狸似乎丧失了一切活力。她的勇气、警觉性、从不妥协的愿望、固执的意念，这些去哪儿了？她发现没有可以实现这些品质的对象，她看到身边的人也都如她一样"心平气和"。明显可以感到正在发生各种运动，但报纸一个劲儿撒谎！然而，11月11日，在法国，发生了一次骚动：一些大学生竟敢在香榭丽舍大街游行，揭开"法德友谊"的骗人面具。西蒙娜·德·波伏瓦心头蒙上一层孤独与不安，她写道："这些公然对纳粹说不的年轻人，我一个都不认识。"[2]从这句话的语气中，我们可以揣摩在合作制度初期黏糊糊的气氛中，除了明显的暴力，还有一种安静，一种无知，只有惊人的果断才能将之打碎。

不管怎样，巴黎人的命运已被毫不含糊地安排好了：1940年11月1日，奥托·冯·斯图普纳格尔将军成为德国驻法军事行政长官。在未来的几个月，大街小巷的布告底部出现的正是他的名字，那些布告都是关于对人质或"恐怖分子"的处决——比如，12月28日，通告对雅克·彭塞尔让的处决。"这人是谁？他做了什么？"海狸写道，在注释中指出她后来才知道他被逮捕与处决的详细情形[3]（一个德国军官被人群推搡，于是逮捕了雅克·彭塞尔让，因为他个子高，在人群中特别显眼）。在占领或恐怖制度下总是存在这样一种情绪，它混杂着无知、潜在的危险和四处弥漫的恐惧，扼住生活的每时每刻。

在抵抗运动这个词出现之前，就已经存在抵抗运动本身，最初几次游行都发源于大学。占领方和维希政府决定采取压制措施。确实有一些中学生和大学生在墙上涂"胜利"的首字母V，或者在地铁里高喊"戴高乐万岁"。一些老师表达对犹太同事的同情，根据10月19日《犹太人法》，这些同事被赶出教育界。11月11日爆发了第一次"著名的抵制占领与合作的公开大游行"[4]。参加这次游行的都是年轻人，巴黎的中学生和大学生。

---

1. *FdA*, p. 539.（《年华》）。

2. *Ibid*, p. 540.（同上）。

3. *Ibid*, p. 542.（同上）。

4. 见《爱国抵抗者》（*Patriote résistant*）2000年11月。

弗朗西斯·科昂，当时为大学生共产党员，后来成为《新批评》杂志的主编，他在 1990 年 11 月 10 日《人道报》上撰文："我们大学生共产党员的行动就是在这种气候下进行的。[……] 我们人不多，但是都很积极。"10 月 30 日，物理学家保尔·朗之万，1934 年反法西斯知识分子警戒委员会创始人，被捕。11 月 6 日，在索邦大学附近，发生一起大学生和德国国防军士兵群殴事件。紧接而至的逮捕。8 日，德军装甲车和法国警察部队在法兰西学院四周布点。宣传单漫天飞舞："学生们！反对逮捕朗之万教授！我们的第一位领袖被投进了监狱！反对审查我们的书籍！反对在教室里安插党卫军！反对奴化法国大学！"

越来越多的人号召 11 月 11 日在香榭丽舍大街聚集。传闻四起，BBC 传递了一条讯息：11 月 11 日[1]为逝者献花！《爱国抵抗者》同一篇文章中引用一名犹太女大学生布朗热·雅科的见证，和比安卡一样，她也是波兰移民，八岁时和父母来到法国，因为国籍问题不得不放弃医学学业。"我们组约好在圣米歇尔大街和圣日尔曼大街街角的古罗马公共浴池前集合。等了一会儿，三十几个人陆续到达，为了不引起注意，彼此没有交谈。其他组也到了，我想是布封中学的，也有其他学校的……我们打算在那天游行。我们想要捍卫自己的荣誉，1918 年我们战胜了德国。"其他大中学生纷纷加入他们的队伍，因为他们或者他们的父母听到 6 月 18 日的号召。出于谨慎，同时也害怕游行高度象征意义带来的影响，当局宣布不得举行纪念仪式。但其他行动已经准备就绪：凌晨五点半，一个由律师、教授和知识分子组成的反对小组在香榭丽舍大街的克莱蒙梭雕像下放了一束鲜花，雕像被三色绶带环绕，旁边还有一张硬纸板做成的名片，长一米，上面写有戴高乐将军的名字。从下午四点半开始，五千到一万名示威者汇聚香榭丽舍大街，大部分是青年，但也有教师、学生家长、退伍军人。口号不绝于耳："法兰西万岁！"、"打倒贝当！""打倒希特勒！"有些人挥舞两根钓鱼竿高喊："戴高乐万岁！"警察没有介入，一些警察建议示威者任德国人到来之前离开。德国人突然出现，枪火闪耀，宪兵护卫队从比亚利兹电影院涌出，横向路段路口驶出车队，机枪手全副武装瞄准马路。大约一百五十名学生被逮捕关进"追寻午时"监狱，后来都得到释放。11

---

1. 11 月 11 日为一战停战日。——译注

月 17 日，巴黎大学和其他三十多所高校被关闭，直到圣诞假期才重新开放。

在雅克·多里奥[1]的报纸《人民呼声》中，我们能读到以下文字："不要把一小部分没有头脑的闹事者和外国佬与巴黎绝大多数青年混为一谈。"这一切都是"犹太青年、年轻的社会共产党员、没有教养的年轻共济会员"的错。

没有什么来打破海狸的"孤立"——总之在她交往的圈子里没有谁真正对这些还不成熟的运动感兴趣：杜兰不感兴趣，合作时期他的戏剧生涯没有中止，奥尔嘉更不感兴趣，圆顶咖啡馆和双偶咖啡馆的其他常客也不感兴趣。某天晚上，海狸在巴黎剧院的门厅里晚餐，卡米耶高调宣称"伯恩斯坦[2]的时代"早该结束了，此话一出，海狸吃了一惊，杜兰面有窘意。卡米耶与很多知识分子一道妥协或者说归顺：被查禁的《法国新杂志》在德里厄主持下重新出版。至于阿兰，海狸对他表现得出奇的严厉："他一直顽固坚守和平主义，现在他接受合作我几乎不感到吃惊。"[3]话可能说重了：最近一本书[4]可以缓解这语气。阿兰已经公开表示支持慕尼黑协定，但对裁军条约始终不满。另外，1914 年尽管已经四十六岁了，他还是想入伍。在被占领的法国，他没有站在抵抗运动这一边——确实他早已过了七十岁——他甚至给德里厄的《法国新杂志》投了几篇稿子。不过他并没有给合作制度大唱颂歌，连妥协接受都没有。其他人可没有留在暗处：尤其布拉西雅克[5]，他在当时创建了周报《我无所不在》。

---

1. 雅克·多里奥 1898 年出生于布列斯勒（法国市镇名——译注）的一个贫苦家庭，1920 年加入第三国际，在法国共产党内青云直上，直到成为法共总书记候选人。落选之后，他为合作制度辩护，支持贝当元帅。死前与达尔南德和德阿特一道在锡格马林根（德国市镇名——译注）政府委员会任职，他被一架盟军飞机击中，死时身穿德国军装。德里厄·拉罗歇尔正是通过他加入了法国法西斯。

2. *FdA*, p. 541.（《年华》）——原注（埃德华·伯恩斯坦（1850－1932）：著名的修正主义者，1899 年出版的《社会主义的前提和社会民主党的任务》，标志着伯恩斯坦修正主义思想体系的最终形成。他也是社会民主主义的开拓者，对后世西方影响很大。——译注）

3. *Ibid.*（《年华》）

4. Thierry Leterre, *Alain, le premier intellectuel*, Stock, 2006.（蒂耶里·勒戴尔，《阿兰，第一位知识分子》）。

5. 罗贝尔·布拉西雅克（Robert Brasillach, 1919－1945）：法国的亲法西斯作家。——译注

178

海狸守着她的小家庭，丽丝、奥尔嘉、比安卡，很少出门，在圆顶咖啡馆"写小说"，1940 年冬天特别寒冷，她在咖啡馆边写作边"取暖"，晚上在花神咖啡馆度过，那家"从来没有占领者进去过"。她和丽丝的关系变得有些糟糕，这年轻女孩尽管带着几分"农妇样"，但出落得相当标致。海狸支持丽丝的反叛，准备了一场斗争，结果没能全身而退，丽丝母亲指责她"诱拐少女"，海狸被学校开除——大家应该还记得这些，事情比《年华的力量》中的讲述要稍微复杂。至于萨特，他本可能和许多人一样，在未来的四年呆在波梅拉里或奥地利蒂罗尔的某个集中营里。如果是这样的话，海狸可能彻底陷入"封闭"与"无能"状态，跟其他人一样面临取暖和食品困难，和其他妇女一起排队给他寄包裹。但在 3 月份，他回来了，"在第一晚"就向她宣布，他回到巴黎可不是为了享受自由（自由要加引号）的甜蜜，而是"为了行动"，她惊愕不已，哑口无言："可我们这么孤立！"他说："正是应该打破这一孤立，要团结一致，组织抵抗运动。"[1]另外，他本人在《告别礼》后的《对话》中也说："回到巴黎后的第一件事似乎就是：组织一个抵抗小组，努力争取大多数人参加抵抗，创造一场暴力运动驱赶德国人。"[2]

如同一个人将追捕者的注意力引向自己从而保护另一个人逃走，海狸有意将读者的目光引向一幅对比鲜明的画面，画面中的她扮演较差的角色。她迟钝无为，而萨特具备警觉性，强烈渴望行动——需要说的是，到具体落实行动的时候，他困难重重。总而言之，他回来后，她对他的决心感到惊讶。当然，她从没有一刻怀疑过萨特和她同样仇恨占领——德国人占据法国领土，仇恨合作——以法国政府机构及其公务员为同谋建立的一套等级制度。不过他走得太快、太远了，这是事实：她感到"跟他说的不完全是同一种语言"[3]。他们确实经历了完全不同的情形；她没有估量在分别的几个月当中发生的一切。当他用一种道学家的口气问她："您没有去黑市吧？"当他指责她签名确认自己既非共济会员又非犹太人，她几乎生气了。从集中营出来后，他变得极端。他参加了一个"反法西斯小组"，该小组发誓不对德国人妥协半步。在《境域（四）》[4]中，萨特讲述了在

1. *FdA*, p. 550. （《年华》）。
2. *Entretiens de 1974*, in CdA, p. 492. （《1974 年对话录》，见《告别礼》）。
3. *FdA*, p. 548. （同上）。
4. 法文版第 348 −349 页。

刚刚重获自由的时候，对失去被俘几个月中所经历的"集中化生活""隐约感到遗憾"。他一回来后便住进朗巴尔大街23号他母亲和继父的家，做一次"安适的中途停靠"，然后重新投入生活，投入自由"令人窒息的空气"中去[1]。他确实需要花费全部精力将集中营毫不妥协的精神带到平民生活中去。但逐渐地，海狸写道，他放弃了，"适应"了新形势。

法国被分成两部分，文化文学生活也是：一些德国人融入法国文化生活，比如格哈德·黑勒、驻法大使奥托·阿贝茨、恩斯特·荣格尔，他们都很出色，品位高雅。不过1940年9月，第一份"奥托"名单（第二份于1942年发布）出炉，禁止销售一些作家的书。马尔罗、尼赞、德尼·德·鲁治蒙都在名单上，而他不在。萨特可能同时发现一切，包括地下运动的诞生，甚至"抵抗"这个词的诞生——"抵抗"是人类博物馆小组发出的一份号召的标题。开始在巴斯德学院授课之后[2]，他很快就与一些人，尤其是与梅洛－庞蒂，让－图森·德桑蒂及其妻子多米尼克建立联系，让－图森·德桑蒂当时二十六岁，正准备参加教师资格考试。第一次会议在密史脱拉旅馆海狸的房间里举行，博斯特、让·布庸也都参加了……社会主义与自由小组在接下来的几个星期几个月逐渐形成，不过它仅是昙花一现。至于这个小组的组成，它设定的目标，实行的方法，以及它的演变，海狸只是轻描淡写，但我们可以通过安妮·科恩－索拉收集的见证将情况了解得更加清楚。萨特从复活节假期（1941）回来后便"努力寻找政治关系"[3]。海狸重温了在密史脱拉旅馆她的房间里第一次开会的情景。是让－图森·德桑蒂兴高采烈恶狠狠地提议"组织个体袭击"。不过，海狸说，"我们当中没有谁自认有能力制造炸弹或扔手榴弹"。最后决定"搜集信息"和吸收新成员。他们很快与打听到的其他小组建立联系；大家在卢森堡公园附近的丁香园餐厅或在花园里，在乌尔姆街的小屋子里或在旅馆的房间里会合。当她现在（将近1960年）回想的时候，她感受最深的，是当时成员稀少，"一点都不谨慎"。她用调侃的笔触描写一些成员

1. Annie Cohen－Solal, *Sartre, op. cit.*, p. 292.（安妮·科恩－索拉，《萨特》同前）。
2. 萨特在孔多塞中学的任命遭到流言攻击，一位叫德雷福－勒甫瓦耶的老师因为种族问题被解职，萨特本可以代替他，但此前已有阿尔及耶接过这个职位。
3. *FdA*, p. 551.（《年华》）。

危险的业余性质，那些家伙兜里揣着传单散步。但说到底，对于萨特设计的小组结构，它追求的目标，以及实现目标的具体行动方式，海狸并没有发表任何评论。难道是因为海狸深知自己在这一领域知识与能力都几乎处于空白，所以她小心不发表任何评论？或者是因为对于政治行动及其目标，她与萨特持同样的看法，所以她没有特别加以注意？

对于成功的可能性，海狸和萨特都十分悲观，认为最好确立一个"长远目标"："为未来而准备。""如果民主制最终胜利，到时会需要新的指导思想。"小组的最初成员也都认同这一看法，萨特并不十分考虑即时行动，而对德国战败后的未来想得更多。可占领要持续三十年呢？梅洛－庞蒂反驳道[1]。至于海狸，对于德意志帝国在短期内的溃败，她不像萨特那样坚信不疑。她记载德军接二连三的胜利，记载意大利"占领了整个希腊"，记载合作者在法国的胜利。会议一个接一个地开，直到 1941 年 6 月，根据拉乌尔·列维的回忆，当时卡瓦耶对列维以社会主义与自由小组的名义传达的信息太少表示失望[2]。在夏天到来之前，小组的两位"领导"萨特和梅洛－庞蒂忙于起草文件，一人起草一份，《年华的力量》中说："为了我们的首份公报。"萨特写了一篇长文，陈述解除压迫后的法国未来的前景。不过，据让－图森·德桑蒂的说法，萨特"并不是从真正的政治实践出发进行思考，对于政治实践，他其实没有特别兴趣"。分歧越来越大，萨特最终孤身一人。正是在那时候，他决定去南方，会见一些著名作家，如纪德、马尔罗，准备说服他们加入社会主义与自由小组。回来后，根据科昂－索拉尔所言，小组的状态一日不如一日：如垂死之人，"一直挣扎到 1941 年末"，最终宣告解散。这时出现了一些无耻诽谤，说萨特是"德国特工"，他得以释放的条件相当可疑。共产党人开心地四处传播这些诽谤。而小组成员后来正是在共产党内重新聚集在一起，加入一个组织更加完备的网络。

在描述了社会主义与自由小组最初情形之后，海狸展望了当时的前景：小组的行动与小组本身相背离。在"三重奏"历险中，经常出现一些

---

1. 科恩－索拉在"社会主义与自由"（Socialisme et liberté）一章中重现的见证，见《萨特》，同前，第 300 页始。
2. *Ibid*, p. 304.（《年华》）。

段落消解"三重奏"的粗暴，将读者注意力引向其他主题，这里同样如此，尝试创造一场严肃坚定的抵抗运动，结果遭到失败，这一失败消散在对他们共同生活的描写当中，他们的生活回归到工作状态，海狸"重获安宁"，因为萨特回来了。她的行文一以贯之，给人的印象总是所有的事件都发展得四平八稳，一帆风顺，所有的事都微不足道：对于萨特给《戏剧》杂志投第一篇稿子的记载也是如此（后文会再谈及此事），萨特投那篇稿子也许不慎重，后来很快抽身。似乎西蒙娜·德·波伏瓦在陈述事情的时候，有意提防对萨特及其行为哪怕最小的批评、保留意见或是疏远。（保护萨特是海狸最主要的目的之一。）她给他带来支持与安慰，在以后的岁月里有增无减，这符合战争逻辑，在这场战争里，她清楚他经常感到十分孤独。不管怎样，在这一时期，他们两人共同打造的理论战和政治战机器还处在摸索阶段，说谁可能比萨特更加现实、更懂战术、更讲究策略，这是不合适的。我们更不应该评说他的这个或那个行动步骤多少有些无用。

　　尝试联合名作家的南方之行宣告失败。在恰当的时候谈论这次远行可以谈论的东西，这无疑需要一种高超的叙事技巧。例如，与货真价实的抵抗者，比如皮埃尔·康的会面：海狸觉得当时自己处在无意识中，今天（1960年）为此感到后悔。可是谁能够猜到，萨特"长时间与之交谈"的皮埃尔·康某一天会"靠在墙上被枪决"[1]呢？不过，这场会面将他们的计划转为真实的行动努力。接下来记载了与纪德、马尔罗、达尼埃尔·梅耶不成功的会面，他们希望能联合这些人，获取支持。看到自己不受接待，海狸只记述了一些轶事：纪德害怕在人行道跌倒，马尔罗在一张贵族气派的桌子前显得凛然不可一世，至于达尼埃尔·梅耶，他只有一条建议：给莱昂·布卢姆寄一封生日贺信！"萨特很失望。"[2]海狸说。她究竟想说什么？达尼埃尔·梅耶提出这条温和建议嘲笑他们？但是它就这么没有意义吗？梅耶建议的"生日贺信"，其实是寄给贝当在1940年9月15日下令逮捕的那个人，他作为战败负责人，被关押在沙兹隆城堡，1942年受里奥姆[3]法庭审判。后来，他被囚禁在波尔塔雷堡，1943年3月，他可能经由拉瓦尔移交给德国人，关在布痕瓦尔德附近。他的兄弟在奥斯威辛集中营

---

1. *FdA*, p. 564.（《年华》）。
2. *FdA*, p. 565.（同上）。
3. 里奥姆（Riom）：法国小城。——译注

被杀害……所以寄这样的信有某种意义，某种政治意义：很多抵抗战士用这种方法表达他们对人民阵线领导人的支持以及对现有制度的反对。此处，第二个"我"，1960 年的我，本可以介入，面向战争年代的"我"，向她提供信息，可能她缺乏的信息（日记也许已经揭示了这一点）。有点像维克多·雨果，当他重新开始像三十年代那样从事政治活动，被流放到盖纳西岛时的做法：法兰西贵族，流放带给你教训！因为如果读者足够天真，或者背景知识了解不多，或者太相信文本，又或者看书的时候太匆忙（人们经常这样），那么，在这则轶事中看到的就仅仅是火气，并得出结论——达尼埃尔·梅耶表达了一番恶意。如同看不出缝纫痕迹的布匹，通过种种叙事方法以英雄主义与喜剧手法娴熟写就的那些趣事，消解了失败阴影：萨特在自行车上的功绩，当他上身套着一只"橙色轮胎"回来时取得的胜利，她自己在归途中摔倒，和死神擦肩而过……她"变丑"了，一只眼睛不开，少了一颗牙，她在一个十字路口等萨特的时候，有个人朝她喊："他把你弄成这样你还等他！"[1]

"南方之行"的失败是显而易见的，海狸只字不提，甚至把责任归于他人。如果事关她自己，她可能在书页底部加一个注解，反思她有时表现出的，比方说，唯心主义。但只要涉及萨特，她就不会这么做。"我们总是在一起讨论他（萨特）的态度，有时我影响他。"[2]她说。确实，这次似乎她说得更直接："我怕这次他活在幻觉中。"不过是对于什么的幻觉呢？不是对于他自己或他自己的能力。对于他人，对他遇到的那些逃避的人。也许时机选择错误，他聚集的那些人也许不能组成一个和谐的团队，也许他自己都没能领会周密组织与规划的必要性？他在南方之行中的说服力也许不够？不，是其他人没有做好，是其他人懦弱不堪。失败，远没有将他击垮，而是让他成长起来了。

在社会主义与自由小组事件中，海狸没有介入，不过看到"萨特重新投入工作"，她感到欣慰。说到底，也许她是对的：那儿并不是他真正的位置，她害怕看到他失去写作的意义，他一再迷失在庸俗的冒险中，迷失

---

1. *FdA*, p. 568.（《年华》）。
2. *FdC*, p. 15.（《时势》，卷一）。

在他绝对不适合从事的活动中。此外，这也关系到她的幸福。她不会跟自己的快乐赌气。这一时期是对他们重新得到的幸福，对她"精神分裂"状态的结束真实而迷人的记录。甚至这不可思议的自行车之旅都重新激起她的爱好，撇开工作畅游在美好的风景中。她找回了萨特，萨特找回了他自己，幸福生活的全部条件再次备齐。她现在可以实现最重要的自我允诺：创作一部作品。对他也是。因为这是他最渴望的，超越其他一切渴望："萨特对我，如同我对我自己一样透明"，她写道。但他需要保护。她保护着他。抵抗敌人、抵抗那些让他一再妥协最终悔恨不已的女人。说到底，抵抗他自己。因为他脆弱，甚至令人感动：费力地骑着自行车去说服纪德或马尔罗加入这没什么希望的小组。看看，他不是干这个的料，她也没有刻意回避，确实指出了这一点。不过她并不是百分百认同。

对海狸来说，社会主义和自由小组的（失败）经历以及萨特在其中的积极形象，是讲述占领岁月必要的引子。不仅是因为，从时间顺序上讲，这些发生在起步阶段。更是因为，虽然遭遇失败，但正是在考验中，萨特表现出坚定的意志，很早就参加抵抗。这无可置疑，但不管怎样他很快就泄气了，很快就放弃了许多一闪而过的想法。于是他们选择处在当下，在这个"德国人的"巴黎保持积极姿态，他们无法将理论运用到实际，这一无奈——没有人应该为此感到指责——似乎使得形势没有那么不堪忍受。似乎找到招架方法的困难掩盖了维希政权最消极的方面。似乎行动的不可能性，一经承认和证实，就使得不具任何合法性的"民族革命"进入"自然灾害"之列。对自然灾害，我们无能无力，只能努力活下去。从某种意义上来讲，阿尔及利亚战争中的法国无疑激起海狸强烈得多的反应：侵略的意味让她感到恶心，黑暗笼罩一切，那是"沉重"的年代。1958年军事政变后戴高乐将军重掌政权，她的反应比起对占领时期的看法至少同样激烈，有时甚至更加激烈。

因此，既没有集体行动也没有个人英雄主义。也罢。谁也不能对他们有丝毫的指责。逃出巴黎，远离书桌，于他们不合适。对萨特来说，需要深入工作"为未来而准备"[1]，因为胜利过后——甚至在可能的失败

---

1. *Fdc*, p. 552. （《时势》）。

下——"左派需要新的指导思想"。目前，战争、战败、占领，一定不能让这些制服他：他重新开始写小说，继续那本在集中营开始动笔的哲学著作（《存在与虚无》）。这就是他的任务。因此，当积极抵抗的所有希望落空时，他觉得自己在创作中进行了相当程度的介入，而不再对多少有些模糊的建议妥协，比如一名"老记者"（越老越不具攻击性）的建议，此人名叫德朗热，是《戏剧》杂志的主编，他向萨特保证该杂志完全独立。萨特给他一篇稿子，介绍《白鲸记》，当时这本书的译本刚出[1]——但那是占领区的杂志，他再也没有投过第二篇[2]。

在占领年代，他们逐渐处于对现制度持敌对态度的知识分子立场，但被迫生活和工作在到处存在合作的世界中。他们的孤独"达到极致"，他们在这样的世界中"被判了刑"[3]，而戏剧成为"唯一可以采取的抵抗形式"[4]。"我们决定安心生活，好像最后的胜利必定到来。"海狸相当神秘地写道。他们在打赌，但却为此感到窒息，因为"对形势的无知"沉重压在他们心头。从此，他们的生活只剩下"恐惧、愤怒和盲目的无知"。如果这一切要持续十年呢？显然，他们迟早有一天会领受"佩隆、伊凡娜·皮卡尔的命运"，被流放，即使他们并不十分清楚集中营什么样子[5]。在这期间，巴黎如此美丽，有着"乡间开阔的天空和村落小路"。她又感受到某种欢乐，尽管时不时为物品匮乏所困扰。吃饭成了每天的大问题：她

1. 《白鲸记》（*Moby Dick*），赫尔曼·梅尔维尔的小说，1941 年由乔诺第一次翻译成法语。萨特称他为"农村的二流预言家"。

2. 对于这件事有很多无聊的议论。雅克·博迪在所著让·吉罗杜的传记（伽利玛出版社，2004 年）中，提供了（第 751 至 752 页）很多有关这次发表的有趣情节。萨特发文的那一期，1941 年 6 月 21 日，是杂志的第一期，还刊登了波朗、瓦莱里、吉罗杜和克洛岱尔的文章。杂志主编为勒内·德朗热，他并不倾向合作制度。有一段时间，他抨击"职业告密分子和谎言家"，《戏剧》被认为是"巴黎'唯一'不侮辱犹太人的报刊"。1941 年 7、8 月间，德国当局甚至对杂志的非合作倾向感到担忧。

3. *FdA*, p. 572.（《年华》）。

4. *Ibid*, p. 573.（同上）。

5. 贝克特在 1926 年和阿尔弗雷德·贝隆有交情，贝隆当时是都柏林三位一体学院"诵经员"。贝克特 1937 年定居法国直到去世。贝隆成了布封中学的英语教师后，吸收贝克特参加抵抗组织"光荣"，贝克特险些落入秘密警察之手，贝隆却被逮捕流放，同时被捕的还有他的战友以及在布封中学的同事皮埃尔·威德尔。贝隆在获释两天后在瑞士去世（毛特豪森集中营家庭与囚禁人员友好协会内部公告，第 256 期，1993 年 10 月）。贝克特于 1942 年 8 月 13 日被追捕，娜塔莉·萨洛特将他藏在小羊羔山谷一个园丁的小房子里，救了他。——伊凡娜·皮卡尔和夏洛特·德尔伯、达尼埃尔·卡萨诺瓦一道被关押到奥斯威辛集中营。

向来讨厌做饭，现在却不得不开始做，由于总是担忧食物，她养成了三年的"怪癖"。为了取暖，她穿滑雪裤，和其他人一样穿木底皮面鞋：在这几页文字中，我们能读出一种陶醉，感觉——暂时感觉——溶化在共同命运中带来的陶醉……最终，他人存在着，不仅仅作为敌对意识，瞄准"他者死亡"，也不仅仅作为不诚实和自满的"表象"而存在。

从1942年5月29日开始——海狸说从6月17日开始，这就不管了——所有犹太人必须佩戴黄色星形徽章：这一卑鄙行径揭示了"民族革命"采用的形式在多大程度上迎合德国人思想，而其他被占领国家拒绝这些形式[1]。1942年伯利兹和费尔德曼在瓦莱里扬山被枪决，其他人被追捕、囚禁，只因为"种族"属性，只因为犯了"出生这条罪"。其间，文学生活在继续，要么老样子，要么走下坡路，叫人难以忍受。有几本书轰动文坛：比如《局外人》，萨特给《南方手册》杂志寄去了评论[2]。1942年春，海狸也大获成功：《女宾》最终被伽利玛出版社接受，此前她把小说原来的名字《正当防卫》换掉了，不过《正当防卫》有一个优势，它将谋杀格扎维埃尔的绝对必要性置于全书的中心。夏天，萨特和海狸决定去自由区"换换空气"。正是在这年夏天（8月20日），迪耶普[3]登陆由于准备仓促，导致成千上万名加拿大士兵牺牲，要么被杀害，要么成了俘虏——没有预备任何空中掩护，士兵们遇到来自悬崖顶部的炮火袭击。

1943年初，严寒，所有人都挤到花神咖啡馆里；海狸早早就进去，看服务生布巴尔"唤醒他的小宇宙"；花神成为他们的小 querencia，战前他们喜欢用这个词来指那些温柔之所，那些他们共同生活一起工作的地方。这个词从没有像现在这样用得恰到好处：在西班牙语中，它是指公牛在上斗牛场受到致命一击前临时待的地方……"全家人"都在那儿，不过分散在咖啡馆的各个角落，另外还有"光脚穿着便鞋，脚冻得发青"[4]的阿达莫夫、多米尼克·奥利、奥迪贝尔蒂、用绳牵着一条胖狗，和多拉·玛尔在

---

1. 丹麦国王宣布，如果必须强迫犹太人佩戴黄色星形徽章，他会第一个将它戴在自己背上。抵抗行动"达到顶点"，让占领者却步。
2. 1945年在《时尚》杂志："加缪灰暗而纯粹的作品给我们带来一种经典文学的承诺，没有幻象，坚信人性之伟大；强硬，然而没有无用的暴力，热情而持重……一种努力刻画人类生存境域，同时紧贴社会运动的文学。"
3. 迪耶普（Dieppe）：法国城市名。——译注
4. *FdA*, p. 607.（《年华》）。

一起的毕加索、普莱维尔、莱昂－保尔·法尔格。可那么快乐的"美丽女孩们"——索尼亚、贝拉、"捷克女子"、所有逃难在法国的犹太女孩们——一个接一个地消失，"无声地"被吞没——死在集中营里。"我清楚过去虚假的天真再也不会重现了。"[1]他们斩断社会主义与自由小组这段不成熟也不灵活的经历，岂非自甘消极？心里难免感到沉重。所以当萨特在1943年初应邀加入刚成立的全国作家委员会时，她松了一口气，邀请他的正是当初散布谣言，怀疑他获释条件的那帮共产党知识分子。她自己还没有作品问世，所以未获邀请，不过她也不感到特别遗憾。根据萨特对波伏瓦讲述的情形，所有那些会议似乎都超级无聊。后面我们会再次碰到这种没有耐心的表现，它产生于从前的"极端主义"。要么全有要么全无：这是他们的座右铭。全国作家委员会是文学界的抵抗组织，但其成员并不都是作家[2]。直到1943年他们才邀请萨特入会，大概他们觉得萨特太反共。即使，他们第一次会见萨特的时候，宣称对他1941年遭受的诽谤完全不知情[3]。无论如何，可以肯定的是，自1941年起，他们已经吸收雅克·德古尔、弗朗索瓦·莫里亚克、雅克·德布－布里戴尔、皮埃尔·德·莱斯库尔、让·波朗入会，后来组织逐渐壮大，又吸收了保尔·瓦莱里、乔治·杜阿梅尔。我们能在《年华的力量》中感受到一丝情绪：也许有某种原因，共产党和萨特的关系很不稳定，他不止一次受到他们粗暴强硬的攻击。五十年代末，海狸不可能忘记写下这一笔。说到底，海狸的错误，经常不在于犯错，而在于没有给出她正确的证明。

然而我们能感觉到，海狸并不是不带着厌烦讲述那个年代的某些时期。关于《苍蝇》的叙述几乎是以漫不经心的方式开始的。萨特写作此剧出于两个"偶然"原因：一个是让－路易·巴洛的《哀告的女人》得以上演，激起他创作一部剧的热情，其次，他想为科萨姐妹做点事情。当剧

---

1. *FdA*, p. 611. (《年华》)。
2. 全国作家委员会的宗旨在于制定职业规范，起草作家行为准则；1943年3月20日建立第一份通敌作家黑名单。委员会由"五角星"组织形成：一颗星里的每个成员都必须另外建立一颗由五个成员组成的星，如此，便能在整个南方建立庞大的分支。这个委员会拥有一份自己的杂志，名字就叫《星辰》，1943年6月该杂志刊登了《全国作家委员会宣言》。从第六期开始，委员会的核心杂志换成《法国文学》。
3. *FdA*, p. 607. (《年华》)。

本在杜兰领导的西岱剧院（即后来的萨拉－贝尔纳德剧院）演出时，韦尔科尔对于《苍蝇》得益于审查宽松而上演表示遗憾，萨特进行了解释，他说：此事不存在疑云，当时法奸立即看出了剧本的破坏性，"于是动用新闻媒体大肆攻击，迫使剧院将它从海报中划掉"。[1]海狸被学校开除去维希电台工作时也面临同样的状况。她那么高傲，不愿替自己辩解，或按照规范作解释，事情被她一带而过。被学校开除后，某人，"我已记不清是谁"——其实是《戏剧》主编德朗热——给她介绍了一份工作，在"国家电台"（维希电台）"制作电台节目"。"根据作家行为准则，我们有权在那儿工作。"[2]说完了。她对自己的合法权利确信不疑，凭此迅速解决问题，但问题总会卷土重来。

战斗的海狸身上潜伏着一位少女，这位少女有着贵族式的高傲，她无法忍受矛盾，无法忍受为自己辩护。有时她会拒绝作出解释让别人安心。她用以坚定信仰和说服他人的高超技巧，有时混杂着一种实实在在的迷惑战略。她话语的权威性法律般不可撼动。然而，在她看来，这一权威性并不是出自于一个傲慢自我的任性，而出自事实：谁敢不追随事实？不过这到底是什么样的事实呢？发生的一切似乎表明对事实这个字眼，海狸只有一种接受方式，似乎有一个平等的记号分布在事实的三种形式之间。人类关系中的事实，保证对自我与对他人关系的真实性；关于自我的事实，以及科学事实（后来她又加入"政治"事实）。正是这一股力量贯穿《回忆录》始末，给它蒙上专断的色彩。读者迫切需要打破的，也正是这强制的唯一性，从而获取必要空间进行呼吸，进行一种自由阐释。

*

1943 年春，《苍蝇》在西岱剧院上演时，《女宾》终于得以出版，这本书其实四年多前就开始写了，《存在与虚无》稍候也得以出版。这是件大事，我们更希望它发生得稍早或稍晚，而不正好是在那个年代，在那样一

---

1. Cf. Michel Contat et Michel Rybalka, *Les Ecrits de Sartre*, Gallimard, 1970, p. 91. （参见：米歇尔·孔达、米歇尔·里巴尔卡合著《萨特的写作》）。这些话源自萨特 1950 年致杜兰的谢辞。
2. *FdA*, p. 618. （《年华》）。

个单凭图像和回忆就让人感到恶心的社会里。海狸三十五岁，这是她第一本获得出版的书。她还是孩子的时候，就希望成为"著名作家"，话说得简单，几乎过于简单。她想要成为"一个由写作主宰其存在的人。"[1]她做到了。"女宾"题词献给奥尔嘉，正如《墙》的题词。"三重奏"进入文学。西蒙娜·德·波伏瓦也是。她在《青春手记》中给自己设定的终极目标：写作，现在她完全达到了。然而，后来，当她在《清算已毕》中回顾往昔，正如在《年华的力量》结尾所做的那样，她感到恐惧：似乎什么都没有发生过，似乎什么都没有存在过。"我将整个儿死去"[2]，她说。恰恰不会，因为有作品在，从《青春手记》开始，她的书将成为其他人挖掘的"源泉"，这她知道。但是她对生活抱有如此强烈的欲望和爱，以至于这种不朽显得寡淡。

还有其他东西。一个进程正在形成当中。不仅是成功，即将到来的成功，也不仅是"辉煌"，她的著作，如《第二性》、《名士风流》给她带来的辉煌。而是这奇怪的颠覆，作家与作品颠倒位置。谁制造谁？作者，作品？抑或作品，作者？写作，就是进行一项重要而神奇的颠覆，就是颠倒事情的顺序、缘起的顺序。她可以继续谈论"她的书"，那些已完成或未完成的书，不过，她的书也同样可以谈论她。以此为基础，出现了一个矛盾，至少是一个分离，即服从作品逻辑隐秘的作家形象和紧随时代风云的介入哲学家、著名知识分子形象之间的分离。这些形象并不一致：它们在她身上相遇，有时，擦肩而过。以此为基础，我们得到一个印象，即海狸逃匿在政治活动，介入作品中，然后在小说中，努力回归自我。回归自我并不是准确的字眼，应该说是寻找她隐蔽的诸多形象。

对于了解（战斗的）海狸，阅读《女宾》以及她的其他小说，跟阅读她的回忆录、书信、日记、《青春手记》同样重要，甚至更为重要。"一部小说，是制造出的一部机器，用来照亮我们在这世间生存的意义。"[3]出色的句子！不仅如她在《青春手记》所说，给"在这世间的生存"提供理由，

---

1. *FdC*, t. II, p. 495.（《时势》，卷二）。

2. *TCF*, p. 507.（《清算已毕》）。

3. Simone de Beauvoir, « Mon expérience d'écrivain », in Francis et Gontier, *Les Ecrits de Simone de Beauvoir, op. cit.*, p. 443.（西蒙娜·德·波伏瓦，《我的作家经历》，见《西蒙娜·德·波伏瓦的写作》，同前）。

而且"揭示"了它——如同拍好的底片浮在定影液中，忽然将它置于红灯下。另一种物质，另一种面貌。通过小说的力量。所有人都明白《女宾》来自于她自己的故事，他们的故事。不需要特别的洞察力就能在这由一个导演、他妻子和一个刚出道的女演员组成的三重奏中认出萨特、她自己和他们的年轻朋友奥尔嘉。《女宾》中的皮埃尔和弗朗索瓦兹如同知识分子海狸和萨特，尝试困难的三重奏，借此逃避忠诚或不忠诚这恼人的选择。但我们是反向理解这件事：不是从海狸过渡到弗朗索瓦兹，而是从弗朗索瓦兹上升到海狸。关于弗朗索瓦兹，她写道："是她的意志正在实现，任何东西都不能把她的意志和她分离开来。她终于作出选择。她决定了自己的命运。"[1] 不过，和弗朗索瓦兹一样，她想要得到的也许是犯罪时体验的冰冷孤独，甚于自由带来的无比陶醉……

并不是生活是小说的线索，而是小说是生活的线索。阅读《女宾》并不是在弗朗索瓦兹"身后"发现西蒙娜·德·波伏瓦，而是在海狸身上发现弗朗索瓦兹。最终知道，海狸有着弗朗索瓦兹的情感与行动；海狸身上某处存在一个女人，这个女人和谋杀格扎维埃尔的弗朗索瓦兹同样残酷[2]。作者不掌握人物秘密，而人物掌握秘密，作者的秘密。对于"小说线索"的尖锐问题，这是作者可以给出的真正、唯一的答案。海狸似乎为此感到害怕，尽量将谋杀格扎维埃尔的残酷性最小化，"人们经常指责她的这一残暴"。她说：这是失败，也许还是个错误[3]。弗朗索瓦兹本不该谋杀格扎维埃尔，"她和我一样没有能力"。不，这正是小说的法则。弗朗索瓦兹施加给格扎维埃尔的暴力是海狸在现实中无法做到的，但不等于说她没有这份意愿，她将意愿释放在小说里。小说将生活的"偶然性"转化为必然性，将意愿转化为行动。如果您要在《名士风流》中迪布勒伊的妻子安娜，阴沉的安娜身上认出海狸，您所认识的海狸，那您对安娜将一无所知。但您如果读到在小说的结尾安娜如何与自杀的念头做搏斗，您将很好地认识海狸，如同看到一束光照在她小心翼翼抹除的纷乱的内心世界。每个字眼都值得提出一串问题！海狸将他们在鲁昂的世界搬到巴黎，将一座

---

1. *L'Invitée*, p. 503. （《女宾》）。

2. 参见：在马克·布迪（Marc Petit）的出色著作《虚构之颂歌》（*Eloge de la fiction*）中有对维特自杀的深入分析，Fayard 出版社，1999 年。

3. *FdA*, p. 386. （《年华》）。

外省小城移至巴黎的剧院，在这背景转化过程中，什么是海狸建立与投射的关于她自身的事实呢？她只想给两名外省教员相当狭隘的生活增添光彩和魅力？关于背景的转化，海狸以她一贯的谦虚——对她的谦虚，我们常常不大注意——进行了相当苛刻的评价。"两个成年人对一个十九岁的孩子产生了古怪的爱恋，这只能放在外省生活背景下进行理解……以两个不知名的年轻教员为原型，我创造了典型的巴黎人物，他们的生活充满友谊、乐趣［……］三个人在孤独中进行的可怕、惊人有时奇迹般的冒险说到底是反常的。"[1]

　　是的，经历的那件事是"反常的"，但正是以此为代价，"三重奏"进入了文学，给那些没有经历过的人提供思考的平台，而且海狸诞生了，成了这部作品的女儿，她所有作品的女儿。西蒙娜·德·波伏瓦的三部重要小说：《属灵事物挂帅》、《女宾》、《名士风流》，都是以同一原则，或者说以同样的模式创作而成；每一部又展现了不同的叙事方式。以一个女人为中心，分层次组织其他人物：安娜（扎扎）的朋友尚塔尔，对朋友命运无可挽回的覆灭无能为力，为此她总是怀有负罪感；弗朗索瓦兹，她周围的个体在竞争中闪耀和相互摧毁。至于安娜，她与迪布勒伊总是存在一点距离，迪布勒伊是"介入"作家竞争到默契关系的见证，小说中的安娜和现实中的海狸一样，带有象征意义地跨越大西洋面对她生命中第一个也许是唯一一个重大选择，她因为没有选择而感到毁灭。尚塔尔、弗朗索瓦兹、安娜，这些海狸害怕、拒绝看到的自身形象，却都朝她投来思索而深沉的一瞥，什么都逃不过这目光。奇特的程序！（一个人物、一件事）发生的事实要通过一个虚构来辗转寻找它自身，寻找它的意义！是的。小说正是吐露事实的谎言。

　　海狸的回忆录也对"谎言-事实"问题进行了回答。但是小说进行的回答也许更加深入和准确。从"真实"到作品，再从作品到事实，通过这双重移动现象，小说将最隐秘的区域大白于天下。西蒙娜·德·波伏瓦的自我，她有所转变的自我活跃在小说中，她一定完全实现了在生活中不能实现的东西：使自己整个成为意义。但这是一种不透明的、谜一般的、从来不能完全表达清楚的意义。当生命具有"必然性"时，人不会被"欺

---

1. *FdA*, p. 391. （《年华》）。

骗",不像她在《年华的力量》末尾听到的那样；那时,她已经实现了少女时代在"榛子树的篱笆"前许下的愿望:只对自己负责。"在生活中",这从来不可能完全实现,但在作品中,可以。她的这些形象,并不是她本人,她对它们进行研究,借此分离状态达成从"自己"到"自我"的飞跃[1]:她们是以她本人为基础创作而成,但在创作她们的过程中,她超越了自己。小说里的女性,尽管她们的生活已被叙述完毕,但依然保持着神秘,在这些女性形象之外,海狸真正收获,真正缴获的战利品,正是这自我超越。这一创造性的"自我",不停地变换面具,它投射于面具中,却始终保持自身。"任何生命,生命中的任何时刻都不能实现我那颗天真的心惶恐不安许下的诺言。"

不对,作品可以实现。

但同时,这其中有一种对自我的剥夺,是海狸不愿看到的。小说重要创作结束于《名士风流》；在回忆录中,海狸也许找到一种更加让她放心的形式,因为通过自始至终对写作风格的控制,她感到自己没那么暴露。回忆录不像散文那样过于透明,有很强的针对性,同时也避免了小说中自我揭示或自我失去控制的可能性,而这大概是海狸所惧怕的。回忆录介乎两者之间。一边用事实的姿态和确信的语气叫人信服,一边保护自我不致滑入最隐秘的事实地带。回忆录中,"偶然性"与"必然性"交织,以为的事实与经历的事实并行不悖。但在 1943 年,"着手"的时代还没到来。正如旧小说的套语:莫要言之过早。

*

1943-1944:他们既在外围又在内部。全心投入到抵抗运动、公共生活、文学生活中。他们想到需要准备的未来,大家一起准备的未来,"未来向我们展现,它应该由我们来建设,也许通过政治途径,总之在精神领域:我们应该给战后提供一种意识形态。"[2]他们当中有加缪,波伏瓦给他读她将要出的一本书(《他人的血》)的手稿,他很喜欢("这是本充满手

---

1. Cf. Paul Ricoeur, *Soi – même comme un autre*, Seuil, 1990 (1996, «Points Essais»). (参见保尔·利科,《自我如他者》)。
2. *MJFR*, p. 205. (《闺中淑女回忆录》)。

足之情的书"）。还有莱里斯，萨特喜欢他写的《而立之年》。海狸现在已是作家，也开始参加全国作家委员会的会议。1943 年初，萨特和皮埃尔·康重新取得联系，在 1941 夏长途跋涉中他们曾和他见过面（海狸把他的名字拼写错了）。皮埃尔·康已成为抵抗运动全国委员会秘书，在南方和让·穆兰并肩工作。当他来到巴黎，筹备建立行动小组从事破坏活动时，萨特和其他高师学生加入其中[1]。有些人因为《苍蝇》的上演对萨特的加入表示不满。康信任他。但他在 1943 年 12 月 29 日被逮捕监禁，一去不回。安妮·科恩－索拉在书中写道，萨特的地下活动出现在 1944 年 5 月的一份档案中，"5 月份阿尔及尔收到"该档案，"后来归入科歇小组组长乔治·乌达尔的文件中"。确实有两份文本分别由"萨特，高师学生"和"加缪，哲学教师职衔获得者"签署。萨特代表"我们"发言，表明他已接受集体行动的概念。

　　而海狸，在路易斯安那旅馆五十号带厨房的房间里，用莫雷尔夫人寄来的包裹，继续给身边所有人做饭。关于伙食，有一天加缪说："质量不怎么样，但保证分量！"贾柯梅蒂[2]和莱里斯一家的加入壮大了"家族"。格诺[3]的数学知识让大家惊叹，加缪"和我们一样，摆脱个人主义进行介入"[4]，他"灵魂单纯、热烈"，尽管"有时也会流露一丝拉斯蒂涅[5]的腔调"：这也许是"我"的替身在讲述。讲述他们最初的友谊[6]，这略显淡漠的语气，归因于他们后来的决裂。1944 年初，形势急剧发展，他们"怀着狂喜等待希特勒溃败"，但是谋杀与报复层出不穷，罗曼[7]、卡瓦耶、康，失踪的失踪，枪决的枪决。可他们已经"对担忧有足够的抵抗

---

1. Annie Cohen－Solal, *Sartre*, op. Cit. , p. 346. （安妮·科恩－索拉，《萨特》同前）。

2. 贾柯梅蒂（Alberto Giacometti, 1901－1966）：瑞士雕刻家，画家。早年画过素描和油画，成就最大的是雕刻。作品反映了第二次世界大战之后，普遍存在于人们心理上的恐惧与孤独。代表作有《遥指》、《市区广场》等。——译注

3. 雷蒙·格诺（Raymond Queneau, 1903－1976）：法国诗人，小说家和出版家，后现代主义先驱。——译注

4. *FdA*, p. 642. （《年华》）。

5. 拉斯蒂涅：巴尔扎克《人间喜剧》中的人物，作者描写了这个朴实的穷大学生在巴黎大都市的诱惑下一步步走向利令智昏的过程。——译注

6. 在帕特里克·马卡尔蒂所著加缪传记中，他们身边"围绕着一群年轻女演员"。

7. 阿尔贝·罗曼：生于 1908 年，巴黎高师学生，数学家，哲学家。1944 年 5 月被捕，8 月 1 日被枪决。让·卡瓦耶，法国哲学家和数学家，生于 1903 年 5 月 15 日，1944 年 2 月 17 日在阿拉斯被枪决。

力"，不让它"腐蚀"他们的乐趣：七星文学奖授予幕鲁奇后，大家为他大肆庆祝了一番。之后没多久，布拉萨伊[1]拍下一张照片，将时间永远定格在毕加索创作的一出戏剧的朗诵会上，这出戏名叫《抓住欲望的尾巴》[2]。

对于少女时代的海狸"那颗天真的心惶恐不安"许下的诺言，这应该不是最高意义的实现，但在炽热的战争年代，她满怀喜悦体验作家生活这最肤浅的一面：和其他作家的交往，她喜欢的作家，比如兰布尔和巴塔耶。后来，随着与介入色彩更重的其他作家的交往，这些关系逐渐淡化，她生命中这一段活泼热烈的夜生活消逝了。但在当时，"或多或少一大群人喝酒、一起午餐或晚餐，这还不够"，他们甚至组织"派对"：在乔治·巴塔耶家——她不怎么喜欢他那本《内在经验》，在"女牧师"、最终在6月成了寡妇的博斯特的母亲家，在卡米耶家。"正是在这些夜晚我明白了'节庆'这个词的真正意义。"[3]

在 1944 年春的那些"派对"中，西蒙娜·德·波伏瓦找回了"从前的信念，相信活着可以是而且应该是一种幸福"，但"派对"不符合人们对她的一贯看法，而且这也不是她熟悉的世界，于是她做了一个注释，确认自己作品中节庆场景一再重现[4]。对"新生之爱的夜间狂欢"，在胜利来临前、事后回味起来"有些无聊"的"集体"狂欢，这些精彩的回忆，给我们重现了那些特殊时刻：海狸从她的使命中解脱出来，她可以放下武器，放纵自己，不再只是关注和参与重大事件或"世界的恢弘"，不再只是为它们燃烧激情。所有的盘算，所有的计划都消隐在一种强烈而神秘的神迹显现中———一场落日、海水如熔金般的大片海湾、一场酒精、友爱、欲望四溢的聚会。她对此感到怀念——但也有担心：因为节庆破坏了严格的经济，她如此经济，甚至对时间也要进行分割——从不让时间寂灭、暂止。但在解放前的这些日子，她有权参加节庆；只不过是为了打发难耐的等待，等待那些总也等不到的东西。他们预支了胜利喜悦带来的"熔化"，

---

1. 布拉萨伊：原名古拉·哈拉兹，1899 年出生于罗马尼亚的布拉索夫。

2. *FdA*, p. 650.（《年华》）。照片摄于 1944 年 6 月 16 日巴黎奥古斯丁大街七号毕加索工作室内，用来答谢于 3 月 19 日赛特和米歇尔·莱里斯的公寓里参加《抓住欲望的尾巴》首场朗诵会的巴黎知识分子。

3. *FdA*, p. 655.（《年华》）。

4. 她引用日内维耶夫·热那里（Geneviève Gennari）的著作《西蒙娜·德·波伏瓦》（Universitaires 出版社，1967 年），这本书列举她作品中描述庆祝的篇章。

节庆神奇地实现了博爱（"只要我们在一起就够了"），和人际关系的"透明"，她像卢梭那样，藏在障碍后窥伺"透明"[1]。

在她眼中，节庆需要用时间概念来解释，她不像巴塔耶那样用人类学的眼光来看待节庆："对我来说，节庆首先是现在的高潮"[2]，她写道。节庆是超出时间的时刻，在这一时刻中，人们集体放任当下情感，沉浸在瞬息即逝的强烈欢乐中，帕托什卡在其中看出我们忘记自身生存境域的意愿，说它是"纵欲的"[3]。然而她不止一次提到乔治·巴塔耶（第一次派对就是在位于侯昂庭院的他家举办的），在一个注释中提及他和凯洛依斯，说他们对节庆的分析透彻明晰，这一切不露声色地给读者提供一条线索，秘密承认彼此存在更深刻的思想分歧，只是她不愿展开叙述。

1944 年初与巴塔耶的交往预示了日后的对立，海狸在写作《年华的力量》的时候已经看出些苗头。他们主要就萨特思想的一个基本概念：稀有性这一概念产生对立。对于节庆的理解，巴塔耶使用"耗费"这一概念——海狸将之简化为"大吃大喝"[4]——以此对抗古典经济学的重大主题：稀有性。《辩证理性批判》："人类的一切冒险——至少到目前为止——"萨特写道，"都是与稀有性进行的斗争。"稀有性，这一"基本偶然性"，构成了"人类历史的独特性"。因此，尽管具备偶然性，稀有性是一个基本的人类关系（与自然，与他人）。巴塔耶受马塞尔·莫斯和他那本《论馈赠》的启发，写作《被诅咒的部分》，对他来说，人类面临的考验不是稀有性，而是能量过剩，过剩的力量无法被投入到再生产中，而应该被消耗，纯粹丧失地耗费掉。一个没有意识到"被诅咒部分"的社会，会坠入最糟糕的境地，新近历史已经证明了这一点。他在书中表达了一种社会观、行动观——尤其是政治观。不过，在 1944 年，两位作者的政治争执就已经相当激烈了。萨特改编埃斯库罗斯的《祭司》创作《苍蝇》并出版的时候，巴塔耶写了一篇短文《俄瑞斯忒斯》[5]以作回应，文章中

---

1. Jean Starobinski, *La Transparence et l'obstacle*, Gallimard, 1971.（让·斯达罗宾斯奇，《透明与障碍》）。
2. *FdA*, p. 655.（《年华》）。
3. Jan Patocka, *Essais hérétiques*, Verdier, 1981.（雅恩·帕托什卡，《历史哲学的异端式论考》）。
4. "我们进行消耗，用来点燃最经典的行为之火：首先是筵席。" *FdA*, p. 656.（《年华》）。
5. 后来收入他的文集《诗意的仇恨》（*La Haine de la poésie*）。

他批驳了萨特的介入观。再后来，他在《文学与恶》中，反对萨特对波德莱尔的看法。但其实萨特在 1943 年就指责巴塔耶的《内在经验》——这本书"激怒"了海狸——在自由问题上混淆视听。回忆录中看不到这些交锋的痕迹，但它们构成叙事背景，证明了双方的分歧，这些分歧用另一种方式表达出来而已：无可否认，海狸对 1944 年"派对"的阐释打上了这一烙印。1944 年春，海狸可以和巴塔耶一起参加"派对"：他们在哲学思想上的分歧还没有让他们成为"敌人"。同样，一起参加聚会也没有让他成为朋友，更谈不上盟友：这种过去生活的"偶然性"、日常生活中的居中状态、这明暗之间，这些，也是回忆录需要加以还原的。但到后来，他们就很难，几乎不可能继续与意识形态领域的对手交往。那时到了冷战时期，双方立场水火不容。未来的决裂阴影在现在的幸福时刻上空飘过。

*

很快，派对时光就结束了：战争接近尾声，局势越来越扣人心弦。复活节他们去了拉布埃兹，海狸在那儿开始创作一部戏剧（《吃闲饭的嘴》）。复活节过后，巴黎每晚都遭到英国人轰炸："有一天晚上，我觉得天和地都要爆炸了，旅馆的墙在抖动，萨特把我拽到阳台，我自己也抖起来了：天际一片火红，空中是一幅多么奇幻的景象啊！"[1]这就是海狸，战争中的海狸：很容易被恐惧袭住，但世界景观又一次拯救了她："我被迷住了，忘记了恐惧。"也许这是一门入世哲学的深层含义：拯救并不来自"另一个世界"，更非来自一个多少怀有好意的无形的神，而是来自世界本身，如果我投入其中的话。如同在一个上下起伏，摇摇欲坠的小飞机里寻求平静。

然而，他们能感觉到周遭正发生剧烈震动。1944 年 2 月 22 日，戴斯诺被逮捕，因为他穿衣服耽搁了时间，她写道[2]。然后是丽丝的男朋友博

---

1. *FdA*, p. 658.（《年华》）。
2. 根据回忆录，这次逮捕发生在 6 月，实际发生在 1944 年 2 月 22 日，有人警告他秘密警察要来抓他，但他不准备离开，害怕已经嗜上乙醚的虞琦遭受报复乃至酷刑。他被关押在贡比涅。虽然他的朋友们，包括《今日》杂志主编乔治·苏阿雷等人多方营救，他还是在 4 月被流放到萨克斯的弗洛哈集中营，他在那里待了一年。出来后，他在泰瑞辛死于斑疹伤寒。

拉，他被逮捕后再也没能回来。(《名士风流》中有类似情节：安娜的女儿纳迪娜男朋友失踪，她无法摆脱男朋友之死带来的伤痛。) 他们也见证了最为极端的革命行动，比如弗朗西斯·万特侬的行动，此人刚刚"进入抵抗运动的核心机构"。谁是弗朗西斯·万特农？ 西蒙娜·德·波伏瓦让人物出场的方式颇为奇特，要么用化名将他们隐去，要么不带任何介绍地提及。无论怎样，回忆录都不是纯小说，在一部小说中，即使我们琢磨安娜·卡列尼娜是否"真实存在"，琢磨谁是她的原型，时间也不会太长，但这儿，这是一部"真实的小说"，是一个开放的深渊，作为读者，只要他不愿放过一丝也许涉及某人[1]的痕迹，他就会感到焦虑。8月万特侬再次出现，此后不久他即牺牲，这时的他，一副英雄主义形象："肩上斜挎着枪，脖子缠着一块红巾，帅极了。"[2]

日子在会面和派对新计划中一天天过去，对局势变化倒不怎么经心。让·热内进入了他们的生活，他们立刻就被他吸引住了，他剃着光头，奉行极端主义，拒绝相信"灵魂的高贵、永恒价值[3]、普遍正义、崇高的字眼、崇高的原则、政治制度和意识形态"[4]，这种态度仿佛让他们看到了自己。还有年轻演员玛丽亚·卡萨雷斯，她和加缪一块来，加缪是她的情人，她的美貌、盘在后面的黑发、和"白色的年轻牙齿"在他们面前大放异彩。在占领时期的最后日子——只是后来回忆的时候知道这是最后的日子——某些东西几乎让人怀念：友情、爱情、充满优雅和默契的时刻、夜晚伴随酒精的疯狂、可见的恐怖背景、黎明般初生的希望。和黎明在一起。从一次热闹的派对出来后，沐浴着"拂晓的微光"，他们发现蒙帕纳斯车站墙壁上贴满大幅海报。所有车次都被取消：这是6月6日早晨，诺曼底登陆日。五天后，萨特创作了《禁闭》。"以后的日子"只不过是"悠长的节日"。盟军继续向前推进，汉堡被"磷弹"摧毁。在法国，德军发动了图尔（6月9日）和奥拉都尔（6月10日）大屠杀。加缪让萨特

---

1. 弗朗西斯·万特农曾经和博斯特与让·布庸的朋友罗伯特·西比庸，以及其他几个人共同模仿格诺，写了一本《我的朋友皮耶罗》。西比庸写过好几本模仿作品，其中就有对《女宾》和《恶心》的模仿。
2. *FdA*, p. 680. (《年华》)。
3. 萨特在高师上学的时候写过一首活力四射的两行诗："科学，那是放屁/伦理，屁都不是。" (*FdA*, p. 53. 《年华》)。
4. *FdA*, p. 668. (《年华》)。

"跟踪"8月大事。"我记得大街小巷那奇怪而灼人的寂静，东一下，西一下，冷不丁一颗子弹划过。"25号早晨，六点，她在奥尔良大街，即今天的勒克莱尔将军大道，坦克鱼贯而行，"人群欢声鼎沸"。接下来的场景已经被无数次描述：次日下午，戴高乐在香榭丽舍大街下车，他们"夹在浩荡的人群中"，为这"杂乱无序精彩绝伦的民众狂欢节"而欢呼。"结束了。巴黎被解放，世界、未来又还给了我们，我们一头扑上去。"[1]

回忆录中总是纠缠着两个"我"：叙述的和被叙述的"我"，谈论的和被谈论的"我"。一个例子便是，她在讲述1944年内派对盛况时，记下了一个观察，一个简单的"顺便记下"的观察，如果我们不知道海狸接下来的战斗，会觉得这是附带的一笔。她发现了女性生存境域，文字简略至极："从这些交易（这些新交情）中，我得到另一个好处，我遇到很多超过四十岁的女人，不管她们机遇如何，品性如何，都曾有过相同的经历：她们都曾作为'附属品'而生活。"从前，这对她来说太抽象，她"从来没有意识到"这个问题。她经历了战争、纳粹的排犹主义、维希政府出台的种族主义律法之后，才意识到"身为犹太人和身为纯粹的白种人不是一回事"。现在，她发现了女性在其生存中普遍遇到的"障碍"，她还没有给予足够的重视，但她的"注意力"被唤醒了。这顺带的一笔消失在聚会的欢腾中：瞬间的消失埋下了伏笔，悬置她从"注意力"被唤醒到认真思考之间经历的阶段。回忆录中避免让历史提前发生，但是会隐秘留下痕迹。在这里便是：《第二性》。《年华的力量》结束之前留下的一些伏笔，如同在一座建筑角落"等待"的石头，以它们为基础可以再竖起另一座建筑。关于女性生存境地的思考就是以这种方式预示出来的，没过几年，这一问题成了她思考的中心，整个改变了她的"公众"命运。

*

令人惊叹的海狸，就在这本书的最后几页还给我们准备了一份意外！

她重新获得了信心和希望，感受到了"最激动人心的欢乐"，这欢乐甚至比从前旅行带给她的欢乐更强烈，她曾在旅行中忘却自我，融化、消

---

1. *FdA*, p. 683.（《年华》）。

失在世界的恢弘中。她实实在在自我膨胀，仿佛插上双翅："从此我将飞越个人狭隘的生活，翱翔在集体的蓝天，我的幸福折射出精彩的冒险，在这样一个正在形成的新世界中的冒险。"[1]她的抵抗力、再生力又一次得到检验："受到那么多打击，没有哪一击能将我击碎。我活下来了，甚至完好如初。身后那么多人死去，我却带着幸福重新站起来了。"但是还有一条路等着她穿越："团结众人展开行动，斗争，接受死亡以使生命产生意义。"[2]如此，她逐渐导入严肃的一笔。猛然，历史紧紧抓住她：她发现了大众、集体，还有那些违背您的意愿、有时不为您所知地统治您的力量。但是历史"在光辉的时刻，将一大堆无法排解的痛苦一股脑冲走"[3]。在她给我们展示的1944年8月那些光辉的日子里，在那片光明中，响起唱诗班"上帝怜我"的歌声。但与我们想象的不同，这不是为失踪的、流放的、被谋杀的抵抗战士所唱的安魂曲，而是关于她自身死亡的冥思。

"多么怡然自得，多么不坚定！""我为他们感到羞耻，为自己感到羞耻。"[4]在侥幸活下来的人当中，谁没有这种羞耻感呢？成千上万法国人同时感到羞耻和内疚：他们战时过着"正常"生活，远离一切形式的积极而危险的抵抗，此类抵抗她和萨特都无法进行，没有参加任何地下斗争，"甚至最短暂的斗争"[5]。海狸不想为自己辩解，因为她觉得不需要这样做。但还是内疚：其他人死了，要么像伯利兹那样被枪决，要么像佩隆、伊凡娜·皮卡尔、戴斯诺那样被流放，或者如博拉一般失踪。在回忆录的后一卷，《时势的力量》中，她找到了缓解内疚的政治契机，公共契机，她拒绝在支持布拉西雅克的请愿书上签名：她甚至对"宽恕"他的请求感到愤怒。宽恕！可正是他，正是《我无所不在》的整个团队造成了"费尔德曼、卡瓦耶、伯利兹、博拉的死，伊凡娜·皮卡尔、佩隆、康、戴斯诺的流放。这些朋友，已经或濒临死亡，而我正是和他们在同一条战线上。如果我拿起笔支持布拉西雅克，我就配让他们把痰唾在我脸上"[6]。她说，在

---

1. *FdA*, p. 685.（《年华》）。
2. *Ibid.*（同上）。
3. *Ibid.*（同上）。
4. *Ibid*, p. 686.（同上）。
5. *Ibid*, p. 571.（同上）。这里指的是1941年，社会主义与自由小组快要瓦解的时候。
6. *FdC*, t. I, p. 37.（《时势》，卷一）。

布拉西雅克被枪决的那天，她心头一紧，但她从不后悔拒绝签字为他请愿。她和西蒙娜·韦伊一样，认为那些"利用文字制造谎言"的人罪不可恕[1]。

还没到那个时候。稍后才发生这些。现在，1944 年末，《年华的力量》接近尾声，充斥心房的依旧是"羞耻"，这羞耻引起了可以说意想不到的效果：并没有回顾战争岁月，回顾他们过于受到保护的生活，而是回返自身，回返挥之不去的自身死亡问题。关于死亡的这一长串思考不是关于占领时期的思考，可谁看不出其中的联系呢？谁看不出内疚所占的分量呢？否则，如何解释她陷入深深的绝望，如同她在少女时期体验的恐惧，对空荡荡的天空的恐惧，在虚无面前的焦虑？博拉不在了，"世界依然人满为患，一旦失去位置就再也没有位置了［……］总有一天我们会把他忘得一干二净"。正是在这时开始对她自身死亡进行提前思考："总有一天，这缺席，这忘却，便是我。"[2]占领时期，抵抗运动已经远去，战后年代还未到来，哲学占据上风：回归到生存的重大问题，解决面对死亡的焦虑。巴塔耶"微笑"着致意死亡，如同致意上帝，加缪在"荒谬"面前"奋起反抗"，海狸和他们二人不同，她很大程度受海德格尔启发：死亡"否定我们存在的价值"，但它"却给了存在以意义"。没有死亡，我们的生活便"消解在无意义中"。

此时，羞耻与死亡主题通过最后一次大转变，将海狸从思考自身死亡引发的忧郁中解脱出来，她甚至把我们引向小说创作。是的，令人惊叹的海狸！她相对容易地度过了占领年代，而这一点却导致她深怀生命最初的焦虑。不过那充满"恐惧、愤怒、盲目的无知"的年代已经转化和烙印在她作品中了。其实在她震惊地得到启示之前，死亡已经处在她的作品中，与小说中的人物不可分离。从 1940 年开始，1943 年出版《女宾》，此后，海狸的所有写作计划都烙上了死亡之印，这令人愤慨的死亡成了尽可能理解她作品的"钥匙"。两部小说一部剧本，《他人的血》、《人都是要死的》和《吃闲饭的嘴》。三大问题交相呼应。怎样避免我的行动以身边人的生命为筹码。怎样接受我自己的死亡是我行动的意义与成功的代价。怎样拒

---

1. *FdC*, t. I, p. 39.（《时势》，卷一）
2. *FdA*, p. 692.（《年华》）。

绝一些人的拯救建立在其他人的牺牲之上。

为此，需要两度离开当代历史，在更加远离我们的时代创作能够负担起这些严肃问题的情节。正如《人都是要死的》、《吃闲饭的嘴》建立在遥远的历史背景之上，小说主人公在穿越不同时代的过程中，给这一历史背景增添了广度。他接受了不死馈赠，最终发现这是一个诅咒。至于福斯卡，他身边所有人都在制订计划和目标，以那些他们也许无法达成的目标为基础组织生活。他一个人看着他们死去，和他们相比，自己的行动与计划都毫无意义。海狸创作随笔《碧吕斯与希涅阿斯》，给那三部虚构作品以支持。在《碧吕斯与希涅阿斯》中，她论证"没有死亡，就不可能存在计划或价值"。

这些便是在占领年代无可逆转献给写作的形式。经过死亡——集体和个人经验（她在南方的自行车事故差点让她丢掉性命），之后从事高强度揭露工作。如果说她在三个月内创作出《碧吕斯与希涅阿斯》这本在解放的喜庆中得到良好评价的书[1]，那是因为经历过战争和解放，她已经进入到这样一个"一切计划都是行动"，一切计划都"认可"暴力的"斗争的"世界。

这便是内心震动"阳光"的一面，而这种震动扎根于一处神秘深邃的地方，在那里，等待着我们的是与死亡的会面。

---

1. *FdC*, t. II, p. 10.（《时势》）。

第六章
我真正的位置、温暖的
位置，就在您爱意融融的胸口

　　战后的海狸呈现另一副形象。她的"教育"期历经几段考验已告结束，她即将跨入人生的第三十七个年头，她已是知名作家，根据她最早的愿望，写作成为了她生活的支柱，历史以粗暴的方式让她发现了我们与集体事件的关联，发现了我们的"责任"。萨特和她将要严格执行这一新的"当前紧要任务"，如同托马斯·曼在 1922 年所说的那样。在他们的政治抉择、在他们的行动、在他们的作品中，在一个即将面临重大变动的世界中执行。

　　在解放与二十世纪七十年代第一次"石油危机"之间发生的，是历史，欧洲和世界历史的一次转变，一次颠覆。那些年，世界中心逐渐转移，欧洲和"白人"开始失去霸权地位。经过两次大战，欧洲大伤元气，满目疮痍，结果东欧被斯大林主义或新斯大林主义控制，西欧渐渐失去殖民帝国，威风不再。1945 年，马达加斯加暴动，被镇压的塞堤夫"事件"。1947 年，印度独立。1954 年，奠边府惨败，10 月，阿尔及利亚战争爆发。1956 年，突尼斯独立，摩洛哥、苏丹复位，苏伊士运河收归国有。在欧洲，布达佩斯暴动是共产主义世界最初事变之一，即使后来，全球各地的被压迫者依然把希望寄托于共产主义，如中国和古巴。

法国不再是一流强国。它还没有意识到。因为正是在这个观察和战斗的据点，萨特以"重要知识分子"的姿态坚定地进行政治思考与行动，他确信一切都在"世界中心"得到反应，得到思考，在他眼中，世界中心是欧洲，欧洲中心是法国，法国中心是巴黎，而在巴黎，这中心的中心，便是蒙帕纳斯和圣日尔曼德佩区。海狸在他身边，总是在后面稍与他拉开距离，她已经有所警觉，预感到"从此巴黎是一座死去的城市，如同十年前的布拉格或维也纳，因为我们不再通过我们自己存在，重大事件都发生在俄罗斯或美国，不在这里"（致尼尔森·艾格林，1947 年 11 月 5 日）。但他们俩从此将被时代和"公众"生活裹挟着向前：萨特的《恶心》在1945 年依然很有影响，两卷本《自由之路》大获成功，"存在主义"红极一时。继《女宾》之后，海狸的作品接二连三得到出版[1]，她在几年之内迅速登上文学舞台的前沿。

这段时期，文学领域比以往任何时候都开放，应该承认它从来不是封闭的。欢庆解放一年后，在重建的巨大困难中，在重新组织国家政治的普遍疑虑中，一切都打上了这一烙印：对"战前"的肃清和对"新时代"的希望。需要比一战后做得更好，避免再爆发战争，还需要在"法国法西斯"的废墟上发明一套政治体系、制度，了结未能预见法西斯的一切形式的"民主"，新制度甚至要能打开视野，让人看到更加公正的社会秩序。海狸在《时势的力量》开篇几页写道："似乎反对势力随着纳粹一同被了结了。"[2]虽然和萨特在一起对政治并无过多参与，波伏瓦还是对之充满热情。应该看到从这时起存在于两人之间的重大距离。不是指他们的关系，而是他们将写作与行动计划落实在存在中的方式。西蒙娜·德·波伏瓦"调节"不同部分——私生活、感情生活、爱情生活、思想、作品——的方式，再也不能更有逻辑更协调。没有哪一块任其随意发展，任其荒废。对生活中的所有方面，她都提出同样的问题，都有同样的要求。海狸的生活有多么集中，多么围绕中心、围绕焦点、围绕火焰，萨特的生活就有多么消散和分离。力量，他留给思想；创造，他留给哲学；要求，他留给政治参与。力量、创造、要求，却同时体现在海狸生存的每时每刻。萨特以

---

1. 1944，《碧吕斯与希涅阿斯》；1945，《他人的血》和《吃闲饭的嘴》；1946，《人都是要死的》；1947，《论一种含糊暧昧的道德》。

2. *FdC*, t. I, p. 19. （《时势》，卷一）。

崭新的方式思考，但以传统方式生活。一个例子。萨特的母亲和继父约瑟夫·芒西从前住在帕西丘陵脚下朗巴尔街二十三号，离巴尔扎克的房子不远。1945年春，萨特第一次旅美归来之时，她母亲通知他继父的死讯，他继父死于1945年1月21日。他们一起在波拿巴街买下一套公寓，在那儿他和母亲一直住到二十世纪六十年代，在钢琴和书籍之间过着舒适的布尔乔亚生活——受宠爱的儿子和母亲，如同，十年后，在塞尔万多尼街十一号，罗兰·巴特与他的母亲。

萨特的整个生命和西蒙娜·德·波伏瓦的一样，鲜明流露出对"习俗"的满不在乎，但两人方向不同：萨特对"屈从"于习俗感到无所谓，而海狸从少女时期开始就努力只根据她给自己设定的"目标"而生活。我们可以不赞同她的选择，但却不能不欣赏她对选择的认真与坚持。在爱情领域同样如此：她忠诚履行对别人与对自己的承诺，甚至不惜与艾格林分手，因为她不能不加欺骗地给予他希望从她那儿得到的，而萨特却正好相反，他不够坚定，优柔寡断，善于撒谎，不负责任，承诺又立即反悔——经常指望"好海狸"来收拾烂摊子。这也是性别差异的结果——出生时偶然获得的生理性别服从"社会性别"的限制。海狸摆脱所有她所属性别的限制，倒不是为了"像男人"一样生活，而是为了"作为女人"竭尽可能地生活，展示一个能战胜习俗的女人的命运。萨特对他作为男人的生活没有相同的要求：他并没有因为住在母亲家而感觉自由受损，也没有因为先在奇怪的战争期间向旺达（哪怕心里想着怎样在两天后食言）后在战后向多罗蕾丝·费奈蒂求婚就感觉背弃了自己的存在哲学。他将生活的彻底性全部放入他的思想，至于其他并不违背他的"真实性"，比如住在母亲家，比如依赖女人给他买衬衫，把他的西装送到染匠那里，再比如按照最经典的方式收集"情妇"，躲在一个"正式妻子"后面保护自己。他的生活是一回事，思想和政治行动是另一回事。相反，谁也不比海狸更费心思地把两者进行统一。有时甚至是粗暴地进行统一。萨特不知道说不。西蒙娜在生活各个方面，将"永恒革命"的主题落到实际。萨特，他只在一个领域进行革命：思想。

不过，尽管海狸从内心深处抗拒政治，她还是坚定地站在萨特身边支持他：她和他一起进入一条对他们两人来说都完全崭新的道路；她发现自己的命运和"所有人的命运联系在一起"。她写道："从此，全人类的自由、压迫、幸福和痛苦"都与她"切身"相关。她对政治的参与——在生活和思想中加入对政治的考虑——建立在一个具有决定性意志至上的行动模式上，在她的词汇中开始有些造作地出现这样一些字眼："民众"或"阶级斗争"，即使当时她和萨特一样，拒绝相信一个僵化的马克思主义（法共的马克思主义）会损坏"人的人性维度"。

对距今超过六十年的那段岁月，海狸给我们留下了极其宝贵的见证，她在《时势的力量》开篇描写共产主义重新得势的意识形态基础，战前由于一些幸存者对斯大林制度进行的揭露，再加上二十世纪三十年代的苏联"大清洗"，以及之后的德苏协定，共产主义大失人心。它重新得势的基础在于，首先，法共成员在抵抗运动中的表现十分突出，她用自己还不熟悉的词汇这样说："民众"站在"法共后面"（1946年选举中，法共获得了超过25%的选票）。没有什么能伤害"我们对俄罗斯民族的友情"，这个民族在斯大林格勒保卫战中、在攻占柏林过程中奉献了那么多战士，那么多英勇牺牲的战士。结论如她所说："证明领导人体现了〔人民〕的意志。"这一证明也许不够谨慎。我们感觉海狸更加无畏地介入这对她来说尚不熟悉的领域（很可能她从未熟悉过）。1945年，斯大林取得了一场重大胜利：他所号称代表的布尔什维克主义不能再被称为自由的掘墓人，因为它战胜了自由的最坏敌人，法西斯主义。过了很多年，我们才在汉娜·阿伦特的书中读到，人们可以同时理解两件事：布尔什维克主义带来gou-lag，而反布尔什维克主义带来了 *Lager*[1]。

戴高乐将军在《战争回忆录》中说法国"被肢解，已经空无一物"，在这样一个法国，他们在政治领域跨出了最初几步，当时政治气氛看上去和乐融融，因为抵抗运动曾把各方力量团结在一起，但彼此很快分道扬镳。在1944年8月24日《战斗报》上，加缪写道："今日巴黎进行战斗是为了明日法国能够发出自己的声音。今晚人民拿起武器是希望得到明日的公义。〔……〕应该清楚这一点：没有人会认为依靠暴动获取的自由将

---

1. 同样的字眼，均来自德语：Lager，德语中的"集中营"；"goulag"，*gossoud-artsvennii lager* 的缩写："属于国家的集中营"。

　　很久以后，整个"西方左派"才明白拥有资产阶级民主好过没有一点民主。活在第四共和国好过活在华沙的专制气氛之下；活在1956年的法国好过活在布达佩斯，活在1968年的巴黎，即使在戴高乐统治之下，也好过活在布拉格。

来会呈现安宁驯服的面貌，有些人还沉湎在自己的幻想中。这可怕的分娩带来的是一场革命。"在这一时期，弗朗索瓦·莫里亚克给《法国文学》撰稿，共产党人参与政府，多列士[1]要求工人阶级暂时放弃请愿，为复兴国家工业作出贡献。1944年3月15日，抵抗运动全国委员会起草了一份计划，大获批准。这份革命性计划提议"建立真正的经济和社会民主，清除经济领域的经济和金融寡头"；提出"在咨询生产各部门代表意见后，由国家来制订计划"；宣布"能源、地下资源、保险和重要银行机构这些集体劳动的结晶将由国家垄断"。

"戴高乐主义者、共产党人、天主教徒、马克思主义者亲如一家"[2]，节庆仍将继续一段时间，世界重新回到他们手中，但这是一个"毁灭"的世界：战争还没有结束。至于海狸，她加紧"真正实现"自己的计划，每天早晨孤零零一个人在马扎林图书馆写作和工作。加缪友好、热情、乐于助人：他向萨特要了七篇关于巴黎解放的稿子，那些文章西蒙娜·德·波伏瓦也有贡献；他看了博斯特《最后的职业》[3]的手稿，很喜欢，将他派到前线做《战斗报》的通讯员。他建议萨特代表报纸去美国："我从来没见萨特有这么开心过。"萨特于1945年1月12日出发。美洲之"路"是敞开的：有一天她也走上了这条路。那些交错的旅行、他们各自的爱情，成为那些年他们"默契相处"最微妙的时光之一。

眼下，海狸去了马德里和葡萄牙，和她战前的旅行相比，有一样东西是新的，那就是她作为"战地记者"去了那两个地方。在前线。"我与戈雅，与格列柯[4]，与过去的时代，与永恒分离：我的世纪紧紧粘着我。"她在佛朗哥统治下的西班牙，她在格兰维亚大街遇到的"腐朽的资产阶级"，"所有人都希望德国人取胜"。美与作品都像蒙上了一层可疑的面纱，仿佛是罪恶沉静的同谋。同样，1955年在革命的中国，她没有参观故宫和天坛，它们用血书写着人民几个世纪所受的压迫。在葡萄牙，"港口渔船的美好风景无法掩盖人们眼神的悲伤"。但是"资产阶级"一直对其他阶级

---

1. 莫里斯·多列士（Maurice Dorez, 1900 – 1964）：原法国共产党总书记（1930 – 1964）。——译注
2. *FdC*, t. I, p. 20.（《时势》，卷一）。
3. *Le dernier des métiers*, Gallimard, «Folio».（《最后的职业》）。
4. 戈雅（Francisco Jose de Goya y Luvientes, 1746 – 1828），格列柯（El Greco, 1541 – 1614）：西班牙画家。——译注

的悲惨命运无动于衷……她激烈地进行介入，与葡萄牙反法西斯知识分子、与一些"中年教授"交谈，一个年轻医生带她去贫民窟。欧洲从纳粹的魔爪下挣脱出来的那天，一个新欧洲就会形成。她想，萨拉查和佛朗哥不会跟轴心国成员同时垮台，因为"英国资本家"对"葡萄牙有浓厚兴趣"，因为美国想在亚速尔群岛建立空军基地：冷战世界开始了。她满载收获回到法国，正是"和平的第一个春天"，四月"闪闪发光"，胜利就在眼前。"我们在愤怒和焦虑中没有期待胜利，如同没有期待解放，胜利只不过是给战争画上句号。"[1]海狸觉得沮丧：战争"如同一具硕大的尸体堵在他们面前"。

怎样理解这一幻灭？和平是降临了，但什么改变了呢？旧世界会重现吗？她害怕。她真的希望看到"革命"吗？但什么样的革命，以什么形式？她和其他所有激进的改革派一样，在通往善美的道路上狠狠摔了一跤，只看到无数障碍林立四周。有一天巴黎的地铁里会出现佩戴俄国徽章的无名士兵："神奇的场景！"[2]但反共思想很得人心，马尔罗预言到"第三次世界大战"的开端，法国无路可走。抵抗运动全国委员会制订的章程已成为一张废纸，到处实行限量供给，阿尔及利亚游行遭到血腥镇压，镇压得到法共赞同，他们认为游行得到轴心国暗中支持："'闹事者，法西斯分子'，《人道报》这样报道。"[3]战后这几个月上演纠结的一切，在未来三十年历史中占据重要地位，在那三十年，到处都有海狸和萨特的身影，他们一直见证历史：支持（批评）共产党，介入冷战反对美"帝国主义"，参与反殖民斗争，阿尔及利亚战争。《时势的力量》每一页，每一行都是线索，都是路标，如果仔细阅读，必须发掘出它们隐含的背景。

让我们来迅速了解一下"塞堤夫事件"，它确实是大约十年后阿尔及利亚战争的前奏。在1945年5月的法国报界中，只有少数人对事件的政治后果[4]进行明智的分析，加缪便是这少数人中的一个。报界只是在部长会议召开的次日，即12号才开始谈论。5月11日，戴高乐——1944年6

---

1. *FdC*, t. I, p. 50.（《时势》，卷一）。
2. *Ibid*, p. 51.（同上）。
3. *Ibid*, p. 52.（同上）。
4. 参见伊夫·博诺的著作《殖民屠杀》（*Massacres coloniaux*），在此，我们进行了大段引用（也可点击土伦人权协会网站阅读：Ligue des droits de l'homme de Toulon）。

月 3 日成立的临时政府总统——给伊夫·沙戴尼奥（1944 年 9 月至 1947 年 12 月阿尔及利亚总督）发去一封公告，表示仍会维持"法国统治"。公告大量谈及阿尔及利亚"本地居民"食品供给困难和政府采取的措施。但是，"在等待食品抵达阿尔及利亚期间，鉴于本地反法暴动，政府已经给总督下达指示，旨在维持三省社会治安"（见《战斗报》5 月 12 日）。空军部长夏尔·迪庸要求飞机只用于侦察和威吓，这已经得到证实，但他的命令没有得到遵从……

镇压过后，内政部长迪克西发出的公告中称死亡人数超过一百，可见只涉及遇难的欧洲人。从当天开始，《战斗报》连载了六篇阿尔贝·加缪的文章，他在阿尔及利亚待了三周，刚刚回来。加缪在文章中要求在"阿拉伯人民"中间实行"我们自己要求的民主原则"。他断言这是一场严重的危机——而不是简单的事变——断言"阿拉伯人民存在着"，他们"生存条件恶劣，但不是劣等民族"。他最后说："阿尔及利亚面临的最明显危机是经济秩序危机。"言下之意这危机不是唯一的危机，加缪补充说："他们（阿拉伯人）坚信这场饥荒是不公正的。"

这个民族需要的是一部宪法，一个阿尔及利亚议会，换言之，如若不是纯粹而简单的独立，也该是几乎与之相当的自治。加缪会见过费尔哈特·阿巴斯[1]，理解传达了他的政府计划。不过，伊夫·博诺写道，如果说加缪提供了深入理解形势的手段，他却在结论中躲避了独立问题。他所要求的不是承认独立权，而是公正，是要向阿尔及利亚"输送法国人享受的民主制"。"这是正义的无穷力量，只有它可能帮助我们重新征服阿尔及利亚，征服阿尔及利亚人。"后来有一段时期，在"正义"与"母亲"之间，加缪决定选择他母亲，但也许那场对立其实发生在正义的两种形式之间。除了承认每个人应得的一切，正义还会是其他东西吗？事实上，从 1945 年起便开始了这场争论。

*

殖民镇压、集中营内的死亡、大西洋彼岸的种族主义和种族隔离，这

---

1. 费尔哈特·阿巴斯（Ferhat Abbas, 1899－1985）：阿尔及利亚独立运动领导人之一，1958 年 9 月 19 日阿尔及利亚临时政府成立后任总理。——译注

三者形成晦暗的队列，由专制、压迫、死亡进行伴奏，重新恢复纯洁的革命天使奋起与之对抗。结束一切形式的侵略、奴役、征服，恢复人类的团结，创造一个公正与平等的世界，这一切都有赖于继续相信在被俄国人称为"伟大的卫国战争"中依靠自我牺牲而重生的苏联，或者说可以是"社会主义故乡"，尽管它存在诸多缺陷和不完善之处。某种东西产生了，直到他们去世才消失。萨特和海狸从来没有附和"反共主义"。之前已经说过，他们向来是"反反共分子"，而不一定是"共党分子"。他们将反反共进行到底，最后将两种截然不同的"反共分子"混同起来加以反对：建立在不平等基础上的社会秩序的捍卫者和利益既得者，这类人只关心自身利益，和"真正的共产主义"的牺牲者，这类人在"制造寒冷"的国度绝望而孤独地进行抗争。许多战争期间或战后的孩子，在那些年的运动中信奉共产主义，他们多多少少过了很久才明白反共主义并不专属于地产巨头、巴西大庄园主或美国托拉斯老板，而要明白这一点仅需去一趟布拉格或华沙就足够了。但谁能够忘记多姆·赫尔德·卡马拉[1]的经典名言："当我给穷人食物，他们说我是圣徒；当我问穷人为何没食物，他们说我是共产党。"

*

萨特在 1945 年初动身去美国。美国之旅——如同对于十九世纪的画家或德国浪漫派的意大利之旅——在二十世纪，对于来自旧大陆的作家、艺术家、知识分子是件大事，他们在美国看到了现代化的本质，看到了速度、种族混杂、爵士乐……在二十世纪二十年代，尽管生活背景迥异，马雅可夫斯基[2]和保尔·莫朗[3]都发现了纽约（莫朗观察到那儿有许多穿着"暗绿色收腰大衣"的犹太人）。他们观点并不一致，但有一点相同，对他们而言，纽约似乎已经

---

1. 多姆·赫尔德·卡马拉（Dom Hélder Câmara, 1909 – 1999）：巴西人权捍卫者，"解放神学"代表人物之一。——译注
2. 由于列宁在 1921 年颁布的新经济政策，马雅可夫斯基得以经常去国外，尤其是和莉莉·勃利克分手之后，在 1925 去了纽约。莉莉出生于卡岗，是艾尔莎的姐姐，艾尔莎后来先后嫁给法国军官皮埃尔·特里奥莱和阿拉贡。在美国，马雅可夫斯基对一个年轻姑娘，也对布鲁克林大桥一见钟情，即使他从水塔的老化中看到资本主义即将到来的崩溃……
3. 保尔·莫朗（Paul Morand, 1888 – 1976）：法国作家、外交官。——译注

成为从欧洲嫁接过去的硕大接芽。二十世纪三十年代的欧洲左派对罗斯福 New Deal[1] 极感兴趣,在 1929 年经济危机之后,该新政的出台恰好表明了"原始资本主义"的局限性。因此,受纳粹制度威胁的欧洲人、受种族歧视律法威胁的犹太人、所有拒绝呼吸法国占领时期肮脏空气的人,都自然坐船去了美国,去那"自由国度",这些人当中包括列维·斯特劳斯、安德烈·布勒东,还有史学家亨利·伏希雍,伏希雍因属于共济会而被法兰西学院开除,在美国去世。由于俄国人民的牺牲和朱可夫在柏林的胜利,在萨特去美国的时候,苏联已经重新成为"社会主义故乡",斯大林重享荣誉。但对面的"美利坚",在将来很长一段时间内,利用解放后的人们对它的巨大好感发行国家证券募得资金大力发展自身。去美国的人回来时两眼放光。即使《雅尔塔协定》[2] 之后,人们忧心忡忡,已经预感到天下将被重新划分,但 1945 年对美国的发现还是让人感到出乎意料:即使是左派,即使是共产主义的拥护者,都不得不欣赏美国的无节制、活力、对个人成功的崇拜和一种民主平均主义,这一切和我们闭塞的等级社会形成对比。

去之前,萨特已经喜欢上了爵士乐和美国文学,等到了那儿他发现"人"比"制度更有价值"——这时还没到(《时势的力量》让我们等了二十页才开始讲这件事)遇见那位他后来决心再见的年轻女子。在他刚开始给《费加罗报》撰稿的时候,他描写了让人震惊的变形现象,一片死寂的自然风貌化为了城市,反之,一座人工建造的城市看上去具有岩石地貌,高楼大厦如同"一排排峭壁",其间飘浮着"一片天空",这些描写后来收在《境域(三)》中。在那儿,一切都更加清晰、更加纯粹、更加外露:首先是人的生活,表面的平均主义每一步都遭到明显的富裕或贫穷景象的否定。在那儿,一切都散发着强烈的怀旧气息,也许因为往昔在那儿不像在老欧洲得到保存,同时散发的还有一种活力四射的乐观主义精

神，一种对未来的信心，因为每天都有新事物产生，每天都有旧事物消失。"这就是我们想给还未穿越大西洋的读者所奉献的，但愿你们也能看到百老汇大街华灯初上时纽约人脸上流露的特别而慵懒的温柔。"[1]

时代正在变迁，萨特在文章中已经强调了欧洲左派未来"反美主义"的基础，冷战的来临和麦卡锡主义使得"反美主义"趋向激烈。萨特对新政领导人罗斯福抱有好感，罗斯福在去世前不久接待了法国代表团，当时萨特也在其中（尤其是和安德烈·维约莉[2]在一起）。但是他不太喜欢美国生活方式，"美国人的保守主义、虚假的乐观主义、悲剧面前的逃避态度"[3]。海狸在1947年两次美国之行后，几乎怀着同样态度写作《美国纪行》。萨特深感工会斗争的艰巨性，看到工人国际委员会（CIO）带来的希望，这一庞大组织拥有五百万成员，其中包括众多的黑人和共产党人。雅克－洛朗·博斯特也热衷旅行，也被加缪派到那边，《战斗报》1945年6月30日开始刊载他的报道《穿越美国》。

到后来冷战开始白热化，世界四分五裂，各方思想渐趋强硬，在处死罗森堡[4]夫妇的时候，美国，美利坚合众国，变成几乎跟纳粹一样可憎的资本主义的代名词："美国疯掉了。"萨特在《现代》杂志一期上这样写道。那个年代，世界分裂。一分为二。

*

海狸如史官般准确记载那些年的新思潮，那些思潮后来主导法国思想界，主宰"东欧"思想界，在苏联介入和《雅尔塔协定》的共同作用下，欧洲被活生生地撕裂，东西分离。"希望与疑虑共存"，她说，往昔萦绕不去，未来使人担忧，他们只能逃避于节庆，在酒精中寻求暂时的安宁："当时，我们喝酒喝得厉害。"但能让他们重新发牌的——他们的 New

---

1. 《费加罗报》（*Le Figaro*），1945年4月。《境域（三）》（*Situations III*），第132页。
2. 调查记者、特派通讯员、战地记者、文学评论家、专栏作家、小说家、散文家、翻译家……（参见《一位女记者》*Une femme journaliste*，Anne Renout，Presse de l'Université d'Angers，2004）
3. *FdC*, t. I, p. 54.（《时势》，卷一）。
4. 朱利叶斯·罗森堡和埃塞尔·罗森堡夫妇，1952年6月19日因原子弹间谍罪被判处死刑。——译注

Deal——是远超过他们预料的突降而至的成功。9 月，海狸出版了《他人的血》，作品立即被贴上标签："抵抗运动小说"和"存在主义小说"。这是"'存在主义运动'的发端，我们并非有意就发起了这样一场运动"[1]。萨特从此不再从事教学，他创立了《现代》，在 1945 年 9 月出版了《自由之路》的前两卷，10 月 29 日 20 点 30 分，在让－古荣街的中心大厅举办了一场讲座，主题为：存在主义是一种人道主义吗？前所未有的成功："挤撞、推搡、晕厥的妇女，挤破了入口边门。"[2]他们的生活"跨越了从前的边界"，她感觉自己"投射在公众光芒下"，尽管她说在萨特身边的她学识浅薄：海狸的谦虚！

"存在主义"诞生了——带着混乱，带着误解。因为人们鲁莽地奔向他们以为能在这动荡的年代为历史与道德进行和解的一种哲学，但和解的代价太高。"人们"——她经常使用这一不够明确的统称——"贪婪地扑向渴望已久的食物"，但很快便感到失望：自由真正的实践要求太苛刻，有太多"累人的责任"[3]。至于与无产阶级结盟，"中产阶级"没有丝毫的意愿。说到底，"存在主义"危及他们的安全，给他们提供了一个他们认为肮脏的现实主义世界观。萨特"名噪一时，毁誉交加"，他对这成功的光环，这"愚蠢的荣耀"几乎感到羞惭。在他的希望得以实现，雄心得以满足的同时，他发现一切都走了样：永恒不复存在，对后世的希望消失殆尽，成功不具有确定的价值，平庸之辈也同样可以成功。他再次燃起为了一切而做出一切的渴望。要尽一切代价防止文学落入这金碧辉煌的无意义当中，防止它堕落到迎合取悦大众。要将尊严还给他。他正是这样确定介入的定义；文学应该"与存在本身融为一体"。海狸的表达完全切合她自身：介入，就是"作家对写作的完全在场"[4]。这其实是她的原初"计划"，《青春手记》中她觉得已经对写作下了承诺，永远拒绝在生活和作品、活着和写作之间划出距离。

秋天的牧歌很快接近尾声，泥流、"垃圾桶"倒在萨特身上。天主教徒谴责他的唯物主义，马克思主义者谴责他的唯心主义。至于"中产阶级

1. *FdC*, t. I, p. 60. （《时势》，卷一）。
2. 安妮·科恩－索拉，《萨特》，同前，第 425 页。
3. *FdC*, t. I, p. 62. （同上）。
4. *Ibid*, p. 65. （同上）。

公众"只将他的学说作为"备用意识形态",总之看成是加缪式的"道德主义",还用说什么呢!(海狸在《时势的力量》中写到这一段时,和加缪彻底决裂已经很久了)非道德主义者、大众敌人、肮脏的哲学家——"名气对我来说是仇恨。"他写道。她比从前更加理解他、支持他,赞同他的"反反共主义",她觉得和共产主义者有共同语言,因为她也"憎恶他们反对的东西"。另外,她已经"习惯于"自己的作家身份,做萨特的副本和替身:总之,人死了,什么都没了。"后世"?"我不在乎。"句号之后又添了一句:"几乎不在乎。"别人给她起滑稽的绰号,诸如"萨特的圣母"、"高个子女萨特",她完全无所谓。《吃闲饭的嘴》遭遇失败的时候,她"轻易吞下了这颗苦果"。热内不怎么喜欢她[1]?她不怎么喜欢热内。另外,评论界反应不算太糟糕,但一切都跟这部戏唱反调:演出大厅供暖不足,地铁噪音太大时不时盖过演员的声音。8月,就在广岛原子弹爆炸前夕,她和米歇尔·维多尔骑车郊游,讨论这部戏的导演工作,这时萨特已从美国回来,和他母亲去了乡下(在圣索沃尔昂皮赛旁边,她母亲刚刚没了丈夫,这次,母亲和宠儿找回了二人世界,之前,一个讨厌的继父横插其中。从写给海狸的信中,我们能读到讲述战前和他母亲继父在一起时所受痛苦的好笑文字)。千牛高原——利穆赞,她童年时在那儿生活过——的壮美景色,星空下与维多尔的谈心,在烧炭人的茅草屋里度过的夜晚,偷得浮生半日闲(有爱情成分?),怎不强似戏剧大获成功。她跟以往一样,总是被新计划吸引,而不会太在意过去的遗憾。

无论怎样,暴风雨逼近。这场暴风雨有一个名字,确切地说有一个首字母,照海狸的习惯:"M"——如果我们大胆猜测,这应该是"该死的 M"[2]。多么巧妙的简写!先把时间稍微往后拨。萨特在 1945 年初遇到她,"他们互有好感,相当的好感。"这"相当"用了曲言法[3]:其实是"极其"。海狸在佛瑞兹平原和维多尔郊游的时候,在给萨特的信中写道:"您现在得知道我还没有失去青春,您送给我的自行车漂亮极了。"[4]维多

---

1. 彩排的时候,他对她说:"戏剧可不是这样的!完全不是这样!"
2. 法文中,"被诅咒的、该死的"(maudite)一词的首字母是 M。——译注
3. 曲言法:法语修辞之一,用程度较轻的说法表达程度较重的意思。
4. 1945 年 7 月 26 日。

尔是位迷人的游伴，有他陪着骑车很舒服，两人随便找地儿睡觉，有时在同一间房里睡，不过"不失分寸"，她强调说。27 号的信中，她重复道："我真的很喜欢他，他让我充满了柔情。"萨特回复说[1]："好好玩，您还没有失去青春（我也同样没有失去青春）。"确实，他从美国回来的时候，正深恋着多罗蕾丝·费奈蒂。但他在信中绕了好半天圈子，描述见到的形形色色的人，写到"塔尼亚"（旺达，K.），最后才小心翼翼地提到她，也许这才是此信的真正主题："我的行李箱到了，还有信件，有一封多罗蕾斯的信，我很开心。"——总是用曲言法。"她在信中语气庄重，要知道她没有收到我答应让诺普夫[2]转交给她的信，她写信总之为了对我说一句话：好了，给我写信吧。"之前发生了不和、误解，所以有此沉默？已经有过承诺？有过彼此的承诺？总之，萨特在信中用戏谑的口吻继续写道："尽管这样，我还是能感觉到文字背后的热情，这才像样嘛。"现在，他到了日安，这座"遭遇过屠杀""奄奄一息"的城市，旁边是他"勇敢而温情"的母亲。"可爱的小海狸"给他写信，她可真好！她一直是他"可爱的小海狸"，他又一次这样称呼她。

但是，12 月中旬，他登上了自由轮去见那位"年轻女子"。在 12 月 31 日给海狸的信中，他写道：一艘自由轮，是一艘"灾难之船"。"一艘货轮，比军用货轮还要糟糕。想象一下船身每次前后颠簸一下，螺旋桨就从水里露出来，发出吓人的声音。"他不晕船，喝很多酒，巴西领事夫人很讨他喜欢。我到的时候，您已经在突尼斯了！简言之，这封信让人平静。难道海狸之前"不平静"（她从突尼斯回来后才收到这封信）？她给萨特写的前几封信充满哀怨和忧郁：她已经开始想念他。12 月 13 日（他在去波尔多的火车上，有旺达陪着），她还没有什么离别的感觉，但他与比安卡的重逢让她慌了手脚。我们应该还记得她的话："她是我们唯一伤害过的人，但我们已经伤害了。"第二次"三重奏"重现得多么奇特！出现类似于警告的话：小心不要陷入太深，不要做些您无法兑现的承诺……15 号，星期三，她想象他在船上，在辽阔的大海上，她等维多尔一起午餐。跟从前一样，各种关系交织错杂，但这次基调不同：她随身带着"亲爱的小家伙"、她的"爱

---

1. 1945 年 7 月。
2. 萨特的美国出版商。

人"的照片，照片上的他"在飞机里一脸蛮横"，她非常喜欢这张照片。那是他在第一次美国之行归途中拍的，照片如同标志、预告、护身符、他将回来的保证……海狸想离开巴黎，但她一直没能拿到去北非的签证，她应邀去那儿开讲座。她只能退而求其次去滑雪，同时写她的新书《人都是要死的》，彭达利、博斯特、奥尔嘉和旺达先后来看她。她从梅杰夫发出的信温柔而悲伤（12月27日）："我动身去突尼斯。愿您在那儿过得幸福，不要忘了回到我身边。"她终于收到公函，可以去突尼斯了。但在动身前，她在巴黎没有收到他只言片语，她感到害怕（1946年1月25日）："我不敢相信您是个这么坏的小东西！"突尼斯仍然没有（1946年2月13日）："我要环游阿尔及利亚南部，太开心了！只是每晚感到和您分开我有点焦虑。快点给我写信吧，亲爱的小东西，我的爱人。不要忘了我。"

她动身去了突尼斯和阿尔及利亚。每次当一段时期结束，或一场危机发生过后，或一种变化让她担忧，总会出现"面对自我"的时刻，深深打动她的内心，这次旅行结束时就是如此，如同见证"智慧的黎明"。是沙漠与绿洲将"智慧的黎明"带给她："很久以后，我都记得那些棕榈叶、沙丘，还有那片静默。"回来后，她觉得巴黎空荡荡的：萨特还没有回来。她"有点"烦闷。她和萨特的关系存在某种恒定性：他们不能长久分开。任何事，任何人，（他们分别经历的）任何感情，任何激情都不足以将他们从两人共同筑就的世界中长久分开。在1948年5月的一封信中，在后面我们还会提到这封信："我们两人，这样很好（由他自己强调），这就是我心里想的"，他说。他一回来，她就让他读《人都是要死的》：这是他们从一开始就达成的默契形式之一，每人都是对方的读者，仔细阅读，吹毛求疵，毫不留情。得承认这在作家"夫妻"中（他们两人该憎恶这一表达）十分罕见，真正的作家夫妻十分罕见，通常其中一个牺牲自己，或为了对方牺牲自己的事业（猜猜是哪位作家）。

继《他人的血》之后，《人都是要死的》对她深感兴趣的主题进行了新的发掘，这一主题便是：想要成为"所有"，结果惨遭失败。《女宾》中的弗朗索瓦兹便是如此，《他人的血》中觉得"对一切都负有责任"的布劳马也是如此。"抽象地"酝酿和写作的小说，她说。至于这本[1]，更有广度和

---

1. *Tous les hommes sont mortels.*《人都是要死的》。

更加自由地面对她二十岁《青春手记》中就已出现的对立："关于死亡和绝对的观点"与"关于生命和尘世的观点"之间的对立。之前已经提过：变成不朽的福斯卡理解了不朽是"可怕的特权。""他无法在不同的世纪之间建立有生命的联系，因为一个世纪只有否定才能超越另一个世纪；他对时间中的人无动于衷，没有什么把他与其他人的计划联系在一起。"[1]福斯卡不得不做出这样的结论："只有生命有限的个体才能在时间中发现绝对。"如同维克多·雨果笔下被雷击的撒旦，他也被诅咒所啃噬，陷入"对永恒懊恼的无动于衷"。没有哪位作家像西蒙娜·德·波伏瓦那样试图统一自己的作品，尽管有时相悖的东西之间不可能调和。她在创作中并不满足于让虚构文学和哲学各自为营，而是为二者建立紧密联系，通过不同途径抵达同样的主题，这些途径有时相互补充，更多的是互相对立。

这既是"主题"或"论题"文学，也是根据真实生活创作的小说：虚构战胜了哲学论述，相比较哲学的观念演绎，虚构的具体性带来的也许更多。通过展示和描写情境，虚构对存在的"揭示"有血有肉，而这是哲学无法达到的。

从突尼斯回来之后，有一天她在花神咖啡馆二楼和萨特从前资助的学生罗伯特·米斯拉伊[2]聊天。她兴之所至，高声说起自己一个胡乱的念头：如果必须在《存在与虚无》的基础上建立一种道德的话，那应该"把对存在的无谓渴望变成一个生存假定"。萨特曾说了一句惊人的话用来表达这层意思："人是为了有存在而渴望存在的存在。"要抓住这"存在的渴望"，人类的生存才能"具有它不具备的意义"。"您要把它写下来！"米斯拉伊激动地说。她立刻开始动笔，写成《论一种含糊暧昧的道德》，"她所有的书中如今（1963）最让我着恼的一本"。为什么？因为试图"脱离社会背景"建立一种道德是不正当的。随笔出版于1947年11月，题献给比安卡。她在写作《碧吕斯与希涅阿斯》的时候就责备自己没能走出"唯心主义"，到了二十世纪六十年代，她显然自认已经走出。同样，想到"给《现代》写的文章，尤其那篇关于大清洗的《以眼还眼》"，她没有足够的理由用来自我批

<hr>

1. *FdC*, t. I, p. 96.（《时势》，卷一）。
2. 《犹太人的反省条件》（*La Condition réflexive de l'homme juif*）一书的作者，Julliard, 1963。

评：她耗费那么多精力揭露和批判置于"有着血肉之躯的个体之上"的价值，也许做得对。那又怎么样呢？"我为什么要写《实际自由》而不写面包呢？"为什么要在价值上兜圈子而不直接关注"需求本身"呢？因为她仍然是她所属阶级语言的囚徒，尽管她批判这个阶级[1]。当她在二十世纪六十年代初思考这个问题，她对不死的"海狸"感到某种愤怒，因为她还没能，照萨特的说法"粉碎脑袋里的骨头"，最终接受一个新的世界观和与之对应的语言：马克思主义。她不像萨特那样猛烈地投入其中[2]，更没有像他那样去实践，但她始终将这段时期看做她"教育"计划的新阶段。她的计划没有改变，只是具体化了，在当时呈现另一副面目，逐渐脱离"唯心主义"这一中产阶级思想的标志。至于中产阶级的行为，经常表现得卑鄙无耻谋求私利。这一双重性尤其让她无法忍受。

*

回忆录的魅力在于抽象论述、历史或个人的实事记载交相进行。这样时常形成悬念，到后文揭示真相，不过并不总是满足读者的期待。

当神秘的"M"重现时，一切浓缩为一句话："我感到担忧。"这是新的考验，给他们的"默契关系"和确立这一关系的"条约"抹上特殊色彩，增添新的态势。"协约"的维持必须满足一个条件：必须将偶然之爱与必需之爱截然分开。或者，换个说法，"等级"必须得到尊重，在奇怪的战争与战争中的信件就多次涉及这个问题。因此，无论具体情形如何，不管使用何种方法（通常是不那么让人愉快的方法），"偶然之爱"都必须接受"等级"约束。但如果协约双方有一方爱上了外面的人，一个"偶然"的人，爱得那么强烈和专一，以至于模糊了界限，这时该怎么办呢？再加上这是有固定期限的协约，不言而喻，其中一方可以在某一天提出不再续约，与婚姻关系正好相反，至少在当时那个时代，婚姻关系有时能够痛苦地束缚想要获得自由的一方。如果说海狸可能害怕协约中断，那不是因为萨特爱

---

1. *FdC*, t. I, p. 100.（《时势》，卷一）。
2. "您在1952年左右有一段时间停止了写作，开始大量阅读，这个，这与您和共产党走近，以及您想'粉碎脑袋里的骨头'的愿望分不开。"（*Entretiens de 1974*, in *CdA*, p. 240，《1974年对话录》，见《告别礼》）

上了那个女人，即使看上去比之前（无数次）的都要强烈，而是因为他新恋情的性质，某种严重危及他和海狸关系的东西已经浮现出来：一种"深层次的默契"——"在生命的源泉中，在生命的进涌与节奏中"体现的默契[1]。如果是这样的话，一切都完了。这种"默契关系"，他不可能同时维持两份。于是海狸向萨特问了一个"危险的"问题，"让嘴唇发烫"忍不住要问的问题："说实话，您更爱谁，多罗蕾丝还是我？"萨特的回答与一名"中产阶级"丈夫的回答并无二致："我爱她，但我现在是和您在一起。"海狸顿时"喘不过气来"。此外，萨特跟负罪的丈夫一样一下生了病：他得了急性腮腺炎，腮帮上涂得黑黑的，样子吓人，这场喜剧让悲剧暂时告别舞台。后来他们多次回忆起这段多罗蕾丝严重"威胁"他们关系的时光。海狸的日记极大反映了当时的心情："我感觉自己就像那些被冲到岩石上的黄盖鲽，奄奄一息，整个人已经被抽空了。"[2]

5月，萨特痊愈，他们出发去瑞士，在那儿做了一整天讲座。然后去了意大利。在接下来的几个月中，发生了一起颇具海狸风范的大转变，她重获生机。那些重现的糟糕时刻，些许的"惨淡"，随着慌乱期的结束一并结束。她重新投入工作——这关系到她在全世界，全球的命运，因为她写出的是《第二性》。自然，她自己没有丝毫的意识，怎么会有呢？她并不特别关注女性生存条件问题。她只不过有着强烈愿望要写点什么，感觉"写作的欲望弥漫到指尖"，她那么急切地思考着，以至于贾柯梅蒂觉得她"不合群"。她本有一个主题，说到底总是那个：写她自己。她甚至打算在这条路上走得更远，仿照莱里斯的方式写一本"殉道士随笔"，在书中不为自己的言行找任何借口（在希腊语中，"殉道士"也有"证人"的意思）。她在和萨特交谈的过程中，忽然发现有一个问题自己从来没有考虑过："对我来说，身为女人究竟意味着什么？"[3]萨特回答说，不管怎样，得凑近观察，"您不是像男孩一样被带大"。

她正是在这时候有所启发："这个世界是男性世界，我的童年充满男性铸就的神话，如果我是男孩，对此就会有不同的反应。"[4]她一下子放弃

1. *FdC*, t. I, p. 101.（《时势》，卷一）。
2. *Ibid.*（同上）。
3. *Ibid.* p. 135.（同上）。
4. *Ibid.* p. 136.（同上）。

讲述个人，而对女性命运进行了宏观思考。她在国家图书馆进行研究的神话，是女性气质神话。从女性气质神话说到"女性气质"不过是神话，总之是捏造的，中间只有一步之遥。她将跨出这一步。战斗的海狸成为不朽……至于讲述个人，她稍微推迟，十年后以《闺中淑女回忆录》的形式完成。在考验她与萨特的关系、她在本质面前从不妥协的能力的冒险中，《第二性》打上了深深的烙印。在本质面前从不妥协，也即意味着不与自己发生矛盾，不要两面派，不口是心非，不在生命中苟且于潮湿舒适的模糊地带。总之她要通过《第二性》指出，身为女性会面临诸多男性不会遇到的问题，因此，身为一名女性，如果她要忠实于自我、忠实于她所制订的计划，那就必须表现出特别的警觉性和精神品质。但这两者都不是性别所赋予的，身为女性并不拥有更高层次的品质。女性的力量，有时女性的伟大，来自于对压制的抵抗，她明白，一旦放弃抵抗，她将一无所有。

美国之行前后，她开始公开表明态度，在哲学上论证这一问题。巧合？算是吧。

1947 年。现在轮到她了，由菲利普·苏波尔从中安排，西蒙娜·德·波伏瓦应邀在美国举行巡回讲座，她于 1 月 24 日抵达。萨特早她两年，他们两人选择首次访美的时间，正处于一段时期的开端，这段时期一直持续到 1989 年柏林墙的倒塌，或者到 1991 年苏联解体的历史时刻，这段时期便是冷战。两个人都与那儿有了牵连，个人历史与大历史相交汇。有必要对他们交错的韵事做一简介：

正如我们所知，萨特在 1945 年遇到"M"——多罗蕾丝·费奈蒂。同年 12 月，他打算陪海狸去滑雪，但结果他搞到一张船票，坐上那艘著名的"自由号"轮船去见多罗蕾丝。1947 年初，轮到海狸登上"卫队号"船。有人跟她提起一位作家，名叫尼尔森·艾格林，她去芝加哥见了他，在那儿短暂逗留。海狸这次旅行还没结束，萨特便在巴黎迎来多罗蕾丝，并叫海狸延期返回。她这样做了。在 1 月和艾格林度过几天之后，她回国前再次去芝加哥见他。她回到法国的时候，多罗蕾丝还在，要到 7 月才走。海狸便为回芝加哥做准备，她于 9 月动身，在那儿里待了十天。次年（1948）春天，她再度飞往美国，和艾格林去墨西哥旅行（5 月和 6 月），但为了能在 7 月和萨特在一起，她缩短了旅程。她与艾格林谈起她与萨特的"协约"，他似乎深为恼火。多罗蕾丝本来说不来法国了，临时变卦，结果萨特和她去了南方。海狸后悔白白舍弃艾格林，给他发了封电报：如果他愿意，她可以回到芝加哥。艾格林已经受到伤害，拒绝了她。但他在1949年5月来到巴黎，他们一起游览了意大利和突尼斯。次年，1950年，尽管苗头不对，她还是去了芝加哥，艾格林对她说"他不爱她了"。这一段稍后再详细讲述。同年，1950年，从墨西哥和危地马拉旅行回来后，萨特与多罗蕾丝分手；多罗蕾丝之前想在巴黎定居，萨特肯定多少是同意的。在艾格林和海狸之间，关系也断了。但在1951年，她从冰岛回国途中，停在了芝加哥。"我能给您的，永远只是爱。"他对她说。可是伤害已经造成，他将与前妻复婚。接着《名士风流》的出版在两人之间造成持久的误会，直到1960年3月海狸和萨特进行古巴"官方访问"期间艾格林住进海狸单间公寓的时候，这一误解仍然没有完全消除。她回到巴黎见到了一个"起了变化"、说话尖酸的艾格林，在和他去西班牙和希腊旅行期间，她不得不承认两人从此分开。然而他们之间的通信一直持续到1964年，那一年他们彻底决裂：当初艾格林在《名士风流》中的刘易斯身上看到自己的影子就已经很不高兴，后来在《时势的力量》英文版中读到海狸放进书里的他的一封信，此后他们便彻底决裂了。

*

不管在谁的生活中，最微小的事都可能和历史的重要日期存在着巧合。至于萨特和海狸，他们整个生命都走进了历史。一个被《战斗报》派去做记者，一个为了巡回讲座，两个人都去了美国，而他们离开的法国这时一方面共产党与政府的关系日趋紧张，另一方面对共产主义的态度——不管国内还是国际——开始在知识分子内造成分化。1946年11月选举中，共产党获得28.8%的选票（意大利共产党，18.9%）。"我们不打算远离共产党人，"海狸说，"尽管他们总是抱有敌意"（萨特的学生卡纳巴，也就是1939年陪海狸滑雪的那位，成了记者和小说家，经常攻击萨特）。

1946年初，共产党知识分子开始笔伐《现代》的文章，至于萨特，海狸说[1]，

---

1. *FdC*, t. I, p. 69.（《时势》，卷一）。

希望与马克思主义者交流，但遭到拒绝，不过他不赞同"革命"有其道理，"革命"不会让位于"自由思想"。一个反对"存在主义"的刻毒阵营四处活动，海狸坚定地站在萨特这一边，但同时希望不远离共产党人，前面提到，因为她也"憎恶他们反对的东西"[1]。甚至有时，她考虑应不应该"跨越"知识分子的顾忌，加入共产党。在 1946 年 5 月意大利之行中，他们结识了意大利知识分子维多里尼和卡罗·勒威[2]，这两人的立场和他们"非常接近"，与"1924－1930 年期间为共产党地下领导人之一"的希罗纳[3]立场也十分接近。他们此后经常访问 Botteghe Oscure，即"暗铺街"，意大利共产党总部所在地。与法共不同的是，"意共将知识分子看做朋友而不是对手"。"我们当时还不太明白两国共产党人的区别，但是法共的敌意让我们难过，而与意大利共产党人的友谊到现在已经持续了十六年（海狸是在 1962 年写下这段话的），我们一直相处愉快。"[4] 1946 年末，正当她为即将到来的美国之行兴奋不已的时候，她注意到紧张气氛逐渐加剧，各种决绝势在必行：比如加缪和他们俩的决裂（谁在讲述？1946 年的还是 1960 年的海狸？）。加缪公开表示反对共产主义，但并不因此接近戴高乐，她写道，他从美国回来时不像萨特那么兴奋。事情还不十分明朗：分水岭还不十分清晰。后来，选择一方的不能选择另一方，拒绝一方的只能选择另一方。冷战真正开始。很快降临。

10 月，一个新人"闯进"他们中间：阿瑟·凯斯特勒[5]。他是反斯大林小说《零度与无限》的作者，小说的英译本名字更具影射性：Darkness at Noon（《正午的黑暗》），但他没有因此"投靠右派"[6]：没有什么比"戴高乐独裁"更让他厌恶的了——戴高乐无视议会制民主，最终在 1958 年

---

1. *FdC*, t. I, p. 70.（《时势》，卷一）。
2. 《耶稣停在恩波利》（*Cristo si è fermato a Eboli*），一书的作者，描述他作为反法西斯分子被流放在意大利南部的经历。
3. 伊纳齐奥·希罗纳是意大利政治人物与作家塞孔多·特兰奎利的化名，他于 1900 年 5 月 1 日出生在佩希那·德依马尔西小镇，1978 年 8 月 22 日于日内瓦（瑞士）去世。事实上，他的经历与海狸所说的有所差别：他先是加入意大利社会青年党并成为领袖，然后在 1921 年加入意大利共产党，成为地下领导人之一。1928 年因公离开意大利赴苏联，1930 年定居于瑞士，开始反对斯大林，支持托洛茨基和兹诺维耶夫，于是被开除出党。
4. *FdC*, t. I, p. 148.（《时势》，卷一）。
5. 小说家、记者、散文家，1905 年出生于匈牙利，1983 年在伦敦去世。他在苏联大清洗运动后离开德国共产党，冷战初期赴英国从事反共宣传。
6. *FdC*, t. I, p. 153.（《时势》，卷一）。

引发孟德斯·弗朗斯政变。关于戴高乐，暂且按下不表，回到共产主义/反共主义这一组强烈对比。一个深渊敞开着：人们掉进"历史的黑洞"，无法求救，找不到支持（如同帕斯捷尔纳克书中的主人公尤里·日瓦戈，既不要旧制度又不要新制度），拒绝共产主义，但在试验和实际经验中又形成效仿共产主义的压迫制度。在此意义上，这短暂的事件相当值得注意：她用很少的文字描写了代表某种左派思想的基层人物，对他们来说，一个反共分子就是"右派"，牢牢掌握大权的戴高乐将军是预备独裁者。同样，对某些右派，也存在一刀切的思想，当然方向不同，对那些人来说，只要是"共党分子"就支持国家集中营制度，就是自由的敌人，就是十九世纪的"平均主义分子"，因此要派遣类似拉丁美洲专制国家的"死亡骑兵队"来消灭他们。这一系列善恶二元论的表现在冷战时期加剧，在两大"阵营"的使用和操纵下更为加剧。

很快，海狸便用稍带讽刺和冷漠的语气描述凯斯特勒与他们之间的关系，在回忆录中，这种语气普遍应用在与他们断交的人身上。不久以后，凯斯特勒被排除出朋友圈——这是个"垃圾"，她对艾格林写道——后来在海狸的小说《名士风流》（1954）中以斯克利亚西纳的名字回到人们视线。斯克利亚西纳和安娜有过一夜韵事，很可能取材于凯斯特勒与海狸共度的一夜。凯斯特勒的情况非常复杂，对他的评价必须结合他未来的演变。确实我们发现他涉及一些不清不楚的活动（更别提他和他妻子恶劣的关系），和美国中央情报局（CIA）特工及其宣传者在一起，比如他和艾尔文·布朗（中央情报局负责监视欧非左派的特工）、詹姆斯·本哈姆（中央情报局负责监视知识分子的特工）出现在一张照片上。海狸以她惯有的迅疾用几页纸编织成密集的信息网，其间夹杂她的评论，有鉴于凯斯特勒的情形，我们必须仔细松开这张网。因为我们读到的名字能帮助我们理解战争（冷战）背景，法国将要陷入其中，欧洲，乃正整个世界都将陷入其中。

凯斯特勒变成英国情报研究局（IRD）和美国中央情报局的特工或宣传者。但马奈斯·斯巴贝的情形不同与此，他们觉得此人蛮横武断地进行"反共"，也许是的，但海狸了解他的历史吗？海狸描述了他们之间的一次谈话，但这不足以用来公正地评价他。斯巴贝在那次谈话中散布离奇谣言，说苏联拥有一种秘密武器，共产党人到时会在全世界传播。"芝加哥、纽约、匹兹堡、底特律的居民苍蝇般纷纷坠落。"[1]极有可能这些所谓的"秘密武器"是中央情报局多多少少已经杜撰出来的（或者他们真的相信），要知道从 1947 年起中央情报局就资助研究不明飞行物的严肃项目，以防哪天不明飞行物真的成为苏联的"秘密武器"。海狸讽刺地补充说，在这样一种可能性面前，我们理解那些急切地想要发动防御性战争的人……但我们不能把斯巴贝的形象定格于这件轶事。用阿伦特的话说，他的命运是一个"生于黑暗时代"[2]的人的命运。斯巴贝 1905 年出生于加利西亚（今天的乌克兰）扎布洛陀夫一个犹太人聚居区的拉比家庭。1927 年动身去柏林，加入共产党，与阿尔弗雷德·阿德勒一道工作。希特勒上台后，他被投进监狱，但几周后被释放，因为他当时是波兰公民。他先移民到南斯拉夫，1934 年到巴黎，和威利·蒙岑伯格共同为第三国际工作。不过他在 1938 年因为清洗运动离开巴黎，开始写作关于极权主义与个人在社会中所扮角色的书，书名为《Zur Analyse der Tyrannis》（《专制政权分析》）。1939 年，斯巴贝以志愿者身份加入法军。战败后，他在位于自由区的卡涅小城找到一处避难所，但他不得不在 1942 年举家迁往瑞士，战争末期定居法国。他是凯斯特勒的好朋友，凯斯特勒在《艺术》杂志一期上对他进行了描述。他也是马尔罗的朋友。这就是原因。

欧洲各国在二战中遭受毁灭性破坏，这时的世界地缘政治版图上出现两大超级强国。美国在"广岛事件"之后掌握核垄断并拥有无可匹敌的金融实力。苏联在东欧拥有决定性军事力量且享有很高的政治声誉。1944 年《布雷顿森林协议》在法、英、美三国磋商之下达成，美国强加它的观点，国际货币基金组织和世界银行在此时创立。尤其，协议确定了以美元为中心的国际货币体系，美元直接与黄金挂钩。不过，事实上是在 1947 年 6 月才出现冷战信号：美国国务卿乔治·马歇尔给欧洲提供"出于手足之情的援助"，战胜"饥饿、绝望与混乱."。"马歇尔计划"（欧洲复兴计划，European Recovery Program）面向整个欧洲，包括苏联。斯大林几经犹豫后予以拒绝。波兰和捷克斯洛伐克也不得不拒绝。最终，十六个国家接受了

---

1. *FdC*, t. I, p. 156. （《时势》，卷一）。
2. 呼应海德格尔（*Wozu Dichter, in dürftiger Zeit?* "乱世之中诗人何为?"）。她那本《政治生活》（法文版）在英文版中用的便是"在黑暗时代"这一标题。

"马歇尔计划"，并于 1948 年 4 月成立欧洲经济合作组织，1961 年改组为经济合作与发展组织。"马歇尔计划"确实对重建起了援助作用，当然对美国经济也有着积极影响，美国一半商品都出口到欧洲，满足了本国工业巨大的市场需求。同时，该计划也是抑制共产党影响的一大手段，尤其在法国和意大利，人民生活在极不稳定的状态之下。1947 年 10 月，共产党和工人党情报局（Kominform）筹备委员会主席、苏共中央书记安德烈·日丹诺夫明白过来：他开始揭露"美帝国主义"试图将欧洲经济置于华盛顿控制之下，使其处于依附地位的阴谋。

世界开始分成两大阵营：以美国为"主要领导力量"的"帝国主义反民主阵营"和在莫斯科领导下的"反帝国主义民主阵营"。曾在二战期间并肩抵抗轴心国力量的美国与苏联，此时开始相互斗争，争取扩大各自的世界影响力，直接的军事较量被小心避开，代之以意识形态的斗争。"马歇尔计划"开启了苏联大规模反攻，1947 年秋的大罢工立即让法国有了切身体会。曾经给全世界无数被压迫者带来希望的"社会主义故乡"也和它的对手一样露出帝国主义面目，在接下来一段历史时期打着"为和平与全世界人民的解放而斗争"的旗号大行其是。不过，尽管有"莫斯科的手"在后遥控，1947 年的罢工者却有罢工的理由：1946 年 6 月至 1947 年 9 月之间，面包、牛奶、牛排价格分别上涨了 128%、91% 和 40%[1]……

这就是战后初期一个四分五裂的世界呈现的悲惨面貌，而且还将持续很久。苏联，作为无产阶级和被压迫者希望的化身，首先要防止自己受到攻击，从 1945 年开始，一个置于苏联控制下的领土与意识形态"保护区"逐渐形成。斯大林把苏联国境线向西推进，吞并波罗的海三国与部分波兰领土，在红军占领的中欧和东欧国家强行设立亲苏政府，这些国家后来都成为"人民民主国家"[2]。1948 年 2 月，"布拉格行动"摧毁了战前东欧少数民主政权之一，苏联在其中彰显它的霸权。同时，被正式召至莫斯科进行"政治会晤"的十六名波兰秘密军队指挥官遭到逮捕，几个月后，波兰

---

1. 参见 2007 年 6 月 16 日《世界报》号外《世界报 2》上刊载的 1987 年 11 月 8 - 9 日让－皮埃尔·里豫发表的一篇文章：《濒临内战》。照片上，游行者挥舞牌子，要求得到"面包"，他们的脸色和着装证明这不是出于修辞需要。

2. 参见弗朗索瓦·费日多（François Fejtö），《人民民主史》（*Histoire des démocraties populaires*），两卷，Seuil，1969。

抵抗运动的两位主要领导人被捕入狱。布加勒斯特、索非亚、维也纳共产党组建临时亲苏政府，政府首脑均同意1938年德奥合并。在1945年5月12日致杜鲁门的一封电报中，丘吉尔已经用"铁幕"来指代欧洲面临的分割威胁。1946年3月，他公开揭露苏联对中欧与东欧的控制。"从波罗的海斯德丁到亚得里亚海的里雅斯特，一张铁幕在大陆拉开。［……］这些力量微小的东欧国家的共产党，获得远远超过其重要性的权力，到处奉行集权统治。几乎到处都有依靠警力维持的政府，除了捷克斯洛伐克，没有真正的民主制。"捷克斯洛伐克的民主制在1948年被摧毁……

1947年的法国还没有卷入这些政治和意识形态斗争，然而这些斗争才刚刚开始。大规模罢工此起彼伏，一些人声称莫斯科在背后遥控，对此，法国总工会（CGT）在年底作出回应：美国在后面指使，是它资助了"工人力量"[1]的创立。资助行动由艾尔文·布朗操纵，此人是"背后"（Stay - behind）网络在欧洲的负责人——照片上位于凯斯特勒左边。如此形成了由莫斯科支持的"和平大会"意识形态宣传与"纽约知识分子"行动之间的对立，西德尼·胡克（照片上的第四人）作为"纽约知识分子"运动参与者之一，与其他人一道接受中央情报局指令，活跃在文化冷战第一线[2]。

所以，当海狸在1947年1月24日离开法国时，历史正处于冷战最初期，它还没得到承认，还没有被命名[3]。海狸将在美国停留了四个月，她住在林肯大道（第8大道和第44街的拐角），去拜访格拉西一家，没人在，于是她一整天都"目瞪口呆"地在街上闲逛。次日，她通过斯蒂法见到"M"，"她将去巴黎，一直待到我回去的时候"[4]（出于萨特的意思，她延长了访美时间，因为萨特想和"M"再呆一段时间）。"她跟萨特说的一样迷人，有着全世界最迷人的微笑"，她在回忆录中这样说。她在给萨特的信中写道："她跟我原先想的一样，我很喜欢她［……］我一点也不觉得难堪。"（1947年1月30日）（她终究还是忍不住说出来，是为了让萨

---

1. Voltaire -net. org, 2004年6月2日。"工人力量"（FO）：继法国总工会（CGT）、法国民主工会（CFDT）之后的法国第三大工会组织。——译注
2. 同一网站，2004年11月26日。
3. "冷战"这一表达由美国政治人物伯纳德·巴鲁克（Bernard Baruch）首次提出。
4. *FdC*, t. I, p. 174.（《时势》，卷一）。

特放心还是让他有点难堪呢?)她再见到"M"时,这样写道:"她真的非常热情,让人感到非常愉快——只不过像博斯特说的有点太'好女人'了,至少就我的品位而言,不过对于一个男人,尤其对一个具有'膨胀的武断激情'的男人来说[1],再也找不到比她更合适的了。"(1947 年 1 月 31 日)

海狸对有着"很棒"马丁尼[2]的纽约感到兴奋、"目瞪口呆",但她立即展开批判:她"几乎爱上了美国",战胜法西斯的美国,但她感觉,这个民族偏执狂,成天提心吊胆,考虑要不要"发动防御性战争"。马尔罗、斯巴贝、凯斯特勒一伙人所言如出一辙。她觉得美国人很难走出一种精神状态:呆滞,就连年轻人都"没有能力依靠自身进行思考、创造、想象、选择、决定"[3]。不管怎样,她还是会见了一些层次较高的知识分子,他们不仅能拒绝斯大林主义,而且能够对本国制度进行批判,比如理查·怀特(一段时间内是美国共产党员)。在她认识尼尔森·艾格林之后,这个国度就显得热情甚至珍贵了。眼下,她不想在这里浪费时间——和她的计划:"美国女人"尽管敢于请愿,但在她看来仍然是"依附与不完整的存在"[4]。所以当看到"许多伴侣"达成类似她与萨特之间的协定,她不无吃惊。她说,但是,"这种方式有其风险:签约双方中的一方可能喜欢他(她)的新关系甚于旧关系,而另一方感觉受到不公正的背叛。"这正是"危险的问题"脱口而出时的情形:您更爱哪一个,她还是我?

但她刚到美国印象最深刻的是"神经官能症的反共产主义"。美国政府为了在两极世界稳占霸权制订的战略带来"神经官能症"这一后果,集中表现于麦卡锡主义[5]。她离开的是世界的反面:在法国,同期事件受苏联的影响越被低估,在美国就越被高估。这时已经开始"驱除红色分子":

---

1. 萨特不可能不从中看出自己的影子。《1974 年对话录》:"波伏瓦:您对女性在何种程度上扮演主导者或保护人的角色呢?萨特:我想我可能很具保护欲,结果显得武断。您经常批评我这一点,不是因为我这样对您,而是对外面的女人,我想。"然而,"我不总是这样,她们之中最重要的那一位,我与她保持平等关系,否则她不会同意的。"(*CdA*, p. 423.《告别礼》)
2. 马丁尼(Martini):鸡尾酒名。——译注
3. *FdA*, p. 175.(《年华》)。
4. *FdA*.(同上)。
5. "麦卡锡主义"指的是参议员约瑟夫·麦卡锡领导下的委员会采取大规模怀疑与调查的这段时期以及社会氛围,其目的在于打击美国共产党活动分子及同情共产党的人士。

226

reds，重读单音节，这个词本身就能说明一切，用简化的粗线条勾勒出一类敌人，有利于一切宣传和"填鸭"教育。如果说欧洲正被制服，美国可不同：共产党领导人艾斯勒[1]被送上法庭，"战争企图表露无遗"，她在《美国纪行》[2]中写道，日期为 2 月 7 日。不久之后（2 月 28 日），她记下："破坏工人联盟的活动日益猖獗。以塔夫特为首的参议员指责工人国际委员会领导人参加共产党。"接着："这是惯用伎俩。"[3]其实，在 1934 年至 1937 年间，刚走出世界危机，如果没有共产党的参与，就没有罗斯福新政的成功实施与工人国际委员会的形成。如果说真有什么伎俩的话，那就是在对共产党进行指控的时候出现，不管有无根据，这种指控都力求破坏工会声誉，阻止它为工人阶级谋福利。

与尼尔森·艾格林的相遇也在一定程度上帮助海狸在更为具体的基础上形成她的新思想，使她的介入比萨特的介入更为具体。如果将艾格林、将他的教育背景、他的过去和他所过的生活与萨特、与"可爱的同学们"或与当时的其他作家甚至是左派作家相比较，会发现很难将艾格林归类，在美国比在法国更常见他这样的作家，在法国他绝对是特例：他不属于中产阶级知识分子，也不属于极具法国特色的"平民主义"作家群体，而是某种"文人无产者"：既非工人也非自学者。不过他是共产党员，来自工人阶级。1909 年 3 月 28 日出生于底特律，三岁时随父母移民到芝加哥，祖父是皈依犹太教的瑞典人，母亲出生于一个德国犹太人家庭，她经营一家糖果店，1944 年艾格林将他的姓名 Nelson Ahlgren Abraham 彻底换成 Nelson Algren，拿掉了中间的"h"。几年后，父母定居于城市北部，父亲在那儿一家汽车修理厂工作。他在芝加哥公立学校读完了中小学，然后在伊利诺斯大学继续学业，并于 1931 年经济大萧条时期获得记者学位。他的第一本书在田纳西完成，当时他在一家石油公司工作。也正是在那时他被捕入狱，坐了几个星期牢，原因是他在一所废弃的校舍偷了一台打字机，这件事对他

---

1. 当时美国共产党的总书记是威廉 Z. 福斯特，他的继任者为卡斯·豪尔，此人从前是一名工人，在他去世时（2000 年）出版的采访稿中，他仍然表达了对前苏联的怀念。
2. *L'Amérique au jour le jour*, p. 68.《美国纪行》。
3. *Ibid*, p. 174.（同上）。1948 至 1953 年间，在麦卡锡主义鼓吹者的活动下，美国共产党成员被驱逐出工人国际委员会。

影响很深……然后他在新奥尔良住了一段时期，最后定居芝加哥。他所有作品都和社会边缘群体、无路可走的人、普通人、贫民区的居民、移民联系在一起。这位"本地小青年"，有时海狸在信中这样开玩笑地称呼他，与圣日尔曼德佩区的知识分子，甚至"左派"的知识分子大不相同。

他们的相遇成了可以大加利用的题材，很多人都写过，并且在字里行间暗示她投入他的怀抱是为了报复萨特，人们想要看到一位"冷淡"、"有头脑"的女知识分子怎样突然陷入情欲。而对他们的分手，人们以一个几乎不懂哲学玄思的文人无产者和一个她想成为的女思想家之间的不相容性来解释。但往往有一点被忽略，那就是海狸在艾格林身边体验激情和真正的生理满足的同时，可能也被艾格林身上具有的她从没在一个作家身上看到的特点所吸引："他住在木板屋里，没有浴室、没有冰箱，路边飘浮着垃圾桶的气味，旧报纸漫天飞舞。"[1]这欢快接受的贫穷让她"耳目一新"。这不是波希米亚生活，不是战前萨特和她在巴黎，然后在鲁昂、勒阿弗尔，后又重新在蒙帕纳斯经历的那种"艺术家"生存方式，那时他们每到月底便囊中羞涩。现在即便"萨特有钱"[2]，她的书卖得也不错，他们还是继续从前的生活方式，在咖啡馆写作，经常光顾在某个知识分子群体内流行的酒吧和饭店，每年都长途旅行。对这些，艾格林一无所知：他极端孤独，"粗鲁、粗暴"，尤其有一种罕见的天赋，"人类真正的忧虑"。在海狸思考怎样担负历史交给她的新责任，思考像萨特和她这样出身中产阶级的知识分子有无可能贴近劳动人民的时候，一个男人走向她，这个男人不是工人，而是作家，一个从未提过类似问题的作家，因为他就生于劳动人民当中，而一个"中产者"即使有意，也始终是异乡人。

她第一次是在一个女性朋友建议下去芝加哥看他，去之前对他一无所知。当她与他告别的时候，这第一次分别已经令她感到"痛苦"，在动身回巴黎前，她希望发生的一次小艳遇没能成功实现，只做一个简单的游客，这让她感到郁闷。她说得很清楚：她希望有一个属于她的男人，即使是"暂时的"。于是她给艾格林打电话，飞去芝加哥。他们一起度过了激情的几天，他送她去纽约。这是"他第一次登上飞机"[3]！她用谨慎的留白

---

1. *FdC*, t. I, p. 177.（《时势》，卷一）。
2. *Ibid*, p. 65.（同上）。
3. *Ibid*, p. 178.（同上）。

遮盖这次相遇爱情与性的成分："我五点钟回到房间，直到天亮我们再也没有分开。"离开他之前，她对他说：她的生活已经确定好了，在法国，永远都在那边。他似乎没明白。谁能在一场爱情的起初相信从前关系的稳固呢？她坚信他们还会再见。在飞机里，她给他写道："从此，我永远跟您在一起，在芝加哥阴暗的路上，在架空铁道下，在孤零零的房间里，像一个满怀柔情的妻子跟她心爱的丈夫在一起。我们不需要苏醒因为这不是一场梦；这是一段真实而美妙的经历，它才刚刚开始。""我真正的位置、温暖的位置，"次日她写道，"就在您爱意融融的胸口。"

回到法国再见到萨特时，她"深受折磨"，萨特也是，"他也有烦恼"。然而却不是同样的烦恼，于她，是受不了离别，对于萨特，却因为"M"还在，他后悔对她妥协，他本来没"叫她留下"。是像他说的那样，为了消除她人在法国的影响？或者是他"膨胀的专断激情"作怪？（1947年1月31日信，已引用）在1947年寄给海狸的唯一一封信中（总之是唯一出版的，也许其他的已经佚失），萨特写道："知道您在纽约我很高兴。这儿一切都好，和多罗蕾丝关系稳定。"[1]（信里没有标明日期，但应该是5月5日，因为他说将在"12天后"与她重逢）现在情况不同了：晚上，当萨特在圣朗贝尔，在罗亚尔港附近舍弗罗斯山谷的一间小旅馆里和海狸在一起时，多罗蕾丝"戏剧性地"给他打电话。

这段时期，海狸因想念艾格林而郁郁寡欢，她无法"脱离"美国，最终她决定写一本关于美国之行的书，同时酝酿重返芝加哥。她这时已跟萨特提到艾格林了吗？没有她在芝加哥（短暂）停留期间的信。她也没有在回忆录的这几页谈及。但就像是一场镜子游戏，她在叙述萨特情况的时候讲述的其实是她和艾格林。这场游戏的四位参与者交换位置，相互交叉。他提醒过多罗蕾丝吗？她提醒过艾格林，也许说得不够清楚。萨特无法"与她建立生活"？她无法和艾格林建立生活。所以事情是清楚的，痛苦随之而来。带给谁痛苦？根据协约精神，首先是给感觉会被选择的那位带来痛苦。比如，艾格林。或者在萨特那一对中的多罗蕾丝。但并非如此，多罗蕾丝可能遭受的痛苦没有被提及，艾格林的也没有。

"偶然爱人"的痛苦甚至连暗示都没有。首先是萨特的痛苦：几个月

---

1. *Lettres au Castor*, *op. cit.*, t. II, p. 338.（《寄语海狸》，卷二）。

远离 M，他怎么能忍受那么长时间的离别？然后是她自己的："我将要度过痛苦的两个月。"1947 年夏末，她处于一片焦虑，"甚至有些精神失常"，她服用"安非他命"[1]，喝酒喝得厉害。"忽然我化成一块石头，钢刀正劈在石头上：这是地狱。"在对年龄和死亡妥协之前的最后一次斗争？她还是在家中举办了一次派对。

"M"走了，海狸和萨特去瑞典旅行了一次。她做噩梦，情绪失常，看见"很多只鸟一起啄她"。一切都搅和在这决定性的几个月中：萨特准备怎样处理与多罗蕾丝的关系？她决定重返芝加哥吗？萨特与共产党人的决裂彻底断送知识分子与工人阶级友好相处的希望了吗？而这一友谊是那么不可或缺。法国的危机正在加剧，几乎可算是暴动的罢工运动此起彼伏。印度支那战争开始，尽管在前一年，1946 年 3 月 6 日，法国已经正式承认越南的地位。现在，个人生活很难是一种"私人"生活，所有幸福的可能土崩瓦解。因此需要表现出她是真正的"战斗的海狸"，没有什么能将她击败；向前，远远向前，超越时间，超越空间。在瑞典，他们遇到一对夫妻，住在"静谧的小山谷中一座漂亮房子里"。她心头一亮。"我们也会有幸福的晚年！""如此遥远，如此规矩"的梦！她立刻给艾格林发去电报："我马上就到。"

"从第一眼我就知道回来对了。"

她发现了芝加哥的底层社会、屠宰场、监狱、"空地和荨麻"边上的贫民区，看见"瘾君子、妓女和小偷"，那些人都是艾格林的朋友。海狸从没有这样好的生活，她曾经贪婪地试图在一种气味、一张油画、一种香气中抓住西班牙和突尼斯的"本质"，曾在战后恐怖地感觉对悲惨生活的所见所闻冻结了艺术作品永恒的美[2]。1947 年 9 月 9 日至 23 日芝加哥逗留期间，她又找回世界的统一性，因为她不再只是匆匆过客，旋即就回到自己熟悉的世界：在她身边，不管白天还是夜晚，都有一个男人，他就在这个世界生活和创造，这个世界有他生活的基础和理由。她对艾格林的爱——也是如此：她获得一种力量，一段粗暴的经历带来的力量，她利用

---

1. 安非他命：又叫苯丙胺，兴奋剂的一种。——译注
2. 《1974 年对话录》（*Entretiens de 1974*）："波伏瓦：那些（三十年代的）旅行带有政治色彩。萨特：啊！当时隐约有点。"

这段经历进行创作。她自然没有忘记政治，没有忘记可恨的麦卡锡主义施加给艾格林朋友们的压力，他在电台和电视台的记者朋友。她喜欢爱情，这是个极其爱好身体享受的女人——人们总是天真地以为这与智力不相容——但她尤其喜欢与这个男人做爱，那么奇特，那么与众不同，不同于她从前认识的那些人。这个男人不是哲学家，不是思想家，不太懂纯哲学理论，他充满痛苦和幽默，孤独、多情、智慧，写很出色的小说。一个希望与她永远在一起的男人，她答复说"不可能"。她还会回来的，来年5月他们要做一次长途旅行。

他们生活的动乱时代，意识形态的争斗，共产主义的重大问题，这些自然都不遥远，相反，一切交织在她旅行前后寄给萨特的信中，她在信中描写这张捕获她的密网。准确、自由、生动地反映了她思考、生活方式、不愿对任何事妥协的方式。一如既往回返自身，回到应该坚持的自己的使命："我不能只活在幸福与爱情中，不能放弃写作，不能放弃在那个地方工作，只有在那儿，我的书和我的工作才具有意义。"（9月26日信）她不"为后世"写作（"后世，我不在乎，几乎不在乎"），萨特用介入观发现了这一点：根据地点和具体情形，您对世人写作。她回来了，回到巴黎，回到法国，应该做点什么"与共产主义与反共主义的谎言作斗争"（同一封信）。正是在这一前景鼓舞下，巴迪欧、布比昂、罗森达尔、胡塞请求萨特加入革命民主同盟"领导办公室"。情报局的建立和1948年2月"布拉格行动"确实加深了共产党人与反共人士之间的裂缝。

也许有点什么。需要再次给历史事件留出空间，让它们充分展开："布拉格行动"确实对那些不愿正视斯大林在欧洲所使阴谋的人"一次警告"。但如同1938年慕尼黑妥协一样，十年之后，捷克人民与他们的政府被西方社会所抛弃。二十年之后，1968年"春"，华沙条约组织的坦克开进布拉格，情况依旧如此。游行抗议倒是步调一致，但还是不见什么具体行动。"布拉格行动"昭示一切：2月21日，自由主义部长集体辞职，希望借此引起政治危机，引起共产党选举失利，共产党在斯大林指令下拒绝"马歇尔计划"。克莱门特·哥特瓦尔德（战争中逃难到莫斯科，是斯大林的忠实门徒，也是他实现"保护区"的工具）和鲁道夫·思朗斯基（在1952年一起斯大林肃清案中被绞死）毫不费吹灰之力就使得爱德华·贝奈斯屈服，贝奈斯是在托马斯·G·马塞里克大脑染疾后接替他的。辞

231

职的部长被亲共分子取代，然后哥特瓦尔德和贝奈斯征募组织"工人纠察队"。1948 年 2 月 25 日，整个政权落入亲斯大林分子以及他们的首领哥特瓦尔德和贝奈斯手中。外交部长、捷克斯洛伐克第一任总统的儿子扬·马塞里克在第一时间同意加入新政府，1948 年 3 月 10 日死亡，官方宣布他是自杀，其实是"被人扔出窗外"，这在 1989 年得到证实。

捷克斯洛伐克在超过四十年的时间里属于——用米兰·昆德拉的说法——"被没收的欧洲"。捷克斯洛伐克陷入棉絮般的被遗忘状态，即使发生了惨案也几乎无人关注。对这个国家由民主精英构成的反对派的镇压，比如 1950 年被绞死的米拉达·赫拉科瓦，西方谁会为之操心呢？1953 年马赛尔·贝茹对思朗斯基案件加以关注（1952 年 11 月），他的文章"没有受到共产党人攻击"[1]，西蒙娜·德·波伏瓦说。如她所想，这是斯大林之死带来的"解冻"信号？或者因为文章引用的材料大部分来自于捷克斯洛伐克大使馆（见同一页）？布拉格行动、肃清案有利有弊。1954 年，萨特和波伏瓦在 1934 年后重返布拉格，作了一次短暂旅行，除了"穿越铁幕"的好奇之外没有特别的感受[2]。巨大的斯大林雕像在这位"人民之父"去世时完工，践踏着整座城市——"我们一点都不喜欢"，一位年轻姑娘对他们说。他们在 Mala Strana（"小城区"）和老城区安静地散步，陪同的那位被海狸称之为"胖诗人聂兹瓦尔"——此人不仅胖，而且满载荣誉：由于他自 1924 年入党以来对共产党忠贞不渝，在前一年被评为"民族艺术家"[3]。萨特海狸不可避免地被托付给他，那正是他们友好的黄金时期，1956 年布达佩斯事件爆发后中断了友好关系。他们离开布拉格的时候，心头漂浮着一片"阴影"：在一座图书馆，一位管理人员对他们吐露："这儿正发生可怕的事情，就在这时候。"可以肯定的是，他们回到法国后没有公开提及此事。他们在整个二十世纪五十年代处境艰难，而这是二十世纪五十年代最艰难的时期。后来，很久以后，许多令人沮丧的事实相继披露，1968 年，萨特捍卫卡列·柯西克这位马克思主义哲学批评

---

1. *FdC*, t. II, p. 24.（《时势》，卷二）。
2. *Ibid*, p. 53.（同上）。
3. 在讲述 1968 年布拉格事件的时候，海狸提到昆德拉的小说《玩笑》里有一件真实发生在二十世纪五十年代的事：在一首拙劣的模仿诗中，聂兹瓦尔"同时赞美感官享乐与斯大林"。（*TCF*, p. 11.《清算已毕》）

家，"八月事件"后当局没收了柯西克所有手稿。

还是回到 1948 年。海狸四十岁，觉得自己"老了"。《美国纪行》先刊登在《现代》上，然后才出版（题献给爱伦和理查·怀特）。《肮脏的手》的上演又引发了与共产党人的冲突：共产党人对之嘘声一片，"中产阶级"立刻反驳，将贺德雷的谋杀案比做情报局犯下的罪行。5 月，两段"平行"的感情——萨特/多罗蕾丝，海狸/艾格林——不再"平行"，而是混在一起。海狸本来计划 5 月动身，多罗蕾丝原先"勉强"同意来法国呆四个月，然后她反悔了。海狸开始犹豫：说到底她在多大程度上爱艾格林？不怎么爱、很爱、爱得更多？萨特现在一个人，她可以陪他。她选择了折中方案：和艾格林在一起待两个月，而不是四个月，但是不立即告诉他。到了那边，她准备过些时候，等时机成熟了再跟他说。时光飞逝，一天，她决定说了。"是吗！"他只回应了这么一句，她感到震惊。旅行还在继续，但她渐渐感到担心。艾格林显得对她怀有"敌意"（属于萨特海狸的词汇）。他们回到纽约，天气酷热，她询问他，他说出实情：他不再像从前那样爱她了。她哭了一整夜。但在一场激烈的讨论过后，他激动地对她说："我现在就可以娶您。"她 7 月 14 日离开，"不确定是否还会相见。""都是我的错。"她说。她想了很久：她本应该，本能够和他在一起吗？不，再说他也不能在巴黎生活和工作。在这一决定、决定的理由和痛苦面前，他们是平等的："每个人都因对方拒绝来自己身边生活而痛苦地感到遗憾。"[1]

爱在别处，感到不自由，也不想要自由，说到底在这段感情与萨特和 M 的感情当中，只有一样共通的东西：他们俩的不谨慎。她付出了高昂的代价，巨大的差别正在于此：萨特最终厌倦了多罗蕾丝，觉得她越来越苛刻、任性、无趣，是他主动提出分手。而海狸害怕由于拒绝和艾格林生活在一起，他最终不爱她了。艾格林的信让她放心，没有，他没有因为她提前离开而感到受伤。7 月 19 日，她给他回信："我不能和您生活在一起并不是因为不爱您，我甚至肯定我比您更难以忍受离别 [……] 我不可能比现在更爱您、更渴望您、更想念您。但您不知道萨特多么需要我 [……]

1. *TCF*., t. I, p. 224.（《清算已毕》，卷一）。

我是他唯一真正的朋友，唯一真正理解他的人。"一个热恋中的男子能听得进这样的理由吗？

但原先不来的多罗蕾丝再次变卦，宣布要在7月底过来，而这正是海狸打算和萨特出发的时间！萨特让步了，符合他的作风。她过来了，两人一起去了南方：M 的盘算。萨特和所有软弱的男人一样，责怪那些让他妥协的女人。海狸给艾格林发去电报，说要回到他身边。7月23日，她收到回复：*No, too much work.*（他说："不，工作太多。"）她立刻回复，清楚他不能接待她。她解释为什么会作如此冒失的决定，她不提多罗蕾丝，而是接着萨特需要她这原先的理由往下说。这当中存在一个误会：她先是把他的电报理解成了 not too much work（"来吧，我没有太多工作"）！不过她其实已经预料到他的回答，他有必要闭门不出，他需要写出好的小说来。于是她和萨特去了阿尔及尔，只在12月收到艾格林的一封信，信寄到突尼斯（而非"提奈斯"[1]）。信中说，他爱上了一个女人，差点想娶她，最终没有这样做。"但我的愿望没有改变，那就是某一天拥有一个属于自己的地方，和属于自己的女人，甚至一个属于自己的孩子生活在一起。"信的结尾这样写道："大洋彼岸的怀抱没有任何温度。"[2]

她能够理解，毫无怨言："我的衰老正潜伏着。它在镜子深处窥视我。"她重新投入对妇女命运的思考中去。次年，1949年，艾格林来到法国，他们一起在法国作了一次长途旅行，找回了一些融洽。到了第二年他宣布"不再爱她了"。他要结婚，已经决定了，他在信中谈到此事。她试着开玩笑："如果您不结婚的话，我也许还能原谅您。"（1949年12月17日）他后来结婚又离婚。她第一次重见他是在1950年，他对她说不再爱她了。这是句可怕的话。她在书中没有让这句话以第一人称出现。她一边看电视上播出的《短暂的相遇》[3]，一边哭，"心头直堵"。在飞机上，她大量吞服安眠药，但还是睡不着："喉咙开裂，想喊喊不出。"[4]（1960年，她在回忆录中回顾这段时期时，引用《人都是要死的》里雷吉娜的这句

---

1. 提奈斯（Ténès）：阿尔及利亚港口城市。——译注
2. *TCF*, t. I, p. 233.（《清算已毕》）。
3. 《短暂的相遇》：英国影片 *Brief Encounter*，1945年发行，获1946年戛纳电影节金棕榈奖。——译注
4. *TCF*, p. 316.（《清算已毕》）。

话，她写下这句话的时候是否也想起了小说中福斯卡对雷吉娜揭示将把两人永远分开的不死秘密时，雷吉娜陷入的抑郁？）"她两手紧捂着嘴，垂下头，她被击败了。［……］直到时钟敲响时她才喊出第一声。"[1] 1951 年，在冰岛归途中，她经过芝加哥，艾格林对她宣布他要再婚了。她回到巴黎，此时正是万圣节，金灿灿的菊花照亮了整个城市。"我很珍惜自己的生活，"在她走后他对她写道，"我不愿意它属于一个那么遥远的人，一个我每年只能见上几周的人。"她看出："只差一句话没说。我来说。"随着《时势的力量》英译本的出版，他们彻底分手，这我们之前已经提过。

*

这次他们几乎同时违背协约，说到底这意味着什么呢？意味着一种考验——已得到揭示——不过由于他们的所是，他们计划成为的所是，这场考验对他们两人都有着决定性意义。从很多方面来说，萨特和女人的关系可以说是一种"古典"关系——总之对于绝大多数男性而言：原则上的平等，大男子主义的优越性——他自己完全承认[2]——"君主式"的保护欲，对要求的妥协，分手方式的卑鄙，金钱上的慷慨[3]。《1974 年对话录》中，两个人都谈到 M。奇怪的交流，海狸在萨特之前组织词句，似乎把话送到他耳边。"波伏瓦：您对她说，好了，我们之间结束了，因为情况越来越糟。萨特：是的。奇怪，我当时很爱她，她在我心中分量很重。"（回忆录里更强调了他要分手的愿望："尽管萨特一再表示抗议，她还是赖在巴黎。他们不停吵架，最终只能分手。"[4]）海狸承认："您当时热恋着她，确实，她是唯一使我感到害怕的。"[5]

其实，尽管起点相同，萨特和海狸的爱情轨迹并不一致，这在回忆录和《1974 年对话录》中一目了然。两个人可能都拿协议冒险，尤其是萨

1. *Tous les hommes sont mortels*, p. 528. （《人都是要死的》）。
2. "我觉得我的大男子主义在于以某种方式将女性世界看成某种低等的东西，而不是我认识的女性们。"（*Entretiens de 1974*, in CdA, p. 423. 《1974 年对话录》，见《告别礼》）
3. 1949 年 12 月 10 日越洋情书：杜兰刚去世，卡米耶一个人生活，"萨特决定供养她，虽然他现在已经供养太多人了"。
4. *FdC*, t. II, p. 309. （《时势》，卷一）。
5. *Ibid*, p. 434. （同上）。

特，而她一早就对艾格林诚实交代。萨特从来没有将协议看得非常重要，而她是的。海狸需要他，他也需要海狸，程度不相上下，他在 1948 年的一封信中承认他与她的关系比他从前和今后与其他任何女人的关系都要"真"。但是提到艾格林，他从来不会说出这样的话来："他是唯一使我感到害怕的。"最终，要么他厌倦了多罗蕾丝，要么她实在令人无法忍受，要么他和海狸舒适的日常精神生活在他看来胜于一切，他要分手。而海狸，却没有厌倦她的"越洋情人"，一想到艾格林不爱她了，她就痛苦得不能自拔。走路的时候"心如死灰，既不相信过去，也不相信未来"。当现时沉重如铅，当您像孩子一样，"碰上不可名状之事"，现时就变得不堪忍受。

致艾格林的那些信出版的时候，出现很多对她的误读。人们想要从中读出西蒙娜·德·波伏瓦能够感受和说出爱情力量、身体欢乐……的证据，想要证实她回到"队伍中"，她是个"和其他女人"一样的女人，她和其他女人一样在融洽的喜悦过后，承受分手带来的痛苦。但人们没有看到的是，海狸凭借怎样的能力粉碎通常咬住一个恋爱中的女子的枷锁：如果她接受艾格林的爱，直至同意和他在芝加哥生活，那么她牺牲的就不仅是和萨特签订的协约，还有她知识分子与作家的命运。在这场"越洋恋情"中，表现出的不是一个新海狸，而是同一个，自始至终的那个，贪恋地追求幸福，坚持对自己的要求，她不想为他牺牲这些。离别与分手让她痛苦万分，但考验的严峻性只凸显了她决心的坚定。她忠于自己的决定。身为女人，她遇到了女人所能遇到的障碍：在这场恋情中，尼尔森·艾格林的拒绝伤了她的自尊，但更让她难受的是他对她的不理解。她跨越了这些障碍，在此过程中没有否认自己的女性特质，而是完整地表现为一位自由女性。

但人们总是不理解何为自由女性。

*

这场相爱通过书信集中向我们呈现，海狸经历这段爱情如同经历以往每一重要时期：考验、全然的新奇、必须经历的经验，还有如萨特在 1948 年 5 月信中所说"我们多么希望对一切保持价值判断，保持清醒"、决定性的时刻、对生活选择的考验、对从前活动（与萨特的协议）价值的质疑、理解世界的全新方式。还有被他俘获。因为"世界"不是一个供我在不同情形下依据我的能力占取的外在实体，而是一种关系。当她跟随艾格林发现芝加哥底层社会的时候，当她和他一起在瓦邦西那大道的小屋共同生活时，这不仅是一些她多多少少沉湎其中的经验；这些相遇极大地塑造了她。它们甚至就是生活的颜色；它们参与直至死亡才会终止的"自我"构建。她每次都全身心投入。但每次都需要"自由地将它们重新考虑"：决定该怎么做；承担一份关系还是对其质疑。在存在这一持续的创造过程中，给它们找一个位置，找到它们的位置。那些信件正因此具有张力，具有触摸得到的情感：海狸每时每刻都在拿生命冒险。她经历的每个时刻都关乎命运，每一场相遇，她整个人都处于警惕当中——一切都可覆灭，一切均会消失——一切都可以得到拯救。

　　战斗的海狸便是这样，首先是这样。她这样一位女子，认为所有一切都由我们自己掌控，认为每个时刻都强烈地、令人无法承受地具有决定意味，认为这才是自由。个人决定分量沉重，广延无限，正如大海表面波涛翻滚，时而掩盖，时而展露海底深处的运动。但是在席卷我的波涛中，我的运动只属于我。在这短暂的斗争中，即使我被打倒，也不能不说胜利是完全属于我的，而不属于无意识的外在力量。这是海狸帕斯卡[1]的一面：宇宙可以将我碾碎，但它浑然不知。我于它的胜利是无限的，因为我思想，因为我有意志[2]。

---

1. 帕斯卡（Blaise Bascal，1623－1662）：法国数学家、物理学家、哲学家、伦理学家和神学家。——译注
2. "不过，即使宇宙将他碾碎，他仍然比置他死地的东西要高贵，因为他知晓他的死亡，而对于在他面前的威势，宇宙一无所知。"《思想录》，片段 347。(*Pensées*, fragment 347, Edition Brunschvicg)

第七章

后世，我不在乎，几乎不在乎

少女请求成年女子实现生活的统一性，通过作品和在作品中实现生活的统一性，也许正是在那些年海狸作出最激烈的回应，用成熟的力量展现时间的多重面目。她如临山巅，充满着力量，一边陶醉于上升，一边对下降感到恐惧：死亡"在镜子深处"窥视——她走过了人生第四十个年头。她比以往任何时候都能感觉到"自己"，了解"自己"。一切都在：对"不再"的尖锐感受，对未来的强烈呼唤，"谈论自己"的渴望，对女性命运的猛然揭示，谈论女性命运的迫切性：这些成就《第二性》；对历史在场的要求，在全新的未来谨慎带出往昔的坚定愿望，用一部小说来接纳往昔，对它进行评价：这些成就《名士风流》。

在她选择"命运"而非"爱情"的那些年里，她以不可思议的速度写就这本可以说改变世界面目的著作：《第二性》，紧接着《名士风流》，两年后回忆录，如此，她的写作遵循她一贯的组织方式：思想、虚构和自我研究。小说、随笔、自我讲述。1949 年 6 月，《第二性》第一卷。1949年 11 月，第二卷。《第二性》属于这样一类重要著作，重要，仅仅因为它们本身，因为人们知道它们的存在，因为可以用一句话来概括，一句可以成为口号的话，比如著名的"女人不是天生的，而是后天形成的"。海狸战旗上一直镶嵌的口号，每一位女性都可从中得到启示，只要看到它，心中便能重新鼓起勇气。从这天起，尽管遇到抵抗、失败、倒退，女性命运再也不同于昔日。再也没有哪位女性孤立无援。从这天起，在世界的各个角落，女性起义有了依据，战斗有了支持，有一个人代表她们。可以毫不浮夸、毫不煽情、毫不做作地说：她为女性作出的贡献无可估量。不仅对女性，对男性同样如此。正如关于奴隶主和奴隶，黑格尔运用他那著名的辩证法说，奴役别人的人并不自由，因为他自己也受到奴役：女性解放是男性解放的条件。

还是应该回顾一下 1949 年《第二性》出版时女性的法律地位。妇女拥有选举权才只有五年的历史，这一权利还是戴高乐掌权时"赐予"的，当时左派害怕妇女只是刻板地跟着她们的丈夫或本堂神甫投票（妇女选举权的实现在瑞士是 1971 年，在列支敦士登 [1] 时间为 1984 年）。1965 年，女性可以在银行以自己的名字开户。不过在 1938 年保持的户主概念直到1970 年才被消除。其间，1965 年，收回丈夫阻止妻子从事职业活动的权利，即使丈夫认为妻子在外工作有损家庭。1985 年出台一项法律规定夫妻财产制与家庭财产管理中夫妻双方的平等性。离婚的历史几经倒退，每次都以女性自由为代价：直到 1975 年双方同意的离婚才得到批准。不过也许是在性行为、生育和亲子关系问题上，妇女处于最不利的地位：妇女必须严格遵守生育义务——不得避孕，不得流产。维希政权还在时，一位妇女因为从事流产业务被送上断头台。至于亲子关系，近年来才有一些进展，1970 年以来，已婚妇女可以对丈夫的监护权提出异议，将孩子纳入自己名下。西尔维·沙佩隆在一次采访中强调了《第二性》的大胆，《第二性》的主题不仅重要而且具有颠覆性：要求避孕的合法性，"甚至还有，"她说，"'母亲'一章开篇即为流产自由辩护，而这在当时是禁条。""带着同样的大胆和平静，"沙佩隆接着说，"西蒙娜·德·波伏瓦提到同性恋，提到不完整的和有着糟糕体验的各种形式的女性性行为。" [2] 由此，海狸成为各种粗俗恶劣下流的攻击的对象，因为，正如于连·格拉克观察到的那样，她敢于挑战"法国式无耻"。《第二性》绝对

---

1. 列支敦士登大公国：欧洲中部内陆小国，位于瑞士与奥地利两国间，为君主立宪制。——译注
2. 参见网上对她的采访内容。

让一些人丧失冷静[1]：加缪认为此书是对"拉丁雄性的侮辱"（私底下还有更粗鲁的评论），莫里亚克宣布在读完了《现代》刊载的头几章后，他对其"女掌门"的阴道了解得一清二楚。他还在《费加罗报》的头条里质疑"在一份严肃的文学哲学杂志中，是否应该有性启蒙的位置"。共产党人自然也不肯放过：《新批评》主编、萨特从前的学生让·卡纳巴称"描写下流低俗，垃圾般让人恶心"。在一份份报纸，一篇篇文章上，《第二性》成为"色情利己主义教科书"和"性自恋主义"的宣言，成为一堆"寡廉鲜耻的淫秽品"。

早在海狸从事这项研究之前，就有一些女性呼吁妇女解放，要求平等和选举权。这段丰富的历史引人入胜，历经挫折和悲剧，充满人物形象与话语，比如奥兰普·德·古日要求实现妇女选举权，因为男人认为女人配上断头台！但《第二性》的出现改变了一切：这本书给零散的请愿运动以统一性和亮度，尤其是它为后者提供了哲学基础和观念支持。人类学、社会学、心理分析、人种学、文学、历史：这是一项全面展开的研究计划，涉及知识每一领域。这本书之所以充满力度，不因时代变迁而减少价值，是因为书里的思想如同一部战争机器，稳扎稳打，一步步瓦解庞大的制造和维护男权统治的语言大厦。不过为了理解这本书的意义与思考方法，需要将它重置于它从中诞生的灼热的计划中进行观察。需要注意成就这本书的悖论：这本书是由一位没有遭受女性命运之苦，一位从没想过女性生存条件会扭转她个人命运的人所撰。她在1948年1月2日致艾格林的信中写道："我从来没有因为自己身为女人而痛苦，有时候我甚至为此感到庆幸。"在她自身"存在"计划——"谈论自己"——持续稳定发展过程中，这本书属于不可避免的一环。但身为女人，如果不先提出这样的问题：从什么意义上来说我是一个女人？女性性别究竟给我的个人命运带来多大压力？如果不先提出这样的问题，如何才能谈论自己呢？她从前没有考虑。但是凭借她的活力和习惯性的迅疾，她一下子就激发起了兴趣，对问题进行了转换。放弃一段时间自传写作，但并不放弃自省计划，她试图解开这一谜团：女性怎样、为何总是他者，总是这"非本质"存在？

---

1. 就在最近还有一封《费加罗杂志》的读者来信：多么不堪忍受的蠢话啊，居然说女人不是天生的！您看到我的孙女们多么温顺、孙子们多么调皮就知道了！

《第二性》"代替了"自传写作计划，在深入的哲学意义中仍然保留了自传痕迹，它与后来的《闺中淑女回忆录》相映成辉。两本书交相呼应，事实是《第二性》开启了自传机器。怎么能不进行比较，比如这段话："孩子将未来看做通向某座山巅的无穷上升过程。小女孩看到母亲在洗碗，突然她明白这么些年，在下午的同一时刻，母亲的双手总是伸进油腻的水中，用粗糙的抹布擦洗餐具［……］每一天都模仿前一天：无用无望的永恒现在。"[1]再看十年后《闺中淑女回忆录》中的一段回忆，对单调重复的日常生活的发现："每天午餐、晚餐，每天清洗餐具，这些一再周而复始的时刻毫无意义，我也要这样生活吗？脑海中产生一幅画面，那么清晰，那么令人沮丧，我至今还记得：一排整齐划一波澜不惊的灰色方块向前延伸，消失在视野尽头，那是一个个日子、星期、年份。"[2]

对于她自己女性命运的"忽略"，使得她能凭借哲学力量将女性压迫问题置于本体论的广度进行思考。这本书建立在对直面女性命运问题的犹豫与哲学滞后中。开卷语为："我犹豫了很久才决定写一本关于女性的书。"不仅是犹豫，几乎是拒绝：无法写不存在的东西。"女性"？只存在女人们，甚至可以说，只存在人们。很久以来她就是这么认为的，从某种意义上说，她一直是这么认为的。当奥尔嘉问她身为犹太人意味着什么，她回答说：不意味着什么。只存在人。而战争、纳粹、屠杀这一切告诉她，身为犹太人即意味着仅仅因为出生、因为种族，就得去死，"集体"去死。当时她怀着内疚回忆自己的"唯心主义"。不过她也不完全错：赋予一种属性以"本性"，"本质"，无疑是替刽子手辩护，使得希特勒以及"最终解决"[3]的鼓吹者们在死后取得胜利。

和海狸的个性紧密相连——完全体现了她的存在计划——这本书不是为了"女性权益"而战，而首先为了人类整体的自由而战。或者更确切地说，是为了更加稳固地奠定一种存在哲学基础。问题不在于：怎样改变女性生存状况、生存条件？对于这个问题，应该求取政治解决方案。问题也不在于：女性的这种生存状况、生存条件是怎样形成的呢？对于这一问

---

1. *DS*, t. II, p. 267. (《第二性》)。
2. *MJFR*, p. 144. (《闺中淑女回忆录》)。
3. 1942 年纳粹德国通过"最终解决犹太人问题"决议，此后即开始了对犹太人的大规模屠杀。——译注

题，应该寻求历史学、社会学和人类学解答。原则问题在于：无论何时，女性总是附属的存在。然而，"和所有人类存在一样"，女性是"自主的自由体"，可是"她发现在自己选择的这个世界，男性强迫她成为他者"！欺骗在于宣称"使女性成为客体，将之内化，因为女性先验地被另一高级和本质的意识所超越"[1]。这是不可原谅的。女性的附属性不仅在社会、经济、政治领域产生难以估量的后果，而且在本体论范围剥夺了女性作为人的品质。因此可以着手进行研究了，《第二性》要完成的是一项巨大的工程：理解不可否认的由生理决定的性别差异怎样演变成性别等级，理解性别区分怎样演变成一种性别对另一性别的价值超越。海狸用哲学术语提出了一个无论心理学家还是辩证唯物主义者都无法解决的问题，因为他们仍然局限于一种自然主义逻辑。《第二性》因袭《女宾》的逻辑："主体相对存在；试图将自己视为本质，将他者视为非本质。"[2]黑格尔："在所有意识深处，都存在对另一意识的敌意。"[3]当海狸再也受不了三人关系，受不了对萨特这一"本质"的意识，当她要"为自己"的时候，"三重奏"自然就在悲剧中落幕了。在生活中，她早晚需要接受"另一意识"具有同等分量，跟她形成"交互的意图"。在小说中，弗朗索瓦兹不接受，最终走向谋杀。

一如既往，海狸的哲学思辨立刻蒙上伦理色彩。如果说在两性关系中，确实没有落实相互性，其中的一方自命为"本质"，而将另一方看做"纯粹的他者"，那么女人们为什么没有抗议？"女人的臣服"[4]从何而来？怎样得以摆脱？将对女性命运的思考脱离通常为之提供依据的自然主义哲学，这一哲学为一种性别对另一性别的统治辩护。将对女性命运的思考放置在"存在主义伦理观"中进行，这一意识哲学认定"人类现实就是人类存在的创造者"[5]。人是自由的存在，"通过计划实现超验而存在，只有不断超越其他自由体才能实现自己的自由"[6]。这就是人存在的理由：这一

---

1. *DS*, t. I, Introduction, p. 31. （《第二性》）。
2. *DS*, t. I, Introduction, p. 17. （《第二性》）。
3. 《女宾》的题词中引用："一切意识都追求他者的死亡。"
4. *DS*, t. I, p. 18. （《第二性》）。
5. Michel Kail, Pour un matérialisme antinaturaliste: La leçon de Simone de Beauvoir（Acte du colloque de janvier 1999, *Le cinquantenaire du Deuxième Sexe*, Ed. Syllepse)．（米歇尔·卡伊，"反自然主义的唯物主义：认识西蒙娜·德·波伏瓦"，见1999年1月《纪念〈第二性〉出版五十周年研讨会论文集》）
6. *Ibid.*（同上）。

运动无法被中止，它向着"无尽开放的未来" "扩展"。但是"超验"——指一种超越自我的存在方式——可以重新滑落至境域的"内在"和"虚假"。"人被抛进世界，丢进一种'境域'，人是纯粹的偶然。"[1]我们所是与所应是的"超验"，当它重新滑落至"虚假"的时候——当我将自己看做万物中的一物时——如果我接受，我就是有罪的，如果别人强迫我接受，那我就是牺牲品。

两种情形都是"绝对的恶"。即使我能从中找到"幸福"："不知道幸福这个字眼究竟意味着什么，它究竟包含哪些真实的价值"。问题不在于从幸福与自由中二选一，尤其当一方的获取建立在对另一方的牺牲之上。海狸一向坚定地追求幸福，但并不是不惜一切代价。只有在自由中才可能存在"真正"的幸福。"幸福"的许多形式只不过是谎言和欺骗。《第二性》中一些女性形象与她小说和回忆录中女性形象拥有同样的原型，比如回忆录中的路易丝·佩隆（勒内·巴隆），《名士风流》中与亨利共享"唯一的爱"、不愿放弃这份臆想的爱的波尔。这两个人属于自我欺骗的那类女人，因为事实，尤其她们的自由，让她们感到害怕。波尔（《名士风流》，1954）或勒内·巴隆（《年华的力量》，1960）的故事证实赞同问题位于波伏瓦道德观的中心。巴隆－佩隆和波尔首先赞同的是为她们的生活辩护的谎言，在谎言中，她们接受"女性命运"最危险的形式之一。在《时势的力量》中，波伏瓦再次强调这一问题，对自己作品中缺乏"正面女主人公"形象作出解释。她说："我依照通常我所见到的样子来描写女人，她们是分裂的。波尔紧紧抓住传统女性价值［……］纳迪娜既接受不了自己的女性气质，也无法将之超越，安娜［……］也仍然无法实现自己的命运。"没有哪个女人能不沮丧不埋怨地面对命运的无法实现：《自言自语》中的穆里耶尔以及"被遗弃的女人"代表的正是这种女人，她们陷于幽怨和诅咒当中不能自拔。《宁静而死》第二章中海狸母亲、弗朗索瓦兹·德·波伏瓦也带有这种形象："她充满欲望，却动用所有精力来压抑它们。童年，她的身体和精神都受到束缚，一系列原则和禁忌如沉重的马鞍加在她身上。""她所受的教育让她学会自我束缚。她本是有血有肉有激情的女人，但这个

---

1. *L'Etre et le Néant*, Gallimard, 1943, p. 117.（《存在与虚无》）。

女人畸形、残废，她自己都感到陌生。"尤其是，"她不得不在怒火中
自我否定"[1]。

这些描写借助之前《第二性》里的分析进行得更为彻底。佩隆，甚至
佐洛——因为他是同性恋——的（不幸）遭遇给海狸提供了思考材料，但
却是《第二性》给她提供思考与讲述他们的方法。他们的"超验"变成
"内在"，自由变成"虚假"，这是"伦理错误"。如果已经选择赞同，那
就是伦理错误；如果被迫接受，那就是剥夺和压迫。但说到底有什么区别
吗？所谓的赞同，如果不是接受所无法选择的，受强制的或"受惩的"，
那还能是什么呢？对于大多数人，即使在最糟糕的境域下也拥有一定的自
由：不"赞同"的自由。这就是为什么斯多葛主义智者可以抵抗暴君，为
什么人，"会思想的芦苇"，可以抵抗"碾碎他的宇宙"。自然，仅仅不
"赞同"是不够的，还需要进行斗争：殖民地人民奋起反抗，无产阶级联
合起来进行革命。但要进行斗争，首先需要拒绝"赞同"，然后才会产生
实际抵抗的方法。那些方法操作起来或多或少是容易的，也或多或少注定
失败。

但很有可能您的敌人就是您自己。对于女性来说便是：给她们的从属
地位镀金，赋予它崇高地位，讴歌她们的女性品质，然后落入陷阱。数不
尽的伪装下面掩盖着对女性的压迫和男权统治，在今天，当人们突出女性
"特有品质"，如温柔、直觉、痛恨战争等等，应该记得这一点。所谓的女
性"特有品质"很容易变成它们的反面，自古以来对女性的统治，直至今
天一些社会对女性的统治都可以从中找到"自然"理由。所以女性必须首
先做到辨别她周遭的世界，找出这个世界遍布的骗局。然后，在辨认与粉
碎骗局的同时，必须拿出勇气抵抗迫使她们进行赞同的力量。也许海狸坚
持要指出，在女性实际经历的一切情形中，她们所受的教育都是为了让她
们驯服地绕过自由义务。赞同并不意味着同谋，但可以变成同谋。一些女
权主义者不同意：女性总是牺牲品，从来不会是同谋。然而，海狸指出自
己曾经差点变成同谋。不止一次。还在少女年代，当她憧憬和表哥雅克的
婚礼时，她不仅害怕失去自由，还担心发现他很普通。同样，在和萨特交
往之初，她有时也感到害怕：害怕服从统治男女关系的习俗，害怕感到自

---

1. *Une mort très douce*（*MTD*），p. 61.（《宁静而死》）。

己思考与写作的愿望化为乌有。如果说马赛的那段孤独经历让她安心下来，那是因为她坚定了不妥协、不赞同的意志。当她在美国和艾格林陷入一段深沉、灵肉结合的爱情时，她很早就明白如果与他生活，那将是她可能赞同的甜蜜陷阱，于是她决心永不移居他乡，以防自己落入陷阱。也许这正是为什么海狸从来不挂虑何谓她的"女性存在"，因为从年少时起，她就知道自己永远不会放弃自由。

《第二性》的路线与妇女解放路线相吻合。对于压迫女性的正当化，从别人给出的理由讲到女性自己给出的理由。女性命运的"真相"在于男权压迫，这一真相不可能一劳永逸地揭示出来，而要通过对各个侧面的揭示逐步完成，对女性的压迫存在无穷无尽的形式，人们通过思想、艺术、文学构筑起为之辩护的巍巍大厦。《第二性》这本粉碎骗局的巨著以此为主线，方向明确：它要给我们展示一幅巨大的全景图，其中我们可以看到各种以文学、哲学、意识形态为媒介的欺骗行为。那些行动有时很残酷。在1949年1月18日写给艾格林的信中，她怀着恐惧和愤怒提到从前对小女孩的虐待行为，防止她们手淫："我从没有像现在这样读那么多可怕的文字记载。"这就是为什么《第二性》说到底是一本阅读量很大的著作。书的核心，稳定的自然观。反对两性平等、反对女性自由最常见和最冷酷的论据，在于自然施加给女性的压力。孔多塞在1791年反对将女性排除选举之外时，故作惊诧地问：她们所谓的劣等性从何而来？难道是她们每个月都要经受的"轻微不适"？他手一挥，扫除这一臆想的障碍。海狸清楚这一点，《第二性》从"生理特征"切入。她说，"生理特征"具有极大的重要性，因为"身体是我们接触世界的工具"；"身体特征"也是"理解女性的关键之一"。但它们不足以给女性确定"冻结的命运"[1]，也不足以"确定两性等级"。

"已婚妇女"和"母亲"形象在这座大厦中的地位也来源于此。自然与文化正是在这两者身上相遇相交。"女人通过母性才完全实现了生理命运。"但是人类社会"从来不曾放任自然"。然而，问题正在于此：后来弗朗索瓦兹·埃里蒂尔[2]也表达了同样的意思；要骗取、控制、奴役的正是女性的生

---

1. *DS*, t. I, « Destin », p. 71. （《第二性》，"命运"）。
2. 弗朗索瓦兹·埃里蒂尔（Françoise Héritier, 1933 - ）：法国人类学家。——译注

育。《第二性》的力量，海狸的力量，在于对着这团乱麻勇敢举刀，一刀切下去，在于切断缆绳，还女性以自由。什么自由？将"个人命运"脱离"生理命运"的自由。成为母亲既非女人的命运，也非天职，更非义务：这是，而且应该是，一种选择。海狸满怀愤怒地列举女性被迫生育的各种情形，生育成为让她们无法忍受的束缚，并且剥夺了她们的自由。因此在日后，海狸义无反顾地支持争取"自愿生育"、争取避孕[1]和流产自由的运动。自然不会遇不到抵抗，从海狸的对手涉及这一问题时的狂躁就看出来。人们送给她"争取性自由的斗士"、"存在主义女骑士"之类的绰号，她不仅没有孩子，这是她自己要求的，也敢于告诉所有女人她们也是自由的，她们没有义务如海伦娜·多伊奇[2]所说"为种族服务"。海狸从自己个人经历出发，指出不要孩子并不是一件羞耻和有罪的事。多少选择不生孩子的女人松了口气！她们可以竭尽全力抵制一切压力，坚持自己的选择。对海狸来说，真正的丑恶，在于强制生育——要么通过暴力，要么通过女性模糊的赞同，她们接受不敢不要的东西。海狸再清楚不过不自愿、半自愿，或仅是接受、赞同的生育会有什么样的后果。她不想和常人一样歌颂怀孕和生产的幸福，她并不是故意否认，她说这经常被用来更好地奴役女性。

二十世纪六十年代左右，她在回忆录中谈及生活中的选择，对于不要孩子这个问题，她简单作了解释：她从未产生过自我"延续"或"延续"萨特的渴望。在她眼中，结婚、生子从来不能跟她很早就发现的"使命"相提并论：写作，留下著作。也许这一选择更适合海狸个人独特的生理禀性并扎根下来。很多女人都在其中看到自己的影子——即使她们已经成为母亲。萨特和她都不太喜欢"有机"发展，萨特感到恐惧，甚至以此为主题写作《恶心》。"有机"物，不管是章鱼还是树根，都揭示了绝对的"偶然"，在"偶然"面前，一切意识都得退后。他们俩的世界建立在其他价值之上，他们颂扬的是存在于艺术品或政治制度中的人为秩序。他们的"反自然主义"产生了哲学、

---

1. 她在 1961 年给拉古瓦·威尔－阿雷（Lagroua Weill –Hallé）医生关于避孕的书作序。
2. 海伦娜·多伊奇（Hélène Deustch, 1884 – 1982）：奥地利裔美国精神分析学家。——译注

政治领域的实际影响。革命、革命暴力与自然进程截然相反，一颗种子发芽生长要经历缓慢过程，人既不可引导亦不可阻止。正是在这种唯意志论指导下，海狸拒绝一切缓慢忍耐时间的事物，在对时间的忍耐中，身体陷入内在性。海狸在生活中的选择与她思想的表达交相呼应。《第二性》中表现明显，她对怀孕，这一"女人生命中的决定性"时刻进行了细致的分析。她用事实突出描写了怀孕的含糊性，母亲因一块"长在她身上却与她身体相异的息肉"而导致身体变形。怀孕时又渴望又焦虑的心情被无数人描写过，包括那些对做母亲感到幸福的女人。这是"化身"的事实与悲剧：所有的孩子都是"化身为人的神"，"如果他不来到世界上，就无法在意识与自由中自我实现：母亲接受这一奥秘，但是无法左右它"。不管愿不愿意，怀孕，即使是计划好的怀孕、幸福的怀孕，都不是"来自自由的创造"。对于母亲来说，孩子只不过是一次"无端繁殖"，因为即使母亲"怀着充分的理由想要一个孩子"，"她是在身体的普遍性，而不是在个人存在的独特性中生下孩子"[1]。

从母性——怀孕这些意象中，涌现出一种不可否认的焦虑，化身的图景也在其中发挥影响。什么是化身？灵魂坠落于躯体。基督具有了肉身，被钉在橄榄山十字架上，冷汗淋漓等待死亡降临。"坠落"是恐怖的，因为它是虚无的前奏，一切肉身都受其威胁。在《闺中淑女回忆录》中，当海狸回忆起自己第一次月经来潮时，她感到"羞耻"："在父亲面前，我一直觉得自己是纯粹的精神，我害怕他突然将我看做一团肉体"[2]，她以羡慕的目光看着父亲，看着精神"清澈的领地"。波伏瓦所有作品、她小说中的很多人物都带有对死亡的焦虑，对老年、衰老、体质衰败的焦虑。尽管她相信我们不是"身体中的灵魂"，她还是每天都活在对虚无的"恐惧"[3]中，害怕死亡来临的那一刻，身体只遵守纯粹的化学有机法则。1952年春，当她（错误地）以为自己得了乳腺癌时，惊恐万分地回忆秘书吕西安娜·勃丹死前的情景，吕西安娜正是死于乳腺癌。当时她接受了激素

---

1. *DS*, t. II, p. 351.（《第二性》）。
2. Cf. Eliane Lecarme-Tabone, *Mémoires d'une jeune fille rangée*, « Foliothèque », p. 114.（参见艾莲娜·勒卡姆-达勃纳所著《闺中淑女回忆录》）。
3. *Ibid*, p. 192.（同上）。

疗法，最终还是身体占了上风，变得不男不女，"浮肿、长起胡子"，"可笑的丑陋"。在这堆"开始腐烂的腺体"面前，海狸只有一个念头："逃走"[1]。

在海狸身上，哪一个更突出？有机体引发的焦虑还是超验哲学？两者呼应：存在的选择有其隐藏着的基础，而一种自由哲学同样为其提供理由。拒绝缓慢的生理有机进程的同时，确定一项完全面对未来、面向行动的计划，这种拒绝也暗合死亡焦虑，正是因为时刻想到死亡，海狸才充满力量、充满渴望地面对一切。如果说"男性"在她看来"拥有无尽的优势"，那是因为尽管男性也有着会腐烂、会变质最终消解的身体，它们却不仅仅以繁殖后代和延续种族为使命。男子可以在世上用自己的头脑和双手四处征战。海狸不想"成为男子"，也从未因为不是男子而感到遗憾：她希望不局限于自己的女性属性。她十分懂得利用自己突出的"女性特质"。我们都是有性别的，海狸从没有否认这一点：她希望为自己和为所有女性争取的，是一块没有限制的行动领域，就像男性拥有的，被男性垄断的领域。

海狸的立场与新女权主义的立场水火不容。新女权主义建立在与海狸思想截然不同的观点之上，并且固执己见。两者之间甚至是公开的战争[2]。西蒙娜·德·波伏瓦一贯坚持人类的统一性、同时坚持性别的特殊性、属性和差异。指责她否定女性，抬高男性，要求正视女人"特殊"品质，便是拒绝设想一种具体普遍性，比如对类别的超越，比如两性的共同任务，在这种具体普遍性中，最终发现实现个人自由的条件。追求人类的统一性、具体普遍性，并不意味着取消性别差异，而是观察到两性差异并不能成为性别区分或者说优劣之分的基础。在不同时期，新女权主义一直用同样的理由抨击西蒙娜·德·波伏瓦的思想，走上区分论的绝路，将所谓的否定女性换成否定男性，将所谓的贬低女性变成抬高女性。无效竞争。接受一种女性的优等性，或模糊的"特殊性"，其实是一种倒退，"社会性别"概念已经提醒注意，一些被列入"自然"范畴的性别差异中掺

---

1. *FdC*，《时势》，卷一，第324页。
2. Judith Butler, *Trouble dans le genre*, La Découverte, 2005, P.73. （朱迪·巴特勒，《性别麻烦》）对波伏瓦来说，"女人是男人消极的互补，男性身份得以确立的参照"。

杂了人为和虚构因素。总之，用区分论代替《第二性》的普遍论，很难说新女权主义促进了女性事业的发展：在"人类"范畴内重新引入（性别）区分，相同于迎接等级的回归：不平等，犹如一股恶风，门一开便涌进来。

如果说《第二性》有足够的理由成为妇女解放的权威著作，世界各地的人们凭借它给一种具体普遍性，这一自由的保证提供基础，我们却不得不震惊地发现一个事实——或一个矛盾：在海狸的所有作品中，无论小说还是回忆录，女性形象体现的是一种极端悲观主义，完全消极地展现女人的软弱、狡猾和谎言。海狸很少描绘自由女性的形象。只不过星星点点地提到一些"值得欣赏"的女人（比如萨特的俄国翻译莱娜），这些女人在各种境域下会尽可能地做出最好的反应。能做到这样已经非常出色了。在她眼中，出于这样那样的原因，没有哪个女人可以得到宽恕。不过，在1976 年与约翰·热拉西的对话中，她对此有所意识，可以说很迟才有所意识，为过于苛刻地评判遇到的那些女人而感到自责。我没有充分意识到女性遇到的实际困难，她说，我"全面判定女性没有能力表现出独立"。

那么，为什么在海狸的作品中没有一个女性形象能满足她要求的条件从而实现个人解放？为什么？是因为时代吗？确实，在那个时代，很少有女性能够获取真正的解放。或者海狸选择负面例子、反例是为了让女人们从中吸取教训，了解一味屈从将面临怎样的威胁？她母亲服从她父亲，最终与世界隔绝，"不对任何事物感到惊奇"[1]。德西尔班上的女老师们，鲁昂的女同事们——所有这些女子都以最糟糕的形式表现出未完成与未满足。她的女学生们，即使有天赋，即使讨人喜欢、受人宠爱，比如奥尔嘉，也还是缺少对自己的忠诚，遇到一丝挫折便会逃避抱怨，如举步不前的小马驹，没有能力给自己制订计划并严格执行。在蒙帕纳斯和圣日尔曼德佩环绕她左右的文艺界中，那些演员和模特都是内心迷茫的胆小鬼，她们由情人供养，任性、懦弱，要么撒谎成癖，要么虚荣自满，比如"卡米耶"。有时甚至疯疯癫癫，但即使是疯癫，也多少有些做作。她要做的，便是无情地打击充斥在酒吧浑浊迷人的空间里那些"尤物"的自得。

---

1. *MJFR*, p. 54.（《闺中淑女回忆录》）

仅有这种解释是不够的。在当时的社会，海狸四周应该有一些凭借各种方式努力通过自由考验的女子。海狸提出的解放模式难道不过于苛刻，过于狭隘吗？大部分女性都无法遵行，也因此得不到她的赞赏。然而，西蒙娜·韦伊和路易丝·威斯[1]，只要她们愿意，不正展现了女人的可能性吗？……无可否认，她们的解放模式被海狸认定为不完整和不充分，因为它与海狸的模式不分享同一种形式，也不具有同一种彻底性。

总之，她们没有在海狸的作品中得到表现。她们既不与她的生活也不与她的思想发生联系，丝毫没有进入她的视野。在从事写作的女人，在女知识分子中，只有一位，柯莱特算得上她的朋友。可能她有时成为她们攻击的对象，不过她对她们也毫不留情。她对所有那些女文人抱有一种复杂的情感，一种接近蔑视的冷漠。无论在文学、政治还是生存观上，她们都没有共同点。海狸不喜欢艾尔莎·特里奥莱的作品，也不喜欢她的为人，艾尔莎获 1945 年龚古尔文学奖，过于为亲苏权势集团发言。她同样不喜欢玛格丽特·尤瑟纳尔[2]。不喜欢玛格丽特·杜拉斯，这位扑到（得意、默许的）博斯特身上，"贪吃豪饮"的"女作家"[3]。再比如娜塔莉·萨洛特。她们在战争快结束时见过一面，后来《一个陌生人的肖像》（1948）出版时，萨特为之作序[4]，她们又见了一面。在相互观察了一段时间之后，很快，她们便表达了对彼此的反感。萨洛特在《天象仪》（1959）中以海狸为原型刻画了热尔曼娜·勒梅尔这一极端反面的人物形象。萨洛特过着传统的家庭生活，丈夫是律师，有几个女儿。她从未受共产主义诱惑。参加过抵抗运动。出生于俄国犹太人家庭，世纪初移民国外，正因为此维希政权将她从律师公会除名，直到晚年，她还气愤不已地讲述 1940 年圣日内维耶德布瓦小镇的白俄移民怎样迎接德国人的到来，他们向德军献上面

---

1. 路易丝·威斯（Louise Weiss，1893－1983）：法国女作家、记者、女性主义者。——译注

2. 在苏珊娜·里拉尔的《"第二性"的误解》出版之时，玛格丽特·尤瑟纳尔给里拉尔寄去一封信，信中写道："你们两位都达到了目的"（1971 年 3 月 16 日），"未曾发表过的书信"。（Josyane Savigneau, *Marguerite Yourcenar*, Folio. 约西亚娜·萨维尼著《玛格丽特·尤瑟纳尔》）。

3. 在 1952 年写给艾格林的信中，用"Meg"这一假名代替玛格丽特·杜拉斯。

4. 《境域（四）》（*Situations* IV）正是以《一个陌生人的肖像》的序言开始：这本书被归入"反小说"，萨特承认书中"高妙地使用了一种技巧，在心理学范畴之外，表达了人类的存在真实"。

包和盐以示臣服。尽管她第一本书受到萨特好评，但是她的作品不符合一种介入文学的标准，对于介入文学，她旗帜鲜明表示反对，以至于到了二十世纪六十年代，波伏瓦尽情表达了对"新小说"的不满，在"新小说"中，1945年以来的时代风云丝毫没有得到反映。她将萨洛特与其"陈腐的法国心理流派"归入状态[1]。文学。总之是一种陈腐的"消费文学"。

去世于1954年的柯莱特是那个年代文学界的重要人物。在海狸眼中，她具有特别可疑的"女性"形象：年轻时在夜总会表演，以"准上流社会"[2]软弱的样子漫不经心穿行在男男女女之间。结过几次婚，有一个女儿，但她对女儿不闻不问。到了晚年成为年轻一代的偶像，两眼微眯，一头火红的卷发，跟一群"动物"相伴，她似乎一直都在激烈地揭露谎言，而这正是海狸设想的妇女解放的途径。关于她们的会面，她并没有什么期待："您喜欢动物吗?"柯莱特问。"不喜欢。"海狸答。柯莱特以"威严高傲的眼神"[3]打量着她。"年龄（柯莱特生于1873年）给她瘦削的脸庞和蓝色的眼睛抹上了一层可怕的光泽。她瘫痪了，威严不改，身后是她的文集，透过窗户能看见大片花园，在我眼中，她正如一位母亲女神。"不过，海狸在一点上敬佩她：她"坚强地"熬过了怀孕，因为她"同时继续写作"[4]。自然，她看待柯莱特时忽视了一点，那就是柯莱特给法国文学带来了一种独特的散文风格，极其优美。1948年3月6日致艾格林的信中，她对柯莱特有更为细腻的看法，承认其魅力所在："我们聆听彼此，气氛迷人。希望能再见到她。[……]就是一个谜，经历了那么充实、激烈、自由的人生，如今上了年纪，对一切都漠然处之，因为对她来说，一切都结束了。"

其实，在她眼中，只有两个女子可以得到宽恕。一位借助死亡；另一位借助个人才华，借助对自己极端脆弱的直言不讳。第一位是扎扎。但扎扎不是被粉碎的女性命运的代表，她首先是"唯灵论犯罪"[5]的牺牲品，一种虚伪的伦理和一种控制性、欺骗性、"虐性"[6]宗教的牺牲品。另一位

---

1. 与"行动"相对。

2. 十九世纪巴黎有钱人包养的外省年轻女子。这些巴黎人带着情妇出入公开场合，而把妻子留在家中。——译注

3. *FdC*, t. I, p. 324. （《时势》，卷一）。

4. *DS*, t. II, « Situation », p. 359. （《第二性》，卷二，"处境"）。

5. 西蒙娜·德·波伏瓦，《属灵事物挂帅》（*Quand prime le spirituel*），1979年版序言。

6. *Cahiers*, dimanche 24 mars 1929. 《青春手记》。

是维奥莱特·勒迪克。也许，海狸不总是宽容，在给艾格林的信中用"丑女人"来称呼勒迪克，这并不令人感到愉快，因为维奥莱特·勒迪克确实长得不好看，她本人也为此感到痛苦。强调她的丑陋可能有隐秘的作用，也许海狸自己都没有意识到：海狸对她的爱不带来风险，不产生相互关系，能够避开一切讨厌的影射或臆测。维奥莱特·勒迪克是公开的同性恋者，在经历了与男同性恋者莫里斯·萨克动荡的爱情之后，对海狸产生了激情：与海狸的相遇点燃了维奥莱特·勒迪克的生命。海狸装作什么都不知道，对她表现出极大的慷慨：连续好多月，她悄悄地通过伽利玛给勒迪克经济资助，伽利玛以（虚构的）"著作权"名义给她汇钱。维奥莱特·勒迪克经历了不幸的童年，主要由于她是私生女[1]。她将母亲对她的评价牢记在心，一手造成自己的不幸：在《第二性》和在生活中，这都是波伏瓦关注的重大主题，海狸经常对之进行阐述用来理解一些不幸人生。维奥莱特·勒迪克不是一个独立的女子，成千上万中的一个，绝对称不上是自由女性。这是个直接从波伏瓦作品中走出的人物。或者说可以直接安在波伏瓦作品中的人物。

还是同样的问题：海狸只呈现没有充分实现自我的女性，她们当中没有谁的解放方式令她满意，在这样做的同时，她岂不是对启发她的哲学不忠？因为一切境域都有其特殊性，每个人都应该选择自己的方式来做决定，走出第一步，如果所做的决定阻碍抑制发展，就要坚决抛弃之，依靠自己的方式重新"自由地"掌控境域。既然有那么多独立的个体，怎么会没有相应众多的承担自由的方式呢？我们在两种假设之间徘徊：第一种，海狸是自我高估的牺牲品，将所有其他生命的实现水平置于自我之下。第二种，正相反，她深陷于强烈的怀疑当中，对其他女性，对自己，原则上都低估了。到底孰是孰非呢？

仔细观察海狸，我们欣赏、谨慎敬佩她的，是她的严苛、毅力、果断作出决定的坚定意志。但同时，我们也会得出沮丧的印象，这一印象永远不可能与她在自己生活中定义与实践的独特模型相提并论。当我们在这令

---

1. 海狸在 1964 年给她最好的一本书《私生女》（*La Bâtarde*）作序。她称赞作者表现出罕见的真诚，尤其表现出通过行动和创造推翻"折磨她的孤独与隔绝感"的力量。

人敬畏的形象背后发现一个怀疑和焦虑的海狸,一切都改变了。例如,在出现偏航的信号时,女性往往无法控制自己驶向歧途,就像"佩隆"和其他女人所做的那样。海狸激烈地避开它,仿佛害怕一种传染,仿佛从中看到隐藏的威胁。然后对所有的女人都显得有些咄咄逼人,可能首先针对的是她自己,不管怎么说,她通过这种方式获取信心,保护自己……没有必要太注重假设,假设只不过用来给海狸的形象添加阴影,缓和过于强烈的光线,如同模糊轮廓之于绘画,沉默之于音乐,秘密泛音的延续。她的形象获得一种模糊性,甚至一种悲剧性的宏伟。她谴责绝大多数女性所走的道路?但她已经给她们揭示了拒绝她们命运的无尽可能性。她反对模型的多样性、存在的多样性,坚持只有一种模型、一种存在,即她自己的那种。但是在小说中,她不停地揭示命运的模糊与脆弱。包括她自己的脆弱。他人的自由在她内心引起强烈的焦虑,有时甚至反感?因为她从中看到她自己心头那片敞开的深渊。我们每个人都有的那片深渊。

*

海狸似乎是在回忆录中,通过描写众多女性形象,给自己确立自信。最终我们可以理解为什么她会在 1956 年的一天决定谈论自己:那是因为回忆录在思考中完成,而思考的强度带来单一性和统一性,防止诸多矛盾加身。不过在 1949 年底和 1950 年初,她似乎并不着急写回忆录,而是动笔写作《名士风流》。在这本书中,她找到虚构稳健的方式,虚构可以"模糊界限",引出距离,允许观念的多样性,而不必将它们严格统一。如同"三重奏"的故事之于《女宾》,解放运动的不幸遭遇通过《名士风流》重现,在写作的当下经受虚构之火的锻造。虚构能够照亮与解释生活,而且,通过"自由游戏"已经历的事件,打开各种立场和复杂形象的丰富层次,没有什么能将它们简化为一个统领一切的单一的"我"。

"1943 年起,"她在《时势的力量》第一卷末写道,"我的幸福随着历史事件而去了,我那样欢快地贴紧时间,以至于对它无可言说。"[1]但这融化的幸福只是短暂的:在时间的压力下爆裂。"善对恶的胜利不再一目了

---

1. *FdC*, t. I, p. 358.(《时势》,卷一)。

然［……］在集体的蓝色中，我和其他人一样跌落在地，满地灰尘，地上四处散落破碎的幻觉。"只有一个衍射的自我能够对之进行分析。于是她在 1949 年至 1953 年秋创作小说，其间于 1951 年进行了大幅修改。小说是对解放运动及其明天，对抵抗运动中走出的知识分子在冷战新形势下发生的分歧进行的思考，同时，小说讲述了一场轰轰烈烈的爱情，这场爱情发生于女主人公安娜和美国人刘易斯之间，最终的惨淡收场几乎使得安娜自杀。另一条主线为保尔和亨利的感情生活，亨利想要离开保尔，保尔却发疯似的自作多情，编织美好的幻景自我沉醉，如同路易丝·佩隆，如同许许多多的女人，那些自我愚弄、自己埋葬自己的女人。

1950 年初——旅行、社会活动、会见、新书，让人目不暇接，要像她记述的那样来跟踪这些事件，要像她一样迅疾——"我的生活方式改变了。"[1]她写道。她开始用旅行中带回来的玩意儿装饰自己的小公寓，那套公寓位于拉布歇里街，她在 1948 年底入住——撒哈拉鸵鸟蛋、墨西哥和危地马拉布料、"萨特从塔希提带回来的鼓，他在波拿巴街买的威尼斯玻璃剑和镜子，他的石膏手模，贾柯梅蒂的落地灯"[2]充斥其间。她以前和萨特一样，从来不给自己置东西，现在甚至要买"一台留声机"！她在信中告诉艾格林（1950 年 10 月 15 日）："知道《第二性》给我带来不少钱，所以决定给自己买一台电唱机，已经选中一款，几乎有壁橱那样大。"晚上，和萨特在一起，"喝着果汁"（萨特有一段时间戒烟），听爵士乐和巴托克[3]。最后的四重奏。M 在萨特住处寄放了一台磁带录音机，海狸喜欢极了：她后来不是在回忆录中说她经常幻想自己的人生能被完整地记录在一台机器上？在 1951 年到 1952 年致艾格林的信中，她也表达了这一想法。

解放运动带来的希望已经破灭，呈现眼前的是赤裸裸的斗争：妥协，"第三条道路"已经结束，冷战肆虐，造就很多无法弥补的决裂。《名士风流》讲述的正是这段历史，运用虚构，为了更好地厘清大道而模糊小径。如果说虚构如同梦境，如果说它造成模糊与错置，那是为了更好地诉说。《名士风流》的历史与政治背景位于 1945 年至 1947 年间，但是在她

---

1. *FdC*, t. I, p. 321.（《时势》，卷一）。
2. *Ibid.*（同上）。
3. 巴托克（Bela Bartok, 1881–1945）：匈牙利作曲家，二十世纪现代音乐的开拓者之一。——译注

创作这部小说的时候，形势奇怪地恶化了，尤其从 1950 年中开始。小说中的迪布勒伊是位著名作家，已经上了年纪，他的妻子安娜是位精神分析师，他们的朋友亨利·佩隆也是作家，抵抗战士，《希望报》主编，他们所经历的一切，政治活动，彼此的冲突，海狸都和萨特、加缪、梅洛－庞蒂在《现代》创刊之初经历过。写作这部书的时候，圈中朋友在冷战之初产生的分歧一直萦绕在她心头："右派和左派这两个字眼重新具有意义，右派占据上风。"[1]"阿隆的反共倾向加重。"他说他既不喜欢美国也不喜欢苏联，但如果爆发战争，"他支持西方"。萨特回应说他"对斯大林主义和美国都没有好感"，但如果战争爆发，"他站在共产党人这一边"[2]。

问题确实来了：1950 年 6 月 25 日，朝鲜进攻韩国。海狸正准备动身去芝加哥见艾格林："正在我动身的时候，朝鲜进攻韩国，美国立刻投入飞机和步兵。如果中国打击台湾，就会爆发世界大战。几天内有三百万人签名支持斯德哥尔摩反核宣言。"尽管渴望见到艾格林，她还是犹豫了，萨特让她宽心：他不相信战争的爆发，但提出两种假设，一种是，一个"不小心的举动"引发战争，两三年内不会有大的动静，苏联军队一直推进到布雷斯特[3]，"在暴风骤雨来临之前俄国人的三年占领期"。第二种更糟糕，因为即使没有宣战，战争依然在悄悄进行，"审查、间谍恐惧症、善恶二元症"。总之："变相的美国占领。"[4]所以她决定动身：下文我们已经知道，在战争逼近的形势下飞越美洲，艾格林说不爱她了。

她受到艾格林态度的折磨回到法国，不过朝鲜战争的爆发，重新激起她强烈的热情。已经不够纯粹的"中立主义"现在变得不可能，法国站到美国阵营；萨特的第二种假设得到证实，她写道："美国人悄悄地占领了法国。"不错：保罗－玛丽·德·拉高斯[5]。于 1999 年 4 月 23 日大西洋联盟成立五十周年之际在《外交世界》撰文："北约，美国行使霸权的工具"。这成为戴高乐在 1966 年决定退出北约军事行动的原因之一。苏联在1955 年就作出回应，签订《华沙条约》，它的正式命名为"友谊、合作与

---

1. *FdC*, t. I, p. 135.（《时势》，卷一）
2. *Ibid*, p. 134.（同上）。
3. 布雷斯特（Brest）：法国西部港口城市。——译注
4. *FdC*, t. I, p. 311.（同上）。
5. 保罗－玛丽·德·拉高斯（Paul－Marie de La Gorce, 1928－2004）：法国记者。——译注

互助条约"，但其实质为军事结盟，范围涵盖共产主义阵营的绝大多数国家，正重新实现军事化的德意志联邦共和国在那时加入了北约。

正是这一切决定了《名士风流》"明"的一面；"暗"的一面是安娜的忧伤、她相对于迪布勒伊的退隐立场、她对女儿的担忧，尤其最终她对刘易斯无法实现的爱。《名士风流》也叫做《幸存的人》：不为公众熟知，但也许是更好的书名，总之更为准确。小说中，这是亨利·佩隆一部戏的名字。冲突，选择各自阵营。1950 年 1 月，萨特和梅洛－庞蒂在《现代》发表了一篇文章，揭露苏联劳改集中营的存在。几经犹豫之后，波伏瓦写道："尽管如此，苏联是并且仍然是社会主义的故乡，革命力量已经取得政权。"[1] 她试图给出界定："如果说共产党人接受集中营并进行压迫，那是因为他们试图通过创造基础设施建设奇迹来实现没有阶级的社会。他们错了，但他们的想法就是这样。他们在探索中想法出错，但他们就是那样想的［……］纳粹可从来没产生这样的念头：人类对自身的肯定、国际主义、消灭了阶级的社会。"[2] 革命被背叛了吗？没有，萨特回答说，"它有了化身"，在《斯大林的幽魂》一文中，甚至在布达佩斯事件和他与共产党决裂之后，他仍然说："应该召唤社会主义这头自己撕裂自己的带血巨兽吗？我毫不掩饰地回答是的。"[3]

"这篇文章惹恼了所有人，没有改善我们和共产党的关系。"（共产党选择否认集中营的存在）海狸总结道。但是到了 1950 年中期，当朝鲜战争让形势更加混乱的时候，梅洛－庞蒂取消他的判断：他变得"不过问政治了"。她写道。其他人惶惶不可终日，想象朝鲜军会侵略欧洲，一直推进到布勒斯特。"那怎么办呢？"[4] 海狸说。加缪的妻子弗朗西娜说要和孩子们一起自杀。加缪觉得他会参加一个地下军事武装组织，他们和他在一起时不再无拘无束，萨特与他相对，说"他永远不会与无产阶级为敌"。"无产阶级不应该成为神话！"[5]（他说的没错）另外，加缪认为斯大林分子不会放过像萨特这样一位"不听话的"知识分子。他的论说让海狸动摇了

1. *FdC*, t. I, p. 277. （《时势》，卷一）。
2. *Les Temps modernes*, «Les jours de notre vie», janvier 1950. （《现代》，"我们生命中的时光"）。
3. *FdC*, t. I, p. 278. （同上）。
4. *Ibid*, p. 318. （同上）。
5. *Ibid.* （同上）。

好一阵子：也许应该逃难？但逃到哪儿呢？去美国？不可能。"我们极端讨厌美国。"[1]1950 年 12 月 8 日，她在给艾格林的信中说他们"肯定要被杀害或流放到西伯利亚"，他们打算定居到巴西或非洲。总之不去美国！"我们实在厌恶美国政治。"她在 1950 年 12 月 14 日的信中辩白："对可能到来的流放真真切切感到恐惧，这并不是歇斯底里的表现。"然而在战前，这正是她责怪比安卡的地方，那时比安卡对集中营的故事说个不停，海狸觉得她歇斯底里。不过现在她知道了："还是她有道理。"

当时，各种情绪搅在一起，形势也不明朗，终归是朝鲜侵略了韩国。不过她很快反应过来：这是麦克阿瑟设下的陷阱，旨在将新生的中华人民共和国卷入战争，削弱它的力量。"你们那位无耻的麦克阿瑟究竟怎么回事？他正在朝鲜半岛和平的土地上发动一场无中生有的战争。"（1950 年 11 月 11 日致艾格林）韩国是"和平的土地"？才不是。这场战争是陷阱，双方阵营都陷入其中。"亲美"阵营认为麦克阿瑟的态度起积极作用，战争能够抑制共产主义的蔓延，因此是可取的，而"亲苏"阵营认为美国的介入不可原谅……实际上，这是两大强权为了争夺势力范围而进行的一次交锋。根据《雅尔塔协定》（北纬 38 度以北归苏联，以南归美国），朝鲜半岛被分割成对立的两部分，金日成（前红军军官）领导的北部和李承晚领导的南部都试图为了自己的利益统一国家，一个寄希望于苏联援助，另一个寄希望于美国。另外北部还得到中国的支持。很长时间内左派一直否认这一点。1951 年 6 月 6 日致艾格林："我们在《现代》刊登了一篇优秀的稿件，是一个叫斯通的美国人（或英国人）写的。文中揭示了朝鲜半岛不存在中国人，麦克阿瑟也没有发动战争。"

1951 年 6 月，海狸结束了《名士风流》第一稿，和以往不同，她还一个字都没有给萨特看。"我受不了任何目光停在这仍然温热的纸页上，哪怕是他的目光。"[2]——其中就有艾格林的爱带来的温热，在小说的美国部分，这份爱洋溢在字里行间。直到在挪威逗留期间，萨特才读到手稿。他觉得不错，不过"很多地方需要重写"，结果她决定整个儿重来。她怀

---

1. *FdC*, t. I, （《时势》，卷一）。
2. *Ibid*, t. I, p. 333.（同上）。

着一种深深的焦虑和不安进行《名士风流》的写作，倒不是因为怀疑自己的精力和才能，如果说有所怀疑的话，那也是为了掩饰另一种更晦暗更深沉的怀疑。对自我，对她的生活，对她所做选择的怀疑。就在 10 月，她在芝加哥重新见到艾格林，正是在那时他对她说："我能给您的，永远只是爱。"过去的一切又涌上心头，而过去的"失败"在她看来不可原谅。她知道一切都结束了，应该做一了断。然而她对生活的欲望是多么强烈啊！因为买了一辆"小车"而幸福不已。她说：穿越索洛涅和图尔地区的林中小径，看着它们"红棕色的皮毛镶上白边"[1]，将法国越来越糟的形势抛之脑后，真是开心！她去了奥弗尔，去看了梵高的教堂和咖啡馆，拜访了常青藤萦绕的梵高墓，她创造了一种认识与触摸的新方式来满足她的贪婪。然而那几年却是"她人生最灰暗的时期之一"。仅仅因为法国形势每况愈下吗？因为"中产阶级反扑共产主义"？因为左派没能制止印度支那战争，因为艾森豪威尔在接受《巴黎竞赛》采访时称战役将在列宁格勒郊区打响？要知道这也是美国故事的结局折磨她的时期，那段故事是一段"奇怪的经历，抗拒着去爱"[2]。这本书低沉的音色正来自与此，其间穿插安娜的内心独白，死亡的念头萦绕在她心头，她就像失去艾格林之爱的海狸的影子，整个人被摧毁。在这一失败面前，任何"伟大理想"的破灭都算不了什么，顶多只是感情失败的隐喻[3]。

　　1951 年中，海狸重新开始写作《名士风流》，想让人物形象"更加丰满"。她带着忧伤写作，有时也会开心，过程"艰辛"，内心冲击很大。她给艾格林写道："在书的中间，我想讲一讲我们之间的故事，首先因为在我看来，这份从巴黎到芝加哥的爱情是我们这个时代的典型产物，飞机拉近了地面城市又保持它们距离不变。其次因为我很高兴通过文字回忆这段感情。"（1951 年 3 月 5 日）她生活在支离破碎的世界：一份远去的爱情，一群反目的亲密朋友。佩隆在他的报纸上发表了一篇揭露集中营的文章[4]。迪

---

1. *FdC*, t. II, p. 342.（《时势》，卷二）。
2. *Les Mandarins*, t. II, p. 179（monologue d'Anne）: « Les lettres de Lewis me fendaient le coeur. »（《名士风流》，安娜的自白："刘易斯的来信让我的心都碎了。"）
3. 1951 年 3 月 5 日致艾格林："我从早到晚都在写作。这本书，您的书，是一本讲述 1945 –1948 年间法国人的小说。我想在书中重现战争末期我们经历的幸福的重生，当时很多事情都变得有希望，然后便渐渐开始了幻灭。"
4. 她在《时势》一处注释中提到自己提前几年利用小说的优势进行了揭露。

布勒伊有所保留——这儿，佩隆更接近梅洛-庞蒂而不是通常认为的佩隆原型加缪（海狸明说这一形象也十分接近她自己）。不过当佩隆因为迪布勒伊与共产党走得太近而与他闹翻时，我们自然会联想到萨特与加缪越来越紧张的关系。

1952 年，在《名士风流》写作过程中，萨特的人生轨迹发生了一次重大转折：他开始亲近共产党人，与加缪彻底决裂。同时，另一转折发生在海狸的生活中。可能正是这一转折使她得以完成《名士风流》并战胜写作过程中一直笼罩她的哀伤。那一年，她从意大利给艾格林写信，1952 年 8 月 3 日："知道吗，尼尔森，发生了一件难以置信的事，有一个人愿意爱我，全心全意地爱我。我既感到幸福又感到难过，幸福是因为没有爱情的生活太枯燥了，难过是因为我本来只想得到您的爱。"确实，她决定从 10 月起和"一个有着黑色瞳孔的二十七岁年轻犹太人"开展一段"故事"，这个年轻人在《现代》会议上"十分亲切地看着"她，他便是克洛德·朗兹曼。此后不久，当她向艾格林重新谈及此事的时候，她是有意减小事情的重要性？"这次我无法像爱您那样去爱。某种东西永远结束了。"（1954 年 2 月 15 日）但是，1952 年，在《名士风流》写作过程中遇到的这件事让她得以稍微远离书中渴望虚无的安娜，她本人已得到解救，"重新拥有身体"。也正是因为朗兹曼和佩汝的加入，杂志重新开始政治化：他们将萨特引向"共产党人的'批判性同路人'"，而梅洛-庞蒂已经放弃这一立场。

每一时刻都是重大时刻。相关评论出现在文章和作品中。与共产党人交好伴随着与加缪的决裂——一切紧密交织，一如既往。海狸没有在这上面花费太多时间，但是她欢喜地看到，历史，这一伟大的幻梦，有时会变成梦魇，消隐了我们个人的噩梦。发生两起重大事件：第一件持久引导了海狸与萨特的生活，影响甚至超过萨特 1956 年与共产党人的决裂。第二件，与加缪的决裂，影响持续至今：它超越发生的具体时刻，揭示从抵抗运动中诞生的知识分子，更大范围内说，整个西方左派内部存在的根本分歧。从此，在共产主义世界，加缪的名字成为拒绝与抵抗共产主义的代名词，他抵抗共产主义的教条主义，抵抗它对自由的蔑视。1952 年起，海狸和萨特加入"同路人"阵营，尽管是批判性的。他们的世界观发生了质的改变，他们的逻辑变成"战争学的"……

"鸽子事件"在被萨特称为"皈依"的转变中起决定作用。先稍微看一下之前的背景。萨特决心投入实际的政治和社会生活中去，因此在1948年和几个左派朋友共同创立了革命民主同盟，旨在摆脱僵化的各政党的束缚。但很快，萨特就意识到一个完全没有社会基础的知识分子团体的局限性。怀着争取工人阶级的希望，他在1952－1956四年间选择与共产党在一起。之前已经说过，萨特一直是"反反共分子"而非共产党人。1952年5月28日，"和平运动"组织（当时受共产党人幕后操纵）号召发动游行抵制马修·李奇威来访，李奇威刚刚担任北大西洋公约组织领导下的欧洲联军总司令。共产党人指控他在朝鲜战争中使用细菌武器。因此，示威者们高喊"瘟神李奇威"。当晚，共产党头号人物雅克·杜克洛（替代在莫斯科疗养的莫里斯·多雷）被捕，并以妨害国家安全罪受到起诉，因为在他汽车后备箱里发现了一支手枪和一些鸽子。内政部长咬定那是信鸽。因此有了杜克洛叛国的罪证。杜克洛最终被释放，整件事显得滑稽可笑。历史学家证明从未发生美国的细菌战，整个事件由澳大利亚记者威尔弗雷德·布切特一手捏造而成，旨在为苏联宣传造势[1]。

随着与共产党人的接近，萨特的生命发生了彻底转变。他开始与梅洛－庞蒂决裂，虽不像此后不久与加缪的决裂那样惨烈，但同样的彻底。分歧基于哪一点，基于什么原则？梅洛－庞蒂变得"不过问政治"，海狸说，而他原先和萨特一样想要亲近共产党人。其实，自从朝鲜战争开战之后，梅洛－庞蒂就意识到斯大林主义表现出的危险性，它对和平、对社会主义的威胁。关于这件事，萨特在一篇1961年的文章里激情澎湃地表达了自己的看法，这篇文章发表在《现代》上，标题为《活着的梅洛－庞蒂》，当时梅洛－庞蒂刚骤然去世（1961）。应该读一读这篇"致梅洛－庞蒂的悼词"，并且让阅读的效果缓缓展在自己身上。这篇文章很重要，它解释了一切。萨特在其中讲述了1952年他最终选择阵营的那几个月的情形。他先是和共产党知识分子在一份请愿书上签名，支持在印度支那服役的海员亨利·马丁，此人以叛国罪被判刑[2]。接着他同意与人合作写书，

---

1. Cf. le livre de Pierre Daix, *J'ai cru au matin.* （参见皮埃尔·戴所著《我曾经相信黎明》，这本书讲述了整起阴谋）

2. 亨利·马丁事件：对于菲利普·罗比奥来说，此事的影响堪比"德雷福斯事件"。亨利·马丁，共产党员，被捕前散发传单，要求印度支那和平。

揭露事件内幕，争取亨利·马丁的赦免。"哦，是你们，一群糊涂虫，将一位心怀不满的海员变做亨利·马丁。为什么？这件事背后隐藏着什么？"但是当他 1952 年春和米歇尔·维昂（海狸说他们的关系在伯里斯死后开始）在罗马的时候，他从报纸上知道了 5 月 28 日游行和杜克洛被逮捕。"这些肮脏幼稚的行为让我感到恶心：肯定还有更卑鄙的，但再也没有更昭然若揭的了。最后的联系被割断，我的世界观完全发生改变：反共的人是走狗，我不改变这一看法，永远都不会改变。[……]经过十年反复思量，我已经作好准备进行决裂，弹指之间便可完成。用教会术语，那就是皈依。"至少，萨特不需别人向他建议，也不需要别人对他非难：他自己作出这份选择。

奇怪的是，在讲述这一决定性时刻的时候，海狸并没有强调这一意象，甚至提都没有提，她只不过重复这句话："我对中产阶级的仇恨只有当我死了才会消失。""皈依"这个术语对她太过刺激？或者正相反，她觉得在那种情形下合理又正当？她稍微回顾了一下背景，解释改变政治立场、信奉激进主义的过程：萨特读了吉约梅[1]的书，看到了中产者即使是诚实地去写所能写出的东西。阶级斗争在他看来不言而喻："中产者都是有血有肉的个体，为了维护自身利益而使用乔装掩饰的暴力。"[2]要揭穿的正是这一暴力——如同要揭穿为男权统治辩护的谎言。萨特开始起草一篇长文，《共产党人与和平》，每晚只睡几个小时：他在《1974 年对话录》中承认那时透支"健康资本"。在整个事件中，海狸既在第一线又处在后方：在第一线激烈地支持萨特的"转折"，处在后方是因为她从来没有自己承担这件事。"面对截然相对的立场，我们无从选择"：阶级对立，阵线对抗。"皈依"这个词在军事术语中是"改向"的意思，即一支部队改变行进反向。萨特仇视他所属的中产阶级，通过加入对方阵营来抵抗它；他再也不愿维持尴尬的立场。不过错在历史：个人没有退路。"我要么写作，要么窒息而亡。"[3]他写道。正在此时发生了第二次决裂：与加缪的决裂。《共产党人与和平》发表一个月之后，《现代》刊登了萨特对加缪的"回复"，这两篇文章意思相同。海狸说。不可能再有推诿或妥协。

---

1. *Le Coup d'Etat du 2 décembre*, Gallimard, 1951.（《12 月 2 日政变》）。
2. *FdC*, t. I, p. 356.（《时势》，卷二）。
3. *Situations IV*, « Merleau – Ponty », p. 249.（《境域（四）》，"梅洛 – 庞蒂"）。

确实，两篇文章紧密相连。萨特以一种罕见的粗暴决绝地斩断了与加缪的一切联系，为了表明自己对阵营的选择，他采取了一系列行动，而牺牲加缪便是第一步。对此，海狸表示赞同并全力投入其中。没有什么比认清这一决裂更困难的了，首先因为相关评论已经数不胜数，围绕它进行的激烈论战持续至今，象征互相敌对的意识形态立场：在过去的东欧各国，对于经历了四十年甚至超过四十年压迫的人来说，加缪的作品和名字仍然是抵制的象征，人们对他的认识浓缩在斯德哥尔摩演讲[1]（1957）中那句著名的话："我们这一职业（作家）的高贵总是体现在两件艰难的事情上面：不对已经知道的东西撒谎，抵抗压迫。"在记叙与加缪决裂过程的时候，海狸受到不愉快记忆的支配，当初《第二性》出版的时候，加缪的反应很不友好。除此之外，还有一件发生在决裂之后的事发挥同样的影响，那就是加缪对阿尔及利亚战争的态度，可以用一句人们往往不顾上下文引用的话来概括："在正义和我母亲之间，我选择我母亲。"这句话不是出自《瑞典演讲》，而是在颁奖仪式两天后一次大学生见面会上，对一位阿尔及利亚学生愤怒的质问所做的回答："现在，恐怖分子在阿尔及尔的有轨电车上扔炸弹。在这些有轨电车上就可能有我的母亲。如果正义是这样的话，我更希望要我的母亲。"于是一石激起千层浪。对于萨特和海狸来说，他的态度是绝对不可接受的，在加缪去世时，他们最后一次针对这句话诋毁他：加缪？"这不怀正义的正义人士"……从瑞典回来后，加缪决定"再也不参加无休止的论战"，写作《阿尔及利亚纪事》，放在《时事（三）》中结集出版，用来提醒公众他很早就为阿尔及利亚阿拉伯人民进行斗争了。

不用怀疑，《年华的力量》写作基础正是这些。加缪在 1951 年出版《反抗的人》。11 月，萨特要求"一位志愿者"在《现代》上对这本书进行评论；没有人抱有好感，但是萨特"出于友谊"不愿意撰稿人说坏话。在 1951 年 12 月 6 日写给艾格林的信中，海狸毫不掩饰："不要读它。这本书讨整个右派的欢心，因为他论证，只要舒舒服服坐在扶手椅上挣钱就能使自己成为一名浪漫的革命者。"这是行不通的。4 月，她和萨特在圣叙尔皮斯广场小咖啡馆遇见加缪，他似乎并不拿别人对他的指责当真。然

---

1. 《瑞典演讲》（*Discours de Suède*），1957 年 12 月 10 日，诺贝尔奖颁奖典礼（《Folio》，p. 17）。

后便发生了"鸽子事件"。又过了些时候，萨特尴尬地对加缪宣布弗朗西斯·让松要写一篇可能比较严苛的书评，他尽量斟酌措辞："但是杂志不设审查。"文章发表后，加缪回应的并非作者，而是"主编先生"；萨特在同一期（1952 年 8 月）作出反驳。"他们之间结束了。"[1]海狸总结道。对于两人的笔战她不置一词。在接下来的一段，对一场只能如此结束的争论，她进行了心理学分析。加缪易惊多疑的性格使他"完全令人无法忍受"——她引用萨特的话；他容不下异议，是一个反共的伦理"唯物论者"，"越来越坚定地维护中产阶级价值"。

对《反抗的人》的误解？是也不是。说不是误解，因为这本书确实反对暴力革命，因而反对一切与共产党和苏联的结盟。说是误解，因为我们可以观察到书中的论点并不表示他反对萨特坚定捍卫的社会主义，海狸也指出这一点。《反抗的人》也许是"伦理主义"的产物，或者如让松所说（《阿尔贝·加缪或反抗的灵魂》），"否定历史"的产物——而不是作者哲学素养欠缺的结果（萨特强烈暗示这一点[2]）。它首先提供另一种社会主义发展思路，虽然只是在书的结尾部分才有所暗示，这种发展思路更接近于马克思和斯大林派共产主义想尽一切办法毁灭的十九世纪法国社会主义。在加缪回应让松的文章中我们也能得到确认，他在文中说"在法国和西班牙'全国劳动联盟（CNT）'中，依然有大批成员拥护第一国际和巴枯宁[3]主义运动，这往往被人忽视"[4]。今天我们并非要指出萨特的错误为加缪"平反"，并非要进行这种无聊的颠覆，而是为了理解《反抗的人》，为了思考一些基本问题，一些打破传统观念的问题：比如，如果当初加缪的立场占据上风，阿尔及利亚的状况会比现在还要糟糕吗？（在他去世前不久，保尔·里克尔——当时为阿尔及利亚独立四处活动——在《精神》

1. *FdC*, t. I, p. 354. （《时势》，卷 ）。
2. "我不敢建议您参阅《存在与虚无》，阅读它对您来说徒劳而艰难：您讨厌思想的艰深，迫不及待宣布没什么好理解的，以此提前躲避那些说您没有读懂的批评。"
3. 巴枯宁（Michel Bakounine, 1814 –1876）：俄国无政府主义革命家、理论家和哲学家，为绝对自由主义的社会主义提供理论基础。——译注
4. 阿尔贝·加缪，"致《现代》主编"（« Lettre au directeur des *Temps modernes* »），《现代》，第 82 期，1952 年 8 月，后更名为"反抗与顺从"（« Révolte et servitude »），收入加缪《随笔》（*Essais*, Gallimard, « Bibliothèque de la Pléiade », 1990, pp. 754 –774）。

杂志上对此进行了思考，他注意到伊斯兰恐怖主义的上升与狂热状态。）

在冷战之初，加缪用《反抗的人》指出西方历史自古以来就存在的基本矛盾之一："节制与过度之间的长久对立"。"恺撒式革命战胜工会精神和绝对自由主义精神的那天，革命思想也就失去了一股平衡力量，缺少这股力量，革命的价值大打折扣。［……］在第一国际里，德国社会主义不停地与法国、西班牙、意大利绝对自由主义思想做斗争，这段历史是一段德国意识形态与地中海精神的斗争史。公社与国家、国际社会与专制社会、审慎的自由与理性专制、利他性的个人主义与群体殖民之间的矛盾再次反应了西方自古以来节制与过度之间的长久对立。"[1]再展开一些："历经三次战争和反抗性精英群的解体，专制思想压倒了绝对自由主义传统。但这可怜的胜利只是暂时的，斗争仍在持续。"[2]加斯通·勒瓦尔在《绝对自由主义者》杂志中指责加缪误解了巴枯宁，加缪辩驳道："马克思主义在神化马克思的过程中走向衰亡。在我看来，绝对自由主义思想就不存在这种风险。只要毫不含糊地避开没有建设性作用的虚无浪漫主义，绝对自由主义思想就有着十足的生命力。确实，我批评的正是这浪漫主义，我还将继续批评它，不过，我想要关照的也是这生命力。"[3]

萨特给加缪的回复从来没有涉及斯大林主义，更广泛地说，没有涉及专制的社会主义。他指责加缪无视历史，不过，就算萨特证实"只有在历史行动中才能理解历史"[4]，他也丝毫不能证明这种"行动"必须是苏联和"真正的共产主义"行动。与马克思主义结盟，然后对共产主义的"批判性支持"，成为萨特思想的分水岭，他忽视了社会主义历史：在斯大林主义犯下的"罪行"中，在历次"国际"中，存在对其他形式社会主义的镇压，加缪捍卫的正是那些其他形式的社会主义。

加缪被萨特的雄辩压倒，但这不等于说他就错了。他所提出的问题和

1. Albert Camus, *L'Homme révolté*, Gallimard, « Folio Essais », pp. 372 – 373. （加缪，《反抗的人》）。
2. *Ibid*, p. 374. （同上）。
3. 阿尔贝·加缪，"反抗与浪漫主义"（« Révolte et romantisme »），《绝对自由主义者》（*Le Libertaire*），第 318 期，1952 年 6 月 5 日。
4. Réponse à Albert Camus, *Situations* IV, p. 124. （给阿尔贝·加缪的答复，《境域（四）》）。

他对专制社会主义的抵制不能被一笔勾销：没有人能否认加缪（梅洛－庞蒂）的贡献，他及时觉察并抵制斯大林主义的专制和集权本质。几年后，在阿尔及利亚独立运动中，加缪反对暴力，认为暴力损害阿尔及利亚人民争取独立的斗争，这时的萨特更加确信与加缪的决裂是正确的选择。加缪的支持者在某些阶段（布达佩斯事件、勃列日涅夫高压统治期，到最后真正的共产主义崩溃），当专制社会主义可怕的本质昭显时，重占优势地位。一个总是悬而未解的问题拖到当时仍然没有答案：在二十世纪五十年代甚至以后的岁月里，能够忽视"共产主义世界"带着错误与罪行对美帝国主义统治下的西方的抗衡作用吗？至少在布达佩斯事件之前，能够不尝试与各国共产党建立批判性合作关系吗？当萨特写道"苏联有着抵抗剥削的力量，大致是好的"，他说得过火了吗？或"在不损害马克思主义的同时抵制斯大林制度，我们一定能够做到吗？"这些话语流露出新的不安，而这在他十年前给加缪的答复中几乎见不到。1961年，在梅洛－庞蒂去世时，萨特断绝了自布达佩斯事件（1956）始与共产党建立的联系，但他仍然没有放弃革命希望："不管苏联犯下怎样的罪行，相对于资产阶级民主，它有着无与伦比的优势：革命目标。"[1]这儿并不是运用一种诉讼逻辑重新安排奖惩。不管怎样，萨特与加缪之间的论战及其结果是一场悲剧：在知识分子激情燃烧下，"兄弟"之间通过论战、作品反目成仇，直至变成势不两立的敌人，但是他们的冲突回避了基本问题，而正是在基本问题上，萨特和加缪有着截然不同的立场。

海狸在二十世纪五十年代末对与加缪决裂的记载让读者感到有些尴尬，因为已经发生了布达佩斯事件，而她仍然坚定地认为真理只有"一个"，且只存在于"唯一的阵营"。在她笔下，加缪简单纯粹地化为虚有，他死时，海狸写道："从前对我来说一直很珍贵的加缪不存在了。"这种让人感到不太舒服的善恶二元观却是可以理解的。一部分是因为海狸自身在很长一段时期内对政治持抵制态度，对政治也无甚了解，后来发生大转变，无条件支持萨特的立场。她跟随萨特进行政治介入，这是一种全面介入，并不仅仅出于政治原因。如果说介入不容

---

1. "梅洛－庞蒂"，《境域（四）》，第229页。

怀疑，那不仅因为它证明对"资产阶级价值观"抵制（她在人生好几个阶段都强烈表示过）的合理性。占领时期经历的种种，在她的重要著作《第二性》出版时，"右派"报刊报以的侮辱和诽谤，这些都让她增强了对"资产阶级价值观"的厌恶。还有其他原因。在革命当中，在共产主义当中，海狸最终发现了满足她对绝对的渴望的方式。对她来说，实际目标与为了达到目标所采用的方法，和解决一个长期困扰她的冲突相比，后者更为重要，这一冲突便是人类"集体幸福"与人类"得到拯救"之间的冲突。回顾一下她在 1927 年对西蒙娜·韦伊所说："韦伊小姐，重要的不是工厂运行，而是穷人、富人、野蛮人、文明人都要拯救各自的灵魂。"成为"真正的"共产主义的"同路人"，要冒巨大风险，她宁愿冒这份风险，以求不必在人类"幸福"与人类存在的"正当性"之间作出选择。和很多人一样，她认为尽管"真正的"共产主义有着诸多缺点，也许犯下了罪行，但它能够实现二者统一。未来无情地打碎这一幻觉；过去（二十世纪三十年代）其实已经开始。海狸不想立刻就认清，甚至从未想完整地认清事实，倒不是担心"让群众失望"，而是担心让自己失望，担心必须否定一种飞跃——飞跃到"和谐"世界这一乌托邦——所具有的绝对和激进特征。

鉴于此，萨特和海狸在 1789 年的名角当中选择了罗伯斯庇尔，萨特在《辩证理性批判》（1960）中为罗伯斯庇尔浓墨重彩写了一笔。还有马拉。1951 年 7 月 2 日致艾格林："谋杀马拉的女人，那个丑陋、狂热、愚蠢的老姑娘，就该被送上断头台：在法国革命者当中，马拉属于最有趣最大胆的人物之一，只有他提出废除私有制。"不过，对于大革命期间思想家的动机，我们今天仍然在质疑。在革命行动的彻底性中，我们看到烙印在西方思想上的"一神论"这一标记。对未来"和谐"社会的希望并不一定以信仰或信念的形式表现出来；甚至在一场彻头彻尾的革命中，我们都能无可置疑地发现宗教末世论的基本原则，包括时间的终结，历史的终结。不止一种无神论是在这原初的凝灰岩上，竖立起各自深入的选择。需要回顾海狸在《闺中淑女回忆录》中小心翼翼描写的童年，她认为那些歇斯底里的愤怒有两层原因，一个是"旺盛的精力"，另一个是她的"极端主义"："一种我从不曾完全放弃的极端主义"。在那些时刻，"一把火剑将善与恶一分为二"[1]。

这其中有某种深层的过去的东西，那就是对虚无的焦虑和对死亡的恐惧。1928 年 4 月 6 日："对死亡的恐惧，巨大的恐惧，眼前流逝的每一分钟带来的尖锐感觉；每一分钟我都在死去，每一分钟都死在无底的虚无中。"她看着摆在国家图书馆书桌上"透着血色"的手，心想什么都无法拯救"这将要腐烂的肉体"（1928 年 10 月 25 日）。她生命中没有哪一时刻不被打上这一印记，中年阶段不可思议的活动也完全受其影响。远离上帝，并不意味着挖掘一个空洞的深渊，在这深渊中，面对虚无，什么都无法带来安慰：因为不是上帝来弥补这无尽的损失，而是我。通过我自己辛勤劳作。她不再是天主教徒，"作为非天主教徒"（1929 年 5 月 9 日），她可以将"每时每刻都变成绝对"。她想要的，不仅仅是幸福，"欢乐"，1929 年 4 月 27 日："采取新的解决措施！啊，与变态天主教、与对忧愁的崇拜一刀两断，厌恶它们，踩碎它们。"革命希望不可否认受此影响：让这唯一的人间王国每个日子都体现绝对。萨特已下定决心将"对资产阶级的仇视"进行到底，海狸同样如此。不过这比团结资产阶级统治下的被剥削者意味更多。她作为女性的这一独特命运，她自我承诺要实现的这一命运，将她抛入"怪物"的孤独当中，是家族"巫术"让她成为了"怪物"。

萨特和她一样，生活在"资产阶级存在"与对革命的热衷这一矛盾里：萨特对加缪的答复能够说明问题，他一边要求加缪回到他的高档公寓，一边要求他无论如何都要承认革命。加缪夸耀他的平民出身？萨特一举否定："您是资产阶级分子，加缪，您怎么可能属于其他阶级呢？"[2]（《名士风流》中，如果说迪布勒伊不是萨特，那是因为迪布勒伊放大了"房屋与生活中的煤烟色"，将社会主义看成"他唯一的希望"，也是他父亲所教那些孩子"唯一的希望"[3]）萨特是对的，但对的有限：也许加缪加入了"资产阶级"，他的生活方式、知识分子形象、作家与剧作家历程，这一切均可说

---

1. 《闺中淑女回忆录》（*MJFR*），第 22 页，参阅第一章"怒火"（« Colères »）。
2. Réponse à Albert Camus, *Situations IV*, p. 100. （给阿贝·加缪的答复，《境域（四）》）。要衡量两人之间的差异，读一读《第一个人》就可以了。《第一个人》是加缪最后一本书，死时未完稿。沉寂、母亲的痛苦。苦难，"这没有吊桥的堡垒"。还有那被学校和书籍拯救的孩子。
3. *Les Mandarins*, t. I, p. 78. （《名士风流》）。

明，但在成为"资产阶级分子"的同时，他并没有背叛他寒微的"黑脚"[1]出身，他曾是由国家抚养的战争孤儿，母亲给人帮佣，将他拉扯长大（如同佩吉[2]的母亲给座椅填稻草）。他骄傲地看待自己的出身，也许这可以解释为什么在斯德哥尔摩论战中他选择"母亲"而非"正义"。因为，在他母亲背后，在一长串勇敢而无名的存在者中，他看到了从未得到满足的对正义的永恒渴求。萨特和波伏瓦与各自的母亲从未有过这种关系，这种在深沉的爱恋中夹杂"揪心"的巨大同情，这种同情可以扩大到一切比您缺少天赋、缺少力量、缺少特权的弱者身上。

萨特和波伏瓦带着自身阶级属性投入的这场战斗，历史要负一部分责任。没有必要热爱资产阶级的对手，重要的是能起到作用。1952年7月2日：资产阶级那么"可恶"，以至于他们不得不接近共产党人，"当然我们并不热爱共产党人"。

大革命，那是另外一回事。它一直远远地闪耀着永不磨灭的光辉。

*

事实上，1952年写作《名士风流》的时候，海狸在别处。她去了意大利，心里肯定期待回来时开始另一段故事。一段爱情故事。富有意味的是，《时势的力量》第一卷就在这一重大事件即将发生时戛然而止。现在她准备好谈及它了，就像谈及一场复活。因为，出于不止一个原因，她感觉已经与死亡擦身而过，尤其是接受乳房肿块切除手术的时候。之前很长时间，她一再想到自己的年龄（她正好四十四岁）和在她看来年龄导致的无可避免的后果，给艾格林的信便可做证明。什么样的后果呢？爱情生活的结束。《名士风流》中，安娜满心厌恶地看着那些过分打扮、过于招摇的女人，那些"衰老的皮肤"，她不假思索痛苦地想到，但是她们和我一样，都过了四十岁[3]。在波伏瓦惊愕地、难以置信地看着自己开始跨入老年的时候：她在《时势的力量》结尾部

---

1. "黑脚"（Pied -noir）：（阿尔及利亚独立后被安置在法国本土的）阿尔及利亚法国人。——译注
2. 夏尔·佩吉（Charles Péguy, 1873-1914）：法国诗人。——译注
3. Les Mandarins. （《名士风流》）。1962年，海狸在《时势》中再一次宣布这命中注定的四十岁的来临。

分提笔写道："突然，我撞上了自己的年龄。这熟透的女人是我的同龄人：在衰老的皮肤上能认出滞留的年轻女子的脸庞。"[1]她经常怔怔地停在这充当脸庞的"东西"面前，茫然不知所以。

最痛苦的，是不再容易放弃，尽管不可避免。1951年12月致艾格林：她一旦意识到，就结束了与博斯特的关系，"一份舒服愉快的情感与性关系"，现在"我的爱情生活永远结束了，想起来很不愉快，因为我还有着炽热的心和生气盎然的身体"。但这"符合秩序"："我的爱情生活在它应当体面结束的时候结束了。"（1952年3月4日）她痛苦地接受，感觉被流放到了"黑暗王国"。当朗兹曼邀请她一同看电影时，她怔住了。"我知道我不应该拒绝。"不过在挂电话的时候，她泪流满面。五天后，当她动身去意大利时，已经心中有底：已经发生了什么，某种东西开始了。"我找回了身体。"[2]意大利之行中，她和萨特一直有分歧，而且分歧很大，萨特每天十小时写作《共产党人与和平》，而她如痴如狂驾着新车，开阔的意大利广场，只有一方天空凌驾其上，一切流光熠熠。接着朗兹曼去了以色列，他们互相通信，回来后，"他们的身体欢快地相遇了"。开始一道建设未来：这些字眼在海狸笔下相当新鲜。她和他一起住到拉布歇里街。不是马上，而是要到12月，但这也是一件新鲜事："我一向热爱孤独，不过我不会遗憾失去它。"[3]这份关系中有某种东西使得她从前会犹豫很久，甚至拒绝作出的决定变得容易。朗兹曼的青春活力——他二十七岁——在《现代》开会时她可以观察到的他的极端性、他的幽默、挑衅、诙谐，所有这一切，再加上她自身的年龄，使得这段关系"一旦错过，永不复来"。她突然安下心来：不可能"复制"与萨特的默契。不过朗兹曼有一种属于犹太民族的坚强生活方式。她感动地听他讲述，他说在学生阶段，他感到前所未有的孤独，无法融入文化普遍性中。两人一起安排时间，尝试肩并肩工作。她感到"从年龄中解脱出来"。在一个年轻生命的折射下，生活又充满惊奇。甚至她的焦虑都得到缓解，她想要克服焦虑，不让"因衰老而产生的痛苦"影响年轻情人。她跟萨特还是很亲近，感觉两人的"癖好"开始互相抵触：意大利之夏，他要工作，她要兜风，容易为难。重要

1. *FdC*, t. II, p. 504.（《时势》，卷二）。
2. *Ibid*, p. 10.（同上）。
3. *Ibid*, p. 17.（同上）。

的是，当他满怀激情以新的形式投入政治活动中时，她并不十分热心。她想要从这份新的爱情中获取"欢乐、不安、笑容与世界的新鲜"[1]。朗兹曼双手赞同接近共产党，但是她害怕这会让她"远离自己的本性"[2]，或许还让她远离对她来说最根本的东西：写作。萨特和朗兹曼一个劲让她"汇报思想状况"，她一直回避，但最后还是让步了，清除自己的"唯心主义伦理观"。

但这究竟意味着什么呢？根据海狸的哲学，一位"唯心主义"的"伦理学家"对于事情和人的判断不依据历史，否认自然世界受物质规律而不受神圣"目的"支配。而这正是同时期萨特和让松在朗兹曼支持下对加缪所做的批评。在他们激烈批判加缪的时候，她也将自己的抵制心理"清除"。这些就是历史优秀（或蹩脚）的作品。这不是海狸第一次通过"清除"活动标显自己的路线。冷战时期，"清除"这个字眼发出阴冷的声响。她在遇到萨特时，清除"唯心主义"；她的"精神分裂"在1939年战争开始时烟消云散；最终她清除了"唯我论"："我渐渐放弃了类似唯我论的东西，在二十岁左右的时候曾深受其影响；我获得了他人生存的意义。"[3]1952年秋，一切还未尘埃落定：咒语的反复已经充分说明了事情将会没完没了……是什么使得她的"唯心主义"拒不接受"清除"呢？还有她的"伦理主义"？显然，这跟一种深沉悠久的精神状态有关，而不仅仅是她宗教与家庭教育背景的后果。

她的"唯心主义伦理观"进行的抵制说明她内心存在某样东西，使得她无法完全赞同历史哲学与其不可动摇的决定论。萨特在1960年写作《方法问题》，指出马克思主义与自由之间的对立，从某种意义上说，海狸走在他前面。她的抵制应该说是好的信号（尤其在1952年）……但她不想再坚持：她想要从中解脱，重新"吸收萨特的观点"[4]。最终，她仅仅改换了标准，从此她的"伦理主义"以马克思主义标准为基础，放弃直到那时都发挥作用的"唯心主义"。她放弃"唯心主义"的同时，仍然实践伦理主义，只不过是建立在，或者说试图建立在马克思历史辩证法上的另一

---

1. *FdC.* （《时势》，卷二）。
2. *Ibid*, p. 23. （同上）。
3. FdA, p. 424. （《年华》）。
4. *FdC*, t. II, p. 23. （《时势》，卷二）。

种类型的伦理主义。在此基础上，她的一切判断都显得不可动摇：那些都不再是她的判断，不再是唯心主义时期的那些判断，进行判断的不再是她，而是历史。通过她表现的历史。1947 年 10 月 14 日致艾格林："那时（占领时期）敌友分明。"但历史，如同阿波罗，用谜语表达自身，忙于代表历史或者"顺应历史方向"的党派声称能够解开阐释那些谜语。之后很多年，她和萨特所作的个人判断与共产党官方意见没有多大分歧。在帕斯捷尔纳克获诺贝尔奖时，他们俩都接受了苏联官方意见。她说只有资产阶级"盲目的狂热"才能使她咽下《日瓦戈医生》"这本浓雾造就的厚书"[1]。

忽然，我们会产生疑问：难道不应该怀念她的思想只受"存在主义哲学伦理"——如同她在《第二性》开始所说的那样——启发的时期吗？这一伦理可能相当残酷，根据它，"路易丝·佩隆"的痛苦和脆弱都不值一提。但根据它所作的判断通常是正确的。不过，当她转移到历史哲学领地，建立起伟大的最终审判时，情况就不一样了，经过这最终审判，正确的在一边，其余的便被抛进黑暗的虚无中……她有时也看到危险："如果不放弃自己的判断，跟共产党人一起工作很困难。"[2]

*

但这并不是她最关心的。就像阿拉贡在《巴塞尔的钟声》中描述的那样，当卡特琳娜和她的情人在汝拉一家小旅馆的红色鸭绒被下相拥时，"他们将日俄战争抛在脑后"。和她年轻的情人在一起时，海狸将历史与自由的冲突抛在脑后。她全身心沉浸在这一新"事件"带来的幸福中。让她着迷，让她投入的还有一大主题，那便是旅行。在朗兹曼陪伴下，她重新开始旅行，而当时的朗兹曼"对法国对世界一无所知"。她找回童年时的欢乐，"墙头上丁香窸窣作响，一株蔷薇沿着墙壁往上爬"[3]。她沉浸在抹着一层忧郁的欢乐中，"在一座丘陵脚下"喝"清爽的葡萄酒"，呼吸绿色，漫步在秘密小径，脚边是"比草还绿"的流水。朗兹曼是不是正慢慢占据她生命中的重要位置，直至威胁她与萨特的默契？总之，她与萨特生

---

1. *FdC*, p. 247.（同上）。
2. *Ibid*, p. 23.（同上）。
3. *Ibid*, p. 25.（同上）。

活方式不再相同：萨特在名目众多的政治活动中几乎操劳过度，而"我，享受着重归的青春"。

1953 年，随着罗森堡事件的发生，萨特向共产党又靠近了一步。几个月之前，斯大林去世，他借以摆脱尴尬局面，当时莫里亚克（总是他！）"勒令"他控诉斯大林的反犹主义，因为，3 月 6 日，他该跟阿拉贡共进午餐的那天，《人道报》标题："举世同悲，在哀思中表达对伟大斯大林的爱戴"[1]。为迎合所谓的"白大褂阴谋"而被逮捕的犹太医生立刻得到释放。几个月后，6 月，萨特和米歇尔·维昂在维琴察[2]，朗兹曼和海狸与他们在那儿会合。就像上一年"鸽子事件"一样，他们是通过报纸得到消息的。朱利叶斯·罗森堡和埃塞尔·罗森堡在 1953 年 6 月 19 日被送上电椅，生前被指控为苏联间谍，判处死刑。经过一整个通宵的煎熬，萨特写就这篇著名的《患狂犬病的动物》，他将文章口授给《解放报》，最后一句为："如果在欧洲各地，我们高喊'小心，美国患了狂犬病'，请不要感到奇怪。"[3]罗森堡夫妇被处决后，不止他一人做出强烈反应。对全世界来说，罗森堡夫妇纯粹是麦卡锡主义的牺牲品。1952 年 12 月 9 日给艾格林的信中，海狸用"残暴"来形容对他们的判决。1953 年 6 月 23 日给他的信提到"巨大的震惊"。雅克·玛多尔称希特勒的反犹主义最起码"更直接"。

其实，在最新出版的一本书[4]中，根据美国和前苏联的全新资料，今天似乎可以证实朱利叶斯·罗森堡确实是苏联特工，自 1942 年被雇用，另外，他也是一个特务组织的头目，该组织至少与菲尔比[5]的同样强大，由他一手创建，雇用的人包括他的妹夫大卫·格林葛拉斯，格林葛拉斯在新墨西哥州洛斯阿拉莫斯市的原子弹试验场绝密中心工作。他们在电椅上被处决是冷战岁月反共氛围的产物，但不能因此说处决是合理的。朗兹曼和海狸前往南斯拉夫，做什么呢？能怎么办呢？海狸忧郁地评论道。

---

1. 1953 年 3 月 6 日特号。

2. 维琴察：位于意大利威尼托大区，维琴察省省会。——译注

3. *Ecrits de Sartre*, *op. cit.* , p. 708. （《萨特的写作》）。

4. *La Trahison des Rosenberg*, Florin Aftalion, J. –C. Lattès, 2003. （《罗森堡夫妇的背叛》）。

5. 菲尔比：前苏联安插在英国情报机构中的特务。——译注

《名士风流》呢？在她一心逃避的紧张政治气氛下，在与朗兹曼的爱情交往中，《名士风流》完稿了。1952 年 12 月，因为萨特对手稿表现得不甚热情，她差点将它"全部扔掉"。她咬紧牙关，从头开始。1953 年末，终于完稿，之前用过《幸存者》（书中亨利·佩隆一出戏的名字）、《疑犯》、《巫师》等书名，最终她采纳朗兹曼的建议：《名士风流》。1 月初（1954 年），朗兹曼有两周的假期，她开始"梦想阳光的照耀"，于是决定动身去摩洛哥。两人之间的温柔爱恋没有妨碍她对皮埃尔神父[1]的新事业进行挖苦："中产阶级兴奋地同意将自己与某些动物区分开来，所有人都感觉自己既善良又慷慨。"[2]海狸没错：资产阶级通常只不过借"仁慈"在保持压迫的同时做到问心无愧。不过，皮埃尔神父（这是他在抵抗运动中所用的名字，他真实的姓名是亨利·格鲁埃）所发起的运动中有一个震撼而奇怪的现象，他最先是在中产阶层或者说是在普通民众中获得了支持，而"资产阶级"却迟迟不肯行动。第一份支援来自库尔贝伏瓦[3]，几天之内就募到了大约七十五万法郎，成立了"帮助无家可归者紧急委员会"。

不过，尽管她对时事几次表明立场，我们还是能感觉她的冷漠和超然，在与朗兹曼迷人的旅行过程中，只有少数时刻她显得极端，她从未对旅行厌倦，旅途中几乎可以忘却一切。她觉得政治是一块封闭的领域，一再上演同样的恐怖，不断以相同的方式让人失望。看到法国和法国人越来越反对胡志明，她对"大众同胞"感到极度恶心，以至于奠边府战败对她来说竟成了光荣的一天：在一万五千支法国军团中，"至少三分之一由前党卫军组成"。她对战败感到兴奋实在令人吃惊，但她不加掩饰。"如果人们知道我多么满足，一定恨不得朝我身上开枪。"

这只是前奏，后来对阿尔及利亚战争她抱有同样的态度，首先是官方，接着整个法国都将她视为"叛徒"。她需要维护尊严与良知。但目前，她只是保护自己。当她接受一份邀请，一份遭"资产阶级知识分子"比如莫里亚克（还是他！）拒绝的邀请，和萨特、朗兹曼、米歇尔·维昂去克

---

1. 皮埃尔神父（l'abbé Pierre, 1912－1997）：原名亨利·德·格鲁埃，参加过抵抗运动，终生为改善弱势群体生存条件而努力，极受法国民众爱戴。1954 年寒冬他在广播电台呼吁人们救助没有住所的穷人。——译注
2. FdC, t. II, p. 35.（《时势》，卷二）。
3. 库尔贝伏瓦（Courbevoie）：巴黎西郊、塞纳河左岸市镇。——译注

诺克－勒－祖特[1]。时，她与主办方保持距离，一整天都在散步，到了晚上听萨特讲述开会的情景。正是在那儿萨特收到了第一次访苏邀请。他5月即进行了答复，但他在苏联因高血压晕厥，这还是第一次。海狸大惊："突然，我意识到他和其他人一样，死亡就在他身上。"[2]"再过二十年，或者就在明天，死亡可能降临，他会死去。多么黑暗的眩晕啊！"海狸很早就体验到"黑暗的眩晕"，但没有哪次表现得如此具体。从此，万事皆非；死亡不再仅是生命周围的"套筒"，而是"内在于我生命中，变幻着味道、气息、光线、回忆、计划，一切的一切"。[3]

萨特对旅行很满意，回来的时候身体没有完全康复，不过在《解放报》对他的采访中，他有足够的精力表达对苏联之行的全面欣赏。"在苏联，言论完全自由，苏联公民在一个持续进步的社会中不断改善生存条件。"（7月15日）16日："属于精英阶层并不容易，因为精英阶层受所有公民监督。"20日：以和平方式获取和平。"苏联向着未来稳步前进。"他病着，再加上疲劳，就没有重看自己的稿子，海狸说。其实他甚至都不能理清自己的思想[4]。很明显，在1959－1960年间，海狸有意将事情轻描淡写。然而，后来，萨特在《新观察家》的一次采访中称："我说谎了。'说谎'是个严重的词。关于苏联，我违心说了些好话。我这样做，一方面是因为我觉得，一个人受到邀请，总不能一回来就对邀请他的人破口大骂，另一方面对于苏联，对我自己的思想，我并不是理得很清楚。［……］我不知道斯大林死后集中营是否还存在，甚至不知道集中营到底什么样子。"日后，萨特经常访苏，波伏瓦一直陪伴左右，但从不发表自己的见解。她在介绍萨特回国后接受的采访时，总是轻描淡写，通过这种方式忠诚履行与萨特"保持一致"的义务，保持与萨特的"默契"。她同意他的观点吗？很可能，因为她信任他，也因为她痛恨并抗拒法国"资产阶级"，痛恨它的机构、军队、它在殖民帝国内发动的战争。

今天，在我们看来，萨特似乎应该而没能做到纪德和尼赞在战前所做

---

1. 克诺克－勒－祖特（Knokke－le－Zoute）：比利时城市。——译注
2. *FdC*, t. II, p. 45.（《时势》，卷二）。
3. *Ibid.*（同上）。
4. 由《解放报》（*Libération*）编辑成册。《萨特的写作》（同前，*Les Ecrits de Sartre*）中可读到节选。

的。纪德在 1938 年出版了《访苏归来》,尼赞在战争即将爆发之时退党。也许不该忘记在那个岁月某些形式的反共十分残暴,但是看到以拯救全世界被压迫者的名义,将斯大林或亲斯大林体制的牺牲者、将一切努力抵制这些体制的人陷入绝望中,还是会感到心痛。海狸和萨特难道不是一场正义与自由伪抉择的牺牲品吗?这一抉择贯穿左派整个历史,很早就成为了一个问题,正如汉娜·阿伦特在比较美国 1787 年革命和法国 1789 年大革命时所告诉我们的那样。应不应该以自由的名义接受一个不平等社会?应不应该以平等正义的名义,接受对自由的摧残与压制?共产主义的"同路人"认为实现正义更为迫切,甚至可以以牺牲自由为代价。不幸的是,苏联在牺牲自由的同时毫不顾及正义,而是摧残它。至于现代自由主义思想,则不得不承认,不可能完全接受自由先于正义和平等……

第八章

我年近半百：很快一切都将消失

1954 年。海狸致信艾格林（4 月 30 日）："萨特执著地致力于他的政治运动，我必须承认，他干得很漂亮；没有人会认为他已经成为了一名共产党人，他依然保持着自由、独立，和他自己设想的一样；总体上说，自贝利亚[1]过世之后，共产党内宗派主义的色彩明显减弱。[……] 结果：萨特受邀于 5 月前往莫斯科和列宁格勒。但是，最关键的不是这个，而是海狸完成了《名士风流》的写作："打出来一千二百页，也就是说，印出来有将近八百页，众多人物，众多事件。萨特、博斯特、奥尔嘉和我的朋友，一致认为这是我最优秀的一部小说，比其他的出色许多，而其中最出彩的部分是对美国的记述。他们觉得其中的男主人公与女主人公都讨人欢喜，令人感动。"显然，海狸还是留有余地，艾格林对自己出现在她的作品中会有什么样的反映，海狸不是很有把握。在作品中认出自己是某个人物的原型，并不是件愉快的事。这是千真万确的。她甚至有点害怕，她知道他非常敏感，她坦诚不能与他厮守的原因，他常常因此而火冒三丈。我们还记得从圣特洛贝寄来的那封信，1951 年 5 月 5 日："这本书，是你的

---

1. 贝利亚（Lavrentiy Pavlovich Beria，俄文为 Берия Лаврентий Павлович，1899 – 1953）：格鲁吉亚共产党主席，1945 年被授予苏联元帅。——译注

书。"而且他把此书献给了她。

　　这年秋天，萨特和海狸在"伟大诗人聂兹瓦尔"[1]的陪同下重游了布拉格，10月初，她正等待小说的出炉。她准备好挨批："从写《第二性》开始，我就已经有了经验，流言蜚语在写作之前就不让我的耳根清净。"[2]她两个面颊涨得通红，不为别的，只是想起敌视的眼神将在这部能折射出众多她个人影子的作品上"巡视个没完没了"。然而，之后发生的一切却出乎她的预料："资产阶级"评论从中找到了令其满意的反共产主义痕迹，而一些倾向共产主义的评论，尤其是《法兰西文学》（Les Lettres Françaises），却从中读到了对共产主义的赞同。她获得龚古尔奖的提名，为此她十分诧异："我早过了获奖的年纪。"不过无论如何，这次的获奖可以使她买得起一套像样的公寓。难道她忘记了，曾经她也指责过莫里亚克，"为了给自己买一间浴室"而接受诺贝尔奖？接着，龚古尔奖揭晓[3]。她拒绝礼节陈规、拒绝采访、拒绝拍摄，既不参加在"凯雍广场"（评委会设在该广场的德鲁昂酒店）举行的颁奖礼，也不出席"塞巴斯特－伯丁街"（伽利玛出版社在这条街上）的庆典。她"在家里"庆祝，对之后几周、几个月内收到的"无数信件"感到欣喜。读着这些信，似乎让她感觉自己实现了年轻人热切的愿望，这种愿望她年轻的时候也曾有过："通过作品受到别人的喜爱。"

　　然而，她有一个"烦恼"：人们再次想从作品中读出时间顺序，将其视为一部根据真人真事写的小说。迪布勒伊难道不就是萨特吗？亨利·佩隆不有着加缪的影子吗？还可以补充：纳尔逊·艾格林不就是安娜在美国爱上的那位刘易斯吗？任何指责都不能触动她：这些似乎都是对她宏伟小说计划的曲解。10月初（5日的信），她这样对艾格林说："伽利玛为此举行了隆重的宣传会，好处是，我赚了点小钱，可坏处是，这让人以为这是一部根据真人真事写的小说（一位主人公是加缪，另一位是萨特，等等）。这些绝对是错误的。"而且，她在《时势的力量》第一卷的最后几页中对

<hr>

1. 维捷斯拉夫·聂兹瓦尔（Vítězslav Nezval, 1900－1958）：诗人，原属于无产阶级诗歌派的成员，但后来很快变成了捷克诗歌主义的代表人物。——译注
2. FdC, t. II, p. 54.（《时势》，卷二）。
3. 1954年12月6日，西蒙娜·德·波伏瓦在雷蒙·拉斯维格那斯以七票赞成、两票反对，获得龚古尔奖。评委会因为哀悼柯莱特，只有九人，罗兰·杜哲莱（Roland Dorgelèes）为主席。

此也解释得很清楚。凝练的笔调、情感的漂移、虚构的逻辑、梦幻的逻辑，这些都构成了"难以辨认、混乱一团的画面"[1]。安娜不是她自己，不是一位作家，因为一位女性作家无非是一头好奇心强的野兽，一个纯粹的异类。安娜是一个依赖性很强的女人："她生活的轴心，是别人的生活，她的丈夫，她的女儿"，和大多数女人一样。海狸经常回忆起这样的女人，在之后的，以及最后的几部小说作品中——1966 年的《美丽的形象》，1968 年的《被遗弃的女人》——常出现被男人抛弃，深陷于孤独中的痛苦女人的形象。然而，不同的是安娜逃脱了"法国小资产阶级妇女可悲的命运"[2]；她是一位知名作家的妻子，自己有工作，是一位精神分析学家。她做事的方式不同寻常，像外科医生或者精神科医生那样谈起自己的"病人"时，她说："我的目的不是为病人提供一种虚假的精神上的安慰；我之所以揭露他们内心的幻想，就是要让他们今后能够勇敢地面对世上所有现实的问题。"[3]说这些话时，安娜更像是一位道德家——波伏瓦所定义的道德家，而非一位精神分析学家。她的"病人"如同《第二性》结尾时提到的，"'恋爱中的女人'、'神秘的女人'、'自恋的女人'"和《名士风流》中的保尔或者《年华的力量》中的路易丝·佩隆一样，他们继续追逐着"内心的空想"，他们的自由被"愚弄"了；自由并没有得以"真正的"实现；他们必须在人类社会中寻求一条"积极行动"[4]之路。但何为积极的行动，又该充当什么样的角色呢？《第二性》没有告诉我们；安娜说了这样的话："原本以为每一位明智的人都在人类走向幸福的路途中扮演了某种角色。我不再相信这美好的和谐。"[5]

这位安娜，沮丧的、绝望的、被绝对控制的，离开刘易斯时又黯然神伤的女人，她是谁？失去刘易斯时，安娜可以像海狸那样说"我失去了我心中只属于我一个人的太阳"[6]？安娜是迪布勒伊的妻子，从解放运动时期开始，放弃了大革命时便构建的梦想，难道她不是那个隐秘的海狸吗？因为对萨特的忠贞不贰，因为对绝对的热情，海狸无法承认自己对美好的未

---

1. *FdC*, t. I, p. 360 . (《时势》，卷一)。
2. 1948 年 9 月 9 日给艾格林的信。
3. *Les Mandarins*, t. I, p. 94. (《名士风流》，卷一)。
4. *DS*, t. II, p. 593 . (《第二性》，卷二)。
5. *Les Mandarins*, t. I, p. 94. (《名士风流》，卷一)。
6. 1950 年 11 月 2 日信。

来始终将信将疑，而曲折的小说情节就能促使她承认这一点吗？《名士风流》中，无数次强调了安娜指责迪布勒伊的这种盲信，"狂热"和出格……凝练的笔调，情感的漂移：海狸又是用一句优美的话提出，小说，若是受到感知的启迪，只能在"粉碎"现有感知，使之在另一个存在中重生之后才能得以重构[1]。她自己，和她活生生的人物被切割成了截然不同的两部分：一个是亨利，她向他袒露心声，除了"自己的笔"，生存的品味，以及阳光的一面；另一个是安娜，她阴暗的一面。但是作为叙述者，海狸始终把握着分寸；尤其是在对年轻女孩和女人形象的描绘上。内丁，安娜的女儿，有"丽丝"（娜塔莉·索罗金，她在美国时又见到她，她变了：她生了个小女儿，变胖了，不再那么漂亮，《清算已毕》中的索罗金则更糟）的特征。海狸首先想对内丁进行"报复"，报复她用来掩饰"脆弱"（尽管很拙劣）的性暴力，报复她的咄咄逼人，报复她的胆小懦弱。然而，对她的描述越深入，海狸就越能"为她找到理由"：最终，她看到的是一个受害者，而不是罪魁祸首，小说临近尾声的时候，她甚至说，"我不知道她能不能抓住，但我还是要把幸福的机遇留给她"[2]。奇怪的变化！因为是小说，所以只是停留于纸上的，并非现实生活中的，有血有肉的，所以海狸能够表现得如此宽容！无论是对成为保尔的路易丝·佩隆，亨利的情人，亨利最终决定离她而去的情人，还是对其他任何一位女性，海狸从未表现出如此的宽容。也许是因为小说在想象的空间中回避了一段业已体验的经历的重要性，这使海狸可以松一口气，不再受到现实中有些人所激起的恐惧或挑衅影响。弗朗索瓦兹谋杀格扎维埃尔，前者以杀人发泄永恒的毁灭快感，后者便是牺牲品。内丁，成了安娜的女儿，不再是她的学生和小情人，也因此摆脱了尴尬处境下带来的让人不快的模糊性；而与她父亲迪布勒伊，母亲安娜构成的"三人组"，即使与所有的家庭戏剧相比，也不会走向疯狂。迪布勒伊没有任何顾虑。至于保尔，她却并没有从虚构的状态中受益，其实，她很难称得上是一个真正的虚构：她是"路易丝·佩隆"的完美复制。保尔处于虚构中，和路易丝·佩隆，还有其他几个人一样，海狸热衷于描绘的人物典型之一，是一个"被完全被男人束

---

1. *FdC*, t. I, p. 365 . （《时势》，卷一）。
2. *Ibid.* , p. 362 . （同上）。

缚"的女人形象,一个"恋爱中的女人"。"我见过无数这样沉沦的例子,我非常想谈一谈。"[1]最后一个典型或许也是最可怕的,《独白》(《被遗弃的女人》三个短篇中的一个)中的米赫尔,她不再仅仅是一颗充满仇恨或诅咒的炸弹,日夜悔恨自己任由女儿死去而不顾不管,与世隔绝,封闭在自己亲手打造的地狱中,萦绕着粗俗、淫秽的念头,被性的声音和气味骚扰,鄙视所有想象中的人,漫长的圣诞夜里,万事万物都在嘲笑她的不幸。[2]

所有作品,海狸都反复推敲;书中无所谓线索、证据,为了揭露真相,小说与现实玩起了捉迷藏,有时甚至是对现实的预测:因此亨利和迪布勒伊之间变得不和睦,而萨特真正和加缪绝交,却在两年之后。也许论证并非那么充分:《名士风流》创作于一次突如其来的绝交之后,小说将其移植到了过去,而并非每一个细节都是虚构的。甚至,可以把这视为一种供认。海狸无论如何也不会提起"在小说中被证实"了的"巧合"。她说,读者甚至会对其中两三处他们疑惑的地方展开调查,这是非常遗憾的事情。比如,亨利在一次勾结占领者的指控中,为了救情人若斯特及其母亲露茜·贝罗姆做假口供。其他例子:《名士风流》中塞兹纳克的死与现实中的法朗西·万特农[3]的死极其相似,也是"突然地、奇怪地死去"。追查出一切隐藏在作品人物或行动背后的愿望,促使读者进行一次低水准的侦探工作。但是这种尝试也在情理之中,因为既然不是一部"根据真人真事写的小说",拼凑起来的小说把"粉碎"得不够彻底的现实的碎片连接起来,因为粉碎得不够彻底,又成片出现,因此很容易辨认。而那些辨认出自己的人不会像这位万特农的朋友那样兴奋,她坚持认为海狸知道她死亡的秘密。在《笔记(三)》的一条注释中,加缪,对萨特和海狸显然不存什么好感的他这样写道:"最好是把萨特生活中那些被人质疑的行为都慷慨地贴到我背上。除了这个,其他的都是一堆垃圾。"这正好是在一章中海狸用一个设问句所体现的内容:是加缪还是萨特做了这次假口供,如我小说中的亨利那样?为了调查这件事,雅克·勒加尔姆[4]发现佩隆的

---

1. *FdC*, p. 362.(《时势》,卷一)。

2. *La Femme rompue*, p. 85.(《被遗弃的女人》)。

3. 他经历了巴黎的解放运动时期,常常脖子上围着一块红色方巾。

4. 雅克·勒加尔姆(Jacques Lecarme):巴黎三大(新索邦大学)文学系教授。——译注

戏剧《幸存者》（*Les Survivants*）与萨特的《死无葬身之地》（*Morts sans sepulture*）（1946 年）甚至在极小的细节上都非常相似，这部戏剧曾在安东尼大剧院上演，由西蒙娜·贝里约执导——她正是《名士风流》中露茜·贝罗姆的原型。勒加尔姆得出结论说，加缪也许说的是实情，而萨特则为了保护西蒙娜·贝里约身边的某人而不得已说了谎话[1]。这位某人可能是西蒙娜·贝里约的女儿，埃莱娜·博西斯，《毕恭毕敬的妓女》（*La Putain Respecteuse*）便是得到她的故事的启发，这部剧与《死无葬身之地》几乎同时上演，而和博西斯，萨特似乎也……

　　不必再多费唇舌强调《名士风流》不是一部"根据真人真事"创作的作品，因为，有些人显然已经在其中认出了自己。但是，另外，这难道不是一个虚构的问题吗？西蒙娜·德·波伏瓦，她难道没有亲口告诉艾格林，她想把他们的"故事"写进作品中吗？这样也许更好。在《时势的力量》中，她讲述了与艾格林一起过的第一天："这一天如同安娜和刘易斯在《名士风流》中度过的日子：不安，烦躁，误解，疲倦，最后是深深的融洽带来的眩晕。"[2]追溯以往时，现实的生活竟然与一部作品相似，况且是一部当时还没有动笔的作品！"真人真事"的问题丝毫不是小说创作的主要问题：这是作家与原型之间的问题，原型可以，也有权利，不从中认出自己或被辨认出。艾格林在阅读英文版的《名士风流》时便是这样做的。海狸在回忆录中曾提到此事。记者们"提出许多问题挖苦"他，而他则用"击中问题要害"的"带点严厉的话"堵住他们的嘴巴[3]。他宣称会给海狸打电话，但是没有。几年之后，两人决裂。当《时势的力量》在美国问世的时候，他在《城墙》（*Rampart*）杂志上以轻蔑的口吻说起他们之间的"故事"：对一段"熄灭了二十年的情感"，她做了什么！他甚至用了一些非常尖刻、粗鲁的词。他们之间的关系也彻底断绝。我们从中是否仅仅看到，像海狸暗示的那样，一种因为生活中的种种不如意而变得乖戾的性格，一份屡败屡战带来的无声的怨恨？所有的小说家都会利用多少经过加工的现实的"碎片"；我们不能阻止他们，更不用说禁止他们这么做。然而，对于那些"碎片"的所有者或者能认出自己的人而言，这无疑是一

1. 文章刊登在有关加缪研究的社会公报的第 39 期上。
2. *FdC*, t. I, p. 178．（《时势》，卷一）。
3. *Ibid.*, p. 288．（同上）。

场痛苦的考验，如同要否认曾经的经历那样。

还是这样说：为理解小说所展示的"生活"远没有为理解生活所展示的小说那样丰富，那样深刻。"忧郁的安娜"是其中的一位真实人物，这些真实的人物在海狸内心里占据了一个个位置。而海狸的另一些秘密又消散在该书的其他人物中，并得以很好的掩饰。如胆小的内丁，她对幸福的憧憬，平静地，在阳光下，和亨利在一起。

1954 年 11 月 1 日，从阿尔及利亚传来消息，到处是暗杀，两名法国人——教员莫诺和他的妻子被杀害。"这把火今天晚上会被扑灭"，安德烈·贝拉朋说，他是当时任行政院主席（那时还没有总理的称谓）芒戴斯·法朗士内阁的主任[1]。所有的人都惊醒了，却不知道到底发生了什么："阿尔及利亚是一个平静的小岛。"一封给安德烈·贝拉朋的匿名信中这样写道。不能忘记，1947 年法规[2]已经被肆意地践踏：政府部门没有人愿意看到一次阿尔及利亚代表大会，它赋予八百万穆斯林与九十万欧洲人平等的权利。海狸立刻想到，"至少在北非，殖民主义不会留存太久时间了"[3]。随之而来的起义在她看来是"不可逆转的"，通过接触，她极力倡导"全球迫切的反殖民主义运动"。海狸和萨特登上舞台，他们充当了具有决定性作用的角色，他们政治生活中的重大角色。11 月 12 日，芒戴斯·法朗士在国民议会上发表激昂的演说，他重申"国家在灾难，在破坏势力面前应该团结一致"。他保证"对暴乱绝不姑息，绝不妥协"。芒戴斯·法朗士同时还要应付突尼斯棘手的局面，因此并没有把阿尔及利亚事件摆在最重要的位置，尽管可以用政治手段解决。1954 年 11 月，他陷于欧洲安全委员会的事务中，突尼斯发动了尼尔德斯托尔运动，摩洛哥又提出了新的要求，他必须小心翼翼地在敌对的大流中航行，他的敌人正对他虎视眈

---

1. 参见 Eric Roussel, *Mendès France*, pp. 347.（艾瑞克·罗素的《芒戴斯·法朗士》）尤其是第二十章，"燃烧的马格里布"，我们这里所说的就是受到他的启发。
2. 面对阿尔及利亚民族独立力量的发展，1947 年 9 月 20 日，法国殖民当局颁布了《阿尔及利亚法规》，规定阿尔及利亚由若干省组成，成立一个由名一百二十名代表组成的议会，作为总督的咨询机构，一切权力仍由总督掌握；议会由穆斯林和欧洲人两类居民各选六十名代表组成，但人数超过欧洲居民六七倍的穆斯林只能选出与欧洲居民同等数目的议员。——译注
3. *FdC*, t. II, p. 55.（《时势》，卷二）。

眈。他究竟有没有犯下同时受到左右两派指责的"方向性错误"？他肯定不是阿尔及利亚佃农的朋友，但他也不希望法国和阿尔及利亚之间"历史性的关系"一夜之间彻底断裂，造成两败俱伤，"即使两者关系的源头并不值得称颂"，几代人以来，因为这层关系的受害人无数[1]。

虽然还不能用战争这个词，但事实上，阿尔及利亚战争已经开始，整个法国将在未来的八年中深受战争之苦。"我目睹了发生在我住的这条街上的所有变化。"海狸写道。约翰逊和妻子刚刚出版了《无法无天的阿尔及利亚》（*L'Algérie hors la loi*），在书中，他痛斥了"阿尔及利亚民族运动[2]百害而无一利的叛离"[3]，这恰好与萨特利用《现代》支持民族自由阵线[4]的想法不谋而合，民族解放阵线在他们眼中成了阿尔及利亚独立的象征。萨特和他的朋友认为，是时候清理一下"左派"，将"真正的朋友"和"敌人"区分开。芒戴斯·法朗士属于后者：他的"集团"和他自己无非是"新兴的右派"[5]，海狸说。所有人都致力于这项艰苦的工作，包括朗兹曼也写了一篇有关"左派人"的文章，而在众多"意识形态烟雾"和蠢事当中，她将自己定位于右派。就像她自己所说的那样，她决意离开小说本身引起的"模糊"和差别的那方天地[6]。有人指责她过于"断然"的口吻："柔和的口吻更容易说服人。我不相信她的话。"[7]论文不允许存在构建小说的前后不一。

其实，在她的《梅洛－庞蒂和伪萨特主义》没有任何"模糊"：她和梅洛－庞蒂的友谊是完好无损的，但这并不代表他能够得到宽恕[8]。因为

---

1. 芒戴斯·法朗士为西蒙娜·格罗（Simone Gros）的《迦太基的政治》（*La Politique de Carthage*）写的后记，埃里克·罗素在书中引用过，p. 354。
2. Mouvement national algérien，缩写为 MNA。——译注
3. 麦萨利·哈吉（Messali Hadj）领导的阿尔及利亚民族运动和民族解放阵线。"民族解放阵线在法国迈出的开始几步非常困难：它必须证明自己的合法性。［……］阿尔及利亚民族运动与民族解放阵线之间影响力的较量很重要，因为从意识形态上来说，他们的政见有些方面十分相似。他们主要的分歧在于斗争进行的方式。"（Linda Amiri, *La Bataille de France*, Robert Laffont）两派的对立在 1961 年显得最为激烈。
4. Front de libération nationale（de l'Algérie），缩写为 FLN。——译注
5. *FdC*, t. II, p. 60.（《时势》，卷二）。
6. *La Pensée de droite aujourd'hui, Merleau–Ponty et le pseudo–sartrisme*, Gallimard, «Privilèges», 1955（《今日右派思想——梅洛－庞蒂和伪萨特主义》）。
7. *FdC*, t. II, p. 62.（《时势》，卷二）。
8. *Cahiers de jeunesse*（《青春手记》），1927 年 8 月 4 日："梅洛－庞蒂，我活生生的意识！"（原来庞蒂结尾字母 Y 变成了 I）

长久以来，他对萨特的政治态度很"恼火"，他在《辩证法的历险》（Les Aventures de la dialectique）中以"离奇的方式"阐述了萨特的思想。因此海狸立刻着手说出真相，这是每一位萨特主义者都会做的一件事，她说，至于其危害，她所做的只是很好地回应了梅洛－庞蒂表现出来的粗鲁。和小说一样，回忆录也旨在于矛盾与模糊中"重建存在"，但同时，以一种如同论文般的断然口吻，回忆录反映出的是作者的"信仰"和"现实的选择"。根据这一交换和互相的原则，意识形态总是决定着事件的叙述，相反的，无关痛痒的评论代替了深入的分析。毕竟，获得了原本想要的效果：梅洛－庞蒂的"粗鲁"，对萨特思想"离奇"的再阐释，加缪"完全难以忍受"的个性，这些都是对萨特间接的支持。

各人之间的争吵，性情的不合，右派出现了一位名人对梅洛－庞蒂的文章大加声援，他就是雅克·洛朗：一切竞争其实都为了掩盖真正的赌注。什么赌注？又是共产主义或者"独裁社会主义"的问题。梅洛－庞蒂，无论是对是错，他想要退出马克思主义的阵营，尤其是"现实共产主义"的阵营：他所揭露的是被他称做的萨特的"极端布尔什维克主义"。读者可以参看海狸的文章，以更清楚地了解他们之间的争吵；因为《时势的力量》中所作的简短的概述不足以彻底解释争论的背景和所涉及的范围。"萨特为辩证理性的普遍理论打开了一扇大门"，"他的哲学不是主体的哲学"：尽管这些对萨特哲学的简单回顾都准确无误，但仅仅表明梅洛－庞蒂——虽然不是和加缪一样蹩脚的哲学家——也没有足够的能力把握萨特的思想。然而，梅洛－庞蒂在1945年介入和1950年退却之后，为这一经历找到了哲学依据并解释了其中的缘由，他也因此攻击萨特的地位，这些都没有出现在回忆录中。有人会说，这不是回忆录的主干。也许吧，不过留给我们的却是一种令人不快的印象，海狸一直在下未经论证过的结论：萨特"是对的"，梅洛－庞蒂"是错的"。仅此而已。

安排人物（安娜）远离同伴（迪布勒伊）的介入，让海狸可以暗暗地松一口气的是，她不再允许她回到现实生活中。所有攻击萨特的人都是错的，即便是那些仅仅表示不同意他观点的人。自1945年起，论战的背景，紧紧笼罩萨特的攻击和反击，迫使海狸构建起一条坚决捍卫萨特地位的防线，这也受到"右派"或许多老朋友，以及共产党人的强烈指责。

他们确实没有给他献礼。但是他们的做法实在是太拙劣了！他们的拙劣，他们的激烈反而为萨特赢得了同情，而且有时对于他常常拜访他们所表现出的忍耐力惊叹不已。他与之前的学生让·卡纳帕进行了长久不断的论战——其实他在萨特的辩证体系面前无足轻重。1947 年，让成为共产党人和从事记者工作之后，他撰文《存在主义不是一种人道主义》[1]，开始抨击萨特和他的作品。1952 年，两人和解，但在 1954 年，他又将一篇无情痛斥"叛徒迈斯科罗"[2]的文章寄到《人道报》，指责《现代》对柯莱特·奥德莉的《共产主义》做了对其有利的报告。萨特写了一篇短文回应他，开始几句后来很出名："一只燕子不足以带来春天，一个卡纳帕也不足以使一个政党蒙羞。"[3]若是想让赞同某一政党的知识分子加入这一政党，萨特实实在在地写道："一开始要向他们隐瞒［……］所有欧洲共产党最真实的干果。［……］除了两篇带有恶意的小说外，他出名，就是因为'一堆编造得甚为拙劣的诽谤的话'。"萨特站在了一个非常巧妙的立场上，这迫使共产党不得不否定，至少不敢进一步地支持卡纳帕。小心点，你正在破坏一种你很需要的联盟。卡纳帕，"这个笨蛋"，在开倒车。他在《人道报》发表文章，表示收回前言：他从未有意攻击过萨特，他这样写道——根据地位等级，这也是显而易见的。

萨特和共产党在一段时期内还保持着良好的关系。这样看来，卡纳帕事件反而是件好事（跟卡纳帕算完账之后，萨特却意识到，正是像卡纳帕这样的"笨蛋"在东欧国家、苏联、中国、之后的古巴，领导着当地的作家联盟，被授予列宁文学奖，而像加缪或梅洛-庞蒂一类人却被关进了古拉格——或者被枪决。还有和萨特一样的人）。

而加缪或者梅洛-庞蒂的事情，要烦心得多。海狸在这次重大的联盟和友谊修正过程中始终陪伴、捍卫着萨特，她完全站在了萨特的位置上，没有偏差，毫无保留，这是一个没有加入政党，也不打算加入的知识分子的位置：仅仅是政党的同情者。在如此狭窄的山顶上探步，就不得不注意脚下的每一步，而再不心思欣赏沿途的美景。关键性的问题被排除了。这

---

1. Editions sociales. （社会出版社）。
2. 迈斯科路 1949 年被开除出法国共产党。
3. Cf. *Les Ecrits de Sartre*, p. 273. （《萨特作品集》）。卡纳帕的行为后在《境域（七）》中又被提起。

正是海狸在《名士风流》中没有让安娜承受的问题，当她担心地看着迪布勒伊义无反顾地靠近共产党的时候：将来不会有人把他看成是"一个落伍的人，容易上当受骗，容易被愚弄的人"[1]吧。（也许是在下一年去赫尔辛基时候爱伦堡觉得略微"有点反共产主义"。）1947 年，安娜看到了这伤心的一幕，海狸于 1953 年将它描述出来，与萨特正式加入共产党恰巧同时。当安娜说："有些共产党的做事方法，他无法忍受［……］他的人道主义和他们的不同。"[2]读者会觉得奇怪，这不就是先与加缪后与梅洛－庞蒂展开论争的根本原因吗？难道并非完全如此："共产党的做事方法"中也有些让左派的人无法"忍受"？

可悲的并不是说，现代人之间形成了如此激烈的对抗：这是一切时代的普遍命运。我们很难理解，为何狄德罗和卢梭最后面对面都不说话，狄德罗怎能写下"只有坏人才孤独地活着"这样的话，卢梭的孤独是他的不幸，他却也引以为豪。可悲的是，激烈的对抗能使原本走得最近的人，还有为着同一个目标斗争的人分道扬镳。加缪还有梅洛－庞蒂，与萨特都属于同一个圈子的人，都是知识分子、哲学家、作家，无论在思想还是行动中拷问着自己同一个问题：如何实现公正、平等，如何创造一个世界，让每一个人不仅充分地享受自己的"权利"，更要好好利用这些权利？

上世纪五十年代初期，冷战使他们无法再形成联盟，而现在这些无谓的争论又把双方都弄得筋疲力尽。在暴力中诞生的苏联政体，从上世纪三十年代开始因为莫斯科的重大诉讼案而渐渐不得人心，而后面对纳粹的入侵，俄国人民英勇抵抗、不畏牺牲，又使之重新获得了大家的赞同[3]。1953 年 2 月，斯大林的过世引起了"解冻"，苏联政体也变得更易于接受。但是本质并没有改变；之所以有人抵制，是因为"人道主义"会在"恐怖"的阴影下丧失，很难想象用恐怖的手段来实现人道主义；他们所希求的是，社会主义为平等创造良好的条件。加缪也把这样的想法传达给了约翰逊："（你的文章）回避了我曾写过的，有关专制社会主义纯粹的

1. *Les Mandarins*, t. I, p. 81.（《名士风流》，卷一）。
2. *Ibid.*（同上）。
3. 参见 1955 年 4 月的《法兰西－苏联杂志》上刊登的 1955 年 2 月 20 日萨特的一篇发言稿："面对一个可以为自己的未来，我们的未来，全宇宙的未来不畏流血的民族，［……］对他们唯一的态度便是：感激和友谊。"（引自 Contat－Rybalka, *Les Ecrits de Sartre*, p. 289）

政治意味及其不幸。"萨特不愿听到这样的话，他认为这些话有损世界被压迫者的事业。他正在享受"暴风雨的快感"[1]。然而，1954 年，他指责共产党强迫其盟友"大加赞赏你喜欢的书，而对不喜欢的书则肆意糟蹋"，这几乎与加缪在《反抗的人》（*L'Homme révolté*）事件中指责萨特的一模一样。加缪说：和你在一起，什么都能批判，除了共产党。

二十世纪的不幸，其悲剧，其历史性的灾难，是最终的胜利属于那些借权威的名义而战却亲手毁了社会主义的人，这就好似是粗劣的化疗分不清好细胞与坏细胞一样。

布达佩斯事件发生的前几年，一切都匆匆忙忙。萨特将在布达佩斯事件中发挥出共产主义"同路人"的重要作用。尽管有些保留，如安娜所说"这个世界是属于我的"[2]。海狸和安娜一样，也想"在其中占有一席之地"。她很谦逊，很低调；不参与，只默默地陪伴着萨特，聆听他的话。"在会议上发言，写文章？同样的事情，我说的一定没有萨特说的好。"[3]不管怎样，她有她自己的世界，她，还有处于世界中心的朗兹曼，他们的旅行，他们的交谈，他们相同的工作，她"愉快地享受着自己的私生活"[4]，而萨特被邀作为"同路人"去这儿去那儿的时候，是她最开心的时候。特别是到中国。她甚至不敢相信。她读了名叫贝尔顿[5]的人写的书，她 1951年 7 月 2 日致信艾格林时这样说："一本有关中国的好书，非常有意义，对了解这个不同寻常的国度以及它不同寻常的革命。"1954 年 11 月，萨特以卡蒂亚·布列松[6]拍摄的一百四十四幅照片为序，题名为《从一个中国到另一个中国》。7 月，她观看了京剧，她已经迫不及待地想亲自去看一看了。

所有的一切都促使她越来越实实在在地站到了世界共产主义这一边。

---

1. "梅洛-庞蒂"，*Situations IV*, Gallimard, p. 249. （萨特，《境域（四）》）："准备得最充分的转变，一旦发生，那便是暴风雨的快感。"
2. *Ibid.*, p. 75. （同上）。
3. *FdC*, t. II, p. 126. （《时势》，卷二）。
4. *Ibid.*, p. 18. （同上）。
5. Jack Belden, *La Chine ébranle le monde*, Gallimard, 1951. （雅克·贝尔顿，《中国撼动世界》）。
6. 亨利·卡蒂亚-布列松（Henri Cartier-Bresson, 1908 – 2004）：法国著名的摄影家，被誉为二十世纪最伟大的摄影家之一及现代新闻摄影的创立人。——译注

1955 年 6 月，在赫尔辛基召开和平运动大会，她相信了正在行动中的国际主义的力量，只需看看衣服上的珠光：阿拉伯人、印度人、天主教教士、东正教神甫，还有"悄悄到来"的美国学生。"一个扑朔迷离的夜晚，品尝着格鲁吉亚的红酒"，她结识了乔治·亚马多[1]，他后来成为萨特和海狸两人的朋友，并邀请他们去巴西，也是尼古拉斯·纪廉[2]的朋友；她再次对安娜·西格斯[3]的碧眼津津乐道，1948 年萨特创作《苍蝇》的时候，她们在柏林相识。

越来越以苏联为主导的和平运动，1955 年的代表大会选择在赫尔辛基召开，并非偶然。芬兰这块苏联觊觎已久的肥肉，决定放弃对外政策，以保留原来的体制：这就是所谓的"芬兰化"。1955 年（继布拉格、弗罗茨瓦夫或维也纳之后）的和平运动代表大会表明，苏联打算利用它来展开"文化冷战"。因此这次大会的规模非同一般，有苏联官员、共产主义知识分子和作家，如亚马多和西格斯，还有像萨特和海狸这样的"同路人"。整个大会洋溢着一片国际主义和进步主义的激昂气氛。"没有禁令，没有流亡：社会主义世界成为我们宇宙的一分子。"她与索洛柯夫、法蒂尼共进晚餐（为"同路人"准备用餐是他俩人的工作）。索洛柯夫当时是作家联盟的主席；后来法蒂尼（康斯坦丁·亚历山大维基）接替了他的位置。他出生于 1892 年，是二十年代非常有潜力的年轻作家，召开赫尔辛基大会时，他创作了三部曲，其中第二卷发表于 1947 至 1948 年间，《不同寻常的夏季》，这部长篇小说完全为了反映 1917 年革命所带来的重大变革[4]。

"对于我们而言，铁幕已经融化了……"[5]海狸写道……但是，不是对所有人都如此。1955 年，古拉格依然半闭半开：囚犯们一批批地回到这个

---

1. 乔治·亚马多（Jorge Amado）：1912 年出生于巴西巴伊亚州的伊塔布纳市，2001 年过世，他写过一部重要的作品，其中描绘了巴伊亚州黑人和黑白混血人居住的贫民窟。他于 1951 年荣膺"斯大林加强世界和平奖金"。

2. 尼古拉斯·纪廉（Nicolas Guillen）：古巴诗人，1902 年出生，参与了西班牙战争，卡斯特罗胜利之后结束流亡，回到哈瓦那。1986 年过世。

3. 安娜·西格斯（Anna Seghers，化名为 Netty Radvanyi）：1900 年出生于马恩斯，1983 年过世。"安娜·西格斯就在那里，白发，碧眼，迷人的微笑，是那样的光彩照人，她使我不再那么惧怕老去。"（*FdC*, t. I, p. 202．《时势》，卷一））她那时四十八岁。

4. 二十世纪六十年代，他先后担任了作家联盟的第一秘书和主席。正是他，被共产党授命禁止出版索尔仁尼琴开始的几部作品。

5. *FdC*, t. II, p. 69．（《时势》，卷二）。

业已把他们遗忘的世界。有些人——如斯大林过世之前两年被释放的沙拉莫夫——必须依然被流放在马加丹。沙拉莫夫直到 1956 年平反之后才回到莫斯科，他还不得不在市区西北部一百公里处加里宁的一个泥煤工地上劳动。也就是在那里，沙拉莫夫专心撰写自己的代表作《科雷马的故事》，其中他讲述了在集中营的经历。试笔寄往违禁的西方国家，小说也被苏联的地下出版社出版。而俄语版的作品直到 1978 年才正式出版（不过是在国外）[1]。

所有这一切，苏联的官员自然小心翼翼地对外国宾客避而不谈；苏联的作家们，如爱伦堡，很可能都是知情的。海狸 1972 年完成《清算已毕》这部回忆录的时候，她承认当时是怎样的被蒙在鼓里。"我不知道 1945 年塞提夫镇压的规模，也不知道 1954 年阿尔及利亚真正的局势；我不知道苏联到底发生了什么，所谓的人民民主究竟是什么。"[2]但是还是有差别，这种差别也是共产主义或亲共产主义左派的一大特征：上面的第一种情况，在阿尔及利亚或集中营的酷刑得以揭露之前，他们不会袖手旁观。因此他们也能有效地制止"肮脏战争"的爆发。而第二种情况，他们时常下定决心，如海狸在《清算已毕》中所说，"即便是盲目行动"[3]。"不盲目"，其实是尽量不盲目：有可能吗？也许吧。至少是一部分。而且，我们看到《现代》杂志在适当的时候也发出了揭露苏联阵营的声音——当然是非常谨慎的。可他们真的要将她在 1947 年 9 月 26 日写给艾格林的信中提到的"活儿"付诸行动吗：与"共产主义和反共产主义的谎言"作斗争？一开始，也许真是这样，但从 1952 年起，当萨特突然沉浸在"暴风雨般的快感"中的时候，他们的警觉，或者说他们的怀疑——在这种情况下其实是一回事——减弱了。1948 年，海狸对苏联的"强大"已经不抱有幻想，这个"掀起新一轮战争的两大超级大国之一"[4]，即使苏联是一个"象征着社会主义的国家"。此后，一股"无知"的反共潮流又涌现出来（从中我们也不难读出对享有特权阶级的偏袒），这使他们放松了警惕。同时，对苏联和共产党

---

1. Varlam Chalamov, *Correspondance avec Boris Pasternak et souvenirs*, Gallimard, 1991（沙拉莫夫，《与鲍里斯·帕斯捷尔纳克书信和回忆》，由 Sophie Benech 和 Lily Denis 从俄语翻译），"Arcades"（拱廊）。
2. *TCF*, p. 43.（《清算已毕》）。
3. *Ibid.*（同上）。
4. *FdC*, t. I, p. 193.（《时势》，卷一）。

对西方思潮、尤其是知识分子的思想实施的控制，他们本也应该更加敏感。

"摆在面前的"，必须这样说，宣传也在快速发展。1949 年，美国的情报部门资助一家名为"欧洲自由之声"的广播电台，1950 年正式开播；其职责在于"使我们铁幕后的朋友永远怀有希望"。1956 年，欧洲自由之声帮助布达佩斯的起义者获得了史无前例的西方援助。而这却让反共分子收获了一笔"意外之财"：苏联叛徒维克多·卡夫申科出版了他的回忆录，声称在美国逗留其间"选择了自由"。大肆地宣传！宣传力度之大，让人开始怀疑其真实性。然而，当"我选择了自由"这样的话于 1947 年到达法国，而卡夫申科又为《法兰西文学》发起的严厉声讨他的运动提起诉讼的时候，大部分左派知识分子都在绝望的反作用下拒绝阅读《法兰西文学》。诉讼案期间，揭露了许多斯大林主义的罪行 [1]。然而，苏联方面"乐观"派的观点却没有受到很大动摇：美国成为最强势的操控者，美国中央情报局之手随处可见（有时这只手的介入连包括雷蒙·阿隆在内的合作伙伴都不知情，如为《证据》（*Preuves*）杂志提供赞助的事情）。

这些海狸在《清算已毕》中惋惜的"错误"仍然可以使一些人陷入绝望的境地，他们在"铁幕之后"，为获得一点空气和言论的自由而拼命挣扎，而西方的知识分子或者作家却"盲目行动"。1956 年，很多人都睁大眼睛；但要让所有人都睁开雪亮的眼睛还需假以时日。最糟的事情也许将要发生：共产主义的希望随着造假罪行的揭露灰飞烟灭了。苏联这样的结局对任何人而言都不是值得庆贺的，甚至对于俄国人也同样，因为那一天，我们把同一铲泥同时扔到了受害者和刽子手身上。

去中国的日子终于到来了，此前她刚与朗兹曼从西班牙旅行回来，那里斗牛的热衷者和反对斗牛的人一样"让她感到厌烦"，因为双方都在孕育着同样的神话，却又为推翻神话而津津乐道。

前往中国的路上，西蒙娜·德·波伏瓦，她的头脑里依然会对"双边"的谎言保持警惕吗？事实上，和大多数正式受到国家邀请来观看年轻的"中国革命"的人一样，她沿途找寻的，是证明"反共分子"在谈起

---

1. Cf. Georges Izard, *Kravchenko contre Moscou*, Paris – Vendome, 1949.（乔治·伊扎尔，《与莫斯科作对的卡夫申科》）。

中国时曾经和正在说谎话的证据。直至上世纪七十年代，游客络绎不绝，而他们并没有用夸张的语言来描述他们所看到的一切。所有的谎言都被揭穿了，赤裸裸的，尤其是 1983 年，在阿伯斯托夫平台[1]上进行的一次有名的辩论，西蒙·莱斯[2]揭穿了玛丽亚－安东尼耶特·马修施的谎言。

五十年代的到访者风格有点不同。三年内战，蒋介石部队 1949 年溃败速度之快让世界震惊。美国直到 1948 年底还一直支持国民党统治下的中国，他们帮助国民政府成为联合国安理会的常任理事国之一。而他们的援助更加深了西方共产主义左派对中国的同情：毛泽东的胜利标志着一股不可逆转的势头，全球共产主义的崛起。抗日战争前夕，埃德加·斯诺出版于 1937 年的《红星照耀中国》[3]已经为毛泽东个人赢得了更多的支持票。毛泽东对斯诺的到访和会面总是很谨慎；他的指示是"安全，秘密，友好，红地毯"。所有苏联、中国包括古巴和阿尔巴尼亚的官员在上世纪六七十年代必须遵守的原则[4]。西方的到访者从不单独会面，身边总是有陪同和安全人员，不能随意拜会某人，吃的是香槟和鱼子酱，他们几乎掉进了一个无形的陷阱中——因为太明显了，如埃德加·爱伦·坡的《失窃的信》。

不管有心还是无意，无论是真的不知情还是装作不知情，首批到红色中国来的游客都有助于重塑中国的形象，特别是夸大其影响。当时西方还是一片敌对气候，这又给了他们一个充分的理由证明他们是对的，他们作出了正确的选择，他们是顺应历史潮流。当海狸在赫尔辛基想到《名士风流》的成功时，她感到很宽慰："局势的缓和（斯大林过世之后）有助于这部书的成功，相反的，在撰写过程中，冷战的气氛一定会让它一败涂地。那么多年，我一直逆潮流而行，现在，我再次感觉得到了历史的肯定；我很想再次融入到历史中去。"[5]当她到达北京的时候，这种感觉让她

---

1. *Apostrophes*，是贝尔纳·毕沃（Bernard Pivot）主持的一档电视访谈节目，采访作家及其作品。——译注

2. 西蒙·莱斯（Simon Leys）：《毛主席的新衣》的作者（*Habits neufs du président Mao*，Champ Libre，1971），该书的副标题为《文化大革命一览》。西蒙·莱斯（真名为 Pierre Ryckmans）是比利时作家、散文家和汉学家，他致力于对毛主席个人权力偏移的分析和批评。

3. Edgar Snow，*Red Star over China*，法文版 *Etoile rouge sur la Chine* 由 Stock 出版社于 1965 年出版。

4. 参见。罗贝尔·埃斯卡比（Robert Escarpit）从阿尔巴尼亚旅行回来之后，在《世界报》上发表了热情洋溢的报告。

5. *FdC*，t. II，p. 72.（《时势》，卷二）。

兴奋不已。其他几位和她一样的到访者也来这里嗅一嗅历史的气味，或许是因为他们依然是共产党人，或者更因为他们被开除出了共产党，所有人都想看一看中国，以此获得安慰或者使自己介入的决心更坚定。他们都读过斯诺的书[1]，或者，和海狸一样，雅克·贝尔登的书。埃德加·莫兰被开除党籍之后，在《自我批评》（*Autocritique*）一书中讲述了他"紧紧地抓住新中国"，在那里，他看到了建立在"人民群众广泛参与"[2]基础上的政权。克洛德·鲁阿[3]，那时也是共产党员，后于 1956 年退党，1952 年到中国访问，回来时"被希望冲昏了头脑"，看到了"新兴人类"和从"父权、夫权、子权三座大山"中解放出来的女性。

海狸 1957 年出版的作品《长征》是在"有倾向性"的视角下观察的结果，她在回国后的演讲中承认了这一点，甚至由于早已预见和料想到的对于共产主义中国和对于她的作品的抵制而把倾向性表现得更为突出。尽管她曾呼吁关注此书多次，无论是戴维·鲁塞，还是《世界报》的记者罗贝尔·纪兰，都同样保持着抵制的态度。"我敌人的敌人是朋友。"[4]这样的逻辑是很危险的。鲁塞以前是托洛茨基分子，他曾与萨特一起创立了革命民主同盟大会，后两人分开，萨特向法国共产党靠拢，而戴维·鲁塞则选择了"第三种力量"的政党。1947 年出炉的卡夫申科的《我选择了自由》（*J'ai choisi la liberté*）以及《法兰西文学》诉讼案促使鲁塞于 1950 年 10 月成立了一个集中营政体的观测站，以此对西班牙、希腊、南斯拉夫和苏联的局势展开调查。正是他第一次在法国提出"古拉格"这个词。而后他经过 1952 年至 1956 年，近五年时间的调查之后，撰写了关于中国监狱普遍状况的"白皮书"。那段时间他一直远离海狸、萨特，直到 1957 年，发现法国军队在阿尔及利亚实施酷刑的时候，才又和他们站到一起。

我们的介入是由多种条件决定的，我们看待局势的眼光也是如此：在《长征》中，海狸其实是两面作战。看到一个事实、一种局面，看着这些人，一个村落、一家工厂。一方面，她试图判断出中国社会的社会主义发

---

1. 指英文版《红星照耀中国》。第一个法文版本出版于 1965 年。
2. Edgar Morin, *Autocritique*, Seuil, 1970, 1970, p. 178.（埃德加·莫兰，《自我批评》）。
3. 克洛德·鲁阿（Claude Roy, 1915－1997）：法国著名诗人、作家。——译注
4. 我们已经引用过诺贝尔托·鲍比奥对这句话作出的精辟分析。

展程度；另一面，她想驳斥对红色中国作出的敌对评论，比如说，教育。书的数量不足，因为"现在有那么多孩子识字"。这就给敌对者落下了口实："它的敌人找到了借口，国家想要控制孩子的心灵，毁了他们的家庭。"整部书，如同在整个旅程中，海狸想抓住"行动"中的共产主义的蛛丝马迹。其实中国这个国家本身，她并不感兴趣：那些"大臣和皇室家族文化"和她没什么关系[1]。"我对古代中国没有兴趣。"[2]因此，她说，她离开了，"不用事先的推理"。突然，对未来的憧憬淹没了当下了现实："中国目前的匮乏，我认为通过努力一定可以最终克服。"[3]我们无法更细致地描述共产主义的思想，革命的希望，"为明天所唱的颂歌"怎样地歪曲着真实的情况：值得赞扬的，就是革命已经完成的任务；不太值得赞扬的，就是革命还尚未克服的、改变的或者消除的。"普通家庭生活得很拮据：但是，把这种贫困的责任推到国家身上是非常不义的行为。"[4]

这是怀有"同情"的知识分子、作家典型的做法。第一点：他来到一个之前从未去过、从不感兴趣的国家——否则，他会对一些变化感到遗憾，即便是一些有利于群众解放的变化。而海狸却不是：北京依然存在着严重的道路问题，污水排放问题，泥浆问题。虽然，已经开始铺路，给沼泽排水，安装管道，但对于一座古城，没有大道只有小巷（"胡同"，现在中国政府已经渐渐拆除了）的古城，任重而道远。"更彻底的做法是，把整个老北京炸毁，重新建过。"[5]海狸说。我们不禁要问：她也打算以这样的代价在欧洲、在巴黎、在罗马进行革命吗？或者说，是不是毛领导的中国彻底教会了她何为真正的"顽强"革命的"乐观"态度，尽管十年前，她在《论一种含糊暧昧的道德》中就已提及？"在这种特殊的形式下"，谈论过去是没有意义的；如果说牺牲的是过去，那么"我们什么也没有牺牲"[6]。一味地沉浸于革命的激昂中，而忽视了这个国家的古老文化，这使海狸不能将中国人视为具体的个人。站在天安门的城楼上，萨特和海狸观

1. *FdC*, t. II, p.78.（《时势》，卷二）。
2. *LM*, p.8.（《长征》）。
3. *Ibid.*, p.79.（同上）。
4. *Ibid.*, p.209.（同上）。
5. *Ibid.*, p.41.（同上）。
6. *Pour une morale de l'ambiguité* (MA)（1944），"Folie essais"，1995, p.115.（《论一种含糊暧昧的道德》）。

看了 10 月 1 日的庆典，面对着数以万计的群众："'像鲟鱼'，萨特看着一个一个攒动的人头。"[1]津津乐道于革命庆典的外国访客不再把这个民族看成是不同个体的集合，而是通常意义上的"群众"[2]。第二点：访客（宾客）不会说中文，甚至不认识路；所以无论他到哪里，都会有陪同，即便是在酒店附近随意走几步。"没有陪同，我就是个瞎子、聋子，会迷路的。"但是"我真的很想一个人单独散散步"。一个人，就会听不懂，看不懂。"我们和路人行人之间，因为语言不通，所以没法沟通。"[3]但其实，她说，这些限制只会对"反共分子"不利，因为他们怀疑陪同就是警察，甚至觉得由于无知或者偏见，人民看他们的眼神都是假惺惺的。这是无法解决的矛盾：双方都认为对方有偏见。

还有一个问题，一直没有提出。1955 年，中国究竟发生了什么？只有深入的研究、一定时间的逗留、不同渠道的暗访（若有可能的话）、许多的会面（若被允许的话）才能判断出，或者可以试着判断出真正发生在这里的一切。对此海狸写下："在街上散步，是无法抗拒也无法取代的经历，与巧妙的假设相比，这种方式更能了解一个城市。"[4]看似不错，但必须要有一定的条件。这些条件是，我不懂语言、不懂文化、不懂历史、不懂这里的风土人情，我就无法抓住任何事实、任何真相。无论是谁，若是在离自身文化相去甚远的地方旅行，不仅仅是因为所说的语言，还会有一种无法理解现实的感觉，甚至让人忧心忡忡，因为他无法解读这些信号，因此无法深入现实。

然而，这次海狸真正寻求的，和开始旅行的时候完全不同，不再是抓住"本质"，就像西班牙之旅那样，一口"带着尘土味道的果仁蛋白糖"。除了一两次，能够呼吸到一股泥土"酸酸的味道"，这在她感觉才是"北京的味道"。她想做的是两件事：将共产主义"如此普遍，如此抽象"的概念具体化[5]——她还从来没有去过苏联——接着亲眼去看一看她期待中的"革命"：一方土地，一个民族，一个从"偶然"走向"必然"的社

---

1. *LM*, p. 417.（《长征》）。
2. 二十世纪六十年代，一名外国游客在人群中被偷了相机。他向警察报案。"是群众捡到了。"第二天，一名警察带回了他的相机，并这样告诉他。
3. *LM*, p. 17.（《长征》）。
4. *Ibid.*, p. 13.（同上）。
5. *Ibid.*, p. 13.（同上）。

会。她会欣喜若狂的：一方面，她看到毛泽东引导共产主义走上了"中国化"道路，"与民族的具体要求十分契合"[1]；而另一方面，又发现，中国一直走的这条大路突然改变了方向。千年"动物般"的循环往复，这个没有希望的轮回"断裂"了，释放出"能量"的碎片，这些碎片渐渐开始增多，形成"链条"：这一"断裂"其实是一种"裂变"，中国是一台庞大的原子反应器。

这些想法似乎无凭无据，但从中却可以窥视出战斗的海狸。对绝对的热衷，希望能够共同完成为所有"与长久世俗命运"作斗争的人谋福利这项伟大的事业。她从未真正地厌恶过去，因为过去的中国也不完全是人道主义的代名词。她在中国看到的变化远胜于单纯的一种改变，是跨过了一道门槛，是"质的飞跃"。她应该好好目睹这一刻，"有史以来感动的时刻：人们摆脱内在性，征服全人类的时刻。"谁能对此无动于衷？这不再仅仅是一个政治设想，而是最终的定论。每一个时刻都闪烁着光芒，经历着改变。这是真正意义上的质变：甚至连世界各地都带着一股"恶心气味"的"贫困"，"在中国，也感觉不到"。但是中华民族，这些群众，这些"攒动着像鲟鱼"的人，是不是就在他们身上发现了海狸称之为"自由"的巨大飞跃？这才是一种"真正"介入世界的方式吗？不。"革命"带来的人格的提升，以及赋予的行使自由的权力，群众是无法享受的，原因在于他们所处的社会环境。那么他们有这种渴望吗？几个世纪以来，群众在宗教的影响下屈服于"无理的而且常常是有害的规章制度"，特别是"无条件地遵循传统"[2]。农民是"胆小怕事、容易上当受骗"的人；他们是那样的"落伍"，而"不敢将切身利益放在首位"。向光明的大步迈进、大揭秘、走向"世界末日"，这些是靠群众的"自觉"无法完成的。但是也不能通过赐予他们本该依靠斗争才能获得的东西，而将他们封闭在传统中，不使之独立。这些活动——她读到过，却没有亲眼看到——掀起了"群众支持政权"的高潮，"政权在农村寻到的支持，群众意识到这是他们自己建立的政权"[3]。

这一辩证法有助于长期使无产阶级专政和"一党专政"得以合法化；

---

1. *LM*, p. 484. （长征）。
2. *Ibid.*, p. 84. （同上）。
3. *Ibid.*, p. 94. （同上）。

甚至使对某一领导人、引路人、启迪者或最高元首的个人崇拜也变得合理，对他们即使"落后"群众也得百分百地信赖。因此，作品的结尾才会证实群众是"革命的支柱"。"五十万张脸上洋溢着的快乐是那么明显，又是那么盲目。"她看着天安门前络绎不绝的人群说。所有的脑袋齐刷刷地转向伟大的舵手并不是被迫的：恰恰相反，与他接触，在他的注视下，群众变成了"个体"。"在他们眼中读到的，不是奴颜婢膝，也不是狂热痴迷，而是真真切切的爱戴。"[1]被邀的宾客被征服、被感染了，他们互相庆贺；"在罗马或是在巴黎，不可能想到会有这样的事情"，皮耶特·南尼[2]觉得异常惊讶，"我们太缺乏灵魂深处清凉的感觉了"。海狸评论说："是的。这也许就是中国最让人感动的地方：这份清新为生活平添了明媚天空般的光彩。"[3]至于毛泽东本人，很受欢迎，也是一位著名的农民问题"专家"，"他深受爱戴"。"一人专制就注定是这样吗？"她寻思道。"他并不比如罗斯福这样的专制者握有更多的权力。"[4]让我们好好理解这句话：罗斯福是海狸与萨特尊敬的仅有的几位美国人之一；他们对他实施的"新政"一直予以关注，政策既强有力又不拖泥带水。1945年访美期间，萨特为自己所在的代表团能受到罗斯福的亲自接见而兴奋不已。因此，将罗斯福与毛泽东相比较，并不是信手拈来：必要时有些专断，还是把"资产阶级"及其利益摆在首位。平心而论，罗斯福总体上是一位民主人士，也使一位称职的国家元首。毛泽东也同样如此。

1957年，西蒙娜·德·波伏瓦的作品出版，这是意料之中的事：她受到"反共分子"的"攻击"[5]，尤其是在美国。他们是那样的无知，而找出一个新的共产主义者作为靶子的愿望又是那样的强烈，因为苏联已经明显转向了（局势缓和）！比如：他们会指责中国人穿"统一的服装"。他们"没有提到以前，四分之三的人都是赤身裸体的"。非常奇怪的言语，却证实了"中国人"确实是一个要一起看待的整体，他们还没有到达真正

---

1. *LM*, p. 413.（《长征》）。
2. 皮耶特·南尼（Pietro Nenni）：意大利社会主义者，创办了《前进》报（Avanti!）。
3. *LM*, p. 415.（《长征》）。
4. *Ibid.*, p. 414.（同上）。
5. *FdC*, t. II, p. 95.（《时势》，卷二）。

的个体阶段。衣食的迫切需求并不能解释一切：选择统一着装旨在建立统一，将带有个人色彩的意愿和尝试连根拔除。但是海狸不会和这些不怀好意的敌对分子浪费时间。针对海狸最严重的指责，特别在美国，她说，是她的"天真"。她说，这个词很适合他们，这些吃"艾伦·杜勒斯色拉"（1952 年至 1959 年担任对外事务国家秘书，他是美国方面支持冷战的人）长大的人。天真？说的是海狸吗？不完全是。她始终不屈不挠，大部分时候，都是一个难得的大人物。有时也会表现得同样"果断"：她这样说，写议论文用的口气，可以让人"坚信不疑"。但是就中国这一情况而言呢？我们能否用六周的时间打造出"坚信不疑"，即便是回来后的一年时间？她作品中的有些段落"在今天看来"也许是"过时"的，她在 1963 年出版的《时势的力量》中这样写道。但是《长征》却为她提供了一把解开其他发展中国家之谜的"钥匙"。事实上，访问古巴的时候，她特别关注卡斯特罗取得的两大胜利：消除营养不良，消灭文盲。就如同毛泽东所做的那样。

然而，仅仅这一点就会落人口实，指责她有急于求成之嫌。再重申一次：长期以来，中国都让西方人捉摸不透。她评说毛泽东行使权力的方式，毛作为农民问题的"专家"，而且知识渊博，行动果决，总之是中庸帝国的罗斯福，这一评论本身就得修正。虽说没有盲目地对"反共"言论表示赞同，许多明显的迹象说明权力正加速集中到个人身上。海狸所得结论中争议最大的要数"战胜饥饿"的问题。1963 年，她写道，很多"专家"都证实她的观点是正确的："中国是唯一一个战胜饥饿的发展中国家。"[1]这是"一大奇迹"。在二十世纪六十年代，也许对于中国人而言，很少会有人想到大跃进的严重后果：毛其实做好了妥善安排，让所有的外国人离开中国。而仅有的一些否定或批判言论总是来自共产党的坚决敌对分子。海狸无法得知确凿的真相，而直到 1980 年，真相才渐渐公诸于世。最近出版的一部书，杰斯帕·贝克的[2]，澄清了一种现象，这种现象因其影响之大，而不能被西方社会忽视。很有趣的事情，他用了我们原本在《长征》末尾读到过的比喻，书中，海狸提到了革命为中国人无尽的生命

---

1. *FdC*, t. II, p. 95. （《时势》，卷二）。

2. Jasper Becker, *Hungry Ghosts: China's Secret Famine*, John Murray, Londres, 1996. （《饿死鬼：中国的秘密饥饿状况》），法文版题为 *La Grande Famine de Mao*, Dagorno, 1998 年出版。据书中估计有很多人饿死。

循环开启了释放能量的"裂口"。毛泽东那时是这样写的:"我们的民族如同一颗原子,原子核分裂之后,释放的热量是那样的强大,我们可以做到以前不能做到的事情。"[1]

我们不能把这种普遍的无知归咎到海狸一个人身上;但是缺乏确凿的信息,那倒不如不下站不住脚的结论,随北京大肆地宣扬,取得战胜饥饿的辉煌战绩?事实上,很快就有几次饥荒被报道出来,1955年的那次尤其严重,正巧赶上海狸访华的那一年。原因不言自明,海狸也提起过,但在"农民"的章节中,没有预想其影响。她在其中描述了集体化运动"第一阶段"的转折点,启动了向社会主义迈进的步伐。1955年底(当他们到达北京的时候),她说,这些超前的改革激起了"抵制",由于"农民自发的资本主义倾向,这一点李富春在"一五计划"报告中提到过,还有小地主的自私和不信任"[2]。海狸认为,结果就是物质生活水平[3]在各方面的提高:穿着上的,卫生上的,等等。"一系列对农民生活的妥善安排有助于提高生活水平。"俄国革命彻底摧毁了农民的地位;而中国革命则有了相反的结果:"贫困的农民们马上明白,合作社能改善他们的生活……"[4]

事实完全不是这样。海狸还是在下结论时不够谨慎。无法否认,确实在1949年革命之前闹过短期的大面积饥荒。但是不断的饥荒带来的结果是强迫执行的集体化,和二十世纪三十年代乌克兰的情况相似。1955年初,关系变得更为复杂:普遍的穷困,婴儿被遗弃,整个村庄都以草根和树皮充饥。官员为了让农民交出粮食,即使没有也要逼迫他们交,这与苏联二十世纪二十年代的情况不谋而合,最终导致了乌克兰的饥荒,几百万人因此丧生[5]。

我们注意到,又是一场切切实实的悲剧:知识分子的悲剧。为什么是"悲剧"呢?有几个原因:因为知识分子的存在有利于加强政权的合法性,

---

1. 引自 Chang et Halliday, *Mao*, p. 464.(张戎夫妇的《毛泽东》)。
2. *LM*, p. 102.(《长征》)。
3. *Ibid.*, p. 105.(同上)。
4. *Ibid.*, p. 121.(同上)。
5. Cf. Vassili Grossmann, *Tout Passe*(瓦西尼·克洛斯曼,《一切都过去了》)et Georges Sokoloff, *L'Année noire 1933: la famine en Ukraine*(乔治·索可罗夫,《1933,黑暗的一年:乌克兰饥荒》)。

而为了巩固政权，共产主义的思想和希望发生了偏离，被歪曲、被违背。还因为，当权者因此将那些长期受到政权压制、感觉钳子越夹越紧的人，打入了孤独和绝望的地牢。另外还有一个原因，是不得不作出妥协的知识分子本身的地位，知识分子的可信程度。

在苏联（萨特）或中国（两人）之行的报告或叙述中，萨特和西蒙娜·德·波伏瓦其实表达的不是一种支持，略微有些差别，是对共产主义的批判，这也解释了为何冷战期间，他们不愿落入反共分子设下的圈套。萨特还在赫尔辛基演说中再次解释（1955年6月26日）："不可能维持现状——冷战期间的集团政治——而是通过人民的努力瓦解这些集团。"[1]事实上，要说瓦解集团还有些过分，但他们却能通过自己的介入来缓和集团之间的对立。萨特自己也想动笔写一份中国之行的"长篇研究报告"，这一想法在1955年12月1日和8日的《法兰西观察家》报上发表的文章中都有体现。他最终放弃了，但他的文章和海狸的同样鲁莽："毛泽东政府之所以能够表现得那样有节制，就像我多次看到的那样，是因为他那支深深植根于人民群众的常胜军队为他带来了任何革命政府都不可能一下子拥有的东西：平静地接受他拥有至高无上的权力这个事实。"[2]短暂地体验过中国的现实，又是在被严密监视的情况下[3]，萨特怎样才能确保自己所下的结论是正确的呢？他所处的环境无法让他客观地评判这些事情。另外一件事也能证明他这么做鲁莽又不合时宜：几年之后，大跃进开始之初，毛和苏联彻底决裂。他们之间的决裂酝酿了很长时间，斯大林和毛泽东的关系曾经像铁臂一样坚固。这件事难道直至1955年代表团受邀正式访问中国的时候还不明朗吗？毫无疑问。那么萨特1955年11月1日刊登在《人道报》上的文章表现出的"肯定"又是从何而来："简直不可能想象这两个民族之间还有任何分道扬镳的理由？"也许是两个民族之间——俄国人民和中国人民，却不是他们的"领导人"之间。

萨特，甚至还有海狸，决定放弃之前对知识分子及其"使命"的看

---

1. Contat－Rybalka，p. 287.（孔达－里巴尔卡）
2. *Ibid.*，p. 292.（同上）。
3. 中国人是不是仅仅出于"友好"才这么"黏糊"？（1955年11月3日致艾格林的信）。

法，于连·本达[1]在 1927 年发表的《知识分子的背叛》（*La Trahison des clercs*）中定义了知识分子及其使命，并使用了"clerc"[2]一词来指代知识分子[3]。于连·本达指责知识分子为了全身心投入到政治斗争中，对与自身无关的思想和抽象、永恒的价值观不理不睬。他当然把德雷福斯事件排除在外，这是他发起的运动，因为这是一场为真相、正义和"教权"价值观而进行的斗争。另外，也是因为这场运动促使他选择了共产主义，而不是法西斯主义，并与《法兰西文学》合作。当然，萨特一直忠于自己的信条——根据目的作出调整，而不是根据原则，他坚决摒弃了"论战中占上风"的本达的观点，本达似乎已经忘记，如果没有第一次世界大战，没有两边知识分子做的"欺骗性宣传"，他也不会有这样的地位。

"政党"确实代表群众的意愿吗，或者政党是把自己的意愿强加到群众身上？怎样才能得到这个问题的答案呢？对此，萨特和海狸都很关注，他们始终不懈地在旅途中判断"群众"与其领袖之间契合的程度，回国后常常举一些体现群众"自觉性"的例子。尽管对群众的自觉性还留有争论，海狸多次坚持指出农民文化的陈旧特性，以及农民的屈从——因此必须要依靠领袖来引导他们的抗争，首先必须让他们理解必要性。"无知、迷惘的人们，他们依然相信迷信，抱有成见，他们首先需要我们教给他们一个基础，也就是说，向他们清楚地描绘出一幅世界的图景；这一步，必须既清晰又简洁；慢慢再复杂一些。"[4]领袖们——至高领导人，因为自己的"能力"和"个人威望"担此重任：那么他不会出卖革命，也不会背叛人民。但是，这一点，他们没有实证。他们旅行的背景带着波坦金色彩[5]，用官方演说和悄悄的宣传这样虚幻的幕布掩盖了真相。这些知识分子的"悲剧"正在于此：他们不曾想到自己可能会被欺骗、被利用，被视做传播政党"真相"的中转站。

这项赌注——为了达成终极目标的介入代替了抽象的道德，而抽象道

---

1. 于连·本达（Julien Benda, 1867–1956）：法国著名作家、哲学家。——译注
2. 该词本意为神职人员。——译注
3. 萨特曾在《什么是文学？》中对此予以激烈批判。
4. *LM*, p. 305．（《长征》）。
5. 一路上，为了对叶卡捷琳娜女皇欺瞒农奴的悲惨生活，波坦金公爵安排了一些用染过的布布置起来的假村落。

德和具体道德又混杂在一起，他们也依然想在阿尔及利亚战争中赢回一次。这场全新的战斗，他们在了解缘由的情况下介入，以表现出愿与反抗的被殖民者团结的意愿，然而，海狸却是通过旅行中发觉的蛛丝马迹来给自己的介入定位的："当我从中国回来，我相信了历史：和在马格里布一样，被剥削的人最终会取得胜利，也许会很快。"[1]类比出现了：无产阶级与被殖民者，是同样的。支持阿尔及利亚人民争取独立的斗争，与《长征》中叙述的是一样的：中国的革命是实践人民争取独立这一伟大事业的一种形式。各种各样的怀疑因此都消失了。证据也摆在眼前：在法国是合法的——站在被压迫者一边——能够保证对毛提供援助的合法性，毛泽东继斯大林之后，在卡斯特罗之前成为人民解放运动的标志性人物。

暴力的问题又重新出现，这对两场斗争都意义非凡：争取独立的斗争和革命，两者能避免暴力吗？最严重的暴力在哪里，是残杀佃农的"费加拉"（阿尔及利亚或突尼斯反抗法国殖民统治、争取国家独立的游击队）吗？或者是压迫费加拉的佃农，折磨费加拉的法国士兵？最严重的暴力在哪里，是承受了数千年压迫的中国农民，还是农民为要回田地采取的极端手段？（但是对贫苦农民实施的暴力是为了迫使他交出微薄的口粮吗？还是所谓的俄国富农在被士兵保卫下的村庄里被活活饿死？）海狸重新回忆起在《论一种含糊暧昧的道德》中提到过的，并再次证明其中的论断是合理的。恐怖不是政府统治的手段，然而"以自由行动中带有罪恶和专断性质为借口，来驳斥这种自由的行动是荒谬的：因为若没有罪恶、没有专断，就不会从中获得人类的解放；我们无法摆脱这一辩证法，从自由，经过独裁和压迫的洗礼，回到自由"[2]。革命暴力或者自由暴力，其实是同一回事；萨特在为弗朗兹·法农作的序言中提到："一个被殖民者杀害了一个欧洲人，其中一个人自由了，另一个人死了。"[3]

阿尔及利亚战争期间，他们在与军队、政府、一个决意要消灭阿尔及利亚人民的国家抗争的时候，表现出了绝对的不屈不挠，同时这场战争也是消除一切怀疑的途径，如果他们有怀疑的话，则是对该不该支持苏联或毛领导的中国的质疑。完全相同：世界各地，穷人、被压迫者、无产阶

1. *FdC*, t. II, p. 84 .（《时势》，卷二）。
2. *MA*, p. 192.（《论一种含糊暧昧的道德》）。
3. *Les Damnés de la terre*, Maspero, 1959.（《大地上的受苦者》）。

级、为自己的自由而战；随处都是他们的同盟军。"资产阶级"在他们心中激起的恐惧和仇恨已经到了一触即发的地步，尤其是因为在这场肮脏战争中暴露的丑行："别人将我和几个反法兰西分子同等对待，我便成了一名反法兰西分子。"海狸说，对阿拉伯的仇视与对"和解"的溢美之词，都让她觉得恶心。和占领时期一样，同样的悲剧又发生了：生活在敌视的、充满仇恨的人群中，"剥夺"了她的一切，却让她最终"无可奈何地成了他们的同谋"。要想接受士兵烧毁村庄，妇女被强奸或像贾米拉·布希莱德[1]那样被判死刑，就必须具备纳粹党卫队一样的成长经历，也和海狸那样，没有"基督徒的，民主的，人道的意识"[2]。这是唯一一次海狸用这样的话来解释政治介入：然而囚犯[3]或者深山里挨饿的中国农民从来没有从中受益过，前者是因为他们是"敌对者"[4]，后者是因为若不作出牺牲便无法进行革命。

1956 年，她马不停蹄地为叙述中国的这部书奋斗（有时脸涨得通红，脑袋发热，萨特很担心）[5]，而这一年，发生了不少大事。不过，海狸倒有一段喘气的时间。经过了北京之行和在莫斯科的短暂逗留，她在身边重又构建起一个世界，在那里，至少很长一段时间内，政治暴力（一会儿是阿尔及利亚战争，一会儿是建设社会主义）平息、消失了。上世纪三十年代，她住在斯乔尔彻街上一栋漂亮楼房底层一个艺术家工作室里："当我倚靠在二楼的窗台上时，我忘却了未来，仅仅享受这一刻。"那么难得的事情！她很高兴，在鸟儿苏醒的清晨，能够重新找回公园里树木的味道："我三十岁了，我要步行穿越整个乡村。"对面的工地如同一座村落，矮矮的房子，街上没有人烟，尽管眼前的景象也会不由自主地让她想到自己的

---

1. 贾米拉·布希莱德（Djamila Bouhired）招募了贾米拉·布阿扎（Djamila Bouazza）一起于 1956 年 11 月 9 日在阿尔及尔的米什莱街和 1957 年 1 月 26 日在哈迪地区两次引爆炸弹。——为她辩护的是全法国著名律师雅克·魏尔杰（Jacques Verges），但最后还是被判死刑。
2. *FdC*, t. II, p. 125.（《时势》，卷二）。
3. 古拉格的囚犯。
4. "消灭一百个敌对者，当然是一大丑闻，不过可能还有一层意思，另一种理由：是为了捍卫一个为大多数人谋求幸福生活的政权。"（*MA*, p. 181.）《论一种含糊暧昧的道德》。
5. *FdC*, t. II, p. 95.（《时势》，卷二）。

离世："以后我就死在这张床上了。"她第一次走近新卧室的时候，自言自语道[1]。海狸的本性便是如此，时而悲观，时而忧郁，面对自己的离世内心总是无法平静：《清算已毕》中就出现过这样的话"我将整个地死去。"她的私人旅行与大摆排场的、隐藏着邀请者意图的正式出访，是截然不同的。和朗兹曼一起去滑雪，游览布列塔尼，参观米兰的玩具娃娃画展，而后去威尼斯、贝尔格莱德、斯科普里，又去了希腊。她坐在露天平台上，停留片刻，喝上一杯，"城市的霓虹和一闪一闪的星星"，把她带到了一个"远离一切，远离自我"的地方，就和以前一样。"天空中没有一丝波纹，我的心不会衰老。"[2]与《长征》中的海狸相比，我们更喜欢这个海狸！这份对感性事物的执著，这种与世界大型运动同在的方式，并在此过程中寻找停顿与和解……

　　不过好景不长。她的博学带她走进了这个属于她的世界：革命斗争及其马克思主义的武器。阅读保罗·本尼丘的《伟大世纪的道德》（*Morales du grand siècle*）和吕西安·哥德曼的《隐秘的上帝》（*Le Dieu caché*）时，她发现了作品与她所处的社会的千丝万缕的联系。她想"从这层意义上重新审视"自己的文化。我们中的很多人与之后的几代人，都曾经历过这样的时刻，事情的真相得到了揭示，或者艺术、思想、作品中精心隐藏的表现手法，突然被一种辩证法揭露无遗，但很快我们又发现这种辩证法的局限和狭隘：对作品的评论还有很长的路可以继续。就这样，海狸从一个世界到了另一个世界：带着她的读物漫步在罗马的街头，她远离了那个意识形态至上的世界，艺术也在那样怀疑的气氛中被腐蚀、被扼杀，她重又找回了城市谜一般的美。在那里，过去——与压迫和统治形式相联系的，如北京，或世界各地——在她看来都不再是人类争取解放道路上的障碍了。相反地，过去如同一本打开的书授予的一课，一片开阔的天空，一段历史，是小写的历史，来自"时代深处"的历史，记录下了曾经和正在历史上闪光的人的名字。"光明使石灰中暗藏的一丝光线都闪烁起来。小草在大理石的边缘求生存。"她不断地重复着这个名字：罗马，如同以前她常常津津乐道于一个词的"本质"。罗马并不让她想念，如同西蒙娜·韦伊

----

1. *FdC*, p. 94.（《时势》，卷二）。
2. *Ibid.*, p. 103.（同上）。

不会想起罗马，她厌恶"拉丁"的痕迹，皇室官僚的权力，或者罗马教皇至高无上的地位。罗马是一个模糊、不安、犹豫的地方，那里分不清"真实还是虚假"。萨特在威尼斯很害怕看到水流涌动，城市消失在城堡的倒影中[1]。而海狸却为罗马不断变换用料和材质来展现城市之美而感到万分欣喜：石子流动着，水像切开的大理石那般蠕动着。整个广场如同灯光璀璨的舞会大厅，当夜幕透着清凉徐徐降临的时候，"我们真希望能长生不老"。

北京或是罗马，哪个才是"真正"的海狸？北京"隐藏至深"，无法理解，首先是因为"北京除了存在的年龄，没有历史"。北京的过去是静止的，那里的建筑"不断地被翻新"[2]。未来的画面已经呈现在面前，"理性"的胜利也是指日可待：依然不确定，依然会变动的，恐怕只是城市的新面貌；但是领导人的决心是不会动摇的。新中国将成为真实思想的胜利，真理的胜利。然而，在罗马，不是未来的胜利，而是过去的胜利，一种"在下一分钟就会呈现新事物"[3]的过去。这里盛行的是模棱两可，不断变形，声东击西，制造幻觉；巴洛克的世界，让·胡塞早已描绘得很清楚[4]，时间不再是线性的，而是循环的，是永恒的轮回；世界停留在原地，是一台永动机。巴洛克诞生于十六世纪末期的欧洲，宗教战争暴力结束之后，是普遍脆弱的情感的回应。对于我们现在那些为寻找展示真理和革命的大舞台而努力的激进的思想家来说，罗马的场景是多么强烈的反差啊！巴洛克只是一个时代的产物，只是一种装饰而已：餐厅，咖啡屋，拱形侧门的圣于斯塔什广场上，都可以看到，"我们真正乐意做的是寻求真理，争辩、夸张、亵渎圣物的乐趣，我们愿为之毫无保留地奉献一切：这是一种调整，也是一种放纵、一种游戏和一种净化"[5]。借助严密的思辨和中肯的分析，我们可以毫不留情地让无伤大雅的幻想破灭。亵渎与净化：一切尽在此。超越了巴洛克的尝试之后，旧世界将要被摧毁。

1. *Situations IV*，（萨特，《境域（四）》），"窗外的威尼斯"。
2. *LM*, p. 34.（《长征》）。
3. *FdC*, t. II, p. 105.（《时势》，卷二）。
4. Jean Rousset, *La littérature de l'âge baroque*, Circé et le Paon, 1953, Corti.（让·胡塞，《巴洛克时代的文学》）。
5. *FdC*, t. II, p. 108.（《时势》，卷二）。

出乎所有人的意料，旧世界顽强地抵抗着。旧世界的抵抗或者回归，将使他们对苏联现实的最后一丝幻想也灰飞烟灭。中国，而后是古巴，重拾了在所有绝望的共产主义者心中的魅力。1956年底，又是一场失望，这次有些难以置信：布达佩斯发生了起义，俄国人将坦克开进了布达佩斯。

起因是1956年2月，赫鲁晓夫作的有关批判斯大林时期过度个人崇拜的报告。一个个人享受无上的荣耀，被夸大为具有超自然能力的超人，能与上帝相提并论，这是"需要破除"的，因为"与马列主义准则相悖"，《真理报》这样写道。常说，这次报告的公布引发了"地震"：法国共产党尽力缩小其影响力，莫里斯·多列士与赫鲁晓夫说起"分发的报告"一事。并不只有他一人，中国和阿尔巴尼亚的领导人看到这样的报告也很尴尬。结果是不言而喻的，匈牙利人强烈要求撤除斯大林主义者拉科西的所有职务，波兰人和南斯拉夫人发泄了他们的愤怒。海狸说，"如何能相信"[1]这些昨天支持、今天却反对的人？匈牙利起义爆发的时候，他们在罗马，开始一段时间，他们一直持观望态度，甚至怀疑社会主义是否"走到了危险的境地"[2]。但是很快，他们忍无可忍：过分，实在太过分了。海狸顶着阴冷的雨水坐车回到巴黎，忧心忡忡：北京的革命热情和罗马的静谧都宣告终结了；而当法国共产主义报纸宣称支持苏联坦克介入的时候，他们感到一阵厌恶。1956年11月9日，萨特接受了《快报》的采访，他借此机会痛斥了这件事："苏联的介入是犯罪"，在"经历十二年的恐怖和愚昧之后"。但是他对赫鲁晓夫的报告却依然保留自己的看法：这份报告的公开发表是"非常不明智"的，是一个"重大的错误"，是"疯狂"的。"迈出这样一大步"本应该有"人民生活水平的显著提高"[3]作为铺垫。最后，他说了一句话，引来众多非议："我很遗憾地，但要彻底地与我苏联的作家朋友们决裂，他们没有（也不能）揭发在匈牙利的屠杀。"他也以同样的方式与法国共产党决裂了。（但他依旧是和平运动的成员。）用"屠杀"这个词其实一点也不为过，11月的那十天时间里便有四万人丧生。然而，海狸坚持强调：布达佩斯，是右派的意外收获！苏联坦克用鲜血染红了这座城市，这是彻底的反革命，而不是起义者想要的"革

---

1. *FdC*, p. 92. （《时势》，卷二）。
2. *Ibid.*, p. 112. （同上）。
3. Cf. Contat–Rybalka, p. 305。（参见孔达－里巴尔卡）

命"。也许他们之中还有法西斯和亲纳粹的残余；但是匈牙利人民的不满、怒火和仇恨却是无尽的……

如果说"去斯大林化"动摇了苏维埃"阵营"，那么动摇并没有持续很长时间。苏联领导人明显粗暴的态度使海狸和萨特一段时间里远离了苏联，尤其是法国共产党，但他们也没有因此完全放弃共产主义的"希望"。而且，虽然他们犯下了某些罪行，但是苏联依然是社会主义的一分子，有助于推动"去斯大林化"的进程。对于法共也是同样："有了我们的知识分子，和他们的作品，我们试图帮助法共走出斯大林的阴影。"[1]

1956年底，正是在这样的背景下，海狸完成了描述中国的著作，她终于决定拾起多年来的心愿，在写过多部书之后：谈谈自己，讲讲自己的生活，回顾最初的一些体验。在一种"前无古人，后无来者"的悲剧性情况下，之所以这么说，是因为小女孩的"未来"将从此只是一种过去，这样的决定帮助她释放了时代强加于她的压力：正式访问，政治介入，"战斗"作品。回首过去能让她经受住愈来愈死气沉沉的现实，阿尔及利亚战争的现实。她为自己开启了一扇想象之窗，她又找回了公园里栗子树开满花的盛景，生命的气息，承诺的味道，春天的气味……除了和朗兹曼、和萨特一起旅行的时光，在意大利、在罗马、在卡碧，她快接近窒息的生活因此被打开了一道缺口。"我再也无法忍受这样的虚伪、冷漠，这个国家，我自己的生命。在街上走的人，支持或者是不在意的，都是屠杀阿拉伯人的刽子手：所有人都有罪。包括我在内。'我是法国人。'每个词卡在我的喉咙里，像在承认错误一样。"[2]

1958年3月，《闺中淑女回忆录》完稿；萨特于1958年3月6日将一篇文章寄往《快报》，此文严厉斥责了记者亨利·阿莱遭受酷刑的事件，阿莱是《共和阿尔及尔》报的主编，此报直至1955年一直被停刊。《快报》的这一期也因此"参与了挫败士兵士气的运动"。尽管萨特最后每天要吃一管的镇痛药，但他依然"发疯似的"撰写《辩证理性批判》，书

---

1. 《现代》，1956-1957年1月。标题为《斯大林的幽魂》，《境域（五）》，第307页。
2. *FdC*, t. II, p. 145.（《时势》，卷二）。

中，他可以随意提出一直困扰他的问题，即马克思主义和自由的关系。海狸再次替他的身体担忧：自 1954 年在莫斯科之后，这次是身体发出第二次警告。她这样说，略带戏谑的口吻，"我知道，他需要放松，换句话说，他要经历小小的自杀。"[1]从这一天起，直到 1980 年萨特逝世，多次伤心的时刻，海狸都说了平时萨特很少听到的重话：其实她要面对的，并不是"在获得自由时"面临的境域；而是不久的将来，单纯的，不可逆转的，萨特的死去，同时她又要赞许他那种利用身体的方式，耗尽自己最后一丝力气的方式。"萨特太忙，太累了，病差点又要发作，我为他的脑袋，为他的心脏担心，几天来，他都与灾难擦肩而过。"（1959 年 2 月 2 日，致艾格林的信）

面对不断滋生的忧郁情绪（这是与她原本的个性不符的），从有益于健康的角度，海狸依然让自己保持愤怒的状态，去经历关于阿尔及利亚战争的无休止的争论。让她"怒发冲冠"的是，比如，加缪在 1957 年对本·撒德诉讼案的态度。本·撒德杀害了阿尔及利亚前国民议会副主席阿里·切可哈尔，他也是"穆斯林附敌分子中最重要的人物"[2]。萨特为本·撒德作证，慌乱中，他喊出了受害者"本·舒卡尔"的名字——非常具有象征意义的口误。但是加缪拒绝出庭，也许他在将此事与不久前接受的诺贝尔奖之间作出权衡。其实，加缪已经致信法官，但是对皮埃尔·斯蒂伯——本·撒德请的律师，他解释说不想把他的证词公开："无论如何，我不想用这些对我自己没有任何危害的话来让愚蠢的盲信者问心无愧，他们对准的是阿尔及尔的普通群众，那里有我的母亲和我所有的亲人。"在斯德哥尔摩与一位学生的交谈中，加缪说了同样的话，明确谴责恐怖主义，盲目地在阿尔及尔的街头犯事，"总有一天"会殃及他的母亲或者家人。"我坚信正义，但我先要保护母亲，再去捍卫正义。"西蒙娜·德·波伏瓦评论说：他考虑的还是住在阿尔及利亚的法国人[3]。

萨特和加缪在恐怖主义问题上存在着巨大分歧。加缪拒绝恐怖主义；而萨特指责本·撒德一案作出妥协，借"反恐"之名保住了被告的脑袋：他坚持认为，这是一起政治谋杀。但是，对他来说，真正的问题是共产主

---

1. *FdC*, p. 146.（《时势》，卷二）。
2. *Ibid.*, p. 140.（同上）。
3. *Ibid.*, p. 145.（同上）。

307

义：加缪在《1958 年的阿尔及利亚》一文中，表示很担心看到莫斯科这只黑手派出的"恐怖分子"笼罩阿尔及利亚[1]。确实存在这样的威胁还只是无谓的担心？理解了加缪在瑞典所作演讲中的一句话，答案就不言自明了："今天的作家只能为创造历史的人服务：他为能容忍他的人服务。"[2]

加缪于 1960 年 1 月突然过世。他的死让海狸和萨特痛苦、惊慌。安眠药也不能帮助她入睡，她常常深夜漫步在街头。"我不是为一个人才活了五十年而感到遗憾，而是这种非正义的合理做法［……］，他对法国犯下的罪行的默认，深深刺痛了我的心；希望年代，我们曾经是同路人，那时脸上洋溢的笑容是那样的灿烂。"[3]兄弟分离的悲剧：即使死，也不能挽回什么，也不能拉近彼此的距离。然而，却能在某一刻，让自己的眼前浮现出那张熟悉的脸庞。或许还不止这些。萨特心里明白，因此也用他的妙笔为加缪描绘了一幅画像[4]："他所倡导的执著、狭隘、纯净，既严苛又感性的人道主义，［……］在我们每一个人心中都再次证明了道德的存在。"

1. 参见多米尼克·塞勒（Dominique Celle）的博士论文《加缪与共产主义》（*Camus et le communisme*, sous la direction de Jean–Francois Sirinelli），里尔三大，1997 年。
2. *Ibid.*, p. 16.（同上）。
3. *FdC*, t. II, p. 277.（《时势》，卷二）。
4. 先于 1960 年 1 月 7 日发表于《新观察家》报上，后又收进《境域（四）》。

第九章

去亲眼看一看行进中的革命

1958－1960年左右，海狸的身边发生了一些事情，却又很难描绘清楚。1958年4月，她与朗兹曼来到科努瓦耶度假，听着古老英国汹涌的海浪声，望着崎岖的道路，他们暂时忘却了那股令人厌恶的味道，法国与阿尔及利亚之间战火的味道。回国后，她受到邀请，为"左派学生"做一场以小说为主题的讲座。"我一度过着隐居的生活，然而令我格外惊讶的是，走进这个会场，我竟然发现，欢迎我的人对我一点也不陌生。他们的友谊温暖了我的心：我的心需要被温暖。"[1]

时间的流逝，"淡化了的好奇心"[2]，上了年纪的感觉——五十来岁，这段漫长的时光为女人，尤其是她们的爱情生活敲响了丧钟——法国的处境，陷入镇压、折磨阿尔及利亚人的泥潭中而不能自拔，戴高乐归来的消息：所有这一切形成了一个阴暗的整体。早在1954年，她就对艾格林坦诚心声，在信中，她写道："你问我，在我的生命中，是否依然还存在着魔力。我很久不再谈论我的生活，因为，正如你所说，说出真相，所有的真相，总是很艰难。的确如此，我们必须沿着塞纳河或者其他什么河流散

---

1. *FdC*, p. 148.（《时势》）。
2. *Ibid.*, p. 280.（同上）。

步很长时间，才能确切地讲述一切。不过，我还是想试一试，既然你都已经尝试过。不错，魔力，无疑已经消失。它曾经有过，却一去不复返。首先抑或是其次，这不重要，是由于我的年龄，我越来越离不开我所生存的这个世界，而这个世界很少散发出魔力。"（1954 年 2 月 15 日信）我们明白了为何众多的读者喜欢这些信件：也许是因为其中那海狸作品中不常出现的放弃的口吻。她用的某些词抑或联系紧密，抑或形成鲜明对照：一方面，海狸离不开这个世界；而另一方面，魔力消失了。多少次海狸都没有事先告诉我们！对于海狸而言，没有什么比笛卡尔的第三大基本准则更陌生的了："永远只求自我克制，不求战胜命运，只求改变自己的愿望，不求改变世界的秩序"。[1] 她却不是，"她想要改变的是世界的秩序。"她利用这一点进行自嘲：但这也是她最鲜明的特点之一，留下了清晰的印记。也就是说，把自己的意志强加于事物，而非受到事物的约束。偶尔，事物会在你的意志面前低头，不再反抗，似乎被施加了某种神秘的、奇迹般的力量。

然而，海狸感叹的并不是这样一种魔力。她所感叹的是那些瞬间，没有烦恼，与自我和周遭关系融洽，任由这些瞬间到来，任由某种强大的却不可触摸的事物向你袭来，这种事物只能被给予，从不能被捕捉。接着，有一天，萦绕着你的"魔力"，突然散去了，因为你喜欢魔力，也因为你知道魔力喜欢你，于是一切变得暗淡，最终消失得无影无踪。只留下这些话在你心中回响："我不再爱你。"可是一旦"魔力"消失，又会发生什么呢？这是一种消失了的能量，一块遮盖着一切事物的帷幕。魔力与理智的行为和道德的设想完全相悖，它在坚决的意志中脱颖而出：魔力就是将一切抛之脑后，如同一种恩泽；时而起作用，时而不起作用。而当魔力不再起作用的时候，我们也无能为力，只能静静地等待它恢复，若对它不再有所期待，则与之挥手永别。此时行动便成为有力的回击——行动和作品——从虚无到作品。这需要坚定的决心，而且能屈能伸，在面对困难，或计划受阻，或魔力消逝的时候，如孩子的吵闹，大人的怒火，"能使骨头咯吱作响的怒火"，绝望、眼泪、戒酒或服镇痛剂。海狸也同样，被某种

---

1. *Discours de la méthode*（1637），Garnier, 1966, p. 53.（《方法论》，第三部分）。

"阴暗"的情境或时刻攫住，有时在前行的道路上不得不停下片刻，即使失去了魔力，一天清晨起来却依然心情舒畅，一眼望去，是波光粼粼的海面。这种力量，这种活力，这种"苦涩"让她有这样的感慨："没有任何人能和我一样受到幸运之神如此的眷顾。"1928 年 10 月 6 日，她又说："啊，生命绚烂的顶峰，我的心在身体的飞舞中跳动！"

跳过四年，我们直接从海狸与一群大学生之间一次让她"心中涌动着热流"（见《时势的力量》末尾）的见面去看一看她花费了不少笔墨的一句话："我把我那怀疑的眼神转向这群对一切充满信任的年轻人，我惊呆了，我才意识到自己被欺骗到怎样的程度。"[1]这句话说的是频繁的承诺与现实的结果之间存在着巨大的差距。任何承诺都不能完全兑现，几乎永远都不可能，常常成为"弥漫着芬芳的忧愁，没有遗憾，没有失望，收获的是心中的一个梦想，收获梦想的心灵"。这是马拉美的诗句，海狸在《老年》中曾经引用过，后在回忆录的最后一卷《清算已毕》中提到"我被骗"[2]的时候再次引用。"我怀着某种伤感（极少的几次用到这个词）想到了所有读过的书，所有去过的地方，所有学到的知识，这一切都一去不复返了。"伤感来自虚幻的悲哀，用帷幕覆盖起一切。伤感，与其说非要消失，不如说必须永存，去追溯只能在乌鸦的呱呱叫声中才能感悟到的一切。

整整一段充斥着灼热的情感与几乎让人难以忍受的痛苦："所有的音乐、所有的图画、所有的作物，突然，一切都消失了。"每件事物在辉煌的存在中呈现出伤感，似乎已经缩小成一粒不起眼的尘土。而作品本身并非一种来生的形式："这不是蜜糖，没有人能靠吃蜜糖过活。"作品是为生者，为当代人，为和我同时代的人而作的。我们从不过分地夸大这种令人惊讶的谦虚，这种信念，即身后的荣耀一文不值；海狸也从未如此的靠近"我将整个地死去"这样的说法，尽管在回忆录的最后一卷她强调了这句话。她断然拒绝那些有名的诗句，如在伟大的拉丁传统中，贺拉斯提及死

---

1. *FdC*, t. II, p. 508.（《时势》，卷二）。
2. 《清算已毕》，第 166 页。早在 1927 年，她带着伤感提到与心爱的雅克一起度过的岁月时写道（7 月 22 日）："与去年和雅克开车兜风之后流过的同样的泪水……收获的是心中的一个梦想，收获梦想的心灵。"

亡时，清楚地知道自己将因为留下的笔墨而获得永存。*Non omnis moriar.*
（我不会完全地死去）"我竖起了一座比青铜更牢固的丰碑；比金字塔的
尖顶更高；腐蚀万物的雨水，傲视一切的北风；都不能摧毁它，淹没它；
年复一年，任凭时间的流逝。"[1]要是，她高呼道，"她到底创造了……什
么？是一座山，还是一架火箭？都不是。任何事件都没有发生"[2]。

　　"任何事件都没有发生，除了场所本身。"这就是马拉美的结论，当船
只遇上海难，当暴风雨最终平息的时候[3]。死亡带着它的设想吞噬了构想
的人，如同死亡吞噬了被认为可以代表设想的那个实在事物一样。死亡：
"某种下游汩汩声"的短暂瞬间……所有学到的知识——死亡运用得极为
谨慎，毫无半点虚荣——都消失了。这就是为何要慢慢地品读海狸，耐心
地，甚至比她自己写作的时候更耐心。不要急着同意贺拉斯的那句话，通
过他诗句中的召唤去体味那道将古代社会，古人与现代社会，现代人相分
离的鸿沟——深渊。现代人，若是他是个彻底的无神论者，是不会相信来
生的，作品的来生，他知道"碰运气的事仅是巧合"，他知道对于我们任
何一个人而言，盖棺定论。他和古人一样，再也不敢贸然地把全部希望寄
托在作品上，寄托在把作品变成"蜜糖"的人道主义上。海狸年轻时代就
对未来极为关注，成年后依然想"投身于世界"并在其中留下自己的印
迹。那是怎样的印迹？又要持续多久？兑现所有的承诺与不兑现任何承
诺，这两者之间有什么差别？"某种下游的汩汩声"永远地驱散了我们行
为的痕迹。"难忘的危机中，大事完成了"，之后，一片空白。抑或是，如
马拉美所说，也许只剩下"一堆光彩夺目的东西"。是否有某种事物可以
为新的航船一路上做上标记？在被吞噬之前？海狸寻找这些标记，找到
了，她把它们列出来，必须不断地重复，使它们最终形成一种魔力："北
京的京剧、维尔瓦的斗牛场（西班牙）、巴伊亚的花岗岩（巴西）、埃尔

---

1. 原文为：*Exegi monumentum aere perennius / Regalique situ pyramidum altius / Quod non imber edax, non Aquilo impotens / Possit diruere aut innumerabilis / Annoorum series et fuga temporum / Non omnis moriar.*（*Ode III*, 30, 6）.
2. *FdC*, t. II, p. 507.（《时势》，卷二）。
3. "湍急的水流令人难忘，不留下任何非人道的结果，水如同往常那样上升，却消失在下流水声汩汩的地方，好似突然驱散了空洞的行为，否则，一切的谎言都会变成海难的幻景，所有的现实都瓦解了，只剩下那个高度，也许海天融合在一起，倾斜、再倾斜，朝向光亮的地方，应该是小熊星座吧，更北边，是一个星座。"（1897 年）

韦德的沙丘（阿尔及利亚）、瓦版西亚大道（芝加哥）、普罗旺斯的黎明、梯林斯古城城堡，在五十万古巴人面前发表演说的海狸，飘浮在云海上的一片硫黄色的天空。绛红色的山毛榉，列宁格勒的不眠之夜，解放运动的钟声，比雷埃夫斯上空一轮橙色的弯月，沙漠上缓缓升起的红彤彤的太阳，托切罗岛、罗马。"[1]梅里尼亚克的绛红色山毛榉、艾格林的小房屋、芝加哥的瓦版西亚大道，这些如同海上的标志，带给人以全新的体验。生命长句的神奇延展：她写下这句话的时候还不到六十岁！这句话难道不是透露出对来生的确定，一种读者心目中的来生，被感动的、被震撼的、被征服的？最能与读者产生共鸣的，是作者在无休止地哀悼自身，呈现出她眼中的世界时，对伤感的不遗余力的强调。

让我们在"被骗"这个词上稍作停留，好好想一想。是被欺瞒？是被出卖？是，又不是。比这些更严重。这是一个看似熟悉的字眼——欺骗，其实这个词非常准确又专业，属于游戏中的用词，况且海狸用的每一个词并非信手拈来。被骗，即被欺瞒，《利特尔词典》（*Littré*）上作出这样"巧妙"的注释。你输了，并不是因为你技不如人，而是你的对手耍手段。很"巧妙"地，也许是这样，但一定是耍了手段。没有遵守游戏规则。什么样的规则？是谁定下的规则？哪种游戏的规则？人生的游戏：这场游戏，我们永远不可能获胜，在我们面前的是一个无法战胜的对手，因为在他看来没有规则可言。自出生之日起，我们有"一手"的牌，几个骰子：扔出骰子（还是马拉美的话），再尽可能地用好牌。玩了几盘之后，赢了；常常能赢，总是能赢：然后，突然，输了。我们彻底打败过许多对手，包括一些非常强劲的。突然，在他们之后出现了"强大对手"的身影。他是谁？时间。他不玩游戏，他从来不愿意玩游戏。而正是他耍手段，欺骗我们。以上这些概括了存在的所有"丑闻"（区别于存在的"荒诞"）：似乎一切都是赠了我们的，我们却没有得到任何承诺。一切又要向我们收回，无论何时，无论何处，没有一句承诺能够兑现。这不是游戏，孩子们如是说。海狸知道这一点，从1927年开始，在她5月14日的《手记》中，她引用了歌德的一句话："孩子们不会兑现自己答应过的事，年轻人也很少能做到，若是他们遵守了诺言，那就是他们所在的社会没有信守

---

1. *FdC*, t. II, p.508.（《时势》，卷二）。

承诺。"

我们是多么喜欢海狸说话的语气，她所经历的重大的时刻，以及她控制局面的坚定的决心！正是这些，使她无论在丰衣足食的时候、看到落日的时候或是与人会面的时候，都感到幸福。女战士，女斗士，退后，冲入竞技场，出击，防守，所有这些都表现得如此勇猛，甚至有时略显野蛮，再一轮，她想让整个世界屈服于自己的意志之下，她愤怒，当她的意志受到抵抗，当其他的信仰，其他的主体，其他的观点与她自己的相左的时候……这样就形成了循环；伤感的时刻慢慢淡去，悲剧的时刻到来了。

海狸处在这样的交替循环中，如同斯多葛派人的世界：扩张，扩大，隐蔽，退后……一个新的循环又开始了。

                                    *

这些带着伤感的思考、隐秘的、从容的时刻，传出一个如此低沉，如此空洞的声音！这构成了《年华的力量》整个最后一部分，四年的时间，从在索邦大学那次大家的友情让她"心中涌动热流"的讲座，到阿尔及利亚战争结束签订的和平协议。苦涩的胜利，"来得太迟了，战争付出的巨大代价无法使我们从胜利中得到慰藉"[1]。

1958年——"沉重的一年"[2]，海狸说，她在《时势的力量》一书中用八十页的篇幅去描绘，满足于把她当时决定写的笔记上的文字照搬上去。她把《闺中淑女回忆录》一书交给出版社，常常犹豫着要不要接着写，和1940年9月的心情一样；因为朗兹曼在朝鲜，她开始为他写日记，10月28日就不写了，把它"塞进一个文件夹里"，她在上面写了"失败的日记"。从此再也没碰过。刚开始写这本日记的时候，或者是在写作的中期，阿尔及利亚暴动、"5·13事件"——戴高乐将军在9月28日获得全民公决胜利后被批准重新掌权。她记录下了这些：这便是所谓的"失败"。她做这样的记录没有错，从中看到之前的一次失败也没有错，那是

---

1. *FdC*, t. II, p. 488. （《时势》，卷二）。
2. *Ibid.*, p. 237. （同上）。

由解放运动开始燃起的希望，现在却破灭了。全新的法兰西，是一个"非政治化的，死气沉沉"[1]的国家，面对阿尔及尔的暴动无法保持镇静[2]。在《第四共和国的末日：1958 年 5 月 13 日》[3]一书中，米歇尔·维诺克写道："5·13 之所以成为一个事件，这一天之所以很快成为共和国体制的威胁，是因为同样的体制，撇开阿尔及利亚的具体国情不谈，经过这么多年之后已经表现出它的弊端和无能。"[4]他又补充说：第四共和国在经历"抵抗运动带来的希望和解放运动带来的短暂的欢愉"之后，"仅仅是略微有所改善的第三共和国的翻版"，表面上看"越来越昏暗"。

戴高乐重掌政权，海狸看来，"某些丑陋的东西"即将显现出来[5]。她同时注意到"耀武扬威的女士和先生们"的愉悦，他们在"上过光的汽车"旁边窥伺着戴高乐，他未必能成功上台（5 月 31 日），而就在 6 月 2 日，"一群穿着皮夹克的小伙子"买了一些绣球花插在共和国雕塑的四周。那是不是意味着一丝希望，一种对未来的承诺？还是要回到"阶级与阶级"的抗争时代？这样的抗争远非对体制的捍卫，而会引起对现有体制更激进的质疑。海狸在"社会群体"中找到了位置，萨特放声高歌《马赛曲》，与其说是热爱共和国，不如说是出于对"精英"[6]的憎恶。然而，次日开始，便出现一片"消沉"：6 月 4 日与 5 日，她一听到"戴高乐那上了年纪的、浮夸又高深莫测的声音"就生气。她买了一条漂亮的连衣裙，但这只能带给她片刻的轻松。她内心难以平静，想到"我们又回到法西斯时代，接着，就是监狱或流放，这对萨特不利"（6 月 5 日）。极左派和共产党统一口径，"打倒法西斯主义"，以此来反对勒内·科蒂向戴高乐发出的呼吁。这一系列事件打乱了牌局，或者是重新发牌，就和其他事件一样，如一开始的阿尔及利亚战争。他们在这里见到了芒戴斯·法朗士，

---

1. *FdC*, t. II, p. 152.（《时势》，卷二）。
2. 让我们简要地回顾一下事情发生的先后：1958 年 5 月 13 日，以萨朗将军为首的一批军人在阿尔及尔成立了公安委员会。他于 15 日向戴高乐将军发出呼吁。暴动规模很大，很容易酿成内战。19 日，戴高乐将军称"已经作好了接管共和国的准备"。5 月 19 日，共和国总统，勒内·科蒂向"法兰西民族最杰出的公民"发出呼吁。6 月 1 日，国民公会赋予戴高乐组建政府的权力。1958 年夏季起草的新宪法于 1958 年 9 月 18 日通过全民公决，获得 79.2% 的赞成票。
3. 伽利玛，《成就法兰西的大日子》，2006。
4. Introduction, *Ibid.*, p. 11.（引言，同上）。
5. *FdC*, t. II, p. 166.（《时势》，卷二）。
6. *Ibid.*, p. 169.（同上）。

1954 年的法朗士在海狸和萨特眼里只是一位"新右派"的代表人物——他们与莫里亚克站在同一阵营,莫里亚克在《快报》的"记事本"专栏上无情地控诉了酷刑和折磨。对于芒戴斯·法朗士而言,戴高乐一直是 1940 年 6 月 18 日发表演讲的那个人,但是 1958 年 4 月,在阿尔及尔,戴高乐逾越了共和国的合法权限,对将军暴动表态。在与埃里克·罗索[1]的一次会晤中,他重申:"不,我们不能单纯地、轻易地把这件事一笔勾销。这是对法律的践踏,这一点毋庸置疑。"海狸继续办报,诛伐马尔罗的"谎语癖"(6 月 10 日),马尔罗竟敢提出"亲如兄弟"一说。13 日,她又爬上高坡,感到"被驱使着走向自我陶醉",凭着《闺中淑女回忆录》的成功……6 月 16 日,他们出发去意大利。在米兰的酒店,她边品味着"总是那么美味"的金菲士酒,边读着《今日风采》(Oggi)上的一篇文章,文章的作者将发生在法国的事件与 1922 年把墨索里尼推上台的事件相提并论[2]。在响彻着被镇压的革命最后回声的威尼斯,他们得知纳吉和马莱特将在布达佩斯被处决[3]。"为什么?"海狸寻思道(6 月 18 日),她很担忧,仅仅因为看到共产党愈加被孤立,而左派分子的"势力却越来越……"。她的手记,比穿插着日记的回忆录更能让我们窥见真正的海狸:小心谨慎的措辞,生动多彩的文字,法兰西和阿尔及利亚的事件呈现在威尼斯的美景中,绿色的小船、翘着圆圆屁股的贡多拉船工,如同卡帕齐奥的一幅画,建筑物在薄雾中慢慢淡去……

7 月,戴高乐从阿尔及利亚回国,他们在罗马,那里"没有游客,不是很热,天很蓝,是理想的去处"。"我们在圣潘克拉齐奥吃晚餐,炭烤细面条。在圣阿波斯托利或是波波洛广场喝了稍稍过量的威士忌。所有这一切是那么的熟悉、那么的快乐,用文字难以表现。"[4]海狸的心情并不容易

---

1. *Mendès France*, p. 430。(《芒戴斯·法朗士》)
2. 1922 年 10 月 28 日,黑衫党走在罗马的大街小巷,为了把他们的首领贝尼托·墨索里尼推上台。
3. 伊姆雷·纳吉(Imre Nagy),1956 年时的匈牙利政府首脑,和他的国防部长保尔·马莱特(Pal Maleter)将军,1958 年经过秘密审判之后被处以绞刑。我们还记得革命在鲜血中被镇压之前,匈牙利作家联盟通过无线电发出的最后呼吁:"你们知道发生了什么吗,没有必要长篇大论。帮帮匈牙利吧!救救匈牙利的作家、学者、工人、农民和所有的知识分子吧!救命啊!救命啊!救命啊!"1989 年 6 月,在他们后来发现辨认出的坟墓周围举行了宣告"柏林墙倒塌"的重大游行活动。
4. *FdC*, t. II, p. 200. (《时势》,卷二)。

理解，一会儿是对瓦版西亚的怀念，一会儿是对梅里尼亚克"红山毛榉"的想念；对古代中国的无视，或是几个月之后，对帕斯捷尔纳克的形势的漠不关心；对那些她不喜欢的，不是和她"同一边"的，她的语言是那样的尖锐，那样的生硬，而她又是那么的不由分说地爱上了意大利，以及闪着金色，弥漫着橄榄清香，散发着热气的石子铺成的街道。"刚才，我在那佛纳广场上，蓝色的天空，阴沉沉的，罗曼人的傍晚降临在暗红色的房顶上，这是一个圆满的时刻。今晚，再一次地，生命撕咬着我的心。"（7月13日）她读很多书，有福拉斯蒂埃的，索维的，在她看来他们对现代性的态度都过于乐观。因为她明白这所谓的"技术专家政治"的胜利究竟意味着什么："有组织的人"的胜利——比如美国[1]。

当她回到巴黎，感觉不错，她写道（8月17日）："毫无疑问，我的性格很好。"但是她又补充道："我老了。"六年来，她第一次出去度假而没有朗兹曼的陪伴，"由于朝鲜的缘故"，这个原因朗兹曼在自己的诗集中也有零散的回忆。其实，他们的分开迫在眉睫。"回忆起过去的种种，甚是伤心，我要把它们永远尘封起来。"[2]9月8日，她决定参加反对戴高乐的大型示威游行。她偶然碰到热内，两人共进午餐，他向她提起了伦勃朗，伦勃朗"由之前的傲慢变成了一个善良的人，因为他不想与世界建立任何联系"。"而且这是个好主意。"[3]她评价说。又是因为赶写一篇文章，这篇文章后在《境域（五）》中重新修改，题为《寻找国王的青蛙》（《快报》，9月25日）。萨特的身体状况让她担忧，正巧赶上9月13日他要在一次会议上发言。他连续工作了二十八个小时，不休不眠，她去找他的时候，他看起来"又聋又哑"。在紧急情况下，她自己也会参与进来，巧妙地帮着撰写这篇文章，"衔接的地方并不是很明显"[4]。"我以前对戴高乐

---

1. 1962年，他们必须避难到一间布莱里奥的公寓，海狸透过窗户望着那些花白头发的男人，他们走向自己的办公室，突然看到一个"组织者"经讨。参看 *FdC*, t. II, p. 449, 之前 p. 287 （《时势》，卷二）：从古巴回来。纽约，悲伤的过路人，到处是"组织者"。

2. *FdC*, t. II, p. 212. （《时势》，卷二）。

3. *Ibid*., p. 215. （同上）。勒内的文章在9月4日同一天也刊登在《快报》上（后被伽利玛重载，题为《伦勃朗的秘密》）。"他所有的作品都让我想到，要实现这种透明，单纯地摆脱障碍是不够的［……］而是要转化障碍，改变障碍，使之服务于作品。摆脱那些轶事性的主题，将主题置于永恒光芒的照射之下。不仅今天被承认，明天，甚至被死者也同样承认。"

4. *FdC*, t. II, p. 223. （《时势》，卷二）。

过于尊重"，1964 年他这样写[1]："必须公开地声讨他，将他视为危害人民的人。"

9 月 28 日（星期天）唯一的一件事就是"全民公决"。星期一开始了："不错，我们已经知道了，败北的滋味，应该说是苦苦的。"星期天晚上，当结果揭晓，"超过 80% 的赞成票"（其实是 72.6%），她开始抽泣，"和整个国家，自己的国家作对，真可怕，我们已经被流放了"。她整晚噩梦连连。所有的一切都让她回想起那些阴暗的日子，新闻报刊均有报道："德军进入了比利时。"这期间，萨特一直备受头痛的煎熬，却依然不断服用苯巴比妥等三种镇痛剂。9 月 14 日，他去看了医生。他的字迹歪来倒去，拼写错误百出，他嘟哝着，医生说他的"左心室"太疲劳了。她似乎"做了一场历时很久的噩梦，轻飘飘的"，感觉完全和在她去美国看艾格林时坐在失去马达的飞机里一样。她决定停刊：这一切太可怕了，全民公决，法国人的慵懒，萨特面临的危险。不得不"被岁月的痕迹磨平棱角，并承受住其后果"[2]。

既不是真正意义上的政变，政变多少需要仰仗军人的密谋，也不是波拿巴主义的复苏，尽管"国家元首的最高权力已经过代表人民最高利益的议会同意得以合法化"，戴高乐的重掌政权和第五共和国的成立永久地改变了十九世纪末期建立起的共和体制，米歇尔·维诺克写道。结果是积极的："创造了内阁稳定的条件，直到当时内阁稳定非常少见"；而且可以从此卸下殖民地战争的"重负"。然而，左派，无论是芒戴斯·法朗士还是共产党，将长时间地站在现有体制和新的制度的对立面，直到弗朗索瓦·密特朗掌权。戴高乐确实不是一位"法西斯分子"。他越是坚决地反对任何不遵守"共和国法律"的重掌政权的形式，左派使用"法西斯分子"这个词就愈发显得不合时宜，况且当时欧洲确有真正的法西斯政体存在，如葡萄牙或西班牙；而另一方面，一部分欧洲被"现实"共产主义占为己有。

然而，很少有人注意到新的总统体制中存在着更值得担忧的隐患。很少人中就有芒戴斯·法朗士：为共和国总统选举进行的全民公决结束之

---

1. "托词"，刊登在 1964 年 11 月 19 日《新观察家》报上的访谈。参见孔达－里巴尔卡（Contat-Rybalka, pp. 322, 406）。
2. *FdC*, t. II, p. 233.（《时势》，卷二）。

后，他立即指出潜在的危险——他具有相当强的洞察力。在一个"媒体"还没有发挥作用像如今这样巨大作用的年代，芒戴斯深切地感觉到政治将渐渐转变成通讯的技术。矛盾的是，作为个人的戴高乐，是一个"过去"的人，即传统主义者，而正是他带领着法国于1958年跨入了现代社会。法国在新的面貌最终形成之前还将经历巨大的打击，1968年的五月风暴，上世纪七十年代的石油危机，现实共产主义的倒台。但某些事情已经开始。萨特和海狸和整个左派一样，被这些可怕的日子"惊醒"，他俩会采取怎样的应对措施呢？他们一个受疾病的困扰，另一个忧心忡忡：萨特说了几句话，无人能懂，说的是"心灵的荆棘"[1]，海狸说，他和西蒙娜·贝里约用午餐时，"故意"把酒杯放在离桌边五厘米的地方[2]。是否已经找到了恰当的语句？因为萨特快面临被攻击的时候，自己想做的不做，自己想说的不说。一个唯意志论的残余分子难道不是在萨特喝了一点龙舌兰酒害怕变成疯子的时候让海狸说了这样的话："您唯一的疯狂就是认为自己疯了"？

然而，这首次的"警告"，如同医生用夸大严重性的口吻说的那样，标志着海狸的人生走向了疾病和死亡，无法回头："我们的死亡伴随着我们，并不像果实里的核，而是我们生命的意义所在；伴随着我们，可又是陌生的，敌对的，可怕的。"[3]一切都消逝了：如今死亡笼罩着她，她与朗兹曼分开了。这很正常，她说，必然的，甚至是我期待的：重大的变化。在笛卡尔的字典里便是进步；如果说，我最终期待的是不可避免要发生的，那么就是说，我终于愿意"改变我的欲望"，而不是改变"世界的秩序"。这样可以少一点痛苦。

海狸正是用这样的笔调来描绘自己的形象：法兰西，好似一个"变了心的爱人"。她难以入眠，或是整夜噩梦连连，醒来时常常一身冷汗。我们老了，她有这样的想法（几个月之后将度过五十一周岁的生日）。所幸

---

1. 记得勒内·夏尔的一首诗吗："既然必须舍弃/ 无法拥有的东西/ 它便成了他物/ 违心的或是随心的/ ——索性忘记它/ 继而去披斩荆棘/ 寻找，不在乎结果/ 医治我们的良药/ 治愈我们不为人知的伤口/ 疼痛一直跟随着我们"。

2. *FdC*, t. II, p. 234.（《时势》，卷二）。

3. *Ibid.*, p. 237.（同上）。

的是，愤怒也是一种令人振奋的激情：1959 年年初开始，出现了大量有关所谓的"集中营"的报导，海狸出版了一份最有代表性的报告，这份报告是应戴高乐将军新任命的驻阿尔及利亚法国政府总代表保罗·德鲁夫耶的要求撰写的。

报告的作者名叫米歇尔·罗卡尔。报告中的材料非常翔实；他说，他的人生从此被改变了方向。他于 1958 年作为财政稽核人员派驻到阿尔及利亚，后来秘密接受了调查地下集中营的任务。调查持续了三个月，从 9 月到 11 月。他发现鲜有人了解真实的情况。1945 年的画面重又出现在他的脑海中，那时，他参加童子军，去路太基酒店迎接从集中营回来的人。"一百万人，其中大多是妇女和儿童，被堆放在一起，环境恶劣到无法表达。"他说。据他估计，有二十万人被活活饿死。1959 年 2 月 17 日，他把报告交给保罗·德鲁夫耶。后决定用更明确的方式参与政治。这份报告所产生的影响比海狸说的要更大一些（"集中营里的人数逐渐增多"）。见报时由于一点小的疏忽，差点断送了罗卡尔的前程，但是结果是，不允许设新的集中营，除非得到总代表的特许。至少，在这些新的集中营里，不会被饿死。小小的进步，但依然不能使一百万人幸免于难……无论如何，这些报道，加上不断出现的酷刑等不公正的待遇或是为之辩护的声音，把海狸和萨特推到了约翰逊身边，自从 1956 年他拒绝谴责俄军坦克开进布达佩斯之后，他们就再也没有见过面。而现在约翰逊着手准备的地下活动，对逃跑和民族解放阵线援助的呼吁，在他们看来都是合理的，"因为左派原本合法开展有效活动的打算已经化为泡影了"[1]。海狸并没有通过自己的行动加入这个行列："我不是一个行动的女性；我活着的理由，是写作；如果牺牲这个理由，我必须相信自己在别处是不可或缺的。但现在的情况远不是这样。"形势尽管与占领时期不同，但理由是同样的：他们避免参加活跃的、危险的抵抗活动，因为海狸和萨特都没有进行地下活动的想法和经验，"甚至没有参加过一次性的行动"[2]。然而，萨特为下一期的秘密月刊《××的真相》准备，与约翰逊做了一次访谈。他又在 1959 年 6 月 2 日，故意进行了非法的地下活动。萨特用文字记录下了 1960 年提起的"约翰逊联络网"的诉讼："当约

---

1. *FdC*, p. 245.（《时势》，卷二）。
2. *FdA*, t. II, p. 571.（《年华的力量》，卷二）。1941 年中期，是社会主义和自由面临失败的时期。

翰逊来找我，作为'后援网'及其机构地下简报的发起人，我接待了他，深知他此次到访的目的。"[1] 和丁托列托[2] 这位"威尼斯的囚犯"，"工人总代表"（《现代》，1957 年），萨特被身上的责任压得喘不过气来，对被压迫者，被殖民者，和阿拉伯人的责任，为了最终能逃脱他眼前法国的这片"可怕的混沌"状况[3]。当"他对是否主动支持阿尔及利亚独立这件事上还犹豫不决的时候，法国早已感觉到这一支持的实际分量"[4]。

阿尔及利亚战争展示了萨特和海狸支持政治事业最坚决的行动画面，尤其是 1960 年约翰逊联络网的诉讼，呼吁不服从的《121 宣言》（1960 年 9 月 6 日）的集体签名，1961 年弗朗兹·法农著作的前言……在萨特和海狸心里，阿尔及利亚战争证实了他们之前对 1952 年决定靠近共产主义，以及 1955 年中国之行时所作的分析：形势极为相近，甚至是完全一样的，工业化国家的无产阶级，"不太发达"（那时还有这样的说法）国家中的穷苦的农民大军，和殖民地人民。一年之后，古巴方面的行动为他们提供了更为有力的证据，至少就上述后两者而言。在上面的三种情况之中，暴露的问题都是相同的：被压迫、被剥削、被殖民的人民大众的"意识觉醒"和"自觉性"问题；革命运动中"干部"、一党、民族解放阵线所扮演的角色问题；领导人的问题，伟大的舵手或者伟大的领袖[5]。最后是革命暴力问题。从苏联（赫鲁晓夫报告和镇压布达佩斯之后与之稍稍疏远），到古巴，还有北京，这是史上全球范围内相同的运动——始终是大写的历史。然而，殖民地独立运动的次日，当为争取独立的斗争不知不觉中使得原先的被殖民者及其首领变成"进步分子"、斗争"顺应了历史发展的方向"[6]的时候，混乱或者说是融合的后果非常严重。这种情况能使当地当权

---

1. Cf. Contat - Rybalka, p. 335。（孔达 - 里巴尔卡）
2. 丁托列托（Tintoret, 1518 - 1594）：十六世纪晚期最伟大的画坛巨匠，亦是意大利文艺复兴最后的一位名画家。——译注
3. 参见与玛德莱娜·沙帕尔（Madeleine Chapsal）就"Altona 囚犯"这一主题的谈话，引自安妮·科恩 - 索拉（Annie Cohen - Solal）作的《萨特传》（Sartre, p. 639）。
4. Ibid., p. 653。（同上）。
5. 1961 年 12 月，菲德尔·卡斯特罗给了自己这样的名号；之后，只有诽谤他的人才用：在古巴，大家都称他为"总司令"（el Comandante）。
6. 一位印度尼西亚民主反对派的女首领的日记：我们再也不能明确地分辨出压迫我们的人，他们和我们有着同样的肤色……

的蒙昧政体代替欧洲人的全盘统治。因此，莱斯泽克·克拉科夫斯基[1]评价说：亲共产党的欧洲左派——以萨特和海狸为主要代表——没有考虑到在革命正展开的国家里，"人民被剥夺说话和自由行动的权利的状况"。为什么？因为"后斯大林主义"的左派视全面谴责"资本主义"文明中的"价值观"为己任，理由是他们一致认为统治的秩序——和殖民的秩序是合理而且合法的[2]。

这就解释了为何对于海狸而言，发生在动员起所有力量的阿尔及利亚事件和第一次古巴之行之间的"帕斯捷尔纳克事件"会成为"资产阶级和'反苏联主义'[3]的机遇"。她说，把诺贝尔文学奖颁给一位"与共产主义保持距离"的俄国作家，瑞典皇家学院院士多少带着"挑衅"的成分；有人阻止他去领奖也是可以理解的，倒不如"让他在乡间别墅继续过安宁的日子"。剥夺了他的其他权利，只"留给他一栋乡间别墅"，难道就足以体现宽容吗？尤其，若真的这样做，难道还要把他开除出作家联盟？这是剥夺了他所有合法生存的方式[4]：显然，萨特和海狸对苏联作家真实的生活状况并不是很了解。

难道是为"自由世界"中的反共产主义提供了机遇？还是一次解除苏联被围困阴影的机会？无论如何，不是帕斯捷尔纳克的机遇。需要读一读1959年1月至3月间他创作的最后几首诗："人类，自由，光明/都在我身边，却都在我脚下/我听到追逼的声音临近：/我被抓住了，像走投无路的野兽"[5]。帕

---

1. 克拉科夫斯基：1927年出生于波兰的拉多姆，他在罗兹"红色"大学学习哲学，直到1949年。他很早参加了为实现共产主义的斗争，一边从1949年起在华沙大学继续学业，后留校任教。自1956年，他尝试进行"左派"的批评，反对现有体制、军队和马克思主义的口号，揭露平等、自由、富裕的承诺与人民拮据悲惨的日常生活之间的巨大差距。海狸在《清算已毕》一书中，引用了他《失去教堂的基督徒》一书中的话，并披露了他1966年被学校和政党开除的消息。（《清算已毕》，p. 557）
2. Kolakowski, *L'Esprit révolutionnaire* (*1972, 1974*), Médiations Denoêl, 1978. (参见克拉科夫斯基，《革命精神》)。
3. *FdC*, t. II, p. 246 . （《时势》，卷二）。
4. 那些年，直到上世纪八十年代，许多苏联或东欧国家的作家都以翻译作品为生。
5. Boris Pasternak, *Oeuvres*, Gallimard, « Bibliothèque de la Pléiade », p. 232. （《作品集》），引自 Hélène Henry, *Ecrits autobiographiques et Le Docteur Jivago*, Gallimard, « Quarto », 2005. （埃莱娜·亨利，前言，《自传体创作与〈日瓦戈医生〉》)。

斯捷尔纳克事件其实是一场悲剧，第一个受害者就是帕斯捷尔纳克本人，被困在一场他不能控制，甚至没有想到的游戏中。他被迫拒绝领奖，两年之后，在贫穷中死去。让我们再回顾一下整件事情。赫鲁晓夫听说有本小说将在国外出版，他自己没有读过，作者是位默默无闻的但激进的反对分子；他气坏了（他本是个易怒的人）。听到这个消息，美国的中央情报局耍了个小阴谋，利用文笔高调的广告，把诺贝尔奖颁给情报局人员也同样没有读过的作家。帕斯捷尔纳克的小说《日瓦戈医生》1957年在国外出版，1958年获诺贝尔奖，短短时间里的这两件大事成为冷战期间两个超级大国之间"文化"较量的重要筹码：对阵的双方分别是，苏联及其强大的作家联盟，和"自由世界"——中央情报局。"自由世界"自认为是反苏斗争的使者，作家联盟则认为自己手握着把柄，可以证明一直容忍的那些反对分子其实是打进他们内部的西方国家的卧底。

必须说明到底谁是帕斯捷尔纳克。他本人以及他所经历的一切见证了斯大林上台、统治和垮台期间所有激烈的对抗。苏联的作家，即使是最顺从的，也不断地受到牵连；至于其他人，采取了各种有效的战略以保存写作的实力，首先是自己的性命。就像索菲·贝内希在给沙拉莫夫－帕斯捷尔纳克的信[1]的开头写的那样，那时有好几种类型的作家："有流亡的，如布南、赞米亚亭；有自杀的，如马雅可夫斯基、兹维塔耶娃；有在集中营里遇难的，如曼德尔施塔姆、皮利尼亚克；有卖笔求荣的，有在集中营被活活分尸的，如沙拉莫夫；还有活跃在文化舞台上的，如帕斯捷尔纳克。"在这"灰暗的时代"，另一种英雄般的命运便是如肖斯塔科维奇那样的，总是处于被捕的边缘、又总能侥幸逃脱、同时又在欧洲被贬低成"奴隶般"的艺术家，或是平庸的作曲家。而事实上，他是二十世纪最天才的作曲家之一。

帕斯捷尔纳克出生于1890年，他的父亲是雷奥尼·帕斯捷尔纳克，一位画家，托尔斯泰的朋友，常为他画书中的插图；母亲是罗莎·考夫曼，一位音乐家[2]。结束在马尔堡的哲学学业之后，他立刻出版了自己的

---

1. *Correspondance avec Boris Pasternak*, p. 23. （《与鲍里斯·帕斯捷尔纳克的通信》）。
2. 鲍里斯·帕斯捷尔纳克在十八岁左右的时候，受雇成为立陶宛诗人、立陶宛临时共和国驻莫斯科大使巴尔特鲁萨提斯儿子的家庭教师，他儿子后成为一位著名的艺术史学家。

第一本诗集，因为缺少成为音乐家"所必需的耳朵"，他放弃了音乐，尽管斯克里亚宾经常鼓励他，后又加入到未来主义者的阵营。然而，他对马雅可夫斯基的崇敬也不能阻止他指责未来主义者对古典文明的敌意和对暴力革命的称颂。1922 年，发表即刻获得一致好评的诗集《我的姐姐，生命》(*Ma soeur la vie*) 时，他又加了一个副标题《17 年夏》(*Eté 17*)，透露出这些年来所承受的双重打击：爱情和革命两方面。在 1925 年前后发表的作品，多为史诗，他继续颂扬 1905 年的那些日子或列宁的伟大形象。1932 年，他把诗集中的第一首诗《新生》(*La Nouvelle Naissance*) 献给布哈林；1934 年，在呈递给俄国作家第一次代表大会的报告中，布哈林称赞他为"这个时代最优秀的诗人之一"。与布哈林的友谊对帕斯捷尔纳克的一生意义非凡。因为布哈林 [1] 开始是斯大林的盟友，后又成为他的对手，1936 年 8 月季诺维也夫 – 加米涅夫诉讼案中也受到质疑。1937 年 2 月，他自己遭到逮捕，1938 年 3 月 15 日被枪决。临终前，布哈林口述了一份给妻子安娜·拉日娜·布哈林的遗嘱，安娜一直牢记于心，直到 1956 年重又诉诸文字。最后他是这么说的："同志们，请记住，在你们向共产主义迈进，高举的旗帜上面也有我的一滴鲜血！" [2]

1936 年的几次大诉讼给帕斯捷尔纳克带来了决定性的影响。1956 年他写道："二十年前，当这些可怕的诉讼开始的时候，我的一切都被摧毁了，我仿佛与我的时代脱节，我变成了敌对派。" [3] 二十年来，大多数时间他都呆在乡间别墅里，翻译歌德和莎士比亚的作品，直至完成第一部小说，《日瓦戈医生》，他从 1945 年开始创作这部作品。1956 年年初，帕斯捷尔纳克认为也许可以利用斯大林去世后所打开的新局面，他把《日瓦戈

---

1. 布哈林：出生于 1888 年，父母均为教员，第一批布尔什维主义者，坚决拥护彻底革命，他参加了由斯大林领导的有战略战术的斗争。布哈林反对农业的集体化，1928 年受到中央政治局的排挤。1934 年他曾有一段时间负责《消息报》的出版事务。

2. "我十八岁入党，为工人阶级的利益，为社会主义的胜利所进行的斗争，是我一生唯一的目标。[……] 这些天，也许是我生命的最后时刻，我依然坚信，历史的真理会洗去覆盖在我名字上的所有污浊。[……]"《献给布哈林，我的爱》，安娜·拉日娜·布哈林，伽利玛，"问题的要害"，1990 年。

3. 《几首诗》，引自 Olga Ivinskaia, *Otage de l'éternité*, Le Grand Livre du mois, 1978. (奥尔嘉·伊维斯卡伊，《永恒的人质》)。

医生》的手稿寄往苏联的三家杂志社（《莫斯科文学》、《战旗报》以及于1962 年刊登《伊凡·杰尼索维奇的一天》[1]的《新世界报》），同时也寄到了意大利，编辑费尔特里内利是位共产主义者，看到一部革新派共产主义者的作品，次年立即予以发表。自 1929 年起，原先不容侵犯的党对苏联文学作品的垄断地位被打破了。帕斯捷尔纳克悄悄地提前通知费尔特里内利，不要理会任何来自俄国的信函，除非是用法语或德语写的，他预见到苏联当局会对他施压，逼迫他退回手稿——苏联方面确实有这样的举动。

这是他犯下的一个"错误"：将一份手稿寄往国外。另外，他立刻写信给作家联盟（他一直没有脱离这个组织）解释此事："我把一份手稿寄到了意大利的一家出版社。"赫鲁晓夫立刻在新闻界掀起了迫害帕斯捷尔纳克的运动，谴责帕斯捷尔纳克，这个"美帝国主义的走狗，诋毁自己的祖国，像一头忘恩负义的猪"。在回忆录中，伟大翻译家科尼·茹果夫斯基的女儿丽迪亚·茹果夫斯基提及了新闻报刊在"单纯"的群众之中所激起的由衷的愤怒，之前群众甚至对帕斯捷尔纳克这个名字还一无所知[2]。苏联当局要求帕斯捷尔纳克写信给费尔特里内利，以拿回手稿。索洛柯夫和意大利共产党都对编辑施压，编辑却依然坚持出版了小说。一家英国和一家法国的出版社也紧随其后。也许直到这时，美国人才觉察到把诺贝尔文学奖颁给这位"反苏天才"所带来的巨大益处。俄语文本是怎样交到瑞典皇家学院院士手中的，这到现在还是一个谜；也许是《亲俄》组织在意大利传发的一俄语本。或者甚至是意大利出版社派人重译的。不管怎样，1958 年 10 月 23 日授予他诺贝尔奖。帕斯捷尔纳克立刻遭到来自《莫斯科文学》杂志的猛烈抨击，被勒令拒绝领奖，被开除出作家联盟，甚至威胁被流放。10 月 30 日，他拒绝接受诺贝尔奖，分别给赫鲁晓夫和《真理报》寄了信，揭露了有人对他的作品所作的带有倾向性的解读。

尽管海狸回忆录对此事一笔带过，有时甚至过于简略，我们还是应该稍作停留，好好想一想。为何她不愿走近帕斯捷尔纳克的世界，走近帕斯捷尔纳克的作品，《日瓦戈医生》，这是一个值得思考的问题。海狸如是

---

1. 亚历山大·索尔仁尼琴的作品。那时的主编是特瓦尔多夫斯基。
2. Lydia Tchoukovskais, *La plongée.* （丽迪亚·茹果夫斯基，《潜水》）。

说："作者没有用他的作品让我了解到一个他不愿看、不愿听的世界。"但是，我们要对海狸说，他做到了，这部作品教会我们很多。因为这本书的作者不是不愿去看世界，而是他看到了，对大家所看到的一切，他看得太清楚了——而且那时没有人愿意也没有勇气像他那样述说，这个地狱般的世界，来生成了每天不应得到的恩惠，等待决绝之日的缓刑犯。是否可以想象这意味着什么，整整三十年、四十年，甚至更久都生活在这样的环境中？日瓦戈，Jivago——这个名字与动词JIZN（"生活"的意思）的词根有关，Jivago是指"生者"，顽强生存下来的人——所经历的，是掉进历史深渊中的恐惧，是拒绝与古代社会分离，拒绝看到文化的沉沦，文化是革命必不可少的条件。"大骚动开始的时候"，日瓦戈坐在去莫斯科的火车上，边听一位陌生人说话，一个声音沙哑的年轻人，接受过语言培训的聋哑人："社会还没有被破坏得很厉害，肢解这个社会，让她彻底瓦解。然后，真正的革命力量才能一砖一瓦地建立一个新社会，有一个全新的基础。"日瓦戈听了不太舒服，走到过道里。叙述者评论说："革命就是革命，不可避免地要经历一些考验，才有可能达到最终的胜利。"

　　1964年，当萨特预感到自己会获得诺贝尔奖的时候，他还是"倾向于"拒绝领奖，海狸说。她也鼓励他这么做。到"成熟年纪"的人也支持他，而只是那些学生被吓坏了：他们该有多失望，他去领奖该多好！在所有他能找到的拒绝领奖的理由之中（其他一些，他没有提到的，也可以作为理由[1]），海狸说，其中有一个最为重要："这个奖项从未授予一位共产主义者。"不完全准确：或者应该更明确地说是一位"俄国的共产主义者"。1955年，该奖颁给冰岛作家哈尔多尔·拉克斯内斯，因此他不得不在布达佩斯时间发生的次年与共产主义划清界限。1959年，获奖的是萨瓦多尔·卡西莫多，他从1945年起加入意大利共产党。海狸继续：其实萨特对于自己"被划入西方作家或东方叛逆分子"[2]的事很懊恼。言下之意是：属于"反共"的西方作家，和莫里亚克、加缪一样。至于说是东方"叛逆分子"，也不完全准确；伊沃·安德里奇1961年，早萨特三年获奖时，并不是个异端分子或东方"叛逆分子"；他曾经担任过南斯拉夫作家

---

1. 过去的十年中，诺贝尔文学奖曾于1952年授予弗朗索瓦·莫里亚克，1957年，授予加缪（纪德于1947年获得）。

2. *TCF*, p. 64.（《清算已毕》）。

联盟的主席，同时是塞尔维亚科学艺术学院的院士。"萨特明确地说，奖是颁给帕斯捷尔纳克的，不是肖洛霍夫。这句话在苏联引起了误解：他们认为萨特从'自由'的阵营逃到'斯大林'阵营。"除此之外，他们还能有其他什么想法？海狸没有说一句，肖洛霍夫第二年获诺贝尔奖，他既不是异端分子，也不是"叛逆分子"。那时，他甚至是政府的官方作家，尽管其作品《静静的顿河》曾引起争议，有人指责他介绍大战和内战的笔调过于细腻[1]。他是共产党中央委员会的成员（和阿拉贡在法国一样）；苏联科学院院士，苏维埃作家联盟主席，等等。

帕斯捷尔纳克事件就此结束了吗？不，没有完全结束。海狸一直不太信任帕斯捷尔纳克[2]。帕斯捷尔纳克在不幸的诺贝尔奖事件发生后不久过世，海狸并没有对此作出任何评论。1963 年，即该事件后五年，萨特获奖前一年，是"解冻"的一年——恰在"再次冰冻"之前；海狸和萨特去了莫斯科。"苏维埃作家联盟（主席一直是索洛柯夫，赫尔辛基的老朋友，帕斯捷尔纳克的死敌）邀请我们去莫斯科。"他们刚一抵达，就发现"苏维埃阳光普照之下发生了新变化"[3]：叶夫图申科环游世界，而"一位格鲁吉亚女性随心所欲地做了一篇有关萨特的论文"，生活看似惬意多了，大街小巷充满了年轻的气息，到处可以听到爽朗的笑声，妇女们身上穿的衣服更漂亮了，橱窗里的东西也更诱人了。他们见到了一些老朋友，有西蒙诺夫，法蒂尼，索洛柯夫，和后来成为萨特小情人的翻译。在作家们心里，这场斗争主要集中在"革新派"和"保守派"的冲突上，用海狸的话说，就是"不是同一代人之间的问题"。不管怎样，她安心了：尽管年轻一代反对斯大林，他们也"绝对不会回到资本主义价值观的老路上"。然而，时代变了，现在可以公开谈论陀思妥耶夫斯基和帕斯捷尔纳克（1960 年过世）。人们甚至怀着崇敬的心情去参观帕斯捷尔纳克住过的小别墅。海狸说，"她的'老朋友'，要是她被关进集中营，那就因为从事外

---

1. 对真实的作者还存在很多疑问。索尔仁尼琴断然指责他"抄袭"哥萨克作家肖洛霍夫的文章。
2. 当海狸想对阿拉贡的小说《奥雷利》（*Aurélien*）作出否定评价时，她说这部小说就和《日瓦戈医生》一样无聊（《时势的力量》，卷二，第 251 页）。这部小说也是"用来学习的寓意画"。
3. *FdC*, t. II, pp. 463 – 464.（《时势》，卷二）。

汇交易"。怎样的朋友？什么交易？1946年10月，已经被当权者视为眼中钉的帕斯捷尔纳克在《新世界》杂志社遇见奥尔格·伊维斯卡伊。他不再出书，和他的第二任太太和儿子住在艺术家之村佩列杰利基诺（Peredelkino）的大别墅里。1949年，奥尔格·伊维斯卡伊被逮捕，关进集中营。帕斯捷尔纳克一个一个给她寄包裹。《日瓦戈医生》出版之后，1960年她又被流放到古拉格群岛，达四年之久。她急忙把国外出版的书的版权证明寄到帕斯捷尔纳克家里：这就是她被控从事"外汇交易"的实情。这是典型的苏维埃式控诉的起因，让人闻到一股克格勃的味道，而海狸也在慢慢成为受控诉的主角。

回忆录中，读者最难理解的是，海狸和萨特似乎对后斯大林时期共产主义的真正性质和作家、艺术家——更别提普通人民日常的艰辛——的生活状况不甚了解。即使这是实质问题，我们这里所担忧的，并不是他们加入到一种声称致力于争取被压迫者和被剥削者的实际解放的体制中——而是频繁的苏联之行在很长一段时间都没有让他们认清真相。也许自布达佩斯事件之后，尽管他们对兄弟国家之间的"团结"持严肃保留的态度，但并没有放弃一种信念——"信念"这个词很重要——如此体制下的压迫者都是"反叛者"。反叛者就是摆脱"合法"当局的人。有时，海狸也把他们冠以官方的称呼"敌对分子"——这个词原本是指斯大林时期受指控的人。从索尔仁尼琴在西方出版了头几部作品之后，事态似乎有了些变化。海狸对那些作家表示欢迎，她在《清算已毕》中也承认有一本用纯朴又美妙的笔调描述事件的书。然而，难道没有信号可以再早些提醒他们？比如碌碌无为的官方作家以及也他们平淡无奇的作品？布尔什维党内夜夜可见那些穿着灰色制服的职业政客，挽着身穿亮光长裙、略微发福的太太，难道这些也掩盖不了文化生活的贫乏？还有千篇一律的表演，商店门口的长龙队伍，名品柜台里限量版的大衣，交替流行的单调色彩，只有卡其色或者石油蓝？西方的工人阶级依然被一种"模式"深深吸引，他们不曾经历过，只在共产党领导，不是政客就是工会人员的口中听到过。然而，在长达几十年的时间里，能使"极左"势力即便在场也当"睁眼瞎"，这中间到底发生了什么样的故事？面对弹劾或压迫的具体事实，竟然不允许揭露历史上压迫最残酷的两种或三种政治制度？难道依旧认为，一旦揭发他们压迫的实质以及谎称代表被压迫者利益的政治体制，便会有损"被压迫者"的利益？

为了实践解放的"承诺"，难道必须要无情地压制知识分子、作家、艺术家？"革命"真的受到自由思想和自由写作的威胁了吗？是革命，还是唯一掌权的政治势力？逮捕那些破坏分子，或者试图用武力推翻新政权的人，没有一种政治制度可以绕开这些问题。但是，《日瓦戈医生》的出版确实阻碍了俄国人民争取解放的进程吗？恰恰相反。阅读和理解这部书，作者并没有像很多人那样利用文字在被压迫者心中播下实现共产主义和获得解放的希望火种。他只是告诉被压迫者：有解放的地方，就只有谋杀和腐败。告诉被压迫者：你们的解放之门开启之时便是你们摆脱这种模式之日，这种违背了正如奥西普·曼德尔施塔姆所说的（在他完全消失在古拉格的夜幕和浓雾中之前）"给第三世界国家许诺"的模式。告诉被压迫者：这位要求自由思想、自由思考、自由写作的诗人，他所捍卫的正是你们的事业，他反对的是压迫你们的那个世界，他在用他的方式维护属于所有人的世界，属于他的，也属于你们的[1]。

禁止出版这部书证明了只有基本的需要得到满足，得到充分满足之后才能谈及文化和思想。继而可以去应对一个毫无悬念的未来。在中国，海狸发现对文盲的教育非常粗浅，甚至过于简单，她评价说："要是向他们提出一个矛盾的观点，如果没有独立判断的基本能力，那么就是把他们弄得一头雾水。"[2]但是谁会教给他们这些基本的能力呢？谁、哪里、何时、如何，若是意识形态的重建运动接二连三，知识分子、学者、作家或被勒令，或联合对抗，或消失？什么时候"公众"、"群众"、"人民"才能最终辨清矛盾的观点？谁作出的判断？是"领导"吗？可以说，从来不会。他自己也会被绕进去。如阿伦特在《论革命》[3]中说的那样，必须要满足"面包"的要求，并非一定要在满足自由要求之前，不要以"牺牲自由"为代价。否则，"面包"的要求永远也无法满足。

海狸有时让我们感觉到她有行动、有介入，加入到政治生活中，因为

---

1. 我们想到佩吉（Péguy）用来回应饶勒斯（Jaurès）的话："我们不想要社会的艺术，而是自由的艺术。"

2. *LM*, p. 240 .（《长征》）。

3. Gallimard，《Tel》（伽利玛出版社，"如是"丛书）。

从中能找到不再孤单的方式，战胜时间的流逝、暮年的临近和萨特逝去所带来的恐惧和折磨的方式，于是她越发对此热情高涨。有萨特的陪伴，他们共同的朋友《现代》的陪伴，或者说得更广义一些，脚下感觉到历史的骚动，一段时间里海狸下定决心，要实现我们事业的最终目标。我们处于"实际真理"（指导"实践"的真理）的秩序中，因此不必担负存在和思考存在的重负。政治生活是一种危险的生活：但没有感情生活中的错综复杂和寒心绝望。因此回忆录中的这一呼吁和带有暗示的训诫变得格外显眼：我们没有足够的精力去体验灰心与失望，所以只能承受[1]。

突然，一贯的死敌，反共产主义的或者戴高乐派的，如马尔罗；基督徒、资产阶级，如莫里亚克——在这场涉及面颇广的悲剧中扮演了有益的角色：挖苦他们一下可以证明你们还活着，还是那么好斗。有时是那些关系最近的——确切地说：那些以前关系最近的——把事情做得最好，因为在用"流氓"这样激烈的词来形容时，自身的警惕性受到了考验和证实。是马尔罗在巴西断然指责萨特与敌人合作吗？戴高乐的部长可以做点别的什么事情吗？同样也是马尔罗，萨特在给海狸的一封信中提到他，"他捍卫着这样的信念，人类的自由是由其世界之存在所决定的全体性，他的想法真的和我们很像"。然而，马尔罗这位半路出家的戴高乐派成员，于1958年7月27日任命为代表部长，负责"法兰西文化的扩张和光大"，接下来的那个夏季，他进行了大规模的"广告"巡回展出，海狸说，这是为了证明和维护戴高乐将军在世界中的政治地位，尤其是在阿尔及尔的法国势力。

萨特则成了明确的反戴高乐、反马尔罗的代表人物，时间是在他和西蒙娜·德·波伏瓦1960年被邀去巴西的时候。在累西腓他们受到左派和极左派"一堆摄影师、崇拜者和记者"的接待，在圣保罗迎接他们的则是大队的游行者，他们手举着大幅标牌，上面写着"萨特万岁""卡斯特罗万岁"（他们在同年2月又去了古巴）。回忆录中，海狸用五十页的篇幅为这件大事作铺垫。但是她还是没有忘记记录下自己的参与：还是在那里，与读者或混乱的公众的短暂交流能使她得到慰藉，使她相信在这个世界上

---

1. 朗兹曼离开她的时候，她说："我认识他的时候，我不够成熟，没有认清暮年的意义：他向我隐瞒了走向年迈的真相。现在，我感觉自己已经上了年纪。" FdC, t. II, p. 256.（《时势》，卷二）。

自己还是起到一定作用的——有益的作用。写作可以保护她，但随之而来的就是暴露身份。有时甚至在很顺利的会面中：1955 年，在一家书店，她碰见一位年轻的女士，女士没有认出她，高声谈论她自己喜爱的一部书《名士风流》。自然也有"讨厌"你的人，但也许正是这些人最能让你放心。在比利牛斯山的一家旅店里，一个"资产阶级妇女"叽里呱啦地抱怨家里的佣人，接着竟然数落起"《第二性》和书的作者"，难道有比这更令人惊讶的吗？"一个疯婆子，不正常的女人，下三烂的书……"这就好似一份由巧合慷慨分发的证据：我攻击资产阶级的妇女，她们不喜欢我，因此我更有理由这样做。她们越对我加大攻势，我就越确信自己做得对。她收到的读者来信也是一样："有人污蔑我；我不在乎。"[1]她是战斗的海狸，或者说她不是一个人……

对于一位迈向暮年、业已闻名的介入作家，海狸进入了人生中非常危险的时期，一段她必须承受出名带来的效应以及开始不能完全自己做主的时期。倒不仅仅是日常生活中一些实际的影响，如采访、拜访、信件，各种不同形式的要求。荣耀还起到鼓舞人的效果：无以数计的信件，来自世界各地受《第二性》影响的女性；不断有年轻姑娘到访，"她们的人生还没有被玷污"，比如这位"金发的加拿大美女"——女记者玛德莱娜·戈贝尔[2]，但是另外一些则"被某种境域困住——丈夫，孩子，工作——这种境域是在他们的共同作用下形成的，不以她的意志为转移"。也有男性给她写信，如这位"年轻的马赛人"，他觉得一本本书读下来，尤其是读了《长征》之后，她"水平下降了"！然而，成为公众人物是有风险的：永远不能自相矛盾，或者说，即使自相矛盾的时候，也要当做没有这回事。

有意思的是，回忆录只在看似是逸闻趣事的章节放慢脚步，这时，海狸才能找回自己的风格和一贯轻快的笔调。一个疯婆子闯入了她的生活，更糟的是，这是"一个精神失常的人"，她名叫维奥莱特·勒迪克，没有作品、没有才华，作为迷上海狸的陌生人，给她发了许多传真，署名是"爱你的露茜"，声称要与她探讨存在主义的问题，一周多达三至四封信，

---

1. *FdC*, t. II, p. 266．（《时势》，卷二）。
2. 1967 年，她与克洛德·朗兹曼合作，为加拿大国际广播电台拍摄了萨特和海狸的系列访谈片。

最后对她说要变卖自己的古董店，来和她生活在一起。她甚至告知海狸，有一枚"订婚戒指"在海关等着她。尽管多次因为无收货人而被退回，她坚持寄，直到有一天，海狸发现一个从费城寄来的包裹，"包装得很精美：一条椅脚间的横档"——原先古董店里留下的唯一家具残骸，粗粗的、阴茎状的简单图案，难道是在暗示她们将来一起享受的放荡的生活吗？之后，露茜再也没有出现过。她的出现与消失在回忆录的叙述中，在海狸的生活中意味着什么？仅仅影射出名作家的生活，作品中暴露出的为博人一笑（偶尔的）的危险吗？或者还有其他什么？这首先是一幅典型的女性肖像，臆想出一部与现实完全脱节的剧本，对别人的反对置之不理，最后以接受别人给她的"教训"而告终。因此深爱着博斯特的左奥若会想象他将带给她的奢华的生活；路易丝·佩隆会给柯莱特·奥德莉写很多信，装成——"您想说我是只猴子"——是从猴子街寄来的。结果，佐洛或者佩隆厌倦了每天想新花招的日子，离开了。那个疯婆子也一样，和她那下流的礼物一起永别了。

可能还有另一些趣闻。出名之后，海狸发现自己又像鲁昂学生眼中的她那样；之后，维奥莱特·勒迪克成了一个"谜"。但不仅仅是她在学术界的名声对学生，或维奥莱特·勒迪克，包括现在这个对她痴迷到疯狂地步的女读者起作用，还有她那俊俏的脸蛋，她的眼神，她那既性感又腼腆的神情。她从来不提及这些。年轻时，她曾欣喜万分，因为注意到开始是马厄后是萨特都觉得她很"迷人"；回忆录中，她也提到自己"欣喜"的时刻，比如换了一种新发型，一块漂亮的土耳其头巾，一件毛衣，或是一条连衣裙。然而，她既能吸引男性的眼球，又能在同性中激起难以形容、难以想象的"热情"甚至疯狂，而这正是一个让她担忧、关注和困扰她的问题，使她情不自禁地会谈到。语调总是那么严肃，局限于事实本身，偶尔才会小小诙谐一下，显得极不自在。

没错，一定是这样，世界是混沌的，时而使人困惑，时而被搅得一片混乱。阿尔及利亚战争无限期地拖延着，加缪过世之后，海狸几乎再也没有走进过剧院或电影院，书使她疲倦：从中，我们看到的仍是世界，只是更乏味而已。必然的，甚至纯粹的世界在哪里，哪里才是尽头，可以忘却每日的写作任务，忘却重又掉入"偶然性"圈套的恐惧，而不必经历实践中铁的工资规律及其风险和失败？这样的世界确实存在，那就是音乐的世界，多亏了那部电唱机，如今她每夜连听几小时的音乐，手里拿着一杯威士忌。"听着拉絮斯[1]或佩尔戈莱西[2]的曲调，甚至恶的概念都不存在了。"即使在 supercherie 之风盛行的时候，也存在真理和不可辩驳的力量。"supercherie"这个词来自意大利语"soperchiare"或"soverchiare"，意为：占有，夺取，征服。也许这就是艺术的统治力，一种控制人心理的狡诈的方式。艺术，尤其是音乐，没有这么纯粹。其中有欺骗：精美的，细致的，却不容置疑的。首先是因为"世界的痛楚在这之中占有主导的、崇高的地位，这种地位突出到痛楚似乎得到了证实"[3]。海狸感觉有某种东西吸引着我们。吸引我们去哪里？去我们不想去的地方。这是什么意思？但是，这又无法言说。意愿让步的时候，理智就会动摇：可能这是一种休息，但不是没有危险的。这就是为何所有伟大的道德家，从教堂的神父开始，都宣称反对艺术，因为它具有淫荡、欺骗性的一面；也反对音乐，有时故意对之加以运用。

*

随着时间的推移，好奇心慢慢减退，这是一件憾事，海狸说，因为"有人建议我们去作长途旅行"。古巴最大报纸《革命报》的老总弗朗基来拜访他们，游说说："去亲眼看一看行进中的革命是我们的责任。"（"自由间接引语"的句式很受海狸的青睐，因为说话的主语发生了变化。他说了这样的话，其实，这正是他们所想的：他认为这样的用词很准确，可以打动他们）来到古巴之后，萨特和海狸和所有被共产主义吸引的左派一样目睹了那里的运动，从热情到决裂，运动把苏联的"同路人"带到了中国，又从中国带到古巴。他们跟随着争取自由，摆脱殖民化地位的群众，偶尔在他们身边歇一歇。三个国家之中，古巴是革命运动进行得最晚

---

1. 奥兰德·德·拉絮斯（Orlande de Lassus, 1532 – 1594）：弗兰德作曲家，青少年时遍游西西里和意大利。——译注
2. 乔瓦尼·巴莱斯塔·佩尔戈莱西（Giovanni Battista Pergolesi, 1710 – 1736 年）：意大利喜歌剧最著名的作曲家。——译注
3. *FdC*, t. II, p. 502.（《时势》，卷二）。

的，因此取得成功的希望也更大：一年前，即1959年1月7日已经颁布了作为古巴新政权基础的《共和基本法》。

必须理解古巴革命伊始的振奋人心之处。巴斯蒂亚1959年垮台之前，国际舆论关于"长征"的形象还停留在马埃斯特腊山脉，年轻热情的"大胡子"，之后又发生了攻占蒙卡达兵营，革命力量形成，空想和实践兼而有之，并得到了广大民众的支持。从欧洲来的学生共产党员（1965年退党之前）经历过古巴革命的初始几年，如今依然怀念那段日子。当萨特和海狸刚到哈瓦那的时候，三派执政势力：卡斯特罗领导的"7·26运动"、革命政府和呼吁要变成共产党的人民社会党（PSP）。1959年5月17日起，卡斯特罗颁布了第一部土地改革法，最终取消大农庄、大农田。私有制并没有被废除，但是大部分田地不再分给小农。美国竭尽全力支持古巴的反革命势力，这进一步加深了"反帝国主义"人士对卡斯特罗政权和人员的同情，尤其当他贯彻一项有利于第三世界国家发展和斗争的政策。自第一年开始，很多敌对分子被清除，或被判长期监禁，如乌韦尔特·马托斯。

尽管在普拉多有众多韦拉斯克斯般的美女，马德里的短暂停留让他们"伤心"，但是到哈瓦那之后，他们立刻陷入"欢乐的海洋"，这是他们没有料到的，由此激起了他们的好奇心。巴黎（介入阿尔及利亚战争）和马德里（佛朗哥专制统治让人窒息）的抑郁和惆怅消失了，如同阳光驱散乌云一样。蓝天下，"柔和的月光中"[1]，"奇迹"等待着他们。接待，尤其是访问、见面时没有或几乎没有"官方"的形式，到处是"热情的民众"，他们感觉到"久违了的欢乐"。在海狸的思想里，作品中，生活中，"民众"是一个特别突出的话题。少年时代，面临抉择，作出立刻要决定一生命运的"设计"的时候，海狸曾在反对"蛮族"的斗争中定义自我，与"他人"无差别的人。躺在草坪上，她感觉自己像一棵耸立在成千上万株小草之上的"大橡树"[2]。巴里斯的作品绝对不是了解"群众时代"或"民众时代"的入门书。必须与战争作出历史性的决裂才能使"民众"这个词本身慢慢不再含有贬义。而且在《1974年对话录》一书中，海狸提

---

1. *FdC*, t. II, p. 282. （《时势》，卷二）。
2. *MJFR*, p. 196. （《闺中淑女回忆录》）。

到他们长期隶属于的"贵族阶级"。然而，民众是随着战争和失败而开始存在的，出现在东站的站台上，运送入伍军人的车厢旁边，或者迟一些时候在蒙帕纳斯的咖啡馆，那里挤满了等待自己"男人"的妇女们。一条真理显而易见：这种强加的隶属关系也许需要缓一缓。《解放报》将这种隶属关系转化成可选择的隶属关系：这是作家的"责任"。

然而，这个词只有在开始去那些革命国家的路上或是到达那里之后才能给出积极的定义——也许以稍稍低头为代价。从中国回来之后，海狸自然开始用"群众"这个词。在那里她所看到的不再是碰巧聚在一起的一个个小群体，而是如萨特在《辩证理性批判》中说的"串在一起"的民众。这是一群为共同的事业动员起的人，全体涌向象征着这项事业的建筑：天安门广场。在那里，1955 年 10 月 1 日，国庆纪念日，她看不到奴颜婢膝或是无动于衷，而是"激动的心情"。在古巴，"群众"重新变成"民众"，但还是热情高涨，多姿多彩的，因为气候和"热带"异国风情的缘故而格外活跃，不过主要还受到超越个人的设计的激励，让大家"融合在一起"——可以看一看《辩证理性批判》中对攻占巴士底狱的分析。所有的一切都为之作出贡献：茂盛的植物，殖民建筑的残骸，"美式加长车"，它们不再是一种威胁或者可恨的标记，美国人已经被赶走了（五十年之后，哈瓦那的大街小巷还是可以看到没有发动机或没有轮子的加长车）。甚至"新鲜多汁"的菠萝让你感受到难以企及的幸福生活，因为这样的果实农民是从没有机会吃到的，都用于出口。多年来，在东柏林的餐馆里，所有的菜单上只有外国菜，其中的"夏威夷肉片"用的是牛筋部分切下的肉片，浇了一层厚厚的马德拉调味汁，点缀了一片古巴菠萝……

海狸被"蒙上一层水气的花朵"的芳香吸引，被市场或朝向大街的饭馆里散发出的"浓浓的蔬菜味和鱼味"；摄影师科尔达[1]和他太太陪同他们，他太太身兼两种截然不同的职业——"模特和民兵"，也只有在革命时期才可能做到。弗朗索瓦·傅勒记录道：甚至"比苏联的五年计划还要

---

1. 即 Alberto Diaz Gutierrez，人们比较熟悉的名字是艾伯多·科尔达（Alberto Korda），1928 年 9 月 14 日出生，2001 年 5 月 15 日过世。他是最著名的 Che Guevara 摄影集的作者。朱昂·维夫斯（Juan Vives），前古巴间谍，称他为这张照片的真正摄影师，1974 年科尔达本应该在彩色胶片上建立双工通信的。（EL Magnifco，为卡斯特罗秘密服务达二十年。和约瑟夫·拉伯德塔（Joseph Labordeta）合作。）

令人振奋"[1]。因为《鸿》(Che)中照片上的浪漫表情，菲德尔·卡斯特罗（那时还只是"菲德尔"）有了双重形象，他全权代表了南美洲贫苦农民争取解放的强烈愿望，农民们遭到联合水果公司及其爪牙的残酷剥削。那些年里，"解放学说"虽然提出不久便受到来自梵蒂冈的批判，但却找到了自身的发展模式，并想尽办法运用到行动中。萨特在总司令或"鸿"的陪同下的照片频频出现在报端，民众在大街上很欣喜地认出他，指着他。这是一个狂欢的时期，一次谋杀使人们的心情陷入了低谷，其中几位黑人码头工人不幸遇难。在为受害者举办的葬礼上，卡斯特罗面对五万民众发表演说：一幅频繁出现的画面，首领身后站着团结一致的民众。一切都有条不紊，没有一个不和谐的音符，在这场人民和领导者的明显的联合中，在这"略显混乱的希望的聚集地"。萨特说，"是革命的蜜月期"[2]。海狸又补充道："不会总是这样，不过真的给人带来不少宽慰。""我们这一生第一次见证了暴力中的幸福。"

很富有代表性的一句话。一方面，他们对事态的发展并不是完全乐观；另一方面，他们并没有放弃这样的信念，那就是暴力才是历史的推动器和革命之母。他们大肆攻击的"资本主义唯心论"不足以将这两个名词统一在一起：要么是"幸福"，要么是"暴力"。因为对于"资产阶级"而言，所有的暴力都是有害的，除了法律名义下执行的暴力，而如果所有的"幸福"都需要有代价，那么这样的幸福就是值得怀疑的。古巴革命让他们看到了一次前所未见的节日场景，"心互相包容"，都是透明的，超越了一切"障碍"。谁敢借拒绝暴力的名义而逃避革命？是一种因为压迫、统治关系的暴力而变得合法的暴力吗？古巴所有人，甚至那些险些在斗争中丧生的人，都"快乐得面泛红光"[3]。即使在天安门广场上用同一种声音向毛致敬（或者挥舞着成千上万本"小红册子"）的群众也不曾让他们感觉到如此和谐统一的愉悦：其实，长征初期中国人民经受的不得已的苦衷和古巴人心中和生活中某段时间真正感受到的那种快乐还是有差别的。

这份热情被泼了些许冷水：10月，巴西之行临近结束之时，他们决定

---

1. *Le Passé d'une illusion*, Robert Laffont/ Calmann–Lévy, 1995, p. 558.（《一种幻想的过去》）。
2. *FdC*, t. II, p. 286.（《时势》，卷二）。
3. *Ibid.*, p. 286.（同上）。

重新再去看一看哈瓦那。哎呀："哈瓦那变了：不再有夜总会，不再有美国游客，大街小巷，到处是民兵在训练。"[1]"革命的蜜月期"结束了，反革命势力的阴影笼罩着整个国家，"卡斯特罗坚强地顶住"。自他们 2 月刚来的时候，由于美国撕毁了买卖甘蔗的协议，苏联接替了它的位置：苏联从此成为古巴最主要的贸易伙伴——苏联用石油换古巴的甘蔗。因此眼看苏联和古巴关系越来越密切，连发展模式都开始趋同，美国自然陷入了被指责的境地。政府部门 10 月 19 日采取多种剥夺所有权和国有化的措施之后，决定对出口到岛上的所有物资实行全面出港禁令。结果："快乐少了，自由少了。"作家们自己也和以前不同了，感觉必须遵守命令，支持"现实社会主义"，或者心甘情愿地接受命令。整个气氛十分悲凉：大家都害怕登陆。接下来的几个月里，美国的态度变得更为强硬：1961 年 1 月 3 日，艾森豪威尔与古巴断绝外交关系。约翰·肯尼迪在这条路上越走越远，直到 1961 年 4 月 15 日至 19 日，由两千名古巴流亡者带路试图在科神海湾登陆，最后以失败告终。美国还决定支持在他们国家避难的巴蒂斯塔的死党。在"反帝成员"眼里，强硬的政体和与苏联的亲近无非是对北美不断频繁的挑衅行为的回击。海狸和萨特 1961 年时确实很震惊，古巴走向斯大林体制的迹象愈来愈明显，尤其是一项清除同性恋的政策。而真正意义上的失望是七年之后：卡斯特罗竟然"热烈"支持苏联坦克开进布拉格，支持"一个超级大国闯进--个小国家"[2]。

不过我们还没到那个程度：萨特第一次旅行回来之后，在报道中（《糖的风暴》，刊登在《法兰西晚报》，1960 年 7 月 10 日至 11 日）流露出激动的感情，对卡斯特罗和鸿同样多的热情，也许稍稍偏爱后者一些。正是这个鸿对他说"现实就是马克思主义"，萨特眼中的鸿是一个"最有涵养，革命中最有智慧的人"。联邦调查局自然是"咬牙切齿"[3]。1960 年 3 月，回巴黎的路上，海狸和萨特还因为哈瓦那的光芒而感到眼花，因为新兴革命的承诺而心潮澎湃，他们途经纽约时很不耐烦，这个城市似乎变得"可怜而又冷漠"；至于那些会面的人，也不能说他们属于人类的先锋：这是一个"被组织弄得僵化"的社会。纽约也成了"走向衰退的巴比

---

1. *FdC*, p. 391. （《时势》，卷二）。
2. *TCF*, p. 452. （《清算已毕》）。
3. Cohen - Solal, *Sartre*, p. 667. （科恩 - 索拉，《萨特传》）。

伦"。回忆录的出彩之处在于：萨特在《辩证理性批判》中以概念形式提出来的，她用生动、具体的事例予以阐释。她将哈瓦那民众的欢乐和愉悦与纽约办公室里职员的抑郁和悲凉作对比。

但是在芝加哥，不再有"瓦版西亚"，取而代之的是高楼大厦；回忆都只能藏在心里，回忆录里，作品里。艾格林到巴黎的时候，海狸和萨特正好在古巴，后又去纽约，他们一直没有见到面。真是地球不停地转，每天呈现的面都难以预料啊！纽约对于萨特和海狸来说，是一个探索的地方："偶然的爱"是如此的强烈，丝毫不亚于"必然的爱"。纽约的探索很顺利，直到艾格林回来，他给海狸看了在斯乔尔彻街上的工作室。十三年前，他们正是在这里邂逅，但是如今她清楚地知道她不可能再和他生活在一起，无论在巴黎，或在纽约。也许他自己也不喜欢高傲的"资产阶级"，为了躲避这样的头衔，他长时间以妓女和扑克为伴，但是他并不想改变这个世界，只能默默承受。去哈瓦那碰到踩着革命曲调跳舞的民众，他并不担心，他宁可听到对这个没给他任何机会的美洲的痛斥声。海狸因此"千方百计"让他放松，她带他到处游览，可是他不懂法语，在人妖表演的夜总会大为光火，真是一个未经世事的"青涩的大男孩"，还带着大男子主义的色彩。然而，这段对一个性格略微乖戾的人的描述，难道不是为了铺垫之后艾格林读到回忆录时激烈的反应吗？根据海狸让我们慢慢习惯的叙述保护模式。结构是严谨的——却隐蔽的，叙述者还是在意叙述的手法，任何一句话都不是随意的。

艾格林得到戈伊蒂索洛的帮助，在马德里做了一场报告。海狸在那里见到了他。年轻的知识分子向她指出"萨特的书是禁书而加缪的书却在书店的橱窗里到处可见"[1]（不太中听的话似乎是对某个没有受到礼遇的人的怨恨）。回来时，海狸为拉古阿·韦伊－阿尔的两部作品作了序，继而加入了年轻律师吉赛儿·艾里米[2]发起的保卫蒂扎米拉·布巴沙[3]的斗争中

---

1. *FdC*, t. II, p. 293. （《时势》，卷二）。
2. 吉赛儿·艾里米（Gisèle Halimi），是阿尔及利亚战争期间首先揭露多种性侵犯的女性之一：她估计十分之九的女性在受到法国军队询问的时候遭到性侵犯。她说，运动中，性侵犯的主要目的在于"丘八的发泄"。但是，询问却旨在把目标人物置于死地。这也是二十世纪九十年代我们在前南斯拉夫重又看到的现象。
3. 阿尔及利亚女孩蒂扎米拉·布巴沙（Djamila Boupacha）受性侵犯事件受到法国自由舆论的密切关注。——译注

（吉赛儿·艾里米的书1962年出版，也是波伏瓦为她作的序）。这也是她肯定自主性的一种方式，不管是对于艾格林，还是对于萨特的政治介入。另一方面，由于"献给让-保罗·萨特"的《年华的力量》即将问世，她打算写一个续，记录下1944年至1948年发生的事情。她确实已在《名士风流》中提到了这一点：能否再写一写这个想象和虚构就足以说明一切的时期？没错，小说已经把一切的"偶然"变成了"必然"：而回忆录则完全反其道而行之，把所有的无根据、偶然性变成事件。真的是这样吗？为了区分两者，海狸再次鼓励我们去读一读回忆录，因为回忆录是事件的真实再现，而不是重新阐释。

她在巴黎只待了几周，又走了。和艾格林去了西班牙（5月初）；7月又和他去了土耳其和希腊，这是他们最后一次旅行。艾格林离开巴黎时有一个很小家子气的举动：在桌上留了租房子的钱。（博斯特后来承认是他经过拿走了钱。）海狸的生活又恢复了平静：8月底，萨特和海狸接受邀请，飞往巴西。这是一个需要完成的计划，一系列需要接受的课程。苏联，继而中国的革命结束之后，古巴之行让他们亲眼目睹行进中的革命之后，他们必须明白"第三世界"国家中，"革命力量还会，也许在很长时期内依然发挥作用"[1]萨特犹豫着不愿相信：他还是反对马尔罗，有效地为"阿尔及利亚和法国左派"服务。

旅行持续了两个月，这次旅行在回忆录的叙述中所占篇幅最长（八十页）。海狸说，毕竟"不喜欢这段故事的读者可以跳过"[2]。这段故事的叙述确实是海狸充分展示自己才华的段落：中间还有亚马多夫妇、乔治和他太太泽丽亚。亚马多那时已经在法国出版了一部巨著，《拳王的觉醒》（*Bahia de tous les saints*）（1938年），后于1952年，又出版《沙漠中的船长》（*Cupitaines des Sables*）。前　年，他荣获斯大林奖。他们的小公寓后来成了萨特和海狸的"家"，原本里面堆满了书籍和亚马多夫妇从世界各地淘来的小玩意。他们在那里品味巴迪达斯酒，跟着亚马多参加特意为他们组织的聚会、辩论和报告会，之后再一起晚餐。萨特和海狸受到欢迎、

---

1. *FdC*, t. II, p. 319．（《时势》，卷二）。
2. *Ibid.*，p. 311．（同上）。

款待，大家都视他们为知识分子和支持反帝和"第三世界"国家的左派的杰出代表。过多的会面和讲座使萨特很疲惫，有时他抱怨别人硬让他扮演的那个角色。但是，一年之后，民族解放阵线首领海达被迫退到机场，被学生们成功地夺取了大权，而此时，人们热情谈论的却是萨特前一年旅行中的所见所闻[1]。他们对会面时的不做作感到喜出望外，又对人们的热情和激动感到惊讶，学生们高呼着萨特和卡斯特罗的名字。"听说他们都是革命人士！"海狸对亚马多说，而亚马多从中看到了其他什么，试图平静一下她激动的心情：他们若是医生或者律师，那是有可能的，他说[2]。

此时，在法国，约翰逊联络网的诉讼案于 9 月 7 日开庭审理，萨特不在场，法庭宣读了一封他的信，整件事海狸都转引到回忆录中。其实，这封信是朗兹曼和佩朱根据萨特的指示和几次电话交流的内容起草的，由保尔·德文南打字成稿[3]；而萨特的签名是由西诺模仿的[4]。提及所有这些细节，是为了更好地理解那些年萨特所占据的重要位置，以及每一个重要时刻海狸是如何在他身边支持他的。在巴黎，他可以动摇政权。在受到国家元首般招待的"反帝"国家，飞机甚至都可以为他们让路。再次路过哈瓦那的时候，他们很遗憾没有见到卡斯特罗就得匆匆离开。突然，他们要离开酒店的时候，卡斯特罗从电梯里"跳出来"。可是我们的飞机怎么办！他们说。"飞机会等你们的。"卡斯特罗镇静地说。

这是一个值得出现在革命大剧院的回答，由卡斯特罗（或者伟大的舵手）担任主角。"飞机会等你们的"包含了一切；他们感觉自己与热核反应器灼热的中心是如此接近。当大写的历史把她的巨手放在你的肩膀上的时候，试问有谁可以抵御？它的强大让人着迷、不容置疑、无法抗拒，这种强大的力量会传染，萨特自愿成为它的阐释者，有时甚至是传播者。1961 年开始，他在给弗朗兹·法农的《大地上的受苦者》（Les Damnés de la terre）一书的序言中，写了一句最为极端的话："打倒一个欧洲人，可

---

1. Cohen – Solal, *Sartre*, p. 675.（科恩 – 索拉，《萨特传》）。
2. *FdC*, t. II, p. 356.（《时势》，卷二）。
3. 安东尼·阿尔托（Antonin Artaud）的朋友，直到 1993 年去世前她才公开这件事。
4. Cohen – Solal, *Sartre*, p. 704.（科恩 – 索拉，《萨特传》）。

以一箭双雕，同时消灭一个压迫者和一个被压迫者；成为一个死人和一个自由人。"[1]从此，不可能再走回头路；萨特走上了一条竞相许诺的道路……

*

　　阿尔及利亚战争的阴影使《时势的力量》的最后一章蒙上了一层灰蒙蒙的色彩，结论部分则更为忧郁。1961年初："阿尔及利亚群众一致要求独立"，"民族解放阵线胜利了"，但是法国的政治环境不得不让人"与之保持距离"，或者是"站在她这一边"[2]。（这个词有点过时，让人想起德雷福斯事件或是反教权的斗争。）革命进行中的兴奋带来了间接影响：回到家里，还是想着分化、敌对、至死的抗争。革命把同志间的感情联系得更紧密，但也行动的范围缩小为政治行动，其实政治行动并不是革命的任务。海狸因此被邀请参加一次政治会议，目的是去向学生们解释"为何要对全民公决说'不'"[3]："通过她"，大家赞同的，是"121"论断。同样的事也发生在她当月去布鲁塞尔的时候，主题是"知识分子和权力"。她被邀做有关阿尔及利亚的报告。促使她这么做的原因是，她曾受到"极左派"学生的邀请。因为她害怕发表公开演说："站在讲台前，我总是很紧张；我害怕自己既不能满足他们的期待，又不能充分表达自己的思想。我语速太快，害怕出现长时间的冷场而又不能很好地调动气氛，害怕有太多的内容要说而又控制不好时间。"[4]要是台下坐的是贵族、资产者，甚至是"部长"，情况显然会更糟。

　　真正的原因确实是这个吗？海狸发表公开演说时，真的会害怕，缺少胆量、自信吗？回忆录中的语言警觉而又生动，节奏鲜明，有为读者设置的停顿，回顾，和悄悄话：这一切都是一种介入语言，介入生动语言的方式。而且，她喜欢"口语"，经常使用；比如，在空袭摧毁了萨特的公寓

1. *Situations V*, p.183.（萨特，《境域（五）》）
2. 《年华的力量》出版，获得巨大成功，却让海狸很不安，直到她"预设"喜欢她的人应该会"站在她一边"。
3. *FdC*, t. II, p.403.（《时势》，卷二）。提到的是1961年1月8日进行的有关阿尔及利亚自决政策的全民公决。结果：74.99%的赞成票。
4. *Ibid.*（同上）。

的时候，她说："没掉的是我的一小片过去。"还有，末尾提到她在别人心目中的负面形象时："我小时候就开始锻炼不去理睬别人的想法。"海狸常常使用这样的语言。这才是属于她的语言，一种"生动的语言"，保留着所有口语、生命力和即兴性特征的笔调。波伏瓦风格的"轻快声音"有它自己的修辞手法，很少借助于传统的叙述方法。而萨特与海狸相比，则是一位伟大的古典散文家，他使用的是文学的、高雅的、多变化的语言；他有自己的风格和一些其他东西，不过拉丁时代也不会让他害怕。比如，《一群要求国王的青蛙》一文强烈抨击了戴高乐派："如果这世上只有一个人能拥有光芒，而这光芒又能给予他操纵我们命运的权利，即使是仁慈的父亲，他的行为总是合理的、得当的，表现其本质的，那么人类就会分崩离析：这不再是个凡人，而是超人，或者动物。"[1]这样的例子还有很多。

其他的都是海狸的语言。《青春手记》中，她竭力追忆过去的事，充分地、绘画般地、怀着激情地，却依然带着阅读和"艺术家风格"[2]的痕迹。她将变得更坚定，更有活力，更坚强，保持着一贯的美貌，出众的才气、诗意，尤其在涉及感情和回忆的时候（这样的时刻很多）。不过她成熟的风格满足了其他的要求。首先是"交流"的要求：这是一种及物的语言，区别于诗歌，也拒绝新小说的随意性。海狸从不"卖弄"文学的技巧，因为她觉得没有这个必要，她甚至认为这是有违叙述的自然的。她说，她完全可以像普鲁斯特和维吉尼亚·沃尔夫那样，激起"情感的闪光"，但这不在她的"计划"[3]之内。她的计划是立即与读者进行热烈的交流，读者这个隐形的却一直在场的大众。为他们描述一个世界，让他们去理解，为他们理清头绪，拨开迷雾；同时也引导他们，指导他们，为他们指明真理的道路和方向。海狸从不让读者休息片刻，她在他们身上实施的是一种持久的信念战略，有时甚至是控制战略。

正因为这样，海狸不喜欢公开演说，她看到了真实的大众。"大众"或是"听众"，不能像读者那样受着不容分说的控制。大众是真实在场的读者，有血有肉。在那里的人。在你面前的人。他们有反应，顺从或

---

1. 《快报》，1958 年 9 月 20 日，后又在《境域（五）》中引述，p. 137。

2. 1928 年 9 月 27 日："黑色的塞纳河波光粼粼，无比的美丽，树木形成的黑色线条半透明的，如同一层薄纱，汽车的反射镜和车灯使光线泛上了一丝蓝色。"

3. *TCF*，（《清算已毕》），最后几页。

是沉默，接受或是反对。他们的身体、沉默、呼吸、咳嗽、椅子声、问题、评论，都让海狸感觉到"强烈的不自在"。实际上，大众，就如同民主制度中的人民，很难驾驭的"大动物"；要征服他，时而要用计谋，时而要用武力；用以前修辞手法中所谓的 *captatio benevolentiae*，即"博得好感的努力"来对他施加影响。海狸厌恶这些，因为她正直、诚实，也因为她一直坚信真理无需被接受或被拒绝：真理本身有某种强制力，其本质让人不得不认同——除了对那些"图谋不轨"或"无法无天"的人而言。

没有很多公开报告会的机会，因此，遇到这样的场合，她往往会不自在。连在作家委员会的年会上，她的不安也没有平息："我不是一个行动的女性，我生存的理由，便是写作。"[1]而后，她又变得忧郁起来，因为流逝的时间，不断增长的年岁，加上眼下可怕的事，她都视为对个人的挑战。读到有关当地军人在 Groutte – d'or [2]地窖里遭受酷刑的报导，她大喊道："有人非要我老去不可，好可怕！"接着讲述每夜的噩梦。然而，有时她重又鼓起勇气，着手忙于"工作"和"娱乐活动"，但却不快乐。他们去了昂蒂布，萨特有点疲倦。但是，时间总在一分一秒地过去，对任何人都是一样。莫雷尔夫人漂亮的别墅已经变成被高楼围绕的私人诊所。回到巴黎，等待他们的是一系列的坏消息，有公事也有私事：OAS [3]组织刚成立，梅洛·庞蒂逝世（5月14日）。她想，"发生在我身上的事已经不再是我自己的事了。与我所属的这个社会对立，上了年纪，就是个没有将来的人，过去的一丝一毫也在慢慢远去，我变成了没有任何掩饰的存在。多么令人心寒！"[4]

1961年7月19日，他们准备去罗马，这时萨特的母亲来电话说，塑料在客厅爆炸了。7月受到威胁之后，萨特一直住在舒乐街上（他把母亲

---

1. *FdC*, t. II, p. 246.（《时势》，卷二）。
2. 巴黎北部的一个区，原来是民族解放阵线和阿尔及利亚民族运动血债血还的地方。
3. 捍卫"法国阿尔及利亚"的人联合在一起，该组织成立于1961年2月11日，继让·雅克－苏西尼（Jean Jacques Susini）和皮埃尔·拉加亚德（Pierre Lagaillarde）的马德里会面之后。
4. *FdC*, t. II, p. 415.（《时势》，卷二）。

安置在一家旅店），他非常疲倦，他又开始"猛吃"镇痛剂，撰写《活着的梅洛－庞蒂》[1]。当他们来到意大利，即使萨特不能潜心工作，小广场上迷人的夜景依旧那么让人陶醉。但这次短暂的浪漫之旅必须中止，因为可怕的事情又发生了。他们回到"阴暗、荒凉"的巴黎，"沾满鲜血的秋天的巴黎"：布隆尼的树林里有被吊死的人，塞纳河里有被淹死的人。在这些"警察专制"的日子里，他们多次加入了大型游行队伍。1961年10月17日，巴黎，警方杀害了几百名解除武装的阿尔及利亚人，他们是在民族解放阵线的号召下参加游行的。11月1日，萨特和洛朗·施瓦茨号召在莫伯广场举行默默的游行活动，不理会警方的严令禁止；海狸也参加了。她也参加了11月18日的那次："感觉真好！孤独就像死一样难受，又和有激情的人们在一起，我自己也振奋了。"事实上，"这支行进中的队伍欢欣鼓舞"[2]。根据计划的强度，就可以知道游行队伍是多么有活力；否则，是漫无目的的闲逛。

总是强度的问题，个人的成功也是根据强度来衡量。法农十二月份过世时，她评论说："他的逝世影响深重，因为他一生背负着生命的强度。"[3]而几年前，她的秘书患乳腺癌去世时，海狸写道："她的死在我看来是那么荒诞，因为结束的是一个荒诞的生命。"甚至对那个可怜的女人来说，是毫无根据的假设，有点不客气。也许生活很艰难，尤其在那个时期，因为"她尤其关爱女性"。她没有很大的成就、没有任何怀疑，但并不缺少幸福，因为她活着，和一位"五十多岁"的太太一起带大了自己的女儿。有人对这种看待问题和言说的方式作出评论：海狸为她所谓的"成功"的一生设置了过于特别、过于苛刻的要求，以至于大部分普通人在她眼里都是"失败"的——更糟的是"荒诞"的，没有任何意义的。难道这不也是一种方式去相信自己的一生是成功的，可以不必用她给出的和天天变化的公共标准去衡量？

11月份开始，由于受到谋杀的威胁，他们住在圣日尔曼大街大道上，用假名租了一套公寓："我见过许多邋遢的地方，却从来没有见过这么不堪入目的。"这就是圣吉约姆街和巴黎政治科学院的邻区，政客和高官的

---

1. *FdC*, p. 418.（《时势》，卷二）。
2. *Ibid.*, p. 438.（同上）。
3. *Ibid.*, p. 441.（同上）。

摇篮，资产阶级送他们的孩子来学习的地方吗？他们唯一的办法就是潜心工作、阅读：萨特忙着他的福楼拜[1]；海狸则在阅读卡齐米尔兹·布朗迪斯的《给Z夫人的信》[2]。1962年1月4日，他们被"既强烈又有气无力的声音"惊醒：一团烟雾从圣吉约姆街上升起。其实，目标是罗曼尼衬衫厂，厂长拒绝为OAS提供资金援助。三天之后，塑料又在波拿巴街上爆炸：公寓被铲平，"我的一小片过去又溜走了"[3]。他们又搬到布莱里奥站台，朝向塞纳河的一个"大营房"。海狸从来没有住过离她最爱的蒙帕纳斯这么远的地方，远，既有本意也有引申义，这个她心之所向的地方，对之有着"绵绵爱意"的蒙帕纳斯。窗户外的景色美得令人惊讶："下雪了，洁白的雪落到静止的驳船上，落到荒芜的陡坡上；中午，在阳光的照耀下，斑斑驳驳，河面闪闪发亮，海鸥掠水而过。"[4]这些描述已经算是"文学性"最强的段落了，海狸以平静的心情袒露情感世界里几个美好的瞬间：有点像影射一个世界，在那里可以变成写作的"高手"，不必去执行执著地向一个目标奋进这样令人筋疲力尽的任务。

但是就其他而言，她讨厌这个街区。布莱里奥站台的逗留期间，她有时间证实一个论断：法国正在变成另一个"美国"。她从窗户里看出去的，都是"组织有素的男人和女人"。男人去办公室，女人去市场；她清晨遛狗，他晚上遛狗。周末，他们不是去做弥撒，就是去野餐[5]。根据怀特在引言中提到的，"组织人"这一术语非常模糊，因为没有其他相对应的词，这里说的既不是工人，也不是"白领"，而是那些"只为组织效力"[6]的人。这是美国所"痛恨"的集体主义的一种新教的、"道德"的形式，正因为这样，海狸在我们心里的位置一直保持着上升的趋势。

反对阿尔及利亚战争规模最大的一次游行发生在1962年2月8日：警

---

1. *L'Idiot de la famille.*（《家庭的白痴》），出版于1971年，一直没有最终完稿。
2. 卡齐米尔兹·布朗迪斯（Kazimierz Brandys）：波兰作家，1916年生，2004年卒于巴黎，"围攻"时期到巴黎定居。由扎鲁泽克斯基（Jaruzelski）将军颁布的围攻号令保卫波兰免受苏联军队的武力干涉。
3. *FdC*, t. II, p. 447.（《时势》，卷二）。
4. *FdC*, t. II, p. 449.（同上）。
5. 与雅克·塔蒂拍的一部电影里一样。（《时势的力量》，t. II, p. 449）
6. 引用过多次，威廉姆·怀特（William H. Whyte），《组织人》，摘要的题目与原题一致（英文）。

方力量干涉之后，造成夏洪尼地铁上九人死亡。3 月 18 日，恢复平静。是时候了："在这几个星期之前，我从来没觉得阿尔及利亚战争这样的令人厌恶，临末了，才显出它的真面目。"一场没有欢乐可言的胜利。有一次让人确信，"没有共产党员，什么也做不成；和他们合作，也是什么也做不成"[1]。世界范围内的革命的希望是不是越来越渺茫？不——无论如何，还没有定论。夏初，他们要去莫斯科，在那里呆上"几个星期，整个夏天，过完 1965 年"[2]。1966 年，回来时，途经波兰，作了逗留，卡齐米尔兹·布朗迪斯记得在家里接待了他们。

在莫斯科，破冰的信号似乎比 1954 年的时候更为明显：赫鲁晓夫想实现"和平共存"，"主张自由"的知识分子想与萨特见面。特瓦尔多夫斯基重新掌握《新世界报》的领导权，而赫鲁晓夫在作家联盟第三届代表大会上的轻松谈话（1959 年 5 月 18 日至 23 日）依然有一定影响。那个时期涌现了一批全新风格的年轻作家：坚德里亚科夫，阿西诺夫，卡扎科夫，叶夫图申科，伏兹尼仙斯基，阿赫马杜琳娜，他们都受到过特瓦尔多夫斯基的鼓励。两年之后，赫鲁晓夫倒台，勃列日涅夫上台，"冰冻"的色彩更为浓重，他们处于被监视的自由之中。但对于那时的情况，《时势的力量》中对苏联方面是持肯定态度的：有点刻意回避集中营问题。也许海狸是不愿以她的名义提及：这些常常是她道听途说来的。"直到 1936 年，似乎集中营真的是再教育的营地：适量的工作，自由的管理制度，剧院，图书馆，监管员和囚犯之间随意的聊天，甚至是友好的谈话。"[3]"再教育"营地这个概念本身让人吓出一身冷汗；但重要的是海狸是从谁那里听说。因为，自1924 年，斯大林掌权以来，镇压便具有了系统性和组织性[4]。因此，海狸所说的情况是不完整的，带有偏见的。列宁格勒，"在一片光亮中"欣赏完"夜景"之后，他们和她口中的"科尔夫特"一起用

1. *FdC*, t. II, p. 461. （《时势》，卷二）。
2. *Ibid.*, p. 387. （同上）。
3. *FdC*, t. II, p. 474. （同上）。
4. Cf. Anne Appelbaum, *Goulag: une histoire*, Grasset, 2005. （《古拉格：一段历史》）。古拉格 1930 年 4 月 7 日在政府法令下成立，机构遍布俄罗斯的欧洲部分、西伯利亚、白俄罗斯、乌克兰、哈萨克斯坦、蒙古、后又深入到捷克斯洛伐克、匈牙利和波兰。在西伯利亚，囚犯受到非人的待遇：就是在那里，第一次出现 zek 这个词，从俄语的 zaklioutchennie 演变来（"在枪栓下"），之后用来指所有古拉格监禁的囚犯。

晚餐，他是《带着一条小狗的女人》这部戏的演员，与他们谈论"戏剧、电影"，讲述他"对梅耶荷德的回忆"[1]。其实他名叫伊索夫·科尔夫特，是他告诉他们说，梅耶荷德 1939 年被逮捕，被指控为托洛茨基分子与间谍，遭受酷刑，1940 年 2 月 2 日被秘密枪决的吗？他妻子也在这期间被警方杀害。梅耶荷德直到 1955 年才得到昭雪。

矛盾的是，上世纪六十年代初的苏联还是可以保证革命的前途！因为大西洋的对岸，事情变得越来越糟。古巴的强硬显而易见，到卡斯特罗 1961 年重新掌权时，摒弃了之前采纳的斯大林路线，驱逐了开始"迅速大量繁殖"的"埃斯卡兰蒂和所有的小埃斯卡兰蒂分子"。事实上，卡斯特罗与苏联方面的亲密关系从 1967 年开始越发明朗，原因在于古巴的孤立地位。埃斯卡兰蒂作为苏联共产主义在古巴唯一强硬的代表，直到 1968 年才被裁决、驱逐。1962 年，俄国人要求卡斯特罗减轻对埃斯卡兰蒂的批判，他被指控"将党政机器变成各种特权、纵容和恩惠聚集的巢穴"[2]。共产党，官方工会和政府结构的职能在苏联模式中都有明确划分。而至于道德风尚和自由方面，古巴政体的"斯大林化"表现在禁止同性恋和流产的措施上。1934 年，斯大林以个人名义介入，规定"成年男子自愿"情况下的同性恋行为要被判处五年监禁；1935 年，斯大林禁止流产，革命初期这还是合法的[3]。在古巴，这一禁止非常突然。如海狸记述的那样，同性恋者背上被贴了一个个大大的 P，在全城示众之后（让人想起巫师行巫术的过程），即被"监禁"。之后，卡斯特罗的妹夫从保加利亚传报道说，设立为他们提供"再教育"的营地，劳改营能帮助同性恋者重新学习"沿着正确的道路走"[4]。

---

1. *FdC*, t. II, p. 479.（《时势》，卷二）。
2. 这里必须重述古巴共产党的历史，该党 1925 年由四位世俗的德系犹太人建立，他们中一名叫"法比奥·格罗瓦特（Fabio Grobart）"的人在谋杀托洛茨基（Trotski）事件中扮演重要角色。格罗瓦特后招募卡斯特罗作为他的助手（1948 年）。
3. 专制政体总是伴随着对同性恋（男性）和流产的禁止：两者都被视为拒绝创造生命。
4. 劳改营（UMAP）的进门处，挂着列宁的一句话："劳动使你成其为人。"在国际舆论的压力下，这些营地被迫关闭。卡斯特罗 1965 年宣布："我们不认为一个同性恋的人能够结合各种外部条件，表现出能成为一名真正的革命分子或共产党员的言行举止。"

*

1962 年底：《时势的力量》接近结尾部分的时候，海狸依然沿用自《青春手记》开始惯用的"总结"套路。回忆录中，得出结论之前，一般总是对对手和敌人的猛烈攻击，这样立刻就把读者拉拢到支持她、维护她的立场上。承认自己的失败（相对的）和萦绕自己心头的烦恼是一件痛苦的事，但使她一直对略有区别的人性怀着某种同情。

完全失望之前——镜子日日带给她步入老年的恐惧，干瘪的脸蛋，深深的"眼袋"——海狸首先表现出一个彻底斗争的形象。她总觉得攻击的气势和持续能给予她双重证明：一方面，敌人很强大，应始终保持高度的警觉；另一方面，她的反抗和力量是完整的、彻底的，毕竟他们从来没有占过上风。她引用了艾格林 1960 年春写的一封信："你赢了，你把自己变成了需要的敌对方。"[1]以前的对手还一直在：尤其是莫里亚克，看着她"冷笑"。（有"两个年轻人"的陪伴，让人想起她在报纸上报导过的性犹豫。）所有新的对手都属于"需要的"："资产阶级"。世界中的论战形成了一个过于完美的轮回。

海狸想，自己抱着如此坚决的斗争态度，就可以在结论中涉及更为让人痛心的方面。前提是依然持保留的态度，这是非常重要的："我的一生，有一种成功是肯定的，那就是我与萨特的关系。"他们的"结合"，他们的"契约"，他们很快就采用了这样的词汇[2]。这样的"契约"建立在她常常提起的一个基础上："哲学上、政治上的创意都来自他。"[3]似乎海狸不想说太多；但是可以猜想她的感觉，有可能政治上的介入会失败：情感、幽默、模棱两可，这些只能出现在小说中，只有小说才允许有这样的"多样性"，政治上是禁止的。难道又是一个可以用来解释"我被骗了"的假设吗？她不会提及太多，更不想在她与萨特之间制造出隔阂。她始终在他身边，一直都是，作为他的小海狸，战时又表现得那么勇敢，萨特能够一

---

1. FdC, t. II, p. 492.（《时势》，卷二）。
2. FdA, p. 35.（《年华的力量》）："与某人能很好地相处，无论如何是一种重要的特权。"
3. FdC, t. II, p. 491.（《时势》，卷二）。

直依赖的海狸。在她眼里，没有什么比与他共同经历这段"彻底的默契"更重要的了。

由于这种种原因，1962年的总结让人心碎，反映出一种对自我的残酷强求和年岁渐长带来的衰退。年龄让她感到害怕，偶然发现"一张年轻姑娘的脸停留在一个老年人身上"[1]。她痛恨自己的形象，因此作了不留余地的描述："我那张长过天花的脸永远都好不了了。"[2]步入暮年也会"毒害我的心"。她的幸福变得"暗淡无光"：更严重的是，她害怕对自我的冷漠，"我不愿放弃的这个存在，我的存在，将变得一无是处的存在，任由被清除，而我依然漠不关心"。如同《变形记》中的结局一样：格里高尔最终变成了"东西"，这只甲壳虫死了，不经意的一下横扫断送了它的性命。而这位与一大群雨后春笋般涌现的对手对抗的女性让位于一名叫玛克－奥莱尔的人，一位古希腊哲学家。成功于他而言，一文不值，他的冷漠是彻底的，他植根于"一段献给绝对的童年"[3]。她忘却了原本执著的想法，即写作是用来拯救或委托，如今写作再也不能为此"找到理由"（但是，她若停止写作，会觉得"极度无理由"）。她的作品不再只是良心的责备，因为作品为她"带来了很多收入"："我知道我是一个唯利是图的女人。""我是特权阶级的同谋，被他们连累了。""要做的是，改变这个世界，可我没有这个能力。"[4]和一部赞美诗作品一样，低沉的声音突然占了上风，一种自她年轻时就频繁出现在她的作品中的语调又重现了："再也没有"的语调，"无法挽回"的语调。她在老去，这是没有任何灵丹妙药的。"世界已经变小了，变薄了。"神秘不再，"群众不再对我痴迷"——这曾经是在行进的革命中的重大发现；好作品让她恼火，因为"世界的痛苦在其中占主导并被升华到一定程度，而使痛苦本身找到了存在的理由"。无论是贝多芬还是其他人，都不再给予痛苦以绝对的地位[5]。

最令人惊讶的也许是，与革命所承诺的美好未来相联系的人性的观点：只有这一理想不是强加给她的，她不必抵抗就能接受的。她说，世界

1. *FdC*, p. 491.（《时势》，卷二）。
2. *Ibid.*, p. 504.（同上）。
3. *Ibid.*, p. 506.（同上）。
4. *Ibid.*, p. 501.（同上）。
5. *Ibid.*, p. 503.（同上）。

上有三分之二的人在挨饿，让人想起萨特在《辩证理性批判》中提到的"稀有"的概念。但是她从中得出的结论却是相当令人失望的："我的物种，三分之二，是由幼虫构成的，太弱小没有反抗的能力，从生到死一直处于黄昏般的绝望中。""幼虫"这个词贬义色彩很浓，只用来形容没有能力、受鄙视的人。但起初，完全不是这样，只是海狸的句子中才会有这样的涵义。古罗马时期，"Larve"一词指的是幽灵，萦绕和折磨活人的死人的魂魄：第三世界国家如同人间地狱，那里受苦的人向发达国家伸去瘦骨嶙峋的手臂。也许海狸的旅行中，还缺少一种最难忘、最锻炼人的经历，这只有现代旅行者才能做到：潜入印度的"次大陆"[1]。那里，我们想到的不是革命，也不是"处于黄昏般绝望中"的一大群"幼虫"。真正让你着迷、心荡神驰、筋疲力尽，被同情和恐惧占据心灵的，是这些群众的勃勃生机和无穷的能量，革命运动对他们而言是生命力的爆发，而不是垂危病人的回光返照。

海狸眼中的将来没有丝毫成功可言，只剩下衰落。那么她还剩下些什么可以去应对未来的几年？年轻人吗？没错，因为她爱他们，尽管"在这些二十岁人的眼中"，她觉得自己已经"死去，进了棺材"。她也许很出名，很多产，但是她自己这部作品已经彻底完稿了。又开始与一部伟大的玄学经文作比较：忘记论战中的海狸那些略带恶意的用词和语调，这是《上帝怜我》："是的，是时间说再也不是了！再也不是一个人。""时间太短暂，飞快地把我带向坟墓。"[2]

然而，难道真的"我要经历的唯一一件全新而又重要的事情，就是不幸"吗？最糟的事往往是不确定的，因为这时，一种新的"契约"将长久地进入她的生活。与一位年轻女性的情投意合，几年之后，她收养了这位姑娘。

---

1. 《清算已毕》中，她写道："有一个国家，是几大国之一，我一点都不想亲眼去看看，那就是印度。我读到的所有分析和指导，都告诉我那里展示的苦难是常人难以忍受的。"（p. 556）我们注意到，"展示"一词含有贬义，似乎是印度人有意把自己的贫困表演给世人看。
2. *TCF*, p. 556.（《清算已毕》）。

第十章
我的内心有另一个我在哭泣

　　紧接着《时势的力量》最后部分所叙述的时期的，是海狸和萨特最后几次政治出行，去一个他们从来没有完全认清其真实面目的国家：苏联。这几次出行都记录在回忆录的最后一卷《清算已毕》中。这本书与以往的几卷略微不同，涉及的内容主要是对自身的拷问，最后几次政治出行，遇见后来成为她养女的年轻姑娘，启发她撰写其代表作的母亲的过世……生命和战斗的不同层面相互交错汇合，好似堆满沉积物的河流，从中可以看出泥土的颜色。

　　对苏联政治出行的叙述呈现出这样的明暗对比，同情者们封闭自己，看清或者没有看清真实情况的，对社会主义也有点失望，却依然抱着社会主义能为弱者谋将来的幻想。作者同时记录了苏联社会的演变过程，不断地破冰，又不断地进入严酷的冰冻期，以二十世纪六十年代最为典型，一切都没有尽头。无论如何，很少有"同路人"像他们那样那么频繁地出入"社会主义祖国"。他们一直抱着想看到"行进中的革命"，至少是"人性化的社会主义"的希望吗？他们喜欢作为官方贵客，受到高规格的接待，享受一切便利吗？在一个既非真正社会主义，也不完全"资本主义"的国家，唯一能让萨特和海狸感动的正式款待……就是：

1962 年 7 月莫斯科苏维埃作家代表大会；1962 年 12 月，他们在莫斯科欢度新年；1963 年 8 月，列宁格勒；1964 年 5 月，乌克兰，迎接舍甫琴科举行的庆典；1965 年 7 月，苏联和立陶宛；1966 年 5 月，莫斯科后陶里德。接着是决裂：海狸写道："1967 年，我们拒绝参加苏维埃作家代表大会；我们似乎看起来赞成对辛尼亚夫斯基和德·丹尼尔的惩罚，以及让索尔仁尼琴保持沉默。"1968 年 8 月苏联坦克开进布拉格使决裂变得更为彻底。该如何解释如此频繁和有规律的政治出行？出于"破除斯大林化"的需要或是为"破冰"中的作家提供援助的希望？为异端分子提供援助？不是；若他们暂时脱离了危险，享受一时半刻的自由，异端分子、作家联盟及他们的宾客们，是不会出入权力圈子的。至于萨特和海狸推崇的"自由派"，他们是不会跨出这一步的。然后呢？难道是再想见一见那位情人翻译莱娜，才使萨特接受了这些邀请？有一部分的原因。她不像他，出行那样自由。他们之间的书信往来能让我们了解不少。莱娜·左尼娜是萨特 1962 年来访时的陪同翻译：每次意义重大的政治旅行，萨特都会爱上一个女人，如巴西的克里斯蒂娜[1]，后来日本的伴都美子。海狸在《1974 年对话录》中写道："我注意到，每次我们一起出行，或者你一个人出行，都有一个女人，你认为可以代表这个国家。"[2]萨特 1964 年 1 月完稿的《文字生涯》扉页上隐晦地写着"献给 Z 夫人"，指的正是他的俄语翻译莱娜。(1945 年 10 月 1 日，《现代》介绍中注明"献给多罗蕾丝"，而在《境域（二）》中没有明确表述，这些也许更为隐晦。)

《清算已毕》的第六章主要叙述这几次政治出行，而开头部分海狸在提及莱娜时语气是非常友好的。那么自然，那么经常地用到"我们俩"一词时，多少让人有些怀疑。列举了一长串苏维埃的朋友、作家和相识之后，才出现莱娜的名字，"我们最亲密的朋友要数莱娜，她四十来岁，褐色头发，长得很漂亮。"[3]之后，她又提到莱娜是犹太人，她补充说："她不承认形势对她不利。"[4]但是，没有什么是确定的。安妮·科恩-索拉（她

---

1. 参见，《1974 年对话录》中记录的这段关系完全是柏拉图式的。
2. *CdA*, p. 430.（《告别礼》）。
3. *TCF*, p. 389.（《清算已毕》）。
4. *Ibid.*, p. 413.（同上）。

为萨特作的传记之前已引到过）认为莱娜属于"敌对分子"，她告诉萨特的是政治制度中的"畸形"[1]。这是有可能的，最近又出现了其他一些假设，不过目前还很难求证。莱娜应该是苏联人"安插"在"同路人"身边的女性之一，目的在于获取情报：莱娜没有其他的路可以选择，她是流放犯的女儿，犹太人，又带着一个体弱多病的女儿，自己也疾病缠身……根据"机关"的实用主义思想来推断，她能从萨特身上挖到的情报充其量不过是让莱娜处于警方的监控之下。

从各个方面来看，除了少数几位海狸很晚才提到的年轻姑娘之外，尤其是她的养女，对莱娜的描述属于她作品中少数几次对女性持肯定态度的。海狸对莱娜怀着"一种不断膨胀的敬意"：这个高乃依式的用词是一个信号。海狸只在很少情况下用到，带"值得敬佩"之类的形容词就更少了；用到这样的词，说明她对这位不一般的人物的性格、行为、"真实"、正直都非常的认同。难道就因为莱娜是苏联人？父母是布尔什维主义者？她的父亲曾被送到集中营，她从此失去了对斯大林的信任，因此也放弃了学业。后来，她结婚，又离婚，和一个她从学养上"不尊敬"的男人；她再婚，生了一个女儿之后，又和第二任丈夫分开：她是一位高度重视独立的女性，这是她在海狸眼中最崇高的品格。一次在法国的旅行使她头晕目眩，但是她感觉并不自在，因为她"非常害怕"资本主义制度。她憎恨斯大林，因此她带外国作家游览莫斯科时从不走进红场上为斯大林修建的陵墓（1962年，斯大林的遗体被从那里迁走）。莱娜是个乐天派，说话略带戏谑却很风趣。简言之，"我们"和莱娜之间存在一种"默契"。她和萨特的关系，萨特对她的感情，没有明显的迹象。难道莱娜真的不是他频繁出入莫斯科的缘由吗？

他们于1962年12月底到达莫斯科，这是他们同一年的第二次到访。1月初，他们在"离马雅可夫斯基广场不远的一家剧院"吃年夜饭，他们习惯住的北京饭店也在这个广场上。北京饭店是建筑师德米特·库士林[2]的杰作，另外他还参与建设了四座地铁站，马雅可夫斯基广场，柴可夫斯基音乐厅，这些都是典型的斯大林风格的大工程。接待外宾的苏维埃饭店也是

---

1. Cohen–Solal, *Sartre*, p. 678.（科恩–索拉，《萨特传》）。
2. 德米特·库士林（Dmitri Tchetchouline，1901–1981）：俄国著名建筑师。——译注

同一风格，长长的走廊互相交叉，一张办公桌后面站着一个穿着制服的女人，监视着入口和出口，检查证明，用这个证明换通行证，保证不让任何一个莫斯科人潜入……在接待会和宴会上，特别是年度晚宴，海狸和萨特遇见了萨特的老相识西蒙诺夫。其实是在 1954 年第一次苏联之行的最后一次宴会上，正当萨特已经被之前的盛筵和聚会弄得筋疲力尽的时候，西蒙诺夫递给他一个装满了红酒的"巨大"的杯子，让他一下干掉。他照做了，不过第二天不得不取消事先安排好的一个约会[1]。能多了解一点他们谈话的内容该有多好啊！达莉亚·乔丹诺娃（出现在《东方瞭望》杂志的网站上[2]）具体报道了这位至死支持斯大林的名人。康斯坦丁·西蒙诺夫[3]出生于 1915 年，战争末期，成为苏联最著名的作家之一。他六次荣获斯大林文学奖、两次列宁文学奖，在苏维埃作家联盟中也位居要职，如 1946 年至 1950 年，1954 年至 1958 年分别两次担任《新世界》的主编。但是达莉亚·乔丹诺娃没有指明他的前任是亚历山大·特瓦尔多夫斯基，由于他所持的自由主义立场，而在斯大林去世后的第二天被解职。（也是特瓦尔多夫斯基，回来主持同一本杂志《新世界报》，并出版了索尔仁尼琴的作品。[4]）西蒙诺夫 1950 年至 1953 年主持《文学报》（*Literaturnaia Gazeta*），即作家联盟的官方报纸。这说明他与斯大林的关系有多密切。但是他于 1990 年之后出版的一本遗著却完全颠覆了一位倍受斯大林赏识的官方作家的形象[5]。达莉亚·乔丹诺娃写道："西蒙诺夫经受着残酷的良心的考验。他揭露出，对与他同时代的人而言，要摆脱个人崇拜的束缚是一件非常艰难的事，而且赫鲁晓夫对他们中大多数人的揭发所带来的影响是十分有限的。"

在大家都知道赫鲁晓夫暗地里的打算，又不能大声说出来的情况下，这次年度晚宴该以什么样的基调进行呢？几个月之后，3 月 13 日，总书记发表长篇演讲，猛烈抨击现代主义思潮，"抽象主义"和老调重提的"形

---

1. *FdC*, t. II, p. 47.（《时势》，卷二）。
2. 《东方瞭望》（*Regard sur l'Est*）2003 年 4 月 1 日。
3. 他以其三部曲《活人与死人》在法国尤其出名，最后一卷于 1973 年在茱莉亚出版社（Juillard）出版。
4. 亚历山大·特瓦尔多夫斯基同样在苏联新生代文学作品出版方面起到了重要作用。
5. *Vu par un homme de magénération.*（《与我同时代人眼中的世界》）。

式主义"：一般是指与国家纲领相悖的作家和作品。所有的作家中，主要
受攻击对象是爱伦堡（可能是因为他的犹太人身份），海狸评说："要是
他的作品没有被出版，情况会更糟。"[1]——值得注意的是，这种情况帕斯
捷尔纳克同样也经历过，在诺贝尔文学奖颁奖的时候，他被开除出作家联
盟，即使"还给他剩了一栋乡间别墅"，如海狸写的那样。

　　他们于同年 8 月返回苏联，参加欧洲作家委员会例会，情绪跌入低
谷：所有苏联作家（除了特瓦尔多夫斯基）都呼吁一种用来"美化生活"
的文学。与之相对的是法国作家，罗伯·格里耶和萨洛特，他们捍卫新小
说[2]。会议走入了死胡同，双方完全不能谅解。索洛柯夫派萨特为会议作
"协调性"的总结。他很受欢迎，但是苏联作家，根据"上级指示"，态
度依然没有改变。另外，萨特和海狸继续他们的旅行，准备去格鲁吉亚，
赫鲁晓夫邀请他们到他的"私人官邸"。赫鲁晓夫曾在一次演讲中"痛斥
他们，说他们是资本主义的走狗"[3]。（但是当特瓦尔多夫斯基朗读一首长
诗时，赫鲁晓夫开始"放声大笑"，所有的苏联人很顺从地跟着他笑。）
他们要离开时，肖洛霍夫冲向萨特，"满怀热情"[4]地拥抱他。时代变了：
"我们一点也不喜欢他"，海狸说，他把所有的精力都花在揭露"破坏性
文学"上。五年前，即帕斯捷尔纳克获诺贝尔奖的时候，萨特说，其实这
个奖应该是属于他的。

　　读海狸的作品，我们会觉得他们频繁地去苏联，使他们离一个个大谜
团越来越近，而大谜团的谜底，他们一直没有找到，原因当然不必说了：
其实这是一场世界级的政治、外交游戏，他们的作品，他们的人物只是其
中的棋子、百搭而已。莱娜的事也是一样。但另一个因素却让我们窥见一
点端倪：赫鲁晓夫接待时的不热情应该是接到多列士的警告。海狸说，多
列士一直不太喜欢他们[5]，除非"有其他因素施加影响"（她是指什么？
代表团吗？哪里的代表团？）。"这次临场变卦，我们一直没有找到原因。"

　　无论如何，毕竟与一位赫鲁晓夫的友谊还不致令他们遗憾到怎样的

---

1. *TCF*, p. 396.（《清算已毕》）。
2. *Ibid.*, p. 396.（同上）。
3. *Ibid.*, p. 398.（同上）。
4. *Ibid.*, p. 400.（同上）。
5. 他的妻子（Jeannette Vermeersch）也同样，反对除了阶级斗争以外各种形式的
妇女解放斗争，甚至反对一种无痛分娩术和避孕。

程度。

　　他们再次途经莫斯科的时候，受到很多朋友的邀请，一起谈论精神病学和对精神分析的禁止。这部分同样，海狸也没有深入记述谈话的内容，这对读者来说是多大的损失。他们高谈阔论，有夜光和伏尔加酒相伴，无所顾忌，各种消息不胫而走。例如，精神病学在苏联某些领域的运用，在赫鲁晓夫所谓的"解冻"时期多少已为人所知。萨特和海狸只想参观一下精神病学院，这一要求得到了满足。他们见到的医生正在研究"精神分裂症"，却一直找不到各种病例共有的一种"化学成分"。那是当然。海狸说，他们只是将"所有的精神病症"贴上标签。这是萨特和海狸经历过的最可怕的谜团之一。苏联全国上下几乎都在研究"精神分裂症"，因为整个赫鲁晓夫时期，大家努力寻找的正是用于"再教育"非正统思想的最有效的精神药物。古拉格可怕的代用品，公开的禁药。1966 年，随着瓦勒里·塔尔西[1]被驱逐，西方惊奇地发现关在精神病房被隔离的异端分子的下场。接着，上世纪七十年代，勃列日涅夫时期，根据所谓对敌对分子的"优待"，进行了令人毛骨悚然的揭发：包在一块湿的床单里，床单越来越短，整个身体被拧干，强制用药产生了真正意义上的折磨，如禁药柳氮磺吡啶，一种使人瘫痪，体温升到 40 度的药，氯丙嗪，让病人变迟钝的药，氟哌丁苯，一种能让人坐着的时候想站，站着的时候想坐，并引发剧痛的药[2]。所有的"病号"中，最有名的是梅德韦杰夫兄弟，其中热瑞斯是一位生物学家。

　　萨特和海狸去苏联那么多次，难道没有一个人告诉他们这些？也许真的没有：因为他们是客人，要是他们或多或少属于自由派，那么没有必要让他们冒这个险；要是他们一直站在斯大林一边，就更没有必要了。至于说"异端分子"，他们更不会是，否则不会每次都受到如此的款待。在"精神病学院"，他们参观了与这个词有关的所有地方：有头上插了电极的猫（这个柯莱特肯定不会喜欢）；"吸食毒品之后变得傻头傻脑"的病人；

---

1. 瓦勒里·塔尔西（Valeri Tarsis, 1906－1983），1962 年被送往一家精神病院，后在国际舆论的压力下被释放。1966 年，允许他离开苏联，剥夺其公民资格，后他在瑞士定居。

2. Elisabeth Antebi, *Droit d'asiles en Union soviétique*, Juillard, 1977.（伊丽莎白·安特比，《苏联避难权利》）。芒戴斯·法朗士为该书写了前言，弗朗斯瓦·密特朗曾劝他不要这样做，因为有向左派靠拢的倾向。

关在隔离间里的僵尸；还有一个大喊大叫的女人。接着，大大的惊喜！路易丝·佩隆进来，一个关在精神病院多年的苏联的"路易丝·佩隆"。她四十多岁，以前是教师，因为疲劳过度产生对丈夫的偏执反应而接受治疗。她大哭大叫，日渐衰弱，想象自己的父亲在她洗澡时透过锁洞偷窥。最后，像她的法国病友那样，她也"厌倦"了这些新发明吗？她真的完全康复了吗？她似乎在重复背一篇课文，以获得"释放"[1]。我们心中萌生一种冰冷的疑问：她之所以被安置在那里，是不是有其他原因？除了她口袋里的那把剃须刀，"佩隆"不带攻击性的妄想是多么鼓舞人心！不曾有过任何可怕的阴影笼罩过他们，如"机关"[2]的阴影。我们想到了纳德吉达·曼德尔施塔姆[3]这位在古拉格被迫害致死的诗人妻子的一句话，她说，活在一个只会听说一位朋友是死于疾病的国家，是多么幸福的一件事[4]……

从莫斯科，他们又去克里米亚半岛。在格鲁吉亚：作家联盟的主席让他们尽量远离第比利斯，那里正遭遇"饥荒"。他们的中餐也常常只有"一小份"鱼。他们进行"很有意思的远足"，特别是在旧都姆茨赫塔，一次晚餐上还碰见了"在巴黎做有关萨特论文"的年轻姑娘。接着又去了亚美尼亚，一位天主教教主接待了他们[5]。那时"埃里温广播"经常播放反苏笑话。海狸说，"亚美尼亚与苏联的友好关系对它是有利的，很多大型的灌溉工程把干旱的土地变成了花园"[6]。

苏联之行的叙述继续。1964 年，为舍甫琴科[7]举行的庆典，他们差点没去参加，因为一个叫克奇科的乌克兰人[8]刚发行了一本尖锐讽刺闪米

---

1. *TCF*, p. 402．（《清算已毕》）。

2. 这一名词用来指称斯大林体制下，为国家恐怖服务的所有的政治、公安、司法机构。

3. 其丈夫奥西普·艾米里耶维奇·曼德尔施塔姆（1891－1938）是俄罗斯白银时代（十九世纪末至二十世纪初）著名诗人、散文家、诗歌理论家。——译注

4. Nadejda Mandelstam, *Contre tout espoir*, Gallimard, 1972．（纳德吉达·曼德尔施塔姆，《没有任何希望》）。

5. 亚美尼亚－格鲁吉亚神职人员的最高领袖。他住在埃特须米亚金（Etchmiadzine）。1938 年 4 月，霍伦一世教主被斯大林手下的警察杀害（绞刑）。三十万亚美尼亚人在斯大林的恐怖统治下丧生。

6. 然而，1956 至 1972 年间，有两万八千名亚美尼亚人离开苏联，或者越过苏联的国界，或者去苏联其他共和国（缺少自由，宗教镇压，民族请愿不予理睬，经济困难，这些是移民的主要原因）。

7. 乌克兰诗人（1814－1861），在沙皇镇压中丧生。

8. 指特洛菲姆·克奇科（Trofim Kitchko）的《毫无掩饰的犹太教》（*Judaîsme sans fard*），1963 年由社会科学院出版。

特人的小册子。后小册子被收回（有记录说又于 1969 年重新出版）。萨特听说自己刚和吉洪诺夫握过手，情绪一下陷入低谷，吉洪诺夫曾在 1962 年猛烈攻击过他。萨特当众问了下面这个问题："如果不是为了捍卫'文化共存'[1]的主张，为什么还要邀请他？"原来是一场误会：赫鲁晓夫说的是"和平共存"，旨在提出与资本主义世界达成谅解的基础，资本主义世界由于经济和贸易方面的原因受到"恐怖平衡"的侮辱。而且可以一致对付来自中国的威胁。赫鲁晓夫只想把西方的知识分子都变成萨特一类的（不需要像新小说这样的发明），从而使自己所谓的与西方"文化共存"的主张更为完整。其实他厌恶这些艺术或文学的形式，也不相信瘟疫之类的东西。

经历过这次不愉快的小插曲之后，他们又欢天喜地地回到莫斯科，"摆脱了一切束缚"[2]：据说他们主要为了莱娜，说到底也是萨特的缘故，而不是作为官方的客人。也正是这次他们有机会接触到一位"敌对分子"，异端分子：他们通过爱伦堡得知布罗茨基事件。约瑟夫·布罗茨基[3]因"寄生"被起诉、判刑，作为诗人、知识分子、犹太人。这件事让他们很沮丧，但同时，他们又开始为另一件事担忧："萨特感觉年轻一代从意识形态上已经失足了。"[4]"往边上一步"，"异端分子"没有这样做以使得自己走上革命的道路，而是走了一条"倒退"的路。有人就舍斯托夫，别尔嘉耶夫，基督哲学家，以及上帝的问题向萨特提问：政府无神论的政策没有起到任何作用。海狸说，我们应该做的是回到"真正"的马克思主义上来，"摒弃斯大林及其后继者倡导的教条主义"。这正是阿尔都塞和阿尔都塞学派在上世纪六十年代末期所持的立场："回归马克思"。曾一度在西方洛阳纸贵，而在"东方"没有打开一丝缺口的是《方法论》一书，二十世纪七十年代末在布拉格还是禁书，"尤其是阿尔都塞的书"！那些年"东方"唯一一部对马克思主义思想提出疑问的是卡列·柯西克于 1963 年出版的《具体的辩证法》[5]：他借用马克思主义和现象学的观点来支撑自

---

1. *TCF*, p. 415.（《清算已毕》）。
2. *Ibid.*, p. 415.（同上）。
3. 布罗茨基最终移民到美国。他 1987 年获诺贝尔文学奖，1996 年逝世。
4. *TCF*, p. 419.（《清算已毕》）。
5. *Dialectique du concret. Etude sur la problématique de l'homme et du monde*, Maspero, 1963.（《具体的辩证法——人和世界问题的研究》）。

己的社会和历史实在性理论[1]。

那些年，苏联体制不再是知识分子、艺术家、年轻一代的保障，为了叙述那几年的情况，海狸首先指出"走出"现实共产主义的一大特征：这一"走出"要根据极左派的道路来确定。因此，有些人在六十年代末的那几年选择相信毛泽东的政治承诺。其中就有夏尔·贝特海姆[2]，他反对传统马克思主义的经济教条，肯定了从政治上改变社会关系的必要性：在他看来，苏联的社会主义无非是将人民革命占为己有的"国家资本主义"。贝特海姆的影响慢慢减小，最后随着"现实共产主义"的垮台而完全消失。他的思想是革命失败后中对"革命"出路的唯一探索。不幸的是，探索本身也以失败而告终。

相信上帝的异端分子和支持中国文化大革命的西方极左派之间，也存在巨大鸿沟：一场灾难正在酝酿之中。这是思想的黑洞，欧洲的悲剧，给1989年之后欧洲大陆的一体化进程带来深重影响。若早能预料到这些，我们一定会对1963年10月和1968年发生在布拉格的一件事扼腕叹息：萨特和海狸一直没有与捷克哲学家雅恩·帕托什卡见面，这位哲学家的作品试图超越某种固步自封[3]。他并不主张"回归"马克思，或者呼吁"新马克思"的出现，也不赞同精神倒退或康德哲学。帕托什卡所披露的是，两种社会制度——资本主义和共产主义——之间内在的对等性，两者的秩序不同，一种是短缺，另一种是丰裕，但却有着同样的抵押物：两种政体都建立在对技术的盲目信任上。（短缺的秩序也许更难生存）若我们想要回答以下这个问题：在什么样的情况下以及要具备怎样的条件才能使人性的世界变成真理和正义的世界？那么，必须要"回到古希腊"，回到柏拉图式的对"灵魂的考量"，回到苏格拉底。

---

1. 卡列·柯西克（1926－2003）一生生活在"昏暗的时代"。十八岁时，他被盖世太保拘捕，在泰瑞辛集中营度过了六个月。从上世纪五十年代开始，他进入布拉格科学院哲学研究所，他对占统治地位的意识形态模式予以批判。1968年被削去哲学教授头衔之后，他于1975年写了一封致萨特的公开信，揭露了政体的黑幕。

2. 夏尔·贝特海姆（Charles Bettelheim）：经济学家，出生于1913年，由于对第三国家论断的推崇和1963年在古巴的所见所闻，他接受了毛泽东思想，而他很快又开始批判计划经济的教条主义。1966年，他开始对中国感兴趣，曾作为中法友谊联合会的主席到中国访问过多次。

3. 1961年，帕托什卡为《第二性》缩写版的出版写过导读。

1964 年，他们先去了基辅，又去了爱沙尼亚。在塔尔图附近，他们开着车爬上山头，山下是一片"沐浴在乳白色灯光中"的宁静的湖泊。在这些被历史野蛮的铁蹄蹂躏过的地方，大自然好似在无言地抗争，似乎在呼吁回到从前的那个世界。1965 年，他们又去了苏联，后到立陶宛。同年 2 月，美国开始对越南实行空袭；赫鲁晓夫倒台，中国显现出其威力。莫斯科，总书记的倒台带来的却是积极的影响：《新世界报》发表了索尔仁尼琴的《马特辽娜一家》[1]，塔科夫斯基试图拍摄电影，《安德烈·卢布耶夫》（*Andrei Roublev*）。海狸和萨特被康查洛夫斯基拍摄的一部名为《第一主人》（*le Premier Maitre*）的电影所"深深打动"，这部电影受到艾特玛托夫小说的启迪，既披露了列宁不能为之而死的革命蒙昧主义，同时揭露了传统的暴力，允许当地的"贝伊"绑架他所觊觎的女孩子。有那么一段时间，苏联不再是防御现代资本主义及其铁的制度的城墙，而是抵御伊斯兰地区"封建"野蛮的基地。阿富汗战争让最后仅存的幻想破灭了。成千上万的人抬着锌制棺材[2]，将为反对"初夜权"斗争而牺牲的年轻人送回莫斯科。而被西方充分武装的真主党保卫队开始将新一轮的宗教恐怖推到近东……

1965 年 10 月，他们在罗马新一届欧洲作家委员会代表大会上见到了特瓦尔多夫斯基和索洛柯夫。一件大事在莫斯科一触即发，辛尼亚夫斯基－丹尼尔事件。"有人掀起了铁幕"，暴露了地下出版社发布的有关丹尼尔的消息。他们通过爱伦堡才得知有这样地下出版的形式，其实是由来已久的：爱伦堡的作用及其面貌值得好好研究，尤其是如何做到始终"左右逢源"，好似拉封丹寓言诗中的蝙蝠那样[3]。"sam－izdat"（self－edition）是对"gos－izdat"戏谑的模仿，这是一家国家出版社，比爱伦堡做的"揭发"早一些时候的苏维埃实体。第一批地下出版社出现在上世纪五十年代末，阿赫玛托娃的《安魂曲》[4]和沙拉莫夫都是由地下出版社发行的。这里，我们又看到苏联的事情与海狸和萨特眼中的苏联的差距。随着

---

1. *la Maison de Matriona*，后于 1963 年在《现代》上发表。
2. 白俄罗斯作家阿列可谢维奇（Svetlana Alexievitch）小说的题目，《资产阶级基督徒》（*Christian Bourgois*），1990 年。
3. 寓言诗中著名的诗句："我是一只鸟，看看我的翅膀；为我划破长空的民族万岁；［……］我是小老鼠，鼠爸爸万岁；木星击败了猫。"（卷二，寓言5）
4. 这首斯大林恐怖统治的恐怖诗创作于 1930 至 1957 年间，阿赫玛托娃在丈夫被逮捕和行刑的时候开始构思，儿子被逮捕时继续创作。多年来，她把自己的心事都记录在回忆录里，以为之前的一切留下痕迹。

时间的推移，以及制度内部压力的增大，尽管当局特意为他们布置了一个狭隘的空间里，但真理依然开辟出一条自己的道路。不顾社会制度的禁止，一个"平民社会"开始形成，里面不仅仅只有"反动因素"（大多数反动因素消失在集中营里或者被枪决）或"脏兮兮的东正教神甫"：整个半地下状态的社会慢慢发展，有艺术家、哲学家、诗人以及九死一生的犯人，在这之中酝酿着种种新生力量，也许存在很多冲突，但对未来都充满信心，虽然没有人真正知道未来是什么或者如何使前途充满光明。无论是"纯粹的、坚强的"共产党员，东方的和西方的，还是"新马克思主义"的支持者，更不必说，推翻柏林墙时共产主义的一贯仇敌。今天，意见不一的教训，不管从规模、种类还是又是令人恼火的恐怖程度，都已经消失了，与内部的争吵，斤斤计较和从前的荣耀一并消失了，唯一痛苦地想念着的是欧洲的重新统一。

1966 年 5 月，他们最后一次来到莫斯科，当时的情形十分糟糕。对他们来说，越来越难找到一个平衡点、一种在支持与放弃之间愿意作出的妥协。也许海狸在几年之后记述的时候这种感触会更深，因为事物变化得如此之快……两位异端分子的诉讼以判以重刑宣告结束。辛尼亚夫斯基被判处七年的"劳动再改造，饮食严格控制"，丹尼尔被判处五年；肖洛霍夫感叹，他们没有像在斯大林时期[1]那样被"一枪毙命"。莱娜在请愿书上签名，并召集了作家联盟当时六千名成员中的六十二位。海狸和萨特临走前，希望见一见索尔仁尼琴。这是肖洛霍夫和索洛柯夫时期，他们不想见的一类作家……莱娜向他们转达了他的答复："他不想见你们。"他们不明白个中缘由；但还是接受了："我们清楚的是，不说一句话就判了我们的刑，而且是夜晚，这对于一位作家来说，无疑是一种最恶毒的诅咒了。"[2]他们原先去亚洲的计划因为地震不能如愿，他们回到雅尔塔。"到处是玫瑰、牵牛花，散发着它们浓郁的、淡淡的芬芳。"[3]他们决定坐船沿河岸游览：莫里斯·多列士正是在他们租用的那条小船上过世的。然而，从敖德萨到利沃夫（即现在独立乌克兰的里沃夫），从利沃夫到克齐尼夫（即那

---

1. *TCF*, p. 439. （《清算已毕》）。
2. *Ibid.*, p. 441. （同上）。
3. *Ibid.* （同上）。

时属于苏联的摩尔多瓦），他们注意到一片荒诞的景象，到处可见"禁止进入"的标牌。也许在此时此刻，他们才意识到当局为他们人为设置的是怎样一个便捷的社会；也许他们同时也发觉苏联式的共产主义只是由武力、由恐怖张贴的、强加的巨幅的幻想帷幕，而事实总是与此格格不入。

这些年的观察学习，到苏联的访问，对"现实共产主义"逐步的却滞后的探索，有必要做一个全面的总结，即使其间不时地穿插一些假设。尽管时间远去，问题本身却一直炙手可热，说到底，是共产主义真正的敌人占了上风。我们不敢说是真正的共产主义敌人，其实两者没有什么差别。他们占了上风，代价是卑鄙地毁灭了那些对他们抱有期待的人的希望，一开始就如此。这个问题随之而来肯定还有另一个：即使在欧洲这一边，西方、知识分子、艺术家、学生到上世纪七十年代一直关注着持续至今的借自由、平等之名实行的恐怖统治，那么事情又会变成什么样呢？要让我们每一个人尽可能公正地去考察这个问题，有时甚至需要自我批评，但同时要避免过度地苛求先人，为自己找借口开脱。

*

然而，在海狸的一生中，某件事将彻底改变她生命的轨迹。她"几年前开始亲近"一位年轻的姑娘，这位姑娘在她的生命中"占有重要位置"[1]。这件事影响十分深远，海狸想悄悄地把她引入自己的圈子，而不过分地打扰到原本的生活，似乎需要去除某种负荷。她说，一段时间以来，她乐意和"年轻人"在一起，"他们的不妥协、他们的激进、他们的苛求"（这些也是她自身的特点），以及"他们清澈的眼神"[2]都让她感到安慰。这些年轻人通常都是"起义者"，马克思主义者或毛泽东思想的拥护者。"他们急于改变生活"，她"饶有兴趣地注视着他们的进步"。但是，这次有点不同：这位年轻姑娘走进她的生活，对她而言又是一次"巨大的机遇"。海狸写道："1962年的时候，我以为这辈子不会再有大事发生在

---

1. *TCF*, p. 84. （《清算已毕》）。
2. *Ibid.* （同上）。

我身上，除了不幸，但是现在看来，我错了。"

西尔维·勒蓬是一位文科预科一年级[1]的学生，一天给她写了一封信，她们见了面。尽管初次见面，她还很胆小，说话的声音也因羞涩而微微颤抖，但海狸很快就对她产生了好感。慢慢地，年轻姑娘开始对她祖露心声，讲述她与母亲相处的种种困难，母亲原来很爱她。海狸似乎跟她一起回到了她的童年，在她们的额头上她看到了"孪生子的标记"。当她听说她也曾经由于和一位女同学"过于热烈的友谊"而突然断绝来往，两家人都认为她们的关系"不正常"，强烈要求她复读一年初三[2]。海狸很高兴看到她如何将不利的形势为己所用，如何决定拿下各种奖项，成为最出众的学生以给家里最满意的回报。她谈论世界的方式，她的活力，她的幽默，和她的严谨，都深深地吸引着海狸。她俩是那么有缘，甚至让她感觉这位年轻姑娘是自己的一种"再现"。耗费了十页的篇幅，详细地叙述这段友谊起初的艰难之后，她终于可以说："她渗透到我的生活，就如同我渗透到她的生活一样。"她于1974年将自己回忆录的最后一卷《清算已毕》献给她，并在1981年正式收她为养女。

这是自她认识萨特以来，从未经历过的"默契"。海狸用一种庄严的、深重的、难以预料的方式慢慢靠近她的本质个性……她在克里蒙梭给一位"女性朋友"的信中找到了合适的表达法，克里蒙梭与她有某种关系——"也许是柏拉图式的但却很热烈的"——这位女朋友四十来岁，"照亮"了他的生活。海狸引用了这种表达法："我帮助您继续生活；您帮助我走向死亡。"她评论说："他们每天通信，他与她分享生活中的每一个细节。我知道一段与年轻人的友谊可以为一个上了年纪的人的生活带来多大的欢乐。"[3]

无论如何，海狸肯定将为此事耗尽所有重新恢复的力量，她曾经试图积聚一股力量来对抗深重忧虑的侵袭，担心时间的流逝，担心萨特的病痛，担心提早到来的、她称之为"老年"的最初迹象。

---

1. 巴黎高等师范学院选拔性考试预科班的第一年。
2. 这是杜撰相对于现实的可怕的报复，一位小女孩自杀，她的母亲深深自责，难以平静，而这个女孩和她一样，也叫西尔维。（*Monologue*, in *La Femme rompu*《独白》，引自《被遗弃的女人》）
3. *TCF*, p. 210.（《清算已毕》）。

海狸和萨特 1963 年 8 月从苏联回来，又习惯性地到罗马暂住一段时间。10 月 24 日，正当她在密涅瓦酒店房间里整理文件时，接到博斯特的一通电话："你的母亲发生了车祸。"她摔断了股骨颈，必须住院接受治疗。海狸决定提前回国。一个月之后，她母亲过世。海狸 12 月份着手撰写《宁静而死》。从次年 5 月开始，他们去乌克兰之前，《现代》杂志上就陆续刊登了该书的片段；同年秋季，该书上架……

《宁静而死》可以说是西蒙娜·德·波伏瓦所有作品中萨特比较偏爱的一部。这是一部用词贴切，语言明快、有力、坚定、游刃有余的代表作。在这本书里，海狸重新找回了生活的勇气和对未来的信心，同时揭示出自己从未预料过的痛苦，她对一直困扰自己的重大主题予以思考并重新回顾、重新表达，如年老、疾病、死亡和血缘问题，其中涉及生物的总是让她感到恐惧。她从不放弃曾经的那个"我"，也不曾忘却对母亲的那份感情，她让我们与她一起见证了发生在她身上的巨大的转变。《宁静而死》一书以冷静的、限于事实的笔录为开端：她的母亲七十八岁，"这是一个将死的年纪，我是这么认为的"。海狸常常跳过虚伪的感伤主义的陷阱，这种虚伪的感伤可以在死前——出于恐惧或者迷信——抹去生命中真正的得失以及曾经与父母或子女分离，与老朋友分离，与情人分离的抉择。她从来不曾想到过这种假意的和好，这些弥留之际来来回回的道歉。她回到巴黎，开始做自己应该做的事，她通知自己的妹妹。和对父亲一样，我没有掉过一滴眼泪。我们可以感觉到，为了忍受痛苦，她是如何的自我保护，自我武装，故作高傲！接着，发生了一件事。站在弥留的母亲面前，半明半暗中，她的心中萌发了孩童般的善意，某些东西退到了一边。她有一种怀疑的、不同寻常的、难以言明的感情，她找了一个词来描述，这个词毫不犹豫像地挑起了其象征性的指责：同情。"我跟萨特聊起我母亲的嘴，和我早上见到的一模一样，还有我所了解的一切：爱吃又不敢多吃；谦虚得几乎卑躬屈膝；希望；无助；孤独——死时的孤单，在世时的寂寞——她自己却一直不承认。而我自己的嘴巴，他对我说，也不再顺从我的心：我把自己的脸贴近母亲的嘴巴，我心不甘情不愿地模仿各种鬼脸。她的整个人，整个存在变得那样具体，同情在撕扯着我的心。"[1]

---

1. *MTD*, p. 44. （《宁静而死》）。

同情是什么？如果说读纳尔逊·艾格林的信让人以为海狸在他们的相恋中第一次展示了恋爱与性感的本事，而她的作品与生活确实提供了不少例证，那么很少有读者会拷问在她的作品中和在她的笔下出现"同情"这个词到底意味着什么。不滥用同情这个词[1]，并不是说冷酷无情；相反的，体验同情也不是要改宗皈依，发觉经受痛苦的救世作用或决定从此穿起袈裟做释迦牟尼的弟子[2]。不得不再一次提出这个问题，何谓同情？分享他人的痛苦吗？是带可怜之意的"同情"吗？卢梭在《第二话语》中曾为带可怜之意的同情给出过完整的定义"同情是一种自然的情感，对于每一个人，可以减少爱自己的行为"[3]。另外一个和"同情"相近的词是情感同化：compassion，拉丁词根，是"共同"承受痛苦的能力；empathie，原为希腊语，是体验"内在"的能力，一个人内心的感受，并试图去理解它。

　　萨特将这个词用到了哲学上。但是他所说的"情感同化"不是对一个人的情感，是一种工作的方式，"唯一需要的态度"，这是萨特在《福楼拜》的前言中，回答下面这个问题时所说的：今天，我们该怎样去了解一个人？萨特发明的"存在主义的精神分析"在波德莱尔和让·勒内身上都得到了史无前例的成功运用，这一发明旨在理解人所是的这个"体现共相的个体"[4]。情感同化因此是非常必要的，可以在两个时间维度中都运用自如，首先是"能把我们带到尽可能远的地方"的"逆退式分析"，直至"孩童般敏感的现象学描述"，然后是"渐进式综合"，通过"打乱活动"，试图"开始逆流而上"[5]。如此构想的情感同化，绝不是将对哲学家的同情作为研究的对象，它是一种工作的工具，进一步说，是将分析者（哲学

1. 除了《青春手记》，整个背景完全不同：她将爱男人与爱女人的方式作了对比。"对于我而言，爱就是 Benda 所描述的和指责的那种痛苦的东西，与别人的趋同，完全的'同情'——而逃避、欢愉不是内心的贪婪，这些不会影响爱的感觉，也不会深入到灵魂深处。"（1927 年 7 月 29 日）

2. 释迦牟尼是"痛苦的佛"，而相反的，弥勒佛则是"仁慈的佛"。

3. *Discours sur l'origine et les fondements de l'inégalité parmi les hommes*, Granier Flammarion, p. 214.（《论人类不平等的起源与基础》）。

4. "一个人永远不是一个个体：最好是称之为'体现共相的个体'：因为自身所处的时代而被集中，被同 ~，同时他也在创造独特性的时候集中了时代的特色。"（Sartre, *Flaubert*, I（1971），Préface, p. 7）

5. *Ibid.*, p. 51.（同上）。根据逆退式或顺推式的方法，见《方法的问题》，1957年。1960 年当做《辩证理性批判》的序言。

家）引入他人内心的，并一定程度上取而代之的僭越——甚至萨特所重建的波德莱尔，连他的忠实读者都经常认不出诗人的本来面目[1]。勒内自己也感觉被记述他的这部书"剥夺"了一切。

然而，此时在海狸叙述中"撕扯"着她的心的这种同情，不是工作的手段，也不是获取知识的工具，而是一种生存的方式。这里的同情与萨特式的"情感同化"反其道而行之。她不确定，也难以推断：她承受着。海狸模仿自己母亲的面部表情，才发现了一个真相。她并不是走近，或是走进事物内部去理解它，而是事物来到她身边。她抛去了暂时庇护着他人的那个自我："我的内心有另一个我在哭泣。"[2]一切都给了他，因为突然，当看到一张干涸的嘴巴贪婪地想要去接水管尽头的那几滴水的时候。我们终于明白同情"撕扯着"她，这是一种破坏，也是一种意料之外的僭越，使海狸陷入"惊恐"中。清楚这一点之前，她泪如泉涌，她对这一新的"哀伤"的实质一无所知，体验这种哀伤，她迷失了自我，也与自己的预想相违背。"我父亲过世的时候，我没有掉一滴眼泪。我曾经对我妹妹说：'母亲过世的时候，也是一样。'"[3]不是这样的，不一样。

看一看下一章，母亲的肖像，海狸作品中常常涉及的主题又重被提起——女性对外部摧残的逆来顺受，她们怨愤或不义的行为——以一种全新的风格，透着温情，以及很少呈现的同情，去除了略显傲慢的语气，这种语气将对"受骗"女性的描述与评断混为一谈。评断一度是悬而未决的：始终是赤裸裸的对峙，一个女儿与弥留母亲之间的对峙，几小时之前母亲还在说"你，你让我觉得害怕"[4]，女儿是她眼里"忍受痛苦的可怜东西"。同情的永恒时刻——"同情曾经撕扯着我"，而不是"将撕扯我"——之后是打破隔阂的经历，自少年以来女儿与母亲之间的偏见和意

---

1. 萨特很难为波德莱尔这位他眼中讨厌的年轻诗人留出一席之地，波德莱尔曾写下这样艰涩的诗句："可是我，我从远处温柔地注视着你；忧虑的眼神，凝视着你犹豫的脚步；一切如同我是你的父亲，太美好了！"后又有呼语："废墟，我的家！同类的头脑。"引自《老妇人》（《恶之花》，XCI。献给雨果的篇章）。

2. *MTD*, p. 43.（《宁静而死》）。

3. *Ibid.*, p. 43.（同上）。

4. 这里我们想起契诃夫的《黑衣教士》。一位不识字的俄国老农妇被儿子顶撞，儿子在神学院读书，为母亲的地位低下感到羞耻。后来，当他成为黑衣教士的时候，母亲甚至连看都不敢看他一眼。但是他生病了，是母亲照顾他，从而重新开启了母子俩和谐相处之路。

见分歧，如同斧头砸碎一片结冰的海。母亲的身体与她的身体变得完全一样。母亲接受手术，不顾一位护士的保留意见，她心里清楚，不起任何作用的强行救治会给病人带来怎样可怕的影响：真的是不起任何作用吗？海狸心中产生了疑问："我也一样，一种癌症在侵蚀着我：内疚。"[1]世界都被渲染上了这份临近死亡的色彩。在弥漫着"葬礼般灰暗"的病房，她睡在母亲病床旁的一张小床上，电话也呈现出"枢车的颜色"。这一刻——矛盾的时刻，看着母亲的状况越来越糟，逐渐走向衰落——连她身体和病床引起的难以控制的厌恶之感也暂时被搁置、被抛之脑后了。

无形的却坚决的叛逆心理彻底摧垮了。怀着长久被忘却的爱意，她又回想起撰写《闺中淑女回忆录》时故意回避的从前的种种：父亲醉醺醺的，清晨才回来，满身酒味；相比之下，母亲作为年轻的妻子，焕发着人格的魅力。突然之间，海狸年少时曾深受其折磨的过于封闭的个性，若她不能忘记，那么她宁愿暂时抹去：站在弥留的母亲面前，她似乎感觉开始与母亲进行"常被打断的老一套的对话"，以前两人之间的分歧经常使这样的对话无法再继续。时间"化为乌有"，过去和现在连接在一起："我十岁时'可爱的小妈妈'与年少时压迫我、与我站在对立面的那个女人完全不能混为一谈；为我年迈的母亲哭泣的时候，我是同时为那两个不同的母亲哭泣。"对于父亲，她一直心怀崇敬，因为是他启发她走进知识界；而对母亲，她现在可以说自己亏欠她的是"生命力"。"我以为早已完全磨灭的温情重新燃烧起来，从她可以吐出几个词，手脚稍微动动的那一刻开始。"

这是海狸彻底转变的重要时刻，生命中的一个时期，仅仅五十五岁的时候，她对未来充满恐惧，因为等待她的只会是"不幸"。从何时开始，"吐出几个词，手脚稍微动动"在海狸眼中有了这种胜过一切的价值？所有的一切变得模糊，回到过去，变了样：在她面前的不再是她的母亲，而是她的孩子；甚至连孩子都算不上，虚弱至极：一头可怜的畜生深受折磨，眼中透出"毫无抵御能力"的眼神。通过母亲的死，海狸所经历的并不仅仅是忘却之前的种种冲突，彼此的争锋相对；而是发现了一块巨大的陆地：虚弱。同情正是产生于虚弱，同情也让我们看到了虚弱，同时在无

---

1. *MTD*, p. 80. （《宁静而死》）。

条件地呼唤着我们。同情，就是发现无限的虚弱被赋予了一种无穷的力量。这块大陆打开，显露出来，在我们身边，在一群"畜生"之间——海狸送回到柯莱特身边的畜生——陪伴着"小老太们"，波德莱尔从她们身上感受到"同属的灵魂"，陪伴着海狸称之为"娃娃"的人，海狸始终很喜欢逗孩子说话；一种深受需求折磨的人性，她最近只看到一些没有能力又没有未来的"幼虫"。

如果说海狸身上真的存在某种神奇的东西，那就是她的勇气，承认母亲的离世给自己带来极大震撼的勇气。她并不是屈服于某种传统，某种权威，从来不会。尽管她不会在任何事物面前退缩，她也不能否认一个实体的存在，有血有肉的，看得见摸得着的。看着"这张贪婪地吮吸着生命的吸血鬼的嘴巴"，看着这双知道自己将死的畜生的眼睛，她们觉得彼此终于平等了。海狸改变了想法：她说，她不再去想母亲已经到了将死的年纪，如同叙述伊始时。死亡，无论在哪个年龄段，甚至最年迈的，都是噩耗。她看到母亲眼中透出的不甘心，她认出了这种眼神，和自己的一模一样。她们就是波德莱尔所说的"同属的灵魂"。西蒙娜·德·波伏瓦在阐述过程中引用了狄兰·托马斯的诗，并不是毫无目的的：Rage，rage，against the dying of the light.（"对灯光的渐逝要感到愤怒，愤怒。"）她骤然惊醒，母亲和她自己都将经历同一件事。"宁静"而死？连其他人也是！没有"宁静的死亡"，死亡也没有任何伟大之处：不是卑贱，无非是满是脓水的肚子和脏兮兮的衣服。然而，母亲的死和苏格拉底的死是相同的。开始脚变得冰冷，死神慢慢侵袭身体，像海水涨起那般。母亲像古时的智者那样死去，她曾经那么虔诚，却也拒绝"宗教的安慰"——出于母亲自己的意愿："我不想到了天上看不到自己的女儿。"

第二天，另外两姐妹到的时候，海狸已经离开："除了一条白色的床单，什么也没有。"母亲在这样一片白色中辞世，半个世纪之前，海狸也是在这样的白色中出生，在一间朝向蒙帕纳斯大道，墙壁上过漆的房间里。

同情，这个词是海狸经历巨大震撼的见证，她不愿远离这个精神内涵颇为丰富的词。她是对的。同情既不是政治传媒的弄虚作假，这种弄虚作假要被政治行动所取代，也不是偷偷摸摸地、装模作样地回归宗教。同情与行动的意愿一点也不冲突，旨在"改变世界"的行动：她以一种黑色幽默谈及这个政治主题。最彻底的乐观主义者，最坚定的政治，必须在同情中耗尽所有新的活力。他们还是一直记着马赛尔·普鲁斯特那句发人深省的名言，他是激进的德雷福斯分子，亨利上校案件结束后他说了这句话："每个人，甚至是有罪的人，心里都有一匹无辜的、可怜的、忍受痛苦的马。"

有一天需要正视的就是这"无辜的、可怜的马"的眼神。

＊

《宁静而死》撰写完之后，海狸也许感觉自己"刚与死亡和死亡的沉默擦肩而过"，所有的文学都"变得虚妄"[1]。不过无论如何，她还是找回了战斗的热情。必须找回：因为各种迹象表明时代正在发生变化，而且萨特在解放运动之后思想、写作和行动的方式对这个时期都不再具有领导的作用。

1964 年秋天，书出版的时候，尽管她厌恶"文学示威"，却依然追随萨特参加由年轻共产党员伊夫·比安等人组织的一次聚会。12 月 9 日举行了辩论，让·里尔卡杜，让－皮埃尔·法耶，乔治·塞姆朗，萨特等人参加[2]。萨特密切关注学生党员创办的《光明》杂志春季号的准备工作，并同意回答 55 期有关艺术和政治关系的提问。在答复中，萨特将艺术定义为"实现人类自由之后的那个世界的再现"[3]。他始终与"苏联式"的"现实主义"保持距离，断然拒绝认为文学只是纯粹的玩弄语言的封闭场域。"互助社"的见面，双方各执一词：萨特和海狸捍卫介入的理念，而里尔卡杜和法耶为"新小说"据理力争，也就是说选择上完全的、明显的对立。里尔卡杜 1961 年发表《戛纳观察》，1965 年《君士坦丁堡的攻占和散文》[4]他曾说过一句话，这句话在美国的法国文学风盛行的时候被广泛讨论："小说不是一次冒险的叙述而是叙述的冒险。"西蒙娜·德·波伏瓦提及这次会面时总带着论战的口吻；比安之前提醒她，"他们想跟萨特

---

1. *TCF*, p. 187. （《清算已毕》）。
2. 章节片段发表于 Clarte，1965 年 1 月期。同年 10 月 18 日发表，"未出版"。
3. Cf. Contat－Rybalka, *op. cit.*，p. 397. （参见孔达－里巴尔卡，同前）。
4. Editions de Minuit. （子夜出版社）。

算总账"。谁？克洛德·西蒙和伊夫·贝尔热。但是克洛德·西蒙因为愤怒没有到场，当萨特对比安施加压力，不让他邀请科斯塔·埃克斯劳——此人在萨特拒绝接受诺贝尔奖的时候猛烈地攻击过他！在一贯忠实的海狸眼中，萨特的文章是"最有意思的"，但要让他的思想表达得生动实在不是件容易的事。每个人都坚守自己的立场：但是观点是对立的，是战斗，甚至不惜大打出手。

在接下来的几年中，无论是罗伯·格里耶还是克洛德·西蒙都钉了一颗钉子。介入的时期过去了，克洛德·西蒙在《在斯德哥尔摩的演说》中说，文学如同绘画，"它的主题就是它自己，没有其他"。这与绘画的历史和他自己的作品都是背道而驰的……克洛德·西蒙曾是121宣言的签署人之一，但是在同一次演讲中，他提到自己的亲身经历，拒绝了所有想要"给历史一个意义"的政治哲学家的要求："我亲历过革命，在极其危险的环境下进行斗争［……］我做过囚犯，知道挨饿的滋味，干过重体力活儿，我逃跑过，得过重病，后来感染的和先天的，几次都与死神擦肩而过，我跟各式各样的人来往，有教堂里的神甫，有纵火者，有生活安定的资产者，有无政府主义者，有哲学家，还有文盲，［……］但是，我七十二岁，至今没有发觉这些有什么意义，如果不像他们所说的那样，先是巴特，后来又莎士比亚，我认为'若世界喻示着某种东西，那么它什么也没有喻示'——除非世界确实是某种东西。"

有关文学"介入"的争论进行得不顺利，或者是被故意曲解，这场争论其实掩盖了另一话题的争辩，即现实"共产主义"与其"同路人"。其中有着一种显而易见的对比，革命乌托邦思想的巨大衰退，和建立在语言学最新研究成果基础上的一种哲学的兴起，这种哲学要求"主体的死亡"，将"结构"摆在突出的位置。米歇尔·福柯于1966年出版的《词与物》一书正是注意到了这种转变，萨特称从中他看到了"资本主义的最后一座堡垒"。1968年五月风暴发生的前几年，是各种思潮一次深刻的重新整顿，不仅是思想领域，文学界也深受震动。反对介入远不能增加经历，也不能扩大思考和实践的可能性，同时使已被新小说文论的教条推到死胡同边缘的介入小说陷入更为尴尬的境地。必须等待来自其他地方的文学的到来，如来自拉丁美洲的、东欧的，使得文学能最终获得自由思考和自由表达的权利，摆脱"不及物写作"乏味的幻影，不再重复解放战争和冷战时

370

期广泛运用的介入形式。而法国文学，却没有完全地崛起，如今"自我虚构"文学带来的略让人窒息的成功证明，法国文学总是很难找到自己的位置，也很难找回通过科幻的形式述说世界的能力。

海狸结束《宁静而死》的写作之后，作了一个决定：长时间不再谈论这部书。她即刻又投入到另一部书的写作中，其中的人物和主题离她自身的存在"非常远"，但"同样"涉及到一个与她自己密切相关的问题：老年[1]。她在这部书上花费了很大精力，但没有信心，1965年10月，她重读这部书时，觉得"可恶"，充斥着毫无生气的段落：她把书藏在书橱里，连萨特都没有给他看。她于是又开始了另一项写作计划，即于1966年出版的《美丽的形象》。随着《名士风流》的出版，海狸创造了一种复调叙述的模式。观点交错，不使用"突出"[2]的话语，这些有效地运用于存在主义的基本主题之一：一段历史时期的真相只能通过自由人的相遇予以揭示，自由人试图用自己的行动超越被随意设置的境域。科幻中的人物尽管不是最关键的要素，但其可辨识的特征也足以将人物与这几年来几位主要演员对号入座，包括他们激烈的争论及其输赢。这也是为何《名士风流》能获得巨大成功的重要原因。

1966年出版的小说《美丽的形象》情况却完全不同：评论似乎迷失了方向，找不到海狸笔下的"世界"，对这本书的问世也一直保留冷淡的态度，只是礼节性地赞扬一下。也许我们在这部作品中也感受不到新颖的和再现自己亲历过的事件的力量，《宁静而死》中曾给出过一个亲历事件的惊人的例子，记录在回忆录中，既是见证也有虚构的成分。海狸写完《美丽的形象》之后，决定（或者说愿意）真正地离开原本属于她的那个世界，知识界，私人（《女宾》）或公开（《名士风流》）冲突的是非之地，再也不拿起笔通过想象和叙述来描绘"让人烦恼"[3]的法兰西的图景。因

---

1. *TCF*, p. 169.（《清算已毕》）。
2. 她在《名士风流》中说，她可以真正屈从于"我们坚守的准则，萨特和我，最基本的。后来他在一篇谈论莫里亚克和法国小说的文章中提到：每一章，我都与其中一个主人公有相通之处，我不允许自己比他知道的或想的更多"。（*FdA*, p. 385.《年华的力量》）
3. 皮埃尔·维安松－朋特（Pierre Viansson-Ponte），《世界报》，1968年3月15日。

此，她加入到这场大型的运动中，通过这场运动小说开始揭露这个新兴的消费第一、技术至上的社会。1965 年，乔治·佩雷克[1]出版了《东西》，同年，克里斯蒂娜·罗什福尔出版《献给莫里森的一枝玫瑰》——1968 年"五月风暴"之后，她说是在"预兆的危机"中写成的。无论哪部作品，哪位作家，都走近了这个新的世界，观察家们对此持怀疑的态度。

从十九世纪末至今，法国其实在"光辉的三十年"间变化最大。国家的重组，农村的荒漠化，作业的自动化，日常生活的美国化。在最尖刻的观察家眼中，如 1956 年以来几位《理由》（Arguments）杂志的合伙人，这些变化带来了异化的形式，这里的异化不完全与马克思主义中的异化概念相吻合。西蒙娜·德·波伏瓦很早就觉察到与存在的"技术政治化"相关联的空虚与烦恼，她满怀热情地阅读了威廉姆·H·怀特的《组织人》[2]一书。多少次，特别是在 1962 年被迫移居到布莱里奥站台期间，她注意到一个美国化社会的崛起，惊恐之余夹杂着惶惑，美国化即意味着日常生活的自动化、性别之间的角色分工、娱乐活动的单调及被划分为相似原子的个体又要坚信自己的特殊性与自由。

与之前最为不同的是，上世纪六十年代中期，消费品的蜂拥而至（见佩雷克的《东西》）及其必然结果——广告，战前的几年就"强烈要求"其出现。戈达尔曾拍摄过一部著名的影片，名为《狂人皮耶罗》（Pierrot le Fou），影片开始是一组由单色画面连接而成的镜头，讲述的是一次聚会，年轻姑娘一人背诵一条广告词。似乎是为了增强眩晕和幻影的效果，《美丽的形象》中的姑娘，波伏瓦故意让她在广告业工作：这样给原本已为表象所困的生活又添加了欺诈的色彩。洛朗丝与她丈夫的组合，他们朋友的组合，自己父母的组合，都是造成自身异化的同谋，他们似乎被浓雾蒙蔽了双眼，海狸将他们的象征意义推向了极致，尽管在之前的作品中多次提及：一种背信弃义的形式，却走了一条全新的路。家庭内部再也不能自欺欺人地将环境因素解释为本应由自己承担的失败或怯懦的理由。这是一种普遍的、预设圈套的形式，直至影响到话语本身。

海狸看到在消费社会和娱乐社会显露出来的是，一种共有的幻觉状

---

1. 他与 Bianca Bienenfeld（法国作家，波伏瓦的学生，与萨特也交往甚密）同一个曾祖母。
2. Op. cit.（同前）。

态，慢慢传遍的流言，各人的自说自话，不去想一想自己说话的比自己被谈论的频率要低得多。拉康的《论文集》不也在同一年（1966年）问世吗？如果说我认为可以说话的时候"此在"开始说，那么"我"所说的一切，都是"结构"在说，语言的结构及语言所反映的社会的结构。"我"说的和别人说的都一样，只要"我"认为自己有了一条建议，一种感悟，一个观点，对于绿色植物，新的建筑（"新的建筑里，房顶与墙融合在一起，一直延伸到内院"[1]），女性（"我觉得未来是属于女性的"[2]）或者更糟："除了时尚，还有其他东西，比如价值、真理。"[3]洛朗丝是一个不知满足的女人，她或许也是不幸的，有时她自己意识到："就是在此时，在另一个花园里，风格完全不同的，完全相同的，有人说了这些话，同样的微笑又绽放在另一张脸上［……］为什么我会这样想？"她不是一个起义者，也不是个叛逆分子，她行动，她无法摆脱时间流逝的痛苦，她承受的"抑郁"更多，抑郁是受束缚的自由的代名词。然而，她一直在聆听自己耳边"轻轻的声音"："他们很幸运，有这样释放热情的机会。"1945年，当洛朗丝看到广岛纳粹集中营的画面，她陷入了无尽的绝望中，那年她才十一岁。现在轮到她的女儿夜夜噩梦，向她母亲提出一些尖锐的问题：我为什么会存在？小姑娘没有看到"美丽的形象"，她透过这些形象直接走到了画面的背后：洛朗丝看到的是一个挨饿的孩子，小姑娘看到的是饥饿。她看电视，完全不是为了欣赏世上的壮观场面，而是为了从一个鱼罐头中看到"把萝卜头放在鲱鱼网上的年轻姑娘"[4]。

洛朗丝想去安慰自己的女儿："这些都是蠢人干的事，一旦实现自动化，这些行业也就消失了。"但是她并没有说出口，因为"幸福"的未来里，不会再有这样的年轻姑娘，她们也会失去唯一的生命。海狸在《美丽的形象》中运用某些新小说的手法，揭示这个小说本应反映的世界……时间的流动或人物的过往交错，是怎样在一页的篇幅里变换着洛朗丝的外部视野，使她一下陷入长时间的无力的自我对白中！海狸在为《文学报》[5]做

---

1. *Les Belles Images*（*BI*），p. 11.（《美丽的形象》）。
2. *Ibid.*，p. 99.（同上）。
3. *Ibid.*，p. 150.（同上）。
4. *Ibid.*，p. 79.（同上）。
5. 1967年2月14日，第六期（p. 8）。

的一次访谈中，说："我并不完全反对'新小说'作家们注重形式的做法。我对他们的文论很感兴趣。"[1]而在一次非常有趣的随意安排中，海狸让洛朗丝的丈夫，"现代"建筑师让·夏尔成为"空洞无物的书"的忠实读者，这样的书可以用"三百页的篇幅来描述一座浮桥"[2]。被技术化的语言用来揭示世界的机械化，而不是世界的意义。

海狸从不将自己作为"全知"叙述者来写作，她认为这种手法是最做作的。这里，她一步一步地———一字一句地使自己融入一种觉醒的意识中。洛朗丝同样也是一位"被骗"的女性，海狸的世界到处都是这样的女性，她也因此受到指责[3]，裂缝穿透了这层闪闪发光将她与世隔绝的纱纸。她不是"英勇的女斗士"，但是她勇敢地进行着战斗，当父亲对文化迷恋的时候，她发现了最恶劣的欺诈。在希腊的一座博物馆里，看着父亲出神地注视着摆放得整整齐齐的一排红底黑色陶器（或是黑底红色陶器），她陷入抑郁中。她，她看到可怜的孩子、褴褛的衣衫、哀求的眼神；而他的眼里只有美。"世界的痛苦"攫住她，这是用美的永恒形象无法掩盖的东西。她不是那种女人，可以像"路易丝·佩隆"一样厌倦了自身建设之后，满足于弄虚作假。她如同一片冰冻的湖，初春的时候，出现了细缝、裂口，露出一点活水，天空也趁机映照出飘动的云彩。"孩子们真幸运，她心想，为什么幸运？甚至连她自己也不知道。"[4]

使异化人物的存在变得如此悲惨的原因是，烦恼磨平了他们的棱角。因此，《美丽的形象》是海狸的重要作品之一，在当代文学中也占有一席之地。烦恼的是"现代人的处境"，汉娜·阿伦特以此为一部书的题目，生活在一个没有意义的世界里。无论是逃避工作，还是逃避娱乐，抑或是

---

1. 从俄语翻译过来（参见弗朗西斯和贡蒂埃的《西蒙娜·德·波伏瓦作品集》，p. 226）。西蒙娜·德·波伏瓦在《时势的力量》中却这样写道："对所谓'新小说'的偏见让我痛苦。"存在主义文学，在娜塔莉·萨洛特看来是一种古老的心理主义。(《时势的力量》，t. II, p. 458)

2. *BI*, p. 43. (《美丽的形象》)。

3. "有人甚至指责我的最后几部书——《被遗弃的女人》，然后是《美丽的形象》——一些女性批评我说不写一写积极的女性形象，作品中展示的总是破碎的、不幸的女人；我之所以这样做，是因为现今女性的境域，我看到的，我感觉到的就是如此，我不想写那些在我眼中不存在的、幻觉中的女英雄、女斗士。" (P. Viansson –Ponté, « Entretien avec Simone de Beauvoir », Le Monde, 10 – 11 janvier 1978, 皮埃尔·维安松－朋特，《西蒙娜·德·波伏瓦访谈》，《世界报》，1978年1月10 –11日）

4. *BI*, p. 182. (《美丽的形象》)。

逃避帕托卡所说的"狂欢",都不能使人远离如同日常重负的"生活",摆脱这种"将就",这种"屈从于这种不稳定的人类处境"。"进步主义"所犯的错误,就是相信共产主义会给全人类带来"资本主义世界"不能带来的存在的方式:成就感,自我价值的之间,生命的意义。

*

然而,邀请函接二连三,又得开始长途的旅行:日本(1966年春),埃及和以色列(1967年2月至3月间),同年,他们没有接受去苏联的邀请(1967年5月),而在秋天去了丹麦的罗素法庭。《美丽的形象》刚交到编辑手中,萨特和海狸就动身前往日本。日本之行可以算是他们名声大振期间"不带政治色彩"的少数几次旅行之一。残留文化的痕迹,加入轴心国的特征,这个社会与萨特和海狸之前去过的社会格格不入,没有革命力量的萌芽和发展。美国人也狠狠地压制这个国家,使之没有一点回击之力。

到达东京时与巴西之行有几分相似,就如凯旋:下飞机时一百多位摄像师等着他们,还有蜂拥而至的年轻人。日本"热爱法国文化",大部分书都翻译过来——1965年,《第二性》的袖珍版位居"畅销书"[1]之列,因为那里美洲"政府迎合政治"风气不得人心[2]。日本由此走上全面复兴之路:几年之内,它将成为"世界的第三大强国"。这一"奇迹",如何才能实现呢?封建制度依然保持原样,顽固地穿插在公司世界中:"组织人"的另一个变体,同样让人毛骨悚然。"他们无法摆脱,他们的身和心都属于这样的封建制度。"[3]日本,服从的精神是指服从于天皇,服从于武士,妻子服从丈夫,这与清教徒的个人主义伦理道德是相违背的。作为第二次的亚洲之旅,尽管这里革命的希望已愈来愈渺茫,海狸却找回了她在中国没有机会表达甚至没有感受到的自由:自由地体验"进步"与古风的结合,工业强国与传统文化的共存,过去与"现代生活"的共存。

在中国,她越觉得过去是发展的障碍,她就越希望中国人能打碎枷

---

1. 不要忘记,日语中,妻子的涵义是"床上的东西"。
2. *TCF*, p. 346.(《清算已毕》)。
3. *Ibid.*, p. 352.(同上)。

锁，也越喜欢在东京的老街"闲逛"，不像在北京那样边逛边想着也许应该"一切推倒重建"。歌舞伎、能乐、文乐木偶戏，没有一样像京剧那样，让人闻出封建压迫的气息。甚至连威力无穷的台风在海狸看来都是令人惬意的——日本人将台风视为日常生活中单纯的意外——第二天，又可以照例品尝"美味的牛排"，"生鱼"的恐怖已被抛之脑后。而京都的"老街区和一千七百座寺庙"让萨特和海狸着迷，加布里埃尔·马塞尔却说不太喜欢，他讨厌日本，"是因为政府公开鼓励节育"[1] 此次访问的高潮是谷崎润一郎的寡妇为他们准备的招待会，《现代》上曾发表过她的一篇文章《一个老疯子的日记》。

但是之后的逗留却让他们在但丁的地狱里又往下了"几层"，日本式的地狱：广岛把他们带向非现实的深渊，那里如同一场表演，展示的白血病患者——再加上幸存者的屈从；甚至连"悲惨"二字都不足以形容他们的生活，他们被藏在某些街区里，不允许别人去探望[2]。慢慢地，日本的真实情况展现在他们面前："日本是一个富裕的国家，日本人却是可怜的。"一些人生活在真正的劳作大营里，另一些像贱民，被人看不起，住在"封隔区"，没有水，没有一处舒适的地方。

*

我们不禁产生困惑，萨特和海狸尽管身体状况欠佳，却依然还能这样不停地奔波于各地。没有什么能让他们气馁，持续旅行的疲劳，政界调整及其带来的知识界的整顿。最近的几次政治出行都带着新的暧昧的意味；他们想直面矛盾的"真理"——这之前与海狸没什么太大关系。首先是在埃及，而后 1967 年，以色列，接着 1968 年底在布拉格，8 月时让人信服的"人性化的社会主义"已成为一种虚幻，一种欺诈，甚至是对惯犯的包庇。

---

1. TCF, p. 367.（《清算已毕》）。萨特和加布里埃尔·马塞尔观点对立有很多原因，后者是"基督"存在主义者，冲突从字面上就显而易见。然而，1958 年，亨利·阿莱格（Henri Alleg）出版《问题》时，马塞尔在《快报》上发表文章，他写道："我只能跟萨特讲理。希特勒也曾经是位先驱……我估计因为恐怖的环境有人蒙受了耻辱却也不敢吭声。政见之间的对立会慢慢消失，从这一点看，分歧一点也不重要。"
2. TCF, p. 383.（《清算已毕》）。最近的资料显示，原子弹引爆之后，美国医疗队到达日本，他们不是为了医治幸存者，而是为了测试他们受原子弹的影响程度。

海狸在《清算已毕》中写道："越南战争之后，我这些年来感触最深的事件，是六日战争。"[1]就在他们旅行之前，《现代》杂志正在准备一期特刊，专门报导所谓的"以色列与阿拉伯世界的冲突"。但是她同时承认：对以色列王国，她一点也不好奇，这个国家的建立完全是合理的，因为经历过集中营的可怕和种族灭绝的残忍。相形之下，她从孩提时便开始梦想去埃及看一看，那里的金字塔、门农巨人和尼罗河。波拿巴1798年被流放之后，学者有关流放的记叙，商博良[2]对罗赛塔石碑的指认，不断送往卢浮宫的作品，法国人印象中的埃及是一个不同寻常的国度，这就更巩固了其在学校教育中的地位，尤其是中学的头几年。海狸说，那个时代，"所有的印象都以一种无法磨灭的方式镌刻下来"[3]。她的好奇心最终可以得到满足：纳赛尔结束对共产党的迫害[4]，他们的朋友克里与政府联合，他们于是决定先去埃及，后去以色列，两个国家都接受了基本原则。

因此，他们将——又一次——看到悲惨的历史性一幕，而四十年之后却依然悬而未决。所有的一切结合在一起，使世界的这一地区成为欧洲历史上各个黑暗时刻汇集的策源地，其恶劣后果：欧洲帝国主义的没完没了，尤其是英帝国主义，1918年奥斯曼帝国之后支离破碎的灾难性的影响，纳粹主义和欧洲对犹太人的种族灭绝，冷战中的对峙，阿拉伯民族主义的抬头。如果说1956年危机对纳赛尔来说是成为整个阿拉伯国家头号领导人的机会，那么1967年就意味着他的衰落，不仅对于他，也对于"阿拉伯的社会主义"，对于他希望代表的那项事业，对于"巴勒斯坦人民"的自由。六日战争之后，埃及军队被粉碎，西奈半岛被占领：埃及遭遇了彻底的灾难。

海狸和萨特受《基地阿赫拉姆》（*Al Ahram*）杂志主编的邀请，于1967年2月25日到开罗，同往的还有克洛德·朗兹曼，和为《现代》准备特刊的一位埃及记者。看看眼前这条神奇之河——尼罗河，海狸将信将

---

1. *TCF*, p. 497. （《清算已毕》）。
2. 让-弗朗索瓦·商博良（Jean-François Champollion, 1790–1832）：法国历史学家、语言学家，是第一位识破古埃及象形文字结构并破译罗赛塔石碑的人。——译注
3. *TCF*, p. 498. （《清算已毕》）。
4. 阿拉伯联合共和国期间，1958年实现了由叙利亚倡导的埃及与叙利亚的联合，埃及警方此后开始野蛮镇压穆斯林兄弟和叙利亚共产党。

疑，很受震撼。她开始对金字塔有些失望，一天晚上，突然被"超现实"的一面攫住，这些赤裸、冰冷的"抽象的惊人雕塑"[1]。接下来的几天，海狸"惊讶地看到眼前展现的一种文明"，她遨游在埃及四千年的历史长河中，埃及人认为这对于正确理解现代埃及是必不可少的。阿斯旺水坝刚刚竣工，随之，实现"蓬勃发展"[2]的希望也愈来愈近了。我们现在知道水坝工程造成了巨大的生态灾难。他们旅行的时候，远没有意识到这一点，整个国家沉浸在完成巨大工程的喜悦之中。被这些大工程制服的尼罗河水流如今形成了一个灌溉网，沿路造福了国家无数的合作社和农场。

然而，和在中国一样，他们也无法与小农取得直接联系：不可能知道在这些改革过程中，农民是如何生存的。政治旅行期间，宣传横行，却有某种单调的、令人厌烦的东西。海狸很快发现阻挠农民境域获得解放的最大障碍：宗教。1962 年宪章将男女平等列为正式条文；但是"伊斯兰传统反对男女平等，目前还是传统占上风"[3]。在开罗和在亚历山大一样，当她试图论及这个话题，当她肯定"埃及人对女人的态度，如同封建主、殖民者和种族主义者"，到处议论纷纷，妇女们拍手欢迎，男人们大声说："女人和男人是不平等的，这在《古兰经》里明确写着！"因此海狸没有提及，但是二十年代的女权主义的先锋又在哪里呢？1923 年，霍达·夏瑞伊[4]从意大利回来，把头巾扔进大海，这一壮举现在又留下些什么呢？1923 年成立的埃及女性联合会又发挥了什么样的作用？那么 1947 年由法语作家夏夫克倡导建立的"尼罗河的女儿"组织呢？海狸碰了一鼻子灰：在后殖民主义社会，依赖宗教，回归宗教仪式和戒律，成为反对过于激进的"现代化"的手段，从形而上的层面，来消灭一切反抗的形式。

纳赛尔在他们旅行快结束的时候，送给海狸一张"埃及面具"。萨特则与他谈论起巴勒斯坦难民的问题。你认为以色列会愿意接受这些难民吗？纳赛尔认为如果所有的难民都去了以色列，那里"会爆炸"。那么，就是说会发生战争？萨特说。"纳赛尔看起来完全没有准备冒这样的险。"[5]参观完

---

1. *TCF*, p. 501.（《清算已毕》）。

2. *Ibid.*, p. 509.（同上）。

3. *Ibid.*, p. 516.（同上）。

4. 霍达·夏瑞伊（Hoda Charaoui, 1879－1947）：埃及妇联主席，埃及妇女运动、"尼罗河的女儿"组织创始人。——译注

5. *TCF*, p. 519.（《清算已毕》）。

加沙的一个"非常悲惨"的集中营之后，萨特毫不犹豫地向巴勒斯坦领导人，其中有舒克瑞，提了一个逆向思维的问题：如果犹太人赢得战争，他们会怎么做？"他们会把巴勒斯坦人遣送回他们的国家：他们不会用一种更严重的不公正去弥补另一种不公正。"萨特十分固执，坚守着自己观念中的唯一正义：必须调和"巴勒斯坦人重回自己国家的权利和以色列人生存的权利"[1]之间的矛盾。四十年之后，这种状况没有一丝一毫的改变。但是，晚餐时，克里妻子说的话有点刺耳，他们愣了一下，她说，战后，犹太人"本就应该待在自己的国家"[2]。

他们参加了几次告别晚宴，晚宴上有魔术表演，礼拜时身体旋转舞动的伊斯兰教托钵僧和肚皮舞。之后他们离开埃及，经由雅典，前往以色列。在特拉维夫着陆时，他们有点害怕被"讨厌鬼"纠缠。事实上，迎接他们的是一个委员会，热情的，善意的，其中有凯尔，很快成了他们的朋友，还有早已在巴黎认识的弗拉帕[3]。弗拉帕是联合工人党[4]的成员，运动组织的国家总书记，阿拉伯事务署的主任。萨特和海狸在特拉维夫重新见到弗拉帕时[5]，联合工人党还归政府管辖。直至上世纪五十年代中期，他还公开支持斯大林———直到酝酿中的"白衫党"阴谋恰巧因斯大林的死而中断。

值得指出的是，海狸一直非常密切地关注二十世纪先后亮相的所有"社会主义"的种类：基布兹（以色列的合作居留地，尤指合作农场）就是其中一种变体，曾一度让欧洲着迷，基布兹的居民在两性关系、下一代教育和宗教问题上进行过彻底的改革。一种强烈的好奇心驱使他俩前往，

---

1. *TCF*, p. 521. （《清算已毕》）。1969 年 2 月 1 日，萨特接受克洛迪娜·肖内（Claudine Chonez）采访时称："以色列的犹太人有权利留在自己的国家。根据同一原则，巴勒斯坦人也有权利回到自己的国家。"（参见 Contat Rybalka，《萨特作品集》，p. 476）

2. *Ibid.*, p. 523. （同上）。

3. 西姆哈·弗拉帕（Simha Flapan，1911－1987）：以色列历史学家、政治家，最有名的著作是《以色列的诞生：神话与现实》（*The Birth of Israel: Myths And Realities*）。——译注

4. Mapam：联合工人党。——译注

5. 1987 年，弗拉帕过世。他的遗著《以色列的诞生：神话与现实》在纽约出版，他由此也成为关注以色列建国历史再考察问题的最早的几位"新兴历史学家"之一。

即使"在大部分的基布兹已看不见居民",即使他们的存在"在资本主义的国家里只是人为地保留着"[1]。海狸和萨特先到了基布兹（Degania B），海狸说，这是"基布兹之母"，1909 年由一小群年轻人在提庇黎雅湖边建的，他们是东欧的犹太移民，坚决拥护农村集体主义。然而，1967 年，不再是英雄主义时代，不再统一行动，不再只吃小扁豆，正如一位亲历过这几年历史的人所说。妇女们已经开始抱怨不得不牺牲自己的"女人味"，为不能亲自抚养自己的孩子而感到无比沮丧。海狸，和我们中的许多人一样，激情澎湃地捧起布鲁诺·贝特尔海姆（Bruno Bettelheim）的著作《梦中的孩子》，和他同样确信"其他孩子的长期相伴弥补了母亲不在身边的缺憾"[2]；但是布鲁诺·贝特尔海姆害怕这种教育会损伤了竞争意识，只能培养一味顺从的人，而不是创新性的人才。

"我们与马巴侬的成员，还有所有以色列右派非常合不来。"一上来就，"对萨特很怀有敌意"。最后他们只见了以色列的左派，包括阿文里，他至今仍为争取阿拉伯人在以色列和"领地"的权利而进行英勇的斗争。阿拉伯问题显然是"他们的首要顾虑"，他们从各方面了解情况，很顺利，没有遇到阻挠。联合工人党组织助他们一臂之力，还有阿拉伯党报的编辑米斯拉德。在他的帮助下，他们去了几个阿拉伯农庄：多大的差距！那里的房屋似乎很有"一段历史"。（其实，大多数房屋在 1948 年以色列建国战争中被毁坏。）生活非常艰难，甚至比一般描述的更为艰难，尤其在"未被承认"的村落。海狸没有具体讲述这段长时间鲜为人知的历史，不过她确定"政府没有付出很大努力来改善目前的状况"[3]。

一些阿拉伯人甚至越发抱怨暴力，认为自己被剥夺了土地，住在艰苦的贫民窟，受到士兵的严密监管，1961 年例外体制取消之后情况也没有好转。他们所有的以色列朋友都告诉他们说这些抱怨并不是空穴来风；萨特为弗拉帕主持的杂志《新展望》（New Outlook）做访问的时候，得出一个无可辩驳的结论："我从未见过一个阿拉伯人满意自己在以色列的生活。

---

1. *TCF*, p. 526.（《清算已毕》）。
2. *Ibid*., p. 528.（同上）。
3. 1965 年颁布的计划和建设法令将以色列的土地划分成目的地不同的若干区域，主要地图上只标识出 123 个阿拉伯村落，故意忽视其他的村落：因此造成"未被承认"的村落的地位。

我从未见过一个阿拉伯人现在能说自己与以色列的公民享有完全相同的权利。"[1]海狸也坚信:大多数以色列人希望结束这种状态,但似乎政府并不准备"为这种歧视画上句号"[2]。萨特和海狸拒绝参观以色列军队。萨特在旅途中,自始至终,都忠实于自己的行为准则:坚决捍卫以色列建国,同时他"不厌其烦"地呼吁以色列人密切关注"巴勒斯坦问题和以色列阿拉伯人的处境"。

他们回到巴黎不久,战争爆发了:梅纳赫姆·贝京 1982 年承认,以色列选择纳赛尔作为靶子,是想展示一下自己国家军队的实力,整个阿拉伯世界最强大的,想结束叙利亚巴斯党的激进作风,根据以色列人的说法,要坚决地把他们"推到"海里去。和那时许多战争一样,海狸始终"处在焦虑之中",和萨特同样的"在两个对立的团体之间"[3]心痛欲裂。她对两个国家都怀着深厚的友谊,但"她更害怕以色列"[4]。法国,好似兴起了一件"新的德雷福斯事件",激情昂扬。海狸估计得没错:犹太人团体内部将发生深刻的变革。雷蒙·阿隆在六日战争结束之后写道:"我从来不是一名犹太复国主义者,首先是因为我不觉得自己是犹太人……但是我比以前更清楚地感觉到,以色列毁灭,即使存在一点可能性,也会让我痛彻心扉。从这个意义上说,我又承认,若提及以色列,一个犹太人无法做到完全的客观。"[5]

这是一个富有戏剧性的时刻。海狸感觉自己与大家的关系很微妙;但是,她所表达的观点已经广为人知,甚至是左倾的。以色列不是一个"殖民主义国家"[6];"以色列可以消失这个观点本身是令人发指的","以色列一直是所有犹太人唯一安稳的避难所"。既然有这样的说法,她便可以理解巴勒斯坦人的要求,但是旨在"摧毁犹太复国主义实体"的巴勒斯坦解

---

1. *TCF*, p. 536.(《清算已毕》)。

2. *Ibid.*, p. 544.(同上)。

3. 《现代》杂志特刊的前言。

4. *TCF*, p. 548.(《清算已毕》)。

5. 米歇尔·维诺克(Michel Winock)在《法国与犹太人:从 1789 年至今》(瑟伊 (Seuil) 出版社,《历史界》,2004 年)中写道:"六日战争的转折有利于转变法国知识界的气候。"

6. 这个论断,马克西姆·罗丁森(Maxime Rodinson)曾在《现代》杂志关于"以色列–阿拉伯冲突"话题的一期特刊上做过严肃的考察,并发表文章:《以色列,是殖民地吗?》。

放组织宪章对以色列而言是难以接受的。说到底，令她担心的是看到反犹太复国主义背后是由来已久的反犹太主义；有时确实如此，但私下的想法不足以作为证明。以色列－巴勒斯坦问题长时间困扰着海狸。1974 年 11 月，联合国教科文组织拒绝了以色列申请加入的要求，鉴于其对巴勒斯坦的态度。海狸也在谴责该组织"对以色列偏见"的宣言上签字。但是，1975 年海狸接受了颁给"推进个人自由理念的作家"的耶路撒冷奖，从以色列回来之后，她坚持要修改 5 月 2 日发表在《世界报》上的演讲稿："我看似希望耶路撒冷完全归以色列所有。我说的不是这个意思。我表达了这样的愿望，中东一旦实现和平，两个社群——阿拉伯人和犹太人，双方能够找到一条政治途径，以保证耶路撒冷的完整性。"[1]而她为《贝尔纳·拉扎尔笔记》撰写的一篇文章题目为：《以色列的团结，关键的支持》[2]。

无论如何，并不是一神教的强大给了她信心或是好感，不管是用来论证对女性压迫合理性的《古兰经》还是《圣经》。当她重读《圣经》的时候，她痛苦难当："我知道耶和华严厉又易怒；但我不知道他这么小心眼儿。"[3]

休息一下，歇一歇。这就是上世纪六十年代中期知识分子们的生活，那个世纪的"伟大的思想家们"。中东旅行之后，他们列席了两次罗素法庭的审判：1967 年的 5 月和 11 月。越南战争是那些年西方"进步"知识分子的重要话题，这次战争使法国人又回想起阿尔及利亚战争的场面，同时也使他们重新积聚力量进行一次合理的、现实的反美国化斗争。海狸非常认真地对待这项任务，花费了很大精力，但是庭审过程中还是无聊得很，她常常忍不住要打瞌睡。幸运的是，"西尔维来（和她一起）度周末"，她终于可以给自己"放一个短假"[4]。当这一切都结束的时候，她依然很怀念，也许是怀念曾经历过最后一段知识分子感觉在历史上发挥作用

---

1. Cf. *Les Ecrits de Simone de Beauvoir*, p. 95. （《西蒙娜·德·波伏瓦的作品》）。
2. *TCF*, p. 522. （《清算已毕》）。
3. *Ibid.*, p. 241. （同上）。
4. *Ibid.*, p. 491. （同上）。

的日子。尽管未被合约国承认，罗素法庭是第一个国际法庭，之后才出现海牙法庭，TPI[1]法庭，主要为了审判在前南斯拉夫犯下的罪行。罗素法庭上不同往常的是，遵循传统马克思主义的左派进步知识分子呼吁制定国际法的条约和协定。最后指出了"形式上"的法律的不足：法律的形式应该具有法律效应，包括在东方国家，被逮捕的异端分子在受询问期间背诵自己国家宪法的全部条款，而他们的宪法只是虚伪地规定了各种各样的权利和保障。"共产主义阵营"的当权者也应当遵守：一旦签署《赫尔辛基协议》，人员的自由流动就不应受到阻挠[2]。

*

1968 年 1 月，海狸正好六十周岁，难道到了"懂事（知天命）的年龄"？这也是她于当年当月出版的《被遗弃的女人》中三个短篇小说的第一篇。（最近一个版本出版于 1967 年年末，里面有她妹妹埃莱娜画的插图。）这部书立即获得热销，但是评论却并不积极。女权主义者因为书中"过于负面"的女性形象而攻击她。大部分的评论也都是对她的尖刻批评[3]。这些是海狸自己透露的。毕竟，和《美丽的形象》一样，这三篇小说也无法代表那些年人们对文学的期待。叙述的透明，它的"及物性"（简言之，及物性是指小说叙述了什么事情，而不是一段"自我影射"的话）没有为读者（尤其是评论界）带来他们所想看到的："文本"，"文笔"。

海狸作品的完整性和连贯性是无可厚非的：《被遗弃的女人》中的三个短篇是一个系列，以不同形式反映了始终困扰海狸的同一个问题，即女性制定的表现体系，以使自己的生活境况变得可以接受而不是想方设法地改变这种境况。让评论界颇为惊讶的是，海狸竟然把注意力集中在（几乎）普通女性的世界，那些生活在传统境况下的妇女们，守着一个，用她的话说，"与自己命运密切相关"的男人。但是，普通女性与其他所有的女性都是一样的。她们是可怜的木偶，胭脂打得过红的脸蛋，不协调的动作，突然，拉绳断了，倒在一堆华丽光鲜的旧衣服上，或是一群封闭的女

---

1. 即由安全理事会设立的国际刑事法庭。——译注
2. 1975 年。
3. *TCF*, p. 177.（《清算已毕》）。

人，比如说安娜，郁郁寡欢的，一心想着自杀。海狸笔下的大部分女性都不愿承认自己面对自由而退缩。她们心中有一丝揪心的希望："谁知道？也许有一天我会重新得到幸福？谁知道呢？"[1]安娜心想。所有这些女人在抑郁与迟钝状态间徘徊，多多少少想要摆脱自己曾经想要得到，现在却不愿再拥有的东西，因此也难免显出虚假的一面。

作品中间部分，叙述了一个不得不接受年老现实的女人和一个不甘心"受骗"的女人的日记，两者之间海狸将中心放在米赫尔的"独白"上。"独白"极度地凶狠、下流、恶毒、绝望，无法承受背叛和不幸，在发疯似的呼唤上帝中达到高潮，其实米赫尔甚至不相信上帝："你还没有报答我，上帝，你欠我的。我要你还我。"[2]之后是"被（丈夫）遗弃"的女人的日记，充斥着个人的烦恼和潜在的暴力倾向。这则短篇发表之后，误解也慢慢滋生。一大批"受骗的女人"，为数不少，在他们中间产生了共鸣，莫尼克的痛楚，一个不幸女人的心声，合理要求被嘲笑。虽然海狸不认可这样的解读方式，但她也有一部分责任，因为她强迫自己进入人物的思维：其实莫尼克的"不义"通过一些微妙的迹象显露出来。莫尼克靠着一个男人生活，她为这个男人"牺牲了一切"；而牺牲常常伴随着怨恨。因此，海狸的母亲"无法控制自己的感情"，"不时地显出泼妇的样子"，"在嘈杂中平息自己内心的怨言"[3]。

海狸站在女主人公身边，她笔下故事中的女性，并不是为了拉住她们的手，和她们一起哭泣，而是为了抓住这个时刻，她们从自己的经历中知道，她们做得太过分，从此要放弃自己的幻想，不再故意生气，不再用善意的谎言哄骗他们。莫尼克，这个"被遗弃的女人"，用不正当的手段——流眼泪、装腔作势、提要求、瘫倒，但这些都说明她很痛苦。痛苦会让人失去理智。没有什么能让她恢复理性，甚至连别人建议她"找一个原因"都办不到。莫尼克怎么会不知道，当自己把闺中好友推到敌对的位置，当自己沉迷于占星术中，当她试着让女儿们开口的时候，她慢慢失去了自己的尊严？她最后说："我害怕。"莫尼克不是像保尔或者路易丝·佩隆那样令人反感的、以自我为中心的疯子。毕竟，读者的"错误"，可能

---

1. *Les Mandarins*, t. II, p. 501. （《名士风流》，卷二）。
2. *Monologue, La Femme rompue*, p. 118. （《独白》，见《被遗弃的女人》）。
3. *MTD*, p. 52. （《宁静而死》）。

384

不止一个，就是感同身受，莫尼克所感到的耻辱，受骗女人的矛盾的耻辱，为自己不再被爱而羞愧，为自己的身体不再被人觊觎而羞愧，为说了不该说的话而羞愧，为在辱骂与喊叫中屈尊而羞愧，只为了挽回不再是她的东西。她几乎在米赫尔的妄想和淫秽的独白中沉沦。

矛盾的是，我们并不是最后感到平静，而是一开始，在《懂事的年龄》中。所有的叙述都带着屈从的色彩，通过两种互补的形式渐渐淡化，自愿的疯狂和被抑制的疯狂。海狸就此把我们置于全然的惊慌与迷茫中，因为"谨慎"地打开这部书是一种既巧妙又绝望的方法。一切都那么沉闷：威胁，还有痛苦也一样。很少有女人，当她们痛苦的时候，能够承受得住。这则故事中的女主人公不了解另外两个女人极端的命运。她的丈夫安德烈和一个聪明的年轻姑娘在一起，并对自己的妻子直言不讳；菲利普和米赫尔的女儿不一样，他没有自杀。她并不试图，像"被遗弃的女人"那样，成为嫉妒心强、说话恶毒的泼妇，也不想学米赫尔过隐居的生活。圣诞夜，当大家都聚在一起享受天伦之乐的时候，她却在紧闭的窗子后面喊破嗓子。然而，她所面对的，可能更加糟糕，因为她不能生活在"自由中"，不能勇敢地面对强加于她的处境。这就是老年。老年不是一种"偶然"，这样或那样的偶然；甚至不能与疾病同日而语，某种我们可以避免和可以治愈的东西：老年，若我们经历过，它是不可抗拒，不可逆转的。《懂事的年龄》以一幅画面作为开始，由于表面的毫无意义而让人直冒冷汗："我的手表停下了吗？没有。不过指针好像不再转了。别盯着它们看。"[1]这个女人听到这则消息，自己年老的消息，突然昏厥，这是重生，看着自己活下去，完成不再属于自己的活动。

这是一位名校的女大学生，她的成果很有权威，但是最后一本书却让人失望："即使有两三卷丰富的内容，我的书还是如此。"她说话的语气和海狸　样。某些痛苦的、深刻的东西将这则故事与海狸的现实生活相联系。她或是海狸，都憎恨这个时间赋予她们的新的身体，两人都热爱"将她们带向未来"的年轻人；两人都觉得每一样东西充满了"尘土的味道"，两人都时常回想起"纯粹美好"的时光，那时，整个世界，和自己的心一样，都是年轻的。两个女人融合在一起，包括成长的背景，旅行带

---

1. *La Femme rompue*, p. 9.（《被遗弃的女人》）。

回来的纪念品、"葡萄牙公鸡"、颜色强烈反差的布料。当她的人物痛苦地感到曾让自己可以对世界"不闻不问"的性欲走到了尽头的时候，我们听到了海狸的声音："不再有任何一个男人……"在一个不同于自己的女人身上找到自己的影子，海狸对自我的感觉更好了，也更好地理解了命运的普世性，身体的衰弱，很容易放弃的感情。她的人物比她幸运：她与安德烈的"默契"坚持到了最后，两人——即使她为他的高血压很担心——一起经历了这"最后一次冒险"，从此过起了安宁的生活。而这样的运气，海狸不敢肯定能否拥有：她清楚萨特一生要经受多大的危险。

和《懂事的年龄》中的女主人公一样，海狸发现了不必屈从地接受的不同形式。但是和作品中人物不同的是，她通过再一次的跳跃，我们知道她有能力做到，也曾做过无数次的示范，如今她将其与生命相联系，找回新的激情。也许多亏她身边出现了一位"她可以助她鼓起活下去勇气"的年轻姑娘，这位姑娘将在二十年之后"陪伴她走向死亡"，她才能与自己的老年获得新一轮谈判的成功，才能预见到自己的死亡。这次谈判几年之后以散文的形式得到保存：《老年》。

这部作品使她恢复了这股力量，一股差点被时间的流逝扑灭了的力量。为了把作品写好，海狸要找回往日的政治热情，阿尔及利亚的持久战和对革命运动的失望一度让她沉沦。现在，她的眼前出现了让人无法忍受的境域，她必须予以揭露，那就是老年人的处境。新的对抗浮出水面，敌对的另一方是她每天在作品中看到的："体制"。这个社会，她对它的憎恨从来没有停止过，八年来，从地中海的这头到那头，这个社会呈现了多少让人毛骨悚然的场面，她一直希望，能像在苏联，在古巴，在中国那样，把这个社会彻底地推翻，这个社会，在她眼中，对其间最脆弱，最易受到危险的群体："上了年纪的人"，肆意地剥削、否定、轻视，拒绝给予他们"人的仁慈"。她所有的斗志都回来了，完完整整地，与二十年前披露不公正的、无法忍受的女性处境时相比，同样的精神焕发，同样的热情昂扬。经过多次证明，写作是生存的理由，但同时也必须彻底地改造世界，她又将提供新的证据。"这里涉及的是整个体制，要求只能是非常彻底的：改变生活。"

战斗的海狸又加入了争论。

两部小说完成之后，海狸感觉有点空虚："我寻思着接着该做什么。"她的犹豫没有持续多长时间。"几乎是即刻，我又有了灵感。老年这个问题，我无法用小说的形式来表现，我可以用散文来研究，关注老年人，正好作为《第二性》的姐妹篇。"萨特知道了之后，"激动地"鼓励她：这个想法很好。徘徊于散文、小说和自传之间，这甚至成为海狸作品的中心，她明确地说，文体不同，话题却是同一个，那就是谈论自我。也许这样的例子也是唯一的。然而，题材的选择也从不是信手拈来的，完全由海狸决定，总为了揭露什么，启迪什么。为什么现在，对于老年这个她很了解的话题，她会选择散文这种形式呢？散文可以冷却某些过热的问题，使得海狸暂时忘却自己的顾虑，融入人类共同的命运中。同时，这个话题涉及的政治维度过宽，而小说无法做到面面俱到。老年这一低沉的钟声已经敲响，她正在体验这种经历。从少年时代开始，老去和衰弱的画面就常常困扰着海狸。如今，老年已成为眼前的景象，临近的威胁。《时势的力量》结尾部分告诉我们，她是多么狂热地陷入对死亡的沉思中。

"社会看不起老年人"，她在前言中这样写道，不包括艺术家、作家，也不是随时随地都如此。若不加掩饰地勾勒出现代资本主义社会的所有劣根性，那么老年问题就会变得非常严重。在一个利益至上，盛行追逐享乐和永葆年轻之风的社会，他们被指责为"无用的嘴巴"。三十五年之后，在我们现今的后工业化社会，对老年的否认转向了神经质：疯狂地渴望不死，永远不老，具体表现为不顾一切地寻找神奇的方法。西方国家的平均寿命向前跳跃了一大步，老年从未像现在那样让人焦灼，老年人也从未像现在那样受人冷眼。收益的烦扰，空间的有限，加重了影响：对于每一位"年轻人"而言，"老年人"是一种威胁，被没收的职业，金钱和时间的双重浪费。

政治问题之外，还涉及到哲学和道德的问题。"让我们停止欺骗"，海狸说，因为"生命的意义关键在于对未来的期待"。这样的拷问在海狸的作品和思想中还是第一次。并非她无视身体衰退的时刻已经来到这个事实。但是她用强烈的否定来回应这一"认识"，这种确信。狄兰·托马斯曾在评价《宁静而死》时用一首四行诗来阐释这个问题，他说，老年不应变得"聪明"，不应任凭自己走近这个其实一点也不美好的"美妙的暮年"。看着太阳落山，灯光亮起，应该"气得如火中烧"。随着《老年》

的问世，海狸又改变了口气：我们必须要认出青春不再时的那张脸，"若我们想要经受人类完整的处境的话"。对于海狸来说，老年使她有机会直接触及到我们有限性最黑暗的那个点。并不是通过让她震撼的年轻人哭天喊地的反抗，也不是通过"将就"这一冷漠的、虚假的人生哲学，而是通过团结：经受老年的意愿，与其他人，为了其他人来经受老年的意愿。这是对责任感的新的阐释，这一阐释是所有阐释中最为真实的，比《年华的力量》得出的唯意志宣言更加具体，投入实践的话比中国或古巴的"革命"大冒险更加有效。

我们无法接受，我们生存的"剥削体制"剥夺了老年人的尊严，将这些临近生命尽头的人弃置一边。必须打破这种死一般的沉寂，把被抛弃的老年人压得喘不过气来，就因为他是个老头；这种沉寂同样压迫着遭到"非人待遇"的老年人，应该立即予以破除，这需要你们，"我的读者们"，需要你们的帮助；只有通过这样的呼唤，海狸认为才能获得话语和思想的解放。整部书，资料详尽，构思巧妙，流动着海狸式的生动语言，传达出这样的口吻，这样的情感，这样的震撼人心，这些在回忆录中曾多次呈现，并且增强了信心。《第二性》与《老年》的构思几乎如出一辙，也以同一种哲学为理论依据，"存在主义哲学"。如同女性气质，老年也不是自然的产物：机体衰退是所有生物物种的共性，其过程需经由变性期，这也是文化产生影响的阶段，也需要一段时间，和所有人的东西一样。死亡是自然现象，而老年是纯粹人的现象，每个人走向衰退的时间都不尽相同。也正是这一点，《老年》与《第二性》有了最大的不同之处，《老年》更富政治色彩。老年最可气的，并不（仅仅）是宣告了死亡的临近这一绝对的噩耗，而是老年是不平等的。海狸从未放弃过对"理想"社会的憧憬：如果人整个地"被重新塑造"，如果人与人之间的关系"完全重新形成"，那么"老年或许就不存在了"。也只能这么说一说。人也许能够"不经历衰退"直接走向死亡。疾病，一种"无法治愈"的疾病，却没有减弱，没有衰退：对一个词的双关涵义从未如此敏感过；身体的衰弱意味着失去人类社会中本应得的位置和阶层。

鲜有散文能完成战斗的海狸心中最重视的一个心愿，无论是现实生活中还是作品中：任凭自己被一项思想工程控制，遵循它的规则，将道德、哲学、政治融入到自传作品中，全身心地投入思考。

第十一章
他的死让我们分离，我的死
却无法让我们再相聚

  "我常常心怀希望，却总是不能如愿。"[1]海狸在《清算已毕》的最后几页中这样写道。"我对社会主义的期待——苏联，古巴，阿尔及利亚——最后还是落空了。"该是认清现实的时候了：海狸很长时间不愿接受。世界各地，所有的"现实共产主义"国家，苏联、古巴、波兰、捷克斯洛伐克，都竖起了令人泄气的画面。由于布拉格的"悲剧"，萨特和海狸"远离"了苏联；在罗马尼亚和保加利亚，独裁统治使生活水平急剧下降；在波兰，哥穆尔卡发起了激烈的排犹运动，无情镇压学生反抗。1972年，铁托政权派坦克打击支持相对自主的克罗地亚人。而1968年8月，卡斯特罗不仅赞成华沙条约的军队开进布拉格，而且还在古巴建立了苏联模式的道德秩序，监禁了"游民"和长头发的"寄生虫"，还有一些同性恋。"如此吸引我们的'革命的蜜月期'已经宣告结束。"[2]甚至在阿尔及利亚，由于受到战争的蹂躏，以及阿尔及

---

1. *TCF*, p. 632.（《清算已毕》）。
2. *Ibid.*, p. 561.（同上）。

利亚裔的法国干部的纷纷离去，尽管我们不敢抱有幻想，却还是让我们失望：那里建立了一个资本主义国家，为了让"群众"带上政治色彩，他们被要求回到阿拉伯-伊斯兰价值体系中。从外部看，阿尔及利亚可能是"反帝国主义"的盟国，但内部，盛行着民族主义，反动派，妇女的处境相当"悲惨"[1]。

可喜的是还有中国。海狸不愿把中国的形势说成是一个"神话"，但她对毛泽东充满信心。然而，从上世纪七十年代初开始，披露"文化大革命"的可怕介绍渐渐散布开来。但是海狸和以前一样，不太相信"含有恶意的新闻界"，更愿意保留一种她认为合理的怀疑，即使她非常质疑北京方面英文或法文发行的报导。西蒙·莱斯的《毛主席的新衣》[2]一书可能她没有读过，或者她觉得完全属于带敌意的宣传。

经过严密的论证，悲观主义的总结同时也突出了第三世界燃起的希望。如果说革命无法在这里进行，或者说失败了，那么也许可以发生在其他地方，更远一点的地方，在这第三世界，因为这里的条件最为成熟：贫困，人口众多，享有特殊威信的领导人，革命思想的传播，反殖民主义战争的胜利。但也有不利的因素：非殖民化并没有结束经济剥削[3]，"真正进步"的政权被推翻（还可以补充一句，一些没有被推翻的政权是十足的专制统治）。没有发生革命的地方，非殖民化的运动也放缓了脚步，比如在安哥拉或莫桑比克。勒内·杜蒙说得真有道理，他说"黑非洲进行得很不顺利"！海狸提到的是血淋淋的冲突，有或者没有外部势力的介入，是老牌殖民强国扶持下进行新一轮剥削的地方（最突出的是非洲），是地方独裁统治的上台和他们部落残杀的可悲命运。1967 年，在尼日利亚，比亚夫拉湾的独立运动引发了种族灭绝，造成二百万人的死亡。唯一出现的巨大转机是南非的种族隔离宣告结束：然而暴力却还在继续[4]。

环视全球的最后一站：在巴西和阿根廷，军人政变之后上台的是用以镇压的制度，手段极其残忍。对于一个进步的反帝知识分子而言，唯一可

---

1. *TCF*, p. 562.（《清算已毕》）。
2. 1971 年，自由田野出版社（Champ libre），1989 年重新出版袖珍本。
3. *TCF*, p. 569.（《清算已毕》）。
4. 参见内丁·戈迪默或者库切的最后几部作品。

以欣慰的是，看到拉丁美洲反对美帝国主义的激烈抗争。但是在智利，阿连德[1]在选举中获胜，这"将会是一个没有明天"的胜利，海狸总结道。确实如此。然而她的历史乐观主义始终没有却步：美国的反黑人暴力愈演愈烈（马丁·路德·金于1968年4月4日被暗杀）；失业率居高不下；无法逾越的"矛盾"严重阻碍了经济的发展。海狸寻思着，"如今的衰退或许将引发世界范围内的革命？我不知道自己能不能看到那一天，但是想到这样的前景，还是让人感到宽慰的"[2]。政治行动或革命行动的屡次失败，并没有对基本的信念提出质疑：大写的历史是人类争取解放的历史，长时间的，有斗争，有镇压，但最终会获得胜利。正如兰波所说，我倒下的地方，其他"困境中的劳工"会站起来。历史的发展总遵循着一个方向，道路也许崎岖，但朝着好的终点迈进。

将近四十年之后，人们还会这样想吗？不会。"左派"或者"右派"都不会。通过改革的方式取得平稳"进步"的观念广为人所接受。1968年五月风暴前后，当人们绝对不会想到苏维埃阵营会解体的时候（这一阵营确实坚持到最后一刻），"革命"的左派已经开始抨击政治改革的想法。1965年，海狸远远注视着密特朗与戴高乐的总统之争，首次投票两人均没有获得超过半数的票数。"我不太看好（密特朗）；他的观点和他所代表的群体对我都很陌生。"[3]（而1981年，她呼吁大家投密特朗的票。）她只对这两人感兴趣，因为他们是革命的持久希望，革命是"使群众振作的运动"：农民起义，矿工罢工。正是本着这样的精神，1968年，她一开始很支持学生运动。《现代》杂志开展了一次论战：萨特和海狸认为"知识的传承需要借助新的手段，新的手段还有待确定"。几十年之后，官方教育领域，我们甚至比当时最激进的学生走得更远：知识不再被"传承"，知识应该由学生来"缔造"。1968年五月风暴留下的影响远不止这些。

尽管海狸感觉自己和"任何事"都无关，却仍然关注着事态的发展，

---

1. 萨尔瓦多·阿连德（Salvador Allende）：1908年生于智利瓦尔帕莱索，1970年当选智利总统。执政期间实行一系列重大经济和社会改革，1973年9月11日，皮诺切特发动军事政变，阿连德在抗击政变的战斗中身亡。——译注
2. *TCF*, p. 574.（《清算已毕》）。
3. *Ibid.*, p. 576.（同上）。

试图重构其中的故事：这是"资本主义"国家中燃起的一把火，开始在美国，后又蔓延到西欧，接着发展到法国。以柯本迪为首的法国学生对生存（不允许进入女生房间）和学习（老师灌输式的课程）状况提出抗议，他们代表了能够动摇甚至或许能"撼动"政权的新生力量。还不至于说是革命力量，但已对受辱的政权提出强烈质疑：戴高乐政府。然而，离革命似乎并不遥远了，5月7日，学生们唱着《国际歌》，游行队伍从登费尔到星形广场，挥舞着无政府的黑旗和所有共产主义的红旗。另外，他们还与大型总工会密切接触，5月10日，总工会发出号令，要求进行无限期罢工；劳工总联合会[1]不轻易响应这一号召，"试图限制与学生的接触"。大部分教授，其中有最知名的舒瓦兹、卡斯特勒、雅各布、莫诺，5月10日晚上，和游行者站在一起，守着街垒。（据说，出生在俄罗斯，当时七十多岁的社会学家乔治·古尔维兹，参加了在索邦大学举行的一次大会，热情激昂地暗示学生们——也许以为自己是在冬宫被占领时的圣彼得堡——首先拿下"那个"电报中心……）

　　一下子，海狸和萨特感觉"涉及其中"，他们希望学生们至少会将革命维持在零度，保留"拒绝的能力"。萨特甚至想得更远："学生和学校之间唯一正确的关系，就是粉碎这个学校。"（我们想，这句话会不会影响过大，涉及的面过广。）这种不断增长的革命势头会不会使他们与一个意识形态和知识两方面都渐渐远离他们的时代相联系，使他们重新回到对新小说的沉迷、结构主义思想和"主题死亡"概念盛行的时代？表面上看，答案是肯定的，革命的问题让他们靠近"斗争中"的学生。此外，5月20日晚上，他们在索邦大学旁边碰见一个要带萨特去大教室的年轻负责人。海狸很不安。太多的人，太多的分歧，也许还有挑衅者，怎么能奢望像萨特和拉帕萨德这样的老对手，老敌人能用一种声音说话呢？拉帕萨德是社会学家，埃克斯劳的朋友，也是《理由》杂志的编委。当海狸看到被人群缠住的萨特回到自己身边的时候，她大大地松了口气：他受到了"热烈的欢迎"。他回答了各个方面的问题，有关土耳其的变化，有关可以"抛到垃圾桶里"的文化的很多形式。然而，他还有时间告诉大家他认为共产党有多么的"僵化"，他还高度赞扬了主张"建立社会主义与自由间联系"

---

1. CGT：法国劳工总联合会。——译注

的运动。他没有发出任何号召，除了："你们必须重新创造你们的传统，文化革命应该效忠于文化革命本身的传统。"在场的大部分学生都是伟大的舵手的崇拜者。（幸运的是，法国的文化革命在那里就止步了。）这次在索邦大学的讲座终究是很成功的。萨特继续扮演着左派思想的"圣像"，就像我们今天说的，享受了无穷的荣耀，但他的《福楼拜》肯定对他更为重要。能让他高兴，感动他，他喜欢的，不是看到别人对他表现出过分的尊敬，而是有人从讲台上呼喊他，大声叫他：萨特同志！当他1969年2月去"互助之家"参加一次反对开除三十五名学生的会议时，他听到有人说"萨特，说明白点，长话短说"。那时，他第一次感觉自己是个多余的人："我在那里没什么可做的"，他后来说。只能与同龄的同志交流意见。

此前，"五月风暴"领导人之一的阿兰·盖斯马尔被邀请到海狸家，向他们讲述这次"革命"的主要特点。5月10日，萨特和布朗肖、克罗索斯基、拉康一起在《世界报》的一份呼吁"撼动所谓的安逸的法国社会"的宣言上签字。在《新观察家》报上，他开玩笑说："现在只有让整个法国都看到赤条条的戴高乐，才能让学生看到赤条条的雷蒙·阿隆。"[1]"小同学们"不再活在同一个世界里。"五月风暴"已走到尽头，充满激情的幻想消失了，学生会和工人组织解散了。5月25日开始的政府、雇主、工会之间的谈判最终达成协议，命名为"格勒奈尔法案"—— 各行业最低保证工资[2]增长25%，工资增长10%，工作时间有所减短。戴高乐秘密出发去德国巴登咨询马絮将军，于5月30日回到巴黎，他宣布解散国民议会，重新掌管国家：他的支持者在香榭丽舍大街上成群结队地举行游行活动。在一张有名的照片上，我们可以看到马尔罗和德布雷手拉着手，放声高歌《马赛曲》。

"革命流产了。"海狸说。什么革命？是否真的称得上是革命，除了那些咒语式的对伟大传统和历史英雄时刻的呼唤？也许正是"五月事件"在不到半年之后引发了戴高乐的倒台。学生暴动可以带动他们身后的"工人

---

1. Cohen–Solal, *Sartre*, pp. 762–770.（科恩－索拉，《萨特传》）。《福楼拜与毛泽东们之间》一章。

2. SMIG，各行业最低保证工资，于1950年提出，1970年变为SMIC，各行业应达到的最低工资。

群众"吗？几年之后，《清算已毕》的最后几页，海狸依然相信：学生暴动"突显"了"新资本主义"的状况；这种突显"立即影响到无产阶级"[1]。她写道，1935年以来，第一次，"提出了革命问题和在一个发达国家发展社会主义的问题"[2]……接着，1969年，必须在蓬皮杜和阿兰·波埃（参议院主席）之间做一个选择！波埃是在戴高乐输掉四月全民公决之后上台的。"我们弃权。"直到最后一次脑部疾病使他丧失了视力和部分行动能力，包括思维能力之前，萨特一直支持和同情为怀念"五月事件"举行的运动，而这些运动越来越倾向于暴力。海狸一如既往地站在他身边，但内心的不安愈来愈严重。

　　1968年，"五月风暴"不停地为我们制造问题。1940年之后，重新评价那一年发生在法国的事件时，其重要性大大降低了：最终对它的看法大多是负面的。5月的那些天是解放的日子，但同时滋长了一种极端自由主义的思想，容易造成社会混乱：拒绝遵守公共和私人权威；家庭的无序；"无羁绊享乐"的欲望；丧失信誉的工作……这就是为何"新自由主义"显得不那么毫无益处，它不能忘记"五月事件"为其带来的一切，正是因为有了发生在发达的、后工业社会的"五月事件"，才摧毁了束缚全球化资本主义发展的社会结构。事实上，我们世界的轮廓也就是在这些"事件"的发展过程中以及完全在这些"事件"之外勾勒出来。4月8日，"罗马俱乐部"的建立说明"新资本主义"正呼之欲出，并不是支持革命的人在召唤，而是那些担心世界的发展会引发全球资源短缺问题的人。1940年后的今天，"可持续发展"的理念迫使"西方世界"重新审视自己的发展道路，现在或许受到的不是"历史规律"或对工人阶级剥削行为的惩罚，而是必须承担过快发展的后果。1968年的8月，当苏联的坦克开进布拉格的时候，没有人会过于担心"Arpanet"计划[3]，这是一个由研发公司[4]设计的抗核攻击的数据通讯系统。而这些或许会最深刻地、最长久地

---

1. *TCF*, p. 588. （《清算已毕》）。

2. *Ibid.*, p. 589. （同上）。

3. 即高级研究计划署网络（Advanced Research Projects Agency Network），确立于1969年，是分组交换的一个里程碑。它是Internet的前身，于上世纪六十年代末七十年代初由美国国防部建造，目标是建造一种在战争下仍能正常工作的广域网络。——译注

4. 原文为Research And Development Corporation，简称Rand公司。——译注

改变我们世界的面貌。

然而，我们也不能忘记，1968 年 5 月同时也是严重危机的时刻，现实共产主义一蹶不振。这是东欧与西欧之间误解产生的最初迹象，误解给 1989 年之后的欧洲大陆一体化进程造成了不良影响。其实 1968 年不仅仅只有校园的暴动，在美国或在法国，还有巴黎盖·吕萨克街的革命：当巴黎的大街小巷都在谈论革命机会的时候；当支持南斯拉夫"自主管理"和支持"无产阶级伟大革命"的双方争执不下的时候；当巴黎僵化的共产党后悔没有采取和华沙或布拉格兄弟党相同的措施来抑制"左倾分子"的时候，"东部国家"有动静了。"3 月 22 日"标志着震动整个法国直至初夏的事件正式开始，之前，东欧已经成为暴力打击上演的剧场，对于参与者来说，后果极其严重。1 月 3 日，在布拉格，斯大林主义者诺沃提尼陷入了困境，为难他的是一群以亚历山大·杜布切克为首的改革派，此人于 5 日当选为捷克斯洛伐克共产党主席[1]。1 月 30 日，波兰，学生进行游行示威，反对密茨凯维支的戏剧《祖先》禁演[2]。海狸从中看到"东部国家逐渐强硬的迹象"[3]，但并没有把它与法国的学生暴动相联系——或相对立：其中确实存在着"革命"的问题，却是截然相反的方向。华沙 3 月被逮捕的学生中包括亚当·米奇尼克（团结工会未来领导人之一）。天主反动日报《普世言论报》开展了一次如火如荼的反犹太主义运动，谴责学生会议的组织者为"犹太复国主义者"，给会议扣上"造反"的帽子。准备会议在 6 日战争的第二天举行。内务部部长莫察尔[4]提议将被视为"社会主义敌人"的波兰犹太人"划分"成三种类型：效忠于波兰的犹太人可以留下；效忠于以色列的犹太人要离开；效忠于这两者的犹太人必须明确表明立场。1968 年至 1971 年间，有两万犹太人先后离开波兰。3 月 21 日，布拉格，"3 月 22 日运动"导火索的楠泰尔事件发生的前一天晚上，诺沃提

---

1. 安托宁·诺沃提尼（Antonin Novotny）在 1953 年的大诉讼之后成为捷克斯洛伐克共产党的总书记，1957 年至 1968 年担任共和国主席。卡斯特罗称他是"平庸的临床案例"。
2. 亚当·密茨凯维支（Adam Mickiewicz, 1789 – 1855）：著有戏剧《祖先》（1823 年），被波兰人视为反苏抗争的象征。
3. *TCF*, p. 557.（《清算已毕》）。
4. *Ibid.*, p. 558.（同上）。

尼顶不住学生和民众的普遍抗议，被迫辞去共和国主席的职务，由接受苏联干涉的路德维克·斯沃博达[1]将军继任（有趣的一点是，他的姓 svoboda 恰好意为"自由"）。

即使柯本迪和其他人披露说"斯大林式"的政策依然贯彻于法国共产党党内，他们又如何能与布拉格的学生取得一致？这些学生 4 月份要求为斯大林政治大清洗时的受害者进行普遍的平反昭雪。因为同一时间，在楠泰尔，人们正在大肆地批判毛泽东模式下的"官员"和可怕的"文化大革命"。但始终没有提及其极端的后果。夏季到来，法国人忙着出去度假，革命"流产"了，而 7 月，在布拉格，运动却紧锣密鼓地进行着。华沙条约中的规定必须在 6 月 30 日正式完成，可是苏联人决定呆在捷克斯洛伐克不走；8 月 20 日，23 时，苏联、波兰、东德、匈牙利、保加利亚的联合军队用二十万士兵和五千辆坦克占领了捷克斯洛伐克。我们想起这样有趣的画面：捷克的学生在俄国人惊呆的目光下，穿梭于布拉格的街头，耳朵贴在廉价的收音机上，用一块砖固定住当做天线的一根小木棒……或是这样悲怆的对视，一位坦克的年轻士兵从引擎上方看着一位学生[2]……若我们将这幅画面与另一幅在法国拍摄的、后环游世界的照片相比较的话，境域的不同便突显出来。在另一张照片中，柯本迪面带笑容地嘲弄一位戴盔形帽的 CRS[3] 成员，总的说来警察们多数还是客气的[4]……

布拉格的斗争造成了三十人死亡、三百多人受伤，第一书记亚历山大·杜布切克的自由改革被废止了，他的继任者古斯塔夫·胡萨克确保国家的"正规化"。其中的形式尽管非常具有强制性，也许在中国人眼中却是无足轻重的，若他们了解的话，因为这时他们正陷于"文化大革命"的高潮中：知识分子不得不互相揭发，亲手毁掉自己的作品；作家被关进牛棚；学生下放到农村参加田埂劳动。两年前，老舍绝望地跳进太平湖，据说，为了沉下去，他故意脖子上系了一大本毛泽东选集……真是学院路上

---

1. 路德维克·斯沃博达（Ludvik Svoboda, 1895–1979）：二战期间捷克斯洛伐克军团指挥官。——译注
2. 《解放报》发表了约瑟夫·库德尔卡（Josef Kudelka）的一本摄影集，配有米兰·昆德拉的文字。
3. CRS 是法国共和国保安部队（Compagnies Républicaines de Sécurité）的简称。——译注
4. 帕索里尼在意大利猛烈攻击敢叠韵说"共和国保安部队：纳粹党卫队（CRS: SS）"的学生们。

的毛泽东追随者啊！"所有省市，在政府鼓动下，开展了名为'整风'的大型运动，相互倾轧在1968年达到了顶点，目的在于清查所有藏匿在人民内部的'阶级敌人'，然后给予他们各种惩罚，甚至可以把他们整死。[……]最后经过统计，共有二十三种类型公开受到蔑视的人，而迫害至死的有成千上万人。"[1]然而，多年来，到中国热情洋溢的旅行，有关中国的记叙，尽管有些人想从自己的生平——或自己的藏书中抹去这一笔，这一段，但中国依然激发着人民无限的激情……

出于以上这种种原因，萨特和海狸于1968年年底到布拉格的最后一次政治旅行显得尤为突出：夏季在布拉格发生的一切让他们痛下决心与苏联断绝关系。还是因为苏联的入侵使他们重新审视自己对于社会主义、共产主义的看法？布拉格事件和巴黎事件，如此巧合的两件事却从来没有被对比分析过。无论是《现代》杂志，还是在别的什么地方，都没有过这样的研究，原因也很简单：在"批判"共产主义者和坚定的马克思主义者眼里，两件事没有分别，暴露的是"社会主义"的问题。而且必须了解是往哪个方向发展的社会主义。西方"进步主义"阵营认为布拉格事件是现实社会主义内部的星星之火；而捷克人认为也许可以最终从这样的黑暗日子里走出来。对于亲共产主义的西方左派来说，布拉格事件证明必须摒弃斯大林的"错误"，回到社会主义真正的思想源泉上来，无论是"那里"还是"这里"。长时间以来，在布拉格，除了少数几个依然相信社会主义，直到8月才幡然醒悟的以外，有这种信仰的人越来越少。这里存在着完全的误解。

昆德拉在法国出版的第一部作品《玩笑》，海狸和萨特非常喜欢。他们怀着"高昂的兴致"从一开始就关注发生在布拉格的一切：诺沃提尼辞职，吕德维克·瓦楚里克5月发表的两千字宣言，他呼吁"民主化是劳动者自己的使命"[2]。那段时间，海狸认为和法国一样，布拉格那里也将形成

---

1. Chang et Halliday, *Mao*, p. 588. （《毛泽东》）。
2. 当时，瓦楚里克还是认为"文学只有一种意义，那就是引导人类走向革命"。（与安东宁·黎姆访谈，《现代》，1968年4月，1825年。）"正规化"和之后的一系列事件促使他不再那么专断：1977年1月1日，他在"77宪章"上签名，"77宪章"是异端分子反对政权的宣言。

"知识分子和工人阶级"的联盟。4月,《现代》杂志上发表了"捷克进步分子"(这个概念在布拉格可能意味并不那么明显)的文章。安德鲁·戈尔兹文章之后还附了一份资料,《有待重塑的社会主义》。他解释说,必须了解"开头极其艰难的斗争,一群捷克斯洛伐克共产主义知识分子(进行的)反对蒙昧腐朽的官僚主义的斗争"。这场斗争只是取得了"潜在的胜利",戈尔兹强调说,因为斯洛伐克共产主义知识分子不是西方意义上的"自由主义者",他们想做的,只是和工人们一起,有发表言论的权利。他们赢了吗?戈尔兹总结说,他们的失败是有待创造的世界的失败:"一种社会主义文化和文明的模式。"[1]同一期后面有一篇安东宁·黎姆的文章,他最后的几句话与安德鲁·戈尔兹的很相似:"捷克斯洛伐克从今天开始可以为世界提供一种让人信服的模式,只要它有勇气本着社会主义的精神认真对待这个问题……"1968年吹过捷克大地的唯一的"社会主义精神"便是华沙条约的联军。(瓦西里·阿西诺夫在自己的自传小说《伤疤》中讲述了一架水陆两用坦克接收到错误指令之后,和苏联坦克混在一起,接着其中一架卡在老城的一条小街上……)

　　一切结束之后,10月,黎姆邀请海狸和萨特到布拉格,那里正上演刚刚翻译好的《苍蝇》和《文字生涯》。在布拉格广播电台为纪念萨特百年诞辰进行的一次访谈节目中[2],黎姆发表热情洋溢的讲话,对萨特表达无比的崇敬:"他是一个卓越的人。他是最后一位西方知识分子能够公开谴责苏联入侵并称之为罪恶的战争,这和《苍蝇》的第一幕反映的是相吻合的。"在布拉格,他们接受访问,与哲学家卡列·柯西克和历史学家卡莱尔·巴托塞克[3]一起边用午餐边聊天。回到巴黎,他们比离开的时候"更加乐观":"布拉格的春天不是反社会主义的。"[4]也许是吧,但是立即实施的"正规化"将永远地使他们远离布拉格。不管怎样,一些捷克斯洛伐克人梦想中的"社会主义"与左派分子鼓吹和试图在将来运用的"马克思列宁主义"的信条之间有着多大的差别!要是一开始,撼动政权的捷克知

---

1. 《现代》,1968年4月,p. 1781。
2. Vaclav Richter 的访谈,21–06–05(网上的"Radio – Praha")
3. 卡莱尔·巴托塞克(Karel Bartosek),历史学家、作家,与他们政见不同。
4. TCF, p. 458.(《清算已毕》)。但是"匈牙利革命"的时候,她认为"社会主义处于危险中"。(FdA, t. II, pp. 110–111《时势的力量》)

识分子都属于发展缓慢的共产党的各个阶层（后来共产党毫不犹豫地将他们开除出去），那么他们自由化的意愿也许不会带上对"革命"的怀念情绪：甚至可以肯定地说不会有这样的情绪存在。据我们所知，他们中没有一个人受到文化革命逃跑在先的蛊惑，文化革命本可以再采用沉睡已久的准则。

但从我们"铁幕"这一方来说，对革命的呼唤还是需要的，而且富有积极的意义。1970 年发表的《老年》一书，深刻、公正、带着介入的色彩，而且对那个时期是必不可少的，但海狸还是再次受到质疑，尤其是《监护人》（The Guardian）（2 月 16 日），《就一天》（Il Giorno）（2 月 18 日），《新观察家》（3 月）等出版物，主要针对她所提出的解决方案。她从来不曾忘记提及自己支持激进变革的深刻介入。法国老年人的处境是一种耻辱，单纯地改善或改变几点是远远不够的。一场"必要的革命"，因为是统治阶级鼓吹的"人文主义道德"造成了我们社会中老年人卑微的形象（请予刊登）。"统治阶级"推行近乎"野蛮"的一项"老年政策"，他们给老年人带来的只是一个"伤心"的生命尽头，这也是劳动者受到非人剥削和被社会摧毁的结果。因此必须一切"从头开始"。在《新闻周刊》（2 月 9 日）上，她再次重申："我们一定要进行革命，不过时间不一定非要选在明天。"然而，我们还是可以有"梦想"，这个词在狄德罗那里是否有着深意，意味着有根有据的、深刻的思考？或者说，在这里，这个词只有现代的意义，一种能使自己安心的幻想？

革命的观点具有一种可塑性，一种不同寻常的抵抗力，却没有感染到沮丧的情绪。这样的希望有着顽强的生命力，如同神话中的巨人安泰一样，一旦肩膀触地就能恢复无穷的力量。面对失败，可以忧愁伤心，但总是能马上振作。革命迟迟不现身，或者说，一旦现身，是不是就要走向衰退？常常有各种情况可以解释它，却很少能抓住要害。革命的观点依然完好无损，从未被强迫接受测试或需要什么结果。这是一种简简单单的期待，期待看到绝对的恶彻底地消失，如不公正，不平等，这些恶只有在不涉及事实的普遍性和抽象性中才能被觉察。然后，对于那些"资产阶级"知识分子而言，革命难道不是文字和思想领域，用来回应"特权者"的羞愧和懊悔的吗？萨特决定作出反对自己所在阶级以及反对自身的思考，他走的是一条崎岖的道路，将马克思主义视为我们时代"不可超越的哲学"。

而海狸认为，革命在整个人类历史上可以同样代表她所一直追寻的绝对的最高形式。但是，当她在《论一种含糊暧昧的道德》中提出，"真正的人的首要任务是永远不要承认任何异的绝对"[1]，我们无法反驳：历史，大写的历史，难道不是偷偷摸摸的回归，她青春期结束时摒弃的一种"物化"的超越吗？

　　和往常一样，看到革命的海市蜃楼渐渐消退，对此她真正的回应，就是工作。她必须记录下时代的标志，探索行动的新的形式，具体的，日常的。"我处在老年的边缘，"她写道（她正好六十二岁），"我希望到我生命的尽头，依然可以精力充沛。"[2]因此，她着手为回忆录这一重大的工程画上一个句号——完成最后一卷的撰写：《清算已毕》。同时，也许她这一生第一次，以这种方式，走入政治战斗精神的时代，既为了"极左分子保持联系"，也为了用自己的行动帮助参与妇女解放运动的女性。

　　"我们希望与极左分子保持联系。"与"猛兽"开始取一个带贬义的名号作为一种荣誉一样，"极左分子"也为自己的利益考虑，用了一个共产党攻击他们时的负面代号，这个代号是从列宁选集中借用的："极左主义，共产主义的幼稚病"（1920年），其中列宁指责过于急躁的革命分子，这些乌托邦的社会主义分子，常受到马克思主义的诋毁，马克思主义自认为是唯一的科学学说。自此之后，这个用语一直成为新闻报道中耸人听闻的词汇，直至消失——柏林墙倒塌以及东欧解体的时候，随着革命理念和马克思主义思想的消失而消失。"五月风暴"和"后五月的斗士"要求成为"极左分子"的同时，形成了模糊的倾向，有时甚至非常敌对，但是他们都拒绝走"列宁式"的革命道路，希望为"自发主义"昭雪，依赖工人组织的极端自由主义传统。"极左主义"进行的反独裁运动，将攻击的交点集中在家庭，学校，体制和生产力上，生产力是"异化"的主要根源，大大超越经济剥削问题的中心概念，包括了其他形式的奴役或镇压形式，尤其是性压迫。

　　当我们四十年之后，重新回顾海狸与萨特经历的这段日子，我们很难

---

1. *Les Mandarins*, p. 19.（《名士风流》）。
2. 克洛德·弗朗西斯与费尔南特·龚基耶的翻印本，p. 244。

厘清这时与他们一生倡导的介入是否一脉相承，抑或是，正如萨特在《1974年对话录》中所说的，这是一个必须"砸碎头骨"的时刻。甚至更不用谈及战斗精神，尽管他们的年轻朋友总将他们与之相联系，也不用说街上分发的《人民的事业》。但是，从精神上，哲学上，道德上，他们会认同这欧洲年轻一代进行的革命所带来的不幸吗？理念可以吸引、说服甚至引导资产阶级的年轻人，他们对社会只有一种非常抽象的视野，而且像科拉科夫斯基说的，在家衣来伸手，饭来张口。但是，萨特，也包括其中吗？当他公开宣称，与学校唯一"合理"的关系是"粉碎"学校的时候，他是否能说服他自己？断言"占统治地位的文化"就是"统治阶层的文化"，这意味着两层意思：首先，文化代表着权力关系，是统治的"象征性"形式，那么在这种情况下，没有什么是值得保留的。或者另一种，恰恰相反，马克思自己的论断，"资本主义"及其后代以不公正、不合法的形式吸引和收复文化和文化作品，因此人民群众若想拥有，必须是"批判性地占有"。简简单单的几个字，其深意是我们必须坚持斗争，为了结束特权，而不是为了清除这一特权的对象。上世纪七十年代甚至在这之后，很少能够再听到后一种论断。

1968年前后，萨特和海狸渴望与年轻一代在一起的热情拉近了某种距离，这种距离原本对老年人是十分必要的，上了年纪的人总想传授给年轻人他们所真正需要的。汉娜·阿伦特曾在一篇著名的文章中说[1]，为了使整个世界发生变化，恢复新的生气，保存古老痕迹的力量也必须起到作用。新的东西不是无中生有的。特别是，我们若"与过去完全决裂"的话……然而，海狸或者萨特，他们真的能做到与一个孕育他们，现在轮到他们来创造的世界"完全决裂"吗？是一个与他们息息相关的世界吗，尽管他们反对其中的"资本主义"和既有秩序：音乐，绘画，建筑和思想？萨特始终怀着对年轻的喜爱，即使在年轻没有特殊优势的方面，他拒绝"年长"甚至让人恼火。或许，正因为这样，萨特才会与"极左分子"越走越近，当分散、落败、绝望的极左分子排斥《现代》杂志时，因为这本杂志在他们眼里代表着某种"制度"。萨特为之陶醉：他从中看到他们表达了一种"新的要求"，"绝对权力"。在他们的影响下，他甚至会不会修正

---

1. *La Crise de la culture*, Gallimard, « Folio essais ». (《文化的危机》)。

《辩证理性批判》的核心命题，那时他认为绝对权力是革命的障碍，它迫使人们服从于唯一的统治？而这些极左分子是否完成了相对于他们自己任务而言如此巨大的超越，用一个全新理念来取代产生于"稀有"的"需要"：掌握自己命运的权利，不再受难，决定自己的角色，自己的生活的权利？

长久以来，海狸一直是这场政治同路之旅的见证人，首先是《清算已毕》的最后几页，接着，萨特过世的一年之后，又撰写了《告别礼》。她说，1968年对萨特而言是一个关键的时刻，他正准备修改之前对知识分子的定义，"实用知识的技工"，将"新兴知识分子"的地位确定为"设法融入群众，以使真正的普遍性占上风"[1]。萨特与盖斯马尔[2]经过长谈，最终说服他必须创办一份报纸，使得"在斗争中部分重建的人民［……］能为群众说话"。《人民事业报》就是这样诞生的，左派无产阶级的机关报，萨特始终远远地关注它。当勒当泰科和勒布里先后被捕时，4月15日，盖斯马尔正与海狸，萨特，1965年收养的女儿阿尔莱特·艾尔凯姆，和"皮埃尔·维克多"（贝尼·列维）共进午餐。4月28日，萨特开始主持这份报纸。海狸在上述两部作品中匆匆地提及了几个细节：5月1日，一小块文章中，据说出于萨特之手，有这样的论断："暴力的革命特性如今确实存在于群众中。"萨特也借机宣称自己"支持所有的学术论文集"。第二天，他又发表更正通知："支持所有的小文章。"难道是因为受了海狸的影响？

这段时期和这些介入活动，海狸亲身经历，并用对萨特所从事事业的一贯忠诚予以论证。她尽管自己厌恶公共活动，6月21日还是走上街头取卖报。还有一次在6月26日。这是她从未有过的体验，包括为报纸撰写文章（四期，6月24日、26日、27日、29日）。和许多其他情况一样，萨特和海狸常常试探法律的底线，怀着和几年前在斯德哥尔摩同样的正义感。接着，她同意主持《国际白痴》，"和当初萨特接手《人民事业》时一样有所保留"。1970年年底，他们参与到朗斯的矿工事件中。2月，十六名矿工死于一起发生在埃南－利塔尔的瓦斯爆炸中。炸药扔到大厦里，"四名毛分子"[3]被捕，但没有证据。他们审判的前几天，12月12日，"红

---

1. *CdA*, p. 14. （《告别礼》）。
2. 阿兰·盖斯马尔（Alain Geismar）：1968年5月运动时任教师工会秘书长。——译注
3. *TCF*, p. 598. （《清算已毕》）。

十字会"——"马列主义"机构，萨特曾在 6 月呼吁在法国也建立这样的机构——在朗斯的市政大厅组织起了"群众法庭"。萨特为了"调查"提前去了那里，"睡在一间矿工宿舍"[1]。法庭上的争辩"乱哄哄"的，但是，结果，据海狸说，很明确：被告几天之后被处决。"这是对资方的一次严重警告"，海狸概括说，资方对这种类型的法庭提出的唯一反对意见就是，它没有权利判刑。

其实，和之后的布鲁艾昂－阿尔多瓦事件一样[2]，"极左主义"走上了非常冒险的道路，他们试图代替正义、代替法律，即使在事实确凿的时候（布鲁艾昂－阿尔多瓦事件的情况有所不同），正义由此成了"阶级的正义"。极其幸运的是，除了很少的几次，这些群众法庭在法国并没有引发德国红色旅，巴德帮[3]这样的暴行。但是，此后，1974 年，萨特虽已重病缠身，依然不放弃：他激烈地围攻革命思想的复活，甚至在这个"现象"中，他高度赞扬了这次行动，错只错在来得"也许稍稍偏早一点"，他在与《明镜周刊》[4]的访谈中写道。当海狸在《告别礼》中提及这段时期时，政治活动与疾病的侵扰紧密地交织在一张互为因果的网中。但是，海狸在涉及与《明镜周刊》的访谈时对上面这句话却只字未提。她说，他在访谈时对"法国政治做的分析"和后 1968 分子的口号"骗人的选举"很合拍。显然，海狸看待事物是有相对性的：从那些年开始，虽然她继续支持，甚至分享萨特的政治活动，但是她不停地指出，这些活动伴随着身体的每况愈下，接二连三，脑部疾病发作严重影响到他的工作。两者互相映照，互相印证：介入活动证明疾病不能击败他；而疾病又成为过激行为，甚至错误的借口。接下来的几年，我们感觉到在连续几次影响的打击

---

1. *TCF*（《清算已毕》）。

2. 1972 年 4 月 6 日，一位矿工的女儿，年仅十六岁，她的尸体在加来海峡的小城布鲁艾昂－阿尔多瓦（Bruay – en – Artois）的一块空地上被发现。公证人皮埃尔·勒福瓦（Pierre Leroy）夫妇受到法官帕斯卡尔的指控，但最终不了了之。左派无产阶级试图按照红十字会在朗斯的模式也设立一个"群众法庭"，萨特同意担任主席。

3. 全名 Bernd Andreas Baader，1943 年 5 月 6 日出生于慕尼黑，1977 年 10 月 18 日在斯图加特逝世。他曾担任德国革命组织 RAF（Rote Armee Fraktion 红色旅）领导，该组织的另一更出名的代号是巴德帮，1970 年他被判无期徒刑，10 月 18 日与妻子古德伦·安司林（Gudrun Ensslin）一起离世。

4. 《明镜周刊》（*Der Spiegel*），1973 年 2 月，Cf. Cohen – Solal, *Sartre*, p. 837.（科恩－索拉，《萨特传》）。

下，海狸愈来愈悲痛，萨特体力不支，也许思考的能力也严重退化。她眼中的萨特不再是原来的那个萨特，而是一个被别人利用、自己却还蒙在鼓里的人。

而海狸自己，却似乎很乐意加入到一场真正的自觉自主的斗争中，她因此写了一篇文章，发表在《我控诉》杂志的第二期，题名为《在今日的法国，可以肆意杀人而不受处罚》。她也是第一次完成了一篇"政治报导"：她来到瓦兹省的梅鲁，调查"异常残忍的'劳动事故'"[1]。《清算已毕》一书和报纸上的这篇文章是表达有节制的愤怒的一种模式，引导我们走向有力、有效的写作；而且，里面的受害者大部分是非常年轻的女性，聚乙烯制成的工作服烧着，在幸存者身上留下了难以抹去的伤痕，让她们"永远"为自己，为自己的身体感到耻辱。和朗斯的煤矿女工一样，老板就是一个"杀人犯"。她在文章末尾加了一个注，一个对"工人同志"发出的号召，这在她的作品中是很少见的："不要再任凭你们的剥削者拿你们的健康和你们的生命开玩笑！"[2]

然而，她真正的斗争精神不是体现在这里，而是她将为女性斗争提供"五月风暴"后的出路。"《第二性》可以为女性斗士服务，但这不是一本斗争的书。"她曾这样写道[3]。但是 1970 年，她又满怀热情地参加了女权运动，支持她们进行自主斗争的愿望以及将女权斗争与阶级斗争"平等对待"要求。她的态度已经发生了变化。一开始，她说她拒绝"封闭在女权主义的框框里"[4]。上世纪三十年代，对女权主义的态度更糟糕，她补充说，要是有一天有人说她对女权主义感兴趣，她肯定会相当的生气[5]！那时（1970 年），她若重写《第二性》——《时势的力量》对此的表述已是非常明确——她一定会摆脱唯心主义的立场，而借用萨特在《辩证理性批判》中形成的观点："今天我所说的对他者的否定和压迫不是建立在意识的对抗上，而是稀有的经济基础上。"唯有"生产中的混乱"——用马克思的话，就是"生产关系"——可以"深刻地"改变女性的状况。

---

1. *TCF*, p. 602. （《清算已毕》）。
2. Claude Francis et Fernande Gontier, *Les Ecrits de Simone de Beauvoir*, Gallimard, 1979, p. 481. （克洛德·弗兰西斯和弗尔朗德·贡蒂埃，《西蒙娜·德·波伏瓦的作品》）。
3. *TCF*, p. 623. （《清算已毕》）。
4. 《时势的力量》，t. I, p. 267：当时，她甚至宣称"所谓的'女权主义'"，将这个名称用引号引起来。
5. *FdC*, t. II, p. 268. （《时势》，卷二）。

404

但是以她支持女性斗争的介入形式来看，她并没有改变过给约翰逊[1]的回信中提及的想法："从未曾有人通过拉近我与绝对女权主义的距离来篡改我的思想。"相反的，她更坚定了之前的想法。"绝对女权主义"并不是说她只参加女权主义斗争。她的日程安排表明确地写着另一些她必须参加的"斗争"也占用了她一部分时间，如"明年一月"与莱里斯的会面，萨特不能出席，因为他想尽快完成《福楼拜》——初稿必须在1970年10月交给伽利玛。她在请愿书、呼吁书上签字，反对将巴斯克民族主义者判死刑，促使苏联人同意犹太人移居以色列，反对监禁赫贝尔托·帕迪拉，谴责叙利亚在处理赎罪日囚犯问题上没有遵守日内瓦协议的规定（《世界报》，1973年12月18日）。绝对女权主义，就是激进女权主义：坚决拥护普遍主义："我截然否定女性气质的观点。"但是，在"后五月"女权主义新的"战斗性"中，海狸看到自己无可奈何地向既不能预测也不能控制的立场上靠拢。海狸出现在这些女斗士中间，以及她的人格魅力同样为运动起到了旗帜或者担保的作用，虽然之后的某些运动与她想象中的并不一样。

从某种意义上说，她从中自己也得到了益处，因为借此机会，她发现了改革的必要性和有效性——在等待暮年到来的时候。她为争取流产权利而斗争，这早已在《第二性》中以革命方式提出过，参加游行示威，在宣称已经流过产的"三百四十三名坏女人宣言"上签字，出席波比尼诉讼案，支持选择女性事业、女性权利联盟，或者创办《女性问题》[2]，这些都说明她赞成在革命暴力手段之外寻求"改变"世界的方式。她同时也发觉，为了赢得胜利，必须要有同样的坚韧和精力，才能高歌着走向明天。但是，危险隐约出现了：与普遍主义决裂，参加首先是与社会运动"相似"的斗争，然后越来越转向对"女性"特性的要求。女性的解放并不取决于革命的胜利，所有生活在政治处境中和政权统治下的女性都经历过一定程度的附加压迫。然而，女权主义的"普遍主义"没有让海狸认为，我们可以以此为理由，将来不仅可以使压迫女性的特殊形式消失，而且她

1. *Simone de Beauvoir ou l'Entreprise de vivre*. Seuilm 1966.（《西蒙娜·德·波伏瓦或生活的壮举》）。

2. Sylvie Chaperon, *Les Années Beauvoir*, Fayard, 2000.（西尔维·萨伯龙，《波伏瓦的岁月》）。

们的女性气质和女性品格得到认可。海狸激烈地反对这样的看法，就如同她常常否定职业名称的女性化，还有对"女性"写作的定义。她在 1972 年 2 月 4 日的《新观察家》报上掷地有声地作出这样的声明，同一天，《清算已毕》在书店上架。"我认为被解放了的妇女与男人具有同样的创造性。但是希望她们不要带来新的价值观念。"[1]（艾丽丝·施瓦泽[2]的访谈）

这样的变化是她事先没有预料到的，但早已有了萌芽，在女性运动或女性刊物的内部矛盾中，在不同思想派别的"分离主义"中，在一种海狸不赞成的"性战争"的形式中。因此，她主持创办的《女性问题》，其中很快出现了两个小集团，一个以她自己和克里斯蒂娜·德尔菲为首，坚决支持左派的政治行动；另一派，主要是莫尼克·维蒂格，支持"女性"写作。在给玛格丽特·西蒙（与杰西卡·本杰明一起做的访谈）的回信中，海狸说，"身体不是宇宙的中心"，夸大差距只能"将你封闭起来，这就是男性设置的圈套"。确实存在"生理上的差别"，但是"这种差别不足以构成社会差别的基础"[3]。性（生理的）与性别（形成的）的不同在她那句名言中有集中体现："女人不是天生的，而是后天变成的。"由此可见她所要求实现的普遍性。但是这种要求在上世纪七十年代遭遇挫折，因为那时，寻求女性"身份"的妇女们声称，女性身份已经被一种建立在"男性模式"上的解放消解或者抹去了。更严重的是，到了上世纪八十年代，随着共产主义的瓦解，共同权利的概念盛行或者试图盛行。少数人的权利、所有权的归还、团体主义……在法国，二十一世纪初，关于"平等"的争论将这股风推到了最高潮。为了在经选举产生的国民议会中破除女性占绝少数的不公正现象，解决的办法便是在宪法中加入两性比例的要求。最积极的支持者认为，政治生活中丧失了女性的特有品质：亲和力，对战争的"自然"厌恶……

如果说，要抵制这种想法，必须重提《第二性》中的观点，那么不是

---

1. *In Francis et Gontier, op. cit.*, p. 638.（克洛德·弗朗西斯与费尔南特·贡蒂埃）
2. 艾丽丝·施瓦泽（Alice Schwarzer）：德国妇女运动的精神领袖，撰写了多部妇女解放的著作。——译注
3. Deirdre Bair, *Simone de Beauvoir*, Fayard, 1991, p. 638.（戴德勒·贝尔，《西蒙娜·德·波伏瓦》）。

为了完好无损地保存一份宝贵的遗产，而是为了再一次将它作为一件武器。若从女性生存状况来说，如今的世界一分为二。在大部分的贫困国家，或者"发展中"国家，妇女们依然屈服于最传统的压迫方式，这进一步强化了宗教的重要性，一般来说，宗教总是反对两性平等的观念的（基督教支持平等，但很难落到实处）。而在"后工业化"国家，妇女们也还是遭遇着耸人听闻的不平等，形式多种多样：工资，求职，尤其是好的工作，同时两性分工的不同，促使她们继续忙于照顾"没有独立能力"的人，老人和小孩。正是在这一点上，"强调差别"的新女权主义显示出其暧昧立场；每一次，它总能找到各种各样的理由来解释一种不平等的待遇。要实现真正的平等，就必须要求性的差别不仅不会带来权利上的差别，而且在行动、思想、道德和创造力上都不会有任何明显的差别。"人类的状况"里，只有"境域"，根据我们接受教育的方式，即我们在社会中所处的位置，差别就是区分同一物种的两性以及两性内部的不同。

这一言论又开始广泛传播：它只遇到了一种新的障碍，这种障碍恰巧又处在妇女争取解放的道路上，高唱生育新赞歌的障碍。在《第二性》中，海狸反对强制生育——无论是出于习俗、心理，还是禁止避孕的原因，她试图打破这种枷锁，粉碎因为女人的身体可以孕育小孩，就将生育视为女性的自然"天职"和"命运"的观点。然而，自上世纪七十年代至今，我们一直设法宣传另一种观点，即生育是一种男人所没有的"机遇"，在自己的身体里孕育小孩的机遇——这种观点把生育变成了情感上未了结的事。生育从此不再仅仅是一种责任，或是一种规范，一种命运，而是一项"成就"，女人一生中最崇高的经历。毕竟，在这样一个矛盾的世界，一边是节育，另一边是医学手段协助下的多产，两者从两个对立面将性欲与繁衍区别开，然而生育始终没有真正地获得"自由"：它又一次困在意识形态的圈套中。在胜负尚未分明的两性战争中，生育也是一张强有力的王牌。

经过几年的斗争之后，这些变化，这些曲折，海狸早有预感，她接受《社会》杂志的访问（1976 年 1 月 – 2 月的那期[1]），回答了斯泰法和费尔

---

1. *In Francis et Gontier*, *op. cit.*, pp. 546 à 576. （弗朗西斯与贡蒂埃）。

南德儿子约翰·热拉西的问题。这次长时间的访谈内容丰富，论证严密，经过多次修改之后，成为最后几篇海狸谈论自身的文章之一。她再次表示，她花费了很长时间才理解她为何是一个享有特权的人，不仅因为她出身于一个资产阶级的家庭，而且她很早就是个"知识分子"，能在男性统治的领域体现自己的价值。她否定自己可以预料到的或已经听说的非难，也不接受"男性模式"：她融入男性世界，"始终保持女性的东西"，这对于她与男性模式是完全不同的。因此，她没有及时意识到女性生存中的障碍——特别是她现在（1976 年）很后悔当初瞧不起在自己看来"没有能力实现独立"的妇女们。如今，她确信，女性的斗争只有与"反帝"斗争相联系才能尽快成形。技术发展异常迅速，我们不能再将妇女们禁锢在"两性中的弱者"这样的屈从状态。女性斗争很显然是一项争取统治的斗争，和殖民地反抗或压制独立运动的战争一样。女性斗争也是一次革命斗争：女权主义者必定是"左派"的。其间，"经过多次斗争"获得通过的维伊法令[1]"终究是朝前走的一大步"[2]。但是，海狸并不认为这是向平等的迈进，"所谓的女性直觉"不能被认为与"男性知识"同等重要，"男性知识"这种表述是"荒诞的当代语言"。应该继续消解围绕"女性"话题古老的和新编造的"神话"："这是一项革命事业。"[3]

是的，这次有关女性状况的访谈确实是海狸最后一篇理论文章。接下来您将忙什么？热拉西问道。"我没有什么特别的计划。这对于我来说也是新的体验。"她回答说。但是，她从不沮丧，最后概括说："无论如何，我坚信最终女性一定会取得胜利。"[4]

*

这些斗争重新使海狸看到了未来的意义，她说，之前因为渐进暮年，她以为自己不再有未来。也许还有些其他什么：这些日子证明，萨特越是

---

1. 维伊法令（la loi Veil）于 1975 年 1 月 17 日颁布，以其倡导者西蒙娜·维伊命名，该法令规定女性有权终止妊娠。——译注
2. 1975 年 6 月 17 日法令，与任意终止妊娠有关。
3. *In Francis et Gontier*, op. cit., p. 552.（见弗朗西斯与贡蒂埃）。
4. *Ibid.*, p. 565.（同上）。

把自己封闭在他新"家"为他指点的革命乌托邦里——又为疾病所困，海狸就越与女性运动靠拢。同时，她与一个年轻姑娘的关系，年轻姑娘的"出现让她摆脱了年迈带来的折磨"，她们一起的长途旅行，这段不在巴黎的时间，所有这一切都为她创造了一种属于她自己的生活方式，使她像1952年萨特第一次涉足政治时所说的那样："我和萨特，我们不再过同一种生活。"也许她继续和过去一样频繁地看望他，也许身体的每况愈下使他平添了对死亡的担忧：萨特过世之后她发表的每一部作品，字里行间都透露出易被察觉的隐隐的伤痛。如今，她的余生将完全与这位叫西尔维的姑娘相伴。《清算已毕》就是献给她的，这部作品是回忆录中最不受欢迎的一卷，也许是因为其主要结构不再是按照时间顺序，有时有点学院派的传授：我的阅读感受，我的旅行……

当海狸开始撰写回忆录的最后一卷时，她已下定决心。她所想要的一切，都已经得到，但有一点，"收获"梦想总在"收获人的心中"留下一丝淡淡的哀愁。她享有无尽的名声。她知道：从上世纪六十年代开始，她的名字不再只属于她自己，她和萨特一样，是一位公众人物，遭受攻击、质疑、侮辱，而在世界各地，又有人称赞她。她的名字一定会流传。但是"后世，我不在乎。或者说几乎不在乎"。因此，《清算已毕》才会着上一种昏暗的、沉思的色彩，深深地打动着读者。这部书一开始铺开一本忌辰记录簿，海狸一个接一个地叙述她认识的或喜欢的女性的故事，每一位女性离开这个世界的时候，进一步加深了创造她们的空洞。海狸说，在讲述她们的结局时，她"补全了她们的画像"[1]。这些最后的痕迹使线条更分明，图案更阴暗：卡米耶，海狸小的时候曾经对她怀有一种"带着嫉妒的崇拜"，但很快发觉她的狡猾和弄虚作假，后来在战争的影响下变得越来越令人厌恶。她不仅是个反犹太主义者（参见《年华的力量》），而且"津津乐道于幼稚的发明，（面对自己）表现得缺少批判意识"[2]。在海狸的症状学和临床表现中，这是一起非常典型的案例，"自恋"使天生的"盲目"变得更为严重。她身上存在着一道"裂痕"，所以她"酗酒"；在给艾格林的一封信中，她说自己是一个"精神失常的酒鬼"。她的朋友吉

1. *TCF*, p 93. （《清算已毕》）。
2. *Ibid.*, p. 95. （同上）。

娜（也许她们曾经是情人，海狸没有明说），婚后，穿梭于两个家庭之间，但是卡米耶有一天打她，把她的一只耳朵按在锅中熬得发黑的黄油里。结果，她再也没有回来。卡米耶陷入了孤寂；渐渐地，她在"夏约宫的疯女人"这出剧里转来转去，用木炭画自己的眼睛，嘴巴上口红涂得乱七八糟。最终，她生活在一片狼藉中，不再出门，吃喝拉撒全在一个地方，令人作呕。12月11日午夜，12日凌晨时分，海狸接到从拉里博瓦西埃尔医院打来的电话：卡米耶死了。清扫她的住处时，发现四百五十个空酒瓶和一堆已经完全腐烂的戏服。她留下了一本日记：一些幼稚得让人难以想象的东西。海狸在她身上觉察到的这种"空虚"最终要了她的命。原因何在？海狸改变了想法，从开始的猜想发展成一种成见："只有她的童年能解释这一切。"若没有这一关键，所有的存在都是一个"谜"。

和1967年她重新看到的"丽丝"（娜塔莉·索罗金）一样，她自己也变成了药物作用下肿大的"废人"，处于一种完全不稳定的精神状态，听到海狸友好的话语就"脸红"。她手舞足蹈，散发出一股难闻的药味；一天，她的女儿写信给海狸，告诉她母亲过世了。后来她受到丽丝过世前寄给她的一份礼物（和前面一个疯婆子寄给她"椅脚横档"一样）：水果蛋糕，是圣诞节那天做的。在所有的死亡之中，包括贾科梅蒂，最让人感动的是1969年年初萨特母亲，曼西太太的死：这个女人，"她的人体结构可以忍受激情、坚韧、甚至暴力"，生命从未完全摧毁过她[1]。所有这些女人都经历了一种命运，她们不能够或者不愿意在独立中实现自我的价值。无人可以摆脱这样的命运。

海狸"平静地"接受这些死亡，因为大部分在她看来已经是"幸存者"，但是，事实上，她已经"开始"走向自身的死亡。对老年毫不在意，一点也不在意。只有亲人的死亡才能有所触动的人，身后留下的是"无法忍受的空虚"。

尽管依然年轻，或者至少离诗人所说的"手无缚鸡之力的老年"还很远（她在撰写这卷时只有六十三岁），她是"从结局的角度"来写这部书的：结局并不一定指死亡，但却是一种情感，即使与别人有交流、有友

---

1. *TCF*, p. 136.（《清算已毕》）。

谊，她的余生将与无尽的欢乐无缘，将仅仅是同一的重复。当她走出这些幻想，她想起撕扯着自己心灵的一句话："我对虚无的偏爱深入骨髓。"[1]这本书洋溢着一种谦虚、勇敢的感情，完成使命的感觉，与她的内心很吻合。她所完成的，无可辩驳地摆在我们面前，最重要的是，她实现了青年时的愿望。通读《清算已毕》，就可以让我们彻底摆脱之前对"我被骗了"这句话的误解，这句话是前一卷的结束语。所有的承诺都兑现了，然而，青年时常说"还有一辈子的时间可以生活"，当她的精神状态转向这样不成熟的青春时，她发现"什么也没抓住"。她"自然地"坚定不移，坚持不懈地英勇战斗，甚至有时，承受的似乎是一种命运。她现在站在岸边，在那里，我们看到的一切都是突起的，蜿蜒的小路，烂泥浆，耀眼的阳光，暴风雨——等待着大着陆。

　　然而，此时的忧郁，其深刻根源是，萨特这段时间身体不好，而且越来越糟糕：他过世一年之后出版的《告别礼》按照时间顺序真实地记录了萨特身体上和精神上的逐渐衰退，直至死亡。这部书是献给半个世纪来的同路人的最后一份厚礼，她写道，"我的第一本——可能也是唯一一本——在印刷之前你没有读过的书"。《告别礼》是一部多余的书，一部海狸从未想过要写的书。最后一部书记叙了她的"英雄举动"，从一开始，从写《手记》的头几年开始。海狸把这些归功于萨特以及他们之间的"默契"，虽然她很清楚他不完全属于她一个人。随着时间的流逝，萨特越来越远离自己，远离这个世界，而《告别礼》又把他拉了回来。出于思想和写作上的缓冲，和对海狸的爱，萨特一直存在到最后一刻。也许，与此同时，他身边还有其他人，其他女性，都想以自己的方式爱他、保护他。然而，唯有这部书有能力兑现早在1929年许下的承诺：他们彼此之间永远不会变得陌生。因此，从某种意义上说，这是海狸的最后一次战斗，不仅将在萨特身后留存下来，而且在他身前也会受到欢迎。从此，建立在两人默契基础上的诺言只能仰仗她一人来完成：不要欺骗自己，不要欺骗他人。

　　1954年开始，海狸在《时势的力量》中提到萨特，他收到很多病重通知单，但都没有真正引起注意。接下来的几年，每次开始大规模的写作

---

1. *TCF*, p. 139.（《清算已毕》）。

计划，包括 1957 年至 1960 年的《辩证理性批判》，后来的《福楼拜》，其实早在 1952 年撰写《共产党和和平》时，都有很大危险，他不睡觉，一瓶一瓶地服苯丙胺，只吃危险的、医嘱中不允许吃的菜，喝很多酒。在他们的一生中——两人均是如此——酒精占据重要的位置，对他们的身体也有极大的影响；萨特去世之后，海狸的身体状况也愈来愈糟，却还是借酒浇愁，这已是她年轻时便已养成的习惯，只要"多喝一杯"，她就可能经历可怕的生存危机，极端的不安，继而嚎啕大哭[1]。1971 年年初，他痛下决心去处理一下牙齿的问题，可是 5 月 18 日，当他走到位于斯乔尔彻街的海狸家中时（他周一晚上留宿在阿尔莱特家），海狸看到他嘴巴变形，说话含含糊糊：他的病肯定又发作了。5 月底，他似乎完全康复了，但是，6 月，他又开始深受舌头脓包和囊肿之苦。海狸很不安，不过他却说："哦，没关系，人老了，这些都正常，我们也知道不会持续很长时间的！"他的语气，他的话都让她感到害怕："他似乎已经去了另一个世界。"[2]（6 月 21 日，他正好六十六岁）当两人在圆顶咖啡馆用完午餐，海狸准备与西尔维出发去度假时，给了他一个"难以形容"的微笑，他说："好吧，这就是告别礼。"她明白，必须赋予这个词某种"崇高"的意义，而这种意义几年之后才真正实现。

"告别礼"继续着，年复一年，直至 1980 年 4 月萨特逝世。他每一次病情加重，海狸都清楚地记录下每一个症状的细节，以及身体的衰弱与他所表现出来的巨大勇气和战斗力之间的强烈对比。然而，12 月 1 日，没有任何先兆，他突然对海狸说："我身体的资本全部耗尽了。我活不过七十岁。"他向海狸交代了一些身后事。多种疾病严重的后遗症足以让身在罗马的海狸发觉他快要失去自控能力了。自从 1973 年他原先正常的左眼也近乎失明之后，他基本上不能再写作，也不能看自己的作品。因此，他的生活完全依赖于身边的女性，有时其中一位到来却不让其他人知道；不过，他与一位年轻的希腊姑娘建立了一种掺杂着爱意的友情，海狸很快在《清算已毕》[3]中提到了这段关系。"皮埃尔·维克多"，贝尼·列维成了

---

1. 1929 年，在《手记》中，她就提到："我们总是走向极端：有了酒精的作用，要不就极为耐心，要不就忍不住掉眼泪。"
2. *CdA*, p. 35.（《告别礼》）。
3. 即《告别礼》中的"Melina"。她真名为埃莱娜·拉西托塔基（Hélène Lassithiotakis）。

他的秘书[1]。安妮·科恩－索拉在准备撰写萨特传记时，曾询问过他，当时皮埃尔告诉她，这是"一场与死亡的抗争"[2]。皮埃尔粗暴地对待萨特，萨特也没有怨言：据安妮·科恩－索拉说，在罗贝尔·伽利玛，萨特坦言"他喜欢（和他一起）工作"，他们"真的"发生过争执。贝尼·列维——他跟阿尔莱特·艾尔凯姆学过希伯来语——促使萨特进行一次对他而言全新的思考（有人说这是他完全陌生的思想）：犹太哲学。

不断地，在这团愈来愈浓重的迷雾中，他想弄清楚一个问题的答案："我还是和以前一样睿智吗？"[3]那年，1974年，海狸和西尔维在西班牙旅行，西尔维后又陪她去意大利，却接到电话，收到父亲猝死的消息。海狸回到罗马，萨特在那里休养，她想跟他做一系列的访谈。这是一次长时间的交流，大约有五百页，她只有一个目的，"能听到他有活力的声音"。我们确实听到了一个有活力的声音："解释给我听"，"再解释得清楚一点"，海狸坚持说，她仔细琢磨，深入研究。1945年来，他们一直这样交谈。区别在于，"现在，我对什么都不感兴趣"，他一开始就这么说。但是，慢慢地，他又恢复了生命力；通过一次不需要太多例子的交谈，他们聊起了各自的童年，共同走过的过去，他们邂逅的瞬间。"那时，"她说，"你难道没有一种优越感吗？而且，直到现在，你还认为有坏蛋，有傻子。——（萨特）：没错，不过我认为他们不是一出生就是那样，而是他们被弄得呆头呆脑。"他说过一句名言："愚蠢，是一种压迫的方式。"[4]海狸说，萨特在集中营发觉自己和"所有这些人""处于同一水平"，他的文化，他的作品，他的睿智，都不能使他与他们有什么不同。"（西蒙娜·德·波伏瓦）——你不是生活在受鄙视，令人厌恶，孤独，隐蔽的地方吗？（萨特）——不是。我说的话都把他们逗乐了。我什么故事都讲给他们听，还扮小丑。"[5]当海狸问他，他觉得谁最讨厌时，萨特在脑海里搜寻。海狸提醒他，是有谎言癖的人吗？不是，他说，他们不会让我感到厌烦。海狸心

---

1. 他无国籍，出生于一个东犹太人家庭。苏伊士运河探险旅行之后，他携一家离开开罗。他毕业于巴黎高师，支持毛泽东思想，那时处境很不稳定，多亏有巴黎高师校长罗贝尔·弗拉斯列尔（Robert Flacelière）的保护，这位领导人想和同学乔治·蓬皮杜一起帮助他加入了法国国籍。

2. Cohen－Solal, *Sartre*, p. 667. （科恩－索拉，《萨特传》）。

3. *CdA*, p. 95. （《告别礼》）。

4. *Ibid.*, p. 234. （同上）。

5. *Entretiens de 1974*, in *CdA*, p. 376. （《1974年对话录》，见《告别礼》）。

里不那么舒服：女人身上的一切，他都不会恼火，这些在镜子里寻找自我满足的女人。

也许在整个长时间的经历中，最重要的是，首先两人互相是彼此的"优先读者"。萨特说，"您信任我，这种信任我从不一个人独占"[1]，我们从中感觉到，若没有这份互相的信任，各自生命中经历的挫折和考验就毫无意义了。自始至终，他们的相伴，是两位知识分子，两位作家的一路同行，完全平等，没有索取，没有竞争，这些流露于字里行间。"我记得，当您（《恶心》一书）遭到拒绝的时候，您是多么的彷徨［……］甚至（在沙莫尼）您流下了两滴眼泪，这种事并不经常发生［……］而我却觉得这是一部好书。"这也是为何海狸迟迟没有将女性作为主题的原因。"什么时候，您第一次和女人上床？"十八岁时，他经不住一个三十岁女人的调情，尽管才认识不久。"她似乎很满足。"但是海狸不会就这么放过他："后来她回来过吗？（萨特）——没有。"海狸："那么，可能她并不是像你所说的那样满足。"[2]他们故事的起始与我们在《闺中淑女回忆录》中读到的完全一样，之后在《手记》中又有所补充和修改："您忍不住要马上告诉我，我们刚认识的时候，您有很多女人。"那么，他有什么那么吸引女人呢？"所有的一切。"他回答说。"只要是一个女人？所有的女人？——所有的。——为什么呢？——我的上帝呐……"他答道。海狸提出异议——她整个人在这里，她与他辩驳，来到他身边救他："不是这样的！［……］您还遇到过很多女人，可是您并没有和她们有下文呀。"[3]我们肯定要说一说那些和他有过故事的女人。"就是那个金发女人。"他说。其实，是一位柏林的"月亮一般的女人"。为了她，他甚至破坏了和海狸之间的协议，"您喜欢她什么？"（萨特）——"我也在想。"在《奇怪战争笔记》中，他说的又不完全一样：我想让我身边的女人为我牺牲她们的自由，我也把我的自由交付给她们。这种"无可比拟"的关系的真正内涵，直到半个世纪之后他才解释清楚。通过不断的阅读，我们从该书的第二章起便开始体会到这一内涵。当1929年，海狸领悟到其深意，却迟迟没有勇气让萨特摘去面纱，直至1974年。1974年，他解释说，他期待从

---

1. *CdA*, p. 242.（《1974年对话录》，见《告别礼》）。
2. *Ibid.*, p. 419.（同上）。
3. *Ibid.*, p. 421.（同上）。

女人身上得到的，不是必不可少的性欲，而是思考，还有他可以从中得到的权力或统治的感觉。这不再是《1974年对话录》的概要，而是向《第二性》的过渡：女人是偏情感型的，而男人是偏思考型的。显然，萨特注意进一步说明，他在这种差别，或更大胆地说，这种劣等中，没有看到任何自然的东西：是"社会状况"造成了优劣之分。

无论如何，他1929年所说的"吸引一个女人"，马上被海狸识破了：马厄提起的不是抚摸头发的温情（"海狸的追随者很喜欢这样"）。而是一种在倾听他的女性面前剥去灵魂和性格外壳的方式，然后对她们进行尖刻的分析。这个"被女人覆盖"的男人不是一个"归女人所有"的男人；这个"引诱者"也不是风流浪子，可以不顾一切、放纵地享受"没有明天"的日子。他是一位冷静的知识分子，在女人身上寻找他渴望的性欲，却不懂得如何挑起她们的性欲。萨特作为一个男人，而海狸作为《第二性》的作者，作为一个甘愿是女人的"女人"，两者之间有多大的差别，海狸真的了解吗？她曾在给艾格林的信中提到爱情的眩晕，这种眩晕在两个生命之间，无论时间长短，维系了某种不可比拟的关系，通过绝对特殊、散发着光芒、一目了然的身体，而萨特自己曾经经历过这样的眩晕吗？

最后，让我们列举一下他曾"有过"的女人，虽然可能是件令人厌烦的事。还有"克里斯蒂娜，比如说，你们俩没有发生那种故事，却彼此爱过对方"。她继续说："你真的很爱她"……莱娜也是同样，"我们都很爱她"。那是妻子对丈夫的情人几乎带有爱意的迷恋……不管怎样，萨特说，我不能和她，或者其他人一起生活，在这个世界上，就是在同一个世界。因此，"在'这个世界'上，我要和你一起生活"。一切已经言明。一切也已无所谓，无论是在柏林吸引他的"月亮一般的女人"，还是曾"让海狸觉得害怕"的多罗蕾丝，我们寻思着个中的原因。1948年，他致信海狸，信中说，就我们两人，这样"很好"。《1974年对话录》又是对此的明确肯定。

*

8月底，罗马，海狸在一条小街上遭遇抢劫后受伤。他们9月回到巴

415

黎，萨特感觉很糟糕："我是一个活死人。"他对西尔维说。12 月 4 日，他还是和巴德的律师克劳斯·可桑一起去了斯图加特，探望施达姆海姆狱中的巴德，监禁的环境惨不忍睹。这是一次失败，萨特宣称：虽然他一直小心谨慎，德国舆论不理解这种干涉；他们认为"他支持巴德的政治行动"，尽管他对这样的行动并不认同。事实上，他也不是真的不赞同：他之前有关"革命暴力"的言论使他不得不这样做。海狸继续为萨特解读他的长篇大论，她发现"他的智慧完好无损"，但是他很困惑，常常对日常生活中的常规无动于衷[1]。他们去葡萄牙旅行，庆祝"眼睛革命"胜利一周年，可他却很不安："我还能再看到里斯本吗？"他说。他们发觉，这次有关革命"情报"的旅行似乎没有激起多大兴趣——无论是在学生当中，还是被她"刁难"[2]的知识分子。1975 年 5 月，卡列·柯西克致信萨特：他收了他所有的手稿。萨特给他回了一封公开信，全力支持他，信中，他痛斥了捷克领导人，用"伪思想"来掩盖其行动的真正性质，一群唯苏联马首是瞻的无用东西。

但是同时海狸看到，他陷入了对死亡的痛苦思考中。《新观察家》报为他七十岁做的访谈[3]传达出葬礼的声音："我作家的工作完全被打破了，从某种意义上说，因此我失去了存在的理由。"整个夏季，海狸和西尔维都在希腊，萨特去雅典找她们，遇到了他的"希腊女朋友"，这位女朋友因为服用过量的镇静剂体重增加了十公斤。海狸在克里特岛找到了一个"天堂"——暂时的，她对此惊叹不已：萨特乐开了怀，把所有的不快都抛之脑后，西尔维做威士忌饼（这是医生允许的），他们的平房正好面向大海，"被散发着浓郁清香的植物和颜色鲜艳的花朵环绕着"[4]。这个"美丽的夏季"有着昔日所有的魅力，但却着上了一层忧郁的色彩，即使海狸的"乐观"也不足以驱散它。没有新的写作计划，如她来年和"铁托"热拉西说的一样；10 月底，萨特因为参与与法国广播电视台（ORTF）的谈判而很疲劳，病又轻微发作了一下。情绪的突然变化，利尿剂作用下的小便失禁，可他还是要继续抽烟！海狸斩钉截铁地对他说，你要是大小便

---

1. 找到西格尔，买下了一张老木做成的桌子。
2. *CdA*, p. 118. （《告别礼》）。
3. 《境域（五）》中再次提到。
4. *CdA*, p. 122. （《告别礼》）。

失禁，受苦的人是我，而不是你。他终于恢复了理智。

他们两人与身体日渐衰退作的是一场激烈的斗争，海狸在其中承担了最繁重的任务，然而，她并不能控制一切，尤其是青年朋友给她施加的压力，随时准备向他"索取"证据或访谈[1]。每一次医生口中不可逆转的衰退（肠炎，吞咽困难，几乎不能走路），海狸坚持认为：是"身体退化"了，不是脑袋。呼吁书、请愿书，一份接着一份，他在上面签字：但是他最喜欢的，是站在阿尔莱特为他摆放的电视机前面。靠得很近，"他几乎能够分辨出图像"。他还想重新开始写作，即使只有皮埃尔·维克多一人能"依稀"辨认出他的乱写乱画。若我们了解了维克多的立场和他的专横，这种"依稀"就让人浮想联翩。三年之后，最终的灾难到来了。1976年：吃和喝变得对萨特越来越重要，他无法忍受交谈中的任何反对意见，而3月却在威尼斯恢复了一点往日的生气。这"美丽的春天"在海狸的内心留下了一丝淡淡的哀愁，听到这样的话就更揪心了："和一个长得这么矮小，走路这么慢的同伴在一起，你不会感到厌烦吗?"正因为如此，她把萨特发表的所有公开信和访谈列成一张详尽的、简练的、紧凑的清单，和过去美好的时光一样；《告别礼》不单单是，如有人指责的那样，对身体衰退毫无保留的见证，这是一个战斗的故事。最后一场海狸为终身伴侣所作的斗争，为了让他在后人印象中留下的不是一个双目失明、惶惑不安的老头形象，而是一个有意识的人，勇敢，思路清晰，慢慢被打垮，却依然坚持到底。其实，《现代》杂志的工作最后是她在主持，因为开会时，大部分时间，他都保持沉默。

1977年：那年，无论海狸做了什么或试图做什么，萨特的形象面临威胁。1月6日，他发表了一篇与维克多的对话。这次，海狸的方式，其意义正好与她设想的相反；他身体的衰弱可以保护他，使他免受对他文章内容负面评论的伤害，尤其是指责他对自己无法控制的形势的暧昧不明的态度，以致他的思想可以任意地被阐释，任意地被扭曲。一次可能导致截肢的动脉炎发作之后，医疗分析报告上写得很严重："若进行预防治疗，他还可以活几年的时间。"海狸感觉自己握着一个可悲的倒计时器："不安在我身体里扩散"，她写道，"我感到彻底的绝望。"世界的意义颠倒了：未

---

1. *CdA*, p. 129.（《告别礼》）。

来被挡住了，或是阴暗一片；现在是那么的恐怖；过去闪着一丝亮光，却有点揪心。萨特忍受痛苦，他要求截肢；只有和她在一起的时候，才是"开朗的"、"有活力的"，海狸如是说。他身边的其他女人或许也有同感：这最后一场战斗，海狸羞涩地要求得到一点特权。"我们怎么能相信，他会发生这种事？"当博斯特看到他一声不吭，意志低沉时说。这种事也许就应该发生在他身上，海狸这样想[1]。还要做最后一次努力，来挽救点什么！他因为他一直想成为的那样而死，因为他的极端主义而死，因为这种自我"完全利用"的政治而死，因为拒绝时间的流逝而死。工作就是他的生命；我还会偷闲去度度假，海狸说，而他，从来没有。疾病是唯一能让他休息的方法：专断的评说，把我们带回到那个海狸认为一切都应在深思熟虑之后作出选择的时代。但是，这还过于乐观，她说，我绝对希望萨特能"自己掌握自己的命运"。不管怎样，萨特经历着"生命本身召唤下的衰弱与死亡"。对此，我们无话可说。

1978 年。宣告了一段艰难时期的开端，海狸感觉自己被出卖，被剥夺了一切。萨特身边围绕了很多年轻女性，对她们，他没有一点防备："我从来没有受到过那么多女性的喜爱。"他说。他唯一的担心，就是钱的问题。他给每个人钱，却不知道剩下的还够不够给自己买一双鞋。这是海狸与萨特、皮埃尔·维克多、阿尔莱特·艾尔凯姆组成的新"家庭"的首次冲突。海狸说，萨特其实原本打算 2 月份去以色列，很想亲自去看一看萨达特访问之后的结果[2]。因此皮埃尔·维克多为三人去以色列作准备；萨特接待了很多重要人物——科恩－索拉说是在酒店；而海狸说是在本·贾勒的家里，其中包括雷蒙达·塔维尔[3]。旅行回来之后，维克多准备了一篇与萨特有关"阿以冲突"的访谈。对于永远维护萨特的海狸来说，萨特任凭自己受人摆布：博斯特是《新观察家报》的记者，他打电话给海狸，告诉她萨特必须收回那篇"相当糟糕"的文章。没问题，萨特说。可是维

---

1. *CdA*, p. 145.（《告别礼》）。
2. 1977 年 11 月，萨达特（Sadate）在埃及国民议会上宣称："我再重复一次，我已经准备好到世界的另一头去。我打算去他们的国家，甚至参加以色列议会，我要和他们聊一聊。"几天之后，即 11 月 19 日，萨达特去了耶路撒冷，并在以色列的国民议会发表了演说。
3. 雷蒙达·塔维尔（Raymonda Tawil）：出生于圣阿克港（Saint－Jean－d'Acre），她是苏哈的母亲，苏哈后与亚西尔·阿拉法特结婚。

克多态度很不好，他总认为自己是"小领导"，海狸说——萨特什么也没说，"一副无所谓的态度"。维克多和海狸发生一次激烈的口角之后，决定离开《现代》杂志。海狸从此避免和他见面，但这是一种"令人不快的情况"：萨特时不时地在皮埃尔·维克多所在的"团体"里过夜。"我本不想参加，不过我很遗憾，萨特的一部分生命，从此我不能再走近了。"[1]

她和西尔维在丹麦和瑞士度过了夏季。回来的时候，萨特似乎对与维克多合作的那部书《权力与自由》的下文特别关心。9月，海狸全身心投入荷赛·达阳和马尔卡·瑞博思卡为她拍摄的电影中，于是萨冈取代了萨特生命中消失的那几位女性。据科恩–索拉记载，萨特非常关注与维克多合作的书，他们常常交换意见，最终把篇幅定在八百页，但萨特觉得并不合适。他们又重新开始讨论，由于访谈必须在1980年秋天问世，维克多决定截取其中一部分先出版。1979年3月，米歇尔·福柯把自己的公寓借出来，为了举办《现代》杂志关于"巴以冲突"的讨论会，这个问题维克多非常重视。《现代》杂志的工作人员对这次活动持怀疑的态度，所以没有人去参加。以色列人和巴勒斯坦人，其中包括爱德华·萨义德，他们对维克多所占的地位和争辩的了无生趣感到惊讶[2]，海狸说。6月，萨特又见到阿隆，自从第一次在爱丽舍宫见面之后，这么多年一直没见过，他们和格鲁克斯曼，还有其他人一起向吉斯卡尔·德斯坦总统提出请求，帮助乘船出逃的难民；据说，阿隆曾对萨特说过这样的话："你好，我的小同志。"海狸迫不及待地评说："萨特从没有看重过这次与阿隆的见面。"[3]注释时，她还是很愤怒，本想看到萨特与左派的靠拢，但是没有比这更荒唐的事了。直到最后一刻，他依然保持警觉。萨特的出现——以及那张在爱丽舍宫台阶上照的代表团的照片——并不意味着萨特与右派的联盟：不过这是一个象征，象征着跨入了新的时代，"人权"的信条会规范建立在新的基础上的冲突。冷战结束了。

---

1. *CdA*, p. 155.（《告别礼》）。
2. *Ibid.*, p. 160.（同上）。萨义德于2000年9月发表在《外交界》上的一篇文章中讲述了会面之前在斯乔尔彻街上的短暂停留：萨特一句话也没说，海狸似乎卷入了一场关于刚刚发生的伊朗战争的讲话中。爱德华·萨义德于2005年逝世，他是散居在外的巴勒斯坦人中的重要人物。
3. *CdA*, p. 161.（同上）。

萨特重新开始和维克多工作。"工作顺利吗？海狸问。——不顺利。萨特答道。"[1]她很担心，害怕他会作出太大的让步：说这些话的时候，海狸让我们做好最坏的心理准备。什么都有可能发生。1980 年：又一次的身体检查，病情没有变化。哦，真是阳光明媚！他激动地说，当冬天的阳光普照他的办公室的时候。他不再抽烟，喝酒也少了许多。只是表面上，因为，事实上，"女朋友们"悄悄地塞给他酒瓶，一天早晨，阿尔莱特发现他躺在地上，醉得不省人事。"原来你也喜欢喝酒！"他对海狸说，海狸寻思着，下一期《新观察家》报将刊登他与维克多的访谈，这种办法能不能帮他摆脱这篇文章带来的苦恼。对于这次访谈的发表，海狸的说法是，她知道这件事"太晚了"，大概是一周之后。海狸很"沮丧"，维克多把自己的观点"强加"到萨特身上，摆出一幅"代理人"的姿态。有证人，海狸坚持说，如西尔维。一次在海狸家举行的晚会，他在她们面前激动地称："维克多认为，道德的整个起源在摩西五经，而我一点也不这么认为！"[2]《现代》团队支持海狸，不过萨特"固执地要马上发表访谈"。为什么？难道是因为他眼睛看不见，想找个"可以延续他生命"的人？还是他遭受双重压力，阿尔莱特已经完全同意维克多新的宗教观点吗？海狸说，访谈发表的时候，萨特很惊讶，对所有朋友负面的反映感到很难过。第二天，3 月 19 日，他一阵气闷，赶紧送往布鲁塞医院接受治疗。他患的是肺水肿；接着肾脏功能退化，等待他的将是尿毒症。海狸明白，他迷失了，他痛哭着要求医生不要太着急，能让他"没有牵挂"地离开。医生答应了。萨特昏昏沉沉的，也不痛苦，不过痂里面长了溃疡。一天晚上，海狸要走的时候，萨特对她说，"我很爱你，我的小海狸。"4 月 15 日清晨，他昏迷，9 时，护士打电话给她："一切结束了。"

关于萨特一生的最后那段日子，曾进行过艰难的论争。科恩－索拉记录了萨特养女的看法，海狸对萨特和维克多做的访谈持否定的态度，萨特的养女感到"非常不快"。海狸哭着把写好的访谈扔得满屋子都是，可萨特不理她，打电话给《新观察家报》的主编让·丹尼尔，用"一种镇静

---

1. *CdA*, p. 163. （《告别礼》）。
2. *Ibid.*, p. 166. （同上）。

的、威严的声音"对他说："是我，萨特，我要你发表这篇文章，全文刊载。"什么也说明不了；但是能确定的是，尽管承认确有此事，但海狸和萨特之间这次短暂的不和不会影响到他们过去五十年一起的感情。那么海狸会抹去这个不和谐的音符，他们之间唯一的一个，以保留之前"默契"的形象吗？即便确实存在这段不和，任何读者都不会否认，自始至终，这部书，《告别礼》——战斗的海狸的最后一次战斗——字里行间透露着爱意，忠诚……萨特火化的那天，海狸没有去，她得肺炎，被送往柯钦。8月，她去了挪威。1981年，她将西尔维收为养女。她的身体不好，有时很虚弱，她把镇静剂混入威士忌和伏特加酒。但她想尽快结束《告别礼》，同时出版《1974年对话录》。1979年，海狸高度评价了两位大学教师合作的一部书，这部书既是传记也是文献，参考书目中列出了许多尚未出版或很难找到的书。而这部书恰好非常贴切地印证了海狸一句话："一位女性作家，其整个存在都由写作来支配。"那时，《属灵事物挂帅》第一次出版：扎扎离开我们五十年之后，又活了过来。

海狸终于还清了债务。1981年，《告别礼》正式出版，此书的结束语有着古典的庄严，体现了绝对的无神论："他的死让我们分离，我的死却无法让我们再相聚。就是这样；我们的生命能一直保持和谐那么长时间，这已经是件很美好的事情了。"接着，她又发表了《致海狸和其他人的信》。在剩下的岁月里，她仅仅只想比萨特多活些时日。她并不孤独，经常旅行，受到无限的、忠诚的爱戴。但这又是另外一回事情。

*

在二十世纪六十年代末，当她终于忘却了萨特的疾病，以及阿尔及利亚战争及其在法国国内激起的怨恨慢慢消散的时候，海狸获得了片刻的安宁。她说："我植根于的这个国家，我的国家，我又重新认识它，我想重新属于它。"[1]于是又开始一系列新的旅行，经常"开着车"，有年轻同伴相随。政治出行，官方邀请，她和萨特一起抓住行进中的革命的第一缕曙光，这些都被抛之脑后……现在，她寻找的和失而复得的，就如同梅里尼

---

1. *TCF*, p. 309. （《清算已毕》）。

亚克和"阳光普照栗园"（1927 年 8 月 3 日）的时光那样，是绚丽的可视世界，"与草坪上的郁郁葱葱、金光闪闪相媲美"的云雾的影子，"忧郁的池塘"边孤寂的寺院，自己满心欢喜的过去的痕迹与美好，"塔，修道院，石子，加上小草，树木，小溪的流水"。"我不想那么快就耗尽生命中的所有财富！"1927 年 1 月 4 日，经过与自己的长时间对话之后，她这样写道。那时她才十九岁。不，直至半个世纪之后，她还是没有耗尽生命的财富。她找回了"清晨，湛蓝色的天空，童年的欢乐"，小河、池塘、夹在篱笆之间的小路，骤然，眼前一片豁然。城堡、小镇、教堂四周静悄悄的小村庄，孤独的一群人，所有不随时间的流逝而老去的，和赢得令人惊叹的美丽的东西。

一天，在旺代草地，她感觉"孤独的，只有一个划桨的船工，两岸种满了白杨树，到处飞舞着蓝蜻蜓"，像一本本插着蓝色翅膀的小书。这是怎样的一种安宁，只被"划桨拨开的水流轻柔的汩汩声"扰动了，"坚实的土地似乎那么的遥远"[1]。她出神地在平静的水面上滑动。"为什么我要绷紧神经？"1927 年 8 月 3 日写道："为什么不过一种简单、纯粹的生活？"就是这样。

---

1. *TCF*, p. 316.（《清算已毕》）。

结　语
若用一句话来概括……

　　若用一句话、一行字来概括具有战斗的海狸形象的西蒙娜·德·波伏瓦，用她年轻时的这句话便已足够："我要积聚一种力量可以让我得到永远的庇护。"一切皆在此，雄心、被保护的需要、对强大的渴望、一个处于支配地位的"我"、战斗存在的设计，以及取得辉煌胜利的信心。

　　也许我们会惊讶于这种设计创造性的规模，并由此去评说这个或那个方面。但必须要首先清楚她内心坚定的意志，这种意志植根于自我的最初体验，一个渴望活下去却始终笼罩在死亡阴霾下的自我。因此，她把所有的精力都集中在令人难以置信的决定上，更何况是一位女性：一切都靠自己，自己确定存在的规则和目的，断然拒绝成规、妥协和所有社会要求我们遵循的"正常"方式。而她真的做到了。为了忠于这项设计，她所必须摒弃的，她摒弃了——婚姻、孩子、"约定"的生活。她所必须选择的，她选择了——与绝对平等的人之间的优先关系，与萨特的精神"孪生"的精神。她所必须构建的，她构建了——她的作品。需要表现团结和负责的地方，她淋漓尽致地表现出来——对于女性，对于殖民地居民。她的一生成功地实现了她为自己设计的一切；她不给自己留疑问、留犹豫、留含糊、留矛盾，也没有留宽容。

423

她是二十世纪绝对的代表和象征，甚至比萨特更甚，这个艾瑞克·霍布斯鲍姆[1]所说的"极端的时代"，不是怀疑的时代，却是一个信任被割断的时代，因为有太多的战争，战争不容许有怀疑。正因为如此，西蒙娜·德·波伏瓦的作品尤显得珍贵：它让我们看到了知识分子以自己的视角所看到的一切，它如实地反映了一个他们眼中的世界。经过两次灾难性世界大战的洗礼，欧洲成了政治场、哲学场、意识形态场，冲突此起彼伏，世界的命运就决定于此。支持或反对共产主义，支持或反对彻底的解放形式，支持或反对人民获得自由、妇女获得自由并自主地选择决定自己的生活。这就是法国知识分子内部思考的、笔下的、谈论的思想境域，他们之中，西蒙娜·德·波伏瓦甚至比萨特更激进。因为这种始终保持警觉，以从不怀疑的方式符合自我存在的深刻设计及对永无屈服于相对的绝对的钟爱。也因此，她从不明确地区分私人生活的选择与公共生活的选择，而将两者统一起来，直至碰撞出火花。运用"存在主义哲学"，由此产生了一种道德、一种政治、一种日常生活的伦理、一种政治介入的规则，即便她一直声称对行动没有兴趣也没有能力。她的选择是慷慨的，也是勇敢的，其实只有一个，或者说已融为一体："解放"一词是这里的关键，她若有时迟迟不承认和不接受与历史背道而驰的事，那是因为她不愿违背对整体的关注，有时是专断的。她对此坚定不移，这份坚持值得赞赏，即使她有时对世界和历史的看法简单得可怕。

尤其是一些描述政治介入的章节……在她眼中，这些介入只是她为之终其一生而奋斗的解放事业的一个侧面。无论是为了诉说童年时唤起的想被别人承认的小小意识，还是为了讲述北京或古巴彻底革命的伟大尝试，海狸用的始终是同一种口吻，同一种肯定自我、肯定真理的姿态。其实，都是同样的：下定决心赢得自由生活的一个人或一群人，没有差别。上述两种情况，呈现出来的是获得自由的意愿，应该赢得赞扬。以同样的严谨，海狸从年轻时候就掌握自己的命运，确定今后的方向；以同样的严谨，她继续构建自由的存在，她自身的自由存在；以同样的严谨，她尖锐

---

1. 艾瑞克·霍布斯鲍姆（Eric Hobsbawm）是享誉国际、备受推崇的近代史大师。1917 年出生于埃及亚历山大城的犹太中产阶级家庭。著作甚丰，先后有十四部以上专著问世，包括《革命的年代》、《资本的年代》、《帝国的年代》等。——译注

地指出鼓吹妇女压迫或殖民剥削言论中的谎言或骗局；她也最终加入到了"行动中"的革命运动。不幸的是——二十世纪的历史业已证明——被寄予厚望或骗取海狸信任为他们所用的政权在一片惊慌与恐怖中沉沦了，随之，一切为了摆脱受压迫命运的个人或集体的尝试都化为了泡影。

仔细想来，而今，时代彻底改变了，让人惊叹的，并不仅仅是介入的英勇，甚或是轻率，也不是介入的内容。对此常常引来无尽的争论：菲德尔什么时候让位于卡斯特罗？何时革命蜕变成恐怖？该给革命什么样的支持，支持到怎样的程度？等等。更重要的是知识分子本身的态度，他们的坚定，他们向世界宣布真理的方式，和感觉自己是权威的方式，在语气、风格、断句上都能体现出来。西蒙娜·德·波伏瓦就是最好的例证。事实上，极少有作家，有知识分子，能像她那样将自己的作品和自己的生活结合成这样一个完美的整体，仅仅通过一如既往的严谨作风和写作风格的表达多样。一次坚定、自信的讲演，或断然的一句话的节奏，一个始终在场的诉说、描述、表现、概括的声音，就像一只强有力的手，拉着读者走上她事先为他们准备好的路。西蒙娜·德·波伏瓦说，我写作，因为我有些东西要"交流"，因为我想让大家知道"我认为是真"的东西。写作，就是揭开世界的面纱，是一项一下子同时决定作家和读者立场的活动。一边，是作者的"责任"；相对的，是萨特在《什么是文学》中提到的，读者的"慷慨"。一方面，作者，操纵着这项引诱着每一个人享受自由的活动；另一方面，读者，欣然接受从中学到东西，并使之发挥作用。西蒙娜·德·波伏瓦的作品中没有现代大怀疑的任何影子，这种怀疑会影响到作者与作品，读者与作者之间的关系。所有的一切都发生在两人合约的照耀下，他们心照不宣地接受了合约，没有一个人试图摆脱它。

然而，若不是公开承认知识分子的权威，他们话语的合法性，这些话今天的我们很少听到，那么上述的一切可能都不会发生。他们依然坚持自己的中心地位和支配作用，这在世界和西方模式中都是无可争议的。齐格蒙·鲍曼[1]，在最近刚翻译好的一本书中，阐明了——甚至是批判了——

---

1. Zygmunt Bauman, *La décadence des intellectuels*, *Des législateurs aux interprètes*, Jacqueline Chambon, 2007.（齐格蒙·鲍曼，《知识分子的没落》，《立法者与阐释者》）。

与特权状况紧密相连的知识分子的地位和作用，现代性根据特权状况确定"价值观"的等级，这些价值观是"欧洲半岛西北一极"强加给世界其他地方的。他写道，"虽然很少提升到意识的高度，价值观的优劣之分是时代强有力的'证据'。大家都很容易理解，除了瞎子和文盲，西方优于东方，白人优于黑人，受过文明熏陶的优于野蛮人，受过教育的优于未受过教育的，明智的优于愚昧的，身体健康的优于病人，男人优于女人，正常人优于犯人。[……]。高级的文化优于低级的文化。"萨特和西蒙娜·德·波伏瓦触及的正是这种"合法性"的深处，即使，这也并不完全矛盾，他们利用这个摧毁合法性的基础。他们一发表言说，就有人注意到这种合法性，甚至成了事物的中心：欧洲的中心，法国的中心，巴黎的知识中心，蒙帕纳斯和圣日耳曼德佩之间。这些话闪烁着他们自身的智慧，也因此更富意义，他们用它来反对体制本身——其形式，其习惯，其言论，其对象：然而也是体制全力帮助他们。他们既是真正的继承者，也是为启蒙时代的哲学家所不齿的继承者：说他们是"真正"的继承者，是因为他们相信历史的进步，相信解放，尤其相信未来知识分子发挥的作用；说他们是"为人所不齿"的继承者，是因为他们反对理性在其中起到重大作用，却越来越相信历史孕育着暴力。萨特在《什么是文学?》中怀着一丝忧愁关注十八世纪哲学家和他们所代表的这个时代之间的相似之处，这绝不是一种偶然，在萨特眼里，两者的相似无可挽回地丧失了。因为，和他们一样，萨特和西蒙娜·德·波伏瓦也坚信，人类需要思想家来理解其处境的真相以及试图去改变它。如同启蒙时代的哲学家，他们与"明智的独裁者"组成联盟，独裁者的革命精神处在不断的变化当中，他被奉为没有受过多少教育或无法掌控自己命运的群众的"掌舵人"。也许在 1968 年前后，他们会信心十足地接受为解放事业而斗争的群众的"自发"举动；但是他们从未完全放弃过把知识分子精英与普通人相区别的想法。即使所谓的"精英"必须通过行动来证明自己的名副其实，一项有益于被剥削者、被殖民者以及依然处于附属与蒙昧状态中的群众的行动。知识分子的职责便是为这个时代的动荡、为所有遭遇动荡的人，提供一种可以抗击动荡的哲学。知识分子是"伟大的意识"，世界的意识。在这场无尽的游戏中，在上个世纪最激烈的那几年里，西蒙娜·德·波伏瓦始终站在最高点，因为，作为女人，她必须付出更高的代价才能占据这样的位置。

两极对抗结束与全球化，这些引领我们走进一个完全不同的世界，一个危险的世界，在那里，对标准的狂热追寻有可能再次诉诸宗教或政治拯救的暴力形式。由此，我们可以估量这两位"伟大知识分子"的消失所带来的巨大悲剧。他们支持的历史哲学显示了其血淋淋的反面——或是正面——因而必将信誉扫地。然而，如果说"致命乌托邦"实实在在的失败是笼罩在他们作品与生活辉煌成功的一个阴影，那么它也不能磨灭他们倡导的介入所带来的必不可少的重大作用。在重读西蒙娜·德·波伏瓦作品的过程中，我们不知道是否应该感到庆幸，因为她的不妥协和对绝对的热爱被一种绝望的相对主义取代了，留下了一堆她敢于提出却找不到答案的重大问题，那么就让我们毫无防御地接受竞争、消费、利益这些价值观的挑战吧！

三重奏、四重奏、蓝调芝加哥……

　　每个心灵的成长归根结底都是孤独的：在时间的魔沼里迷失、陷落，没有人听见你撕心裂肺的呼救，必须靠自己在黑暗中一阵慌乱的摸索，在绝望没顶之前抓住那根自救的绳索，奋力从命运的泥潭里挣脱出来，像那朵智慧的莲花。

　　1926 年，18 岁的西蒙娜·德·波伏瓦决定开始写日记，"我忽然感到我的生命刚刚出现了一个彻底的断裂"。断裂，意味着和童年、和过去生活的诀别。第一次放逐，被放逐到一个没有庇护的成人世界，一个人站在存在令人眩晕的黑洞面前，她第一次如此强烈地意识到了自我，感到一种"填满"的需要。用什么去填满，文字？或许。一开始只是朦朦胧胧的预感，预感到内心寂寞的发酵、一个正在化蛹成蝶的"我"，要积聚力量，为自己打造全副甲胄，必须坚强，足够坚强，然后就可以勇敢地面对，一切苦厄。

　　这是西蒙娜成为那只自信、活跃、擅长"构筑（自我）"的海狸的关键几年。去年伽利马出版社出版了八百多页的《青春手记》（1926 - 1930），该书忠实地记录了作为作家的西蒙娜·德·波伏瓦的诞生和诞生前的阵痛，也为后来波伏瓦的回忆录《闺中淑女》（1958）和《年华的力量》（1960）的开篇提供了最真实可靠的原材料。如果生活本身是一张逐渐被时间淡忘的底片，《青春手记》就是首次冲印的一组照片，而回忆录则是对照片的后期加工处理、调色和拼接（甚或有细节上的涂抹和篡改）。

一

一切始于情感教育。在成为海狸之前，西蒙娜经历了两段深刻的感情：对女同学扎扎炽热的友谊和对表兄雅克青梅竹马的爱情。两个故事几乎同时发生，也几乎在同时结束。扎扎之死让西蒙娜认识到了生命的脆弱和存在的虚妄，雅克的渐行渐远让她认清了爱情和婚姻背后隐藏的"可怕暗礁"。寄托在雅克身上的少女所有美好、有点发烧的天真遐想迫使波伏瓦思考自身的处境，带着惊人的冷静：对他者的爱会不会让女人失去自我，婚姻会不会限制个体的自由？焦虑的理由：她和雅克不是一类人，"他喜欢幸福；他接受奢侈和优游的生活；而我，我需要不断进取的生活！[……]我需要行动，需要燃烧，需要实现自我，我习惯了刻苦工作，我需要有一个目标让我去达到，有一部作品让我去完成，我永远都不会满足于他所满足的生活。"（《手记》，1926年10月23日）"我想要的那么多！"而他，他想要的却那么少。婚姻会让两个个性不同、追求迥异的人危险地结合在一起，迫使结婚双方为对方放弃对自己而言"最私人、最珍贵"的东西。"不应该围着他过日子。在生活中，威胁所有女人的危险正是这个：她会放弃所有对对方而言不是马上需要的一切，她会满足于把自己塑造成他想要的样子。而在我身上，恰恰有很多东西对雅克来说毫无用处；但不应该牺牲它们。"（《手记》，1926年12月9日）不应该在对他者的爱中迷失自我，眼睁睁看着自己在梅里尼亚克榛子树篱笆旁许下的誓言随风飘去。

初恋，第一个回合：理智战胜了情感。她放弃了雅克，选择了自我。她努力让自己相信，她会成为一名作家，知名作家。

只要我能在22岁通过教师资格考试并写一本书就够了。这样，摆脱少年懵懂，学富五车，我就开始实现我的人生。有所成就。是的，我也一样……因为，也许只有通过行动，自我才会显现；我才会希望做我自己。不再失去我的自由。而是拯救它，同时拯救我自己；自由地选择；存在。我开始朝更高的境界行进。第一个阶段已经在两年中完成了。我想要用一本书去记录它。明天，我就跟 G. 列维说。然后，不惜任何代价，去写这本书。

（《手记》，1927 年 10 月 31 日）

多亏了 G. 列维的鼓励，我的书在写下去。正如我所言。我想要一种伟大的生活。我会有的。（《手记》，1927 年 11 月 2 日）

我重读去年的文字。我那时的内心挣扎要比今天激烈得多！我那时也没有现在独立，对自己不确定！现在我拥有我自己，我知道我是谁、我想要的是什么，我在实现自我。我领略过那么深刻的狂喜、那么绝对的超越，我再也不会走回头路了。我面前是我要经历的我的人生……

我身上的生命在梦的路上延续。每一步我都在重新创造世界。我学会了在一个世界里生活，这个世界就是我的作品。在我的书中，我会展现我生命的一部分。我热爱我自己。我将是幸福的。

（《手记》，1928 年 3 月 26 日）

西蒙娜找到了属于自己的小宇宙，那条自我拯救的唯一途径：写作。日后的海狸渐露端倪，她已经开始用文字砌筑她的人生和永恒。"我感到内心有一种惶惑让我害怕，一种狂野的力量让我筋疲力尽。但我接受这个成为我自己的伟大历险。"

二

她遇见萨特是在 1929 年。显然，在遇见萨特之前，西蒙娜就已经以自己的方式成长为波伏瓦、成长为海狸，她已经形而上地建构了自身的独立自主并严格付诸行动。故而波伏瓦的养女西尔维－勒邦·德·波伏瓦才会反复强调"不是因为她选择了萨特她才成为西蒙娜·德·波伏瓦，是因为她成了西蒙娜·德·波伏瓦她才选择了萨特。"萨特，这个才华横溢的小个子男人符合她对生命——爱情——自由三位一体的理想：他和雅克不同，他不是"异己"，他是和她一道走向解放、走向不朽的同路人。

"晚上回家，两个人温柔地挨着走在路上，小男人对我说我应该写作。他是对的。一方面应该赶紧写下我的感受。另一方面应该赶紧去构思别的东西。不管怎样，我对自己能做的事充满信心，只要我有足够的力量去希求。如果我有力量一个人过日子，和从前一样，成为真正的个人主义者，喜欢自己胜过一切，首先是胜过我的快乐。我想干一番事业，我想，我想。您会帮我的，小男人。"（《手记》，1930年10月26日）当萨特不断地向她重复"您确实是一个迷人的海狸"，她感觉全身都融化了。她爱他，一心一意，这毋庸置疑；他也爱她，但并不准备"弱水三千只取一瓢饮"。他们都搞哲学，都深谙存在和虚无的幻象，他们（确切地说是萨特）从中得出结论，作为哲学家，他们把彼此的关系用"哲学上完全正确的"表达方式概括为"我们之间是一种必然之爱；但我们也需要体验偶然之爱。"很快，萨特提出一个存在主义"自由情侣"的爱情契约：彼此承诺绝对坦诚，没有任何隐瞒，必然的爱是主旋律，偶然的爱是小插曲，为期两年，可以续约。

> 雅克结婚了，扎扎死了，过去的那些信我今天重读近乎可笑；摩尔纳迷路了，我不再纯洁了……
>
> （《手记》，1930年10月31日）

过去的世界在坍塌，《闺中少女》和《青春手记》戛然而止。幸而新的世界敞开了大门：她有了理想，有了萨特（至少两年）。

也有了难以排遣的相思和突然来袭的"性的需求"。1931年，萨特没能去日本，被分配到勒阿弗尔教书，而波伏瓦却被任命到了马赛。凄凄惶惶的别离，萨特很沮丧，看到波伏瓦痛苦更是心有戚戚，于是主动提出要跟她结婚，她想都没想就回绝了：因为从认同萨特提出的爱情契约那一刻开始，她就已然下定决心，这一生都不做依附丈夫的妻子，也不做拖儿带女的母亲。她"对生育没有任何偏见"，有时还觉得孩子很可爱，但生育和投入的写作"似乎是水火不容的"，写作要求有"很多的时间"和自由，而孩子在某种意义上说就是没完没了的责任和束缚。

第二个回合：自由战胜了婚姻。她放弃了生育，她选择继续写作（尤其是和萨特一起写作）。回忆录为我们描绘的是一条义无反顾的"自由之路"，在挣脱世俗囚禁女人的牢笼之前，如何让自己先学会勇敢，学会独自飞翔。

三

1932－1936年，波伏瓦被派到鲁昂教书，先有了海狸、奥尔嘉、萨特三重奏，后来又有了小博斯特，有了柏林的月亮女人、娜塔莉·索罗金、万达……"偶然的爱"的小插曲带着轻率、执迷和疯狂的音符，自由也是填不满的深壑，一如欲望。最终是历史硬闯进了这群人的非典型生活，战争打破了个人（和集体）生活的僵局，"偶然之爱"最终没有越界，尽管"偶然之爱"有时候并不像它所定义的那么"偶然"，偶尔也会在理智的堤坝上打开一个任性的缺口，泛滥成灾。

十年动荡（1936－1945）。世界在战争中飘摇，感情在必然和偶然的需求中摇摆，只有写作在严格遵循海狸既定的规划按部就班地完成，一丝不苟地"实现我的人生"，做一个"介入"的知识分子，介入文学。萨特和她都先后赢得了作家的名声，开始了"灿烂"的文字生涯：十年间，萨特发表了《想象》（1936）、《恶心》（1938）、《墙》（1939）、《苍蝇》（1943）、《存在与虚无》（1943）、《禁闭》（1945）、《自由之路》（1945）、《存在主义是一种人道主义》（1945），波伏瓦出版了《女宾》（1943）、《皮洛斯与亚内亚斯》（1944）、《他人之血》（1945）、《吃闲饭的嘴》（1945）。

海狸已经筑好巢，规划好自己（和萨特一起）的人生模式。而激情却是计划外的消耗。对萨特（或者多数男人）而言简单些，偶然的爱情每每都以痴迷开场，以厌倦收场。对波伏瓦（或者多数女人）而言却复杂得多，爱情来的时候是偶然的惊鸿一瞥，去的时候却是注定的"一寸相思一寸灰"，敌不过"命运"和光阴荏苒。

1945年，萨特乘"自由号"轮船去美国，遇到了美国美女记者多罗蕾丝·费奈蒂（波伏瓦在书中称她为M），"他们互有好感，相当的好感"，波伏瓦感到了"担忧"。在《时势的力量》中，波伏瓦描述了当时的焦虑：她把自己关在旅馆房间，沉湎在写作或喝酒这两种形式的遗忘之中，哀悼韶华易逝、青春不再。她必须弄清楚自己的命运（从 1929 年开始就和萨特维系在一起的命运），她需要确信：契约依旧有效，自己一直是萨特不可动摇的"必然之爱"，他们之间心灵的默契和交流终究会压倒偶然之爱的浪漫和肉体的欢娱。她忍不住问了那个危险的问题："坦率地说，您最爱谁？是 M 还是我？"萨特回答："我非常爱 M，但我现在是和您在一起。"

几乎同时，西蒙娜·德·波伏瓦也开始了她的越洋之恋。1947 年，海狸只身前往美国做巡回讲座，经朋友介绍在芝加哥认识了美国作家纳尔逊·艾格林（Nelson Algren），很快两人陷入情网，《美国纪行》尤其是《越洋情书》见证了恋爱中的波伏瓦的痴情（后来一些激进的女权主义者不能原谅她的这一"倒退"），但她一直很看重和萨特的契约，她在和艾格林关系的开始就坦诚相告：她很爱艾格林很看重他的作品，但她也希望高大的美国情人能理解她和她正在填满的人生使命。可惜艾格林并不理解（或许是出于男性狭隘的自尊），他要她作出选择。如果她接受做艾格林的妻子，搬到芝加哥和他一起生活，那么牺牲的不只是她和萨特的契约，被葬送的还有她作为法国知识分子和作家的命运。恋爱中的她最终选择了法国。艾格林不爱她了，他要跟前妻复婚，波伏瓦悲恸不已，走路的时候"心如死灰，既不相信过去，也不相信未来"。

恋爱中的波伏瓦并没有不清醒：不能放任爱情，爱情是精神鸦片，让她沉湎软弱，让她再次感受到女人依附和多愁善感的天性（或者说是后天性）。不能妥协，必须忠于自己，忠于自己的决定，既然她早就决定把命运握在自己手中，她所有的努力就要捍卫这份来之不易的独立和自由。这就是波伏瓦的挣扎。伴随着心碎的声音。为"自由"而割舍爱情，因为自由意味着写作，关乎拯救和自我实现，虽然人们通常不理解何为自由女性。永恒不在男女的欢爱里，生命也脆弱不堪一击，存在的虚无，很萨特的命题，也是波伏瓦的命题。不管爱情通过哪种方式侵袭萨特或者海狸的内心，关键时刻总有一种更高的需求会筑起理性的堤坝，海狸需要他，他也需要海狸。三重奏也好，四重奏也好，蓝调芝加哥也好，最终都会回到那个契约上来，死生契阔都不离不弃的文字誓言和永不间断的心灵对话。

写作，尤其是在萨特身边写作，于是成了波伏瓦的一个理想姿势，定格在文学经典里，带着"自由情侣"爱情传奇的永恒幻影。

第三个回合：自由战胜了爱情。一曲蓝调芝加哥，雾蒙蒙的城市、湿漉漉的街灯、明晃晃的街道照见的都是往昔重重叠叠的影子，剪不断的前尘旧梦，伤心大西洋，三步一回头的迷醉和清醒。

四

和艾格林分手后，波伏瓦觉得自己老了，对爱情心灰意冷，不相信再有爱情。一天，朗兹曼给波伏瓦打电话请她看电影，波伏瓦激动得哭了，因为她当时是《现代》杂志的女老板，而朗兹曼是杂志的记者——犹太人，黑发蓝眼，二十七岁的漂亮小伙子——总是脉脉含情地凝视她。尽管有十七岁的年龄差距，两人相爱了，并一起度过了六年幸福时光。1955年11月，她和朗兹曼搬进了舍尔歇街的新居，公寓是用1954年荣膺龚古尔奖的《名士风流》的版税买的。1958年初，她写完《年华的力量》，稍后不久，朗兹曼和她分手，尽管这次分手是事先说好的，尽管早在海狸意料之中，可她还是感到了痛楚。她无处逃避："我已经快五十岁了，要造假也太晚了：很快，一切都将熄灭。"

存在被虚无纠缠住了，顽固的焦虑。如何在"一去不复"的时光中建构"自我"，雕刻"自我"？海狸经历的每个时刻都关乎命运，每一次相遇，每一次选择：一切都会湮灭，一切都会消逝，怎样说服自己一切也同样可以得到拯救？拿什么去拯救，拯救"我"，还有"我的爱人"，乃至世界？

最后一个回合：只剩下了文字。必须战斗，活着就是一场无休无止的战斗，对抗时代、对抗偶然、对抗自我，用文字对自我、对过去做一个"清算"，把它们从虚无中抢救出来，给以轮廓、给以血肉、给以呼吸，把个体的体验浓缩成一个可资大家参照、解剖、学习（乃至批评）的标本，在"自我"这面镜子里映射出了"我那个时代"和我同时代的人们，这就是波伏瓦的许诺，也是文学的许诺。如果说在波伏瓦早期作品《女宾》、《名士风流》、《第二性》（1949）中隐约可见的还是隐蔽的自我，是小说和论著的含蓄，那么波伏瓦后期作品《闺中淑女》（1958）、《年华的力量》（1960）、《时势的力量》（1963）、《宁静而死》（1964）、《老年》（1970）、《清算已毕》（1972）、《永别的仪式》（1981）扑面而来的是回忆录和随笔的直白，一种非常明确、自觉的自我建（重）构。无独有偶，这一时期萨特也出版了自传《词语》（1960，也译作《文字生涯》）和长篇文学随笔《家族里的白痴》（1971－1972）。福楼拜说："我就是包法利夫人。"同样萨特说："我就是那个家族里的白痴。"）

五

在法国女作家达妮埃尔·萨乐娜芙看来，波伏瓦最大的榜样作用就是：贵在坚持，坚持自己选择并坚持自己所作出的每一个选择。通过"战斗的海狸"这个旗帜鲜明的形象，萨乐娜芙塑造了这样一个女人：认为一切都由我们自己掌控，每个时刻都具有决定意味，而这也恰恰体现了自由。决定权掌握在个人手中，正如大海表面的波涛，时而遮盖、时而显露出海底深处的运动。但是在席卷我的波涛中，我的运动只属于我；在这短暂的斗争中，即使我被打倒，也不能不说胜利是完全属于我的，而不属于无意识的外在力量。这是海狸帕斯卡的一面：宇宙可以将我碾碎，但它浑然不知。我于它的胜利是无限的，因为我有思想，因为我有意志。爱尔兰作家约瑟夫·欧科诺（Joseph O'Connor）也认为："人总是有选择。人甚至是他自己作出的种种选择的总和。"

创作波伏瓦评传《战斗的海狸》，萨乐娜芙选择"以其人之道还治其人之身"，用波伏瓦的方式（走的是一条相反的路径），从阅读波伏瓦的所有作品出发去还原这位"最美丽的存在主义者"复杂多重的内心世界和包围它的外界。"阅读，是一种疏离；阅读，是潜入文本的表面之下，为了能把文本掀起，看到审视、理智、批评和自省精神的薄薄的刀锋。"在翻译《战斗的海狸》这一年里，我也几乎做了和萨乐娜芙一样的溯源工作，阅读、咀嚼、反刍一摞波伏瓦著作及其传记和研究资料，我用海狸的还有别人的文字马赛克拼凑了一个自己眼中的波伏瓦形象：脆弱的、坚强的，"冒着自由的危险"（Julia Kristeva）。

"我要积聚一种力量可以让我得到永远的庇护。"这种力量，海狸找到了，不是年华的力量，不是时势的力量，而是文字的力量。尽管文字偶尔也会造成意外（如某些伤人的信件），但文字蕴涵了一种永恒的期许，尽管海狸说："后世，我不在乎，几乎不在乎。"修辞里的曲言法，作家波伏瓦想说的是："后世，我在乎，甚至很在乎"。

三重奏、四重奏、蓝调芝加哥，经历过人生的种种磨砺和考验，波伏瓦终于在这个乍暖还寒的腼腆春天深深打动了我，让我在认清她的同时认清了自己。我收到了她的信息，那个她在给艾格林的《越洋情书》、在《第二性》、在她所有关于自我建构的作品中所传达的同一个朴素而深刻的信息：我们都是他者，而我们都应该成为我们自己。

黄荭

2009 年 3 月 7 日于陶园

西蒙娜·德·波伏瓦作品列表

1943：《女宾》 （*L'Invitée*，陈淇、徐玉成等译，陕西人民出版社，1990；周以光译，上海译文出版社，2009）

1944：《碧吕斯与希涅阿斯》（*Pyrrhus et Cinéas*）

1945：《他人的血》（*Le Sang des autres*，葛雷、齐彦芬译，外国文学出版社，1987）

《白吃饭的嘴巴》（*Les Bouches inutiles*，也译为《吃闲饭的嘴》，沈志明译，见《西蒙娜·德·波伏瓦研究》，中国社会科学出版社，1992）

1946：《人都是要死的》（*Tous les hommes sont mortels*，马振骋译，外国文学出版社，1985）

1947：《论一种含糊暧昧的道德》（*Pour une morale de l'ambiguïté*，也译为《模糊性的道德》，张新木译，上海译文出版社，2009）*MA*

1948：《存在主义和民族的智慧》（*L'Existentialisme et la sagesse des nations*）

《波伏瓦美国纪行》（*L'Amérique au jour le jour*，何颖怡译，海南出版社，2004）

1949：《第二性》 （*Le Deuxième Sexe*，陶铁柱译，中国书籍出版社，1998；郑克鲁译，上海译文出版社，2009）*DS*

1952：《要焚烧萨德吗？》（*Faut-il brûler Sade?*，周莽译，上海译文出版社，2009）

1954：《名士风流》（*Les Mandarins*，许钧译，北京师范大学出版社，1996；上海译文出版社，2009）

1955：《特权》（*Privilèges*）

1957：《长征》（*La Longue marche*）*LM*

1958：《闺中淑女》（*Mémoires d'une jeune fille rangée, Mémoires（1908 - 1929）*，也译《闺中淑女回忆录》，谭健等译，江苏文艺出版社，1992）*MJFR*

1960：《年华的力量》（*La Force de l'âge, Mémoires（1929 - 1944）*，也

译《盛年》、《岁月的力量》，简称《年华》，谭健等译，江苏文艺出版社，1992）*FdA*

1963：《时势的力量》（*La Force des choses, Mémoires（1944 – 1962）*，也译《事物的力量》，简称《时势》，谭健等译，江苏文艺出版社，1992）*FdC*

1964：《宁静而死》（*Une mort très douce*）*MTD*

1966：《美丽的形象》（*Les Belles images*，范荣译，安徽文艺出版社，1997）*BI*

1968：《被遗弃的女人》（*La Femme rompue*，也译为《独白》，张香筠译，上海译文出版，2009）

1972：《老年》（*La Vieillesse*）

1974：《清算已毕》（*Tout compte fait, Mémoires（1962 – 1972）*，也译《总而言之》，谭健等译，江苏文艺出版社，1992）*TCF*

1979：《属灵事物挂帅》（*Quand prime le spirituel*）

《西蒙娜·德·波伏瓦的作品》（*Les Ecrits de Simone de Beauvoir*，收录了波伏瓦未发表或重新找到的作品）

1981：《萨特传》（*La Cérémonie des adieux suivi de Entretiens avec Jean - Paul Sartre, Récit sur la mort de Sartre*，也译为《告别礼》、《告别的仪式》，黄忠晶译，百花洲文艺出版社，1996；袁莉等译，上海译文出版社，2009）*CdA*

1990：《致萨特的信》（*Lettres à Sartre*，也译为《寄语萨特》）

《战争日记》（*Journal de guerre, septembre 1939 – janvier 1941*）*JdG*

1997：《致尼尔森·艾格林的信》（*Lettres à Nelson Algren*，也译为《越洋情书》）

2004：《两地书，和雅克 - 洛朗·博斯特的通信》（*Correspondance croisée（avec Jacques – Laurent Bost）*），简称《两地书》

2005：《安娜，或属灵事物挂帅》（*Anne, ou quand prime le spirituel*）

2008：《青春手记》（*Cahiers de jeunesse*），简称《手记》

让－保尔·萨特作品列表

小说

《恶心》，*La Nausée*（1938）

《墙》，*Le Mur*（1939）nouvelles（*Le mur, La chambre, Érostrate, Intimité, L'enfance d'un chef*）该短篇小说集收录有《墙》、《房间》、《艾罗斯特拉特》、《亲密》、《一个企业主的童年》

《自由之路》，*Les Chemins de la liberté*（1945）

《理智之年》，*L'Age de raison*（1945）也译《懂事的年龄》或《不惑之年》

《延缓》，*Le Sursis*（1945）

《戏演完了》，*Les Jeux sont faits*（1947）

《痛心疾首》，*La Mort dans l'âme*（1949）

《萨特小说集》，*Œuvres romanesques*（1981）

戏剧

《巴里奥纳或雷之子》，*Bariona, ou le Fils du tonnerre*（1940）

《苍蝇》，*Les Mouches*（1943）

《禁闭》，*Huis clos*（1944）也译《密室》、《禁止旁听》、《隔离审讯》

《恭顺的妓女》，*La Putain respectueuse*（1946）也译《可敬的妓女》

《死无葬身之地》，*Morts sans sépulture*（1946）

《肮脏的手》，*Les Mains sales*（1948）也译《脏手》

《魔鬼与上帝》，*Le Diable et le Bon Dieu*（1951）

《凯恩》，*Kean*（1954）

《涅克拉索夫》，*Nekrassov*（1955）

《阿尔托纳的隐居者》，*Les Séquestrés d'Altona*（1959）

《特洛伊妇女》，*Les Troyennes*（1965）

自传、回忆录与通信

《词语》，*Les Mots*（1964）也译《文字生涯》

《奇怪战争笔记》，*Carnets de la drôle de guerre – Septembre 1939 – Mars*

1940（1983）

《寄语海狸》，*Lettres au Castor et à quelques autres*，*tome I et II*（1983）

随笔

《想象》，*L'Imagination*（1936）

《论自我的超越性》，*La Transcendance de l'Ego*（1937）

《情感理论初探》，*Esquisse d'une théorie des émotions*（1938）

《想象的事物》，*L'Imaginaire*（1940）

《存在与虚无》，*L'Être et le Néant*（1943）

《沉默的共和国》，*La République du Silence*（1944）

《存在主义是一种人道主义》，*L'existentialisme est un humanisme*（1945）

《波德莱尔》，*Baudelaire*（1946）

《犹太问题随感录》，*Réflexions sur la question juive*（1946）也译《关于犹太人问题》

《自我意识和自我的认识》，*Conscience et connaissance de soi*（1947）

《境域种种》，*Situations I – X*（1947 – 1976）也译《境域》或《处境种种》

《什么是文学?》，*Qu'est – ce que la littérature ?*（1948）

《政治谈话录》，*Entretiens sur la politique*（1949）

《戏剧家、殉道者圣热内》，*Saint Genet*，*comédien et martyr*（1952）

《亨利·马丁事件》，*L'Affaire Henri Martin*（1953）

《辩证理性批判 I》，*Critique de la raison dialectique I：Théorie des ensembles pratiques précédé de Question de méthode*（1960）

为弗朗兹·法农的《全世界受苦的人》一书作序，*Préface aux Damnés de la Terre de Frantz Fanon*（1961）

《家庭的白痴》，*L'Idiot de la famille*（1971 – 1972）该书为三卷本，第一、二卷 1971 年出版，第三卷 1972 年出版，1988 年再版了一个三卷本合集

《境域剧》，*Un théâtre de situations*（1973）

《造反有理》，*On a raison de se révolter*（1974）

《一种道德手册》，*Cahiers pour une morale*（1983）

《辩证理性批判 II》，*Critique de la raison dialectique II：L'intelligibilité de l'histoire*（1985）

（京权）图字：01-2009-3367

图书在版编目（CIP）数据

战斗的海狸：西蒙·德·波伏瓦评传／（法）萨乐娜芙著；黄荭，沈珂，曹冬雪译，－北京：作家出版社，2009.5

ISBN 978-7-5063-4747-1

Ⅰ.战… Ⅱ.①萨… ②黄… ③沈… ④曹… Ⅲ.波伏瓦，S. D.（1908～1986）－传记 Ⅳ.K835.655.6

中国版本图书馆CIP数据核字〔2009〕第085558号

DANIÈLE SALLENAVE: CASTOR DE GUERRE
©Editions Gallimard, 2008
策划：猎文文化发展有限公司

Ouvrage publié avec le concours du Ministère français
chargé de la Culture- Centre National du Livre
本书由法国文化部国家图书中心资助出版

Centre du Livre Etranger des Editions Mer-Ciel

战斗的海狸：西蒙·德·波伏瓦评传

作者：（法）达妮埃尔·萨乐娜芙
译者：黄荭 沈珂 曹冬雪
责任编辑：贺平 启天
封面设计：视觉共振设计工作室
出版发行：作家出版社
社址：北京农展馆南里10号　　　**邮码：**100125
电话传真：86-10-65930756（出版发行部）
　　　　　86-10-65004079（总编室）
　　　　　86-10-65015116（邮购部）
E-mail: zuojia@zuojia.net.cn
http://www.zuojia.net.cn
印刷：北京汇林印务有限公司
成品尺寸：152×230
字数：500千
印张：29
版次：2009 年 5 月第 1 版
印次：2009 年 5 月第 1 次印刷
ISBN 978-7-5063-4747-1
定价：45.00元